ACCESO GRATIS *a la Lectura en la Nube*

Para visualizar el libro electrónico en la nube de lectura envíe junto a su nombre y apellidos una fotografía del código de barras situado en la contraportada del libro y otra del ticket de compra a la dirección:

ebooktirant@tirant.com

En un máximo de 72 horas laborables le enviaremos el código de acceso con sus instrucciones.

La visualización del libro en **NUBE DE LECTURA** excluye los usos bibliotecarios y públicos que puedan poner el archivo electrónico a disposición de una comunidad de lectores. Se permite tan solo un uso individual y privado.

PROPIEDAD INDUSTRIAL 2026

Procedimiento de selección de originales, ver página web:
www.tirant.net/index.php/editorial/procedimiento-de-seleccion-de-originales

PROPIEDAD INDUSTRIAL 2026

Directores:
Enrique Ortega Burgos

Coordinadores:
Álvaro Seijo
María Cristina Martínez Tercero Molina
María Dolores Garayalde
Alejandro Touriño Peña
Fernando Rodríguez
José Manuel Sendín
Javier Vázquez Salleras
José Carlos Erdozain
Cristina Velasco Vega
Óscar Jacobo
Susana Checa
Isabel Pascual de Quinto Santos-Suárez
Miriam Martínez Pérez
José Garrido Pastor
Álvaro Bourkaib Fernández de Córdoba
Rafael Sánchez Aristi
Anna Alegret Rodeja

tirant lo blanch
Valencia, 2026

En caso de erratas y actualizaciones, la Editorial Tirant lo Blanch publicará la pertinente corrección en la página web www.tirant.com.

Director de la colección:

ENRIQUE ORTEGA BURGOS

© TIRANT LO BLANCH
EDITA: TIRANT LO BLANCH
C/ Artes Gráficas, 14 - 46010 - Valencia
TELFS.: 96/361 00 48 - 50
FAX: 96/369 41 51
Email: tlb@tirant.com
www.tirant.com
Librería virtual: www.tirant.es
DEPÓSITO LEGAL: V-313-2026
ISBN: 979-13-7021-661-0

Si tiene alguna queja o sugerencia, envíenos un mail a: *atencioncliente@tirant.com*. En caso de no ser atendida su sugerencia, por favor, lea en *www.tirant.net/index.php/empresa/politicas-de-empresa* nuestro procedimiento de quejas.

Responsabilidad Social Corporativa: http://www.tirant.net/Docs/RSCTirant.pdf

Índice

SIGNOS DISTINTIVOS: MARCAS Y REBRANDING

INVENCIONES Y PATENTES

DISEÑOS INDUSTRIALES Y SECTORES ESPECÍFICOS

ESTRATEGIAS Y GESTIÓN DE LA PROPIEDAD INDUSTRIAL

SIGNOS DISTINTIVOS: MARCAS Y REBRANDING

La marca notoriamente conocida no registrada: luces y sombras

BEATRIZ GANSO CARPINTERO
Asociada Senior del Dpto. de Propiedad Industrial e Intelectual de Garrigues

RESUMEN: Actualmente estamos en un momento en el que, debido al crecimiento y expansión del comercio internacional, podemos encontrarnos en situaciones en las que la estrategia de marketing y venta no va unida a la estrategia de protección de los derechos de propiedad industrial e intelectual, ya sea por desconocimiento o por falta de planificación. Estas situaciones pueden dar lugar a numerosos conflictos, especialmente cuando nos encontramos ante marcas que pueden alcanzar un estatus de conocimiento o renombre elevado. El presente artículo tiene como objeto poner en valor una figura no muy presente en nuestro ordenamiento jurídico pero que, sin embargo, es de una gran utilidad a la hora de planificar la protección de marcas extranjeras: la marca notoriamente conocida no registrada en el sentido del art. 6 *bis* del Convenio de la Unión de París. Esta figura, que brinda un rayo de luz a los titulares marcarios, también tiene sus sombras.

1. ABREVIATURAS

A	Auto
AP	Audiencia Provincial
Art.	Artículo

CUP	Convenio de Unión de París para la Protección de la Propiedad Industrial.
EUIPO	Oficinal Europea de la Propiedad Industrial (*European Union Intellectual Property Office*).
JM	Juzgado de lo Mercantil.
LM	Ley 17/2001, de 7 de diciembre, de marcas.
Recomendación OMPI	Recomendación conjunta relativa a las disposiciones sobre la protección de marcas notoriamente conocidas, adoptada por la Asamblea de la Unión de París y la Asamblea General de la Organización Mundial de la Propiedad Intelectual (OMPI) en la 34a serie de reuniones de las Asambleas de los Estados miembros de la OMPI (del 20 al 29 de septiembre de 1999).
TS	Tribunal Supremo
TJUE	Tribunal de Justicia de la Unión Europea.
RMUE	Reglamento (UE) 2017/1001, del Parlamento Europeo y del Consejo, de 14 de junio de 2017, sobre la marca de la Unión Europea.
S	Sentencia

2. MARCO JURÍDICO

El principio general que rige el derecho de marcas en España y en la Unión Europea es el principio registral. Esto implica que los derechos sobre un signo concreto se adquieren tras la solicitud, y consiguiente registro como marca, es decir, los derechos sobre la marca los ostentará aquella persona física o jurídica que solicite primero su registro. No obstante, este principio tiene una excepción, las marcas notoriamente conocidas no registradas.

Dicho esto, el marco jurídico del que hay que partir para analizar las marcas notoriamente conocidas no registradas es el art. 6 *bis* del CUP[1]. Este precepto, introducido en la reforma de la Haya de 1925, es el que da entrada a esta figura que puede jugar un gran papel tanto en los procedimientos de oposición a las solicitudes de registro de un signo, como para

---

[1] Convenio de París para la Protección de la Propiedad Industrial. https://wipolex-res.wipo.int/edocs/lexdocs/treaties/es/paris/trt_paris_001es.pdf. Recuperado el 30 de junio de 2025.

el ejercicio del *ius prohibendi* ante usos ilícitos de terceros[2]. El referido artículo establece que:

> *"1) Los países de la Unión se comprometen, bien de oficio, si la legislación del país lo permite, bien a instancia del interesado, a rehusar o invalidar el registro y a prohibir el uso de una marca de fábrica o de comercio que constituya la reproducción, imitación o traducción, susceptibles de crear confusión, de una marca que la autoridad competente del país del registro o del uso estimare ser allí notoriamente conocida como siendo ya marca de una persona que pueda beneficiarse del presente Convenio y utilizada para productos idénticos o similares. Ocurrirá lo mismo cuando la parte esencial de la marca constituya la reproducción de tal marca notoriamente conocida o una imitación susceptible de crear confusión con ésta".*

Como señala el Profesor Bodenhausen[3], la finalidad de esta disposición "*es evitar el registro y el uso de una marca de fábrica o de comercio que pueda crear confusión con otra marca ya notoriamente conocida en el país de registro o de utilización, aunque esta última marca bien conocida no esté o todavía no haya sido protegida en el país mediante un registro que normalmente impediría el registro o uso de la marca*"; es decir, esta protección excepcional se justifica en el hecho de que "*el registro o el uso de una marca similar que se prestara a confusión, equivaldría, en la mayoría de los casos, a un acto de competencia desleal, y también se puede considerar perjudicial para los intereses de los que pueden ser inducidos a error*".

Esta regulación tiene su reflejo en nuestra ley de marcas. Así, el art. 6.2(d) LM[4] establece como marcas anteriores oponibles a solicitudes de registro de terceros aquellas "*marcas no registradas que en la fecha de presentación o prioridad de la solicitud de la marca en examen sean "notoriamente conocidas" en España en el sentido del artículo 6 bis del Convenio de París*", previsión igualmente recogida en el ámbito de los derechos conferidos por una marca o *ius prohibendi* —art. 34.7 LM—[5].

---

2 Nótese que, si bien la posibilidad de denegar o cancelar el registro de una marca que entre en conflicto con otra marca notoriamente conocida anterior se preveía en su versión inicial, no se extendió a la prohibición de uso hasta la modificación introducida en la Conferencia de Lisboa de 1958.

3 Guía para la aplicación del Convenio de París para la protección de la propiedad industrial por el Profesor Bodenhausen, Director del BIRPI. https://www.wipo.int/edocs/pubdocs/es/wipo_pub_611.pdf (p. 97 a 101). Recuperado el 30 de junio de 2025.

4 Ley 17/2001, de 7 de diciembre, de marcas.

5 La misma regulación se recoge en el art. 8.2(c) RMUE.

Por tanto, nuestro ordenamiento jurídico prevé la posibilidad de alegar la existencia de una marca no registrada pero notoriamente conocida en España para poder oponerse a solicitudes de registro de marcas que puedan generar confusión con éstas, así como prohibir a terceros el uso de signos idénticos o confundibles con esta, para productos o servicios idénticos o similares. Por ello, aunque pueda haber algunas sombras en las estrategias de protección de marca planteadas por empresas, especialmente extranjeras, es cierto que esta normativa les da un rayo de luz o de esperanza antes actuaciones desleales y de abuso por parte de terceros.

3. REQUISITOS PARA LA CONSIDERACIÓN DE UNA MARCA NO REGISTRADA COMO NOTORIAMENTE CONOCIDA

Una vez que hemos delimitado la normativa aplicable, el *quid* del asunto es poder determinar cuándo estamos ante una marca no registrada pero que es notoriamente conocida en un territorio concreto. Para ello, debemos acudir a la Recomendación OMPI[6], así como a nuestros tribunales para inferir qué requisitos deben cumplirse.

El art. 2 Recomendación OMPI establece una serie de factores que deben tenerse en cuenta a la hora de analizar si la marca es notoriamente conocida. Esta lista es no exhaustiva y pueden tenerse en cuenta otras pruebas de las que pueda evidenciarse el conocimiento notorio. Veámoslo.

1. **Público relevante**: este conocimiento debe referirse al sector pertinente del público, es decir, el público relevante al que se dirigen los productos o servicios y que englobaría tanto el público real, como el potencial, excluyéndose expresamente según la Recomendación OMPI un conocimiento generalizado en el Estado miembro. Además, dicha recomendación incluye expresamente a las personas que participan en los canales de distribución y las que se encuentran dentro del mismo círculo comercial[7]. En este punto, también debe

---

6 Recomendación conjunta relativa a las disposiciones sobre la protección de marcas notoriamente conocidas, adoptada por la Asamblea de la Unión de Paris y la Asamblea General de la Organización Mundial de la Propiedad Intelectual (OMPI) en la 34a serie de reuniones de las Asambleas de los Estados miembros de la OMPI (del 20 al 29 de septiembre de 1999).

7 SAP de Madrid, núm. 252/2008, de 23 de octubre de 2008 —caso *Thraser*: *"En particular, su Art. 2-2 nos indica que los denominados "sectores pertinentes el público" para los que la marca debe ser conocida se integran, sin carácter exhaustivo, por los siguientes grupos*

tenerse presente que es suficiente con que sea notoria en alguno de los sectores interesados, no exigiéndose la notoriedad en todos ellos para que se proteja[8].

---

de personas: 1.- Los consumidores reales y/o potenciales de la clase de productos a los que se aplique la marca; 2.- Las personas que participen en los canales de distribución del tipo de esos productos o servicio y 3) los círculos comerciales que se ocupen de los mismos. Y lo importante es que, como se indica en el apartado b) d he dicho Art. 2-2, basta con que la marca sea conocida para uno cualquiera de esos sectores para que pueda concluirse que aquella goza de notoriedad, sin que por tanto, sea exigible que la marca sea conocida, cumulativamente, por todos ellos. Por otro lado, la identificación del concepto de "sectores interesados" con aquellos sectores industriales y comerciales que elaboran y comercializan productos idénticos o semejantes goza también de arraigo jurisprudencial (STS) de 30 de octubre de 1986, 19 de mayo de 1993 y 30 de diciembre de 1996).

Pues bien, consta en autos (Documentos 19, 20 y 21 de la demanda) que con anterioridad a las solicitudes de registro de la demandada, la actora ya estaba publicitando sus productos en España a través de su distribuidor, especialmente en determinadas revistas orientadas a los aficionados al deporte del que tratamos (TRES60 SURF, TRES60BOY BOARD, TRES60 SKATE Y TRES60 SNWOBOARD). Y no se trata de ponderar, en abstracto, si la publicidad acreditada resultaría o no suficiente para otorgar notoriedad a un producto de reciente introducción en nuestro país, porque lo que hay que valorar, en concreto, es que las sinergias propiciadas por la elevada notoriedad de la marca a nivel internacional hacen que, en todo caso, una mínima publicidad pueda resultar más que suficiente para que el producto llegue a ser conocido. En tal sentido, considerando que el consumidor habitual de los productos amparados por las marcas de la actora se integra dentro de un sector relativamente circunscrito (los jóvenes practicantes del llamado "skateboard"), no parece aventurado colegir que tanto el influjo de la notoriedad internacional proveniente de EE.UU. como la publicidad llevada a cabo en revistas especializadas de nuestro país durante los dos años precedentes a las solicitudes de registro presentadas por las demandadas son circunstancias determinantes de un conocimiento suficiente de los distintivos de la actora y de sus productos por parte de ese específico sector de los consumidores. Pero es que, en cualquier caso, ese conocimiento resulta más que evidente para los sectores concernidos en la comercialización de los productos de dicha naturaleza.

Circunstancia esta última que, atendiendo a los criterios contenidos en la Recomendación y en la doctrina jurisprudencial anteriormente aludidas, sería por sí sola capaz de otorgar notoriedad a una marca sin necesidad de que, adicionalmente, esta fuera generalmente conocida para el consumidor de la misma clase de productos. Y difícilmente puede encontrarse una muestra más evidente de este último ámbito de conocimiento que el interés que las demandadas, mediadoras comerciales en el sector de que se trata, mostraron por registrar distintivos prácticamente idénticos a los de la actora."

8 STJUE - C-375/97, de 14 de septiembre de 1999, caso *General Motors c. Yplon*, ap. 24: *"El público entre el cual la marca anterior debe haber adquirido renombre es el interesado por esta marca, es decir, dependiendo del producto o del servicio comercializado, podrá tratarse del gran púbico o de un público más especializado, por ejemplo, un sector profesional determinado. (…) 26 El grado de conocimiento requerido debe considerarse alcanzado cuan-*

2. **Conocimiento de la marca sin que sea necesario el uso**: no se exige que haya un uso de la marca, ni tampoco un registro o solicitud de registro, sino simplemente que sea conocida. Este matiz cobra especial relevancia cuando estamos ante marcas que pueden tener un conocimiento internacional, pero que todavía no se usan en un territorio concreto, pudiendo ser víctimas de los llamados *trolls de marcas* que pueden aprovecharse de esta situación apropiándose de marcas de terceros sin un verdadero interés legítimo.

3. **Territorio**: no se exige que el conocimiento alcance a todo el territorio del Estado miembro, siendo suficiente un conocimiento meramente local siempre y cuando se acredite que el público relevante de este territorio limitado conoce la marca. Esta previsión aplica tanto al territorio, por ejemplo, de España, como a la propia Unión Europea —en este caso, no se exigiría un conocimiento notorio en todos y cada uno de los países de la Unión Europea, sino simplemente en un territorio relevante al igual que ocurre, por ejemplo, con la prueba del renombre o el uso de una marca—[9].

4. **Requisitos**: los factores recogidos en el art. 2.1(b) Recomendación OMPI son los siguientes:

   - El grado de conocimiento o reconocimiento de la marca en el sector pertinente del público, que puede acreditarse a través de, entre otros: (i) estudios de mercado o encuestas de opinión sobre el conocimiento de marca[10]; (ii) declaraciones de conocimiento de marca emitidas por asociaciones empresariales o del sector relevante; o (iii) declaraciones de conocimiento de marca emitidas por empresas del sector.

---

do una parte significativa del público interesado por los productos o servicios amparados por la marca anterior conoce esa marca".

9 Comentarios a la Ley de Marcas. Profesor Bercovitz (Ed. Thomson - Aranzadi, 2003): "*Conforme a la interpretación efectuada de la Ley 32/1988, el conocimiento notorio no tiene que abarcar la totalidad del territorio español, sino que bastará con que sea notoriamente conocida en una parte de España*". Asimismo, STJUE - C-375/97, de 14 de septiembre de 1999, caso *General Motors c. Yplon*.

10 Directrices de la EUIPO - Sección 5 Marcas Renombradas - 3.1.4 Prueba del Renombre - 3.1.4.4 Medios de Prueba: "*Las encuestas de opinión y los estudios de mercado constituyen los medios de prueba más adecuados para proporcionar información sobre el grado de conocimiento de la marca, su cuota de mercado o la posición que ocupa en el mercado en relación con los productos de la competencia*".

- La duración, la magnitud y el alcance geográfico de cualquier utilización de la marca. En este epígrafe se incluirían: (i) datos de ventas de productos o servicios; (ii) listado de descargas de App; (iii) accesos a la página web; o (iv) suscripciones a las listas de distribución. En estos casos, debe también tenerse en cuenta el tipo de producto o servicio, su valor y durabilidad ya que estas circunstancias impactarán en el volumen de ventas o cifra de facturación (i.e., productos cotidianos de gran consumo o productos de lujo o duraderos).
- La duración, la magnitud y el alcance geográfico de cualquier promoción de la marca, incluyendo la publicidad o la propaganda y la presentación, en ferias o exposiciones, de los productos o servicios a los que se aplique la marca. En este caso, sería posible aportar prueba no solo de la promoción hecha en medios físicos, sino también digitales, siendo elementos clave: (i) cifras de inversión realizada en marketing o publicidad; (ii) apariciones en medios de prensa generalistas y especializados (publicidad no pagada); (iii) marketing en redes sociales (pagadas y no pagada), incluidos los usos por *influencers*; o (iv) interacciones en redes sociales (Facebook, Instagram, TikTok, X, YouTube, etc.).

- La duración y el alcance geográfico de cualquier registro, o cualquier solicitud de registro, de la marca, en la medida en que reflejen la utilización o el reconocimiento de la marca, incluyendo la situación registral de la cartera de marcas y resoluciones que, a nivel registral o judicial, confirmen la notoriedad de la marca.
- La constancia del ejercicio satisfactorio de los derechos sobre la marca, en particular, la medida en que la marca haya sido declarada como notoriamente conocida por autoridades competentes, lo que incluiría tanto resoluciones judiciales en procedimientos de infracción de marca, como, por ejemplo, posibles casos de piratería o falsificaciones de marca.
- El valor asociado a la marca[11] que, puede acreditarse, entre otros, a través de: (i) estudios de valor de marca; (ii) artículos de terceros;

---

11 A este respecto mencionar que la Jurisprudencia española y de la Unión Europea otorgan una especial relevancia al valor de la marca a efectos de determinar su notoriedad, la cual englobaría, no sólo su valor económico, sino también el alto nivel de calidad de sus productos o servicios, la positiva representación que los consumidores y potenciales consumidores tienen sobre la marca y sus productos

(iii) rankings de marca o de valoración de productos o servicios; (iv) premios y reconocimientos otorgados a la marca, sus creadores, diseñadores o productos; o, (v) la existencia de colaboraciones o acuerdos de licencia, promoción comercial y patrocinio con otras marcas o personajes públicos de reconocido prestigio.

Aunque podemos pensar que tenemos suficientes pautas interpretativas para determinar cuándo estamos ante una marca no registrada pero notoriamente conocida, lo cierto es que la Recomendación OMPI es del año 1999, momento en el que la expansión de las marcas y la publicidad y estrategias de marketing nada tenían que ver con las actuales, de hecho, ni siquiera las mayores redes sociales habían sido creadas o había un uso generalizado de internet.

Por ello, estos criterios, a falta de normas aplicables, deben irse actualizando por nuestros tribunales, labor, en muchos casos, ardua al tener que explicar por qué una publicación realizada, por ejemplo, en Instagram por la *influencer* Kendal Jenner, tiene una mayor repercusión en el conocimiento de una marca que unas ventas de productos por un valor de miles de euros.

Estas nuevas formas de conocimiento cobran una mayor importancia en el mercado actual si tenemos en cuenta que los consumidores dan un gran valor a las marcas que limitan sus existencias y producen responsablemente, en contra del consumo de masas. De hecho, la cuota de mercado que es uno de los criterios tradicionales para apreciar al notoriedad de una marca se ha ido desplazando por nuestros tribunales, como veremos a continuación, así como por la propia EUIPO en sus Directrices al señalar que "*otro motivo por el que una cuota de mercado moderada no siempre es una prueba concluyente a falta de renombre consiste en que el porcentaje del público que conoce en realidad la marca puede superar ampliamente el número de personas que compran realmente los productos en cuestión*"[12].

---

o la capacidad de la marca de condensar el poder de atracción, reputación o prestigio (*vid.* SAP de Alicante núm. 391/2009, de 21 de octubre de 2009 y SAP de Alicante núm. 129/2012, de 4 de abril de 2012).

12 Directrices de la EUIPO - Parte C Oposición - Sección 5 Marcas Renombradas - 3.1.3 Aprecia del renombre- 3.1.3.2 Cuota de mercado: "*Tal podría ser, por ejemplo, el caso de los productos utilizados normalmente por más de un usuario, como las revistas familiares y los periódicos, (06/07/2012,* T-60/10, *Royal Shakespeare, EU:T:2012:348, § 35-36; 10/05/2007,* T-47/06, *Nasdaq, EU:T:2007:131, § 47, 51), o como ocurre con los artículos de lujo conocidos por una amplia mayoría, pero que pocos pueden comprar (por ejemplo, un elevado porcentaje de los consumidores europeos conocen la marca de coches*

Por tanto, será necesario analizar caso por caso para determinar cuándo estamos ante una marca no registrada que es notoriamente conocida por el sector del público relevante y si dicho conocimiento es de alcance lo suficientemente elevado para poder otorgarle la protección que dispensa el art. 6 *bis* CUP. Por ello, vemos relevante abordar en este artículo las decisiones que han dictado nuestros tribunales que permiten arrojar luz en las sombras que la Recomendación OMPI pueda crear.

4. INTERPRETACIÓN POR NUESTROS TRIBUNALES

Para facilitar su análisis, recogemos a continuación algunas de las resoluciones más relevantes de los tribunales españoles que abordan los criterios para determinar cuando estemos ante una marca no registrada pero notoriamente conocida en el sentido del art. 6 *bis* del CUP[13].

*4.1. **SAP de Madrid (Sección 28ª) núm. 4033/2024, de 8 de marzo de 2024, [ECLI:ES:APM:2024:4033], caso Codensa** (Tol 10037243)*

La entidad Comercial Distribuidora del Envase, S.L. interpuso demanda contra Envases para Profesionales, S.L. como consecuencia del uso del signo "Codensa" alegando la infracción de las marcas registradas y no registradas en función del periodo de tiempo relevante. La Audiencia Provincial, tras analizar la prueba presentada, concluye que "Codensa" no goza del suficiente grado de notoriedad para tener la protección dispensada por el art. 6 *bis* CUP sosteniendo que:

- El concepto de notoriamente conocido "*supone un cierto grado de conocimiento por parte del público pertinente*" debiendo considerar alcanzado "*cuando una parte significativa del público interesado por los productos o servicios amparados por la marca comunitaria conoce esta marca*".

«Ferrari», pero pocos son los que poseen uno). Por este motivo, la cuota de mercado corroborada por las pruebas debería examinarse teniendo en cuenta las peculiaridades del mercado específico".

13 A este respecto, simplemente queremos señalar que igualmente deberían tenerse en consideración las resoluciones dictadas en el ámbito de las marcas notorias registradas para contar con criterios adicionales que permitan determinar el conocimiento notorio del signo no registrado.

- Esta notoriedad debe predicarse del público interesado por los productos y servicios y no el público en general.
- Ante la evidente falta de definición de la normativa española, debemos acudir a la Recomendación OMPI para valorar qué prueba conduce a determinar la notoriedad del signo, no siendo necesario que concurran todos los factores de dicha Recomendación y pudiendo tenerse en consideración otros factores distintos.
- No se considera que la marca "Codensa" alcance un umbral suficiente de notoriedad por cuanto menciones escasas en prensa o la participación en la feria del sector son insuficiente para establecer dicha conclusión. Además, "*no se conoce cuál es la cuota de mercado de la recurrente, ni se reflejan gastos relevantes de inversión publicitaria, ni constan informes o certificados de Cámaras de Comercio e Industria o de otras asociaciones profesionales que corroboren el renombre, ni declaraciones efectuadas por órganos judiciales o administrativos. Y menos la intensidad del uso en el sector relevante o el impacto que pudiera derivarse de la participación en la feria HOSTELCO (que se celebra con carácter bianual y en la que se dice participan 700 marcas), en la que se efectuó una inversión que no se aprecia relevante a los efectos de la notoriedad*".

4.2. SJM de Madrid núm. 5723/2023, de 5 de diciembre de 2023, [ECLI:ES:JMM:2023:5723], caso Maxi DiezI (Tol 10221631)

La parte actora sostenía la titularidad de la marca notoria no registrada "Maxi Diez" interponiendo una acción de infracción de marca con base en el art. 6 *bis* CUP, sosteniendo el Juzgado de lo Mercantil que:

- El conocimiento notorio debe analizarse a la luz del público relevante, así como de los criterios establecidos en la Recomendación OMPI.
- El conocimiento notorio debe inferirse en una parte sustancia del territorio del Estado miembro.
- La carga de la prueba la tiene la parte actora y la existencia de una serie de franquicias, sin mayor apoyo documental, no es suficiente para relevar el carácter notorio del signo.

4.3. AAP de Barcelona (Sección 15ª) núm. 14/2020, de 24 de enero de 2020, [ECLI:ES:APB:2020:175A], caso Supreme (Tol 7753920)

La entidad CHAPTER 4 Corp. DBA Supreme, empresa neoyorquina titular de la marca "Supreme" interpuso una solicitud de medidas cautelares *ex ante* contra Elechim Sports, S.L. por infracción de la marca notoriamente conocida en España en el sentido del art. 6 *bis* CUP, así como por competencia desleal. En primera instancia, la solicitud fue desestimada al entender que no se había acreditado la urgencia necesaria para la interposición sin demanda —requisito procesal—, ni tampoco existía apariencia de buen derecho al no haberse acreditado que "SUPREME" fuera una marca notoria en España. Esta resolución es importante ya que estábamos ante una marca que no tiene tiendas físicas en España y tampoco había llevado a cabo actividad publicitaria alguna en dicho territorio.

Tras recurrir en apelación Supreme, la Audiencia Provincial de Barcelona concluyó (en contra de lo sostenido en primera instancia) que la marca "Supreme"es notoriamente conocida en España por cuanto:

- Con cita en la STS de 11 de marzo de 2014 [ECLI:ES:TS:2014:1107] señala que la marca notoria "*supone un cierto grado de conocimiento por parte del público pertinente*", conociendo que se entenderá alcanzado "*cuando una parte significativa del público interesado por los productos o servicios amparados por la parte comunitaria conoce esta marca*".
- El volumen de ventas, aunque es un indicador de conocimiento, no es el único criterio ni tiene por qué ser el preponderante, máxime teniendo en cuenta que no se exige el uso de la marca, sino simplemente su conocimiento.
- El conocimiento en algunos de los sectores interesados es suficiente para considerar que estamos ante una marca notoriamente conocida. Se consideró que "SUPREME" era notoriamente conocida en el sector de las personas que participan en los canales de distribución y el de los círculos comerciales y contaba con un conocimiento suficiente entre el consumidor final.
- El prestigio, reputación y valor de la marca son factores a considerar en plano de igualdad al volumen de ventas, duración, intensidad o alcance geográfico de su uso.

4.4. SJM de Alicante núm. 4991/2018, de 16 de octubre de 2018, [ECLI:ES:JMA:2018:4991], caso Masterchef[14]

El conocido programa de cocina Masterchef ejercitó una acción de infracción contra Shine TV Limited como consecuencia del uso de determinadas marcas registradas y la marca no registrada “ ” titularidad de la primera. El Juzgado de lo Mercantil de Alicante sostiene que:

- La notoriedad debe determinarse con base en la Recomendación OMPI y debe suponer “*un cierto grado de conocimiento por parte del público pertinente*”, que puede ser el público general o un público más especializado.
- El grado de conocimiento requerido será alcanzado cuando una parte significativa del público interesado por los productos o servicios amparados la conozca.
- El requisito territorial se entenderá cumplido cuando la marca sea notoriamente conocida en una parte sustancial del territorio de la Unión Europea, pudiendo ser el territorio de un Estado miembro.

4.5. SAP (Sección 28ª) de Alicante núm. 18041/2016, de 17 de octubre de 2016, [ECLI:ES:APM:2016:18041], caso Continente (*Tol 7868484)*

El presente caso merece ser mencionado porque se aparta de la Recomendación OMPI y sentencias dictadas al señalar que el art. 6 *bis* CUP exige estar ante una marca usada.

La Audiencia Provincial de Alicante, con cita textual, indica que “*la protección de la marca notoria no registrada precisa el uso por si titular. El uso es consustancial a la marca como signo distintivo*” sosteniendo esta tesis sobre la existencia de un interés público en que las marcas sean efectivamente utilizadas lo que da lugar a la sanción de caducidad.

Es decir, “*se precisa el uso de la marca como presupuesto de protección, además de la notoriedad. Es más, si no se precisara ese requisito de uso se daría la paradoja de establecer una sanción por falta de uso para las marcas registradas de la que carecería la marca notoria no registrada, que podría mantener su protección indefinidamente aun no siendo usada, de manera que su titular disfrutaría de una*

---

14 Confirmada por la SAP (Sección 8ª) de Alicante, núm. 594/2019, de 13 de mayo de 2019 [ECLI:ES:APA:2019:2205] (*Tol 7474218*).

ultraprotección respecto a las marcas registradas, sometidas a caducidad por falta de uso —artículo 55.1 LM en relación a lo dispuesto en el artículo 39 LM—. Del mismo modo, el titular de la marca notoria no registrada quedaría blindado frente a la excepción de falta de uso, aplicable al titular de la marca registrada —artículo 41.2 LM—."

4.6. STS (Sala Primera, de lo Civil) núm. 105/2009, de 26 de febrero de 2009, caso Hornitos (*Tol 1463067*)

La parte actora interpone demanda de infracción y nulidad con base en la existencia de una marca no registrada en España "Hornitos" y que era utilizada para un tequila de gran fama en México, estando registrada como marca en dicho país. La demandante comercializaba un tequila y un licor de café con la marca "Hornito" y una etiqueta similar. La sentencia de apelación, que ha sido confirmada por el Tribunal Supremo[15] confirma que la marca "Hornitos" no es notoriamente conocida sosteniendo que:

- La notoriedad se exige que lo sea en el país en el que se reclame su protección, no siendo suficiente que sea notoria en el país en el que ha sido registrada.
- La marca notoria es "*aquella que goza de difusión y ha logrado el reconocimiento de los círculos interesados, siendo conocida por los consumidores de la clase de productos a los que se aplica*", sosteniendo que la notoriedad de la marca "*tiene siempre su origen en el uso, que se lleva a cabo mediante la venta y publicidad de los correspondientes productos o servicios*".

4.7. SAP de Madrid núm. 252/2008, de 23 de octubre de 2008, caso Thrasher (*Tol 7077414*)

El titular de la marca "THRASHER" utilizada en una revista dirigida al público skater demandó por el uso de dicho signo con base en la existencia de una marca notoriamente conocida pero no registrada, así como con base en la normativa de propiedad intelectual. La Audiencia Provincial concluye que el signo "THRASHER" alcanza un suficiente umbral de notoriedad en España señalando que:

---

15 STS (Sala Primera, de lo Civil) núm. 105/2009, de 26 de febrero de 2009 (*Tol 1463067*).

- A la hora de determinar el carácter notorio de una marca no registrada en el sentido del art. 6 *bis* del CUP debemos acudir a los factores establecidos en la Recomendación OMPI, texto que, a pesar de tener un carácter orientativo y no vinculante, "*contiene interesantes elementos ilustrativos que ayudan a acometer la siempre delicada tarea de evaluar la notoriedad*".
- Confirma que la notoriedad no debe exigirse en todos los sectores del público de manera cumulativa, siendo suficiente que sea conocida en alguno de ellos (i.e., sectores industriales y comerciales que elaboran y comercializan productos idénticos o semejantes).
- El hecho de que estemos ante una marca con elevada notoriedad a nivel internacional hace que "*una mínima publicidad pueda resultar más que suficiente para que el producto llegue a ser conocido*", sin necesidad de exigir que sea generalmente conocida para el consumidor de la misma clase de productos.
- Finalmente, concluye que "*difícilmente puede encontrarse una muestra más evidente de este último ámbito de conocimiento que el interés que las demandadas, mediadoras comerciales en el sector de que se trata, mostraron por registrar distintivos prácticamente idénticos a los de la actora*".

4.8. SAP (Sección 8ª) de Valencia núm. 745/2000, de 4 de octubre de 2000

La mercantil estadounidense Pepsico interpuso demanda de infracción y nulidad de marca y derechos de propiedad intelectual, entre otros, por el uso del signo "TOSTITOS". La Audiencia Provincial de Valencia concluye que:

- Para apreciar la existencia de una marca no registrada pero notoriamente conocida no se exige ni el uso en España, ni su registro, siendo suficiente demostrar su utilización en el país de origen.
- La marca "TOSTITOS" registrada en Estados Unidos desde 1978 gozaba de prestigio y era notoriamente conocida tanto en Estados unidos, como en otros países.
- El hecho de que el demandante solicitara el registro de un signo idéntico para productos idénticos es un indicio de la notoriedad, en palabras de la Audiencia Provincial "*haberse solicitado e inscrito con posterioridad en España dicha marca "Tostitos" la cual es utilizada por la mercantil apelante para la comercialización de unos productos idénticos a los protegidos por la marca de la actora, y siendo dicha marca de la demandada*

una reproducción literal y por tanto una copia servil de la de la actora, hay que estimar que en el presente caso concurren los requisitos exigidos por el referido artículo 6 bis del Convenio Unionista para que la actora pueda reclamar la anulación de dicha marca utilizada por la demandada apelante, a pesar de su no uso en España por parte de la actora".

4.9. SAP (Sección 15ª) de Barcelona núm. 12802/1999, de 1 de diciembre de 1999, [ECLI:ES:APB:1999:12802], caso Hotel Ritz[16]

El Hotel Ritz interpuso una demanda solicitando la nulidad de la marca 1173123 alegando la titularidad sobre el gráfico no registrado compuesto por "*un escudo que se configura por la efigie de San Jorge luchando con el dragón dentro de una figura triangular invertida. En la parte superior del escudo se encuentra una corona sobre la que aparece la imagen de un murciélago. Todo ello circunvalado por una banda exterior con la leyenda "HOTEL RITZ BARCELONA"*", petición que fue desestimada en primera instancia al entenderse que dicho signo no era notorio ya que el conocimiento debía predicarse de "HOTEL RITZ" en vez de la imagen de San Jorge. La Audiencia Provincial de Barcelona, tras analizar la prueba propuesta, concluye que[17]:

- El signo tiene razonablemente un carácter notorio por cuanto lleva utilizándose de forma continuada desde hace más de 50 años en "*tapices, facturas, menús, invitaciones a actos sociales, guías sectoriales y prensa, unida al volumen constante de la publicidad*".
- La protección dispensaba por el art. 6 *bis* CUP se extiende tanto a marcas de productos, como a las de servicios.

5. CONCLUSIÓN

La marca no registrada pero notoriamente conocida en el sentido del art. 6 *bis* CUP es un recurso disponible en aquellas situaciones en las que

---

16 Confirmada por la STS (Sección Primera, Sala de lo Civil) núm. 30/2007, de 1 de febrero de 2007 (*Tol 1033413*).

17 En el presente caso se dictó un voto particular en el que se alega que la notoriedad está unida más al hecho de que se uso el signo "HOTEL RITZ" que al conjunto gráfico, indicándose expresamente que la prueba aportada no acredita "*la implantación y el conocimiento efectivo del signo como medio identificador de la procedencia de los servicios, ni por parte de los competidores, ni por el público usuario de tales servicios*".

terceros, ilícitamente, solicitan el registro o utilizan en el mercado un signo que, si bien es conocido por el sector del público relevante en el territorio en cuestión, no ha sido registrado por su titular. Y el fundamento de esta protección no es otro que responder ante situaciones que tienen un marcado tinte de deslealtad y, si se nos permite, de mala fe, al estar constreñidos por el principio registral que impera en el ámbito marcario.

El problema al que nos enfrentemos es que, si bien esta figura está prevista en la normativa aplicable, lo cierto es que ni ha sido frecuentemente utilizada, ni analizada por nuestros tribunales, debiendo sostener su aplicación sobre una normativa que, en muchos casos, ha quedado ya superada por el desarrollo del mercado y las estrategias de venta y publicidad. En estos procedimientos todo se reduce a un tema de prueba y determinar quién es el público relevante que ha de conocer el signo y qué prueba es suficiente para acreditar esta notoriedad es un ámbito gris y que está sujeto a una amplia subjetividad.

Prueba de lo anterior es que, examinando algunas de las sentencias aquí citadas obtenemos conclusiones contradictorias: en algunos casos se exige el uso al entender que la notoriedad deriva de éste, en otros casos, se considera que el conocimiento sin uso puede existir. En ocasiones, las cifras de ventas o la inversión en publicidad son determinantes, mientras que, en otras, debe atenderse a la prueba en su conjunto ya que, aunque las ventas sean exiguas, puede existir ese conocimiento.

Lo que sí tenemos claro es que, antes de presentar cualquier acción con base en la marca no registrada pero notoriamente conocida, debemos ser muy exhaustivos en la prueba a recabar y cualquier elemento puede ser determinante. Además, debe realizarse un mayor esfuerzo a la hora de poner en valor todas aquellas pruebas derivadas de las estrategias 360º de marca, la comercialización y publicidad en el mundo digital en el que ahora nos movemos o la globalización que permite que marcas nacionales sean conocidas por todos simplemente por el hecho de viajar.

Es decir, aunque no exista un uso real y efectivo en un territorio —este caso, España— puede haber un conocimiento lo suficiente elevado de una marca, incluso sin que se haya implantado, para poder otorgarle la protección derivada del art. 6 *bis* CUP. De hecho, en la práctica, lo habitual es que nos encontremos ante marcas que no se usan o que tienen un uso residual en España y que, es esta brecha, la que es aprovechada por el tercero, para solicitar o utilizar un signo registrado en otro país en claro aprovechamiento de su notoriedad. No obstante, siempre debemos tener presente que las estrategias de expansión de las marcas deben ir de la mano de las de protección de sus derechos de propiedad industrial e intelectual. Seguir este consejo evita futuros quebraderos de cabeza con resultado incierto.

6. REFERENCIAS BIBLIOGRÁFICAS

1. Convenio de París para la Protección de la Propiedad Industrial. https://wipolex-res.wipo.int/edocs/lexdocs/treaties/es/paris/trt_paris_001es.pdf. Recuperado el 30 de junio de 2025.
2. Guía para la aplicación del Convenio de París para la protección de la propiedad industrial por el Profesor Bodenhausen, Director del BIRPI. https://www.wipo.int/edocs/pubdocs/es/wipo_pub_611.pdf. Recuperado el 30 de junio de 2025.
3. Ley 17/2001, de 7 de diciembre, de marcas.
4. Reglamento (UE) 2017/1001, del Parlamento Europeo y del Consejo, de 14 de junio de 2017, sobre la marca de la Unión Europea.
5. Recomendación conjunta relativa a las disposiciones sobre la protección de marcas notoriamente conocidas, adoptada por la Asamblea de la Unión de Paris y la Asamblea General de la Organización Mundial de la Propiedad Intelectual (OMPI) en la 34 serie de reuniones de las Asambleas de los Estados miembros de la OMPI (del 20 al 29 de septiembre de 1999). https://tind.wipo.int/record/35164?v=pdf. Recuperado el 30 de junio de 2025.
6. Directrices de la EUIPO. https://guidelines.euipo.europa.eu/2214313/2199807/directrices-sobre-marcas/1-introduccion. Recuperado el 30 de junio de 2025.
7. V. Castán, *Algunas cuestiones puntuales en torno a la protección de la marca notoria ex artículo 6 bis del Convenio de la Unión de París*, Propiedad Industrial y Competencia Desleal: perspectiva comunitaria, mercados virtuales y regulación procesal (Granada, 2000, p. 295).

Rebranding en los signos distintivos y sus posibles consecuencias legales

JAVIER VÁZQUEZ SALLERAS
Socio de RocaJunyent

SUMARIO: 1. INTRODUCCIÓN. 2. MARCO CONCEPTUAL DEL REBRANDING. 2.1. Concepto y tipología del rebranding. 2.2. Motivos empresariales para el rebranding. 2.3. Elementos afectados en un proceso de rebranding. 3. MARCO JURÍDICO DE LOS SIGNOS DISTINTIVOS. 3.1. Concepto y funciones de la marca. 3.2. Régimen jurídico aplicable. 3.3. Principio de uso obligatorio de la marca registrada. 4. REBRANDING Y CADUCIDAD POR FALTA DE USO. 4.1. Análisis del artículo 57 de la Ley de Marcas y artículo 58 del Reglamento de MUE. 4.2. Conceptualización de la falta de uso. 4.3. Plazos legales para determinar la falta de uso y carga probatoria armonizada. 5. USO DE LA MARCA EN FORMA DISTINTA A LA REGISTRADA (ART. 39.3.A DE LA LEY DE MARCAS). 5.1. Análisis del artículo 39.3.a) de la Ley de Marcas y artículo 18.1.a) del Reglamento de MUE. 5.2. Elementos considerados no alteradores del carácter distintivo. 6. CRITERIOS JURISPRUDENCIALES PARA EVALUAR MODIFICACIONES ADMISIBLES. 6.1. Jurisprudencia del Tribunal Supremo español. 6.2. Jurisprudencia del Tribunal de Justicia de la Unión Europea. 6.3. Casos emblemáticos. 7. ESTRATEGIAS LEGALES EN EL REBRANDING. 7.1. Recomendaciones prácticas para actualizar marcas sin comprometer su protección. 7.2. Registro de marcas defensivas. 7.3. Políticas de transición entre identidades visuales. 7.4. Conclusiones que extraer de litigios sobre esta materia. 8. CONCLUSIONES. 9. REFERENCIAS BIBLIOGRÁFICAS.

1. INTRODUCCIÓN

El rebranding es una estrategia empresarial donde la imagen corporativa debe adaptarse constantemente a las nuevas tendencias, expectativas del consumidor y posicionamiento competitivo. Este proceso implica la renovación parcial o total de la identidad visual y conceptual de una marca, afectando directamente a sus signos distintivos, activos esenciales de las empresas.

Este fenómeno, si bien necesario desde una perspectiva comercial y de marketing, plantea importantes consecuencias jurídicas cuando analizamos su impacto en la protección legal de los signos distintivos. La Ley 17/2001, de 7 de diciembre, de Marcas (en adelante, Ley de Marcas), en armonización con el Reglamento (UE) 2017/1001 sobre la marca de la Unión Europea (en adelante, Reglamento de MUE), establece un régimen de protección basado en el registro y el uso efectivo del signo tal como fue registrado, lo que puede entrar en conflicto con las modificaciones resultantes de un proceso de rebranding.

El presente artículo analiza la necesidad empresarial de evolucionar y adaptar sus signos distintivos y los requisitos legales de mantenimiento de los derechos marcarios, con especial atención a las causas de caducidad por falta de uso reguladas en la Ley de Marcas y su equivalente europeo en el Reglamento de MUE, así como las excepciones contempladas que permiten ciertas variaciones en el uso del signo registrado.

La relevancia de esta cuestión radica en las graves consecuencias que puede acarrear una estrategia de rebranding mal realizada desde la perspectiva legal: la pérdida de derechos sobre signos distintivos que pueden haber requerido años de inversión y posicionamiento en el mercado. Este artículo pretende ofrecer tanto un análisis jurídico como recomendaciones que permitan a las empresas adaptar su imagen de marca sin comprometer su protección legal.

2. MARCO CONCEPTUAL DEL REBRANDING

2.1. Concepto y tipología del rebranding

El rebranding puede definirse como el proceso mediante el cual una empresa modifica de manera sustancial la percepción de su marca a través de cambios en su identidad visual, su propuesta de valor o su posicionamiento. No se trata de un mero cambio estético, sino de una reorientación estratégica que puede responder a diversos objetivos empresariales.

En función de su alcance, podemos distinguir:

- Rebranding total: Implica una transformación completa de la identidad de marca, incluyendo nombre, logotipo, colores corporativos y demás elementos distintivos. Suele llevarse a cabo cuando se busca una ruptura con la imagen anterior.
- Rebranding parcial: Se alteran algunos elementos de la identidad visual manteniendo otros, preservando cierta continuidad. Por ejemplo, conservando la denominación, pero modificando el logotipo.
- Rebranding evolutivo: Consiste en modificaciones graduales y sutiles realizadas a lo largo del tiempo, que permiten una adaptación paulatina tanto del mercado como de los consumidores a la nueva identidad.

2.2. Motivos empresariales para el rebranding

Las razones que impulsan un proceso de rebranding pueden ser diversas:

- Fusiones y adquisiciones empresariales;
- Internacionalización (adaptación a nuevos mercados);
- Reposicionamiento estratégico;
- Actualización para evitar una imagen anticuada;
- Superación de crisis reputacionales;
- Diferenciación frente a competidores;
- Simplificación de una arquitectura de marca compleja;
- Adaptación a nuevos canales digitales.

2.3. Elementos afectados en un proceso de rebranding

El rebranding puede afectar a diferentes elementos constitutivos del signo distintivo como, entre otros, los siguientes:

- Elementos denominativos;
- Elementos gráficos (logotipo, símbolos, iconografía, tipografía);
- Elementos cromáticos (colores corporativos);
- Elementos mixtos (denominaciones y gráficos).

Desde la perspectiva jurídica, resulta esencial definir qué elementos se modifican y en qué medida, pues ello determinará el riesgo de incurrir en una potencial caducidad por alteración sustancial del signo registrado.

3. MARCO JURÍDICO DE LOS SIGNOS DISTINTIVOS

3.1. Concepto y funciones de la marca

La marca, como principal signo distintivo empresarial, se define en el artículo 4 de la Ley de Marcas y de forma armonizada en el artículo 4 del Reglamento de MUE y establece que podrán constituir marcas todos los signos, especialmente las palabras, incluidos los nombres de personas, los dibujos, las letras, las cifras, los colores, la forma del producto o de su embalaje, o los sonidos, a condición de que tales signos sean apropiados para:

a) distinguir los productos o los servicios de una empresa de los de otras empresas y

b) ser representados en el Registro de Marcas de manera tal que permita a las autoridades competentes y al público en general determinar el objeto claro y preciso de la protección otorgada a su titular.

Sus funciones esenciales son:

- Función indicadora de la procedencia empresarial: Permite al consumidor identificar el origen empresarial de los productos o servicios.
- Función indicadora de calidad: Transmite información sobre ciertas características y estándares del producto o servicio.
- Función condensadora del *goodwill* o prestigio: Acumula la reputación ganada en el mercado.
- Función publicitaria: Actúa como vehículo de promoción y comunicación.

3.2. Régimen jurídico aplicable

El marco normativo aplicable a los signos distintivos en España se compone fundamentalmente de:

- Ley 17/2001, de 7 de diciembre, de Marcas
- Real Decreto 687/2002, de 12 de julio, por el que se aprueba el Reglamento de ejecución de la Ley 17/2001
- Reglamento (UE) 2017/1001 del Parlamento Europeo y del Consejo, de 14 de junio de 2017, sobre la marca de la Unión Europea
- Directiva (UE) 2015/2436 del Parlamento Europeo y del Consejo, de 16 de diciembre de 2015, relativa a la aproximación de las legislaciones de los Estados miembros en materia de marcas

3.3. Principio de uso obligatorio de la marca registrada

El ordenamiento español, de conformidad con el derecho europeo e internacional, establece un sistema de protección marcaria basado no solo en el registro, sino también en el uso efectivo. El artículo 39 de la Ley de

Marcas en armonización con el artículo 18 del Reglamento de MUE recoge la obligación del titular de una marca registrada de usar la marca de forma efectiva en España para los productos o servicios para los que fue concedida. Si no lo hace en un plazo de cinco años desde la fecha en que el registro sea firme, o si interrumpe su uso durante cinco años consecutivos, la marca puede ser objeto de caducidad.

El mencionado uso debe ser pues "efectivo" es decir no simbólico o testimonial. No resultará válido un uso puntual o ficticio y deberá realizarse con la finalidad de mantener o crear una cuota de mercado. Asimismo, será preciso acreditarlo, en su debido momento, con la documentación pertinente (facturas, publicidad etc.).

Por otro lado, es relevante destacar que también se considerará un uso válido cuando el mismo se realice por parte de terceros con consentimiento del titular de la marca; con finalidad exclusivamente de exportación y, como abordaremos más adelante, cuando se haga de una forma que no altere el carácter distintivo de la marca registrada.

Este principio de uso efectivo responde, entre otras, a la finalidad de evitar registros meramente defensivos o especulativos, garantizando que las marcas registradas cumplan efectivamente su función distintiva en el mercado.

4. REBRANDING Y CADUCIDAD POR FALTA DE USO

4.1. Análisis del artículo 57 de la Ley de Marcas y artículo 58 del Reglamento de MUE

El artículo 57 establece las causas de caducidad de la marca, disponiendo en su apartado 2 que:

"*Se declarará la caducidad de la marca y se procederá a cancelar el registro:*

a) Cuando no hubiera sido usada conforme al artículo 39 durante los cinco años siguientes a la fecha en que el registro de la marca sea firme.

b) Cuando en el comercio se hubiera convertido, por la actividad o inactividad de su titular, en la designación usual de un producto o de un servicio para el que esté registrada.

c) Cuando a consecuencia del uso que de ella hubiera hecho el titular de la marca, o que se hubiera hecho con su consentimiento, para los productos o servicios para los que esté registrada, la marca pueda inducir al público a error, especialmente acerca de la naturaleza, la calidad o la procedencia geográfica de estos productos o servicios.".

Esta regulación se encuentra completamente armonizada con el artículo 58 del Reglamento de MUE, que establece idénticos criterios para la caducidad por falta de uso efectivo. El apartado 1.a) del artículo 58 dispone que los derechos del titular de una marca de la Unión se revocarán cuando "*no hubiera sido usada efectivamente en la Unión durante un período ininterrumpido de cinco años y no existieran causas justificativas para la falta de uso*".

El supuesto que mayor incidencia tiene en los procesos de rebranding es pues el recogido en la letra a), relativo a la falta de uso efectivo, ya que las modificaciones sustanciales del signo podrían interpretarse como un abandono del signo originalmente registrado.

4.2. Conceptualización de la falta de uso

Para que se produzca la caducidad, la falta de uso debe ser continuada durante un periodo de cinco años ininterrumpidos. No obstante, este plazo puede reiniciarse si se produce un uso efectivo antes de que se solicite la caducidad, salvo que dicho uso se haya iniciado en los tres meses anteriores a la solicitud de caducidad, tras haberse enterado el titular de que podía presentarse dicha solicitud.

El concepto de "uso efectivo" ha sido objeto de abundante interpretación jurisprudencial. El Tribunal de Justicia de la Unión Europea ha establecido que *el «uso efectivo» es un uso que no debe efectuarse con carácter simbólico, con el único fin de mantener los derechos conferidos por la marca. Debe tratarse de un uso acorde con la función esencial de la marca, que consiste en garantizar al consumidor o al usuario final la identidad del origen de un producto o de un servicio, permitiéndole distinguir sin confusión posible ese producto o ese servicio de los que tienen otra procedencia*" (STJUE de 11 de marzo de 2003, asunto C-40/01, Ansul).

4.3. Plazos legales para determinar la falta de uso y carga probatoria armonizada

Los plazos relevantes pues en materia de caducidad por falta de uso son:

- Cinco años desde que el registro de la marca sea firme.

- Cinco años ininterrumpidos sin uso efectivo como causa de caducidad.
- Tres meses desde el conocimiento de la posible solicitud de caducidad, periodo en el que el inicio del uso no impedirá la caducidad.

En el ámbito europeo, el artículo 58.1.a) del Reglamento de MUE establece idéntico régimen para la caducidad por falta de uso: la marca se declarará caduca cuando "*dentro de un período ininterrumpido de cinco años, la marca no ha sido objeto de un uso efectivo en la Unión para los productos o servicios para los cuales esté registrada, y no existen causas justificativas de la falta de uso*".

Esta armonización garantiza criterios uniformes para evaluar el uso efectivo tanto en procedimientos nacionales como europeos, proporcionando seguridad jurídica a las empresas que desarrollan estrategias de rebranding con efectos en dichos territorios.

Por otro lado, destacar que la carga de la prueba del uso recae sobre el titular de la marca, quien deberá acreditar, como apuntábamos anteriormente, tanto la realidad del uso como su carácter efectivo, no meramente simbólico o aparente.

5. USO DE LA MARCA EN FORMA DISTINTA A LA REGISTRADA (ART. 39.3.A DE LA LEY DE MARCAS)

5.1. Análisis del artículo 39.3.a) de la Ley de Marcas y artículo 18.1.a) del Reglamento de MUE

El artículo 39.3.a) establece una importante excepción al principio de identidad entre la marca registrada y la marca usada:

> "3. Se entenderá por uso de la marca a efectos de lo previsto en los apartados 1 y 2:
> *a) El uso de la marca en una forma que difiera en elementos que no alteren el carácter distintivo de la marca en la forma bajo la cual esta haya sido registrada, con independencia de si la marca en la forma utilizada por el titular del derecho está también registrada a su nombre."*

Por su parte, el artículo 18.1.a) del Reglamento de MUE, establece que se considerará uso efectivo "*el uso en forma que difiera en elementos que no alteren el carácter distintivo*" de la marca registrada.

Esta disposición europea refuerza la interpretación del artículo 39.3.a) de la Ley española, confirmando que el criterio de no alteración del carácter distintivo es el estándar armonizado en toda la Unión Europea y es esencial para evaluar la legitimidad de los procesos de rebranding desde la perspectiva de la protección marcaria, ya que establece un margen de flexibilidad para el titular, permitiéndole realizar modificaciones en el signo siempre que estas no alteren su carácter distintivo esencial.

El concepto de "alteración del carácter distintivo" ha sido ampliamente desarrollado por la jurisprudencia. El Tribunal de Justicia de la Unión Europea ha establecido que debe realizarse un análisis global que tenga en cuenta las características específicas del caso concreto.

En el asunto Rintisch (STJUE de 25 de octubre de 2012, C-553/11), el Tribunal estableció que "*el carácter distintivo de una marca, en el sentido de las disposiciones de la Directiva 89/104, significa que dicha marca sirve para identificar el producto para el que se solicita el registro, atribuyéndole una procedencia empresarial determinada, y, por lo tanto, para distinguir ese producto de los de otras empresas*". Por consiguiente, la alteración del carácter distintivo debe evaluarse en función de si el signo modificado sigue siendo apto para identificar los productos o servicios como procedentes de una empresa determinada.

En este sentido, se ha venido a señalar que lo relevante es que se mantenga la función principal de la marca, que es garantizar a los consumidores la procedencia del producto o servicio, y ello dependerá de si la forma en que se usa la marca ha alterado el carácter distintivo de la marca tal como fue registrada.

5.2. Elementos considerados no alteradores del carácter distintivo

La jurisprudencia ha identificado diversas modificaciones que, en principio, no alterarían el carácter distintivo como serían las siguientes:

- Cambios en la tipografía o estilo de letra, siempre que no afecten a la percepción del signo.
- Modificaciones cromáticas que no afecten a la identidad conceptual del signo.
- Actualizaciones gráficas moderadas que mantengan los elementos esenciales.
- Adición o supresión de elementos secundarios o decorativos.
- Modernización del diseño que preserve los elementos identificativos principales.

Por el contrario, sí que se consideran alteraciones sustanciales:

- Cambio completo de denominación.
- Modificación de elementos gráficos principales que definían la identidad visual.
- Transformación conceptual que modifique la percepción global del signo.

Dicho lo cual, el análisis de si una modificación es alteradora o no del carácter distintivo deberá realizarse caso por caso y sin perder la perspectiva de que cualquier eventual conclusión está sujeta a criterios subjetivos y cambiantes.

6. CRITERIOS JURISPRUDENCIALES PARA EVALUAR MODIFICACIONES ADMISIBLES

6.1. Jurisprudencia del Tribunal Supremo español

El Tribunal Supremo ha establecido varios criterios para determinar cuándo una modificación no altera el carácter distintivo:

La STS 3281/2010 de 18 de junio de 2010 (982/2006) señala que: "*a) En primer lugar, en la perspectiva de derecho positivo, la materia litigiosa se halla regulada en el art. 39.2, a) de la LM de 2001 en el que se dispone que tendrá la consideración de uso [obstativo a la apreciación de caducidad de la marca] "el empleo de la marca de una forma que difiera en elementos que no alteren de manera significativa el carácter distintivo de la marca en la forma bajo la cual se halla registrada". El precepto se corresponde con el art. 5.c.2 del Convenio de la Unión de París (redacción de 1934) y en el art. 10.2.a) de la Directiva 89/104/CEE [actualmente Unión Europea], aunque en estos textos no se recoge la expresión "de manera significativa" del art. 39 LM, que por razones de "interpretación conforme" debe ser relativizada; b) La norma legal permite la posibilidad de utilizar la marca de forma diferente a la registrada para adaptarla a las cambiantes tendencias del mercado, dando lugar a lo que se denomina actualización o modernización de la marca. Sin embargo, se restringe el cambio de modo que no se puede afectar a la identidad de la marca conservando el carácter distintivo de la misma (en la forma bajo la cual se halla registrada). El carácter distintivo de la marca sirve para indicar el origen o procedencia empresarial del producto distinguido (art. 4.1 LM), y, por ello, para advertir si se ha producido o no una alteración permitida ha de estarse a la percepción de los sectores del mercado interesados —a la impresión comercial en los consumidores—. Para tal apreciación es necesario, como señala la doctrina más autorizada, "precisar cual es el elemento que imprime a la marca una carácter distintivo"; c) Cuando la apreciación judicial al respecto se somete al juicio jurisdiccional de la casación viene matizado por la naturaleza de recurso extraordinario y su función específica, que no cabe convertir en una tercera instancia como si se tratase de un recurso ordinario. Por ello, si bien nos hallamos ante una cuestión de derecho, por versar sobre conceptos jurídicos indeterminados, sin embargo el ámbito del control no es una nueva opinión, sino un juicio sobre la razonabilidad del criterio del juzgador de segunda instancia. De ahí que si la decisión de la sentencia recurrida se halla fundamentada en un criterio de buen sentido, el recurso de casación no puede prosperar; y, d) Para resolver el caso este Tribunal toma como reproducciones gráficas a comparar las del distintivo registrado en 1990 y el distintivo actualizado tal y como se recogen en la resolución recurrida, y no las que se reproducen."*

La STS de 17 de junio de 2014 (Rec. 2019/2012) estableció que "*el uso efectivo es un uso que no debe efectuarse con carácter simbólico, con el único fin de mantener los derechos conferidos por la marca, sino que debe tratarse de un uso acorde con la función esencial de la marca, que consiste en garantizar al consumidor o al usuario final la identidad del origen de un producto o de un servicio, permitiéndole distinguir sin confusión posible ese producto o ese servicio de los que tienen otra procedencia. (...) para la apreciación del carácter efectivo del uso de la marca, deben tomarse en consideración todos los hechos y circunstancias apropiadas para determinar la realidad de su explotación comercial, en particular, los usos que se consideran justificados en el sector económico de que se trate para mantener o crear cuotas de mercado en beneficio de los productos o de los servicios protegidos por la marca.*"

Y añade que *"Como se ha dicho, exige la norma que se dice infringida, para que el uso de las variaciones de la forma de una marca registrada equivalga al uso de ésta, que aquellas no desvirtúen el carácter distintivo de la misma y mantengan la continuidad de la conocida como "comercial impression"."*

En la STS 2076/2013 de 8 de abril de 2013 (Rec. 1675/2010), el Tribunal precisó que "*Esa doctrina impone interpretar el artículo 39, apartado 2, letra a), de la Ley 17/2001, de 7 de diciembre —que, con precedente en el artículo 5, letra C), apartado 2, del Convenio de la Unión de París, se refiere al uso de una marca en forma diferente de aquella en la que fue registrada— de conformidad con el artículo 10, apartado 2, letra a), de la Directiva 89/104/CEE, para entender que la alteración "de manera significativa", que la Ley exige, no es más que aquella que varíe o modifique "el carácter distintivo de la marca en la forma bajo la cual ésta ha sido registrada", que es lo que establece la norma comunitaria. No tuvo en cuenta el Tribunal de apelación (...) que la regla general, según la que esa condición recae sobre el denominativo, puede verse alterada en ciertos supuestos; entre ellos, aquél en que la prioridad de otro signo igual impone que el conjunto de letras que lo integran se presente con una forma gráfica singular, para establecer una cierta distancia, respecto del ya existente, que permita diferenciar un origen empresarial del otro —como, de modo evidente, sucedió en el caso".*

En definitiva, resulta esencial no perder el carácter distintivo de la marca registrada con independencia de si hay elementos accesorios que sí son objeto de modificación.

6.2. Jurisprudencia del Tribunal de Justicia de la Unión Europea

El TJUE ha desarrollado una amplia doctrina sobre este particular en el mismo sentido. Así:

En el asunto Nestlé, (STJUE de 7 de julio de 2005, C-353/03) declaró que "*En efecto, el artículo 3, apartado 3, de la Directiva no contiene ninguna restricción en este sentido, sino que se limita a referirse al «uso que se ha hecho» de la marca. Por consiguiente, debe entenderse que la expresión «uso de la marca como tal» se refiere solamente al uso de la marca a los fines de la identificación del producto o servicio por los sectores interesados, atribuyéndole una procedencia empresarial determinada. Ahora bien, tal identificación, y, por ende, la adquisición del carácter distintivo puede ser asimismo resultado bien del uso de un fragmento de una marca registrada como parte de ésta, bien del uso de una marca distinta en combinación con una marca registrada. En ambos casos, basta que, como consecuencia de dicho uso, los sectores interesados perciban efectivamente que el producto o servicio, designado exclusivamente por la marca cuyo registro se solicita, proviene de una empresa determinada.*"

En el asunto Rintisch (STJUE de 25 de octubre de 2012, C-553/11), estableció que "*el artículo 10, apartado 2, letra a), de la Directiva 89/104 debe interpretarse en el sentido de que no se opone a que el titular de una marca registrada pueda, para demostrar el uso de ésta en el sentido de la referida disposición, ampararse en su uso en una forma que difiere de aquella bajo la que ha sido registrada dicha marca, sin que las diferencias entre ambas formas alteren el carácter distintivo de esa marca, y ello aunque esa forma diferente esté registrada a su vez como marca*".

En el asunto Colloseum Holding (STJUE de 18 de abril de 2013, C-12/12), el Tribunal determinó que "*El requisito de uso efectivo de una marca en el sentido del artículo 15, apartado 1, del Reglamento nº 40/94 del Consejo, de 20 de diciembre de 1993, sobre la marca comunitaria, puede cumplirse cuando una marca registrada que ha adquirido carácter distintivo como consecuencia del uso de otra marca compuesta de la que forma parte sólo se utiliza mediante esa otra marca compuesta, o cuando sólo se utiliza conjuntamente con otra marca y la propia combinación de ambas marcas está además registrada como marca.*" Sin embargo y a este respecto, establece una limitación, añadiendo que "*que una marca regis-*

trada que sólo se utiliza como parte de una marca compuesta o conjuntamente con otra marca debe seguir percibiéndose como una indicación del origen del producto de que se trate para que ese uso se ajuste al concepto de «uso efectivo» en el sentido del artículo 15, apartado 1."

Por último, en el asunto Bazooka Companies (STJUE de 26 de octubre de 2022, T-273/21) se establece que *"procede señalar que el criterio del uso no puede apreciarse con arreglo a distintos elementos en función de que se trate de determinar si ese criterio es adecuado para generar derechos relativos a una marca o para garantizar el mantenimiento de tales derechos. En efecto, si es posible adquirir la protección como marca para un signo en virtud de un determinado uso que se hace de él, esa misma forma de uso debe poder garantizar el mantenimiento de tal protección. Por lo tanto, ha de considerarse que los requisitos establecidos para verificar el uso efectivo de una marca en el sentido del artículo 18, apartado 1, del Reglamento 2017/1001 son análogos a los relativos a la adquisición del carácter distintivo de un signo por el uso a efectos de su registro en el sentido del artículo 7, apartado 3, del mismo Reglamento".*

6.3. Casos emblemáticos

El caso Coca-Cola representa un ejemplo paradigmático de rebranding evolutivo. La marca ha experimentado múltiples actualizaciones de su logotipo a lo largo de más de un siglo, pero manteniendo siempre elementos esenciales que garantizan la continuidad de su carácter distintivo: la denominación "Coca-Cola" y la característica tipografía Spencerian script. Estas modificaciones graduales han permitido a la marca modernizarse sin perder su protección legal.

El caso Starbucks también resulta interesante, pues en su evolución visual ha ido simplificando su logotipo, eliminando elementos gráficos secundarios pero manteniendo la característica sirena, elemento central de su identidad visual.

7. ESTRATEGIAS LEGALES EN EL REBRANDING

7.1. Recomendaciones prácticas para actualizar marcas sin comprometer su protección

Para minimizar los riesgos legales asociados al rebranding, se recomiendan las siguientes estrategias como principio general y sin perjuicio de las especificidades de cada caso:

- Análisis previo de distintividad: Identificar los elementos esenciales que confieren carácter distintivo a la marca antes de planificar las modificaciones.
- Rebranding gradual: Implementar cambios evolutivos en lugar de transformaciones radicales, permitiendo mantener la conexión con el signo registrado.
- Documentación exhaustiva: Mantener evidencias del uso tanto de la versión original como de las versiones modificadas para acreditar la continuidad en caso de controversia.
- Convivencia temporal: Durante un periodo transitorio, utilizar simultáneamente la versión original y la nueva, facilitando la asociación entre ambas por parte del consumidor.
- Comunicación explícita: Informar al público sobre los cambios realizados, estableciendo expresamente la continuidad entre la identidad anterior y la nueva.

7.2. Registro de marcas defensivas

Una estrategia fundamental consiste en el registro anticipado de las nuevas versiones de la marca antes de implementar el rebranding:

- Registro de marcas de transición que incorporen elementos tanto de la versión original como de la nueva;
- Registro de variantes gráficas o denominativas que puedan utilizarse en el futuro;
- Mantenimiento del registro de la marca original incluso después de la implementación del rebranding.

7.3. Políticas de transición entre identidades visuales

Para empresas que afrontan un rebranding sustancial, resulta aconsejable:

- Diseñar un plan de transición gradual que incluya fases intermedias;
- Establecer usos concurrentes durante periodos determinados;
- Vincular expresamente la nueva identidad con la anterior mediante menciones como “antes conocido como” o “nuevo logo de”;

- Mantener constantes al menos algunos elementos distintivos clave.

7.4. Conclusiones que extraer de litigios sobre esta materia

El análisis de la jurisprudencia permite extraer varias lecciones prácticas:

- La importancia de mantener registros específicos para las diferentes versiones de la marca;
- La necesidad de acreditar documentalmente la continuidad entre versiones;
- El valor de implementar cambios graduales frente a transformaciones radicales;
- La relevancia de identificar y preservar los elementos con mayor fuerza distintiva;
- La conveniencia de desarrollar estrategias de comunicación que vinculen la nueva identidad con la anterior.

8. CONCLUSIONES

El rebranding, como proceso de renovación de la identidad visual corporativa, constituye una necesidad comercial en mercados dinámicos y competitivos. Sin embargo, desde la perspectiva jurídica, plantea importantes desafíos relacionados con la protección de los signos distintivos, particularmente en lo referente a las causas de caducidad por falta de uso efectivo.

La normativa marcaria, consciente de esta tensión, establece un margen de flexibilidad a través del artículo 39.3.a) de la Ley de Marcas, y su equivalente europeo en el artículo 18.1.a) del Reglamento de MUE que permite el uso de la marca "*en una forma que difiera en elementos que no alteren su carácter distintivo*". Este precepto constituye la principal salvaguarda legal para los procesos de rebranding, siempre que las modificaciones respeten los elementos esenciales que confieren distintividad al signo.

El principio de no alteración del carácter distintivo se consolida como el criterio central tanto en el ordenamiento español como en el europeo, estableciendo un estándar común que permite a los operadores económicos desarrollar procesos de modernización de marca sin comprometer la protección legal de sus activos intangibles.

La jurisprudencia, tanto española como europea, ha contribuido significativamente a delimitar los contornos de esta excepción, estableciendo criterios para evaluar cuándo una modificación altera o no el carácter distintivo. De esta interpretación jurisprudencial se desprende un enfoque predominantemente funcional: lo relevante no es tanto la identidad formal entre el signo registrado y el utilizado, sino el mantenimiento de su capacidad para cumplir la función esencial de la marca como indicador de origen empresarial.

Para minimizar los riesgos legales asociados al rebranding, las empresas deberían adoptar, como norma general, un enfoque estratégico que combine:

1. Una planificación jurídica preventiva, con el registro anticipado de nuevas versiones de la marca;
2. Una implementación gradual que facilite la asociación entre la identidad anterior y la nueva;
3. El mantenimiento de elementos distintivos clave que preserven la continuidad perceptiva del signo;
4. Una documentación exhaustiva del uso de las diferentes versiones que permita acreditar la continuidad en caso de controversia.

En definitiva, el equilibrio entre la necesidad comercial de evolución y la seguridad jurídica en materia de signos distintivos requiere un enfoque multidisciplinar que integre consideraciones de marketing, diseño y derecho marcario. Solo así las empresas podrán modernizar su imagen corporativa sin comprometer la valiosa protección legal de sus activos intangibles.

9. REFERENCIAS BIBLIOGRÁFICAS

Jurisprudencia

STJUE de 11 de marzo de 2003, asunto C-40/01, Ansul
STJUE de 7 de julio de 2005, asunto C-353/03, Nestlé
STJUE de 25 de octubre de 2012, asunto C-553/11, Rintisch
STJUE de 18 de abril de 2013, asunto C-12/12, Colloseum Holding
STJUE de 26 de octubre de 2022, asunto T-273/21, Bazooka Companies
STS de 18 de junio de 2010 (Rec. 982/2006), núm. 3281/2010
STS de 17 de junio de 2014 (Rec. 2019/2012)
STS de 8 de abril de 2013 (Rec. 1675/2010), núm. 2076/2013

Normativa

Ley 17/2001, de 7 de diciembre, de Marcas

Real Decreto 687/2002, de 12 de julio, por el que se aprueba el Reglamento de ejecución de la Ley 17/2001

Reglamento (UE) 2017/1001 del Parlamento Europeo y del Consejo, de 14 de junio de 2017, sobre la marca de la Unión Europea

Directiva (UE) 2015/2436 del Parlamento Europeo y del Consejo, de 16 de diciembre de 2015, relativa a la aproximación de las legislaciones de los Estados miembros en materia de marcas

Derecho de continuidad registral y sus consecuencias prácticas en el registro de marcas ante la OEPM y EUIPO

ÓSCAR GARCÍA
Balder

1. ÍNDICE ABREVIATURAS

CE	Corte Europea
CUP	Convenio de la Unión de París
EU	Unión Europea
EUIPO	Oficina de Propiedad Intelectual de la Unión Europea
M	Marca nacional
MUE	Marca de la Unión Europea
NUM	Número
OEPM	Oficina Española de Patentes y Marcas
REC	Número de recurso
STS	Sentencia del Tribunal Supremo
STSJ	Sentencia del Tribunal Superior de Justicia
UE	Unión Europea

2. DIFERENTES FORMAS DE OBTENCIÓN DEL DERECHO DE MARCA: FIRST TO FILE VS FIRST TO USE

En una disciplina muy próxima a la que nos ocupa, la Propiedad Intelectual, el derecho sobre la obra, y demás producciones contempladas en la Ley de Propiedad Intelectual, corresponden al autor por el solo hecho de su creación, y su inscripción en el Registro correspondiente únicamente otorga en favor del titular registral una presunción "*salvo prueba en contrario, que los derechos inscritos existen y pertenecen a su titular en la forma determinada en el asiento respectivo*", Real Decreto Legislativo 1/1996, de 12 de abril, por el que se aprueba el texto refundido de la Ley de Propiedad Intelectual, regularizando, aclarando y armonizando las disposiciones legales vigentes sobre la materia (*Tol 292119*).

En lo que se refiere a la Propiedad Industrial, no existe en nuestro ordenamiento jurídico una disposición vigente que defina el concepto de la Propiedad Industrial en su conjunto, ni la forma de obtener el derecho sobre ésta en su globalidad.

Podemos encontrar un intento de definición en el derogado Estatuto de la Propiedad Industrial de 1929, promulgado por la Real Orden de 30 de abril de 1930, por la que se dispone la publicación del texto refundido y revisado sobre Propiedad Industrial (Gaceta núm. 127, de 7 de mayo de 1930), establece en su artículo 1 que:

"*Propiedad industrial es la que adquiere por sí mismo el inventor o descubridor con la creación o descubrimiento de cualquier invento relacionado con la industria, y el productor, fabricante o comerciante, con la creación de signos especiales con los que aspira a distinguir de los similares los resultados de su trabajo. La Ley no crea, por tanto, la propiedad industrial, y su función se limita a reconocer, regular y reglamentar, mediante el cumplimiento de las formalidades que en esta Ley se fijan, el derecho que por sí mismos hayan adquirido los interesados por el hecho de la prioridad de la invención, del uso o del registro, según los casos*".

En su artículo 7, este mismo cuerpo normativo, dice que:

"*Las patentes, las marcas y demás modalidades comprendidas en este Estatuto constituyen un derecho cuyo reconocimiento dimana de la inscripción en el Registro de la Propiedad Industrial, representada por el certificado que se expide*".

Como veremos más adelante, el reconocimiento del derecho sobre la propiedad industrial pivotaba, salvo alguna excepción muy puntual, sobre dos pilares fundamentales: a) la creación o descubrimiento del invento, o la creación de signos especiales con los que se aspira a distinguir de los similares los resultados del trabajo realizado y b) la inscripción ante el organismo registral correspondiente, representada por el certificado que se expide.

Este concepto de que el reconocimiento dimana exclusivamente de la inscripción en el organismo registral correspondiente se mantiene hoy plenamente vigente cuando nos encontramos ante invenciones industriales, tales como patentes o modelos de utilidad, donde es imprescindible que el inventor proceda al registro de éstas, antes de hacerlas accesible al público por cualquier descripción escrita u oral, por una utilización o por cualquier otro medio. De lo contrario, si esa divulgación se realiza con anterioridad al registro, la invención pasará a formar parte del estado de la técnica, la invención ya no sería nueva y no reuniría uno de los requisitos fundamentales para su patentabilidad, el de la novedad.

En el ámbito de los diseños industriales, la introducción de la figura del diseño no registrado tanto en España como en el resto de la Unión Europea a través del Reglamento (CE) 6/2002, del Consejo, de 12 de diciembre de 2001, sobre los dibujos y modelos comunitarios (*Tol 157411*), y de la Ley 20/2003, de 7 de julio, de Protección Jurídica del Diseño Industrial (*Tol 275056*), ha hecho que este concepto del registro obligatorio para poder adquirir derechos sobre la creación de forma en cuestión, se haya visto superado.

Conforme a la regulación actual contamos con un sistema mixto, que otorga una protección plena y más extendida en el tiempo a quien procede a su registro, pero también concede una cierta protección, más limitada tanto en el tiempo como en su alcance, a quien ha divulgado un diseño en el mercado sin haberlo registrado previamente.

Por último, en lo que respecta a los signos distintivos, y en particular a marcas, que son el objeto del presente artículo, tanto en España, como en otros países cercanos como Francia, Italia o Benelux, se ha evolucionado en el tiempo desde un sistema de adquisición del derecho de la marca sobre la prioridad en el uso —*first to use*— (que es el que rige actualmente, con importantes restricciones y condicionantes, en los países sujetos al *Common Law*, básicamente los países pertenecientes al antiguo Imperio Británico, bajo la figura del *passing off*) a un sistema actual de prioridad en el registro —*first to file*—, en el que, como regla general, se reconoce al que primero inscribe un derecho de preferencia frente al mero usuario anterior de una marca o frente a quien inscribió después.

En conclusión, sea cual sea el sistema en el que nos encontremos, bien sea de prioridad en el uso o de prioridad en el registro, el dato esencial para el reconocimiento sobre un derecho sobre la marca es la prioridad.

La prioridad sobre la creación y uso de la marca, en un caso, o sobre la inscripción ante el Registro correspondiente, en el otro.

La prioridad es la que da al usuario o titular registral un derecho preferente frente a los demás, para que se le reconozca —si seguimos la definición histórica que contemplaba el Estatuto— al productor, fabricante o comerciante "los resultados de su trabajo".

Es la prioridad, entendida como el momento en el que la marca se deposita por primera vez, la que constituye el punto de partida para que la marca desarrolle una de sus principales funciones desde la perspectiva del empresario, la de acumular o condensar el *goodwill*, o buena fama de que gocen entre el público de los consumidores los productos o servicios diferenciados por la pertinente marca[1].

Esta función del *goodwill*, opera tanto en el pasado, como de cara al futuro. En el pasado, porque permite al empresario ir acumulando el crédito obtenido a lo largo de los años entre el público consumidor por su buen hacer empresarial en la prestación de sus servicios o en la comercialización de sus productos. En el futuro, porque para el empresario, cuanto mayor sea el crédito comercial acumulado, mayores serán las expectativas de negocio que esa marca puede generar.

Por esa razón, no tiene el mismo valor una marca joven, solicitada y concedida hace escasos años, que una marca muy antigua sobre la que cabe invocar un derecho de prioridad o de señorío muy anterior en el tiempo, bien sobre el elemento denominativo, o bien sobre el elemento figurativo, frente a cualquiera que pueda cuestionar su derecho.

Además, el titular de una marca antigua, que esté siendo usada, por lógica, tiene que soportar un número menor de anterioridades registrales con las que tolerar su coexistencia y, además, la probabilidad de que surjan contingencias con esas anterioridades es mucho menor que en el caso de una marca joven. Es decir, una marca antigua no está tan expuesta a posibles solicitudes de nulidad, algo que sí sucede en el caso de marcas jóvenes y por ello, tiene más valor.

Cuando el titular de una marca registrada se ve obligado a enviar un requerimiento frente a terceros para que cesen en el uso de un signo que lesione sus derechos anteriores, es muy habitual que en el requerimiento

---

1 Fernández-Novoa, C. (1984). *Fundamentos de Derecho de Marcas*. Editorial Montecorvo, S.A.

se haga especial hincapié en la prioridad de la marca, cuando ésta es muy antigua, para evidenciar así que su derecho de marca es sólido e invulnerable, que su presencia en el mercado es incontestable y que la buena fama o *goodwill* generado a lo largo de los años es especialmente valioso.

En la gestión de las carteras de marcas de empresas de larga tradición, además de proteger las diferentes versiones de sus marcas más duraderas —como pueden ser las marcas corporativas o las que identifican las marcas más estratégicas de la compañía —como es el caso de la marca denominativa o el de la marca figurativa en su versión más actual—, es un criterio generalizado el mantenimiento en vigor de la marca más antigua, precisamente para poder invocar ese derecho prioritario en el tiempo sobre la marca. Es decir, para poder hacer valer desde cuándo la empresa en cuestión viene manteniendo su "señorío" sobre la marca.

En el sistema de Marca de la Unión Europea, se contempla la particular figura de la reivindicación de la antigüedad (*seniority*, en inglés). Concretamente en el artículo 39 del Reglamento (UE) 2017/1001 del Parlamento europeo y del Consejo de 14 de junio de 2017 (*Tol 6175727*), sobre la marca de la Unión Europea se establece que:

"*el titular de una marca anterior registrada en un Estado miembro, incluidas las marcas registradas en el territorio del Benelux, o de una marca anterior que haya sido objeto de un registro internacional con efecto en un Estado miembro, que presente una solicitud de marca idéntica para registrarla como marca de la Unión para productos o servicios idénticos a aquellos para los que está registrada la marca anterior o que estén incluidos en estos productos o servicios, podrá prevalerse, para la marca de la Unión, de la antigüedad de la marca anterior en lo que respecta al Estado miembro en el cual o para el cual esté registrada.*"

Esta importante figura, se concibió con el objetivo preferente de hacer más atractivo el registro de marcas de la Unión Europea para aquellos titulares de marcas nacionales ya registradas en diferentes Estados miembros. Estos titulares, que se podrían retraer a la hora de solicitar también la marca de la Unión Europea —al entender que podrían estar incurriendo en un doble gasto, tanto de registro, como de mantenimiento de ambas protecciones como marca nacional y como marca de la Unión Europea y que si optaban solo por mantener esta última, tendrían que renunciar a la fecha de presentación de sus marcas nacionales más antiguas—, tendrían ahora la garantía de que, si solicitaban ésta última, podrían abstenerse de seguir renovando sus marcas anteriores de la Unión sin renunciar a su "antigüedad" en los Estados miembros en cuestión.

En la práctica, además de consolidar sus derechos registrales anteriores como marcas nacionales en Estados miembros en un solo registro, esta reivindicación de antigüedad permite al solicitante de las marcas de la Unión hacer un "aviso a navegantes" de que cuenta con derechos anteriores en diferentes jurisdicciones que podrían ejercitarse contra cualquier marca de la Unión Europea o marca nacional en un Estado miembro anterior a la nueva solicitud de marca de la Unión Europea, pero posterior a las marcas nacionales del solicitante en la misma jurisdicción.

Es decir, esta reivindicación de la antigüedad opera en muchas ocasiones como elemento disuasorio de cara a potenciales oponentes, tanto para valorar si realmente la presentación de esa posible oposición va a ser o no operativa, al comprobar que el solicitante ya cuenta con derechos anteriores en jurisdicciones de su interés, como para evitar un acto propio que pueda volverse en su contra ya que podría exponer su marca intermedia a ser impugnada por el propio solicitante con base en sus derechos de marca nacional anteriores.

Prioridad en el uso, prioridad en el registro, función condensadora del *goodwill* o buena fama adquirida en el tiempo sobre la marca, antigüedad... son, por tanto, conceptos o figuras que constituyen rasgos definitorios del valor de una marca frente a terceros, tanto en los sistemas de marcas nacionales de los Estados miembros de la Unión en general, como en el sistema de Marca de la Unión Europea, y que, a menudo, tienen que ser traídos a colación por los titulares de las "marcas prioritarias" en diferentes supuestos. Especialmente cuando con posterioridad a la primera inscripción se han solicitado y registrado, por parte de terceros, marcas —que en este artículo identificaremos como "marcas intermedias"— que pueden resultar coincidentes o parecidas en su denominación o gráfico, para productos o servicios idénticos o similares, con nuevas marcas a las que llamaremos marcas candidatas, y que pueda intentar solicitar el titular de la marca prioritaria.

Tal es el caso de aquellos que solicitan nuevas marcas para adecuar la realidad registral de sus marcas inscritas a la realidad comercial, como consecuencia de la evolución de las imágenes o logotipos; o, cuando la marca prioritaria es figurativa y, con muy buen criterio, se pretende reforzar la protección ya obtenida mediante el registro de una marca denominativa; o bien cuando se quiere extender a otros productos o servicios más o menos similares a los amparados por la marca prioritaria.

Sin embargo, como veremos a continuación, los efectos jurídicos de estas figuras difieren, a veces de forma radical, en función del Organismo ante el que se tramite la marca.

En el presente artículo, vamos a centrarnos en comparar y contrastar el alcance del reconocimiento otorgado por la práctica de la OEPM y los Tribunales españoles con la de la EUIPO y los tribunales de la Unión a las marcas prioritarias frente a las marcas intermedias, y, en particular, si el titular de una "marca prioritaria" en el tiempo tiene derecho preferente frente a otras "marcas intermedias", que se hayan podido solicitar con posterioridad para nuevas marcas idénticas o similares con la prioritaria, marcas candidatas.

3. JURISPRUDENCIA Y PRÁCTICA EN LA OEPM Y TRIBUNALES ESPAÑOLES

En España, la postura tradicional de la OEPM y de nuestros Tribunales, es la de reconocer un derecho preferente a quien primero inscribió. Veamos a continuación algunos exponentes jurisprudenciales de esta tesis:

3.1. Camello vs. Camelo

Comenzamos con la STS 13270/1992 de 9 de abril de 1992 (*Tol 1660651*) la cual resulta significativa en cuanto que incluye la doctrina inicial y más radical sobre el Principio de Continuidad Registral aplicada por el Tribunal Supremo.

En este asunto las marcas en conflicto eran las siguientes:

MARCA PRIORITARIA	M 41.655	Con fecha de solicitud 3 de marzo de 1921		En clase **30** principalmente, para *cafés*.
MARCA INTERMEDIA	000127177	Con fecha de solicitud 4 de diciembre de 1948		En clase **30** para *cafés*
MARCAS CANDIDATAS	M 953.196 M 953.197 y M1.004.812	Con fechas de solicitud 27 de septiembre de 1980, las primeras y 29 de abril de 1982, la última de ellas		En clase **30**, principalmente para *cafés*.

Como cuestión previa, hay que destacar que hay un antecedente de hecho en esta sentencia que no parece que fuera considerado adecuadamente por el Tribunal, y es que, aunque la marca prioritaria fue solicitada inicialmente en 1921 con la denominación "FOURNIER EL CAMELLO", posteriormente, la expresión EL CAMELLO fue eliminada por su titular, por lo que esta marca 41.655 realmente se denomina FOURNIER con gráfico de dromedario.

En todo caso, la sentencia destaca por su antigüedad y porque el criterio que en ella se contempla, es replicado en repetidas ocasiones por el Tribunal Supremo en casos similares.

El titular registral de la marca intermedia CAMELO, solicitada en Portugal el 4 de diciembre de 1948, presentó una demanda de nulidad frente a las marcas candidatas alegando competencia desleal respecto a su marca portuguesa —artículo 10 bis del CUP—, derechos como usuario de marca notoria no registrada —artículo 6 bis del CUP— e infracción de su nombre comercial extrarregistral —artículo 8 del CUP—, derivado de la constitución de la compañía portuguesa, Torrefacto Camelo. Ltda, en 1955.

Inicialmente las marcas candidatas son concedidas, apoyándose el entonces Registro de la Propiedad Industrial en el hecho de que la solicitante era titular de la marca 41.655 "EL CAMELLO c/30", que no se había acreditado la notoriedad del uso de la marca del demandante y que tampoco era de consideración del derecho derivado del nombre comercial extrarregistral porque la fecha de la constitución de la sociedad demandante era muy posterior en el tiempo, más de treinta años, a la fecha de depósito de la marca prioritaria.

La demanda de nulidad fue desestimada en primera instancia por los Tribunales, haciendo estos suyos los fundamentos tomados en consideración por el Registro de la Propiedad Industrial. Interpuesto recurso de apelación por la demandante éste es estimado, declarándose la nulidad de las tres marcas españolas candidatas.

Tras recurrir en casación, Lorenzo Pato Hermanos, S.A., el Tribunal Supremo se pronuncia otorgando amparo a la marca prioritaria:

"El registro de una marca prioritaria ampara la registración posterior de marcas similares a favor del mismo titular, que constituyen continuidad de aquélla, que es lo ocurrido con las marcas 953.196 y 953.197 respecto de la 41.655, al ser ésta anterior a la portuguesa, y como derivada de esas tres marcas españolas se obtuvo la número 1.004.812 (artículo 131 del Estatuto), siquiera con la traducción de la palabra «El Camello» al gallego". d) la plasmación de cuanto se ha expuesto en el principio "prior

tempore potior iure" impide otorgar protección en España a la marca portuguesa al amparo del artículo 6.° bis del Convenio de la Unión de París pues, aún partiendo de que fuere notoria, siempre destacarían su carácter posterior a la española y la prioridad de ésta, extendida a las que de ella son continuidad o derivación."

Añade además el Tribunal Supremo que, en todo caso, de haberse acreditado el uso notorio en España de la marca portuguesa, ese uso habría sido ilegal y no podría generar derecho alguno en favor de la infractora.

Es decir, se desplaza por completo la marca intermedia, fundamentándose en la superioridad de los derechos de la marca prioritaria, registrada con anterioridad y en pleno vigor. Este pronunciamiento refuerza la primacía de los derechos de los titulares de marcas registradas con anterioridad frente a aquellas que, aunque inscritas más tarde, podrían generar confusión o colisión con marcas preexistentes, en palabras del Tribunal.

3.2. Torre Vilana vs Torre Vilana

Esta STS 4239/2007, de 3 de diciembre de 2009 (*Tol 1747339*), es especialmente significativa, dado que es un ejemplo claro en que el Tribunal Supremo matiza el derecho, hasta entonces pleno, del titular de la marca prioritaria.

En esta, el Tribunal, haciéndose eco del Principio de Especialidad, introducido en las Leyes de Marcas de 1988 y 2001, matiza el alcance del Principio de Continuidad Registral, despojándolo de su carácter absoluto. Este pronunciamiento introduce una interpretación más restrictiva a la hora de desplazar una marca intermedia otorgándole a esta última una mayor protección, al condicionar la proyección de la protección de la marca prioritaria a la marca candidata a la existencia de una identidad o similitud sustancial en sus ámbitos aplicativos.

En este caso las marcas enfrentadas son las siguientes:

MARCA PRIORITARIA	M 1.644.609	Solicitada a 25 de junio de 1991	**TORRE VILANA** (denominativa)	Para clase **36** para *servicios de administración de bienes inmobiliarios*
MARCAS INTERMEDIAS	M 2.491.962 M 2.491.963	Solicitada a 24 de julio de 2002	**TORRE VILANA** (denominativa) **VILANA** (denominativa)	Ambas para clase **44** para *servicios médicos*
MARCA CANDIDATA	M 2.515.067	Solicitada a 28 de noviembre de 2002	**TORRE VILANA** (denominativa)	Para clase **44** para *servicios médicos*

Contemplamos que la marca prioritaria M 1.644.609 amparaba unos productos muy diferentes a los que protegían las marcas intermedias M 2.491.962 y M 2.491.963, pero estos últimos sí eran idénticos a los que reivindicaba la marca candidata M 2.515.067.

Con esta resolución el Tribunal delimita claramente la aplicación del Principio de Continuidad Registral entre la marca prioritaria y la marca candidata, al excluir el desplazamiento automático de las marcas intermedias cuando no existe conexión aplicativa entre la marca prioritaria y la marca candidata, estableciendo que dicho principio no tiene un alcance absoluto.

En su resolución, la Sala cita para sustentar su fallo, la jurisprudencia mencionada de la Continuidad Registral, manteniendo inicialmente la tesis tradicional aplicada por la jurisprudencia española, afirmando lo siguiente:

"*Quien con posterioridad a la inscripción de una marca ha obtenido la inscripción de otra marca idéntica o semejante a ella no puede alegar, frente al titular de la prioritaria, un derecho preferente del que carece (…) ya que lo que realmente debe proteger el registro es precisamente el derecho de quien primeramente se inscribió, que al solicitar otra marca con la misma denominación o muy semejante no hace sino extender a productos, o a otras modalidades de las permitidas por el Estatuto, eses derecho de preferencia que, naturalmente, excluye todo intento de oposición formulado por quien inscribió después, ya que la nueva inscripción impugnada viene a consistir una continuidad registral de la primitiva, y ha de seguirse con ella un criterio más flexible*".

No obstante, matiza el Tribunal, que esta tesis no tiene aplicación en el presente caso, pues el titular de una marca más antigua no tiene por este solo hecho preferencia para registrar marcas ulteriores con igual denominación pero distinto ámbito aplicativo en los casos en los que existan marcas intermedias. La respuesta que da la Sala:

"*Atiende a la necesaria protección de las marcas intermedias cuando su ámbito aplicativo es diferente del de las marcas primitivas (circunstancia que posibilitó el registro de aquéllas) pero coincide con el de las nuevas marcas aspirantes. Hemos afirmado que no puede registrarse válidamente una nueva marca aspirante que coincida con las marcas primitivas en su denominación pero que coincida con las intermedias en su ámbito aplicativo: permitir el registro de un nuevo signo así configurado sería por tanto negar de modo absoluto la eficacia propia de las marcas intermedias que hayan accedido al registro*".

En definitiva, el Tribunal adopta una postura más restrictiva en la aplicación de la doctrina de la continuidad registral, garantizando la protección de los derechos de los titulares de marcas previas, pero sin concederles una protección excesiva o desmedida, como ocurría en decisiones anteriores. Esta nueva línea del Tribunal Supremo se puede encontrar en sentencias de 2 de marzo de 2004, 18 de octubre de 2007 y 2 de julio de 2008 (*Tol 615176*), entre otras.

3.3. Mulato vs Palma Mulata

Un tercer asunto interesante a efectos de esta ponencia es la STS 6759/2012, de 16 de octubre de 2012 (*Tol 2668424*) en el Asunto Mulata, dado que se trata de un supuesto en el que las marcas prioritaria y candidata no solo no son idénticas, sino que, además, la marca candidata, coincide parcialmente en la denominación y totalmente en los productos reivindicados con la marca intermedia.

Las marcas enfrentadas en este caso son las siguientes:

MARCA PRIORITARIA	M 2.009.847	Solicitada a 1 de febrero de 1996	**MULATO** (denominativa)	En clase **33** para *bebidas alcohólicas (excepto cervezas)*
MARCA INTERMEDIA	MUE 4.602.454	Solicitada a 30 de abril de 2002	**PALMA MULATA** (denominativa)	En clase **33** para *bebidas alcohólicas (excepto cervezas)*
MARCA CANDIDATA	M 2.699.253	Solicitada el 8 de marzo de 2006	**MULATA** (denominativa)	En clase **33** para *ron*

Contemplamos, en este caso, como la titular de la marca de la Unión Europea intermedia PALMA MULATA, impugnaba la solicitud de la marca española candidata, MULATA, cuyo solicitante, a su vez, también era titular de la marca española prioritaria MULATO.

La marca candidata es concedida por la OEPM, en aplicación del principio de continuidad registral, pero esta concesión es revocada por el Tribunal Superior de Justicia de Madrid.

Interpuesto recurso de casación, en el presente asunto, el Alto Tribunal, sin otorgar mayor relevancia al hecho de que no exista identidad denominativa entre la marca prioritaria y la candidata, aplica igualmente la doctrina de la Continuidad Registral. Por un lado, se hace eco de la doctrina radical reflejada en sentencias de 20 de noviembre de 1981 y 14 de mayo de 1982, 27 de febrero de 1984 (*Tol 973837*), entre otras afirmando que:

"[...] Quien con posterioridad a la inscripción de una marca ha obtenido la inscripción de otra marca idéntica o semejante a ella no puede alegar, frente al titular de la prioritaria, un derecho preferente del que carece (...) ya que lo que realmente debe proteger el registro es precisamente el derecho de quien primeramente se inscribió, que al solicitar otra marca con la misma denominación o muy semejante no hace sino extender a productos, o a otras modalidades de las permitidas por el Estatuto, eses derecho de preferencia que, naturalmente, excluye todo intento de oposición formulado por quien inscribió después, ya que la nueva inscripción impugnada viene a consistir una continuidad registral de la primitiva, y ha de seguirse con ella un criterio más flexible".

Y, por otro lado el Tribunal, recordando la tesis que venía a matizar el alcance de la continuidad registral recogida en la sentencia de 8 de marzo de 2007 (*Tol 1044244*), entre otras, haciendo referencia a la necesaria armonización de los principios de prioridad registral junto con el de especialidad, declara que:

"la existencia de una previa inscripción atribuirá al titular de la misma el derecho a una nueva inscripción con las mismas o similares denominaciones siempre que lo sea para el mismo o similar campo de actividad o productos".

4. JURISPRUDENCIA Y PRÁCTICA EN LA EUIPO Y TRIBUNALES EUROPEOS

En marcas de la Unión Europea, la situación es completamente diferente respecto a la que existe en marcas nacionales españolas. La postura adoptada por la EUIPO y los Tribunales de primera instancia es, básicamente, la de no reconocer ese derecho preferente a quien primeramente inscribió y solo valorar como un dato favorable para la marca candidata la coexistencia previa de la marca prioritaria y la marca intermedia, en circunstancias muy excepcionales, salvo alguna "honrosa excepción":

4.1. Hello vs *Hallo*

Uno de los escasos supuestos en los que la EUIPO ha aplicado el Principio de Prioridad Registral en favor de la solicitante de la marca candidata es la Resolución de la Segunda Sala de Recurso de 5 de agosto de 2004, en el Asunto R 132/2002-2[2].

---

[2] EUIPO (2004) https://euipo.europa.eu/eSearchCLW/#key/trademark/APL_20040805_R0132_2002-2_001067255 Recuperado el 20 de marzo de 2025

Las marcas enfrentadas son las siguientes:

MARCAS PRIORITARIAS	M 1.220.828 M 1.220.830	Solicitadas a 24 de noviembre de 1987	HELLO! HOLA,S.A.-MADRID HELLO! HOLA,S.A.-MADRID	En clases **16** y **41** para *publicaciones impresas* y *servicios editoriales*
MARCA INTERMEDIA	M 2.014.157	Solicitada a 22 de febrero de 1996	**HALLO** (denominativa)	En clase **16** para *periódicos*
MARCA CANDIDATA	MUE 1.067.255	Solicitada a 30 de marzo de 1984	HELLO!	En clases **9, 16,** y **41** para *cintas de vídeo, publicaciones impresas* y *servicios editoriales.*

En este asunto, la solicitante de la marca candidata, HELLO! alegaba que las marcas prioritarias registradas le otorgaban un derecho anterior sobre la denominación que pretendía registrar, su marca candidata, un derecho que le permitiría enervar la oposición formulada por el contrario, en aplicación del principio *"pior in tempore, potior in iure"*.

Inicialmente, la marca de la Unión Europea candidata fue denegada al entender la División de Oposición que era obvio que existía una identidad y una similitud entre los productos y servicios en conflicto y que las marcas eran visual y fonéticamente similares, por lo que existía, a su juicio, un riesgo de confusión incluyendo el riesgo de asociación. Finalmente, la Oficina no consideró los derechos anteriores de la solicitante "*por ser ajenos al procedimiento de oposición*".

Interpuesto recurso contra esta resolución, la Sala de Recurso de la entonces OAMI argumenta que:

"[...]...el titular de una marca posterior ni tiene derecho a prohibir el uso de una marca anterior registrada para el mismo territorio ni tiene derecho a prohibir el uso de una marca anterior registrada para el mismo territorio ni puede pedir su nulidad (...). Si el titular de la marca española posterior no puede oponerse al uso de las marcas españolas anteriores de la solicitante, tampoco podrá oponerse con éxito a su registro como marca comunitaria, pues el registro comunitario no le da a la solicitante en el territorio relevante más derechos de los que ya tenía como titular de las marcas españolas anteriores".

Y además, y esto es lo más relevante, por inusitado:

"la solicitante tiene un derecho preferente e inimpugnable por la oponente para usar en España la marca HELLO! para los productos y servicios de las clases 16 y 41 sobre la base de las marcas españolas prioritarias. No puede aplicarse el artículo 8, apartado 1, letra b) del RMC ignorando la realidad jurídica existente y los derechos de la solicitante en el territorio relevante, pues si hay confusión no será por el uso de la marca de la solicitante, al que en todo caso tiene derecho y al que no puede nunca ponerse la oponente; sino por el uso de la marca de la oponente, que en realidad no es una marca anterior sino posterior a las de la solicitante. La aplicación mecánica y formalista de la disposición citada en supuestos como el presente, ignorando la prioridad y preferencia de los derechos de la solicitante, viola el mandato esencial de la disposición así aplicada por ser contraria a su misma ratio legis y lleva al resultado absurdo de proteger al titular de una marca posterior frente al titular de la marca realmente anterior, que en el presente caso es la solicitante. Tal resultado sería contrario a la ratio y finalidad de la citada disposición y del mismo sistema de registro de marcas, que es justamente la contraria: proteger el derecho de quien primeramente registro, que por ser primero en el tiempo debe ser mejor en el derecho en el territorio relevante".

Esta aplicación, más que razonada, del principio de continuidad registral y de la protección de quien primeramente inscribió es una *rara avis* en la praxis de la EUIPO y de los tribunales de la Unión Europea.

4.2. GRUPO SADA vs SADIA

Caso distinto, es el presentado ante la STG de Primera Instancia de 11 de mayo de 2005 (*Tol 5744136*), en el Asunto T-31/03, en donde los signos que se enfrentan son los siguiente:

MARCA PRIORITARIA	M 1.311.019 M 1.311.021 M 1.807.310	Las dos primeras solicitadas a 22 de marzo de 1989, y a 4 de marzo de 1994 la última de ellas	***SADA* SOCIEDAD ANÓNIMA PARA LA DISTRIBUCIÓN ALIMENTARIA** **LA DESPENSA DE SADA**	En clase **29** para *carne (...); frutas y legumbres en conserva, (...); gelatinas (...); huevos (...); aceites y grasas comestibles.*

MARCA INTERMEDIA	M 1.919.773	Solicitada a 2 de septiembre de 1994	Sadia	En clase **29** para *carne (...); frutas y legumbres, (...); gelatinas (...); huevos (...); aceites y grasas comestibles.*
MARCA CANDIDATA	MUE 000157545	Solicitada el 1 de abril de 1996	GRUPO SADA	En clases **31** para *productos agrícolas, animales vivos (...), frutas y legumbres, semillas (...);* **35** *para servicios de publicidad, trabajos de oficina (...)*

La marca candidata fue objeto de oposición por parte del titular de la marca intermedia. La oposición fue dirigida frente a las tres clases solicitadas y fue estimada por la División de Oposición en la clase 29, siendo concedida en las clases 31 y 35.

Interpuesto recurso, fue desestimado por la Sala de Recursos al entender que las marcas enfrentadas eran confundibles.

Frente a esta resolución fue interpuesto recurso ante el Tribunal de Primera Instancia, en la que el solicitante alegó que, antes de presentarse la marca candidata, ya existía una coexistencia en el mercado español entre la marca intermedia y las tres marcas prioritarias y que la marca de la Unión Europea candidata reunía en un único signo los elementos constitutivos de las tres marcas nacionales de las que es titular, a saber, el elemento denominativo «SADA» de las marcas que llevan los números de registro 1311019 y 1807310, y el elemento gráfico consistente en cuatro círculos, sobre los que aparecen seis líneas oblicuas, registrado con el número 1311021. Por tanto, la marca candidata no debería confundir al consumidor, que la relacionará con las marcas nacionales anteriores de la demandante y no con la de la interviniente. En consecuencia, no existe riesgo de confusión alguno entre la marca candidata y la de la interviniente por parte del consumidor.

Además, la demandante señalaba que, cuando se presentó la marca intermedia, el titular de la marca prioritaria no cuestionó que aquélla pudiera generar riesgo de confusión por parte del consumidor español.

El Tribunal rechazó esta argumentación sobre la base de que el demandante no podía invocar el hecho de no haberse opuesto, en su momento, al registro de la marca intermedia de la interviniente en España, fundándose en sus propias marcas anteriores, ya que consideró que ello "*no significa que quede descartado todo riesgo de confusión entre las marcas en conflicto*".

A continuación, reproduce un fundamento que se repite sistemáticamente en sentencias y decisiones en el ámbito de la Unión, que abordan esta cuestión de los derechos anteriores del solicitante de la marca candidata:

"Es cierto que no se excluye completamente que, en ciertos casos, la coexistencia de marcas anteriores en el mercado pueda disminuir el riesgo de confusión entre dos marcas en conflicto constatado por las instancias de la OAMI. Sin embargo, dicha posibilidad solo puede tomarse en consideración si, al menos, durante el procedimiento ante la OAMI, la solicitante de la marca comunitaria ha demostrado suficientemente que dicha coexistencia se basaba en la ausencia de riesgo de confusión, por parte del público interesado (…). De lo anterior se deduce que la coexistencia formal de determinadas marcas en registros nacionales o comunitarios no resulta especialmente relevante por si misma. Debe demostrarse igualmente que coexisten en el mercado, lo que podría indicar que los consumidores están acostumbrados a ver las marcas sin confundirlas. Por último, habría que señalar que el examen de la Oficina se limitará en principio a las marcas en conflicto".

Es decir, el titular de una marca prioritaria que tolera el registro de una marca intermedia, más o menos similar, por considerar que no existe riesgo de confusión y solicita una nueva marca con una denominación idéntica o similar a las prioritarias para productos coincidentes, puede ver cercenado su *ius variandi* de sus marcas anteriores, si recibe una oposición del titular de la marca intermedia.

Para superar esta situación, el titular de la marca prioritaria se vería abocado a dos opciones totalmente contradictorias entre sí: a) o bien presentar una solicitud de nulidad frente a la marca intermedia —solicitud que no prosperará si el titular de la marca intermedia puede demostrar tolerancia del titular de la marca prioritaria durante cinco años— alegando incompatibilidad entre los registros en cuestión, a pesar de que hasta entonces consideraba que la marca intermedia no le perjudicaba; b) o bien, tendría que "demostrar suficientemente" que la coexistencia entre las marcas prioritarias y la intermedia se basaba en la ausencia de riesgo de confusión en el mercado, algo que, en la práctica, siempre es difícil de probar.

4.3. INERCO vs INECO

Resulta también especialmente paradigmática la siguiente resolución de la División de Oposición, de 3 de agosto de 2023[3], pues plasma la dinámica seguida por los órganos europeos cada vez que se invoca el Principio de Continuidad Registral ante ellos. En este caso los signos confrontados son los siguientes:

MARCA PRIORITARIA	MUE 8.678.708	Solicitada a 11 de novimebre de 2009	INERCO	En clases **9, 37, 42 y 45** especialmente *para productos y servicios relacionados con el desarrollo industrial*
MARCAS INTERMEDIAS	M 3.110.455 M 3.581.124	Solicitadas a 12 de febrero de 2014 y a 8 de octubre de 2015, respectivamente	**INECO** (denominativa) **CAMPUS INECO** (denominativa)	En clases **39, 41 y 42** *especialmente para productos y servicios relacionados con la construcción*
MARCA CANDIDATA	MUE 18.144.871	Solicitada a 29 de octubre de 2019	INERCO	En clases **9, 37, 40, 41, 42 y 45** *especialmente para productos y servicios relacionados con el desarrollo industrial y construcción*

En contestación a la oposición presentada por el titular de la marca intermedia, INECO, el solicitante de la marca candidata alegó tener una marca de la Unión Europea prioritaria a la marca intermedia, que apenas se había modificado en la nueva solicitud, de manera que esta no resultaba más que una continuidad registral de la primitiva y por ello había de seguirse con ella un criterio más flexible.

La EUIPO, estimó parcialmente la oposición tomando en consideración dos de las marcas invocadas, denegando la inscripción de la marca candidata. En su resolución, este Organismo, además de reproducir los criterios expuestos en el apartado anterior, básicamente que el derecho a una marca de la Unión Europea comienza en la fecha de presentación de la solicitud y no antes; y que es el solicitante que invoca derechos anteriores

[3] EUIPO (2023) https://euipo.europa.eu/eSearchCLW/#key/trademark/OPP_20230803_003111704_018144871. Recuperado el 20 de marzo de 2025

el que debe demostrar que éstas hayan coexistido en el mercado de forma pacífica con las marcas de la oponente, establece las condiciones que deben cumplirse que esa coexistencia pacífica pudiera ser tenida en cuenta por la EUIPO:

- "Situación similar. Las marcas anteriores ("coexistentes") y las marcas en conflicto son idénticas a las marcas objeto del procedimiento de oposición ante la Oficina y abarcan los mismos productos y servicios que las marcas en conflicto.
- La coexistencia se refiere a los países relevantes. Si la marca anterior es una marca de la UE, el solicitante de ésta debe demostrar la coexistencia en toda la UE.
- Únicamente se puede tener en cuenta la coexistencia en el mercado. El simple hecho de que ambas marcas existan en el registro nacional (coexistencia formal) no es suficiente.
- Debe tenerse en cuenta el periodo de coexistencia.
- La ausencia de riesgo de confusión solo puede inferirse del carácter "pacífico" de la coexistencia de las marcas en conflicto en el mercado de que se trate.
- Además, la coexistencia pacífica de las marcas en el mercado nacional de que se trate no impide la existencia de riesgo de confusión si se basa en acuerdos sobre derechos anteriores entre las partes"

Es decir, en la práctica, es virtualmente imposible acreditar esa coexistencia, especialmente cuando, como en este caso, el solicitante cuenta con una marca de la Unión Europea prioritaria y, por tanto, tendría que acreditar la coexistencia pacífica en los veintisiete Estados Miembros.

Por último, en esta completa decisión, se invocan, dos criterios adicionales que toma en consideración la EUIPO a la hora de abordar esta cuestión de los derechos anteriores por parte del solicitante:

- El primero: *"Debe tenerse en cuenta que el derecho a una marca de la Unión Europea comienza en la fecha de presentación de la solicitud y no antes; en relación con el procedimiento de oposición, la solicitud debe examinarse a partir de esa fecha.*
- El segundo: *"al examinar si la marca de la Unión Europea incurre en algún motivo de denegación relativo, los acontecimiento o hechos ocurridos antes de la fecha de presentación de la marca de la Unión Europea carecen de importancia."*

5. RESUMEN DE LAS POSTURAS MANTENIDAS EN LA PRÁCTICA ADMINISTRATIVA Y JUDICIAL EN ESPAÑA Y EN LA UNIÓN EUROPEA

En **España,** por regla general, se aplica la doctrina del Principio de Continuidad Registral sin desplazamiento de la marca intermedia.

Tal y como hace referencia la STSJ 354/2023 de 26 de junio del 2023 (*Tol 9667809*), ya el Tribunal Supremo, en su Sentencia de 20 de diciembre de 2013 (*Tol 4062026*) perfilaba de forma muy precisa que en aplicación de ese principio se debe conseguir la "*armonización entre principios de prioridad registral y de especialidad*", añadiendo que "*la existencia de una previa inscripción atribuirá al titular de la misma el derecho a una nueva inscripción con las mismas o similares denominaciones para el mismo o similar campo de actividad o productos*".

Y a continuación, reproduce los cuatro requisitos que ha venido exigiendo la doctrina jurisprudencial para la continuidad registral favor del ahora solicitante:

1. La titularidad de la marca candidata y prioritaria debe recaer en la misma persona física o jurídica,
2. Las marcas prioritarias se deben encontrar válidamente registradas y en vigor,
3. Las denominaciones de las marcas prioritaria y candidata deben ser idénticas o similares y, por último,
4. Debe existir identidad o similitud en relación con los productos o servicios protegidos por todas ellas.

En la **Unión Europea**, salvo en alguna contada ocasión, como es el caso de la resolución sobre las marcas HELLO vs HALLO, la EUIPO y los Tribunales Europeos no contemplan el derecho de continuidad registral del titular de marcas anteriores, aunque coincidan en la denominación y en los productos o servicios con la marca candidata.

La propia EUIPO ha resumido en unas directrices internas[4], su postura sobre esta cuestión. No nos vamos a detener de nuevo en ellas porque aparecen ya desarrolladas en las decisiones ya expuestas de los casos GRUPO

[4] EUIPO. (2024). *Directrices sobre marcas y diseños* https://guidelines.euipo.europa.eu/2214311/2199801/trade-mark-guidelines/1-introduction. Recuperado el 18 de marzo de 2025

SADA vs SADIA e INERCO vs INECO, solamente nos limitaremos a enunciarlas:

1. El derecho a registrar una marca de la Unión Europea comienza en el momento en el que se presenta la solicitud de marca y no antes
2. El examen del riesgo de confusión que realiza la Oficina es un examen abstracto y, en principio, limitado a las marcas en conflicto
3. El Tribunal de Justicia ha declarado que el único objetivo del procedimiento de oposición es decidir si la solicitud puede acceder a Registro y no solucionar con carácter preventivo posibles conflictos
4. En teoría la coexistencia para declarar la inexistencia de riesgo de confusión se acepta pero, en la práctica, las condiciones para que esta coexistencia demuestre la inexistencia de un riesgo de confusión resultan muy difíciles de cumplir y pocas veces se imponen (únicamente se puede tener en cuenta la coexistencia en el mercado)

6. ANÁLISIS DE LAS CONSECUENCIAS DEL DISTINTO TRATAMIENTO EN ESPAÑA Y LA UNIÓN EUROPEA ANTE SUPUESTOS IDÉNTICOS

Este artículo tiene un objetivo marcadamente práctico y no doctrinal. Lo expuesto hasta ahora trata de reflejar la evolución de la aplicación del Principio de Continuidad Registral en ambas jurisdicciones, y cómo se afronta en cada una de ellas las situaciones que se plantean cuando el titular de una marca prioritaria solicita el registro de una nueva marca idéntica o parecida para productos coincidentes o similares y recibe la oposición del titular de una marca intermedia.

Como se verá a continuación, y como cabe presumir por lo expuesto en los apartados anteriores, en determinados supuestos el solicitante que cuenta con marcas prioritarias, podrá obtener en ambas jurisdicciones la concesión de sus marcas, aunque en el caso de la marca de la Unión Europea, viéndose obligado a realizar actuaciones adicionales de impugnación que no serían necesarias en España; mientras que en otros casos, se puede dar la paradoja de que quien solicitó primero en el Registro, puede verse privado de poder proteger nuevas marcas coincidentes o similares con las prioritarias, si se opone quien registró después, es decir, el titular de la marca intermedia.

Vamos a centrarnos en un supuesto concreto de sucesión de derechos, y ver cuál podría ser el resultado, ante las mismas circunstancias en ambas jurisdicciones. Para simplificar el enfoque, hemos partido de la base de que las marcas que se suceden son equivalentes en su naturaleza, es decir, marcas españolas cuando se valora el posible resultado ante la OEPM, y marcas de la UE cuando se valora el posible resultado ante la EUIPO, y que en todos los casos, se ha presentado oposición por parte del titular de la marca intermedia:

Marca prioritaria	RALDER	En clases **16** y **41** para *publicaciones impresas* y *servicios editoriales*
Marca intermedia	Palder News	En clase **16** para *periódicos*
Marca candidata	RALDER	En clases **9, 16,** y **41** para *cintas de vídeo, publicaciones impresas y servicios editoriales.*

6.1. Supuesto 1: La marca prioritaria y la intermedia se usan pero no ha transcurrido el plazo de prescripción por tolerancia

<table>
<tr><td>Marca prioritaria</td><td colspan="2">✓ Solicitada en 1998</td></tr>
<tr><td>Marca intermedia</td><td colspan="2">✓ Solicitada en el año 2000
✓ No se puede caducar pero sí anular por no haber prescripción por tolerancia</td></tr>
<tr><td>Marca candidata</td><td>EUIPO:
Será posible obtener el registro de la marca de la UE, si se da alguna de las siguientes situaciones:
– el titular de la marca prioritaria consigue anular la intermedia alegando que las marcas son incompatibles
– el titular de la marca prioritaria es capaz de acreditar que se ha producido coexistencia pacífica anterior en toda la Unión Europea, conforme a los criterios establecidos en la decisión de la EUIPO en el caso las marcas INERCO VS INECO</td><td>OEPM:
En circunstancias normales el titular de la marca prioritaria conseguirá el registro de la marca española candidata, simplemente invocando su derecho de continuidad registral sobre la marca prioritaria.</td></tr>
</table>

6.2. Supuesto 2: La prioritaria se usa y la intermedia no

Marca prioritaria	✓ Solicitada en 1998 ✓ Se usa
Marca intermedia	✓ Solicitada en el año 2000 ✓ Se puede caducar —no se usa— y anular —con la prioritaria—

Marca candidata	EUIPO: El titular de la marca candidata y prioritaria tendrá que optar entre acreditar una coexistencia previa en toda la Unión o presentar una solicitud de caducidad y/o nulidad de la marca intermedia para conseguir el registro de marca ante la UE.	OEPM: En circunstancias normales el titular de la marca prioritaria conseguirá el registro de la marca española candidata, simplemente invocando su derecho de continuidad registral sobre la marca prioritaria.

6.3. Supuesto 3: La prioritaria no se usa y la intermedia sí

Marca prioritaria	✓ Solicitada en 1998 ✓ No se usa	
Marca intermedia	✓ Solicitada en el año 2000 ✓ No se puede caducar (se usa) ✓ No se puede anular (no se usa la prioritaria)	
Marca candidata	EUIPO: El solicitante no podrá conseguir la marca de la UE.	OEPM: El solicitante podrá conseguir la marca española aspirante, salvo que el titular de la intermedia caduque la marca prioritaria y desaparezca su derecho a la continuidad registral.

6.4. Supuesto 4: La marca prioritaria y la intermedia han sido utilizadas durante mucho tiempo

Marca prioritaria	✓ Solicitada en 1975	
Marca intermedia	✓ Solicitada en el año 2000 ✓ No se puede caducar ni anular por haber prescripción por tolerancia	
Marca candidata	EUIPO: Mientras se use la marca intermedia el solicitante no podrá conseguir una nueva marca en la UE, aunque consista en la misma denominación y reivindique exactamente los mismos productos que su marca prioritaria, ya que la EUIPO la denegará por la existencia de la marca intermedia, salvo que el solicitante consiga acreditar suficientemente la coexistencia pacífica anterior con la marca intermedia en toda la Unión Europea, algo que, como ya hemos tenido oportunidad de comentar, es muy difícil de conseguir.	OEPM: El solicitante, en circunstancias normales, conseguirá la marca española candidata alegando simplemente su derecho a continuidad registral.

El tercer y cuarto de estos supuestos, donde la marca intermedia no es caducable ni anulable, son los más problemáticos para el titular de una marca prioritaria que aspira a registrar una marca de la Unión Europea.

El motivo es que el titular de una marca prioritaria, objeto de uso efectivo, no va a poder proteger alteraciones de esta marca vía marca de la Unión Europea si la marca intermedia y prioritaria han coexistido desde hace más de cinco años. Es decir, este aspirante se vería "condenado" a usar su marca prioritaria con variaciones no sustanciales para poder mantener sus derechos.

Peor aún es el caso del titular de una marca prioritaria que ya no está interesado en el uso de la versión primitiva de la marca y opta por usar un logotipo que, manteniendo la misma denominación, introduzca variaciones sustanciales. En esta situación, además de no poder proteger alteraciones de esa marca prioritaria vía marca de la Unión Europea, puede acabar perdiéndola al convertirse en una marca vulnerable por uso no genuino.

Sin embargo, en estos dos mismos supuestos, el aspirante a registrar una marca española sorteará el obstáculo que plantea la marca intermedia limitándose a invocar su derecho a la continuidad registral.

7. CONCLUSIÓN

De lo expuesto hasta ahora, cabe deducir que, al menos en el tratamiento y el reconocimiento de los derechos derivados de marcas prioritarias, cuando el titular de las mismas intenta ejercitar su *ius variandi,* solicitando nuevas marcas que contengan denominaciones idénticas o similares para productos o servicios coincidentes, bien para reforzar, la protección ya obtenida, —por ejemplo con el registro de una marca denominativa—, bien para adecuar la realidad registral a la comercial mediante la protección de nuevas marcas figurativas, la postura de la OEPM y la EUIPO, son diametralmente opuestas, con consecuencias de orden práctico muy dispares.

Este planteamiento tan dispar de ambos organismos choca frontalmente con el proceso de armonización en el que nos encontramos de aproximación de las legislaciones de los Estados miembros en materia de marcas, cuyo último exponente es la Directiva (UE) 2015/2436 del Parlamento Europeo y del Consejo de 16 de diciembre de 2015 relativa a la aproximación de las legislaciones de los Estados miembros en materia de marcas (versión refundida) (*Tol 5592627*).

En ese cuerpo normativo, se contemplan, entre otros, los siguientes principios fundamentales: *"La coexistencia y el equilibrio de los sistemas de marcas nacionales con el sistema establecido a escala de la Unión constituyen la piedra angular del enfoque que la Unión da a la protección de la propiedad intelectual" (Considerando 3), "Es fundamental garantizar que las marcas registradas gocen de la misma protección en los ordenamientos jurídicos de todos los Estados miembros" (Considerando 10),* o que uno de los fines que deben garantizarse es "la *seguridad jurídica y la plena coherencia con el principio de prioridad, según el cual una marca registrada con anterioridad prevalece sobre otra registrada posteriormente" (Considerando 17).*

Cuando dentro de este proceso de armonización, iniciado por otras normas anteriores, se sancionó la Ley 17/2001 de Marcas de 7 de diciembre, en su exposición de motivos se explicaba que la supresión del examen que debía efectuar la *Oficina Española de Patentes y Marcas (OEPM) tenía claramente por objeto, además de alinearse con los "con los sistemas mayoritarios en nuestro entorno europeo y, en particular, con el sistema de la marca comunitaria; evitar el planteamiento por la Administración de conflictos artificiales al señalar de oficio marcas anteriores cuando su titular no tiene interés en oponerse a la nueva solicitud y finalmente, ganar en rapidez y eficacia".*

Como puede apreciarse, se hace hincapié en el respeto a la autonomía de la voluntad del titular de la marca prioritaria. Es el titular de la marca prioritaria el soberano a la hora de decidir si presenta o no oposición, para que así se gane en "*rapidez y eficacia*". Precisamente el mismo planteamiento que se mantuvo cuando se instauró el Sistema de la Marca Comunitaria.

Siendo esto así, resulta difícil entender para este autor que la EUIPO y los tribunales de la Unión adopten una posición tan drástica respecto al Principio de Continuidad Registral. Las marcas no son realidades estáticas, sino que evolucionan y van adquiriendo con el tiempo un mayor *goodwill* que debe ponerse en valor. Además, uno de los pilares de nuestro sistema de marcas, del de los países de nuestro entorno, y de la Marca de la Unión Europea, es el derecho a la prioridad registral, y esto pasa por respetar los derechos del titular de una marca prioritariamente registrada.

Comparar dos marcas considerando que el derecho del solicitante comienza en el momento en que se presenta la solicitud de la marca ignorándose el *goodwill* de la marca prioritaria, o manteniendo que el examen que debe hacer la EUIPO es un examen abstracto y limitado a las marcas en el conflicto, es hacer un examen artificial, incompleto e incorrecto.

Probablemente los partidarios de la postura de la EUIPO la justifiquen aduciendo lo que en algunas ocasiones ha mantenido nuestro Tribunal

Supremo, como en su sentencia de 10 de junio de 1997 (*Tol 5144489*) esto es, que el sistema de protección de marcas "*se bifurca en dos direcciones: por un lado protege al titular de la marca para evitar los perjuicios que pueda sufrir por el aprovechamiento que puedan hacer otros del prestigio ganado para la marca legalmente registrada y conocida en el mercado; y por otro, a los consumidores, que necesitan protección para evitar la confusión para evitar la confusión que pueda producirse por la identidad o semejanza entre los mismos productos distorsionando la demanda*". Es decir, no sólo hay que velar por los intereses del titular de la marca prioritaria, sino también, especialmente, sobre los derechos del consumidor para que no se vean expuestos a situaciones de confusión.

No puede sino aceptarse que los derechos del titular de la marca ya registrada deben ponderarse con los de los consumidores, pero lo cierto es que, una inobservancia absoluta del Principio de Continuidad Registral, como ahora está haciendo la EUIPO, castiga al empresario, que ha condensado en su marca prioritaria su buen hacer empresarial, sin un ius variendi, por no haber impugnado el registro de terceros al tener un criterio laxo en la apreciación de posibles riesgos de confusión con terceros; beneficia indebidamente al que ha inscrito con posterioridad —que puede bloquear el *ius variandi* del titular de la marca prioritaria— y, a la postre perjudica los derechos de los consumidores que pueden llegar a la errónea conclusión de que el titular de la marca intermedia, que no vería impedido su derecho a proteger registralmente las distintas evoluciones de su marca, es el que verdaderamente ostenta un mejor derecho respecto al de la marca prioritaria —que con el tiempo podría quedar en obsolescencia—.

8. REFERENCIAS BIBLIOGRÁFICAS

EUIPO. (2024). *Directrices sobre marcas y diseños* https://guidelines.euipo.europa.eu/2214311/2199801/trade-mark-guidelines/1-introduction. Recuperado el 18 de marzo de 2025

EUIPO (2023) https://euipo.europa.eu/eSearchCLW/#key/trademark/OPP_20230803_003111704_018144871. Recuperado el 20 de marzo de 2025

EUIPO (2004) https://euipo.europa.eu/eSearchCLW/#key/trademark/APL_20040805_R0132_2002-2_001067255. Recuperado el 20 de marzo de 2025

Fernández-Novoa, C. (1984). *Fundamentos de Derecho de Marcas.* Editorial Montecorvo, S.A.

9. DOCTRINA

Fernández-Novoa, C. (1984). Fundamentos de Derecho de Marcas. Editorial Montecorov, S.A.

10. JURISPRUDENCIA

Sentencia del Tribunal Supremo (Sala Tercera) de 20 de noviembre de 1981

Sentencia del Tribunal Supremo (Sala Primera) 13270/1992, de 9 de abril de 1992 Sentencia del Tribunal Supremo (Sala Tercera) 4109/1997, Rec 4448/1992 Sentencia del Tribunal Supremo de 2 de marzo de 2004, Rec. 2956/1999

Sentencia del Tribunal Supremo (Sala Tercera) 4239/2007 de 3 de diciembre de 2009 Sentencia del Tribunal Supremo (Sala Tercera) de 8 de marzo de 2007, Rec. 252/2005 Sentencia del Tribunal Supremo (Sala Tercera) 6759/2012 de 16 de octubre de 2012, Rec. 6311/2011

Sentencia del Tribunal Supremo de 20 de diciembre de 2013, Rec. 172/2013

Sentencia del Tribunal de Primera Instancia (Sala Cuarta) de 11 de mayo de 2005 Sena del Tribunal Superior de Justicia de Madrid 354/2023 de 26 de junio del 2023

Las marcas de color. Acceso al registro y alcance de su protección

CARMEN GONZÁLEZ CANDELA
Investigadora en formación de la Escuela Internacional de Doctorado, CEU (CEINDO), Universidad San Pablo-CEU, CEU Universities, Urbanización Montepríncipe, 28660 Boadilla del Monte, España

1. INTRODUCCIÓN

Que un color o una combinación de colores puede ser una marca no está en discusión. No obstante, ni su acceso al registro resulta fácil ni el alcance de su protección resulta tampoco fácilmente determinable a priori.

Si tenemos en cuenta el grado de influencia que el color puede tener en el éxito de una marca, no podemos sino corroborar la importancia de obtener un derecho de exclusiva sobre el mismo y el papel crucial que en ello tienen las Oficinas de Registro. El color puede aumentar el reconocimiento de la marca en un 87% e influye en hasta un 85% en las compras de productos, si tenemos en cuenta algunos estudios analizados[1], de ahí que seleccionarlos de forma estratégica pueda influir de forma determinante en cómo se percibe la marca ya que el color es un importante vehículo de transmisión de los valores de la misma.

No obstante, el registro de marcas de color sigue siendo minoritario comparado con las marcas llamadas "convencionales", marcas compuestas

[1] Estudio Pantone, Bienvenidos al Pantone Color Institute LA AUTORIDAD DEL COLOR POR EXCELENCIA https://www.pantone.com/eu/es/consultoria-de-color/acerca-del-pantone-color-institute. Recuperado el 09/03/2025

por denominaciones acompañadas o no por elementos gráficos adicionales y/o tipografías específicas en blanco y negro o en color (marcas denominativas o figurativas) y ello parece deberse a la actitud restrictiva de las Oficinas de Registro que exigen un reconocimiento previo de su distintividad por parte del público destinatario y su vinculación con productos y servicios muy concretos para evitar que unos pocos se adueñen de los colores y la marca se convierta en un elemento distorsionador de la libre competencia.

A fecha de hoy, los datos de oficinas de registro como la Oficina de Propiedad Intelectual de la Unión Europea (EUIPO) o la Oficina Española de Patentes y Marcas (OEPM) son reveladores.

En EUIPO, el total de marcas identificadas como "de color", en la fecha en la que se escribe este artículo, son menos de 1.200 de las cuales alrededor de un 40% han sido desestimadas y representan sólo alrededor del 0,1% frente a las más de 940.000 marcas denominativas registradas o las 740.000 marcas figurativas[2].

En OEPM, los datos también revelan una situación similar ya que las marcas de color registradas actualmente son solo 4 frente a las marcas de 326.000 marcas denominativas, aunque el número de solicitudes de este tipo de marcas es sensiblemente inferior[3].

El total en toda la Unión Europea de marcas que consisten en un color o una combinación de colores es de 1.457, de las cuales distinguen ropa, calzados o complementos o productos de joyería unas 132[4] contrariamente a lo que se podría pensar inicialmente y menos si tenemos en cuenta que dentro de esta clasificación se encuentran también algunas marcas que se deberían calificar como figurativas, aunque contengan un color o una combinación de colores.

Estamos hablando de signos como los siguientes:

---

2 Información extraída de la base de datos E Search de EUIPO de acceso gratuito https://euipo.europa.eu/eSearch/. Recuperado el 09/03/2025

3 Información extraída de la base de datos de consulta de expedientes de OEPM en fecha https://consultas2.oepm.es/. Recuperado el 09/03/2025

4 Fovea IP. Resultados de la búsqueda online efectuada el 30 de marzo de 2025 con los siguientes criterios:
https://online.foveaip.com/search

Marca de la Unión Europea nº 010780567[5]

Marca de la Unión Europea nº 018526913[6]

Marca de la Unión Europea nº 000031336[7]

Marca de la Unión Europea nº 013024443[8]

Y, por supuesto como estos:

---

5 Marca UE nº 010780567 a nombre de FABRIMODE, naamloze vennootschap en clases 18, 25 y 35. EUIPO eSearch plus. Disponible en https://euipo.europa.eu/eSearch/#details/trademarks/010780567

6 Marca UE nº 018526913 a nombre de HUGO BOSS AG en clases 9, 14, 16, 18, 24, 25, 27, 35. EUIPO eSearch plus. Disponible en https://euipo.europa.eu/eSearch/#details/trademarks/018526913

7 Marca UE nº 000031336 a nombre Kraft Foods Schweiz Holding GmbH de en clase 30. EUIPO eSearch plus. Disponible en https://euipo.europa.eu/eSearch/#details/trademarks/000031336

8 Marca UE nº 013024443 a nombre de O2 Worldwide Limited en clases 9, 35, 36, 38, 41, 42. EUIPO eSearch plus. Disponible en https://euipo.europa.eu/eSearch/#details/trademarks/013024443

El primero de ellos conocido como Tiffany Blue (Pantone 1837)[9], cifra que se corresponde con el año de la fundación de su titular. Y el segundo[10] propiedad de FERRARI S.P.A.

También se puede considerar como marca de color / combinación de colores aquella en la que se muestra cómo aparecen los colores dispuestos en los productos, aunque su correcta clasificación sería como marca de posición:

Marca de la Unión Europea nº 000001991[11]

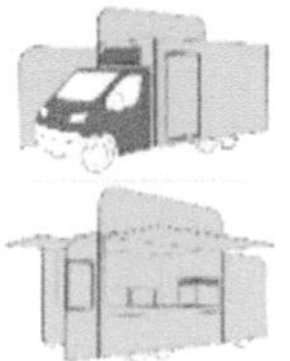

Marca de la Unión Europea nº 017917895[12]

En cuanto a su posibilidad de registro, la normativa en el ámbito de la Unión Europea es clara "los colores" pueden constituir marcas incluyéndose entre los ejemplos de signos aptos para distinguir productos y servicios[13]. Y, en concreto, en España "el color en sí mismo" ha dejado de ser una prohibición absoluta de registro (si no estaba delimitado por una forma determinada)[14], para dejar paso a una normativa que, ya eliminado

---

9 Marcas italianas nº 362023000048498 y nº 362023000048492. Disponibles en https://www.uibm.gov.it/bancadati

10 Marcas italiana nº 302023000104244. Disponibles en https://www.uibm.gov.it/bancadati

11 Marca UE nº 000001991 a nombre de BP p.l.c. en clases 4,37. EUIPO eSearch plus. Disponible en https://euipo.europa.eu/eSearch/#details/trademarks/000001991

12 Marca UE nº 017917895 a nombre de Gaumenschmaus Frischgrill e.K., Inhaber Hans-Joachim Klein en clases 29, 35, 43 EUIPO eSearch plus. Disponible en https://euipo.europa.eu/eSearch/#details/trademarks/017917895

13 Unión Europea. Artículo 3 de la Directiva (UE) del Parlamento Europeo y del Consejo de 16 de diciembre de 2015 relativa a la aproximación de las legislaciones de los Estados miembros en materia de marcas y el Artículo 4 del Reglamento (UE) 2017/1001 del Parlamento Europeo y del Consejo de 14 de junio de 2017 sobre la marca de la Unión Europea (Versión codificada) y de La Ley 17/2001, de 7 de diciembre, de Marcas de 08 de diciembre de 2001 (BOE-A-2001-23093)

14 España. Artículo 11 apartado 1 letra g de la Ley 32/1988 de 10 de noviembre de Marcas (BOE-A-1988-25939)

el requisito de representación gráfica, lo incluye entre los tipos de marca que se pueden registrar de forma específica de acuerdo con las directrices marcadas por la Directiva (UE) 2015/2436 del Parlamento Europeo y del Consejo.

2. OBJETO DE PROTECCIÓN Y REQUISITOS PARA SU REGISTRO

Parece evidente que lo que se puede proteger a través de una marca de color es, por un lado, un color concreto sin contornos y, por otro, la combinación de colores también sin contornos[15], en este último caso teniendo en cuenta su disposición específica tal y como aparecen representados en la solicitud de registro; este es por tanto su objeto de protección frente a otro tipo de marcas en las que el color está presente pero formando parte de otros conjuntos en los que se incluyen otros elementos verbales o gráficos.

Y, para determinar claramente el objeto de protección de cualquier tipo de marca, se exige que esta representación sea clara, precisa, autosuficiente, fácilmente accesible, inteligible, duradera y objetiva, de cualquier forma que se considere adecuada usando la tecnología generalmente disponible de tal manera que permita a las autoridades competentes y al público en general determinar el objeto claro y preciso de la protección otorgada a sus titulares[16].

---

15 Unión Europea. Directrices relativas al examen de las marcas de la Unión Europea Oficina de Propiedad Intelectual de la Unión Europea (EUIPO) parte B Examen Formalidades, apartado 9.3.6 Marcas de Color, versión 1.1 01/05/2025 disponible en https://guidelines.euipo.europa.eu/. España. Manual Informativo para los Solicitantes de Marcas de OEPM, Tipos de marcas, enero 2024-NIPO: 073-15-043-5, disponible en https://www.oepm.es/export/sites/portal/comun/documentos_relacionados/PDF/Manuales/Manual_solicitantes_marcas.pdf

16 Unión Europea. Considerando 13 de la Directiva (UE) del Parlamento Europeo y del Consejo de 16 de diciembre de 2015. Real Decreto 687/2002, de 12 de julio, por el que se aprueba el Reglamento para la ejecución de la Ley 17/2001, de 7 de diciembre, de Marcas y Reglamento de ejecución (UE) 2018/626 de la Comisión de 5 de marzo de 2018 por el que se establecen normas de desarrollo de determinadas disposiciones del Reglamento (UE) 2017/1001 del Parlamento Europeo y del Consejo.

2.1. Formalidades: requisitos de representación

En cuanto a las marcas de color, si bien es cierto que existen determinados soportes (como los digitales) en los que es posible reproducir un color de forma permanente, en otros como el papel, el tono exacto del color puede deteriorarse con el paso del tiempo no cumpliendo, por tanto, la muestra del color con el requisito de representación duradera exigido por la normativa. Tampoco la descripción verbal del color parece adecuada para definir el exacto tono de color a proteger dada su imprecisión y su diferente interpretación.

De ahí que, para evitar la falta de precisión o de carácter duradero de la identificación del signo distintivo sea preciso que esta se haga mediante una designación del color a través de un código de identificación internacionalmente reconocido. En el asunto Libertel[17], el Tribunal de Justicia ya se pronunció sobre este tema indicando de forma clara que puede cumplirse con el requisito de representación de mediante este tipo de códigos.

Es por ello que la normativa en el ámbito de la Unión Europea exige con carácter obligatorio la presentación de dicha referencia a un código de color específico[18] no siendo ni adecuado ni posible incluir únicamente indicaciones verbales y siendo opcional, aunque recomendable, presentar también una descripción detallada de la disposición de los colores o referencias verbales de los colores en dicha descripción. Por tanto, su exigencia no se puede considerar como un requisito adicional impuesto a este tipo de marcas, sino que se debe al cumplimiento de los requisitos que para una correcta representación de la marca exige la normativa teniendo en cuenta la concreta naturaleza y el objeto de protección de este tipo de distintivos.

---

17 Tribunal de Justicia de la Unión Europea. Sentencia de 6 de mayo de 2003, LIBERTEL. Asunto C-104/01, EU:C:2003:244, apartados 28 a 38.

18 España. Real Decreto 687/2002, de 12 de julio, por el que se aprueba el Reglamento para la ejecución de la Ley 17/2001, de 7 de diciembre, de Marcas, Artículo 2. Representación de la marca. Unión Europea. Reglamento de ejecución (UE) 2018/626 de la Comisión de 5 de marzo de 2018 por el que se establecen normas de desarrollo de determinadas disposiciones del Reglamento (UE) 2017/1001 del Parlamento Europeo y del Consejo sobre la marca de la Unión Europea, Artículo 3 "Representación de la marca"

2.2. Motivos de denegación absolutos: el carácter distintivo

Una marca debe servir para identificar los productos o servicios objeto de registro atribuyéndoles una procedencia empresarial determinada permitiendo distinguirlos de los de otras empresas para poder acceder al registro. Dicho carácter distintivo debe apreciarse en relación con estos productos o servicios y teniendo en cuenta la percepción que el público destinatario tiene de dicho signo bastando con un grado mínimo de carácter distintivo para evitar la aplicación del motivo de denegación absoluto. Estos son los criterios europeos sobre los que se analiza la distintividad de un signo y, por tanto, la posibilidad de obtener su registro.

Se analizan a continuación cómo se aplican estos criterios cuando estamos ante una marca de color ya se trata del color per se o de una combinación de colores.

En cuanto a las marcas que consisten en un color como tal, la sentencia en el asunto Libertel ya citado es clara en su parte dispositiva al afirmar que un color por sí solo, sin delimitación espacial, puede tener, para determinados productos y servicios, un carácter distintivo, eso sí, teniendo en cuenta tres premisas en el examen de fondo de su distintividad:

- la valoración del interés general en que no se restrinja indebidamente la disponibilidad de los colores para los demás operadores,
- la amplitud de los productos y servicios solicitados
- y, en particular, el uso que se haya hecho de la marca.

Y siguiendo estas pautas, el Tribunal General ha ido dictando diferentes sentencias sobre la base de que **en el caso de un color per se, el carácter distintivo sin uso previo es inconcebible salvo en circunstancias excepcionales**.

Este es el caso de la sentencia de fecha 9 de septiembre de 2020 en el caso T-187/19[19] en relación con la marca de la Unión nº 014596951 solicitada el 24 de septiembre de 2015 por Glaxo Group Ltd.

El signo que trataba de acceder al registro, para distinguir, entre otros, preparados farmacéuticos e inhaladores para el tratamiento del asma, era el siguiente:

---

[19] Tribunal General. Sentencia del 9 de septiembre de 2020. Asunto T-187/19 Purple. ECLI:EU:T:2020:405

Purple-Pantone: 2587C

La División de Examen de la EUIPO envió al solicitante una primera comunicación indicando que la marca no podía registrarse por carecer de carácter distintivo y aunque inicialmente fue denegada por este motivo y publicada a la vista de las pruebas presentadas para demostrar el carácter distintivo adquirido por el uso, finalmente fue rechazada totalmente mediante resolución de 6 de julio de 2017 y confirmada dicha decisión por la Primera Sala de Recurso de la EUIPO el 15 de enero de 2019[20].

El Tribunal General decidió en el mismo sentido al considerar que con respecto a los productos solicitados, los colores podían utilizarse para transmitir al público información relativa a sus características no habiendo demostrado que estos productos constituyeran una categoría específica que escapara a las normas y prácticas aplicables en dicho mercado. Por tanto, no sería de interés general que estuviera restringida la disponibilidad de este color para los demás operadores ya que esto podría tener como efecto crear una ventaja competitiva injustificada.

En cuanto a la alegación de que el color morado fue elegido específicamente y que tenía un carácter inusual, único y memorable no habiéndose utilizado por ningún otro competidor, el Tribunal indica que ni la novedad ni la originalidad son criterios pertinentes para apreciar la distintividad de una marca. Y, en todo caso, recuerda que cuando un solicitante afirma que su marca tiene carácter distintivo debe aportar elementos concretos y fundados que demuestren que el signo tiene un carácter distintivo intrínseco o un carácter distintivo adquirido por el uso.

Interesante resulta también la decisión adoptada el 6 de marzo de 2024 en el caso T-652/22[21] en relación la marca de la Unión Europea nº

---

20 Primera Sala de Recursos, EUIPO. Decisión de fecha 15 de enero de 2025. Caso R 1870/2017-1. Disponible en https://euipo.europa.eu/eSearchCLW/#key/trademark/APL_20190115_R1870_2017-1_014596951

21 Tribunal General. Sentencia de 6 de marzo de 2024. Asunto T-652/22. EU:T:2024:152

000747949[22] solicitada inicialmente por SA Veuve Clicquot Ponsardin y concedida al haber acreditado la distintividad adquirida por el uso en la Unión Europea, teniendo en cuenta que, como se ha indicado, debemos hacerlo cuando tratamos de conseguir el registro de una marca consistente en un color per se y posteriormente revisada con motivo de la anulación solicitada de su registro tras 18 años desde su concesión.

Se trata de la marca de la Unión Europea siguiente:

Descripción / Color
Se reivindica la protección para el color naranja cuya definición científica es: coordenadas tricromáticas/características colorimétricas: x 0,520 y 0,428 —factor de reflexión difuso 42,3%— Longitud de onda dominante 586,5 mm —Pureza de excitación 0,860— Pureza colorimétrica: 0,894.

Este color es el que se usa en relación con el champagne "VEUVE CLICQUOT" cuya imagen se ha construido alrededor de este concreto color naranja y cuyo derecho de exclusiva ha sido ahora anulado a instancias de la solicitud presentada por Lidl Stiftung & Co. KG. El origen de esta última contienda parece estar en la disputa sobre el uso de ese color naranja en las etiquetas de las botellas y que Lidl también empleó para comercializar las suyas de vino espumoso. Un claro ejemplo de la importancia del color en la imagen de la marca.

La sentencia aborda en primer lugar, la cuestión de la representación de la marca. En este caso, el solicitante había proporcionado una muestra digital y el Tribunal concluye que este soporte permite grabar un color de forma permanente no existiendo contradicción entre la muestra proporcionada y la descripción que contiene la definición científica del color.

En cuanto a la distintividad adquirida por el uso, se considera que los elementos de prueba no se referían a todos los Estados miembros y, en particular, con respecto a Grecia y Portugal eran insuficientes y, si bien la prueba de la adquisición del carácter distintivo por el uso puede aportarse global o separadamente para todos los Estados miembros afectados o grupos de Estados miembros, no basta con abarcar parte del territorio procediendo, en consecuencia, a anular la resolución impugnada. Por tan-

---

22 Marca UE nº 000747949 a nombre de MHCS en clase 33. EUIPO eSearch plus. Disponible en https://euipo.europa.eu/eSearch/#details/trademarks/000747949

to, una difícil prueba también que exige su acreditación en el ámbito de la Unión Europea considerada como tal, incluso con la matización de que no se exija que se tenga que presentar una prueba separada para cada uno de los territorios.

En cuanto a las marcas que contienen una combinación de colores, su registro no debería plantear problemas siempre que se represente dicha combinación de forma adecuada y esta combinación sea distintiva, exigencia de cualquier signo que quiera acceder al registro. No obstante, parece exigirse con carácter adicional que los colores de dicha combinación no sólo no sean corrientes y que no se utilicen habitualmente en relación con los productos o servicios sobre los que se quiere obtener protección para conceder su registro, sino también la concurrencia de circunstancias excepcionales si no ha existido un uso previo.

Ese es el criterio seguido en una reciente decisión de la Primera Sala de Recursos de la EUIPO en el caso de la solicitud de marca de la Unión Europea nº 18659684[23] a nombre de LOTUS BAKERIES consistente en la siguiente representación:

Color: (CMYK:20,100,90,0).; (CMYK:0,0,0,0).

La marca se compone de dos colores, rojo y blanco, que se definirán utilizando el código de color CMYK: —Color Rojo: C:20 M:100 Y:90 K:0— Color Blanco: C:0 M:0 Y:0 K: 0 La marca consta de 7 franjas de colores de igual longitud. La distribución de colores de izquierda a derecha es la siguiente: 14,3% blanco; 0,45% rojo; 0,45% blanco; 69,6% rojo, 0,45% blanco; 0,45% rojo; 14,3% blanco.

Lotus Bakeries es conocido por el uso de esta combinación de colores, rojo y blanco, para identificar sus productos. Y está tratando de proteger precisamente esta combinación con la que ha ganado, sin duda, una gran notoriedad y reconocimiento en el mercado. No obstante, parece que no lo suficiente como para obtener un derecho de exclusiva que le permita impedir que lo usen otros competidores para identificar "galletas; pasteles;

---

[23] Marca UE nº 018659684 a nombre de LOTUS BAKERIES (naamloze vennootschap) en clase 30. EUIPO eSearch plus. Disponible en https://euipo.europa.eu/eSearch/#details/trademarks/018659684

confitería; fondant (confitería); pan de especias; pastelería (industrial); speculoos (galletas caramelizadas); cremas para untar a base de galletas, speculoos (galletas caramelizadas), café y/o chocolate; gofres; helados; hielo comestible; chocolate; productos de chocolate".

https://www.lotusbakeries.com/

En este caso, y tras una primera denegación por parte de la División de Examen por falta de distintividad del signo, la Sala de Recursos[24] ha llegado a la misma conclusión siguiendo los siguientes razonamientos:

- Para que un signo consistente en una combinación de colores bicolor sea distintivo, deben concurrir circunstancias excepcionales y exigen que el solicitante demuestre que la marca es inusual o llamativa con respecto a los productos solicitados permitiendo al público percibir los colores como indicador de su origen.
- El uso del rojo y del blanco es habitual en el mercado de las galletas, los chocolates y la pastelería, con independencia de los colores y combinaciones de colores alternativos existentes en el mercado. Y, en relación con los helados y otros productos de pastelería, esta combinación puede denotar sabores específicos o una combinación de sabores como vainilla-fresa o frambuesa, fresa-tarta de queso o fresa-yogur siendo habitual que se presenten en diseños a rayas dentro del envase.
- En el caso de una combinación de colores, el carácter distintivo sin un uso anterior es inconcebible salvo en circunstancias excepcionales, es decir, cuando el número de productos o servicios para los que

[24] Primera Sala de Recursos de la EUIPO. Resolución de 21 de septiembre de 2023. Caso R 730/2023-1, apartado 35 (en inglés el original).

se reivindica la marca sea muy limitado y el mercado de referencia sea muy específico.

Y este es también el criterio seguido por el Tribunal General que ya se ha pronunciado sobre este asunto en la sentencia de 26 de marzo de 2025 en el asunto T-1096/23[25]. A destacar que el solicitante pidió en su demanda que este asunto se dirimiera por la Gran Sala ya que debería determinar el criterio jurídico adecuado para apreciar el carácter distintivo intrínseco de los signos formados por una combinación de colores dispuestos de manera sistemática. Y revelador que, contrariamente a lo solicitado, el Tribunal General haya considerado que no había motivo que justificara su remisión a una Sala de composición ampliada ni, a fortiori, a la Gran Sala.

Por lo que se refiere a la falta de distintividad del signo, como hemos indicado, EUIPO sostenía que la cuestión de si los colores o combinaciones de colores son apropiados para distinguir los productos o servicios de una empresa de los de otras empresas, debía determinarse teniendo en cuenta si estos son o no apropiados para transmitir información específica, en particular en lo que atañe al origen de un producto o servicio. Hasta aquí, ninguna diferencia se aprecia con respecto a otros tipos de marcas; los signos tienen que ser aptos para distinguir el producto o servicio designado como procedente de una empresa determinada diferenciándolos de otras empresas.

No obstante, en el caso de un color o combinación de colores, como ya se ha indicado, se debe tener en cuenta el interés general en no restringir indebidamente la disponibilidad de los colores para los demás comerciantes. Y esta exigencia es de nuevo reiterada por el Tribunal General también en este caso cuando afirma que, aunque el riesgo de menoscabo del interés general en que no se restrinja indebidamente la disponibilidad de los colores varía en función de las características de cada signo solicitado, no es menos cierto que es necesario tener en cuenta dicho interés general para apreciar el carácter distintivo de un signo constituido por un solo color, así como de un signo constituido por una combinación de colores determinada por una disposición sistemática. Todo ello apoyado en este caso concreto por las apreciaciones hechas por la Sala de Recursos con respecto a que la combinación de colores solicitada podría percibirse con fines decorativos, promociona-

---

25 Tribunal General. Sentencia de 26 de marzo de 2025. Asunto T-1096/23, Lotus. EU:T:2025:330

les o funcionales (para hacer referencia a aromas específicos o al color natural de los ingredientes).

Por tanto, esta decisión vuelve a dejar claros cuales son los criterios a aplicar para considerar que un color o una combinación de colores es distintiva pudiendo concluir que **para conseguir el registro de una marca de color, es necesario acreditar la distintividad adquirida previamente con el uso del signo (salvo en casos excepcionales cuando se trata de una combinación de colores) y vincularla con unos concretos productos y servicios teniendo en cuenta no restringir de forma injustificada su uso por parte de los competidores; todas ellas matizaciones importantes frente a otros tipos de marcas.**

3. EL ALCANCE DEL DERECHO DE EXCLUSIVA DE LAS MARCAS DE COLOR

Una vez registrada la marca de color, ya se trate de una marca consistente en un color o en una combinación de colores ¿cuál es el alcance del derecho de exclusiva otorgado? ¿cómo se aborda el análisis comparativo cuando se trata de marcas de esta naturaleza a efectos de determinar si existe o no riesgo de confusión o de asociación?

3.1. Normativa y práctica administrativa

La Directiva 2015/2436 nos dice que la protección conferida por la marca registrada debe ser absoluta en caso de identidad entre la marca y el signo correspondiente y entre los productos o servicios y debe cubrir igualmente los casos de similitud entre la marca y el signo y entre los productos o servicios siendo imprescindible interpretar el concepto de similitud en relación con el riesgo de confusión[26].

Nos indica también que su apreciación depende de numerosos factores y, en particular, del reconocimiento de la marca en el mercado, de la asociación que de ella pueda hacerse con el signo utilizado o registrado y del grado de similitud entre la marca y el signo y entre los productos o servicios designados.

---

26 Unión Europea. Considerando 16 y Artículo 10 de la Directiva (UE) del Parlamento Europeo y del Consejo de 16 de diciembre de 2015

Pero ni la Directiva 2015/2436 ni el Reglamento de Marca de la Unión 2017/1001 ni las diferentes normativas nacionales contienen una definición precisa sobre el riesgo de confusión (incluyendo el riesgo de asociación). No obstante, el Tribunal de Justicia de la Unión Europea sí lo ha analizado de forma exhaustiva en dos asuntos fundamentalmente: el caso Sabèl[27] y el caso Canon[28].

De acuerdo con la sentencia del caso Canon, existe riesgo de confusión cuando el público pueda creer que los productos o servicios proceden de la misma empresa o, en su caso, de empresas vinculadas económicamente.

En dicha sentencia, el Tribunal también indica que el carácter distintivo de la marca anterior, y, en particular, su renombre, puede tenerse en cuenta para apreciar si la similitud entre los productos o los servicios designados por las dos marcas es suficiente para generar un riesgo de confusión.

En el caso Sábel, el Tribunal sostuvo que el concepto de riesgo de asociación no es una alternativa al concepto de riesgo de confusión, sino que sirve para precisar el alcance de éste y es tanto más elevado cuanto mayor resulta ser el carácter distintivo de la marca anterior.

Por consiguiente, tanto en el caso de que el consumidor pueda confundir las dos marcas como en el caso de que pueda haber una asociación entre ellas que lleve a considerar que tienen el mismo origen, estaríamos hablando de que existe un riesgo de confusión.

En cuanto a la práctica administrativa en el caso de las marcas de color, la OEPM indica en su Guía de Examen de Prohibiciones Relativas[29] que, en la comparación entre marcas de color, se tendrá que atender a una comparación visual de las mismas e identificar la posible confusión entre las tonalidades presentadas o su disposición.

---

27 Tribunal de Justicia de la Unión Europea. Sentencia de 11 de noviembre de 1997. Asunto C-251/95, Sábel. EU:C:1997:528

28 Tribunal de Justicia de la Unión Europea. Sentencia de de 29 de septiembre de 1998. Asunto C-39/97, Canon. EU:C:1998:442

29 España. Guía de examen de prohibiciones relativas de registro. OEPM abril 2025 disponible en https://www.oepm.es/export/sites/portal/comun/documentos_relacionados/PDF/2025/2025-Guia_de_Examen_Prohibiciones_relativas_abril-final.pdf

EUIPO por su parte indica en sus Directrices[30] que cuando se aprecia el riesgo de confusión de dos marcas de color per se, no se puede realizar una comparación fonética o conceptual de los signos y las similitudes gráficas dependerán del color de los signos, teniendo en consideración nuevamente, como para el caso de su acceso al registro, el hecho de que existe un interés general en que no se restrinja indebidamente la disponibilidad de los colores para los demás operadores y que el carácter distintivo intrínseco de las marcas de color per se es limitado todo ello para concluir que su ámbito de protección debería limitarse a las combinaciones de colores idénticas o casi idénticas.

Por tanto, parece que las pautas que se aplican a la hora de comparar dichos signos con otros de su misma naturaleza se matizan también teniendo en cuenta estas dos circunstancias: no restringir indebidamente a disponibilidad de los colores y su limitado carácter distintivo lo que parece limitar su ámbito de protección a casos en los que exista identidad o quasi identidad lo que sin duda afectará al alcance del ius prohibendi de este tipo de marcas. Y, siguiendo este razonamiento, lo mismo debería ocurrir cuando la comparativa se realiza entre una marca de color y otro tipo de marcas que incluyan colores como parte de las mismas.

3.2. Casos analizados por EUIPO y los Tribunales españoles

Sobre el alcance de la exclusividad de este tipo de marcas una vez concedidas se han pronunciado los Tribunales y las autoridades administrativas en muy escasas ocasiones.

En el caso R 755/2009-4[31], la Cuarta Sala de Recursos de la EUIPO tuvo ocasión de pronunciarse sobre una oposición interpuesta contra una marca compuesta por la combinación de dos colores frente a otra prioritaria que contenía una composición también de dos colores no exactamente idénticos. Estas son las marcas en cuestión:

---

30 Unión Europea. Directrices de la Unión Europea Oficina de Propiedad Intelectual de la Unión Europea (EUIPO) Parte C Oposición Sección 2 Doble identidad y riesgo de confusión Capítulo 7 Apreciación global, apartado 7.3 Marcas de Color, versión 1.1 01/05/2025 disponible en https://guidelines.euipo.europa.eu/.

31 Cuarta Sala de Recursos de la EUIPO. Resolución de 20 de octubre 2010. Caso R 755/2009-4 (en alemán el original). Disponible en https://euipo.europa.eu/eSearch/#details/trademarks/005522248

Marca de la Unión Europea nº 5522248
Amarillo Pantone PMS 142, verde RAL 6001

Marca de la Unión Europea nº 3396801 [marca oponente a)]
Curry (ocre) amarillo RAL6003-HR/ verde oliva RAL 1027-HR

La División de Oposición rechazó en primera instancia la oposición interpuesta contra el registro de la marca por considerar que no existía riesgo de confusión entre los signos debido a las diferencias entre los mismos, a pesar de la identidad existente entre los productos. Y también lo hizo la Sala de Recursos que llegó a la conclusión de que existía un grado de similitud bajo entre las marcas, aunque llega a afirmar que el signo anterior puede parecer una variante oscura de la combinación de colores solicitada, pero ciertamente no estamos ante signos idénticos si atendemos a su simple visualización o a su identifican técnica a través de los códigos de color suministrados por las partes. Y dadas estas diferencias y debido al escaso carácter distintivo de la marca anterior (marca oponente a), concluye que no existe riesgo de confusión excluyendo que los consumidores puedan considerar que están ante productos que tengan el mismo origen empresarial, incluso si se trata de productos idénticos.

Es cierto que el oponente no consiguió acreditar una elevada distintividad como consecuencia del uso de sus marcas, pero si ese hubiera sido el caso o incluso en el supuesto de que se hubiera acreditado el renombre de las marcas anteriores la decisión debería haber tenido que seguir considerando la existencia o no de similitud entre los signos teniendo en cuenta el interés general en no restringir indebidamente la disponibilidad de los colores para los demás comerciantes, por tanto, el impacto de dicho renombre sobre la decisión hubiera sido limitado.

En España, la compañía Televés, S.A. cuenta con el registro de una marca de color que protege el color naranja “RAL 1007” para distinguir “antenas terrestres de radio; antenas terrestres de televisión”[32] tras haber acreditado la distintividad adquirida por el uso.

---

32 Marca nacional M4025913(7) a nombre de TELEVÉS, S.A. en clase 9. Información disponible en https://ceo.oepm.es/detalleExpediente?numExp=M4025913

En este caso, OEPM se pronunció tanto sobre dicha distintividad como sobre una oposición presentada por Orange Brand Services Limited interpuesta sobre la base de sus marcas "Orange"[33] como sobre una marca notoria registrada consistente en el color naranja Pantone 151 para distinguir servicios de telefonía móvil y fija, servicios de internet y servicios de difusión de televisión por cable. La Unidad de Recursos desestimó finalmente dicha oposición al no considerar probado que ese color se estuviera utilizando como indicador del origen empresarial vinculado a unos servicios concretos.

En cuanto a la existencia del riesgo de confusión con respecto al resto de marca figurativas alegadas, se consideró que existían suficientes diferencias denominativas y gráficas como para excluirlo: con respecto a las marcas que contenían el término "Orange" porque este vocablo se consideró como elemento con un valor principal y, con respecto a las marcas que no lo contenían, delimitadas y compuestas por unas líneas determinadas, también por las diferencias de composición. Por tanto, en este caso, parece haberse tenido en cuenta primordialmente la diferente naturaleza de los signos no operando a favor de la parte oponente ni que sus marcas contuvieran el nombre del color ni la inclusión de un color semejante como en el caso anteriormente citado.

Y, en relación con esta misma empresa, dos son las sentencias dictadas también España por parte de los Tribunales en el caso Televés /Telcatel, la Sentencia del Juzgado de lo Mercantil de Valencia de fecha 27/02/2023[34] y la Sentencia nº 49/24 de la Audiencia Provincial de Valencia de fecha 20/02/2024[35].

La base de estas decisiones es precisamente la marca española nº 4025913 titularidad de Televés para distinguir en clase 9 antenas terrestres de radio y de televisión concedida sobre la base de su distintividad adquirida por el uso y con la siguiente representación:

---

33 España. Unidad de Recursos de OEPM. Resoluciones de fecha 23 de noviembre de 2020. Referencia: 121320 y 121620. Disponibles en https://ceo.oepm.es/detalleExpediente?numExp=M4025913

34 España. Juzgado Mercantil núm. 3 de Valencia. Sentencia de 27 de febrero de 2023. Juicio ordinario 313/22 Roj: SJM V 471/2023 - ECLI:ES:JMV:2023:47, Id Cendoj: 46250470032023100003

35 España. Audiencia Provincial de Valencia. Sentencia nº 49/2024 de 20/02/2024 Roj: SAP V 199/2024 - ECLI:ES:APV:2024:199, Id Cendoj: 46250370092024100054

NARANJA "RAL 1007"

Televés es una compañía dedicada a la fabricación y comercialización de antenas terrestres de televisión y radio con notable éxito e implantación nacional que ha empleado de forma recurrente su denominación social y el color naranja con finalidad corporativa y aplicaciones distintivas de sus productos. Tecatel, por su parte, comercializa antenas terrestres de televisión y radio empleando el color naranja, es decir, sobre productos idénticos. Se trata de los productos que se reproducen a continuación:

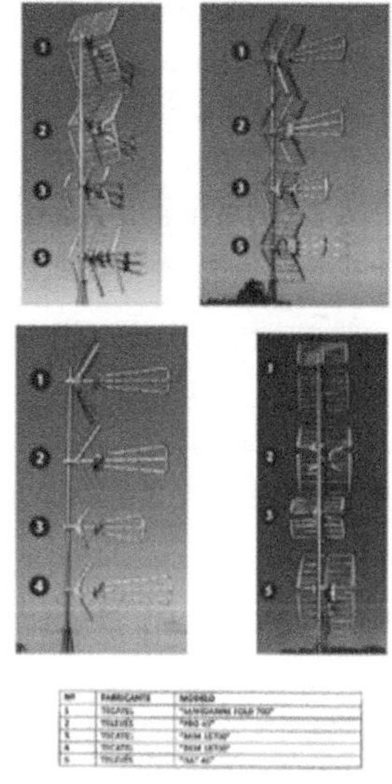

Nº	FABRICANTE	MODELO
1	TECATEL	[illegible]
2	TELEVÉS	[illegible]
3	TECATEL	[illegible]
4	TECATEL	[illegible]
5	TELEVÉS	[illegible]

En la primera sentencia se considera probado que Televés ha empleado de manera recurrente su denominación social y el color naranja con finalidad corporativa y con aplicaciones distintivas de sus productos, como resultado de una largamente consolidada estrategia de posicionamiento en el mercado. Asimismo, se considera acreditado que el público objetivo o destinatario de los productos comercializados por Televés es el de los distribuidores e instaladores de antenas terrestres de televisión y radio, quienes asocian el color naranja a sus productos. Circunstancias todas ellas que llevan a desestimar la demanda reconvencional del demandado solicitando la nulidad de la marca por falta de distintividad y mala fe.

En cuanto a la comparativa entre marcas, en la sentencia se considera que estamos ante un caso de doble identidad entre marcas y entre productos debiendo atenderse a la plena correspondencia entre el color naranja registrado por Televés y el color naranja empleado por Tecatel en la configuración de sus productos. Y, por tanto, también estamos ante un caso de riesgo de confusión ya que el empleo por Tecatel del color naranja en la presentación de la misma clase de productos, puede ser percibido por el público destinatario como un motivo suficiente para la confusión del origen empresarial y una vinculación por asociación entre el siglo infractor y la marca previamente registrada. Aunque nada se dice en la sentencia de la concreta tonalidad de naranja utilizado por Tecatel aunque sí calificándose de excepcional el reconocimiento a un competidor en el mercado de un derecho de exclusiva sobre una marca de esta naturaleza derivado del uso realizado por Televés y el reconocimiento por parte del público.

Por tanto, un reconocimiento al monopolio del que goza una marca de color frente al uso no autorizado del mismo para distinguir productos similares que también parece seguir las pautas jurisprudenciales indicadas al analizar el concreto color usado por las partes para realizar su comparativa considerando probado que el demandado está utilizando un signo idéntico al registrado por la demandante afirmándose que hay "plena correspondencia entre el color registrado por Televés y el color naranja empleado por Tecatel en la configuración externa y esencial de esos productos".

Ante la Audiencia Provincial, por lo que se refiere a la acción declarativa de infracción, Tecatel se limitó a argumentar, que el uso del color naranja por su parte no se había realizado ni de forma extensa ni intensa calificando de "nimio" dicho uso por lo que la Sala, tras la revisión de la prueba practicada, concluye nuevamente que existe dicha infracción sin necesidad de poner el acento en la discusión de la mayor o menor intensidad de la conducta.

4. CONSIDERACIONES FINALES SOBRE CÓMO CONSEGUIR LA PROTECCIÓN DEL COLOR A TRAVÉS DE LAS DIFERENTES TIPOLOGÍAS DE MARCAS

El color es un elemento que juega un papel importante en el reconocimiento de la marca de ahí el interés en obtener un derecho de exclusiva sobre el mismo que, de obtenerse, otorga a su titular una ventaja competitiva importante. Parece indiscutible, en este sentido, que los colores son apropiados para transmitir determinadas asociaciones de ideas y para suscitar sentimientos, como ya afirmaba el Tribunal de Justicia de la Unión Europea en el citado asunto Libertel. Pero, como han demostrado algunas iniciativas de los solicitantes de marcas de color, también pueden ser adecuados para identificar productos y servicios comunicando información precisa sobre el origen empresarial de estos.

Lo primero a tener en cuenta, desde un punto de vista formal, es que para obtener su registro, es necesario identificar la tonalidad exacta del color y definir de forma lo más precisa y limitada los productos o servicios sobre los que se quiere obtener protección. Cumpliendo estas dos premisas, podríamos llegar a conseguir su registro teniendo en cuenta el interés general en que no se restrinja indebidamente la disponibilidad de los colores para los demás operadores.

En segundo lugar, es también decisivo poder demostrar que el color tiene capacidad distintiva ya que, es muy probable, que salvo en circunstancias excepcionales, se deniegue el registro ab initio por falta de distintividad. Por tanto, contar con la prueba de su reconocimiento por parte de los consumidores sin duda ayudará a conseguirlo. Ello nos lleva a plantear la solicitud de registro en un momento posterior al uso, a diferencia con lo que ocurre con otro tipo de marcas, y defender dicho uso desde otras perspectivas como la de la competencia desleal.

Por otro lado, **hay otro tipo de registros nos pueden ayudar a posicionar el color y obtener su protección** si protegemos su nombre, lo incluimos como parte de una marca figurativa, acompañada de otros elementos verbales, de una marca tridimensional, en la que el color aparezca delimitado por una forma o de una marca de posición, en la que el color se protege junto con su concreta posición sobre el producto Todo ello con el objetivo de proteger el color como parte integrante de una imagen global de marca.

La estrategia paralela de registrar el nombre del color se ha seguido por parte de empresas como Deutsche Telekom y su familia de marcas "Magenta"[36] o el caso de "Orange" ya indicado por parte de Orange Brand Services Limited aunque tampoco está exenta de dificultades[37].

---

[36] Marca UE nº 000304626 magenta en clases 9, 14, 16, 18, 28, 36, 37, 41 a nombre de Deutsche Telekom AG. Disponible en https://euipo.europa.eu/eSearch/#details/trademarks/000304626

[37] Marca UE nº 000127837 ORANGE en clases 9, 16, 18, 25, 35, 36, 37, 38, 41, 42 a nombre de Orange Brand Services Limited. Disponible en https://euipo.europa.eu/eSearch/#details/trademarks/000127837

Y el caso de Louboutin[38] es un claro ejemplo de marca que protege un color a través de una marca de posición ya finalmente concedida.

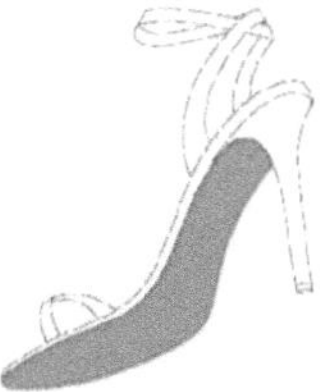

En definitiva, todos ellos casos de marcas concedidas que permiten a sus titulares defender "sus colores" y que pueden ser la antesala del registro como marcas de color de todos ellos.

---

38 Marca UE nº 008845539 en clase 25 a nombre de CLERMON ET ASSOCIES Disponible en https://euipo.europa.eu/eSearch/#details/trademarks/008845539

La doctrina del torpedo en el derecho de marcas: Comentarios a raíz de la sentencia del Tribunal Supremo de 14 de enero de 2025 (Caso Único de Vega Sicilia)

JOSÉ GARRIDO PASTOR

Socio de IP de Andersen Iberia, abogado y agente de la propiedad industrial

1. ABREVIATURAS

UE:	Unión Europea
EUIPO:	Oficina Europea de Propiedad Intelectual
OAMI:	Oficina de Armonización del Mercado Interior
RMC:	Reglamento (CE) No 207/2009 del Consejo de 26 de febrero de 2009 sobre la Marca Comunitaria
RMUE:	Reglamento (UE) 2017/1001 del Parlamento Europeo y del Consejo de 14 de junio de 2017 sobre la Marca de la Unión Europea.
LM:	Ley de Marcas 17/2001
SAP:	Sentencia de Audiencia Provincial
LEC:	Ley de Enjuiciamiento Civil

TJUE: Tribunal de Justicia de la Unión Europea
TMU: Tribunal de Marcas de la UE
OEPM: Oficina Española de Patentes y Marcas

2. INTRODUCCIÓN

En la jerga marcaria se suele usar la expresión "torpedo"[1], para aludir al ataque contra la validez de la marca registrada, en concreto a la solicitud de su nulidad o caducidad. El torpedo puede dispararse de forma directa —torpedo de ataque—, o también como defensa, —generalmente frente a una acción de infracción—, mediante una reconvención de nulidad o caducidad. Sin duda esa expresión alude al proyectil autopropulsado submarino que busca un objetivo, —un buque de superficie o un submarino—, al que destruye mediante una carga explosiva. El torpedo marcario, como es de suponer, es temible.

Un aspecto relevante es la posibilidad de que —como ataque o como defensa— se encuentren varios torpedos disparados. En tal caso, debe considerarse su tratamiento, pues pueden darse decisiones contradictorias: En primer lugar, —y la más grave contradicción—, que un órgano declare la nulidad que otro niega; en particular, si la causa de nulidad o caducidad es la misma. En segundo lugar, pueden adoptarse decisiones con un grado distinto de contradicción, pero claramente injustas: que se declare la infracción de una marca declarada nula o caducada.

En tales circunstancias, —y para evitar esas contradicciones—, las normas procesales o sustantivas, regulan la prejudicialidad y la posibilidad de suspender alguno de los procedimientos: de nulidad o de infracción.

La sentencia que justifica este trabajo se ocupa de un torpedo defensivo, y ha venido a decidir dos cuestiones de interés en la estrategia procesal de esta clase de asuntos marcarios. Pártase de la idea, eso sí, de que estamos ante un supuesto que afecta a una marca de la UE; pues como veremos, hay diferencias en este punto entre el régimen de marcas de la UE y el régimen de las marcas españolas.

Así, en primer lugar, se tenía por ideal platónico, que ante una demanda de infracción, además de contestarla, se *debía* plantear —en su caso— la

---

1 Realmente el torpedo es un arma de ataque y defensa en relación con todos los derechos de propiedad industrial.

nulidad por reconvención, es decir, se debía, —*necesariamente en ese lance*—, disparar el torpedo. De modo que, una vez presentada la demanda, —y admitida—, ya solo era posible plantear la nulidad o caducidad de la marca como reconvención o excepción a esa demanda ante ese tribunal. En suma, el demandado ya no podía acudir a la Oficina administradora de ese derecho a pedir la nulidad. Ese entendimiento se basaba en la idea de evitar decisiones contradictorias y autónomas; a saber: la infracción de la marca por el juzgado y la nulidad de la marca por la Oficina. En efecto, era más lógico pensar que reuniendo el análisis de la infracción y la nulidad ante el tribunal, el *iter* decisorio sería el siguiente: En primer lugar, debiera analizarse la potencial nulidad[2], que determinaría la desestimación de la infracción —de ser declarada la nulidad total— por inexistencia de la marca infringida; en segundo lugar, debería entrarse en el estudio de la infracción en sí, —de no ser declarada la nulidad, o ser declarada parcialmente—. Sin embargo, esta sentencia viene a poner en entredicho ese ideal.

Otra cosa distinta, —por supuesto—, es que la nulidad ya estuviera planteada ante alguna Oficina o tribunal, y posteriormente, se vuelva a plantear por un tercero distinto, es decir, el supuesto de múltiples solicitudes de nulidad o caducidad. En estos casos, se produce de forma inevitable un supuesto de prejudicialidad, ya sea administrativa o judicial, que plantea la necesidad de suspender alguno de los procedimientos donde se debata la nulidad para evitar, —aquí con total claridad—, decisiones contradictorias, en especial, cuando la causa de nulidad es la misma. En definitiva, para evitar que un órgano declare la nulidad y el otro declare la validez del derecho.

De ahí surge la segunda cuestión interesante de la sentencia, que es la suspensión (o no) del procedimiento de infracción hasta tanto se resuelva la nulidad.

Pues bien, respecto de la primera cuestión, la sentencia admite la solicitud de nulidad frente a la Oficina administradora del derecho de marca presentada "*después*" de la contestación a la demanda.

Y respecto de la segunda, *impone* la suspensión del procedimiento de infracción de la marca de la UE cuando, —paralela *y posteriormente*—, se ha iniciado un procedimiento de nulidad administrativa ante la EUIPO.

---

2 Entiéndase que aunque solo aludamos a la nulidad debe considerarse incluida la caducidad, pues en definitiva el torpedo ataca la validez del derecho de exclusiva.

Este pronunciamiento adquiere especial relevancia en un contexto de creciente litigiosidad transfronteriza y coexistencia de vías procesales múltiples —judiciales y administrativas— dentro del sistema de marca de la UE y de los sistemas nacionales de marcas.

Así, téngase en cuenta que con esta sentencia los regímenes de marca de la UE y de marca española, en este aspecto de estrategia procesal, tienden a divergir. Además, al tratarse de marca de la UE sometida a múltiples jurisdicciones, el tratamiento de este aspecto por los estados miembros puede diferir, dando lugar a una suerte de *forum shopping* en el planteamiento de la estrategia procesal.

3. ALGUNOS ANTECEDENTES JURISPRUDENCIALES

A continuación, vamos a analizar algunas decisiones de los tribunales en supuestos en que el torpedo fue disparado, ya sea ante el mismo órgano, o ante la Oficina administradora de la marca. Téngase en cuenta que, —como se analizará más adelante—, el régimen en este punto en relación con las marcas de la UE se contenía en el Reglamento de la UE 207/2009[3] (RMC) que fue sustituido por el Reglamento de la UE 2017/1001[4] (RMUE).

3.1. SAP de Alicante (secc. 8ª) de 15 de enero de 2015 (sentencia 9/2015 - TORO v. BADTORO)

Esta sentencia se ocupa de un caso en que frente a una acción de nulidad e infracción de dos marcas comunitarias —ejercitadas por el Grupo Osborne— ante el Juzgado de Marca Comunitaria, se reconviene la nulidad (por varias causas) de las dos marcas atacantes, y la caducidad por falta de uso de una de ellas. Por tanto, se plantean *ante el mismo tribunal*, en el mismo procedimiento, entre las mismas partes, pretensiones encontradas e incompatibles. La sentencia en primera instancia desestima demanda y reconvención y es apelada por ambas partes. La sentencia de apelación trata tres interesantes cuestiones:

---

3 Reglamento (CE) No 207/2009 del Consejo de 26 de febrero de 2009 sobre la Marca Comunitaria.

4 Reglamento (UE) 2017/1001 del Parlamento Europeo y del Consejo de 14 de junio de 2017 sobre la Marca de la Unión Europea.

3.1.1. Metodología de tratamiento de las pretensiones encontradas

En primer lugar, establece con total sensatez la metodología de tratamiento de este entramado de pretensiones excluyentes. Así, la sentencia comparte el criterio de la sentencia de instancia, y establece que: lo primero será estudiar y decidir la validez del título, esto es, la nulidad y la caducidad de las marcas de la UE —TORO— presuntamente infringidas; lo segundo, —caso de quedar incólumes total o parcialmente—, será tratar la nulidad relativa de la marca nacional posterior BADTORO, y la infracción de las prioritarias TORO.

3.1.2. Conexión de la reconvención

En segundo lugar, la sentencia se ocupa de la necesaria y obligatoria delimitación del alcance de la reconvención de nulidad o caducidad, al alcance dado a la infracción de las marcas atacantes (ex artículo 406 LEC). En efecto, solo podrá pedirse la nulidad o caducidad de las marcas de la UE atacantes —TORO— en la medida en que se pretendan infringidas, esto es, para los concretos signos y prestaciones, y sin perjuicio de que tales marcas se encuentren registradas —*también*— para distinguir otras prestaciones, —pero que no podrán ser atacadas de nulidad o caducidad mediante la reconvención—.

3.1.3. Consideración de la prejudicialidad de un procedimiento de oposición paralelo

Se daba la circunstancia de que en este enfrentamiento entre las partes, existía otro escenario de conflicto. La demandada de infracción había solicitado ante la OAMI (actual EUIPO) una marca de la UE "BADTORO" (con gráfico), a la que se había opuesto la actora de infracción Osborne. Y Osborne planteó *ex novo* en su recurso de apelación, la prejudicialidad de dicho procedimiento amparándose en el argumento de la potencial contradicción entre la sentencia de apelación (de confirmar la no existencia de riesgo de confusión), y la sentencia del Tribunal General, —de confirmar la decisión de la Sala de Recurso de la OAMI—, que había decidido la existencia de un riesgo de confusión con las marcas TORO de Osborne.

La sentencia descarta la prejudicialidad al provenir de pretensiones diversas que carecen de conexión entre sí, dadas las competencias que el derecho de la Unión atribuye a cada uno de sus órganos. Así, los preceptos relativos a las conexiones de causas del RMC (arts. 104, 109 y 100.7), no se refieren a un procedimiento de oposición ante la OAMI, sino a un procedimiento de nulidad (caducidad) ante ese organismo comunitario. Por tanto, en tanto la OAMI deberá decidir sobre la concesión o no de la marca comunitaria, el Tribunal de Marca Comunitaria decidirá sobre la infracción. En definitiva, nada tiene que ver una decisión registral con una decisión de tutela.

3.2. SAP de Barcelona (secc. 15ª) de 19 de diciembre de 2017 (sentencia 560/2017 - Red Bull v. Red Z)

En este caso, se plantea una nulidad relativa de dos marcas españolas (ante un Juzgado de lo Mercantil de Barcelona), en base al riesgo de confusión y al riesgo de aprovechamiento (arts. 6 y 8 Ley de Marcas, LM) con tres marcas comunitarias prioritarias. Frente a la nulidad de las marcas españolas se esgrime una excepción de prejudicialidad, al estar sustanciándose ante la EUIPO, de un lado, un procedimiento de nulidad de una de las marcas atacantes; y de otro lado, una excepción de falta de uso de las marcas atacantes, al estar sustanciándose ante la EUIPO una caducidad por falta de uso. En suma, nulidad relativa ante tribunales que se suspende, por nulidad/caducidad previa ante EUIPO de marcas base.

Pues bien, el tribunal acuerda la suspensión del procedimiento de nulidad hasta tanto la EUIPO resuelva sendos procedimientos prejudiciales. Finalmente, la actora solicita la reanudación del procedimiento de nulidad ante el tribunal, tras haberse retirado la solicitud de nulidad ante la EUIPO y haberse desestimado la solicitud de caducidad por la EUIPO.

En consecuencia, en esta sentencia no estamos ante una acción de infracción sino ante una acción de nulidad de marcas españolas ante un tribunal. El hecho de ser marcas españolas las que se pretenden anular explica que sea un Juzgado de lo Mercantil de Barcelona quien entienda de la cuestión, sin perjuicio de que las marcas prioritarias sean marcas de la UE.

Se reconoce la prejudicialidad administrativa de la EUIPO, que al ser prioritaria, justifica la suspensión del procedimiento de nulidad ante el tribunal hasta tanto quede resuelta y firme, tanto la nulidad, como la caducidad por falta de uso planteadas.

3.3. Sentencia prejudicial TJUE de 19 de octubre de 2017 (asunto C-425/16 - Raimund v. Aigner)

En este caso que plantea el Tribunal Supremo austríaco, se ejerce una acción de infracción a la que se responde con una excepción de nulidad por mala fe en la solicitud. Dos años después, se plantea una reconvención de nulidad por mala fe, ante el *mismo* tribunal, —como demanda autónoma—, que en el derecho austríaco es posible. Por tanto, nos encontramos antes dos procedimientos, ante el mismo tribunal: de un lado, el procedimiento de infracción que se resolvió en primera y segunda instancia —desestimándose[5]—, recurrido en casación ante el Tribunal Supremo austríaco, —que es quien formular la cuestión prejudicial—; y de otro lado, la reconvención de nulidad (autónoma) que se encontraba pendiente en primera instancia. El procedimiento de reconvención de nulidad fue suspendido hasta tanto recayera sentencia en el de infracción. Sin embargo, esa suspensión fue revocada por el Tribunal Superior Regional de Viena en la apelación.

3.3.1. Efectos interpartes versus efectos erga omnes

Al resolver la primera cuestión (*"si se puede resolver una acción de infracción con excepción de nulidad cuando existe pendiente una reconvención de nulidad por la misma causa no resuelta"*), la sentencia distingue entre los *efectos interpartes* de la decisión de infracción y los *efectos erga omnes* de la decisión sobre la validez de la marca de la UE. Lo anterior deriva del carácter unitario de la marca de la UE y del objetivo de evitar resoluciones contradictorias. Por tanto, se concluye que es necesario pronunciarse *antes* sobre la reconvención de nulidad que sobre la demanda de infracción.

3.3.2. Firmeza de la resolución de nulidad

Respecto de la segunda cuestión prejudicial planteada (*"si esa decisión previa de la reconvención de nulidad debe ser firme para que se resuelva la acción*

---

5 Se considera probada la mala fe del demandante al solicitar la marca en cuestión. Al parecer la actora, el Sr. Raimund, había trabajado para el padre de la demandada, Sra. Aigner, que utilizaba la misma marca denominativa "Baucherlwärmer" para distinguir un producto muy similar. Con la solicitud de la marca el Sr. Raimund pretendía impedir a la sucesora del negocio del padre, seguir usando la misma.

de infracción con la excepción de la misma causa de nulidad"), la sentencia entiende que cuando un mismo órgano, —aunque sea en procedimientos separados—, deba decidir la nulidad y la infracción, la coherencia con la resolución de la nulidad le impedirá una resolución contradictoria en la infracción. No obstante, aunque el tribunal debe resolver primero la nulidad, —para pronunciarse sobre la infracción—, no puede prevalecer la posibilidad de sucesivos recursos sobre la nulidad, —hasta que gane firmeza—, sobre la obligación del juez de zanjar el litigio ante el planteado. En consecuencia, *basta* que exista una primera resolución sobre la nulidad, —incluso no firme—, para que el juez resuelva la infracción.

3.4. SAP de Alicante (Secc. 8ª) de 31 de marzo de 2017 (sentencia 196/17 Russian Clasical Ballet)

Presentada demanda de infracción de marca de la UE por D. Luis Miguel, reconviene la demandada —Goldberg Ediciones SL— por nulidad absoluta, y en concreto, por descriptiva. En primera instancia se estima parcialmente la nulidad, para los servicios de la clase 41[6], y se desestima la infracción. Dicha sentencia se apela ante la AP de Alicante (secc. 8ª) como Tribunal de Marca de la UE.

Con posterioridad a la demanda inicial, se presenta una solicitud de nulidad ante la EUIPO por una entidad de nacionalidad rusa. Enterada la Audiencia Provincial, suspende el fallo hasta la resolución firme de la nulidad por la EUIPO.

En 27 de octubre de 2014 la División de Anulación de la EUIPO acuerda la nulidad parcial contra los productos de la clase 16 y los servicios de las clases 35 y 41. Se alza la suspensión del fallo y se dicta sentencia desestimatoria de la apelación.

3.4.1. Efectos de cosa juzgada de la decisión de la EUIPO

La decisión de la EUIPO por la que se declara la nulidad (parcial) de la marca de la UE produce efectos de cosa juzgada *incluso* aunque no se den todos los requisitos del modelo clásico de cosa juzgada, sin duda por

---

[6] La marca de la UE núm. 10169803 se denominaba "RUSSIAN CLASSICAL BALLET", registrada en clases 16, 35 y 41 que ofrece un espectáculo de ballet.

evitar decisiones contradictorias que perjudiquen el carácter unitario de la Marca de la UE.

Así, la cosa juzgada estricta se regula en los artículos 56.3 y 100.2 del RMC[7], y exige la identidad de partes, objeto y causa. En consecuencia, la primera sentencia —o decisión de la EUIPO—, ostenta efectos de cosa juzgada, y así las posteriores acciones entre las mismas partes, con el mismo objeto y la misma causa, deben estimarse inadmisibles o desestimarse.

Sin embargo, el RMUE contiene otras disposiciones que tratan de evitar decisiones contradictorias, *incluso* aunque no se den de forma estricta, los tres elementos de identidad de la cosa juzgada estricta. En efecto, son dos supuestos:

En primer lugar, el artículo 104 RMC (actual art. 132 RMUE), que obliga a suspender un procedimiento de nulidad planteado ante los tribunales o ante la EUIPO, si ya se hubiera planteado una nulidad previa. Y no se alude —en absoluto— a la triple identidad, pues de hecho el precepto lleva por título: *"normas específicas de conexión de causas"*.

En segundo lugar, el artículo 109 RMC (actual art. 136 RMUE), que se refiere a acciones *conexas* consistentes en acciones civiles simultáneas y sucesivas sobre la base de marcas de la Unión y de marcas nacionales. Este precepto establece que cuando se ejercitan acciones de infracción de marca, por los mismos hechos y entre las mismas partes, ante tribunales de estados miembros distintos, ante uno sobre la base de una marca de la UE, y ante el otro, sobre la base de una marca nacional, el tribunal al que se haya acudido en segundo lugar deberá inhibirse o suspender el juicio en función de las circunstancias. Además, el tribunal ante el que se promueve una acción de infracción de marca, sobre la base de una marca nacional o de la Unión, no admitirá a trámite la acción si, sobre esos mismos hechos, entre las mismas partes, se hubiera dictado sentencia definitiva sobre el fondo. Por tanto, una parte que no esté conforme con la sentencia dictada no podrá volver a plantear la misma cuestión contra el mismo adversario, aunque su objeto no sea el mismo, dado que la acción esta fundada desde el punto de vista formal en una marca de la UE o nacional, o viceversa.

En definitiva, de estos dos preceptos se deduce que más allá de la plena identidad del procedimiento (cosa juzgada clásica), el Reglamento engloba otras situaciones otorgándole efectos de cosa juzgada cuando se produ-

---

7 Estos preceptos se corresponden con los actuales artículos 63 y 128 del Reglamento 2017/1001 vigente, sobre la Marca de la UE.

ce un solapamiento material considerable entre controversias paralelas o sucesivas.

4. EL RÉGIMEN DEL TORPEDO EN EL SISTEMA DE MARCAS ESPAÑOLAS

Dado que hemos aludido al efecto de divergencia que produce esta sentencia entre los regímenes de marcas española y de marca de la UE, creemos oportuno tratar nuestro sistema nacional en este punto.

La Ley de Marcas española (Ley 17/2001, en adelante LM), incorporó dos detallados artículos al respecto, como son los artículos 61 bis y 61 ter LM incorporados con la trasposición de la Directiva 2015/2436 mediante el Real Decreto Ley 23/2018. Nótese, que esta modificación de la LM entro en vigor, mayoritariamente, el 14 de enero de 2019[8].

El espíritu de sendos preceptos es muy claro: De un lado, evitar las decisiones contradictorias, estableciendo una suerte de prejudicialidad administrativa o judicial en base a un principio de prioridad en la solicitud de nulidad (art. 61 bis 1 y 2 LM). De otro lado, para la coordinación de todos los potenciales escenarios, el art. 61 ter LM establece una serie de obligaciones de información entre la OEPM y los tribunales[9].

---

[8] Aunque no afecta al presente caso, en el que se enfrentan marcas de la UE, la reforma no estaba en vigor al tiempo de presentarse la demanda del caso "Único" que comentamos.

[9] Con anterioridad a esta inclusión en la norma material y especial, la prejudicialidad se regulaba con carácter general en el artículo 43 de la LEC. *"Artículo 43. Prejudicialidad civil.*
Cuando para resolver sobre el objeto del litigio sea necesario decidir acerca de alguna cuestión que, a su vez, constituya el objeto principal de otro proceso pendiente ante el mismo o distinto tribunal civil, si no fuere posible la acumulación de autos, el tribunal, a petición de ambas partes o de una de ellas, oída la contraria, podrá mediante auto decretar la suspensión del curso de las actuaciones, en el estado en que se hallen, hasta que finalice el proceso que tenga por objeto la cuestión prejudicial.
Contra el auto que deniegue la petición cabrá recurso de reposición, y contra el auto que acuerde la suspensión cabrá presentar recurso de apelación".
Por tanto, el sistema general de la norma procesal es un sistema de petición a instancia de parte y de decisión potestativa por parte del tribunal. No lo juzgamos aplicable ni al sistema de marcas españolas ni al sistema de marcas de la UE, pues de entrada la norma especial prevalece sobre la general, y en el caso del sistema

Así, de un lado, el artículo 61 bis LM regula, —desde todos sus supuestos—, y bajo el expresivo título de *"normas en materia de conexión de causas"*, las solicitudes de nulidad reiteradas, esto es, planteadas ante la OEPM o tribunales, bajo el principio general de la suspensión *de oficio* o a petición de parte (en cualquier caso, con audiencia), del procedimiento de nulidad posterior (art. 61 bis 1 y 2 LM).

> *"Art. 61 bis 1. A no ser que existan razones especiales para proseguir el procedimiento, el tribunal ante el que se hubiere formulado una demanda reconvencional por nulidad o caducidad de marca, suspenderá su fallo de oficio, previa audiencia de las partes, o a instancia de parte y previa audiencia de las demás, si la validez de la marca ya se hallara impugnada ante otro tribunal o ante la Oficina Española de Patentes y Marcas".*

> *"Art. 61 bis 2. A no ser que existan razones especiales para proseguir el procedimiento, la Oficina Española de Patentes y Marcas suspenderá de oficio la resolución de una solicitud de nulidad o caducidad de marca, previa audiencia de las partes, o a instancia de parte y previa audiencia de las demás, si la validez de la marca se hallara ya impugnada mediante demanda de reconvención ante un tribunal".*

En efecto, la concurrencia de procedimientos en distintos escenarios donde se pretende la nulidad de la marca es el supuesto de mayor riesgo de decisiones contradictorias. De ahí que la suspensión deba declararse de oficio (aparte de la posibilidad de petición de parte): *"suspenderá su fallo de oficio"; "suspenderá de oficio la resolución"*. Bien es verdad que se salva esa imperatividad con la introducción de sendos preceptos, *"a no ser que existan razones especiales para proseguir el procedimiento"*.

De otro lado, para el adecuado funcionamiento del sistema de conexiones, el art. 61 ter LM articula una serie de obligaciones informativas entre la Oficina y los tribunales. En efecto, el mecanismo es el siguiente: En primer lugar, todo tribunal que conozca de una nulidad o caducidad por reconvención[10], informará de oficio a la Oficina de su fecha de interposición. En segundo lugar, la Oficina informará de si sobre dicha marca existe un procedimiento de nulidad o caducidad pendiente, o incluso de si no existe.

---

de marcas de la UE el derecho comunitario, y en concreto un reglamento prevalece sobre la ley nacional.

10 Es de notar que no operarán estos mecanismos informativos, ni sus aparejadas obligaciones de suspensión, cuando no estemos ante reconvenciones de nulidad sino ante excepciones, que no aparejan declaraciones de nulidad con efectos *erga omnes*.

> *"Art. 61 ter 2. El tribunal ante el que se haya presentado una demanda de reconvención por nulidad o caducidad de una marca comunicará de oficio a la Oficina la fecha de interposición de la misma. La Oficina, si dicha marca tuviera pendiente de resolución una solicitud de nulidad o caducidad, informará de ello al tribunal, así como de la ausencia, en su caso, de dicha circunstancia".*

Debemos entender (a la luz del art. 61 bis 1 LM) que la Oficina informará no solo de si existe una solicitud previa de nulidad (o caducidad) a resolver por la Oficina, sino —también—, de si ha sido planteada previamente ante un tribunal por reconvención en otro procedimiento judicial. Y también deberá informar de la no existencia de ninguno de los procedimientos de nulidad anteriores.

> *"Art. 61 ter 3. Si ante la Oficina estuviera pendiente de resolución una solicitud de caducidad o de nulidad de la marca de fecha de presentación anterior a la de interposición de la demanda de reconvención, el tribunal, una vez informado conforme al apartado anterior, suspenderá el fallo de conformidad con el artículo 61 bis, apartado 1, hasta que la resolución sobre la solicitud sea firme. La Oficina comunicará esta resolución firme al tribunal".*

En consecuencia, si existe un procedimiento de nulidad anterior (fecha de solicitud/fecha de interposición de la reconvención), el tribunal debe suspender *el fallo*. ¿Debemos entender que se suspenderá el procedimiento solo cuando quede visto para sentencia tramitándose las fases de audiencia previa y juicio? ¿O debemos entender que se suspenderá el procedimiento de forma inmediata a la recepción de la comunicación de la Oficina?

Nos hacemos esta pregunta porque curiosamente —de forma paralela—, el art. 61 bis 2 LM obliga a la OEPM a suspender de oficio *"la resolución"* cuando exista una nulidad previamente planteada ante un tribunal. Sin duda el doble planteamiento de una nulidad/caducidad urge al órgano prioritario a tomar una decisión, si bien el órgano secundario no parece que deba relajarse en su procedimiento, sino solo abstenerse de tomar una decisión por si resultaren contradictorias.

De la interpretación sistemática de los artículos 61 bis 1 y 61 ter 3 debe entenderse que el tribunal *también* deberá suspender el fallo si la Oficina le informa de un procedimiento de nulidad por reconvención planteado previamente ante otro tribunal. Pues dicho tribunal deberá notificar su fallo firme a la Oficina (art. 61 ter 4), y de implicar la nulidad (o caducidad), la Oficina deberá cancelar su inscripción y publicarla.

Es plenamente lógica la exigencia —en estos supuestos de varios torpedos— de la firmeza de la primera decisión.

Sin embargo, la cosa cambia cuando lo que se tramite ante un tribunal es una pura acción de infracción sin nulidad (o caducidad), si bien existan solicitudes previas de nulidad (ante la OEPM u otro tribunal). En efecto, en tal caso el tribunal, a instancia de las dos partes, o de una, con audiencia, *podrá* suspender el proceso hasta la decisión firme de la nulidad. En consecuencia, en este caso el tribunal, de un lado, no debe actuar de oficio; y de otro lado, tiene la potestad de suspender o no la tramitación del procedimiento de infracción cuando lo soliciten las partes[11].

> "Art. 61 bis 3. *Cuando un tribunal tenga que resolver sobre una violación de marca y dicha marca estuviera pendiente de una demanda o solicitud de nulidad o caducidad ante otro tribunal o ante la Oficina Española de Patentes y Marcas, el tribunal, a petición de ambas partes o de una de ellas, oída la contraria, podrá mediante auto decretar la suspensión del proceso, hasta que el otro tribunal o la Oficina dicten resolución firme sobre la nulidad o caducidad formuladas".*

Sin duda se trata de un supuesto menos grave, pues no llevaría a decisiones contradictorias (se deciden cosas distintas), sino injustas: se condenaría por infracción de una marca declarada nula o caducada. No obstante, llama la atención que se establezca la potencial suspensión hasta que recaiga resolución *firme* sobre la nulidad o caducidad, lo cual podría ir en contra de la sentencia TJUE de 19 de octubre de 2017 comentada, que tan solo requiere de una decisión para levantar la suspensión, pero no su firmeza[12].

Finalmente, y de gran relevancia, en el sistema de marcas nacionales vigente, el demandado de infracción, *necesariamente*, deberá plantear la nulidad (o caducidad), junto con la contestación a la demanda, por reconvención. Es decir, según nuestro actual sistema, planteada la demanda de infracción, no podría acudirse a la OEPM para pedir la nulidad, sino que deberá dispararse el torpedo con la contestación a la demanda que incluirá una demanda reconvencional[13].

> "Art. 61 bis 5. *Interpuesta una demanda por violación de marca ante un tribunal, el demandado no podrá formular como defensa una solicitud de nulidad o caducidad de dicha marca ante la Oficina Española de Patentes y Marcas,*

---

11 Como puede apreciarse se trata de un sistema equivalente al establecido en el artículo 43 LEC con carácter general.

12 Como se trata en el apartado 5.3. referido al sistema de marca nacional italiano, en ese país es muy controvertido si entre un pleito de infracción y un procedimiento de nulidad de marca existe prejudicialidad.

13 Este precepto hace imposible el proceder de la demandada en este caso, dado que ante la demanda de infracción acudió a la nulidad ante la EUIPO.

sino que habrá de interponer la correspondiente demanda de reconvención ante dicho tribunal".

5. EL RÉGIMEN DEL TORPEDO EN EL SISTEMA DE MARCAS DE LA UE

El sistema de conexiones de causas establecido en el RMUE (Art. 132), asigna la competencia para decidir la nulidad (caducidad) en base a un principio de prioridad en la recepción de la petición, ya haya sido presentada directamente ante la EUIPO, ya haya sido presentada mediante demanda de reconvención ante un Tribunal de Marcas de la UE (TMU). Además, el funcionamiento se basa en una regulación minuciosa de las notificaciones entre los órganos implicados (art. 128 RMUE), en particular el TMU y la EUIPO.

Así, todo TMU que reciba una reconvención de nulidad o caducidad (frente a una acción de infracción), lo primero que debe hacer —antes de examinarla—, es comunicar a la EUIPO la fecha de presentación de esa demanda de reconvención (también lo puede hacer la parte). Si la EUIPO hubiera recibido una solicitud de nulidad o caducidad anterior a la fecha informada de la reconvención, lo comunicará al TMU que suspenderá el procedimiento hasta que la resolución sea definitiva. A diferencia del sistema de marcas españolas (art. 61 ter 2 LM), la EUIPO solo debe informar al TMU de si ha habido una solicitud de nulidad anterior a la informada, pero no de la ausencia de la misma.

> *"Art. 128.4 El tribunal de marcas de la Unión ante el que se haya presentado una demanda de reconvención por caducidad o por nulidad de la marca de la Unión, no procederá a examinar dicha demanda de reconvención hasta que el interesado o el propio tribunal hayan comunicado a la Oficina la fecha de presentación de esa demanda. La Oficina inscribirá esa información en el Registro. Si se hubiera presentado ya ante la Oficina una solicitud de caducidad o de nulidad de la marca de la Unión con anterioridad a la interposición de la demanda de reconvención, la Oficina comunicará este hecho al tribunal, que suspenderá el procedimiento de conformidad con el artículo 132, apartado 1, hasta que la resolución sobre la solicitud adquiera carácter definitivo o se retire la solicitud".*

En este punto hay alguna novedad relevante en el Reglamento 2017/1001 con respecto al Reglamento 209/2007. Así, el nuevo artículo 128.4 recalca que cuando se presente ante un tribunal una demanda de reconvención, no deberá examinarse hasta tanto el tribunal o el interesado hayan comunicado a la Oficina la fecha de presentación. Además, si ya se hubiera planteado ante la Oficina una nulidad o caducidad, se comunicará este hecho al tribunal que suspenderá *"hasta que la resolución sobre la solicitud adquiera carácter definitivo*[14] *o se retire la solicitud*[15] *"*.

En sede de MUE surge con mayor motivo la duda de si esa suspensión debe producirse de forma inmediata (art. 128.4 *"se suspenderá el procedimiento")* o si el procedimiento debe proseguir hasta que este visto para sentencia, dada la remisión al art. 132.1 RMUE que alude a que *"se suspenderá el fallo"*.

El adverbio "ya" en sendos preceptos —art. 132.1 y 2 RMUE—, y la necesidad de informar de la fecha de demanda reconvencional, apoyan la idea de que el órgano no prioritario, ya sea la EUIPO o un TMU, deberán suspender de oficio hasta que resuelva en firme el órgano prioritario de la petición de nulidad.

Sin embargo, el precepto dirigido al TMU (art. 132.1 RMUE), no solo impone la suspensión *de oficio* del procedimiento cuando se trate de una reconvención de nulidad posterior, sino también para el resto de acciones contempladas en el artículo 124 RMUE.

> *"Art. 132.1 A no ser que existan razones especiales para proseguir el procedimiento, el tribunal de marcas de la Unión Europea ante el que se hubiere promovido alguna de las acciones contempladas en el artículo 124, con excepción de las acciones de comprobación de inexistencia de violación, suspenderá su fallo, de oficio, previa audiencia de las partes, o a instancia de parte y previa audiencia de las demás, si la validez de la marca de la Unión ya se hallara impugnada mediante demanda de reconvención ante otro tribunal de marcas de la Unión Europea o si ante la Oficina ya se hubiera presentado demanda por caducidad o por nulidad".*

Y en el artículo 124 RMUE se contemplan las siguientes (a salvo de la excluida):

a) Acciones de violación o intento de violación;

b) Acciones de protección provisional de la marca;

---

14 Creemos que la terminología no es totalmente precisa, y donde dice definitiva tanto el RMC como el RMUE debe entenderse firme, en el sentido de no recurrible.

15 Con anterioridad el precepto paralelo del Reglamento 209/2007 simplemente decía: *"Art. 100.4. El tribunal de marcas comunitarias ante el que se haya presentado una demanda de reconvención por caducidad o por nulidad de la marca comunitaria, comunicará a la Oficina la fecha en que se haya presentado esa demanda de reconvención.*
La Oficina inscribirá el hecho en el Registro de marcas comunitarias".

c) Demandas de reconvención[16] por caducidad o por nulidad de la marca de la Unión.

En consecuencia, a diferencia del sistema español, en el sistema de MUE la suspensión será *imperativa* y *de oficio, también* para las acciones de infracción, *sin reconvención de nulidad*, pero planteada la nulidad antes otro tribunal o la EUIPO.

A partir de aquí, el sistema de conexiones de causas del RMUE tiene algunas peculiaridades que parecen otorgar a la Oficina una posición de prevalencia en la decisión de las nulidades y caducidades:

Así, en primer lugar, cuando la Oficina no sea la prioritaria en la solicitud de nulidad, por estar ya planteada ante un TMU que será quien la trate —art. 132.2 RMUE—, en su parte final añade: "*Sin embargo, si una de las partes lo solicitara en el procedimiento ante el tribunal de marcas de la Unión Europea, el tribunal, previa audiencia de las otras partes en dicho procedimiento, podrá suspender el procedimiento. En tal caso, la Oficina reanudará el procedimiento pendiente ante ella*".

En consecuencia, no siendo prioritaria la Oficina, alguna de las partes puede solicitar al TMU que suspenda para que resuelva la EUIPO, y con audiencia de las partes, podrá acordarse la misma, y la EUIPO reanudará la tramitación de la nulidad (o caducidad) presentada ante ella. Entendemos que será la parte la que deba informar al respecto a la Oficina.

En segundo lugar, incluso en un supuesto en el que el torpedo no se ha siquiera presentado ante la EUIPO, el titular de la MUE atacada mediante el torpedo, podrá pedir al TMU, —que podrá decidirlo con audiencia del resto de partes—, que suspenda el procedimiento e invite al demandado de infracción a que presente la nulidad ante la Oficina en un determinado plazo. Las consecuencias del incumplimiento por parte del demandado

[16] Conviene nuevamente insistir en que solo las demandas de reconvención de caducidad o nulidad atacan la validez de la MUE y desencadenan el régimen de las conexiones de causas. No así las excepciones que se puedan plantear frente a la demanda de infracción. En este punto el régimen de marcas de la UE ha sufrido restricciones adicionales; a saber: así como en el antiguo RMC, —art. 99.3—, frente a las acciones de infracción o de protección provisional— sólo podía esgrimirse como excepción, la potencial caducidad por falta de uso o la potencial nulidad por derechos anteriores del demandado, en el vigente RMUE —art. 127.3—, queda restringida la respuesta por vía de excepción a la falta de uso efectivo en el momento de presentación de la demanda.

de infracción son tremendamente drásticas, pues se reanudará el procedimiento, considerándose retirada la reconvención.

> *"Art. 128.7 El tribunal de marcas de la Unión Europea ante el que se presente una demanda de reconvención por caducidad o por nulidad, podrá suspender su fallo a petición del titular de la marca de la Unión y previa audiencia de las demás partes, e invitar al demandado a que presente demanda por caducidad o por nulidad ante la Oficina en un plazo que dicho tribunal le fijará. De no presentarse la demanda en ese plazo, se reanudará el procedimiento; se tendrá por retirada la demanda de reconvención. Se aplicará el artículo 132, apartado 3".*

Probablemente esa preferencia en el sistema de marcas de la UE a que la validez del título se trate por la EUIPO, es la que ha motivado que no exista un precepto equivalente al 61 bis 5 LM que ante una demanda de infracción obliga a plantear la nulidad o caducidad *necesariamente* por reconvención, impidiendo acudir la OEPM a esos efectos.

6. ENFOQUE COMPARADO: TRATAMIENTO EN OTROS SISTEMAS DE MARCAS NACIONALES

6.1. Alemania

Según la legislación nacional, el tribunal que conoce del asunto no está obligado a suspender el procedimiento por infracción de marca por estar pendiente un procedimiento de nulidad contra la marca en litigio. A petición del demandado contra el que se ha interpuesto la marca en litigio para que se suspenda el procedimiento hasta que se resuelva la solicitud de nulidad, el tribunal puede, a su discreción, suspender el procedimiento de infracción hasta que se dicte dicha resolución.

Por regla general, el tribunal solo se pronuncia a favor de la suspensión si considera que existe una alta probabilidad de que el procedimiento de nulidad dé lugar a la nulidad o a una restricción sustancial de la marca.

6.2. Francia

El Código de la Propiedad Intelectual francés al tratar las acciones por infracción basadas en marcas francesas no incluyen ninguna norma relativa a la suspensión en caso de una acción de cancelación «paralela» ante el INPI.

No obstante lo anterior, el artículo 378 de las normas de procedimiento civil autoriza al juez a suspender el procedimiento hasta que se produzca un hecho concreto. En tal caso, la parte que solicita la anulación ante el INPI puede solicitar al tribunal que suspenda el procedimiento hasta que se dicte la resolución del INPI o hasta que se dicte la resolución del tribunal de apelación (si se recurre la resolución del INPI). No obstante, la decisión del tribunal no es automática, es decir, que de no solicitarse por la parte, el tribunal no puede suspender automáticamente el procedimiento por infracción. Al mismo tiempo, tampoco es obligatoria su adopción, es decir, que a pesar de la solicitud el tribunal puede no suspender.

6.3. Italia

Cuando la marca en la que se basa la acción por infracción está registrada y se impugna mediante una acción de nulidad (judicial o administrativa), la respuesta respecto a si existe prejudicialidad y hay que suspender el procedimiento de infracción es muy controvertida.

Así, hay jurisprudencia italiana que no suspende los procedimientos por infracción, incluso cuando existe abierto un procedimiento sobre la nulidad de la marca presuntamente infringida. Se argumenta que estos últimos no tenían un efecto prejudicial en el sentido del artículo 295 del Código de Enjuiciamiento Civil. Por lo tanto, el juez de infracción podía pronunciarse sobre la nulidad de forma incidental, y esta decisión se consideraba sin efecto de cosa juzgada[17].

Sin embargo, una opinión contraria sostenía que las sentencias sobre nulidad o caducidad, incluso cuando se dictaban de forma incidental, tenían efectos *erga omnes* y, por lo tanto, eran prejudiciales para las sentencias sobre infracción. En consecuencia, el procedimiento de infracción debía suspenderse hasta que se resolviera (aunque solo fuera en primera instancia) el procedimiento de nulidad.

Esta segunda opinión ha sido confirmada recientemente por el Tribunal Supremo[18], que ha establecido el perjuicio lógico y jurídico de la resolución sobre la nulidad del título de propiedad industrial sobre la reso-

---

17 Sentencia del Tribunal Supremo Italiano de 13 de marzo de 2017, sección 1ª (sentencia núm. 6382).

18 Sentencia del Tribunal Supremo Italiano de 25 de julio de 2016 - Sección 1ª (sentencia núm. 15639).

lución sobre la infracción. Por lo tanto, según esta opinión, la acción por infracción debía suspenderse hasta que estuviera pendiente la acción por nulidad.

7. LA STS DE 14 DE ENERO DE 2025 (SENTENCIA 78/2025 - ÚNICO)

7.1. Los hechos

El litigio tiene su origen en una demanda por infracción de 17 de julio de 2018 presentada por Bodegas Vega Sicilia, titular de la marca de la Unión Europea "Único" (nº 3181971, clase 33), contra la sociedad Bodegas Sanviver, que comercializaba un vermut con ese mismo distintivo. La demanda fue interpuesta ante el Juzgado de Marca de la UE núm. 1 de Alicante.

Bodegas Sanviver al contestar a la demanda, no planteó reconvención de nulidad, aunque anunció que iba a presentarla ante la EUIPO, cosa que hizo al mes siguiente. En la audiencia previa, aportó una copia de la solicitud de nulidad presentada ante la EUIPO, pero no solicitó la suspensión del procedimiento de infracción. Tras el juicio se dictó sentencia estimatoria de la demanda. Durante la apelación, Sanviver aportó la resolución de la EUIPO que declaraba nula la marca de la UE, aunque esta no era firme pues había sido recurrida. La Audiencia Provincial desestimó la apelación, alegando que la presunción de validez seguía vigente. Se interpone frente a la sentencia de apelación recurso extraordinario por infracción procesal y recurso de casación.

7.2. La sentencia de la Audiencia Provincial de 6 de julio de 2020 (sentencia 765/020)

La sentencia del TMU considera: En primer lugar, que la decisión de la EUIPO al estar recurrida no perturba la presunción de validez de la marca de la UE presuntamente infringida (art. 127.1 RMU). Además, al no haberse planteado la nulidad ante el TMU, mediante reconvención, el objeto es la infracción y la presunción de validez opera.

En segundo lugar, en la hipótesis de que finalmente la marca de la UE resulte anulada con carácter firme, la condena de infracción está cubierta por el art. 62.3 a) RMU, que exime del efecto retroactivo de la declaración de nulidad a la declaración de infracción con efectos de cosa juzgada (art. 60 LM).

7.3. La sentencia del Tribunal Supremo

La sentencia estima el único motivo admitido del recurso extraordinario por infracción procesal formulado al amparo del 469.1 3ª LEC: Básicamente se razona que aunque no se haya formulado reconvención frente a la demanda de infracción, la mera presentación de la nulidad ante la EUIPO obligaba al tribunal a suspender de oficio el procedimiento de acuerdo con el artículo 132.1 RMU, que es una norma imperativa.

El motivo se estima, pues acepta que la demandada podía pedir la nulidad por reconvención o por solicitud directa ante la EUIPO, —como así hizo—, e informó al juzgado aportando copia de la misma en la audiencia previa. De modo que si al tribunal le consta el planteamiento de la nulidad debe suspender, pues es un caso claro de prejudicialidad, pues el resultado de la nulidad impacta de forma directa en el procedimiento de infracción pues la validez de la marca es un presupuesto esencial de la infracción.

Se estima que por la propia literalidad del precepto —art. 132.1—, la suspensión debe ser acordada de oficio —aunque la parte no la haya pedido— dado que:

> *"[...] el juez de la marca de la UE que conocía de la demanda de infracción, al tener constancia de que la demandada había pedido ante la EUIPO la nulidad de la marca objeto de infracción, debía haber suspendido su fallo de oficio, previa audiencia de las partes. De algún modo, esta infracción procesal del juez de primera instancia pudo haber sido subsanada por la Audiencia, al resolver el recurso de apelación, máxime si se le aportó la Decisión de la EUIPO que acordaba la nulidad de la marca, aunque esa decisión estuviera recurrida. Entendemos que la Audiencia debía haber suspendido el fallo del recurso de apelación, previa audiencia de las partes, hasta que fuera firme la resolución sobre la nulidad de la marca. Al no hacerlo, ha provocado indefensión a la parte demandada, en atención a los efectos de cosa juzgada que la firmeza de la sentencia de infracción podría generar frente a una posterior y eventual sentencia firme de nulidad de la marca, conforme a lo prescrito en el art. 62.3.a) RMUE.*
>
> *Aunque el efecto de la nulidad de una marca de la UE es ex tunc, pues «implica que, desde el principio, la marca (...) careció de (...) efectos» (art. 62.2 RMUE), el efecto retroactivo de la nulidad no afectará a «las resoluciones sobre violación de marca que hayan adquirido fuerza de cosa juzgada y que se hayan ejecutado con anterioridad a la resolución (...) de nulidad» (art. 63.3.a] RMUE). Para evitar esta situación, el art. 132.1 RMUE prevé esa norma de la suspensión de oficio. Y, en atención a sus consecuencias, no haber acordado la suspensión cuando procedía conlleva la nulidad de lo actuado. En consecuencia, estimamos el recurso extraordinario por infracción procesal y, sin necesidad de resolver el recurso de casación, dejamos sin efecto la sentencia recurrida y remitimos los autos a la Audiencia para que mantenga en suspenso su fallo mientras no sea firme el procedimiento de nulidad de la marca".*

7.4. Comentarios a la sentencia ÚNICO

La sentencia se ocupa por tanto de un supuesto de torpedo defensivo frente a una acción de infracción de una marca de la UE. La peculiaridad es que el torpedo se dispara fuera de la sede jurisdiccional, esto es, en la sede administrativa o registral, si bien *posteriormente* como reacción a la demanda.

Dado que la demanda inicial se presentó el 17 de julio de 2018, se le debe aplicar el RMUE vigente desde el 7 de julio de 2017 (DOUE 16-06-2017), si bien posterga su aplicación a partir del 1 de octubre de 2017 (art. 212 RMUE).

Pues bien, la literalidad del artículo 132.1 RMUE no parece adecuarse al supuesto del caso, pues al recibirse la demanda por el Juzgado de Marcas de la UE no se hallaba *ya* presentada la solicitud de nulidad ante la EUIPO. Sin embargo, creemos que una interpretación sistemática y teleológica puede salvar esta primera impresión. Recordemos: "*[...] el tribunal de marcas de la Unión Europea ante el que se hubiere promovido alguna de las acciones contempladas en el artículo 124, [...], suspenderá su fallo, de oficio, previa audiencia de las partes, o a instancia de parte y previa audiencia de las demás, [...] o si ante la Oficina ya se hubiera presentado demanda por caducidad o por nulidad.*

Y es lo cierto que la solicitud de nulidad ante la EUIPO no se había presentado *todavía* al ejercitarse la acción de infracción —o mejor— al contestarse a la misma.

Sin embargo, ninguna disposición obliga al demandado de infracción a plantear la reconvención de nulidad frente a la demanda —como si ocurre por cierto en el sistema de marcas españolas vigente—. Acierta la sentencia en admitir esa doble posibilidad de ataque de la validez del título *incluso* recibida la demanda.

Una interpretación sistemática del artículo 132.1 en relación con el artículo 128.4 RMUE, lleva a entender que ese adverbio "ya", se refiere más al supuesto de doble ataque de la nulidad, —por reconvención ante el Tribunal y por solicitud a la EUIPO—, en punto a establecer el órgano prioritario en la solicitud de nulidad, y en consecuencia, el órgano que deberá suspender de oficio el procedimiento.

> *"Artículo 128.4. [...] El tribunal de marcas de la Unión ante el que se haya presentado una demanda de reconvención por caducidad o por nulidad de la marca de la Unión, no procederá a examinar dicha demanda de reconvención hasta que el interesado o el propio tribunal hayan comunicado a la Oficina la fecha de presentación de esa demanda. La Oficina inscribirá esa información en el Registro. Si se hubiera presentado ya ante la Oficina una solicitud de*

caducidad o de nulidad de la marca de la Unión con anterioridad a la interposición de la demanda de reconvención, la Oficina comunicará este hecho al tribunal, que suspenderá el procedimiento de conformidad con el artículo 132, apartado 1, hasta que la resolución sobre la solicitud adquiera carácter definitivo o se retire la solicitud".

Dado que en este caso no hay reconvención de nulidad, no aplican los deberes de información del tribunal a la Oficina establecidos en el artículo 128.4 RMUE. Sin embargo, el Tribunal fue informado desde el primer momento de la solicitud de nulidad, y las obligaciones de suspender el procedimiento de oficio aplican *también* frente a las meras acciones de infracción sin reconvención de nulidad (*el tribunal de marcas de la Unión Europea ante el que se hubiere promovido alguna de las acciones contempladas en el artículo 124).*

Es evidente que al legislador le preocupan más las decisiones contradictorias en los casos de nulidades múltiples, y de ahí que regule los deberes de información entre los órganos, y establezca el principio de prioridad en cuanto a quien deba resolver y quien deba suspender el procedimiento de nulidad.

Sin embargo, la prejudicialidad quedó de manifiesto al Tribunal cuando en la audiencia previa se le entregó copia de la solicitud de nulidad ante la EUIPO, y es ahí donde debiera haber aprovechado para —oídas las partes— suspender de oficio el procedimiento al objeto de evitar, —como así fue—, condenas de infracción de marca con declaración de nulidad de la misma. Sin embargo, debemos destacar que la norma comunitaria ha querido, —también en este caso, acción de infracción pura, sin nulidad—, que se suspenda *de oficio* el procedimiento de infracción. Recordemos que, —*contrariamente*—, en este punto el artículo 61 bis 3 LM opta por un sistema de suspensión a instancia de parte, que el tribunal podrá acoger o no.

Además, al aceptar el Tribunal Supremo —con acierto— que ante una demanda de infracción cabe plantear el torpedo frente a la EUIPO, marca una importante divergencia respecto del sistema español que impone —frente a la demanda de infracción— disparar el torpedo por reconvención impidiendo hacerlo acudiendo a la OEPM[19] (artículo 61 bis 5 LM).

19 Sin duda esa divergencia puede complicar los procedimientos de infracción —acumulada— de marcas de la UE y marcas españolas, pues cabrán respuestas por reconvención de nulidad de las marcas nacionales y marcas de la UE ante el TMU, pero también cabrán respuestas de reconvención de nulidad para las marcas españolas, pero de solicitud de nulidad ante la EUIPO de las marcas de la UE.

No obstante, en nuestra opinión la sentencia es criticable respecto de la exigencia de la firmeza de la resolución de nulidad. En efecto, el art. 128.4 RMUE contempla el supuesto en que hay dos nulidades solicitadas: una ante el Tribunal por reconvención y otra —anterior— ante la Oficina. Y en tal caso exige al tribunal que aplique la suspensión hasta que la decisión de nulidad de la EUIPO sea definitiva[20] o haya sido retirada. Como sabemos, al legislador le preocupan más las decisiones contradictorias en procesos de nulidad múltiples, y en tales casos exige la firmeza. No obstante, en el caso comentado no hay dos nulidades planteadas ante distintos órganos. Existe una acción de infracción ante un tribunal —no reconvenida de nulidad—, y una solicitud de nulidad ante la EUIPO. Por tanto, el presente caso no encaja en la literalidad del art. 128.4 RMUE, porque no hay una reconvención de nulidad planteada ante el tribunal. Menos aún, que sea posterior a la solicitud de nulidad de la EUIPO.

De ahí que quepa recordar —y aplicar— la sentencia TJUE de 19 de octubre de 2017 comentada, que en su respuesta a la segunda cuestión prejudicial concluye que no se requiere para reactivar un procedimiento de infracción que la decisión de nulidad sea firme, basta con que exista una decisión al respecto para reactivar el procedimiento de infracción (si se rechaza la nulidad), o desestimarlo (si la nulidad es estimada). Los considerandos 38 y 39 son reveladores:

> *"38 Sin embargo, como puso de manifiesto el Abogado General en el punto 80 de sus conclusiones, el Reglamento nº 207/2009 no ofrece ninguna regla que exija que la resolución que acoja la demanda de reconvención por nulidad haya adquirido firmeza para que el tribunal de marcas de la Unión pueda desestimar la acción por violación de marca ni ninguna regla que prohíba a ese tribunal, para desestimar la acción por violación de marca, esperar a que la resolución que acoja la demanda de reconvención por nulidad haya adquirido firmeza.*
>
> *39 En efecto, ninguna disposición de ese Reglamento supedita que el tribunal de marcas de la Unión pueda desestimar la acción por violación de una marca por una causa de nulidad a que la resolución mediante la que se ha acogido, por esa misma causa de nulidad, la demanda de reconvención por nulidad de esa marca haya adquirido firmeza, pese a que tal requisito se prevé en otros supuestos en el artículo 100 de dicho Reglamento".*

Es cierto que esta sentencia de 17 de octubre de 2017 interpreta el Reglamento 207/2009, pero sus dictados en este punto resultan plenamente vigentes pues el Reglamento 2017/1001 solo añade que la suspensión, —

---

[20] Ver notas 11 y 12.

hasta decisión definitiva—, aplique en los casos en que existen nulidades múltiples planteadas, cosa que no ocurre en el presente caso.

La decisión de nuestro alto tribunal puede tener dos consecuencias importantes y no deseables: En primer lugar, una suerte de estrategias procesales encaminadas a retrasar las decisiones sobre la infracción de marcas de la UE. En efecto, las partes tratarán de alargar la suspensión del procedimiento de infracción mediante recursos en el procedimiento de nulidad hasta que haya una decisión firme. Ya era consciente de ello el Abogado General Sr. Campos Sánchez-Bordona que en sus conclusiones de 20 de junio de 2017 decía al respecto:

> *"87. El deber del tribunal de marcas de la Unión al que me he referido en mi análisis de la primera cuestión prejudicial le ha de llevar a esperar el resultado de la demanda reconvencional, para dirimir (de forma simultánea o sucesiva, según lo autoricen las normas procesales internas) la de la violación. Pronunciado el fallo sobre la primera, no creo que ese deber tenga necesariamente que estar condicionado en función de las estrategias procesales de las partes, más o menos dependientes de sus probabilidades de éxito en recursos ulteriores.*
>
> *88. Coincido con el Oberster Gerichtshof (Tribunal Supremo) en que vincular la resolución del proceso por violación al comportamiento de las partes en relación con los subsiguientes recursos contra la sentencia que acoge la reconvención acarrearía, con toda probabilidad, retrasos importantes en su enjuiciamiento. El designio de prevenir sentencias divergentes sobre una misma marca ya se ha cumplido dando prioridad a la recaída respecto de la demanda reconvencional, a resultas de la que se ventilará la acción de violación".*

Sin embargo, consideraba que esas estrategias procesales, en las que las partes cuentan con las mismas armas, no deben demorar la decisión de la infracción:

> *"89. Como las partes de ambos litigios son las mismas, aunque en posiciones procesales opuestas, gozan de idénticas armas de defensa y han de cargar con las consecuencias de sus propios actos. Cualquiera de ellas puede ciertamente demorar, con sus sucesivos recursos, la producción del efecto de cosa juzgada de las sentencias de instancia, pero esta eventualidad no debe prevalecer sobre la obligación del juez que ha de zanjar el litigio ante él planteado".*

En segundo lugar, en litigios paneuropeos, las diferencias en la aplicación del régimen de conexiones de causas pueden generar incentivos para litigar en determinados foros más proclives a suspender procedimientos hasta decisiones firmes o con efectos de cosa juzgada (*forum shopping*).

En suma, creemos que se tendría que haber suspendido el procedimiento de infracción una vez informado el tribunal de la nulidad planteada ante la EUIPO, pero solo hasta tanto hubiera habido una primera decisión sobre la nulidad, sin perjuicio de que estuviera recurrida y por tanto no fuera firme.

8. CONCLUSIONES

La posibilidad de plantear múltiples procedimientos que decidan sobre la validez de la marca (nulidad o caducidad), y ante distintos órganos (EUIPO o Tribunales de Marca de la UE) plantea el peligro de decisiones contradictorias. Esa contradicción es más fuerte cuando hay múltiples procedimientos sobre la validez, —la nulidad o la caducidad—, que cuando las decisiones versan sobre la nulidad o caducidad y la infracción. Y esa potencial contradicción se autorregula mejor cuando es el mismo órgano quien debe resolver sobre la nulidad y sobre la infracción.

Para evitar el riesgo de contradicción, es importante regular un sistema de notificaciones entre órganos y de suspensión de alguno de los procedimientos hasta tanto se decida sobre la validez del título. La suspensión podrá realizarse de oficio o a instancia de parte, y hasta que la decisión sobre la validez del derecho de exclusiva sea definitiva o firme. Creemos que se deberá esperar a una decisión firme en el caso de múltiples procedimientos de nulidad, en tanto que creemos que es preferible un sistema de decisión solo definitiva (y no firme) para el caso de un procedimiento de infracción y un procedimiento de nulidad o caducidad.

Hay ciertas diferencias entre el sistema de marcas españolas y el sistema de marcas de la UE a este respecto. Es particularmente interesante la norma española que obliga a plantear la nulidad o caducidad como reconvención frente a una demanda de infracción, sin posibilidad de acudir en ese contexto a la OEPM.

Podría instaurarse un sistema de este tipo para la marca de la UE que obligara a acudir a la EUIPO —en un determinado plazo— para pedir la nulidad o caducidad, en los casos de acciones de infracción, con suspensión obligatoria y de oficio del procedimiento de infracción. De esa forma se otorgaría esa preferencia a la EUIPO —que parece concedérsele— en los procedimientos sobre la validez del título. Además, con esa solución se evitaría el *forum shopping* en las estrategias paneuropeas.

La Mala Fe en las Solicitudes de Marca en la Unión Europea: Análisis Detallado de la Comunicación Común CP13

Hacia una mayor transparencia y seguridad jurídica en la protección marcaria europea

CAROLINA SÁNCHEZ MARGARETO

Abogada especializada en Propiedad Industrial, Margareto Intellectual Property

1. INTRODUCCIÓN: EL CONTEXTO DE LA MALA FE EN EL DERECHO DE MARCAS DE LA UE

La propiedad intelectual, y en particular el derecho de marcas, es fundamental para la innovación, la creatividad y la competencia leal en el mercado. Las marcas permiten a las empresas identificar y diferenciar sus productos y servicios, construyendo una reputación y un fondo de comercio. La integridad del sistema de marcas es esencial, y la presentación de solicitudes de mala fe amenaza sus principios fundamentales, distorsionando la competencia y socavando la confianza.

La Unión Europea, a través de la Red Europea de Propiedad Intelectual (EUIPN), que integra a la Oficina de Propiedad Intelectual de la Unión Europea (EUIPO) y a las oficinas de propiedad intelectual de los Estados miembros (OPI de los Estados miembros), trabaja continuamente para armonizar y fortalecer su marco legal en propiedad intelectual[1]. Esta colaboración busca la convergencia de prácticas en marcas, dibujos y modelos, lo que aumenta la transparencia y la seguridad jurídica para examinadores y usuarios.

La Comunicación Común CP13, "Solicitudes de Marca Presentadas de Mala Fe", publicada en marzo de 2024, es un resultado clave de este esfuerzo de convergencia. Su objetivo es ofrecer una interpretación uniforme y predecible del concepto de mala fe, así como de los factores y escenarios relevantes para su evaluación.

1.1. La Propiedad Intelectual en el Ecosistema Jurídico Europeo

El derecho de marcas de la UE se rige principalmente por el Reglamento (UE) 2017/1001 sobre la Marca de la Unión Europea (RMUE) y la Directiva (UE) 2015/2436 (Directiva de Marcas)[5]. Estos textos no sólo regulan la protección de marcas a nivel de la Unión y nacional, sino que también establecen una base jurídica sólida para la cooperación entre las OPI.

El derecho de marcas tiene una doble finalidad: proteger a los consumidores al ayudarles a distinguir productos y servicios y fomentar la competencia leal, y recompensar la inversión de las empresas en la calidad de sus productos o servicios. Las acciones que desvirtúan estas finalidades, como las solicitudes de marca de mala fe, atentan contra la competencia no falseada en la Unión·

1.2. El Rol de la Red Europea de Propiedad Intelectual (EUIPN) y los Proyectos de Convergencia

Desde su creación en 2011, la EUIPN ha impulsado la armonización de prácticas en propiedad intelectual. A través del Programa de Convergencia (2011-2015), se armonizaron siete áreas de práctica en marcas, dibujos y modelos (PC1-PC7), que se han aplicado ampliamente en la UE.

La reforma de las marcas de la UE en 2015 consolidó la cooperación como una función esencial de la EUIPO (Artículo 151 del RMUE) y de las OPI de los Estados miembros (Artículos 51 y 52 de la Directiva de Marcas). Esta cooperación incluye el desarrollo de normas comunes de evaluación y el establecimiento de prácticas comunes.

El Proyecto de Análisis de la Convergencia, lanzado en 2020, identifica nuevas iniciativas de armonización. La CP13, la decimotercera práctica común, es el primer proyecto resultante del análisis de convergencia 2.0.

1.3. Justificación y Objetivos de la Comunicación Común CP13

El concepto de mala fe está presente en la Directiva de Marcas (Considerando 29 y Artículos 4, 5 y 9) como causa de nulidad o denegación, pero no está definido explícitamente. Esto ha generado interpretaciones divergentes entre las OPI de los Estados miembros, dificultando la protección de marcas en múltiples jurisdicciones. El Artículo 45 de la Directiva de Marcas impuso la obligación a todas las OPI de evaluar la mala fe como causa de nulidad absoluta a partir de enero de 2023, aumentando la necesidad de un enfoque unificado.

La CP13 busca armonizar las prácticas de las OPI de los Estados miembros que ya evaluaban la mala fe y crear una práctica armonizada para aquellas que lo harían por primera vez tras la transposición del Artículo 45 de la Directiva de Marcas.

Los objetivos principales de la CP13 son:

- Ofrecer una interpretación común de la noción general de mala fe y conceptos relacionados.

- Aumentar la transparencia, la seguridad jurídica y la previsibilidad para examinadores y usuarios.
- Proporcionar un conjunto de principios para evaluar la mala fe, independientemente del tipo de procedimiento.

El grupo de trabajo del proyecto, compuesto por representantes de las OPI de los Estados miembros, la EUIPO y asociaciones de usuarios, desarrolló estos principios basándose en la jurisprudencia consolidada y las prácticas existentes.

1.4. Alcance y Limitaciones de la Práctica Común CP13

La CP13 ofrece principios para evaluar la mala fe en las solicitudes de marca, aplicables en cualquier procedimiento de evaluación.

Dentro del alcance de la CP13 se encuentran:

- Una interpretación común del concepto general de mala fe en las solicitudes de registro de marcas.
- Una interpretación común de otros conceptos y terminología relacionados con la evaluación de la mala fe y algunos escenarios.
- Un acuerdo sobre los factores comunes para la evaluación de la mala fe en las solicitudes de registro de marcas.

Cuestiones fuera del alcance de la CP13 son:

- El tipo particular de procedimiento (examen, oposición o cancelación) en que se evalúa la mala fe, ya que está regulado por la Directiva de Marcas y no es objeto de armonización a nivel de la UE.
- La apreciación *per se*, en procedimientos de mala fe, de cuestiones como identidad/similitud entre marcas, productos o servicios; riesgo de confusión; carácter distintivo o renombre; y uso efectivo del derecho. Estas son factores para la evaluación de la mala fe, pero su evaluación intrínseca está fuera del alcance.
- La evaluación *per se* de los artículos 5, apartado 3, letra b), 5, apartado 2, letra d), y 9, apartado 1, de la Directiva de Marcas.
- La descripción de limitaciones legales que impidan la aplicación de la práctica por una OPI particular.
- La elaboración de una lista exhaustiva o recomendada de tipos de pruebas para procedimientos de mala fe.

2. EL CONCEPTO GENERAL DE MALA FE EN LAS SOLICITUDES DE MARCA: INTERPRETACIÓN Y FUNDAMENTOS

La jurisprudencia de la UE ha sido fundamental para entender la mala fe en el derecho de marcas, al no estar definida en la legislación. El TJUE ha establecido que la mala fe es un concepto autónomo del derecho de la Unión que requiere una interpretación uniforme.

2.1. Nociones Clave y Terminología Esencial

Para una aplicación coherente, la CP13 establece interpretaciones comunes de términos clave·

- **"Solicitante":** El solicitante del registro de la marca impugnada·
- **"Solicitante de la nulidad":** Quien solicita la cancelación u oposición contra la marca impugnada, así como cualquier persona que presente observaciones.
- **"Derecho anterior":** Cualquier derecho o interés legítimo que pueda invocarse en casos de mala fe, como una marca registrada, no registrada, nombre de persona notoria o razón social.
- **"Marca impugnada":** La marca cuya solicitud se presentó de mala fe.

2.2. La Construcción de la Noción de Mala Fe: Jurisprudencia del TJUE y Elemento Subjetivo (Intención Desleal)

La mala fe en las solicitudes de marca presupone una **motivación subjetiva** del solicitante: una **intención desleal** o un motivo "siniestro o deshonesto", que se establecerá con referencia a criterios objetivos. Implica una conducta que se aparta de los principios éticos o las prácticas comerciales leales, identificable mediante la evaluación de hechos objetivos.

Es crucial que no exista mala fe sin intención desleal. Para que se aprecie mala fe, debe haber:

a) Una acción del solicitante que refleje claramente una intención desleal al presentar la solicitud.

b) Factores objetivos que permitan calificar esa acción como mala fe.

La evaluación debe ser global y considerar todas las circunstancias pertinentes.

La intención desleal puede manifestarse cuando la solicitud de registro se hace:

a) Con la intención de menoscabar los intereses de un tercero específico, de forma incompatible con prácticas leales, y no con fines comerciales legítimos.

b) Para obtener un derecho exclusivo con fines distintos de las funciones esenciales de una marca (especialmente la indicación de origen), incluso sin dirigirse a un tercero concreto.

2.3. Las Diferentes Facetas de la Mala Fe

La CP13 diferencia dos facetas de la mala fe, basadas en la jurisprudencia:

2.3.1. Apropiación Indebida de los Derechos de Terceras Partes: Concepto y Ejemplos Jurisprudenciales

Se produce cuando el solicitante busca los intereses de un tercero específico. Las autoridades pueden considerar qué ocurre cuando la solicitud se presenta con la intención de perjudicar los intereses de un tercero de manera incompatible con las prácticas leales, y no para participar en el comercio de forma honesta.

Se caracteriza por una combinación de circunstancias objetivas donde el solicitante, con conocimiento o presunto conocimiento de los derechos existentes de terceros, presenta la solicitud de la marca impugnada sin consentimiento y con la intención subjetiva de apropiarse injustamente de la titularidad de esos derechos.

Ejemplos jurisprudenciales que constataron apropiación indebida son *Simca, Gruppo Salini, ANN TAYLOR/ANNTAYLOR* y *NEYMAR*. En contraste, *Nehera, CIPRIANI / CIPRIANI* y *Bigab* no hallaron mala fe.

2.3.2. Abuso del Sistema de Marcas: Concepto y Ejemplos Jurisprudenciales

Esta faceta impide los registros abusivos de marcas, los cuales son contrarios al principio de que el derecho de marcas no debe extenderse a prácticas abusivas. No es necesario que el solicitante se dirija a un tercero específico en el momento de la solicitud.

Para concluir mala fe en este aspecto, se debe identificar:

- Una combinación de circunstancias objetivas donde, a pesar del cumplimiento formal de los requisitos, la finalidad de las normas no se ha logrado (elemento objetivo).
- La intención de obtener una ventaja de las normas creando artificialmente las condiciones para ello (elemento subjetivo)· Esta intención se constata si de elementos objetivos se desprende que el objetivo de la estrategia del solicitante era obtener una ventaja indebida de las normas de marcas.

Casos que ejemplifican el abuso del sistema de marcas son *LUCEO, MONOPOLY* y *TARGET VENTURES, Pelikan* y *VOODOO* son ejemplos donde no se halló mala fe.

3. NORMAS GENERALES PARA LA EVALUACIÓN DE LA MALA FE

La evaluación de la mala fe se rige por un conjunto de normas generales.

3.1. La Carga de la Prueba en Casos de Mala Fe: Presunción de Buena Fe y Distribución de la Carga Probatoria

Existe una presunción de buena fe por parte del solicitante del registro impugnado hasta que se aporte prueba en contrario. Inicialmente, la carga de la prueba recae en el solicitante de la nulidad, quien debe demostrar las circunstancias objetivas que justifican la conclusión de mala fe·

Sin embargo, si el solicitante de la nulidad aporta pruebas que quiebran esta presunción, la carga de la presentación de pruebas y alegaciones se traslada al titular del registro impugnado. Este último es quien mejor puede proporcionar explicaciones plausibles sobre sus intenciones y la lógica comercial de la solicitud. El silencio del titular no es indicativo de intención desleal, pero si las pruebas del solicitante de la nulidad son convincentes y el titular no presenta explicaciones, se concluirá de mala fe.

Incluso el propio titular puede contribuir inconscientemente a refutar la presunción de buena fe, como en los asuntos *MONOPOLY* y *TARGET VENTURES*, donde admitieron objetivos como evitar la prueba de uso. No existe una lista exhaustiva o recomendada de pruebas; las partes son libres de presentar las que consideren pertinentes, y su evaluación corresponde a las autoridades.

3.2. El Momento Relevante para Determinar la Existencia de Mala Fe: La Fecha de Presentación de la Solicitud

La apreciación de la mala fe requiere un análisis del comportamiento del solicitante en el momento de la presentación de la solicitud de registro. Para registros internacionales, es la fecha de designación de la UE o el Estado miembro. Esto implica que una marca solicitada de mala fe seguirá considerándose así, incluso si es cedida posteriormente, ya que la apreciación se basa en la intención del solicitante original.

No obstante, las autoridades pueden considerar hechos y pruebas anteriores o posteriores a la presentación si son útiles para interpretar la intención del solicitante en ese momento. Esto incluye información sobre la fecha de prioridad, derechos anteriores en otras jurisdicciones, circunstancias de creación de la marca y su uso.

3.3. La Determinación del "Solicitante" en Casos de Mala Fe: Personas Físicas, Jurídicas y Vínculos Relevantes

Es fundamental identificar al solicitante de la marca impugnada. Cualquier persona física o jurídica que figure en el formulario de solicitud será considerada como tal. Sin embargo, para evaluar la intención desleal, también debe considerarse un posible vínculo o conexión entre el solicitante y cualquier otra persona física o jurídica con un interés real en la solicitud, para evitar elusión de las disposiciones de mala fe.

Estos vínculos pueden ser:

- Pertenencia al mismo grupo de empresas.
- Acuerdos para presentar una solicitud en nombre propio.
- El solicitante ocupando un cargo (director gerente, interesado principal) en una persona jurídica con interés.

Se requiere una evaluación caso por caso debido a la variedad de formas que pueden adquirir estos vínculos.

4. FACTORES COMUNES PARA LA APRECIACIÓN DE LA MALA FE EN LAS SOLICITUDES DE MARCAS

Para determinar la mala fe, se realiza una apreciación global de todos los factores pertinentes del caso concreto, evaluando cada situación individualmente. La CP13 incluye una lista no exhaustiva de factores útiles para esta evaluación. Solo uno de ellos, la **intención desleal del solicitante**, es obligatorio y debe estar presente en todos los casos de mala fe. La lista no refleja la importancia relativa de cada factor no obligatorio.

4.1. El Factor Obligatorio: La Intención Desleal del Solicitante

La intención desleal es un requisito esencial para apreciar mala fe. Es la piedra angular de la mala fe y debe examinarse y establecerse siempre. Esta intención puede variar según los objetivos del solicitante.

4.1.1. Ejemplos de Intención Desleal en la Apropiación Indebida de Derechos de Terceros

- Aprovecharse gratuitamente de la reputación o renombre del/los derecho(s) anterior(es) de un tercero.
- Usurpar los derechos sobre la marca del tercero.
- Crear una falsa impresión de continuidad o un falso vínculo de herencia entre la marca impugnada y una marca histórica o derecho anterior/persona/empresa célebre.

4.1.2. Ejemplos de Intención Desleal en el Abuso del Sistema de Marcas

- Evitar el registro de otra marca solicitada por un tercero u obtener ventajas económicas de una posición de bloqueo.
- Reforzar la protección de otro derecho propio del solicitante y ampliar la cartera de marcas sin lógica comercial honesta.
- Evitar la aportación de pruebas de uso de marcas registradas anteriores y ampliar el período de gracia de cinco años.
- Evitar las consecuencias de la cancelación (total o parcial por falta de uso) de marcas registradas anteriores·

4.2. Factores No Obligatorios: Un Análisis Detallado

Los factores no obligatorios, aunque no son un requisito previo para probar la mala fe, pueden tener un impacto diferente según las circunstancias del caso. La apreciación de la mala fe debe considerar todos los factores pertinentes. La presencia o ausencia de uno o varios de estos factores no es concluyente por sí sola.

4.2.1. Conocimiento o Presunto Conocimiento del Solicitante de que un Tercero está Utilizando/Tiene un Derecho Anterior Idéntico/Similar

El conocimiento o la presunción de conocimiento por parte del solicitante de un derecho anterior idéntico o similar de un tercero (en la UE o fuera de ella) puede indicar mala fe. Ejemplos incluyen:

- Conocimiento general en el sector económico relevante sobre el uso prolongado de un derecho anterior.
- Una relación comercial previa que implica conocimiento del uso de la marca impugnada por el solicitante de la nulidad.
- Identidad o casi identidad de marcas que no puede ser mera coincidencia.
- Actividad de ambas partes en los mismos o relacionados ámbitos comerciales, o en el mismo nicho de mercado, o productos del mismo país de origen.
- Acciones del titular de la marca impugnada contra el solicitante de la nulidad poco después del registro.
- Renombre del derecho anterior que el solicitante conocía o no podía ignorar. Esto incluye la notoriedad de marcas históricas, conocimiento del sector (fútbol/automóvil), uso de términos en lenguas específicas o relación con el ámbito de renombre.

El examen del conocimiento no se limita al mercado de la UE, pudiendo aplicarse si el derecho se usó/registró en un país no perteneciente a la UE. El conocimiento del solicitante es crucial en casos de apropiación indebida de derechos de terceros.

4.2.2. Grado de Protección Jurídica del que Goza el Derecho Anterior del Tercero

El grado de protección jurídica del derecho anterior del tercero también es un factor relevante para determinar la mala fe. Se considera si el derecho goza de registro, carácter distintivo (intrínseco o adquirido), carácter notorio, o reputación (incluida la residual o superviviente, la del nombre o imagen/pseudónimo del solicitante de la nulidad). El "uso" del derecho anterior también puede ser determinante.

Este factor es relevante en escenarios de comportamiento parasitario, donde se busca aprovechar la reputación o el carácter distintivo de un derecho anterior. Se examina independientemente de la naturaleza o registro del derecho anterior. La falta de registro no excluye el renombre en el mercado. Sin embargo, el alcance o grado de protección jurídica de la propia marca impugnada puede justificar un interés legítimo del solicitante.

4.2.3. Identidad/Similitud entre la Marca Impugnada y el Derecho o Derechos Anteriores

La identidad o similitud entre las marcas puede ser un factor pertinente. La valoración puede diferir de la del riesgo de confusión, ya que las disposiciones de mala fe buscan evitar la apropiación indebida o el abuso del sistema. No es necesario un examen detallado de las similitudes visuales, fonéticas y conceptuales, sino encontrar una conexión o vínculo.

4.2.4. Productos o Servicios en Cuestión

Los productos o servicios también son un factor relevante en la apreciación de la mala fe, considerando el objetivo de evitar la apropiación indebida o el abuso del sistema. Se puede analizar si los productos/servicios pertenecen a un segmento de mercado vecino/relacionado, o el ámbito de la actividad comercial del solicitante de la nulidad. La mala fe puede acreditarse incluso si los productos/servicios son diferentes. La apreciación puede referirse a diferentes tipos de derechos anteriores, no solo a las marcas.

4.2.5. Riesgo de Confusión

El riesgo de confusión puede ser pertinente en la apreciación global de la mala fe en algunos casos. Sin embargo, **no es una condición o requisito previo de la mala fe**. Es solo un factor a considerar.

4.2.6. Relación Previa entre las Partes

Una relación directa o indirecta entre el solicitante de la nulidad y el solicitante del registro impugnado antes de la presentación de la solicitud puede indicar mala fe. Este factor se interpreta en sentido amplio para abarcar todo tipo de relaciones, incluyendo relaciones precontractuales, contractuales o postcontractuales, y deberes de lealtad e integridad derivados de puestos en la empresa del solicitante de la nulidad.

Ejemplos de relaciones previas incluyen negociaciones contractuales, contactos para resolución comercial, relaciones comerciales verbales, acuerdos de distribución, contratos de licencia, cargos de director gerente, accionistas significativos o empleados, poderes de representación, o contratos para uso de imagen.

Una evaluación caso por caso es necesaria para determinar si la relación permitió al solicitante familiarizarse y apreciar el valor de los derechos anteriores del tercero. Es irrelevante la naturaleza o forma exacta del acuerdo; su existencia es suficiente para probar la relación directa. La presentación/registro de la marca impugnada en nombre propio puede considerarse una violación de las prácticas comerciales honestas si el solicitante intenta suplantar un derecho anterior de un tercero con el que tenía una relación de buena fe.

4.2.7. Origen de la Marca Impugnada y su Uso desde su Creación

El origen o las circunstancias de creación de la marca impugnada, así como su uso anterior (incluido el "histórico") en el tráfico económico, pueden ser un factor pertinente. Esto puede incluir quién desarrolló o creó la marca y las razones de su creación, o si la marca proviene de otro derecho del solicitante (ej. nombre comercial) y cómo se ha usado. El uso anterior no se circunscribe al mercado de la UE, pudiendo considerarse el uso en un país no perteneciente a la UE.

4.2.8. Cronología de los Acontecimientos que Han Llevado a la Presentación de la Marca Impugnada

La cronología de los acontecimientos que precedieron a la solicitud de la marca impugnada es un factor pertinente para apreciar la mala fe, ayudando a comprender los motivos del solicitante. Acontecimientos a considerar incluyen:

- La existencia de un litigio entre las partes antes o en el momento de la presentación.
- El estado de la relación comercial entre las partes (finalizada o deteriorada).
- El tiempo transcurrido entre la finalización de la relación comercial y la solicitud de la marca.
- Cambios en la posición de mercado del solicitante de la nulidad (situación económica, renombre) antes de la presentación.
- El momento de presentación de la solicitud, especialmente en solicitudes repetidas. La cronología también puede proporcionar información sobre el conocimiento o presunto conocimiento del solicitante sobre derechos anteriores.

4.2.9. La Lógica Comercial Honesta que Subyace a la Presentación de la Marca Impugnada

La falta de una lógica comercial honesta detrás de la presentación de la marca impugnada puede ser un factor pertinente de mala fe. Aunque es legítimo solicitar una marca para futuras categorías de productos/servicios, y una lista larga no es automáticamente mala fe, la inclusión artificial de productos/servicios sin una lógica comercial honesta puede ser un indicador.

El caso *MONOPOLY* es un ejemplo. El titular admitió que la nueva presentación buscaba reducir la carga administrativa en oposiciones futuras al evitar la prueba de uso. Sin embargo, las explicaciones sobre proteger la marca para adaptarse a la evolución tecnológica se consideraron legítimas para nuevos productos/servicios. Para productos/servicios idénticos a los ya cubiertos, no había justificación.

En *DoggiS*, no se proporcionó explicación comercial para una marca figurativa casi idéntica a anteriores del solicitante de la nulidad que cubrían los mismos servicios. En *Agate*, el solicitante no presentó pruebas de uso ni explicación razonable para extender sus actividades agrícolas al sector de neumáticos.

En contraste, en *Bigab*, la lógica comercial honesta se infirió del aumento de Estados miembros donde el solicitante usaba la marca, lo que justificaba extender la protección como MUE. En *Pelikan*, la nueva solicitud con motivo del 125 aniversario y la actualización de servicios se consideró una lógica comercial honesta.

4.2.10. Solicitud de Compensación Financiera

La solicitud de compensación económica por parte del solicitante de la marca impugnada puede ser un factor pertinente. Particularmente, si el solicitante conocía el derecho anterior y esperaba una oferta económica. Puede existir mala fe cuando la solicitud se presentó de forma especulativa o únicamente para extorsionar monetariamente a un tercero, sin intención de que la marca cumpla su función esencial. Sin embargo, una solicitud de compensación, incluso considerable, no es suficiente para concluir fraude o especulación, ya que puede estar dentro de la libertad de mercado.

4.2.11. Patrón del Comportamiento o las Acciones del Solicitante

Un patrón concreto en el comportamiento o acciones del solicitante puede indicar intención desleal. Ejemplos jurisprudenciales incluyen:

- La presentación simultánea de la marca "NEYMAR" junto con la de otro futbolista famoso.
- La creación de una estrategia de presentación ilegal, como agrupar solicitudes de marcas nacionales sin pagar tasas para lograr una posición de bloqueo y extender los períodos de gracia (caso *LUCEO*).
- La presentación de varias marcas de terceros con renombre sin consentimiento o contrato de licencia (caso *ANN TAYLOR/ANNTAYLOR*).
- El uso indebido de normas o el sistema de marcas por parte del solicitante o personas vinculadas para sobrecargar a la otra parte o a las OPI con procedimientos onerosos (ej. muchas solicitudes de anulación).

5. ESCENARIOS TÍPICOS DE MALA FE EN LAS SOLICITUDES DE MARCA: APLICACIÓN PRÁCTICA Y EJEMPLOS JURISPRUDENCIALES

Esta sección de la práctica común presenta los escenarios de mala fe más típicos o notables, ilustrando cómo interactúan los factores para llegar a una conclusión de mala fe. Los "escenarios" son situaciones concretas donde varios factores deben aparecer e interactuar, mientras que un "factor" es solo un elemento que, por lo general, no es suficiente por sí solo.

5.1. Escenarios Relativos a la Apropiación Indebida de los Derechos de Terceras Partes

5.1.1. Comportamiento Parasitario: Concepto, Elementos Clave y Casos Emblemáticos

El comportamiento parasitario implica que la marca impugnada se presentó con la intención desleal de:

a) Aprovecharse gratuitamente de la reputación (incluida la reputación residual) de un derecho anterior.

b) Beneficiarse de un derecho anterior, independientemente de su grado de reconocimiento en el mercado.

Este escenario cubre casos donde el solicitante, consciente de un derecho anterior con protección o reconocimiento, solicita una marca para crear una asociación o imitarlo y beneficiarse de su atractivo o conocimiento. Esto también puede ocurrir al intentar crear una falsa impresión de continuidad o vínculo con una marca histórica o persona/empresa célebre.

La intención desleal de beneficiarse del atractivo o conocimiento del derecho anterior es crucial. Esto puede derivarse de la buena voluntad, reputación, éxito, prestigio o presencia real del derecho anterior, o de la referencia a una persona o acontecimiento renombrado. Se busca aprovechar la inversión del solicitante de la nulidad en la promoción o el fondo de comercio de su derecho anterior.

Este escenario incluye aprovecharse de la reputación, incluida la residual, por lo que el derecho anterior debe tener cierto renombre o celebridad en la fecha de solicitud de la marca impugnada. Se diferencia claramente de las disposiciones del Artículo 5, apartado 3, letra a), de la

Directiva, ya que en mala fe se requiere una intención desleal que se establece con criterios objetivos y pruebas. El renombre o reconocimiento del derecho anterior es un elemento que puede indicar la intención desleal. El comportamiento parasitario puede darse incluso si el reconocimiento del derecho anterior proviene de un país no perteneciente a la UE.

El caso *Simca* (T-327/12, 08/05/2014) es un ejemplo clave. El solicitante registró la MUE "SIMCA", que fue transferida. El solicitante de la nulidad (GIE PSA Peugeot Citroën) era titular de marcas anteriores "SIMCA" protegidas en varios Estados miembros, aunque no usadas en décadas. El Tribunal General observó que la existencia de "SIMCA" como marca "histórica" era notoria y que el antiguo titular conocía su renombre "residual/superviviente" entre el público de automóviles. El registro de la marca idéntica en la clase 12 se solicitó deliberadamente para crear una asociación y aprovechar su reputación residual/superviviente, incluso para competir si la reutilizaban.

5.1.2. Violación de una Relación Fiduciaria: Concepto, Elementos Clave y Casos Emblemáticos

En este escenario, debe establecerse una relación fiduciaria previa entre el solicitante de la nulidad y el solicitante de la marca impugnada. Se debe comprobar si existió un acuerdo de cooperación empresarial que creará una relación fiduciaria, o si esta fue impuesta por ley. Esta relación debe imponer un deber de confianza y lealtad en relación con los intereses del titular de los derechos anteriores.

El caso *Gruppo Salini* (T-321/10, 11/07/2013) ejemplifica esto. SA.PAR. Srl registró la MUE "GRUPPO SALINI". Salini Costruttori SpA, solicitante de la nulidad, usaba la marca no registrada "SALINI" en Italia y el extranjero. El Tribunal General consideró que el solicitante de la marca no podía ignorar el uso prolongado de "SALINI". Había una relación previa: el solicitante tenía una participación sustancial en Salini Costruttori y sus ejecutivos ocupaban puestos de alto nivel, estando "bien informados" sobre la expansión y reputación de esta. Aunque estar "bien informado" no fue suficiente por sí solo, otros factores como un litigio corporativo previo y el aumento de facturación/reputación confirmaron la mala fe. La intención del solicitante era usurpar los derechos sobre la marca del solicitante de la nulidad.

5.2. Escenarios Relativos al Abuso del Sistema de Marcas

5.2.1. Registros Defensivos: Concepto, Elementos Clave y Casos Emblemáticos

Aunque la Directiva no exige declarar la intención de uso en la presentación y permite un plazo de cinco años para el uso efectivo, el registro de una marca sin intención de uso para los productos/servicios especificados puede ser mala fe si no hay justificación. Mantener el registro de una marca no utilizada limita los signos disponibles para otros y niega a los competidores la oportunidad de usar marcas similares. La mala fe es la única forma de anular o restringir un registro antes del plazo de cinco años.

Los registros sin una función de marca legítima (indicación de origen) y destinados a:

a) Aumentar el alcance de la protección de otros derechos anteriores del solicitante sin lógica comercial honesta.

b) Impedir que terceros registren o usen derechos idénticos/similares para productos/servicios idénticos/similares en el futuro, sin lógica comercial honesta, se consideran de mala fe.

No se exige al solicitante de la marca impugnada demostrar su uso efectivo, sino valorar si tenía la intención de usarla según sus funciones esenciales. La falta de una lógica comercial honesta es un indicador clave·

El caso *Target Ventures* (T-273/19, 28/10/2020) es ilustrativo. Target Partners GmbH registró la MUE "TARGET VENTURES". Era titular de nombres de dominio "targetventures.com" y ".de" que redirigían a su sitio oficial. Target Ventures Group Ltd., solicitante de la nulidad, operaba bajo "TARGET VENTURES". El Tribunal General consideró que la presentación de la marca impugnada para evitar confusión con "TARGET PARTNERS" (ya de su propiedad) o proteger el elemento común "TARGET", no era una función de marca de indicación de origen. Contribuía a reforzar su primer derecho ("TARGET PARTNERS"). La alegación del solicitante de ampliar su uso se contradecía por la falta de uso de "TARGET VENTURES" y porque su actividad se identificaba exclusivamente con "TARGET PARTNERS".

5.2.2. Solicitudes Reiteradas: Concepto, Elementos Clave y Casos Emblemáticos

Aunque un titular puede tener un interés legítimo en volver a presentar una solicitud de marca (ej. modernizarla, actualizar productos/servicios), y esta acción no está prohibida *per se*, sólo en circunstancias concretas se considerará de mala fe si la intención era abusar del sistema de marcas.

Elementos a considerar para evaluar una situación de solicitud reiterada:

1. **Titularidad/partes:** El solicitante de la marca impugnada y el titular de la(s) marca(s) registrada(s) anterior(es) deben ser la misma persona física/jurídica o estar vinculados (ej. mismo grupo de empresas, conexión o acuerdo).
2. **Representaciones de las marcas:** La evaluación no se limita a marcas idénticas, sino que se extiende a marcas similares para evitar elusión con modificaciones mínimas.
3. **Productos o servicios:** La evaluación no se limita a productos/servicios idénticos, sino que se extiende a similares o estrechamente relacionados.
4. **Aspectos territoriales:** La coexistencia y complementariedad de los sistemas de marcas de la UE y nacionales son legítimas. La presentación de una MUE idéntica o similar a marcas nacionales no es *per se* mala fe, ya que busca protección unitaria en la UE.

Ninguno de estos elementos, por sí solo o colectivamente, es suficiente para concluir mala fe; deben examinarse todas las circunstancias pertinentes, especialmente la intención desleal del solicitante.

El caso *MONOPOLY* (T-663/19, 21/04/2021) es un ejemplo. Hasbro, Inc. volvió a registrar la MUE "MONOPOLY" para productos y servicios ya cubiertos por sus marcas anteriores. El titular admitió que una ventaja de su estrategia era reducir la carga administrativa en oposiciones (evitar pruebas de uso). El Tribunal General concluyó que el objetivo de la solicitud reiterada era no tener que presentar la prueba de uso, ampliando el período de gracia de cinco años· Este comportamiento se consideró contrario a los objetivos del RMUE y a las normas de derecho de marcas de la Unión. La mala fe afectó sólo a productos y servicios idénticos a los cubiertos por las marcas anteriores.

5.2.3. Fines Especulativos/Marca como Instrumento de Bloqueo: Concepto, Elementos Clave y Casos Emblemáticos

Puede existir mala fe cuando una solicitud de marca se desvía de su finalidad inicial y se presenta con fines especulativos o únicamente para obtener una compensación económica. Sin embargo, la mera solicitud de una indemnización económica no es suficiente para concluir fraude o especulación, ya que puede estar dentro de la libertad de mercado. Para llegar a este escenario, deben tenerse en cuenta los factores pertinentes del caso concreto.

El caso *LUCEO* (T-82/14, 07/07/2016) es un ejemplo. Copernicus-Trademarks Ltd registró la MUE "LUCEO", alegando prioridad sobre una marca austriaca. La solicitante de la nulidad (Maquet GmbH) quería registrar "LUCEA LED". Copernicus se opuso, y Maquet inició una acción de nulidad por mala fe. El Tribunal General confirmó que Copernicus seguía una estrategia de presentación ilegal de solicitudes nacionales agrupadas sucesivamente. Esta cadena de solicitudes "LUCEO" buscaba una posición de bloqueo por un período superior al de reflexión de seis meses y al período de gracia de cinco años. Copernicus usó esta posición para oponerse a solicitudes idénticas/similares, y solo solicitó compensación económica después del contacto de la solicitante de la nulidad. Esta estrategia se consideró incompatible con los objetivos del RMUE y un abuso del derecho, ya que las solicitudes se desviaron de su finalidad inicial para fines especulativos o de compensación económica.

6. ALCANCE DE LA DENEGACIÓN/CANCELACIÓN POR MALA FE

La mala fe, en general, existirá para todos los productos y/o servicios impugnados para los que la marca fue solicitada o registrada. Sin embargo, la sentencia *SKY* del TJUE abrió la posibilidad de una **denegación o anulación parcial.** Esto significa que la nulidad no tiene por qué ser total, sino que puede limitarse a aquellos productos o servicios específicos para los que se haya probado la mala fe.

7. IMPLEMENTACIÓN DE LA PRÁCTICA COMÚN CP13

La práctica común CP13 entrará en vigor en un plazo de tres meses desde la publicación de la Comunicación Común. Las disposiciones sobre mala fe de la Directiva de Marcas (UE) 2015/2436 han sido transpuestas por cada Estado miembro. Las oficinas nacionales vinculadas por esta práctica común decidirán si publican más información en sus sitios web.

Esta implementación busca armonizar las prácticas de las OPI de los Estados miembros que ya evaluaban la mala fe y crear una práctica armonizada para aquellas que lo harían por primera vez.

8. CONCLUSIONES Y REFLEXIONES FINALES

La Comunicación Común CP13 sobre "Solicitudes de Marca Presentadas de Mala Fe" representa un avance crucial para el sistema de marcas de la Unión Europea. Al ofrecer una interpretación unificada y detallada del concepto de mala fe, la EUIPN y las OPI de los Estados miembros buscan reducir las divergencias y proporcionar claridad a examinadores y usuarios.

La consolidación de la **intención desleal** como factor obligatorio y la distinción entre la apropiación indebida de derechos de terceros y el abuso del sistema de marcas, proveen una estructura conceptual sólida. La exhaustiva descripción de factores y escenarios, respaldada por ejemplos jurisprudenciales, es invaluable para comprender cómo se evaluarán las alegaciones de mala fe y cómo construir argumentos sólidos.

Aspectos como la carga de la prueba, el momento relevante para la evaluación y la identificación precisa del "solicitante" (incluyendo sus vínculos), aumentan la seguridad jurídica. La posibilidad de una nulidad parcial, a raíz de la sentencia *SKY*, introduce un enfoque más proporcional en la aplicación de las consecuencias de la mala fe.

En un mercado globalizado, la armonización de criterios en materia de mala fe es esencial. La CP13 no solo fortalece la integridad del sistema de marcas de la UE, sino que también protege a los titulares legítimos de derechos contra prácticas abusivas, promoviendo una competencia leal y la confianza en el mercado. Su correcta aplicación por parte de las oficinas nacionales será clave para lograr los objetivos de transparencia, seguridad jurídica y previsibilidad que la impulsan.

9. REFERENCIA BIBLIOGRÁFICA

Red Europea de Propiedad Intelectual (EUIPN). (2024). *Comunicación común: Solicitudes de marca presentadas de mala fe.* Disponible en: www.euipn.org

Humanizando la era de la digitalización: marcas de movimiento

EVA DEL VALLE SERRANO
Abogado en INTEGRA TECNOLOGÍA

1. INTRODUCCIÓN

Una marca es un signo que busca identificar los bienes y servicios de una empresa en el mercado y distinguirlos de sus competidores.

Al margen del concepto legal de marca siempre se ha dicho que las marcas deben ser capaces de generar emociones en los consumidores y que su éxito, en gran parte, se debe a esas emociones generadas, a las interacciones que la marca mantiene con su público y cómo de humanas puedan mostrarse ante él. Walter Landon[1] decía que "*los productos se fabrican en la fábrica, la marca se crea en la mente*"

Tradicionalmente las marcas han consistido en logotipos, denominaciones y otros elementos estáticos. Sin embargo, actualmente estamos inmersos en la transformación de un mundo en el que cada vez todo es más digital y cada día irrumpe en nuestras vidas una nueva tecnología (realidad aumentada, realidad virtual, inteligencia artificial, etc.).

Estamos inmersos en la transformación de un mundo en el que cada vez todo es más tecnológico y, podría resultar, menos humano.

---

1 Diseñador de marca y fundador de la empresa Landor

Nos negamos a perder (y no debemos hacerlo) nuestra humanidad. Por ello seguimos buscando aquello que nos recuerde esas características propias del ser humano, aquello que consigue transmitir emociones o sensaciones.

Las marcas están en constante evolución al igual que también evolucionan los consumidores, sus gustos, costumbres, hábitos de consumo, sus fuentes o medios de información o las nuevas formas de publicidad y branding. Modelos que en el pasado pudieron ser válidos para que las marcas establecieran ese vínculo con su público y ese recuerdo memorable ahora ya no son efectivos, o lo son en menor medida. Por este motivo, de un tiempo a esta parte, hemos presenciado como estos signos distintivos se han adaptado al momento, a los diferentes canales de información que han surgido con los avances tecnológicos y a las tendencias de consumo que sigue su público.

Según la XI Edición del Estudio Ecommerce 2024, que tiene como principal objetivo medir la evolución de las tendencias del mercado en el comercio electrónico en España[2], el 77% de los internautas españoles de 16-74 años usan Internet como canal de compra e Internet sigue siendo el canal principal de búsqueda de información (93%). Los Marketplace como Amazon, eBay o Aliexpress siguen siendo la fuente de información de referencia para los usuarios: 6 de cada 10 compradores buscan información directamente en este tipo de plataformas.

Estos datos evidencian que las marcas necesitan evolucionar y adaptarse a estas tendencias de mercado. Para ello, no solo es conveniente contar con presencia online, sino que las marcas también deben evolucionar en los métodos publicitarios que usan y deben adaptarse a los nuevos contextos digitales.

Este cambio de paradigma ha dado lugar al surgimiento de nuevos tipos de marcas, como las marcas en movimiento, y nuevos métodos de publicidad. En este nuevo ecosistema digital las marcas en movimiento resultan ser la herramienta perfecta para conectar de una manera más humana y emocional con el consumidor. El movimiento, sin duda, es una forma de comunicación no verbal. Por ello, al integrar el movimiento en una marca las empresas pueden lograr una conexión más profunda y emocional con el consumidor. Por ejemplo, un movimiento que demuestra un cambio gradual puede transmitir la sensación de crecimiento o de tranquilidad o,

---

2 https://iabspain.es/estudio/estudio-de-ecommerce-2024

al contrario, un movimiento brusco o rápido puede transmitir sensación de sorpresa o de energía.

Las marcas lo saben y por ello procuran contar con presencia en las redes sociales, que como se ha dicho, son hoy uno de los principales medios de comunicación, y la mejor manera de hacerlo es optando por un formato más visual, dinámico, envolvente; un formato de comunicación audiovisual.

Este artículo pretende ofrecer un análisis exhaustivo sobre las marcas en movimiento en España y en la UE; su definición y evolución legal, los requisitos y desafíos de las empresas a la hora de registrar este tipo de marca, así como algunos ejemplos y un breve análisis de algunas de las resoluciones de la Oficina de Propiedad Intelectual de la UE (EUIPO).

2. DEFINICIÓN DE MARCA EN MOVIMIENTO Y MARCO LEGAL

Las marcas de movimiento son un signo distintivo que consiste en un movimiento o en un cambio de posición de los elementos de la marca, o que los incluya según las define el Reglamento de ejecución (UE) 2018/626 de la Comisión de 5 de marzo de 2018 (REMUE[3]). Es decir, una marca en movimiento es un signo distintivo que se compone de una animación, una secuencia de imágenes o cualquier elemento visual que implique un desplazamiento o cambio de forma.

No deben confundirse estas marcas con las marcas multimedia que son aquellas constituidas por la combinación de imagen y sonido, o que los incluya.

A la fecha de redacción de este artículo, según los datos de la Oficina de Propiedad Intelectual de la UE[4] (EUIPO) se han solicitado 301 marcas de movimiento, de las cuales 229 han sido registradas, 25 rechazadas, 7 fueron retiradas y el resto se encuentran en tramitación. En cuanto a las clases en las que se están registrando mayormente este tipo de marcas destacan la clase 9 (con 163 solicitudes), clase 35 (142 solicitudes), clase 42 (121 solicitudes) y clase 41 (119 solicitudes). Es decir, sectores como el tecnológico, publicitario, servicios científicos y de desarrollo de software y

---

3 Artículo 3.3. h) REMUE

4 https://euipo.europa.eu/eSearch/#advanced/trademarks/1/100/n1=MarkFeature&v1=Motion&o1=AND&sf=ApplicationNumber&so=asc

servicios de educación y entretenimiento parecen estar apostando por este tipo de marcas.

Como veremos a continuación, el registro de las marcas no convencionales puede suponer todo un reto para los solicitantes.

Pero, debemos recordar que no siempre fue posible registrar una marca en movimiento y que éstas son una reciente innovación del sistema marcario. En efecto, hay que retrotraerse al año 2015 y a la reforma de la legislación marcaria que trajo consigo la Directiva de la UE 2015/2436 del Parlamento Europeo y del Consejo de 16 de diciembre de 2015 relativa a la aproximación de las legislaciones de los Estados Miembros en materia de marcas (en adelante, DMUE) ya que esta reforma legislativa supuso un gran paso para las marcas no convencionales.

El artículo 3 DMUE establece que "*pueden constituir marcas todos los signos, especialmente las palabras, incluidos los nombres propios, o los dibujos, las letras, las cifras, los colores, la forma del producto o de su embalaje, o los sonidos, a condición de que tales signos sean apropiados para:*

a) distinguir los productos o los servicios de una empresa de los de otras empresas;

b) ser representados en el registro de manera tal que permita a las autoridades competentes y al público en general determinar el objeto claro y preciso de la protección otorgada a sus titulares".

De esta definición, que se reitera en el RMUE y en la propia Ley 17/2001, de 7 de diciembre, de marca (en adelante LM)[5], ya se evidencia que las marcas han de cumplir con dos requisitos esenciales: indicar el origen empresarial de los productos o servicios y ser representadas en el registro de tal manera que se concrete el objeto de protección de forma clara y precisa.

Esta reforma del año 2015 facilitó el registro de las marcas no convencionales como sonidos o, en nuestro caso, el movimiento ya que se eliminó el requisito de representación gráfica en el momento de la solicitud de la marca. Más adelante volveremos sobre este requisito que más que eliminado fue ampliado, en el sentido de permitirse ahora la representación de las marcas más allá de elementos puramente gráficos.

---

[5] Artículo 4 LM

3. REQUISITOS DE PROTECCIÓN

3.1. Representación gráfica: Necesidad de concretar el objeto de protección

Para que una marca en movimiento sea aceptada por la oficina de registro en España y en la UE debe cumplir con ciertos requisitos: el primero de ellos, la representación gráfica.

Como decimos, a raíz de la reforma legislativa que trajo consigo la Directiva del 2015 y el Reglamento del 2017, se abrió la posibilidad de registrar marcas en movimiento ya que se admitió que los signos distintivos se presentasen en el registro de cualquier forma que permita a las autoridades y al público en general determinar el objeto claro y preciso de la protección que el registro de la marca otorga a su titular[6].

Esto permitió que, usando la tecnología disponible en cada momento, y no necesariamente medios gráficos, las empresas pudieran registrar marcas no convencionales siempre que la representación fuera clara, precisa, autosuficiente, fácilmente accesible, inteligible, duradera y objetiva[7].

En el caso de las marcas en movimiento, la marca debe representarse por la presentación de un archivo de vídeo (MP4) o una serie de imágenes que muestre el movimiento o cambio de posición.

En consecuencia, aunque deja de ser necesario representar la marca a registrar únicamente de manera gráfica (como tradicionalmente se venía haciendo), sigue siendo de vital importancia la adecuada representación del signo, de forma clara y precisa, ya que es precisamente esta representación de la marca la que concretará el objeto de protección; lo cual es importante tanto en la fase de registro de la marca como en la fase de defensa legal de la misma.

---

6 Artículo 4 RMUE Signos que pueden constituir una marca de la Unión. Podrán constituir marcas de la Unión cualesquiera signos, en particular, las palabras, incluidos los nombres de personas, los dibujos, las letras, las cifras, los colores, la forma del producto o de su embalaje, o los sonidos, con la condición de que tales signos sean apropiados para: a) distinguir los productos o los servicios de una empresa de los de otras empresas; b) ser representados en el Registro de Marcas de la Unión Europea (en lo sucesivo, el «Registro») de manera que permita a las autoridades competentes y al público en general determinar el objeto claro y preciso de la protección otorgada a su titular

7 Considerando 10 RMUE y artículo 3.1 REMUE.

En efecto, durante el procedimiento de registro, la representación de la marca permitirá, por una parte, al examinador de la correspondiente oficina conocer qué debe evaluar, y, por otra parte, permitirá a titulares anteriores analizar las prohibiciones relativas de registro.

Además, una vez superada la fase de registro, será esta representación gráfica la que permita a los operadores implicados realizar el análisis de infracción marcaria ante usos no consentidos por el titular.

En este sentido el Tribunal de Justicia de la UE en su sentencia de fecha 12 de diciembre de 2002, asunto C-273/00 ya disponía que la representación gráfica de la marca era necesaria para el buen funcionamiento del sistema marcario ya que servía para determinar el objeto exacto de protección que la marca registrada confiere a su titular y, por otra parte, servía para que las autoridades pudieran cumplir con sus obligaciones de examen previo de las solicitudes así como que los operadores económicos pudieran verificar con claridad las solicitudes de registro presentadas por sus competidores.

Por ello, es recomendable que a la hora de solicitar este tipo de marcas se estudie detenidamente el archivo de video o la serie de imágenes que se van a depositar ante la oficina de registro.

3.2. Carácter distintivo: Necesidad de identificar un origen empresarial

Por otra parte, el principal desafío que plantean este tipo de marcas para las empresas se suele centrar en las prohibiciones absolutas de registro; en concreto, en el requisito del carácter distintivo[8].

Como se ha explicado al inicio de este artículo, una marca debe distinguir los productos o servicios de una empresa de los de otras empresas. Los consumidores están acostumbrados a percibir las marcas denominativas, figurativas (esto es, las marcas tradicionales, las marcas estáticas) como indicaciones de un origen empresarial. Sin embargo, puede resultar más complicado que los consumidores perciban como indicador de un origen empresarial un sonido, una forma o un movimiento; ¿puede considerarse que un movimiento cumple satisfactoriamente con el carácter distintivo que requiere toda marca? La respuesta es, no. Como se analizará a continuación no todos los movimientos cumplen con este requisito.

---

8 Artículo 7.1.b) RMUE: Se denegará el registro de las marcas que carezcan de carácter distintivo y en sentido análogo se pronuncia el artículo 5.1.b) LM.

En principio, para apreciar si una marca de movimiento posee carácter distintivo se debe partir de los criterios generales aplicables a las marcas tradicionales. Es decir, la marca será distintiva si es capaz de identificar el origen de los productos y servicios y distinguirlos de los de la competencia. Para evaluar este carácter distintivo debe atenderse, por un parte, a los productos y servicios que pretende distinguir el signo y, por otra parte, a cómo el público percibe dicho signo.

Como se ha dicho anteriormente, no todos los movimientos van a cumplir satisfactoriamente con el carácter distintivo:

Así, por ejemplo, aquellos movimientos que pueden ser percibidos por el consumidor como un elemento intrínsecamente funcional de los propios productos o servicios, o que se utilizan para controlar dichos productos, no reunirán el carácter distintivo necesario. Piénsese en el movimiento de una sierra eléctrica o el movimiento de las aspas de un ventilador. En estos casos, la marca de movimiento no reunirá el carácter distintivo necesario ya que el consumidor la percibirá solamente como un mero elemento funcional[9].

Tampoco podrá considerarse distintiva aquella marca de movimiento que consista en un elemento verbal o figurativo no distintivo que se mueva o cambie de posición o color (salvo que el propio movimiento sea en sí mismo inusual y llamativo y, por tanto, sea suficiente para distraer la atención del mensaje que transmite el elemento verbal o figurativo no distintivo).

Finalmente, un movimiento que no cree una impresión duradera en el consumidor tampoco reunirá el carácter distintivo necesario para acceder al registro. Por ejemplo, piénsese en el movimiento consistente en una serie de peatones cruzando una calle para distinguir los servicios de una agencia de viajes. En este caso, la marca de movimiento no reunirá el carácter distintivo necesario para acceder al registro.

Por otra parte, los movimientos que reúnen el carácter distintivo necesario para acceder al registro podrían ser aquellos movimientos que contienen elementos verbales o figurativos distintivos que se mueven cambiando de posición o de color, aunque el movimiento no sea en sí mismo distintivo. Piénsese en la aparición del elemento verbal NETFLIX y en el movimiento con el cual aparece este elemento verbal en la pantalla inicial de esta plataforma.

---

9 https://euipo.europa.eu/tunnel-web/secure/webdav/guest/document_library/contentPdfs/EUIPN/CP11/common_communication_cp11_es.pdf

O aquellos casos en los que la marca muestra un elemento que no puede comprender o no sea identificable, en el sentido de que el consumidor no lo vincula con los productos o servicios o no le atribuya un significado. En estos casos, la marca de movimiento se considerará distintiva si el consumidor la asocia con un origen empresarial concreto. Piénsese en el movimiento de una serie de estrellas que sobrevuelan un lago hasta coronar una montaña[10]

En resumen, los criterios de examen de los motivos de denegación absolutos deben ser los mismos para todos los tipos de marcas. Ahora bien, al aplicar estos criterios generales puede resultar que la precepción del publico pertinente no sea necesariamente la misma para cada uno de los diferentes tipos de marcas y que, en consecuencia, resulte más complicado establecer el carácter distintivo en las marcas de movimiento o cualquier otro tipo de marca no convencional.

3.3. Adquisición del carácter distintivo por el uso de la marca

Como hemos dicho, uno de los principales desafíos de las marcas no convencionales es que el público las perciba como un indicador del origen empresarial. No obstante, marcas que un principio pueden no ser percibidas como tales pueden llegar a convertirse en indicadores del origen empresarial gracias a los esfuerzos económicos de la empresa. En estos casos, esas marcas que han adquirido un carácter distintivo por el uso que de ellas se ha hecho en el mercado deben poder contar con la protección registral.

En este sentido se pronunció el Tribunal General en su sentencia de fecha 4 de julio de 2017 en el asunto T-81/16 entre Pirello Tire SpA y la EUIPO (ECLI:UE:T:2017:463)[11]

---

10 Paramount Pictures

11 Según el artículo 7, apartado 3, del Reglamento nº 207/2009, los motivos de denegación absolutos a que se refiere el artículo 7, apartado 1, letras b), c) y d), de dicho Reglamento no se oponen al registro de una marca. si ha adquirido carácter distintivo respecto de los productos o servicios cuyo registro se solicita como consecuencia del uso que se ha hecho de él. En las circunstancias contempladas en el artículo 7, apartado 3, del Reglamento n.o 207/2009, el hecho de que el signo que constituye la marca en cuestión sea realmente percibido por el público interesado como una indicación del origen comercial de los productos o servicios es resultado del esfuerzo económico realizado por el solicitante de la marca. Este hecho justifica dejar de lado las consideraciones de interés público subyacentes en el artículo 7, apartado 1, letras b), c) y d), que exigen que las marcas a que se

En consecuencia, al igual que en el caso de las marcas convencionales, una marca de movimiento puede beneficiarse de la excepción prevista en el artículo 7.3 RMUE[12] o el artículo 5.2 LM[13] y entenderse que ha adquirido carácter distintivo por el uso que el titular ha realizado.

4. RESOLUCIONES

Para finalizar este breve análisis, en este apartado se comentarán sucintamente algunas de las resoluciones sobre esta materia que, por un motivo u otro, se han encontrado interesantes.

4.1. Resolución de la Quinta Sala de recurso de la EUIPO de 23 de diciembre de 2019 (R 1116/2019-5)

Esta resolución es interesante porque nos recuerda que la suma de los componentes individuales banales no contribuye a aportar carácter distintivo a la marca (tampoco en el caso de las marcas de movimiento). Y que, aunque el signo pueda atraer la atención de los consumidores, no les proporcionará ninguna información específica ni ningún mensaje claro sobre el origen comercial de los servicios.

La marca objetada por carecer de carácter distintivo consistía en el siguiente movimiento. En primer lugar, había un rectángulo azul claro en la parte inferior. A continuación, un pequeño cuadrado azul oscuro se eleva desde el fondo, en el extremo derecho del rectángulo azul claro, y juntos

---

refieren dichas disposiciones puedan ser utilizadas libremente por todos, a fin de evitar conceder un beneficio injustificado. ventaja competitiva para un único comerciante (sentencias de 21 de abril de 2010, Schunk / OAMI (Representación de parte de un mandril), T-7/09, no publicada, EU:T:2010:153, apartado 38, y de 22 de marzo de 2013, Bottega Veneta International / OAMI (Forma de un bolso de mano), T-409/10, no publicado, EU:T:2013:148, apartado 74)

12 Artículo 7.3 RMUE: Las letras b), c) y d) del apartado 1 no se aplicarán si la marca hubiere adquirido, para los productos o servicios para los cuales se solicite el registro, un carácter distintivo como consecuencia del uso que se ha hecho de la misma.

13 Artículo 5.2 LM: No se denegará el registro de una marca de conformidad con lo dispuesto en el apartado 1, letras b), c) o d), si, antes de la fecha de concesión del registro, debido al uso que se ha hecho de la misma, hubiese adquirido un carácter distintivo

forman una fila. A continuación, tres rectángulos azules de diferentes alturas y sombreados se mueven y se expanden de derecha a izquierda, de modo que se colocan en la posición correcta, de derecha a izquierda, de modo que se sitúan en orden ascendente por encima de la fila formada por el rectángulo azul claro y el cuadrado azul oscuro.

Esta marca se solicitaba para servicios financieros (clase 36).

A juicio de la Sala de Recursos de la EUIPO, la marca solicitada, en relación con los servicios de que se trata, que son servicios bancarios y financieros, puede percibirse como una simple variante de gráficos similares que muestran el crecimiento y que se utilizan ampliamente en los sectores bancario y financiero no existiendo razones para considerar que la marca solicitada difiera significativamente de lo que es habitual en el sector.

Añade la Sala de Recursos que la representación de diferentes cuadrados y rectángulos azules en una secuencia de movimiento no puede transmitir ningún mensaje que pueda ser recordado por el consumidor. Así, si bien el signo solicitado puede atraer la atención de los consumidores, no les proporcionará ninguna información específica ni ningún mensaje claro sobre el origen comercial de los servicios.

En resumen, ni la configuración específica de los elementos de la marca (formas geométricas banales), ni el movimiento que da lugar a esa imagen, ni la forma en que esos componentes están conectados entre sí, tienen el nivel mínimo de carácter distintivo intrínseco en el sentido del artículo 7, apartado 1, letra b), del RMC.

La Sala de Recursos recuerda que la combinación de los elementos individuales no distintivos no es tal que pueda conferir carácter distintivo al signo. En otras palabras, la suma de los componentes individuales no muestra ningún carácter distintivo, sino que es simplemente la suma de componentes individuales no distintivos, que se percibirá como una característica funcional y/o decorativa de los servicios en cuestión.

4.2. Decisión de la EUIPO de fecha 16 de diciembre de 2021 (MUE 018313455)

Este asunto resulta interesante al recordarnos que los conceptos de carácter distintivo, novedad y originalidad son distintos. Y que la novedad o falta de uso anterior no puede constituir necesariamente un indicio de que el consumidor perciba la marca como un indicador de origen empresarial.

En este caso, se solicitaba el registro para la clase 9, 28 y 41 de una marca que consistía en una secuencia de movimientos en la que aparecían términos anglosajones usados habitualmente en los videojuegos.

La Oficina sostuvo que el signo no sería percibido como una marca distintiva, sino simplemente como una secuencia de videojuegos ya que el signo aparecía como un simple extracto de videojuego de 16 segundos.

El solicitante señaló que la marca contenía una serie de elemento inusuales (la forma del personaje, la forma en la que se movía la figura, el ángulo de visión, los gráficos en forma de recorrido geométrico coloreado a través de los rascacielos, la evolución de la puntuación en forma de un indicador similar a un termómetro. Sin embargo, la Oficina recordó que el público percibe la marca como un todo y que esos elementos no tenían un impacto decisivo en la impresión global que producía el signo y solo podrían percibirse mediante un análisis en profundidad del mismo. Además, se trata de elementos presentes en la mayoría de los videojuegos y aunque puedan tener cierto grado de originalidad no se apartan lo suficiente de la norma. Por consiguiente, la Oficina consideró que se trataba de atributos funcionales (todo videojuego tiene un protagonista, una barra de puntuación, un escenario, etc.) y que el consumidor no los percibiría como la indicación de un origen empresarial, sino únicamente como elementos de un videojuego.

Esta resolución es también interesante porque, aunque dichos elementos no se utilicen en otros videojuegos (como sostuvo el solicitante) la Oficina nos recuerda que "*el carácter distintivo de una marca se aprecia en función de que el público pertinente pueda percibir desde un primer momento que dicha marca designa el origen comercial de los productos o servicios de que se trate [...] La falta de uso anterior no puede, a este respecto, constituir necesariamente un indicio de tal percepción*". (15/09/2005, T 320/03, Live richly, EU:T:2005:325, § 88).

4.3. Resolución de la Segunda Sala de recurso de la EUIPO de 20 de septiembre de 2023 (R 314/2023-2)

En este asunto se solicitaba protección como marca de movimiento varias secuencias que permiten al público ver, en resumen, el corte en dos trozos de un queso con forma ovalada y, a continuación, la disposición de los dos trozos de queso en forma de corazón[14]. El producto para proteger era queso.

---

14 Marca de la UE nº 018710078

En este asunto, la EUIPO consideró que el signo no era percibido por el consumidor como una marca al no ser capaz de indicar el origen empresarial de los productos. Consideraba la oficina europea que el consumidor percibiría el signo como una mera secuencia publicitaria en la que se representaba el queso comercializado.

Pues bien, la Sala de Recurso confirma la resolución impugnada al entender que la marca impugnada carece de carácter distintivo de conformidad con lo dispuesto en el artículo 7, apartado 1, letra b) del RMUE.

La Sala de Recursos considera que el movimiento en que consiste la marca, a saber; el corte de un queso ovalado en dos trozos mediante un cuchillo de cocina y, posteriormente, su disposición cardíaca, no confiere al conjunto un carácter distintivo intrínseco ya que aplicada esta marca a quesos el público percibirá la marca de movimiento solicitada como una sugerencia de presentación, con un carácter meramente publicitario. Además, el resto de los elementos que componen las secuencias (tablero de madera, tomates, pan de cereales, ensalada, etc.) lejos de contribuir al carácter distintivo de la marca lo que hacen es contribuir a reforzar la idea de que se trata de una forma de presentación del producto en sí o de una receta.

En resumen, la Sala de Recursos consideró que el movimiento en cuestión no es un «*movimiento inusual y llamativo o crea un efecto visual inusual y llamativo*».

4.4. *Resolución de la Sala de Recursos de la EUIPO de fecha 28 de octubre de 2024 (R740/2024-2)*

En este caso reciente, la empresa KCT GmbH&Co. KG solicitó el registro de una marca en movimiento que mostraba el mecanismo de apertura y cierre de una ventana para vehículos. Los productos para proteger eran ventanas de vehículos (clase 12).

La EUIPO rechazó la solicitud al considerar que el movimiento representaba un proceso técnico funcional y carecía de distintividad.

Esta resolución recuerda que las marcas que ilustran meramente funciones técnicas no cumplen con los requisitos necesarios para su registro.

5. CONCLUSIONES

Las marcas, como el ser humano, se han visto obligadas a evolucionar para adaptarse al entorno en el que habitan. Un entorno cada vez más digitalizado y fugaz.

Las marcas en movimiento representan una evolución natural del derecho marcario adaptándose a la era digital y a la irrupción de nuevas tecnologías.

En este escenario, como se ha visto, las marcas de movimiento tienen el potencial de adaptarse a los formatos publicitarios más actuales (videos) y así estar presentes en el principal medio de comunicación (Internet y las redes sociales) conectando con su público y generando en él un recuerdo memorable.

Las marcas en movimiento son mucho más que la suma de una serie de imágenes y movimiento. Las marcas en movimiento tienen la capacidad de, en pocos segundos, transmitir un amplio abanico de emociones y sensaciones; son capaces de humanizar la identidad de una empresa o de un producto y, en definitiva, de trasmitir la esencia de la marca en un formato adaptado al entorno digital.

La eliminación del requisito de representación gráfica representó un importante avance, un hito, a la hora de que marcas no convencionales pudieran acceder al registro.

Y es que, no podemos olvidar que, como cualquier otro derecho de propiedad industrial, el registro y protección de la marca es esencial para poder gozar de un derecho de exclusiva oponible frente a terceros, pero es este un camino que no se encuentra exento de algunos desafíos y retos jurídicos: distintividad y representación gráfica.

El análisis de las Directrices y decisiones de la EUIPO demuestra que no todo movimiento puede ser protegido por marca.

Habrá que analizar detenidamente la secuencia de imágenes a proteger para asegurarse de que, por un parte, la representación gráfica del movimiento sea clara, precisa, autosuficiente, accesible, inteligible, duradera; y, por otra parte, que reúna el requisito de distintividad exigido.

Además, las empresas deben ser conscientes de que, como *a priori* puede ser complicado que el consumidor identifique una serie de movimientos con un origen empresarial, cobrará mayor importancia la coordinación de las estrategias de marketing y legales a fin de, llegado el caso, poder valerse del carácter distintivo adquirido por el uso que se haya hecho de la marca en el mercado.

Desde un punto de vista empresarial, esta evolución que supone las marcas en movimiento proporciona a los titulares (empresas) nuevas oportunidades para proteger y comunicar su identidad, su esencia, de una manera más humana e innovadora.

Actualmente, como se ha visto, son los sectores tecnológicos y de entretenimiento los que están apostando por este tipo de marcas. Sin embargo, es de prever que en los próximos años aumente el número de solicitudes de marcas en movimiento.

En otro orden de cosas, la reciente reforma del Reglamento del diseño de la Unión Europea[15] equipara la legislación de diseños a la legislación marcaria, al prever, ahora, la posibilidad de registrar diseños en movimiento. Esta posibilidad viene de la mano de la nueva definición que se ofrece del concepto de diseño de la UE como "*la apariencia de la totalidad o de una parte de un producto que se derive de las características, en particular líneas, contornos, colores, formas, texturas y/o materiales, del producto en sí o de su decoración, incluidos el movimiento, la transición o cualquier otra forma de animación de esas características*".

Esta ampliación del concepto de diseño permitirá la protección como diseño de, entre otros, las interfaces de usuario.

Sin duda, la evolución de tecnologías emergentes (realidad aumentada, realidad virtual, inteligencia artificial, impresión en 3D, etc.) está influyendo en la evolución de las marcas y diseños.

Actualmente nos encontramos ante un campo de estudio apasionante para los operadores jurídicos que deberán continuar adaptando, interpretando y aplicando la normativa de propiedad industrial a las nuevas realidades digitales y, a la misma vez, están surgiendo toda una serie de herramientas legales (como pueden ser las marcas y los diseños en movimiento) que permiten que las empresas ofrezcan a sus consumidores experiencias más interactivas, más humanas y, en última instancia, que fortalezcan su identidad y que establezcan una conexión emocional con los consumidores.

---

15 Reglamento (UE) 2024/2822 del Parlamento Europeo y del Consejo, de 23 de octubre de 2024, por el que se modifica el Reglamento (CE) nº 6/2002 del Consejo, sobre los dibujos y modelos comunitarios, y se deroga el Reglamento (CE) nº 2246/2002 de la Comisión

6. REFERENCIAS BIBLIOGRÁFICAS

Nuestra Redacción. *LAS MARCAS DE MOVIMIENTO.* (2024). Retrieved 4 February 2024, from https://enriqueortegaburgos.com/las-marcas-de-movimiento/

Regulation - 2017/1001 - EN - eutmr - EUR-Lex. (2024). Retrieved 4 February 2024, from https://eur-lex.europa.eu/legal-content/EN/TXT/?qid=1506417891296&uri=CELEX:32017R1001

Implementing regulation - 2018/626 - EN - EUR-Lex. (2024). Retrieved 4 February 2024, from https://eur-lex.europa.eu/legal-content/EN/TXT/?uri=uriserv:OJ.L_.2018.104.01.0037.01.ENG&toc=OJ:L:2018:104:TOC

Directive - 2015/2436 - EN - EUR-Lex. (2024). Retrieved 4 February 2024, from https://eur-lex.europa.eu/legal-content/EN/TXT/?qid=1506428973494&uri=CELEX:32015L2436

EUIPO Guidelines. (2024). Retrieved 4 February 2024, from https://guidelines.euipo.europa.eu/2058843/2199801/trade-mark-guidelines/1-introduction

Aroma de Marca: del Césped Mojado a los Lápices de Colores. La Evolución de las Marcas Olfativas

DAVID NAVARRO SÁNCHEZ
CEO y Fundador de FÉNIX IP

RESUMEN: El presente artículo abordará en primer lugar, la importancia de los aromas en los consumidores a la hora de adquirir productos/servicios y como el marketing sensorial ayuda a incrementar las ventas de estos, destacando la importancia de proteger la exclusividad de un aroma o perfume en cuestión.

Seguidamente nos centraremos en el estudio de la marca olfativa desde la perspectiva de la Unión Europea y la situación existente tras el terremoto del *Caso Siecknmann*, a la situación en otros países donde sí se ha logrado de forma exitosa el registro como marca olfativa, los requisitos para ello y los fundamentos de su propia jurisprudencia, como son Reino Unido, Estados Unidos, México y la Comunidad Andina

Posteriormente, expondré un breve análisis de alternativas al registro como marca olfativa para la problemática existente en la Unión Europea, como podría ser la protección como derechos de autor y casos de éxito al respecto, patentes, modelos de utilidad y secreto empresarial.

Finalmente, expondré unas breves conclusiones considerando todo lo anterior para proponer una protección para los aromas en la Unión Europea.

1. LA IMPORTANCIA DE LOS AROMAS EN LA ADQUISICIÓN DE PRODUCTOS Y/O SERVICIOS

"El olor entra en el sistema límbico [del cerebro] y pasa por alto todos los procesos cognitivos y lógicos del pensamiento, y va directamente a las áreas emocionales y de la memoria del cerebro[1]."

El olfato es uno de los sentidos más poderosos del ser humano, ya que a través de él, como indica Diez[2] *"somos capaces de reconocer hasta 10.000 olores distintos, mientras que por ejemplo, solo reconocemos 200 colores"*.

La ciencia indica que las señales olfativas son más eficaces que las visuales a la hora de activar la memoria[3]. Varios estudios han constatado que la amígdala se activa inmediatamente ante una percepción olfativa, despertando recuerdos y emociones intensas. La estrecha relación entre el olfato y las emociones es debido a la interconexión de las regiones cerebrales implicadas en el procesamiento de ambas sensaciones. Este recuerdo se produce gracias al poder de la memoria para retener toda esa información.

En este sentido, la fuerte conexión entre los aromas, la memoria y las emociones puede convertirlos en una poderosa herramienta de branding. Un estudio reveló que los jugadores gastaban un 45% más de dinero cuando había un aroma floral alrededor de una máquina tragaperras que cuando no lo había[4]. Cuatrocientos consumidores encuestados tras realizar una compra en una tienda Nike, afirmaron que un *«agradable aroma ambiental»* mejoraba no solo su valoración de la tienda y sus productos, sino también la probabilidad de que vuelvan a comprar allí[5]. Esto es conocido como el marketing olfativo.

---

1 Pilon, A., *Want More Sales? Your Store Needs a Scent,* 2014

2 Diéz López, C. M., *Marketing olfativo: ¿qué olor tienes en mente?* (2013), p. 72.

3 De Bruijin, M. J. y Bender, M., *Olfactory Cues Are More Effective than Visual Cues in Experimentally Triggering Autobiographical Memories,* (2017), p. 3. https://www.tandfonline.com/doi/epdf/10.1080/09658211.2017.1381744?needAccess=true. Recuperado el 28 de junio de 2025.

4 Bopp, S., *Now Smell This* (2008), https://www.salon.com/2008/09/17/scent_marketing. Recuperado el 28 de junio de 2025.

5 Bouzaabia, R., *The Effect of Ambient Scents on Consumer Responses: Consumer Type and His Accompaniment State as Moderating Variables,* (2013), p. 1. Recuperado el 28 de junio de 2025. https://www.ccsenet.org/journal/index.php/ijms/article/view/33672

En España grandes compañías como Bankinter[6], o Supercor[7] emplean estas tácticas también:

"El objetivo de SUPERCOR al comenzar el trabajo de aromatización, era hacer salivar para mejorar la experiencia del consumidor. Al mismo tiempo, se buscaba potenciar una compra por impulso. Era importante integrar el perfume con el entorno, para las entradas de las tiendas. Fragancia: con notas de frutas cítricas y frescas, que se van modificando según los productos de temporada."

Dada la importancia de los aromas para atraer a los potenciales clientes y aumentan su afinidad por un producto o servicio concreto, al igual que un logotipo o un eslogan pegadizo, tiene sentido valorar alguna forma de proteger en exclusiva este, ya sea si se usa de forma ambiental o como producto principal.

Con esta primera aproximación y considerando la relevancia de proteger en exclusiva un aroma u olor, siendo la opción a priori lógica la marca olfativa, procedo a continuación a analizar esta cuestión en primer lugar en la Unión Europea, para posteriormente analizar qué ocurre de forma extracomunitaria.

2. ESTUDIO DE LA MARCA OLFATIVA SEGÚN TERRITORIO DE PROTECCIÓN

Entendemos como marca olfativa aquella conformada por aromas u olores agregados al producto o servicio con el fin de poder diferenciarlos de otros similares existentes en el comercio.

Según el Comité Permanente sobre el Derecho de Marcas, Diseños Industriales e Indicaciones Geográficas de la WIPO en su informe[8], existen

---

6 Hernández, S., El aroma, arma de ventas, (2008). https://elpais.com/diario/2008/05/25/negocio/1211720611_850215.html. Recuperado el 28 de junio de 2025.

7 Dejavu Brands https://dejavubrands.com/project/aromatizacion-espacios-supercor/. Recuperado el 28 de junio de 2025.

8 WIPO., *STANDING COMMITTEE ON THE LAW OF TRADEMARKS, INDUSTRIAL DESIGNS AND GEOGRAPHICAL INDICATIONS,* (2010), pp. 28-29. Los países que reconocieron la posibilidad del registro de marcas olfativas son: Argentina, Australia, China, China: Honk Kong (SAR), Colombia, Costa Rica, Ecuador, El Salvador, Finlandia, Francia, Irlanda, Italia, Jamaica, Lituania, Nueva Zelandia, Noruega, Perú, Rusia, Sudáfrica, Suecia, Suiza, Reino Unido y Estados Unidos.

al menos 20 oficinas de registro distintas que permiten con sus particularidades concretas el registro de una marca como olfativa. En este sentido, ¿qué ocurre por ejemplo en la Unión Europea, cómo ha evolucionado la protección de la marca olfativa?

2.1. Unión Europea

2.1.1. El olor a césped recién cortado

En la Unión Europea encontramos pocos casos de protección como marca olfativa y una evolución de un ámbito más permisivo a un ámbito más restrictivo en la práctica. El primero de ellos bien conocido es el resultante de la Resolución R 156/1998-2[9], la marca de la Unión Europea nº 000428870 titularidad de *Vennootschap onder Firma Senta Aromatic Marketing*, cuya descripción de la marca es la siguiente:

> *"La marca consiste en el olor del césped recién cortado aplicado al producto."*

Los requisitos de la antigua normativa, el Reglamento (CE) Nº 40/94 del Consejo de 20 de diciembre de 1993 sobre la marca comunitaria (RMC), en concreto el artículo 7.1.a, que a su vez remitía al artículo 4, exigían para obtener la protección como marca que los signos:

> *"1. Deben poder* ***representarse gráficamente****, y;*
> *2. Deben ser apropiados para* ***distinguir los productos o servicios de una empresa de los de otras empresas****."*

El examinador que en primera instancia denegó la citada marca lo hizo considerando que *si bien la marca posee carácter distintivo, no cumplía con el requisito de representación gráfica*, en resumen indicó:

> *"En mi opinión, la marca no ha sido representada gráficamente. Se ha reivindicado una marca olfativa y se ha hecho una descripción verbal de la marca. Pero, ¿dónde está la marca propiamente dicha? Lo que se ha dado parece ser una representación gráfica de un informe de lo que es la marca, y no la marca en sí. De hecho, al tratarse de un informe verbal de lo que es la marca, no está claro donde empieza y dónde acaba el ámbito de protección. ¿En qué se*

---

https://www.wipo.int/export/sites/www/sct/en/meetings/pdf/wipo_strad_inf_1_rev_1.pdf. Recuperado el 28 de junio de 2025.

9 Resolución de la Sala Segunda de apelaciones de la OAMI de fecha 11 de febrero de 1999, en el R 156/1998—. https://www.copat.de/download/R0156_1998-2.pdf. Recuperado el 28 de junio de 2025.

> *diferencia, por ejemplo, el "olor a hierba recién cortada" de la hierba fresca o simplemente de la hierba cortada? ¿Incluiría el ámbito de protección las propias palabras? Estas preguntas surgen debido a la falta de definición de la propia "marca". (Página 2, apartado 4).*

No obstante, la Sala de Apelaciones alcanzó una conclusión distinta que podemos leer en los apartados 12 a 16:

> ***1) "El olor a hierba recién cortada es un olor inconfundible que todo el mundo reconoce inmediatamente por su propia experiencia.*** *A muchos el olor o la fragancia de la hierba recién cortada les recuerda la primavera, el verano, el césped cuidado o los campos de juego, u otras experiencias agradables.*
> ***2) La Sala está convencida de que la descripción proporcionada para la marca olfativa que se pretende registrar para pelotas de tenis es adecuada y cumple el requisito de representación gráfica del artículo 4 del RMC. "***

En este sentido queda claro el matiz subjetivo, y la diferencia de criterio entre el primer examinador y la Sala de Apelaciones… ¿se repetirá posteriormente y se admitirán más registros de marcas olfativas? Lo analizaré a continuación.

2.1.2. El aroma de frambuesa

Distinto resultado se obtuvo en la resolución R 711/1999-3 de 5 de diciembre de 2001[10], con la solicitud de la marca en la UE de fecha 28 de junio de 1999 por *Myles Limited*, titular que pretendía proteger el "aroma de frambuesa" para carburantes y que desde un inicio el examinador consideró que *no cumplía los requisitos ni para obtener fecha de presentación por no poseer carácter distintivo y no estar la marca representada gráficamente.* La descripción concreta de la marca era la siguiente:

> ***"La marca consiste en el aroma u olor de las frambuesas, aplicado a dichos productos."***

No obstante, una vez más hubo un pequeño cambio de parecer ya que la Sala de Recursos consideró en el apartado 31 que *la marca cumplía con el requisito de representación gráfica*:

> *"Esto demuestra que, para poder ser una marca comercial,* ***no es necesario que la marca en sí misma pueda representarse gráficamente de forma di-***

---

10 Resolución de la Sala Tercera de la OAMI de fecha 5 de diciembre de 2001, en el R 711/1999-3. https://www.copat.de/markenformen/wrp2002/wrp10.pdf. Recuperado el 28 de junio de 2025.

> ***recta**, como en el caso de una marca denominativa o figurativa. En algunas circunstancias, bastará con que pueda representarse de forma indirecta, al menos cuando la forma deseada de la marca, por su propia naturaleza, no pueda representarse directamente por escrito o en una imagen, como es el caso, por ejemplo, de las marcas acústicas u olfativas, y siempre que se cumpla el requisito de certeza en relación con la fecha de presentación. En tales casos, **bastará con una descripción precisa** o, por ejemplo, una notación musical, para que dicha marca no sea excluida del registro ab initio. En el presente caso de la marca «el aroma de las frambuesas», debe considerarse que la marca es susceptible de registro. La marca consiste en el aroma u olor de las frambuesas, aplicado a los productos mencionados."*

Ahora bien, no cumplía con el requisito del carácter distintivo:

> *"41. Por lo que respecta al examen de los productos específicos… la denominación comercial genérica "combustibles" incluye las velas perfumadas y la parafina perfumada, que ya se encuentran en el mercado. Tales productos desprenden un olor particular cuando se queman. Para estos combustibles perfumados, el olor a frambuesa es una propiedad esencial de los productos y, como tal, carece claramente de carácter distintivo.*
>
> *42. Respecto a los carburantes de automoción, deben señarse que estos tienen un fuerte olor intrínseco que suele percibirse como desagradable. La adición del aroma de frambuesa tiene poco o ningún efecto sobre la impresión que el consumidor tiene del olor de estos productos en general, aunque el aroma de frambuesa puede hacer que el olor propio de los productos sea algo más agradable.*
>
> *43. Sin embargo, el consumidor no percibe el aroma de frambuesa por separado de la mercancía. La adición de aroma de frambuesa a combustibles como el gasóleo o el fuelóleo para calefacción, que en general huelen mal, es similar a la aromatización de habitaciones de olor desagradable con sprays perfumados. **Por tanto, el consumidor percibirá el aroma de frambuesa añadido como uno de los muchos intentos de la industria por hacer más agradable el olor de estos productos. El consumidor sólo reconoce el aroma como una mejora de la imagen, similar a un elemento decorativo**, y no como un signo que actúe como indicación de origen y como rasgo distintivo.*
>
> *45. En la forma solicitada, el signo no puede garantizar al consumidor la identidad de origen de los productos ni permitirle reconocer la marca independientemente de estos. No cumple los requisitos de independencia y durabilidad.*

Es decir la Sala consideró que el aroma a frambuesa no sería más que un elemento decorativo, asemejándolo a la aromatización de habitaciones desagradables, y considerándolo por tanto en conjunto un todo la marca con el producto, sin poderse escindir, y sin por ello poseer aptitud diferenciadora respecto a otros productos de la competencia.

Tiempo después nos encontramos el principal muro a superar, la conocida Sentencia del Tribunal de Justicia de las Comunidades Europeas (TJCE) de 12 de diciembre de 2002, C-273/00 Caso Sieckmann[11].

2.1.3. Caso Sieckmann

El Sr. Sieckmann solicitó una marca en la *Deutsches Patent* (Oficina de patentes y marcas de Alemania), para clases 35, 41 y 42, que incluían entre otros publicidad, trabajos de oficina, educación, formación, restauración.

En el campo de representación de la marca, se remitió a una descripción que adjuntó como anexo a su solicitud:

> ***«Se solicita el registro de la marca olfativa depositada en la Deutsches Patent— und Markenamt para la sustancia química pura cinamato de metilo (éster metílico del ácido cinámico), cuya fórmula estructural se reproduce a continuación. También se pueden obtener muestras de esta marca olfativa dirigiéndose a los laboratorios locales a través de las páginas amarillas de Deutsche Telekom AG o, por ejemplo, en la empresa E. Merck en Darmstadt. C6H5-CH = CHCOOCH3»***
> ***Para el supuesto que con ello no se cumplan los requisitos del registro, el solicitante se declara conforme con una consulta pública de la marca olfativa depositada, y a tal efecto aporta una muestra de olor en un reciente, indicando que se describe habitualmente como "balsámico afrutado con ligeras reminiscencias de canela".***

La Deutsches Patent consideró que la marca incurría en la causa de denegación relativa a la **falta de carácter distintivo**.

El *Bundespatentgericht* (Tribunal federal de patentes alemán) consideró que la marca no podía considerarse descriptiva y que en principio la marca olfativa *podía poseer carácter distintivo, si bien tenía dudas relativas al cumplimiento del requisito de representación gráfica.* En este sentido había que analizar si lo aportado por el titular podía constituir una representación gráfica según lo dispuesto en el art. 2 de la Directiva 89/104/CEE[12].

> *"Artículo 2: Podrán constituir marcas todos los signos que puedan ser objeto de una **representación gráfica**... a condición de que tales signos sean apro-*

---

11 Sentencia del Tribunal de Justicia de las Comunidades Europeas de fecha 12 de diciembre de 2002, en el C-273/00. https://eur-lex.europa.eu/LexUriServ/LexUriServ.do?uri=CELEX:62000CJ0273:ES:PDF. Recuperado el 28 de junio de 2025.

12 Directiva 89/104/CEE del Consejo, de 21 de diciembre de 1988, relativa a la aproximación de las legislaciones de los Estados miembros en materia de marcas.

> *piados para distinguir los productos o servicios de una empresa de los de las otras".*

En este sentido planteó las siguientes cuestiones:

> *1) "¿Debe interpretarse el art. 2 de la Directiva 89/104 en el sentido que el concepto de "signos que pueden ser objeto de una representación gráfica" sólo comprende los que pueden representarse directamente en su configuración visible? ¿o debe entenderse también a los signos que, aunque no sean susceptibles visualmente —como por ejemplo olores o sonidos—, puedan representarse indirectamente por medios auxiliares? "*
> *2) En caso de que se responda a la primera cuestión en el sentido de una interpretación amplia, ¿se cumplen los requisitos de la posibilidad de representación gráfica, en el sentido del artículo 2 de la Directiva, cuando un olor es representado*
> *a) mediante una fórmula química,*
> *b) mediante una descripción (que se publicará),*
> *c) mediante el depósito de una muestra o*
> *d) mediante una combinación de los medios de representación sustitutivos antes mencionados? "*

Antes de exponer las respuestas que dio el TJCE, es muy interesante analizar las conclusiones[13] del Abogado General presentadas el 6 de noviembre de 2001, de las cuales gran parte de los argumentos fueron utilizados por el mismo TJCE:

> *"37. Representar gráficamente es describir algo usando símbolos susceptibles de ser dibujados. Quiere esto decir que a la aptitud originaria de un signo cualquiera para distinguir debe añadirse su capacidad para ser «llevado al papel» y, por consiguiente, para ser visualmente percibido. Y como quiera que se trata de discriminar, esa representación debe hacerse de manera que sea comprensible, porque la comprensión es presupuesto del discernimiento.*
>
> *38. No basta, pues, cualquier representación gráfica, sino que es menester que cumpla dos condiciones. La primera, que sea completa, clara y precisa, para que se sepa, sin duda alguna, lo que se monopoliza. La segunda, que sea inteligible para quienes puedan estar interesados en consultar el registro, que son los otros productores y los consumidores.*
>
> *41... La descripción de un olor está cargada de mayor subjetividad y, por consiguiente, de relatividad, condición que es enemiga de la precisión y de la claridad. Buena prueba de lo que quiero decir es el caso que se encuentra en el origen de esta cuestión prejudicial. Se pretende por el demandante la*

---

[13] Conclusiones del Abogado General Sr. Dámaso presentadas el 6 de noviembre de 2001 en el asunto C-273-00. https://curia.europa.eu/juris/document/document.jsf?docid=46822&doclang=es. Recuperado el 28 de junio de 2025.

protección como marca de un aroma «balsámico-afrutado, con ligeras reminiscencias de canela». ¿Qué significa balsámico? ¿Cómo se entiende el carácter afrutado? ¿Qué intensidad adquiere el recuerdo de la canela? Con esa descripción sería imposible conocer el signo olfativo que el actor pretende monopolizar. Aun cuando fuera más extensa, no ganaría en precisión y nunca podría llegar a saberse, sin duda alguna, en qué consiste el olor en cuestión. Parece evidente que la descripción de un olor no es una representación gráfica adecuada en el sentido del artículo 2 de la Primera Directiva.

42... Finalmente, el depósito en el registro de una muestra del producto químico que produce el olor no es la «representación gráfica» del signo distintivo. Y aun cuando se admitiera la consignación de un patrón de la sustancia que produce el olor, a las dificultades de la inscripción relativas a su claridad y precisión, se añadirían las impuestas por los inconvenientes para su publicación y por el paso del tiempo. Por efecto de la volatilidad de sus componentes, un olor cambia con el tiempo, incluso hasta desaparecer.

44. En ningún momento pretendo negar que los mensajes olfativos puedan ser representados por escrito. Sé de la existencia de distintos sistemas, puestos a punto por la ciencia, para «dibujar» los olores[14], pero, en el estado actual de su desarrollo, todos padecen las dificultades ya expuestas, y adolecen de la falta de claridad y precisión necesarias en la expresión visual de un signo distintivo que se quiere monopolizar en cuanto marca."

La respuesta del TJCE relativa a las preguntas planteadas no distó mucho de lo indicado por el AG, en este sentido relativo a la primera pregunta:

1) "¿Debe interpretarse el art. 2 de la Directiva 89/104 en el sentido que el concepto de "signos que pueden ser objeto de una representación gráfica" sólo comprende los que pueden representarse directamente en su configuración visible? ¿o debe entenderse también a los signos que, aunque no sean susceptibles visualmente —como por ejemplo olores o sonidos—, puedan representarse indirectamente por medios auxiliares?"

A lo cual la respuesta dada en el apartado 55 por parte del TJCE fue que:

"puede constituir una marca un signo que en sí mismo no pueda ser percibido visualmente, a condición de que pueda ser objeto de representación gráfica, en particular por medio de figuras, líneas o caracteres cuya reproducción sea

---

14 M. L. Llobregat, «Caracterización jurídica de las marcas olfativas como problema abierto», Revista de Derecho Mercantil, n° 227, Madrid, enero-marzo de 1998 Evaluación sensorial, cromatografía de gases (GC) y cromatografía líquida de alto rendimiento (HPLC), que son descritos por M. L. Llobregat en las pp. 102 a 105 de su trabajo.

> ***clara, precisa, completa en sí misma, fácilmente accesible, inteligible, duradera y objetiva.***"
> *2) "¿se cumplen los requisitos de la posibilidad de representación gráfica, en el sentido del art. 2 de la Directiva, cuando un olor es representado:*
> *a. Mediante una fórmula química,*
> *b. Mediante una descripción (que se publicará),*
> *c. Mediante el depósito de una muestra o*
> *d. Mediante una combinación de los medios de representación antes mencionados?"*

La respuesta dada en los apartados 69 a 73, en síntesis destaca lo indicado por el AG:

- *Una fórmula química pocas personas serán capaces de reconocer en ella un olor en cuestión, por lo que no resulta suficientemente inteligible.* Por otro lado, no representa el olor de una sustancia, sino la sustancia en cuanto tal, por lo que *no resulta suficientemente clara y precisa.*
- *La descripción del olor no resulta suficientemente clara, precisa y objetiva.*
- En cuanto al *depósito de una muestra, no es lo suficientemente estable ni duradera.*

Por todo ello, no se cumpliría con el requisito de representación gráfica empleando una fórmula química, una descripción con palabras escritas, el depósito de una muestra ni una combinación de todos ellos.

En este sentido, para el cumplimiento de la representación gráfica se requiere que esta sea: **clara, precisa, completa en sí misma, fácilmente accesible, inteligible, duradera y objetiva,** requisitos cuya consideración en su conjunto complican sobremanera la protección como marca olfativa.

1. Claridad de la representación gráfica: que sea de fácil comprensión, sin lugar a dudas, tanto para las autoridades como para el público interesado en dichos productos y/o servicios.

2. Precisión: que sea perceptible de forma clara y nítida, a fin de delimitar correctamente el alcance de la protección.

3. Completa en sí misma: que la representación en sí misma sea suficiente sin que se requiere una interpretación que pueda diferir según quién la visualice.

4. Accesibilidad: a nivel de costes y disponibilidad por parte del usuario. Por ejemplo si el usuario ha de comprar un aparato de última tecnología para olerlo, no sería accesible.

5. Inteligible: entendida fácilmente por quién la vea, lo que no se cumple con las fórmulas químicas.

6. Duradera: el principal problema de una muestra de olor que por su naturaleza es evaporable, se pierde en el tiempo.

7. Objetiva: no sujeta a la interpretación, para evitar cualquier duda relativa a la identificación del signo.

La aplicación de estos criterios la podemos realizar en los siguientes casos posteriores.

2.1.4. Olor a fresa madura

El 26 de marzo de 1999, *Laboratoires France Parfum* (en lo sucesivo LFP), presentó la solicitud de marca comunitaria olfativa nº 001122118, sin texto alguno, descrita por las palabras *«odeur de fraise mûre»:*

"Olor a fresa madura"

Acompañada del siguiente logo:

Para diversos productos de las clases 3, 16, 17 y 25, que podemos sintetizar en productos de limpieza tanto para prendas de ropa como para uso humano, cosmética, artículos de papelería, calzado, bolsos, prendas de vestir.

Mediante resolución de 7 de agosto de 2003 el examinador de primera instancia denegó la solicitud basándose en que el signo no podía ser objeto de representación gráfica, y que carecía de carácter distintivo.

El titular recurrió, y sus argumentos se encuentran resumidos en la Sentencia de 27 de octubre de 2005 en el asunto T 305/04[15],

---

15 Sentencia del Tribunal General (Sala Tercera) de 27 de octubre de 2005, en el asunto T-305/04. https://curia.europa.eu/juris/liste.jsf?language=en&num=T-305/04. Recuperado el 28 de junio de 2025.

La réplica de la recurrente fue que, a diferencia de la sentencia Sieckmann, la solicitud no contiene muestra ni fórmula química alguna, es una descripción verbal y una representación en colores de una fresa madura, lo que considera cumple con el requisito de representación gráfica. Y ello porque relativo a lo expuesto en Sieckmann:

- Basta que la representación gráfica sea inequívoca y que no procede examinar si esta será percibida de manera más o menos objetiva por el consumidor, ya que tal criterio no existe para el resto de tipos de marcas.
- Argumentó y aportó pruebas relativas a que el olor a fresa madura es **estable, duradero e idéntico** sin importar la variedad de fresas.
- El olor es **preciso** ya que no se trata de un olor a fresa cualquiera, sino el de fresa madura, y el consumidor conoce bien este olor, grabado en su memoria desde la infancia.
- La marca ha de analizarse en su conjunto, no separando la descripción por un lado, y el logo, por otro. En este sentido considera que la marca en su conjunto individualiza productos concretos con aptitud diferenciadora respecto al de sus competidores.

El Tribunal General al respecto indica con carácter preliminar, que efectivamente la memoria olfativa es probablemente la más fiable de que dispone el ser humano y, por consiguiente, los operadores económicos tienen un interés evidente en utilizar signos olfativos para identificar sus productos, pero no es menos cierto que la representación gráfica de un signo debe hacer posible que éste pueda ser identificado con exactitud para garantizar el buen funcionamiento del sistema de registro de las marcas.

También consideró que por lo que se refiere al estudio aportado por la recurrente, elaborado por la Cooperación europea en el campo de la investigación científica y técnica (COST), **este no confirma la tesis de la demandante según la cual todas las variedades de fresas tienen el mismo olor,** ya que, los degustadores pudieron distinguir por su olor las variedades de fresas de cinco de las nueve variedades, lo que significa por tanto una diferencia de olor clara, *por lo que la representación no es* **unívoca ni precisa,** *ni permite eliminar todo elemento de* **subjetividad.**

Relativo al **elemento figurativo**, la fresa madura, considera el TG que como bien se estableció previamente en la sentencia Sieckmann, el Tribunal de Justicia declaró que para que se admita la representación gráfica de una marca olfativa, **debe representar el olor cuyo registro se solicita y no el producto del que se desprende**. Así, consideró que la fórmula química de la sustancia de la que se desprende dicho olor no podía considerarse una representación gráfica válida.

Por consiguiente, el Tribunal de Primera Instancia confirmó *que la imagen de una fresa contenida en la solicitud de registro, al representar únicamente el fruto del que se desprende un olor supuestamente idéntico al signo olfativo de que se trata, y no el olor cuyo registro se solicita, no constituye una representación gráfica del signo olfativo.*

Ahora bien, dejó abierta la posibilidad de que un signo olfativo sea representado gráficamente mediante una descripción que cumpla todos los requisitos, pero no entró en mayor detalle en cómo podría cumplirse.

Recalcó también uno de los mayores problemas en la Unión Europea que dificultad el registro uniforme, y es que *no existe un sistema de clasificación internacional de olores,* como ocurre con los colores o escritura musical, que permita la identificación de manera objetiva y precisa de un signo olfativo a través de la asignación de una denominación o de un código concreto e individualizado a cada olor, lo cual podría ayudar su representación.

Concluyó que dado que ni la descripción verbal ni la imagen de la fresa son elementos gráficos válidos, la combinación de ambos tampoco se puede considerar una representación admisible, y que es necesario que al menos uno de los elementos de la representación cumpla todos los requisitos para que el registro prospere.

2.1.5. El olor a limón

Pikolino's Intercontinental, S.L. presentó en 1999 la solicitud de marca comunitaria nº 001254861 para suelas de zapato y calzados, describiéndola de la siguiente forma:

"la marca consiste en el olor a limón aplicado a los productos solicitados".

En primera instancia se rechazó por no estar representada gráficamente, y fue apelado por Pikolino's alegando entre otros motivos que se había permitido el registro anterior del olor a césped recién cortado para pelotas de tenis con una mera descripción escrita, que el olor a limón se usa en calzados suyos cuyas suelas han sido impregnadas con este olor, lo que constituye un signo distintivo, novedoso y diferente, puesto que los zapatos no tienen olor y el requisito intrínseco de la distintividad queda por tanto satisfecho.

La resolución de la Sala Cuarta de Recursos de la EUIPO, en fecha 12 de diciembre de 2005, en el asunto R 0445/2003-4[16] vino a fundamentar la denegación en:

> *"13 La descripción de un olor, aun cuando sea gráfica, no resulta admisible como representación del signo, del olor, pues no resulta suficientemente precisa y objetiva. Una descripción con palabras es una mera aproximación al olor que se trata de apropiar, que no puede llegar a ser íntegra, clara, precisa y objetiva (véase sentencia "Methylcinnamat", apartado 70)."*

En definitiva, tampoco logró el registro, por lo que la pregunta que uno se puede plantear es…

2.1.6. En 2025, ¿es posible el registro de una marca olfativa en la UE?

No. Pese a que hoy en día está eliminado el requisito de **representación gráfica** para facilitar el registro de marcas no convencionales, ha de cumplirse el criterio recogido en Sieckmann, por lo que como indica la misma EUIPO en sus Directrices[17]:

> ***"Actualmente no es posible representar olores de conformidad*** con el artículo 4 del REMUE, ya que e***l objeto de la protección no puede determinarse con claridad y precisión con la tecnología generalmente disponible.***
> El artículo 3, apartado 9, del REMUE ***excluye específicamente la presentación de muestras***."

Y continúa indicando ejemplos de ***cómo no representar*** una marca olfativa, recogiendo lo anteriormente indicado:

> ***"Una fórmula química:*** *Solo los especialistas en química serían capaces de reconocer el olor en cuestión.*
> ***Una representación y descripción con palabras.*** *El requisito de representación no se cumple mediante; una representación gráfica del olor; una descripción del olor con palabras; una combinación de ambas opciones (representación gráfica y descripción con palabras)."*

---

16 Resolución de la Sala Cuarta de fecha 12 de diciembre de 2005, en el R 0445/2003-4. https://euipo.europa.eu/eSearchCLW/#key/trademark/APL_20051212_R0445_2003-4_001254861. Recuperado el 28 de junio de 2025.

17 EUIPO. Directrices sobre marcas edición 2025. 2.9.2. Marcas olfativas: https://guidelines.euipo.europa.eu/2302859/2229258/directrices-sobre-marcas/2-9-2-marcas-olfativas. Recuperado el 28 de junio de 2025.

Y concluye resaltando lo ya indicado, que **no existe una clasificación de olores consensuada a nivel internacional** que permita mediante un código preciso a cada olor identificar un signo olfativo de manera objetiva y precisa.

Por tanto la conclusión es que ***no existe tecnología hoy que permita representar una marca olfativa*** según los criterios establecidos en el Caso Sieckmann, de forma que la duda es... ¿cómo funciona este tipo de registro en otros países? Analizaré a continuación la protección de marcas olfativas en Reino Unido, por su proximidad y antigua adhesión anteriormente a la Unión Europea.

2.2. Reino Unido

2.2.1. Chanel nº 5

Los primeros casos relevantes respecto al registro como marcas olfativas en la UKIPO (Oficina de Patentes y Marcas del Reino Unido), cuando Reino Unido era parte de la Unión Europea, en 1994, se resolvieron judicialmente, en virtud de la Ley de Marcas del mismo año, promulgada para aplicar la Directiva 89/104/CEE de la Comunidad Europea.

Destaca especialmente el caso de Chanel en ese mismo año, para registrar el aroma de su fragancia Chanel nº. 5, marca solicitada en fecha 31.10.1994[18].

Intentaron representar gráficamente su marca olfativa describiendo el perfume en su solicitud como:

> ***«El aroma de un producto de fragancia floral aldehídica con una nota de salida aldehídica de aldehídos, bergamota, limón y meroli; una elegante nota floral media, procedente del jazmín, la rosa, el lirio de los valles, el iris y el ylang-ylang; y una nota sensual y femenina procedente del sándalo, el cedro, la vainilla, el ámbar, la civeta y el almizcle. La fragancia también se conoce por el nombre comercial escrito Nº 5».***

---

[18] K. G. LAU, N., *Registration of Olfactory Marks as Trade Marks: Insurmountable Problems? (2004), pp. 264-265.* https://www.researchgate.net/publication/228171201_Note_Registration_of_Olfactory_Marks_as_Trade_Marks_Insurmountable_Problems. Recuperado el 28 de junio de 2025.

La solicitud fue rechazada por ser funcional; la fragancia era el producto en sí mismo.

2.2.2. Cerveza amarga y olor a rosas

No obstante, *si se logró* mediante solicitud ese mismo año el registro como marca del:

> ***"Fuerte olor a cerveza amarga para vuelo de dardos".***

Esto es la marca nº 2000234, a nombre de *Unicorn Products Limited,* marca que actualmente está en vigor hasta el 31 de octubre de 2034.

Al igual que la marca nº 2001416, a nombre de *Goodyear Dunlop Tyres* UK Limited, en 1994 también:

> ***"Marca con olor a rosas aplicada a neumáticos"***

Ambos casos eran *ejemplos claros de no funcionalidad,* y con la mera descripción sencilla de olores reconocibles por los consumidores fueron admitidos, se consideró una representación suficiente.

Después de estos casos excepcionales no he encontrado más, por lo que parece ser que al igual que ocurrió con el caso excepcional en la UE del olor a césped recién cortado su criterio se endureció.

2.3. Estados Unidos

En Estados Unidos no se exige una representación gráfica que sea **clara, precisa, completa en sí misma, fácilmente accesible, inteligible, duradera y objetiva** a diferencia de la Unión Europea.

Según lo dispuesto en la *U.S. Trademark Law*[19] *de la United States Patent & Trademark Office* (USPTO en adelante), y lo desarrollado jurisprudencialmente los requisitos son:

1) **Estar usándose la marca en EEUU o intención de uso** (*secondary meaning,* ver § 2.34 *Bases for filing a trademark or service mark application* de la mencionada Ley).

---

[19] USPTO. U.S. Trademark Law (2025). https://www.uspto.gov/sites/default/files/documents/tmlaw.pdf. Recuperado el 28 de junio de 2025.

2) **Que sea distintiva** (para marca olfativa distintividad sobrevenida o *secondary meaning),* e **identifique un producto/servicio respecto a otro.**

Para el caso específico de **marcas olfativas** la USPTO ha incluido una categoría especial en la que se exige, a diferencia de lo que ocurre en la UE, además:

3) **Aportar una descripción escrita.**

4) **Aportar una muestra que contenga el aroma y que se ajuste a la descripción.**

De hecho la WIPO[20] ha elaborado el siguiente esquema del cual aporta la traducción a pie de página[21] para determinar si un signo perteneciente a esta clase es susceptible de ser registrado:

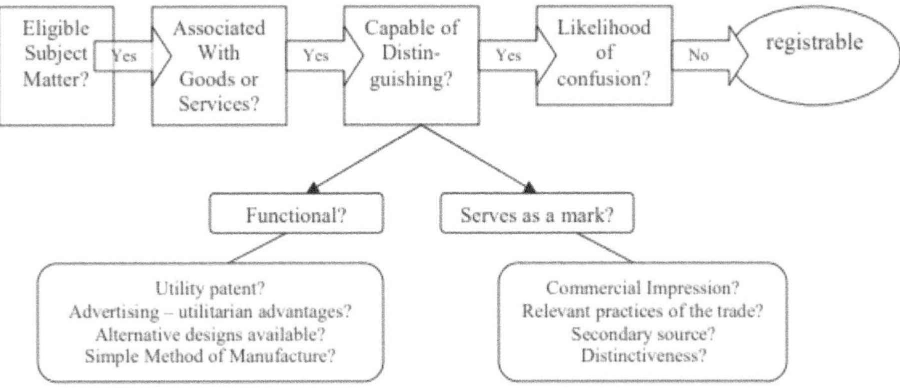

La **falta del requisito de representación gráfica** del signo es algo que **no pasa en absoluto por desapercibido, en comparación con la UE.**

20 WIPO. *NON-TRADITIONAL MARKS AT THE U.S. PATENT AND TRADEMARK* (2006). https://www.wipo.int/export/sites/www/sct/en/comments/pdf/sct17/us_2.pdf Recuperado el 28 de junio de 2025.

21 Traducción: 1) ¿el signo es un objeto/materia elegible?; 2) ¿está asociado con bienes o servicios?; 3) ¿es capaz de distinguirlo sobre otros?; 3.1) ¿es funcional?; 3.2) ¿sirve como una marca?; 4) ¿genera riesgo de confusión? Si las respuestas son afirmativas en los puntos 1); 2); 3); 3.2) y negativas en los puntos 3.1); 4) la marca solicitada puede ser registrada.

Adicionalmente a esto, es interesante también la distinción[22] que realiza la doctrina norteamericana entre los *primary scents, product scents o secondary scents y unique scents.*

- ***Primary scents:*** referida a los aromas primarios cuya función es el olor que los productos desprenden, esto sería por ejemplo perfumes y ambientadores, el producto final.
- ***Product scents:*** serían aromas secundarios del mismo producto, en los que el aroma en sí no constituye la función primordial, pero, por el tipo de producto suele ir acompañado de un aroma, como los jabones, sales de baño, productos cosméticos, desodorantes, entre otros. Podríamos incluir también los conocidos como *aromas estéticos u ornamentales,* empleados para productos que generalmente poseen un olor desagradable, para dotarlo de una mejor fragancia, como un insecticida.
- ***Unique scents* —aromas únicos—:** aquellos incorporados en productos que normalmente no tienen olor alguno, o que este no se asociaría al producto en cuestión. Según Barrios[23] este tipo de aromas para determinados productos es el adecuado para cumplir con el requisito de distintividad, diferenciando a su titular de sus competidores.

Un ejemplo perfecto de aroma único es el caso siguiente relativo a hilos de coser y bordar, marca que logró de forma exitosa el registro.

2.3.1. Fragancia floral fresca que recuerda a las flores de plumería

Primer caso conocido de registro de marca olfativa, en 1990 y Estados Unidos. Se concedió tras una apelación[24] ante la Junta de Apelaciones y Juicios sobre Marcas (*Trademark Trial and Appeal Board, TTAB*).

---

22 Hammersley, Faye M., *The smell of success: trade dress protection for scent marks. (1998), pp. 124-125.*

23 Barrios, J., *Las marcas olfativas en Colombia (2017),* pp. 95-127. https://doi.org/10.18601/16571959.n24.05. Recuperado en fecha 28 de junio de 2025.

24 Trademark Trial and Appeal Board Patent and Trademark Office (P.T.O.) en septiembre de 1990 en el asunto IN RE CELIA CLARKE, DBA CLARKE'S OSEWEZ. https://ipmall.law.unh.edu/content/ttab-trademark-trial-and-appeal-board-1-re-celia-clarke-dba-clarkes-osewez-serial-no-758429. Recuperado el 28 de junio de 2025.

La solicitud de la marca olfativa con nº de registro 1639128 es una marca sin logo alguno, con la siguiente descripción (aporto su traducción):

> ***"La marca es una fragancia floral fresca y de gran impacto que recuerda a las flores de plumería."***

Se utilizaba en relación con hilo de coser e hilo de bordar de la clase internacional nº 23 de NIZA.

Inicialmente se consideró que no identificaba ni distinguía los productos del titular de la marca en relación a las marcas de otros, y que era análoga a otras formas de ornamentación de productos, por lo que los consumidores no la diferenciarían sobre otras.

Adicionalmente se consideró que no podía el titular monopolizar el libre acceso a aromas o fragancias agradables, siendo por tanto características funcionales del producto.

La TTAB en cambio, aceptó las alegaciones del titular el cual y en síntesis:

1) El titular *logró demostrar que el aroma se utilizaba de forma no funcional, que era propio suyo como marca en relación a sus hilos y lanas de bordar,* y con ello que tenía capacidad de servir como marca para identificar sus productos respecto al de otros comerciantes. Se demostró precisamente que este aroma no era un atributo inherente ni una característica natural de estos productos. El aroma tiene una finalidad utilitaria.
2) El titular *aportó pruebas donde destacó esta característica de sus productos en la publicidad,* promocionando la fragancia de los mismos, por lo que clientes, comerciantes y distribuidores de sus hilos y lanas perfumados han llegado a reconocerla como la fuente de estos productos.
3) Adicionalmente, este titular en 1990 *era el único que comercializaba dichos hilos y lanas perfumados,* sin que sus competidores hicieran algo ni remotamente similar.

En este sentido, como se indicó, *un aroma nunca puede ser intrínsecamente distintivo, y se requiere una cantidad considerable de pruebas para establecer que un aroma o fragancia funciona como marca, como fue lo aportado en este asunto por la apelante.*

En síntesis, logró acreditar lo que conocemos como **"distintividad sobrevenida"** en Europa, aportando pruebas para acreditar que los consumidores identifican y diferencian sus productos respecto al de sus competidores.

2.3.2. Olor a cerezas, a uva y fresas para lubricantes

Tiempo después han sido exitosos los siguientes registros, todos ellos a nombre del mismo titular, POWER PLUS LUBRICANTS, LLC, sin presentar problema alguno:

- Solicitado en 1995, concedido en 2001, ***"el olor a cerezas"*** para lubricantes sintéticos. (Registro US 2463044).
- Solicitado en 1997, concedido en 2002, ***"el olor a uva"*** para lubricantes y aceites de motor. (Registro US 2568512).
- Solicitado en 1997, concedido en 2002, ***"el olor a fresas"*** para lubricantes, aceites y combustibles de motor. (Registro US 2596156).

2.3.3. Lápices de color con aroma a jabón ligeramente terroso con matices picantes y terrosos similares al cuero

Es la marca con nº de registro 7431203, solicitada en fecha 10 de septiembre de 2018, y tras 6 años, logró el registro en fecha 2 de julio de 2024, y especialmente llamativo es la fecha del primer uso, según acreditaron el 31 de julio de 1905.

Es una marca olfativa sin logo alguno, para lápices de colores de la clase 16 con la siguiente descripción:

> ***"La marca consiste en un aroma que recuerda a un jabón ligeramente terroso con matices picantes y terrosos similares al cuero."***

La base del rechazo por parte del examinador en primera instancia en este caso fue que *la marca olfativa solicitada es "funcional", y que el titular en su primera respuesta no acreditó la distintividad sobrevenida,* siendo lo aportado insuficiente.

En este sentido como respuesta[25] el titular aportó nuevas evidencias y argumentos y en síntesis:

1) Probó que pese a que los ingredientes y el proceso de fabricación de sus ceras de colores es similar al de otros fabricantes, **el suyo es a través de un proceso especial** de almacenaje, fundido y mezcla a determinadas temperaturas para conseguir su olor único e inconfundible.

2) Proporcionó *gran cantidad y calidad de pruebas* relativas a anuncios publicitarios, artículos de terceros e incluso declaraciones de expertos en la materia, como el mismo asesor técnico de Crayola para asuntos de propiedad intelectual e investigación de productos, que cuenta con un doctorado en química organometálica.

3) Argumentó que *el olor de los lápices de colores no es esencial para el uso en estos productos,* pero sí es una clara señal de distintividad e identidad propia de su marca y lápices de colores, desde 1905.

4) También relativo a la *funcionalidad del olor,* y en base al conocido como test de partes o pasos ***Morton Norwich***[26], logró:

   a. Probar que *no existía un modelo de utilidad/patente previo que divulgara las ventajas de su producto.*

   b. Acreditar que *promocionó las ventajas de sus lápices de colores en distintos materiales publicitarios.*

   c. *Demostró la inexistencia de productos similares.* No existen lápices de colores con olores particulares o los existentes no se asemejan en absoluto a los de Crayola.

   d. Sumado a que la *fabricación de estos lápices con este aroma especial no afecta al coste ni a la calidad del producto, ni se deriva de un método de fabricación comparativamente sencillo o barato.*

Todo ello aportando a su vez diversas pruebas científicas, como gráficos de espectroscopia y marcas de color aplicadas a sustratos de papel. Aquí unos pequeños extractos:

---

25 USPTO. Respuesta a la acción oficial en defensa de la marca. https://tsdr.uspto.gov/documentviewer?caseId=sn88111282&docId=SPE20180913084507&linkId=35#docIndex=11&page=3. Recuperado el 28 de junio de 2025.

26 *Trademark Manual of Examining Procedure (TMEP) de la USPTO: Evidence and Considerations Regarding Functionality Determinations (2017). Morton-Norwich Products, Inc., 671 F.2D 1332, 213 USPQ 9, 15-16 (CCPA 1982).* https://www.bitlaw.com/source/tmep/1202_02_a_v.html. *Recuperado el 28 de junio de 2025.*

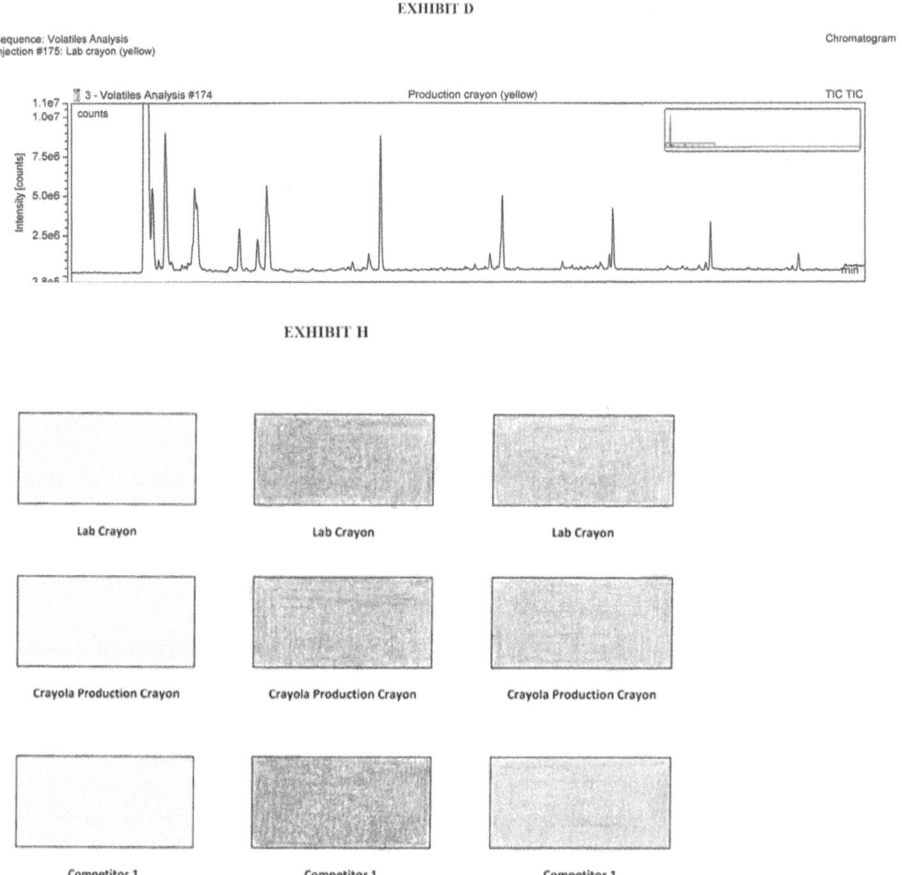

Por tanto el caso de Crayola comparativamente con el de 1990 de **Re Celia** fue más complejo, pero finalmente se consideró que efectivamente la marca había adquirido distintividad sobrevenida *tras su uso durante más de 100 años,* y que no era un producto basado en una singularidad o funcionalidad fácilmente apropiable por un tercero, o en la cual existiera una patente o modelo de utilidad anterior, logrando finalmente la concesión.

Dicho esto, en Estados Unidos existen más marcas que han logrado registrarse como olfativas, entre otras:

- **Solicitud nº 5467089**, para compuestos para modelar juguetes con la siguiente descripción: ***"aroma dulce, ligeramente almizclado, con notas de vainilla y un ligero toque de cereza, combinado con el olor de masa salada a base de trigo".***

- **Solicitud nº 4754435,** para zapatos, sandalias, chanclas y bolsas para chanclas, con la siguiente descripción: ***"aroma de chicle"***
- **Solicitud nº 2463044**, para lubricantes sintéticos para vehículos de carreras y recreativos de alto rendimiento, con la siguiente descripción: ***"aroma de cereza"***

En conclusión el sistema de Estados Unidos es muy distinto al de la Unión Europea, y no requiere efectivamente que la representación de la marca olfativa sea **clara, precisa, completa en sí misma, fácilmente accesible, inteligible, duradera y objetiva.** En su lugar admite una descripción y exige el depósito de una muestra para que el examinador en su análisis pueda analizar si efectivamente todo está correlacionado.

El requisito principal complejo para estas marcas es que los productos sean distintivos (normalmente con una carga probatoria importante para acreditar en muchos casos la distintividad sobrevenida), y que estos a su vez no sean funcionales, siendo importante en este sentido el cumplimiento de los 4 pasos de ***Morton Norwich*** ya indicados: que no exista invención alguna previa que haya divulgado la ventaja del producto; que se haya promocionado el olor como característica del producto que lo distingue respecto a otros; que no existan productos similares con este olor; y que no afecte al coste ni la calidad, ni sea fruto de un método de fabricación comparativamente sencillo, usual en estos productos o barato.

Cumpliendo con todo lo anterior, es el sistema de los analizados que más registros de marcas olfativas ha registrado hasta la fecha.

Dicho esto, a continuación voy a analizar la situación en México.

2.4. México

En México se permite expresamente desde la reforma de su Ley en 2018 el registro de marcas no tradicionales incluyendo las olfativas. En el artículo 171 de su Ley Federal de Protección a la Propiedad Industrial[27]:

> *"Se entiende por marca, **todo signo perceptible por los sentidos y susceptible de representarse** de manera que **permita determinar el objeto claro y preciso** de la protección, que distinga productos o servicios de otros de su misma especie o clase en el mercado."*

---

[27] *Ley federal de protección a la propiedad industrial* (2020). https://wipolex-resources-eu-central-1-358922420655.s3.amazonaws.com/edocs/lexdocs/laws/es/mx/mx240es.pdf. Recuperado el 28 de junio de 2025.

Eliminó el criterio anterior en la ley que exigía que este signo fuera ***visible*** en lugar de perceptible, y vemos como criterio un atemperamiento de lo que aparece en Sieckmann en la UE, al pedir únicamente que el objeto se pueda determinar de forma clara y precisa. Resultado de ello, se solicitaron en 2018:

- **Marca con nº de registro 1966701:** para pintura ecológica con la siguiente descripción: ***"pintura ecológica con aroma a bosques de bambú".*** En la solicitud se aportó una fotografía bote de esta pintura y fue suficiente, junto a la descripción indicada en el título.
- **Hasbro, plastilina *Play-doh*, marca con nº de registro 1966698:** para juguetes con olor con la siguiente descripción en la sección de representación de la marca: ***"un olor inconfundible formado por una combinación dulce, un tanto musgosa de una fragancia con tonos de vainilla, con pequeños acentos de cereza y el olor natural de una masa salada a base de trigo.*** "Aportaron igualmente una fotografía del producto en cuestión y posteriormente realizaron el mismo registro en Estados Unidos.

Es un sistema aparentemente flexible, no obstante no he podido localizar más registros, quizás por ser aun relativamente poco conocido o no con tanto interés.

2.5. Comunidad Andina

La Comunidad Andina está compuesta por Bolivia, Colombia, Ecuador y Perú, y, aunque no existe como tal un registro unitario equivalente al de la Unión Europea, si es un sistema que permite unificar una serie de criterios y permite presentar oposiciones en base al cumplimiento de una serie de requisitos en los otros 3 países donde no exista una solicitud previa. Ahora bien, por centrarnos en el objeto de estudio, la marca olfativa, acudimos a la DECISION 486[28] promulgada por la citada Comunidad el 14 de septiembre del 2000.

En concreto, el artículo 134 dispone que: *"constituirá marca cualquier signo que sea apto para distinguir productos o servicios en el mercado. Podrán registrar-*

---

[28] COMISIÓN DE LA COMUNIDAD ANDINA. *Decisión 486 del Régimen Común sobre Propiedad industrial* (2000). https://cdn.www.gob.pe/uploads/document/file/1676341/Decision486.pdf.pdf?v=1613495833. *Recuperado el 28 de junio de 2025.*

se como marcas los signos susceptibles de representación gráfica. La naturaleza del producto o servicio al cual se ha de aplicar una marca en ningún caso será obstáculo para su registro."

Y continua: *"Podrán constituir marcas, entre otros, los siguientes signos: c) los sonidos y los olores;"*.

Para ello han de cumplirse los requisitos cumulativos: "*ser apto para distinguir productos o servicios y ser susceptible de representación gráfica.* "

¿Cómo miden en este caso el requisito de la representación gráfica? Adelantamos que al igual que ocurre ahora mismo en la Unión Europea, *no hay ningún registro en estos momentos concedido,* pero si hay varios antecedentes que pueden darnos alguna pista. Concretamente analizaré varias solicitudes en Colombia, ante la Superintendencia de Industria y Comercio, que aúna allí algo similar a nuestra AEPD, CNMC y OEPM, por las materias en la que dispone de competencia.

El 7 de abril de 2010, Empresas Públicas de Medellín ESP intentó registrar una marca de olor para distinguir servicios de la clase 35. Específicamente, solicitó:

> *"**un olor cítrico combinado con notas de jazmín, limón y hierbabuena para identificar servicios de publicidad."***

Entre otros, aportando como descripción el desglose de la proporción de todos los compuestos, la fórmula del olor.

El examinador consideró que el signo solicitado carecía de representación gráfica, porque la fórmula no cumplía con los criterios Sieckmann, aplicando igualmente la misma vara de medir, por lo cual los consumidores no podrían acceder o comprender con facilidad el olor, por falta de conocimientos en la materia.

La última solicitud con nº SD2017/0012803[29] para gel antibacterial, aceite para masajes y jabón, fue presentada en 2017 por la Universidad Industrial de Santander, y su titular aportó la siguiente descripción:

> ***"Es una fragancia de origen natural, que incorpora aceites esenciales obtenidos a partir de plantas aromáticas. Es una fragancia de la familia olfativa floral cítrica. Las notas de salida son ylang-ylang, nerolí y naranja; las notas de corazón son jazmín frutal, herbácea cítrica, limón fresco y rosa; las notas de fondo son almizcle, pachulí, amaderado, terroso y vetiver".***

---

29 TMVIEW: https://www.tmdn.org/tmview/#/tmview/detail/CO500020170012803. Recuperado el 28 de junio de 2025.

Además, el solicitante presentó la fórmula química, una descripción cromatográfica y una muestra física del producto. No obstante, *la SIC consideró que tanto la fórmula como la descripción cromatográfica carecían de claridad y no representaban el aroma en sí, sino más bien la sustancia. En cuanto a la muestra del producto, la Oficina la consideró inadecuada, ya que carecía de la estabilidad y durabilidad necesarias, lo que provocaría la pérdida de sus características distintivas.*

Por tanto en la práctica el criterio impuesto en la Comunidad Andina es igual de riguroso que en la Unión Europea.

2.6. Resumen de las distintas solicitudes

Unión Europea y Reino Unido marcas concedidas:

- 1994. Marca GB nº 2000234, "fuerte olor a cerveza amarga" para vuelo de dardos.
- 1994. Marca GB nº 2000234 "una fragancia floral que recuerda a rosas" en el año 1994 para identificar neumáticos.
- 1996. Marca UE nº 000428870, "olor del césped recién cortado" aplicado a pelotas de tenis.

Estados Unidos marcas concedidas:

- 1990. Marca con nº registro 1639128, "fragancia floral fresca y de gran impacto que recuerda a las flores de plumería." para hilo de coser e hilo de bordar.
- 1995, Marca º registro 2463044 "el olor a cerezas" para lubricantes sintéticos.
- 1997, Marca con nº registro 2568512, "el olor a uva" para lubricantes y aceites de motor.
- 1997, Marca con nº de registro 2596156, "el olor a fresas" para lubricantes, aceites y combustibles de motor.
- 2018. Marca con nº de registro 7431203, con aroma a "jabón ligeramente terroso con matices picantes y terrosos similares al cuero" para lápices de color.

México marcas concedidas:

- 2018. Marca nº 1966701, "pintura ecológica con aroma a bosques de bambú" para pintura.

- 2018. Marca nº 1966698, "combinación dulce, un tanto musgosa de una fragancia con tonos de vainilla, pequeños acentos de cereza y olor natural de masa salada a base de trigo" para juguetes.

Marcas denegadas en la Unión Europea y Reino Unido:

- 1994, Marca de Chanel nº 5, «El aroma de un producto de fragancia floral aldehídica con una nota de salida aldehídica de aldehídos, bergamota, limón y meroli; una elegante nota floral media, procedente del jazmín, la rosa, el lirio de los valles, el iris y el ylang-ylang; y una nota sensual y femenina procedente del sándalo, el cedro, la vainilla, el ámbar, la civeta y el almizcle. La fragancia también se conoce por el nombre comercial escrito Nº 5» para perfumes.
- 1999, Marca UE con aroma "de frambuesa" para carburantes.
- 1999, Marca UE nº 001122118, "olor a fresa madura" para prendas de vestir y otros.
- 1999, Marca UE nº 001254861, "olor a limón" para suelas de zapato y calzados.

Marcas denegadas en la Comunidad Andina:

- 2010, "olor cítrico combinado con notas de jazmín, limón y hierbabuena" para servicios de publicidad.
- 2017, "fragancia de origen natural, que incorpora aceites esenciales obtenidos a partir de plantas aromáticas. Es una fragancia de la familia olfativa floral cítrica. Las notas de salida son ylang-ylang, nerolí y naranja; las notas de corazón son jazmín frutal, herbácea cítrica, limón fresco y rosa; las notas de fondo son almizcle, pachulí, amaderado, terroso y vetiver" para gel antibacterial, aceite de masajes y jabón.

3. DERECHOS DE AUTOR

Si entendemos un aroma o más en concreto un perfume en el sentido de: creación original humana única, con altura creativa, fijada materialmente en este caso en el contenido de un frasco de perfume, a priori pareciera tener sentido en algunas legislaciones de ciertos países su protección mediante esta modalidad.

En España es el artículo 10 de la Ley de Propiedad Intelectual el que define una obra y cuenta con una lista enumerada de ejemplos pero es de carácter enunciativo, no una lista cerrada, por lo que en principio no estaría excluida.

Para crear un perfume el perfumista ha de dedicar un gran esfuerzo para innovar, combinar diversos componentes entre numerosas opciones olfativas, y lograr un equilibrio entre estas para que lo creado sea novedoso pero al mismo tiempo agradable al olfato humano, realizando a su vez numerosas pruebas de ensayo y error.

Aterrizando esto en un caso práctico, aunque más lejos de España, un caso interesante es *Kecofa vs. Lancôme*[30], resuelto por el Tribunal Supremo Holandés en junio de 2006, el cual analizó un conflicto de derechos de autor, cuyo origen fue un conflicto de marcas interesante:

TRÉSOR	Female Treasure
Marca anterior de Lancôme	Marca impugnada de Kecofa

Y concluyó:

1) El olor de un perfume puede cumplir los criterios establecidos en la Ley de Propiedad Intelectual para considerarse una obra, pese a que sólo pueda percibirse a través del olfato y en este caso concreto Lancôme invocaba protección no sólo por un aroma perceptible por los sentidos, también por su composición la cual era concreta, estable y objetivamente determinable como para ser considerada una obra en el sentido de la LPI holandesa;
2) Diferenció la fragancia de un perfume y su fórmula/liquido, comparándolo con el papel de las páginas de un libro que no está protegido por derechos de autor, pero su contenido, sí;
3) El perfume para su protección *ha de agregar el toque personal del autor y tener cierta altura creativa y originalidad, lo cual en este caso se cumplía* dado que la fragancia era resultado de un proceso creativo con una combinación específica de ingredientes, creando una fragancia llamativa y única, que debido a su aroma concreto fue extremadamente popular desde su creación, lo cual no fue suficientemente rebatido por Kecofa;

---

30 TRIBUNAL SUPREMO HOLANDÉS. HR, 16 de junio de 2006, LJN AU8940, *Kecofa/Lancôme:* https://uitspraken.rechtspraak.nl/details?id=ECLI:NL:HR:2006:AU8940. *Recuperado el 28 de junio de 2025.*

4) En el análisis de si el perfume de Female Treasure infringía los derechos de autor de Trésor, se presentó un informe no rebatido por Kecofa por la agencia francesa *Breese & Majerowicz* que acreditó que existía un gran parecido entre ambos perfumes, por lo que, *finalmente se concluyó que efectivamente hubo infracción de los derechos de autor en cuanto al perfume de Lancôme y el posterior perfume de Kecofa.*

¿Cuál es por tanto la dificultad para extrapolar este mismo resultado a España por ejemplo? El cumplimiento estricto del requisito de originalidad y de la altura creativa en un ámbito en el cual es francamente complejo innovar, cuando las diferencias entre unas fragancias y otras pueden ser mínimas. El esfuerzo para acreditar puede ser tan elevado que desincentive en sobremanera a la industria a intentar lograrlo, salvo que efectivamente exista una infracción que ocasione tal molestia que motive a ello, como el caso indicado.

4. PATENTES Y MODELOS DE UTILIDAD

La esencia de una patente *es plantear un problema técnico y darle una respuesta técnica*, solución que ha de cumplir con los requisitos de patentabilidad: novedad, actividad inventiva y aplicabilidad industrial.

El simple hecho de tratar de patentar un olor, surge el pensamiento de hacerlo con una fórmula, pero antes de ello la pregunta es… ¿resuelve algún problema técnico? Con toda probabilidad, no, por tanto directamente no sería necesario ahondar más en esta modalidad de protección, ni analizar el cumplimiento de sus requisitos.

En el caso de que se lograra argumentar la existencia de un problema técnico y se tratara de dar una solución, cumplir de forma rigurosa con los requisitos de patentabilidad sería complejo, y el monopolio temporal de 20 años se antojaría extremadamente limitado para una vez más, el gran esfuerzo necesario para intentar lograrlo.

- **Novedad:** un aroma podría ser novedoso si no estuviera comprendiendo en el estado de la técnica (artículo 6 de la Ley de Patentes), y el estado de la técnica es todo aquello que ha sido accesible por una descripción escrita u oral considerando a nivel mundial, incluyendo solicitudes de patentes y modelos de utilidad anteriores publicadas previamente. Se antoja complicado cumplir con este requisito.
- **Actividad inventiva:** se considera que se cumple con este requisito cuando la invención no resulta del estado de la técnica de una mane-

ra evidente para un experto en la materia en el caso de la protección como patente, mientras que un modelo el criterio es que no sea de una manera muy evidente. Un experto en la materia perfectamente podría combinar diversos componentes y crear un perfume, salvo que esos ingredientes fueran tan diferenciados y extraños en el sector que a priori no tuviera sentido hacerlo, pero además luego fuera comercialmente exitoso por ser una buena fragancia. Podría tener más sentido en un producto distinto a un perfume pero de nuevo, es complejo cumplirlo.

- **Aplicabilidad industrial:** este si sería fácil de cumplir, en tanto en cuanto es suficiente que el objeto fabricado pueda ser fabricado y utilizado en cualquier clase de industria.

Vista esta problemática… ¿quizás como secreto empresarial?

5. SECRETO EMPRESARIAL

Según la Ley 1/2019, de 20 de febrero, de Secretos Empresariales, las condiciones para lograr la protección son:

- **Ser secreto**: no ser conocido ni accesible para las personas del sector.
- Tener un **valor empresarial, por el hecho de ser secreto.**
- Haber sido **objeto de medidas razonables** por su titular para mantenerlo en secreto.

Mantener en secreto la fórmula exacta y método de producción de imaginemos, un perfume, podría ayudar a que un competidor reproduzca la fragancia.

Las ventajas lógicas son que no se requiere una divulgación de su composición, no existe fecha de vencimiento y no hay que cumplir con los requisitos de las marcas olfativas ni las limitaciones relativas a novedad o actividad inventiva de las patentes.

Ahora bien, esa misma fórmula puede descubrirse de forma independiente o con ingeniería inversa sin para ello vulnerar las medidas razonables para mantener la fórmula en secreto, partiendo de una premisa básica y es que en el caso de los perfumes, se ha de etiquetar los ingredientes de su composición.

Si en lugar de perfumes pensamos en casos de productos con aromas u oleres, carecería de sentido esta protección ya que la idea base es publicitar dicha protección para evitar la existencia de competidores. De nada sirve que mis dardos tengan olor a cerveza si este aroma es fácilmente reproducible por terceros, incumpliendo por tanto el requisito de que sea secreto.

Por tanto esta protección no tiene sentido tampoco para perfumes u aromas en productos.

6. CONCLUSIONES

De lo expuesto la conclusión alcanzada es:

1. **El marketing sensorial de productos y servicios ayuda a incrementar la venta de estos.** De ahí que tenga sentido valorar algún tipo de protección de estos, unido a la evidente importancia que existe como tal para en concreto productos finales que son los mismos perfumes y aromas.
2. **No se puede con la tecnología actual obtener protección en la Unión Europea una marca olfativa.** Es excepcional el caso del *olor a césped recién cortado*. Sieckmann nos obliga a cumplir con el requisito de representación ***clara, precisa, completa en sí misma, fácilmente accesible, inteligible, duradera y objetiva,*** y pese a la eliminación de que la representación sea gráfica, y que en la UE se excluye para obtenerlo el depósito de muestras, y no es posible con fórmulas ni con una descripción de forma sencilla. Sería necesario para la protección relajar estos requisitos, y considerar por ejemplo *la creación de un sistema de clasificación internacional de olores,* y lo ya indicado en Estados Unidos.
3. **Ideas para facilitar el registro de la marca olfativa en la UE:**

   Sería necesario flexibilizar el requisito de representación de Sieckmann, ya que como he analizado los países más permisivos para el registro de marcas olfativas no lo comparten, por ejemplo Estados Unidos como el paradigma de las marcas olfativas. Por ello, si se permitiera la siguiente combinación de factores u alguno de ellos, unido a un relajamiento de Sieckmann y por supuesto, una exploración no abordada en el presente capítulo de los medios tecnológicos existentes, podría alcanzarse de forma exitosa el registro de una marca olfativa en la Unión Europea. Esto es:

   a. Que la marca a proteger sea un **aroma único**, es decir un olor o aroma que nada tenga que ver con el producto objeto de protección y lo haga en síntesis, único y con capacidad diferenciadora, con un proceso especial novedoso alejado de cualquier otro preexistente;

b. La protección de un **olor no funcional**, cumpliendo el test de los 4 pasos de ***Morton Norwich***, para acreditar; la *inexistencia de invenciones que divulguen* la ventaja en cuanto al aroma/perfume del producto; *promoción de estas* ventajas *acreditada mediante pruebas* (distintividad sobrevenida o *secondary meaning);* acreditar *la inexistencia de productos similares*; y *que la fabricación de los productos/servicios no afecta al coste ni a la calidad del, ni se deriva de un método de fabricación comparativamente sencillo o barato;*

c. **Permitir el uso de muestras de olores:** en EEUU por ejemplo el titular aporta muestras de olor del tipo "raspa y huele". Este tipo de muestras podrían ser accesible con un botón para solicitarla por parte de los consumidores en el mismo expediente de cada marca, al ser un coste relativamente ínfimo, con un procedimiento controlado y reglado para evitar abusos y verificar que es un consumidor interesado.

d. **Flexibilizar la opción de describir un olor:** con descripciones detalladas de olores y aromas que no sean de índole sencilla, pero tampoco excesivamente compleja, ni fórmulas incomprensibles.

e. **Que se acompañe de una imagen de los productos donde se aplicarán señalando la zona concreta:** en México como hemos visto se emplea esto y se publica. Es cierto que si son numerosos productos pueden ser numerosas imágenes, pero al mismo tiempo implica un mínimo de trabajo real por parte del titular para que acredite un uso concreto en un producto o servicio en el mercado.

Con la combinación de todo lo indicado o parte, se podría facilitar la protección como marca olfativa de productos con un olor único que no sea exclusivamente ese aroma, proteger como tal un perfume ya se antoja más complejos como marca olfativa, siendo escasas las ocasiones de registros de marcas como he analizado.

El resto de modalidades de propiedad intelectual o industrial analizadas no cumplen con los requisitos estrictamente para obtener su protección, o de cumplirlos, no se antojan lo suficientemente ventajosos para su explotación.

7. REFERENCIAS BIBLIOGRÁFICAS

(P.T.O.), Trademark Trial and Appeal Board Patent and Trademark Office. IN RE CELIA CLARKE, DBA CLARKE'S OSEWEZ. (1990). Obtenido de https://ipmall.law.unh.edu/content/ttab-trademark-trial-and-appeal-board-1-re-celia-clarke-dba-clarkes-osewez

Barrios, J. (2017). *Las marcas olfativas en Colombia.* Obtenido de https://doi.org/10.18601/16571959.n24.05

Bopp, S. (2008). Obtenido de Now Smell This: https://www.salon.com/2008/09/17/scent_marketing

Bouzaabia, R. (2013). *The Effect of Ambient Scents on Consumer Responses: Consumer Type and His Accompaniment State as Moderating Variables.* Obtenido de https://www.ccsenet.org/journal/index.php/ijms/article/view/33672

Brands, D. (s.f.). *DEJAVU BRANDS.* Obtenido de https://dejavubrands.com/project/aromatizacion-espacios-supercor/

COMISIÓN DE LA COMUNIDAD ANDINA. Decisión 486 del Régimen Común sobre Propiedad Industrial. (2000). Obtenido de https://cdn.www.gob.pe/uploads/document/file/1676341/Decision486.pdf.pdf?v=1613495833

De Bruijin, M. y. (2017). *Olfactory Cues Are More Effective than Visual Cues in Experimentally Triggering Autobiographical Memories.* Obtenido de https://www.tandfonline.com/doi/epdf/10.1080/09658211.2017.1381744?needAccess=true

EUIPO. (2025). *Directrices sobre marcas edición 2025. 2.9.2. Marcas olfativas:.* Obtenido de https://guidelines.euipo.europa.eu/2302859/2229258/directrices-sobre-marcas/2-9-2-marcas-olfativas

Hammersley, F. M. (1998). *The smell of success: trade dress protection for scent marks.*

Hernández, S. (2008). *El aroma, arma de ventas.* Obtenido de https://elpais.com/diario/2008/05/25/negocio/1211720611_850215.html

K. G. LAU, N. (2004). *Registration of Olfactory Marks as Trade Marks: Insurmountable Problems?* Obtenido de https://www.researchgate.net/publication/228171201_Note_Registration_of_Olfactory_Marks_as_Trade_Marks_Insurmountable_Problems

LEY FEDERAL DE PROTECCIÓN A LA PROPIEDAD INDUSTRIAL DE MÉXICO. (2020). Obtenido de https://wipolex-resources-eu-central-1-358922420655.s3.amazonaws.com/edocs/lexdocs/laws/es/mx/mx240es.pdf

López, D. &. (2013). *Marketing olfativo: ¿Qué olor tienes en mente?*

Marca de México con. (s.f.). Obtenido de https://marcia.impi.gob.mx/marcas/search/details/RM201802088148?s=3e4cb3b6-f880-44d5-be7b-98967baca5c4&m=l

OAMI. (1999). *Resolución de la Sala Segunda de apelaciones de la OAMI de fecha 11 de febrero de 1999, en el R 156/1998-2.* Obtenido de https://www.copat.de/download/R0156_1998-2.pdf

OAMI. (2001). *Resolución de la Sala Tercera de la OAMI de fecha 5 de diciembre de 2001, en el R 711/1999-3.* Obtenido de https://www.copat.de/markenformen/wrp2002/wrp10.pdf

OAMI. (2005). *Resolución de la Sala Cuarta de fecha 12 de diciembre de 2005, en el R 0445/2003-4.* Obtenido de Resolución de la Sala Cuarta de fecha 12 de diciembre de 2005, en el R 0445/2003-4. https://euipo.europa.eu/eSearchCLW/#key/trademark/APL_20051212_R0445_2003-4_001254861.

Pilon, A. (2014). *Want More Sales? Your Store Needs a Scent.*

TGUE. (2005). *Sentencia del Tribunal General (Sala Tercera) de 27 de octubre de 2005, en el asunto T-305/04.* Obtenido de https://curia.europa.eu/juris/liste.jsf?language=en&num=T-305/04

TJCE. (2001). *Conclusiones del Abogado General Sr. Dámaso presentadas el 6 de noviembre de 2001 en el asunto C-273-00.* Obtenido de https://curia.europa.eu/juris/document/document.jsf?docid=46822&doclang=es

TJCE. (s.f.). *Sentencia del Tribunal de Justicia de las Comunidades Europeas de fecha 12 de diciembre de 2002, en el C-273/00.* Obtenido de https://eur-lex.europa.eu/LexUriServ/LexUriServ.do?uri=CELEX:62000CJ0273:ES:PDF.

TRIBUNAL SUPREMO HOLANDÉS.HR, 16 de junio de 2006, LJN AU8940, Kecofa/Lancôme. (2006). Obtenido de https://uitspraken.rechtspraak.nl/details?id=ECLI:NL:HR:2006:AU8940

USPTO. (2020). *Respuesta a la acción oficial en defensa de la marca.* Obtenido de https://tsdr.uspto.gov/documentviewer?caseId=sn88111282&docId=SPE20180913084507&linkId=35#docIndex=11&page=3

USPTO. (2025). *U.S. Trademark Law.* Obtenido de https://www.uspto.gov/sites/default/files/documents/tmlaw.pdf

USPTO, T. M. (2017). *Evidence and Considerations Regarding Functionality Determinations. Morton-Norwich Products, Inc., 671 F.2D 1332, 213 USPQ 9, 15-16 (CCPA 1982).* Obtenido de https://www.bitlaw.com/source/tmep/1202_02_

WIPO. (2006). *NON-TRADITIONAL MARKS AT THE U.S. PATENT AND TRADEMARK.* Obtenido de https://www.wipo.int/export/sites/www/sct/en/comments/pdf/sct17/us_2.pdf

WIPO. (2010). *STANDING COMMITTEE ON THE LAW OF TRADEMARKS, INDUSTRIAL DESIGNS AND GEOGRAPHICAL INDICATIONS.* Obtenido de https://www.wipo.int/export/sites/www/sct/en/meetings/pdf/wipo_strad_inf_1_rev_1.pdf

Venta de falsificaciones en marketplaces: *nuevas herramientas*

ISABEL MARQUETA CARNICER
Abogada en ejercicio desde 2014 en el Real e Ilustre Colegio de Abogados de Zaragoza. Asociada en el Despacho Lacasa Abogados & Partners de Zaragoza, especializada en Derecho mercantil y societario

CONCEPTOS CLAVE: comercio electrónico, falsificaciones, propiedad industrial e intelectual, ciberseguridad, trazabilidad, responsabilidad de las plataformas online, inteligencia artificial, campañas de sensibilización.

1. INTRODUCCIÓN

Han transcurrido más de treinta años desde que algunas empresas comenzaron a ofrecer sus productos a través de catálogos online, como consecuencia de una extensión del uso de internet para transacciones comerciales culminando con la posterior aparición de plataformas como Amazon

(1994) y eBay (1995), las cuales revolucionaron nuestra forma de operar en el mercado.

En Europa no fue sino hasta la entrada del nuevo milenio cuando se comenzaron a regular, a través de la Directiva 2000/31/CE del Parlamento Europeo y del Consejo de 8 de junio de 2000, los servicios de la sociedad de la información, incluyendo la contratación electrónica, comúnmente conocida como *ecommerce*.

Podemos definir brevemente el comercio electrónico como la compraventa de bienes y/o servicios a través de internet u otras redes con soporte informático.

Por tanto, el comercio electrónico, como modalidad de intercambio global, ha transformado la operativa tradicional de los negocios, pero también ha extendido los desafíos en la protección de los derechos de propiedad industrial e intelectual. La facilidad y rapidez con la que se ofrecen en línea productos y servicios requiere una estricta observancia de las normativas protectoras de derechos de propiedad industriales tales como marcas, patentes, diseños industriales, así como de derechos de autor, para evitar prácticas desleales como la piratería, la falsificación o el plagio.

Buen ejemplo de lo anterior lo encontramos en nuestro día a día con la elevada presencia de falsificaciones que se comercializan a través de los *marketplaces*, tanto para la venta de productos de primera mano como de segunda mano. Esto obedece principalmente al acceso universal a este tipo de plataformas, abiertas a vendedores a nivel global y la consiguiente dificultad de verificar el origen de tales productos, lo que conlleva que algunos consumidores no tengan pleno conocimiento de que realmente están adquiriendo productos falsificados, mientras que otros, conscientes de ello, optan igualmente por estas adquirir estos productos debido a sus precios significativamente inferiores a los originales.

El uso de esta modalidad de compra de productos se incrementó como consecuencia de la pandemia del Covid-19, en la medida en que los consumidores recurrieron a realizar múltiples pedidos en línea durante los largos periodos de confinamiento.

En definitiva, el cumplimiento de estas normativas no solo garantiza la protección de los titulares de derechos de derechos de propiedad industrial e intelectual para mantener la integridad de sus productos y/o servicios en el mercado, sino que también fomenta un entorno de confianza y transparencia en las transacciones electrónicas, esencial para el desarrollo sostenible del comercio digital y, por supuesto, para garantizar una protección hacia el consumidor.

2. TIPOS DE FRAUDE

En el entorno del comercio electrónico coexisten diversos tipos de fraude, algunos de los cuales se encuentran estrechamente relacionados entre sí, y afectan tanto a los titulares de los derechos de propiedad industrial e intelectual que operan en el mercado para vender sus productos o prestar servicios como a los propios consumidores que están interesados en adquirirlos.

Sin ánimo de profundizar en exceso, ya que ello requeriría un análisis específico en otro artículo, cabe señalar que estos pueden clasificarse principalmente en:

2.1. Tiendas online fraudulentas

Existen sitios web fraudulentos que imitan la imagen de productos comercializados bajo marcas reconocidas por los consumidores, ofreciéndolos a precios sensiblemente inferiores a los del mercado.

En algunos casos, los pedidos realizados nunca llegan a enviarse, y los consumidores se enfrentan a serias dificultades para recuperar el importe abonado, ya que estas páginas suelen estar alojadas en servidores ubicados en terceros países, lo que complica la reclamación y el ejercicio de acciones legales.

2.2. Ofertas engañosas en plataformas de segunda mano

Plataformas de compraventa de segunda mano tan populares como Wallapop, Vibbo, Milanuncios o Vinted también son empleadas por ciberdelincuentes y estafadores, quienes aprovechan el auge de este tipo de portales —que permiten transacciones directas entre particulares sin intermediación— para ofrecer productos a precios atractivos.

La estafa suele materializarse mediante la venta de artículos que no se corresponden con las expectativas del comprador, basadas en fotografías irreales y descripciones engañosas. Asimismo, pueden producirse conductas ilícitas en el momento del pago, especialmente cuando se utilizan métodos de transacción no seguros.

2.3. Phishing

Se trata de una técnica que consiste en el envío de correos electrónicos que simulan proceder de entidades legítimas —como redes sociales, bancos o instituciones públicas— con la finalidad de obtener información confidencial, realizar cargos económicos no autorizados o infectar el dispositivo del usuario mediante malware.

Estos correos suelen incluir archivos adjuntos maliciosos o enlaces que redirigen a páginas fraudulentas. Con el tiempo, esta práctica se ha perfeccionado hasta el punto de que, en muchos casos, resulta difícil identificar su carácter fraudulento, ya que los mensajes imitan con gran precisión el diseño y la imagen corporativa de la entidad suplantada.

Una variante particularmente peligrosa de esta técnica es el *spear phishing*, que se caracteriza por dirigirse a víctimas concretas mediante mensajes altamente personalizados. A diferencia del *phishing* convencional, que se difunde de forma masiva, el *spear phishing* requiere una fase previa de recopilación de información sobre la persona objetivo, como su nombre, cargo, relaciones profesionales o detalles sobre su entorno laboral. Esta personalización incrementa considerablemente la credibilidad del mensaje, lo que dificulta su detección y aumenta la probabilidad de éxito del ataque. Es habitual que esta modalidad se utilice para acceder a información sensible o para inducir a empleados a realizar transferencias económicas fraudulentas.

3. IMPLICACIONES PARA LA EMPRESA Y PARA EL CONSUMIDOR DE LAS TIENDAS ONLINE FRAUDULENTAS

Este tipo de fraudes asociados a tiendas online falsas genera importantes perjuicios tanto para las empresas legítimas como para los propios consumidores:

3.1. Perjuicios causados a las empresas

Las empresas que operan en el mercado comercializando productos auténticos se ven afectadas negativamente principalmente por la **pérdida de ingresos,** derivada de la creciente preferencia de los consumidores por alternativas más económicas, habida cuenta de la continua mejora y sofisticación de las técnicas de falsificación de determinados productos, que permiten replicar productos con tal nivel de detalle que solo los expertos en la categoría correspondiente son capaces de identificar su autenticidad. Para el consumidor medio, las falsificaciones resultan prácticamente indistinguibles de los productos originales, lo que repercute directamente en la caída de las ventas de las marcas legítimas.

Este tipo de fraudes afecta especialmente a sectores como el del lujo y la moda —incluyendo bolsos, carteras, relojes, calzado, prendas de diseño y gafas de sol de marcas premium—, así como al mercado de los cosméticos, con productos como perfumes de alta gama, maquillaje y artículos de cuidado personal. También se extiende al ámbito de la electrónica y la tecnología, donde son habituales las falsificaciones de accesorios, teléfonos móviles, videoconsolas, mandos y pequeños electrodomésticos.

La disminución de ingresos derivada de la competencia desleal que suponen las falsificaciones puede traducirse, además, en la **pérdida de empleos directos.** Al reducirse la demanda de productos auténticos, los fabricantes y minoristas legítimos se ven obligados a producir y comercializar un menor volumen de unidades, lo que impacta negativamente en su capacidad de generar empleo y provoca, en muchos casos, un descenso significativo en la oferta laboral del sector.

Asimismo, un estudio publicado por el Observatorio Europeo de las Vulneraciones de los Derechos de Propiedad Intelectual, encargado por la EUIPO, advierte sobre los efectos indirectos del comercio de productos falsificados. Entre ellos, destaca un **descenso notable en la recaudación de ingresos públicos**, ya que los fabricantes y distribuidores de falsificaciones eluden el pago de impuestos, cotizaciones a la seguridad social y del Impuesto sobre el Valor Añadido (IVA).

Otro perjuicio relevante es el **daño reputacional** que sufren las marcas objeto de falsificación. Este deterioro de imagen se debe, en gran medida, a la pérdida de confianza por parte del consumidor, quien percibe que la empresa no ha logrado proteger adecuadamente uno de sus principales activos intangibles. A ello se suma que los productos falsificados suelen presentar una calidad muy inferior a la de los originales, con una mayor probabilidad de defectos o fallos, los cuales, lógicamente, no están cubiertos por la garantía oficial del fabricante.

3.2. Perjuicios causados a los consumidores

Una parte considerable de los productos falsificados, debido a su baja calidad y falta de controles de seguridad, puede suponer un riesgo real para la salud y la seguridad de los consumidores, e incluso poner en peligro su vida.

Según un informe conjunto de la Organización para la Cooperación y el Desarrollo Económicos (OCDE) y la Oficina de Propiedad Intelectual de la Unión Europea (EUIPO, por sus siglas en inglés), entre las falsificaciones más peligrosas que circulan en el mercado se encuentran perfumes, cosméticos, prendas de vestir, juguetes, piezas de repuesto para vehículos y medicamentos. España figura, además, entre los países de la Unión Europea más afectados por el comercio de este tipo de productos ilícitos.

En consecuencia, la comercialización de productos falsificados implica riesgos evidentes en múltiples ámbitos: riesgos para la salud, como los derivados del consumo de medicamentos o alimentos falsificados; riesgos para la seguridad, en casos como el uso de baterías o piezas de repuesto de automóviles no auténticas; y riesgos medioambientales, asociados a la distribución de productos químicos o plaguicidas falsificados.

4. MARCO NORMATIVO

Tal como se mencionaba anteriormente, no fue sino hasta entrado el nuevo milenio cuando se comenzó a regular a nivel europeo el comercio electrónico a través de la Directiva 2000/31/CE del Parlamento Europeo y del Consejo de 8 de junio de 2000.

En España, la transposición de esta Directiva se materializó a través de la Ley 34/2002, de 11 de julio, de servicios de la sociedad de la información y de comercio electrónico.

Ambas normativas vienen a regular, entre otros aspectos, la suscripción de contratos vía electrónica.

Si bien es cierto, y debido al rápido crecimiento de este tipo de transacciones a nivel global, ambas normativas se han ido actualizando durante las últimas décadas. Buen ejemplo de ello, es el **Reglamento (UE) 2022/2065 del Parlamento Europeo y del Consejo de 19 de octubre de 2022 relativo a un mercado único de servicios digitales** y por el que se modifica la Directiva 2000/31/CE (Reglamento de Servicios Digitales).

Sin perjuicio de lo anterior, es importante mencionar que estas normativas deben aplicarse en estrecha relación con la normativa relativa a la propiedad industrial e intelectual.

Así, teniendo en cuenta el objeto de estudio del presente artículo, vamos a centrarnos en el **Reglamento sobre la marca de la Unión Europea (UE) 2017/1001** (Reglamento de marca de la UE), y en particular, su artículo 9, apartado 2, relatico al término de "uso" de marca en el tráfico jurídico.

El citado artículo 9.2 establece expresamente lo siguiente:

"Sin perjuicio de los derechos de los titulares adquiridos antes de la fecha de presentación de la solicitud o la fecha de prioridad de la marca de la Unión, ***el titular de esta estará facultado para prohibir a cualquier tercero, sin su consentimiento, el uso en el tráfico económico*** *de cualquier signo en relación con productos o servicios cuando:*

a) el signo sea idéntico a la marca de la Unión y se utilice en relación con productos o servicios idénticos a aquellos para los que la marca de la Unión esté registrada;

b) el signo sea idéntico o similar a la marca de la Unión y se utilice en relación con productos o servicios idénticos o similares a los productos o servicios para los cuales la marca de la Unión esté registrada, si existe un riesgo de confusión por parte del público; el riesgo de confusión incluye el riesgo de asociación entre el signo y la marca;

c) el signo sea idéntico o similar a la marca de la Unión, independientemente de si se utiliza en relación con productos o servicios que sean idénticos o sean o no similares a aquellos para los que la marca de la Unión esté registrada, si esta goza de renombre en la Unión y si con el uso sin justa causa del signo se obtiene una ventaja desleal del carácter distintivo o del renombre de la marca de la Unión o es perjudicial para dicho carácter distintivo o dicho renombre."

La interpretación del concepto de **'uso en el tráfico económico'**, en el sentido del presente artículo y en relación con la posible responsabilidad directa de los intermediarios en línea (*marketplaces*) por infracción del derecho de marcas, reviste una importancia notable y no debe considerarse una cuestión menor, como se expondrá más adelante.

Por otra parte, conviene destacar el Reglamento (CE) nº 6/2002 del Consejo, de 12 de diciembre de 2001, sobre los dibujos y modelos comunitarios, que establece un sistema unificado de protección del diseño industrial en la Unión Europea. Este régimen otorga derechos exclusivos sobre la apariencia externa de productos —como artículos de moda, calzado, bolsos o accesorios— siempre que se cumplan los requisitos de novedad y carácter singular.

Sin embargo, el 18 de noviembre de 2024 se publicaron en el Diario Oficial de la Unión Europea dos normas clave que modernizan la regulación sobre dibujos y modelos: el **Reglamento (UE) 2024/2822 y la Directiva (UE) 2024/2823, ambos aprobados el 23 de octubre de 2024.** Estas disposiciones actualizan el marco legal europeo para adaptarlo a los nuevos retos del mercado digital y tecnológico.

El Reglamento (UE) 2024/2822 modifica el Reglamento (CE) nº 6/2002 y deroga el Reglamento (CE) nº 2246/2002 con el objetivo de modernizar el sistema de protección de los dibujos y modelos comunitarios registrados. Entre sus principales novedades se incluyen la simplificación de los procedimientos de registro, el refuerzo de la protección frente a usos no autorizados en entornos digitales y una mayor armonización entre los Estados Miembros, con el fin de garantizar una aplicación coherente y eficaz de la normativa en toda la Unión Europea.

Por su parte, la Directiva (UE) 2024/2823 sustituye la legislación anterior y refunde sus disposiciones, reforzando la protección jurídica de los titulares de derechos, especialmente en contextos transfronterizos. También incorpora normas específicas sobre nuevas tecnologías, como la impresión 3D, y promueve una mayor coherencia entre las legislaciones nacionales.

Ambas normas responden a la necesidad de un marco más ágil, adaptado al entorno digital y favorable a la innovación. Su aplicación aportará mayor seguridad jurídica tanto a empresas como a diseñadores, facilitando la protección y explotación comercial de sus creaciones en toda la Unión Europea.

Mientras que la Directiva requiere transposición por parte de los Estados Miembros en un plazo determinado, el Reglamento será directamente aplicable en todos ellos desde su entrada en vigor.

Por último, los **derechos de autor** también desempeñan un papel importante en la protección de los diseños de artículos de distinta naturaleza, siempre que reúnan los requisitos establecidos por la normativa nacional correspondiente y la Directiva (UE) número 2019/790 del Parlamento Europeo y del Consejo, de 17 de abril de 2019, sobre los derechos de autor y derechos afines en el mercado único digital y por la que se modifican las Directivas 96/9/CE y 2001/29/CE, que establece normas destinadas a armonizar el Derecho de la Unión aplicable a los derechos de autor y derechos afines en el marco del mercado interior, teniendo especialmente en cuenta los usos digitales y transfronterizos de los contenidos protegidos.

La principal ventaja de los derechos de autor reside en que se adquieren de forma automática y cuentan con una duración prolongada, sin requerir los trámites o registros exigidos por otras normativas mencionadas.

No obstante, ello no implica que estén exentos de dificultades prácticas a la hora de hacerlos valer frente a terceros.

5. EXPOSICIÓN DE ALGUNOS CASOS MÁS NOTORIOS PUESTOS EN RELACIÓN CON EL CONCEPTO DE 'USO EN EL TRÁFICO ECONÓMICO'

5.1. Los asuntos Louboutin vs. Amazon (C-148/21 Y C-184/21)

Este asunto, que fue resuelto por el Tribunal de Justicia de la Unión Europea en diciembre de 2022, trata sobre la responsabilidad de las plataformas de comercio electrónico en la venta de productos que infringen derechos de marca registrada.

En particular, el Tribunal de Justicia de la Unión Europea tuvo que pronunciarse sobre si el operador de un mercado electrónico híbrido como Amazon, puede ser declarado responsable en virtud del artículo 9, apartado 2 del Reglamento de marca de la Unión Europea, por la visualización de anuncios y la entrega de productos infractores que se ofrecen a la venta y se colocan en el mercado por iniciativa y bajo el control de vendedores independientes que se sirven de los servicios de ese operador.

Antes de que se dictara esta sentencia, el Tribunal de Justicia de la Unión Europe venía considerando que los *marketplaces* no usaban directamente las marcas en cuestión en el sentido establecido por el artículo 9.2 del Reglamento de Marca de la Unión Europea, sino que la responsabilidad en tales términos recaía en los terceros vendedores.

Sin embargo, en el caso Louboutin contra Amazon, se concluyó que Amazon podría estar haciendo uso del signo infractor por sí misma, sin necesidad de demostrar conocimiento efectivo del ilícito, cambiando así la corriente jurisprudencial mayoritaria hacia una nueva perspectiva sobre la responsabilidad. A partir de esta sentencia, las plataformas no solo pueden ser responsables por permitir infracciones marcarias de terceros, sino que pueden ser consideradas infractoras directas si los consumidores establecen un vínculo entre el operador y el signo marcario en cuestión.

Cabe señalar que esta sentencia iba alineada con lo que posteriormente establecería el artículo 6.3 del Reglamento de Servicios Digitales tras su entrada en vigor, al indicar expresamente lo siguiente:

"Artículo 6. Alojamiento de datos

1. Cuando se preste un servicio de la sociedad de la información consistente en almacenar información facilitada por un destinatario del servicio, el prestador de servicios no podrá ser considerado responsable de la información almacenada a petición del destinatario, a condición de que el prestador de servicios:

a) no tenga conocimiento efectivo de una actividad ilícita o de un contenido ilícito y, en lo que se refiere a solicitudes de indemnización por daños y perjuicios, no sea consciente de hechos o circunstancias que pongan de manifiesto la actividad ilícita o el contenido ilícito, o

b) en cuanto tenga conocimiento o sea consciente de ello, el prestador de servicios actúe con prontitud para retirar el contenido ilícito o bloquear el acceso a este.

2. El apartado 1 no se aplicará cuando el destinatario del servicio actúe bajo la autoridad o el control del prestador de servicios.

3. El apartado 1 no se aplicará con respecto a la responsabilidad, en virtud del Derecho en materia de protección de los consumidores, de las plataformas en línea que permitan que los consumidores celebren contratos a distancia con comerciantes, cuando dicha plataforma en línea presente el elemento de información concreto, o haga posible de otro modo la transacción concreta de que se trate, de manera que pueda inducir a un consumidor medio a creer que esa información, o el producto o servicio que sea el objeto de la transacción, se proporcione por la propia plataforma en línea o por un destinatario del servicio que actúe bajo su autoridad o control.

4. El presente artículo no afectará a la posibilidad de que una autoridad judicial o administrativa, de conformidad con el ordenamiento jurídico de un Estado miembro, exija al prestador de servicios que ponga fin a una infracción o que la impida."

5.2. Caso L'Oreal vs. eBay

Es importante recordar este asunto que deriva de una petición prejudicial presentada por un tribunal británico por un litigio seguido entre L'Oreal S.A. y sus filiales contra eBay Inc. y sus filiales, por el cual el Tribunal de Justicia de la Unión Europea, en su Sentencia de fecha 12 de julio de 2011, tuvo que pronunciarse sobre los límites de la exención de responsabilidad de los intermediarios, cuando, a la vez que desempeñan un papel pasivo, se encargan únicamente de transportar información procedente de terceros.

Para quien no conoce ese asunto, es importante partir de la base de que, a diferencia de otros *marketplaces* como Amazon, la plataforma eBay explota un sitio de subastas electrónicas en el que muestra anuncios de productos ofrecidos en venta por usuarios registrados y cobra por ello un porcentaje sobre el valor de las transacciones llevadas a cabo.

Es importante resaltar la distinción del funcionamiento de la plataforma Amazon con respecto eBay para ponerlo en relación con el cambio de criterio que supuso la Sentencia del caso Louboutin vs. Amazon (C-148/21 y C-184/21), criterio posteriormente establecido en el artículo 6.3 del Reglamento de Servicios Digitales tras su entrada en vigor.

Y es que Amazon, que combina ofertas propias y de terceros, corre un mayor riesgo de ser considerado responsable directo si los consumidores perciben que vende los productos en su nombre. Su modelo, que incluye servicios como almacenamiento y envío, refuerza esta impresión. La plataforma eBay, en cambio, actúa solo como intermediario y presenta claramente la identidad del vendedor, reduciendo el riesgo de responsabilidad.

5.3. Comisión Europea vs. Temu

El 31 de octubre de 2024 la Comisión Europa inició un procedimiento formal contra la plataforma Temu, considerada plataforma en línea de gran tamaño (VLOP) en virtud de la Ley de Servicios Digitales el 31 de mayo de 2024, por una supuesta infracción de esta normativa en ámbitos relacionados con la venta de productos ilegales, el diseño potencialmente adictivo del servicio (*scroll* infinito), los sistemas utilizados para recomendar compras a los usuarios (notificaciones constantes, recompensas intermitentes y *nudging*), así como el acceso a los datos para los investigadores.

Este procedimiento se inició a raíz de una solicitud previa de la Comisión Europea, que instó a la plataforma a facilitar información detallada y documentación interna relativa a las medidas de mitigación adoptadas para evitar la presencia y reaparición de comerciantes que ofrecen productos ilegales en su mercado en línea.

5.4. H&M vs Shein y posteriormente Shein vs. Temu

También se han documentado numerosos casos de falsificaciones vinculadas a infracciones de derechos de autor y marcas en el ámbito de la moda, especialmente a través de plataformas de comercio electrónico como Shein o Temu.

Un ejemplo especialmente relevante es el litigio iniciado por la compañía sueca Hennes & Mauritz AB (H&M) contra Shein, el minorista de origen chino. H&M presentó la demanda en 2021 ante el Tribunal Superior de Hong Kong, alegando que Shein había copiado de forma sistemática varios de sus diseños, incluyendo prendas como bañadores, jerséis y estampados, sin autorización. La empresa sueca también invocó la infracción de marca registrada, al considerar que ciertos productos vendidos por Shein generaban confusión con los suyos.

Aunque la demanda fue interpuesta en 2021, no fue de conocimiento público hasta mediados de 2023. El caso aún está en fase de tramitación y no se ha dictado sentencia, pero se espera que siente un precedente importante en el ámbito de la moda rápida y la protección de los derechos de propiedad intelectual frente a las prácticas de plataformas digitales globales.

Por su parte, Shein también ha llevado a los tribunales a uno de sus principales competidores. En diciembre de 2023, demandó a Whaleco Inc., la empresa matriz de Temu, ante el Tribunal de Distrito de los Estados Unidos para Columbia. Shein acusa a Temu de llevar a cabo un plan organizado para infringir sus derechos de propiedad intelectual, incluyendo el robo de secretos comerciales y la falsificación de marcas.

Según la demanda, Temu estaría vendiendo productos de baja calidad que copian los diseños originales de Shein, con el objetivo de obtener una ventaja competitiva de forma desleal. Además, Shein advierte de que este tipo de prácticas perjudica tanto a los consumidores como a los diseñadores, y deteriora la confianza en el comercio digital.

Estos litigios reflejan una creciente judicialización del sector del *ecommerce* textil, donde la rapidez con la que se replica y comercializa el diseño original representa un gran desafío para la protección efectiva de los derechos de autor y marca.

5.5. Plataforma HACOO

La plataforma HACOO, una de las últimas en llegar a España, es otra plataforma digital de comercio electrónico que opera principalmente a través de una aplicación móvil, ofreciendo una gran variedad de productos de alta gama a un precio significativamente más asequible.

A diferencia de otras plataformas, HACOO parece replicar cuidadosamente el embalaje y las etiquetas de estos productos creando la apariencia exacta de la originalidad del producto, a pesar de que el público en general conoce la procedencia no auténtica de tales productos.

A la fecha en la que se escribe el presente artículo no consta que haya de momento ningún litigio sobre esta plataforma, pero dado su modelo de negocio, que incluye productos de imitación con descripciones ambiguas, podría generar preocupaciones legales en el futuro.

La entrada en vigor del Reglamento de Servicios Digitales ha supuesto un cambio significativo en el régimen aplicable a las plataformas en línea, al establecer nuevas obligaciones de transparencia y responsabilidad para estos intermediarios. En particular, las plataformas están ahora obligadas a documentar y justificar públicamente las decisiones que adoptan al retirar contenidos o limitar su acceso, debiendo registrar estas actuaciones en una base de datos accesible al público.

Esta herramienta, conocida como la "Base de Datos de Transparencia de la Ley de Servicios Digitales", ha sido creada por la Comisión Europea con el objetivo de supervisar cómo las plataformas moderan los contenidos. Su finalidad principal es garantizar un mayor control democrático sobre los criterios y procedimientos utilizados por estas empresas al gestionar información, especialmente en contextos relacionados con posibles infracciones de derechos de propiedad intelectual o industrial.

Gracias a este instrumento, tanto los titulares de derechos como el público general pueden consultar las decisiones adoptadas por las plataformas, favoreciendo así una mayor rendición de cuentas y transparencia en el entorno digital.

6. MEDIDAS DE PREVENCIÓN Y PROTECCIÓN

Para hacer frente a la proliferación de falsificaciones en plataformas de comercio electrónico, las empresas que operan en el mercado cuentan con una amplia variedad de herramientas y estrategias que deben combinarse y adaptarse a las características del sector, del producto y del perfil de los falsificadores. La eficacia de estas medidas depende en gran parte de una vigilancia constante del entorno digital y de una acción proactiva por parte del titular de los derechos. Es imprescindible adoptar un enfoque integral que combine los siguientes parámetros: prevención, detección temprana, colaboración institucional y respuesta legal rápida.

6.1. Registro de derechos de propiedad industrial e intelectual

En primer lugar, es imprescindible registrar todos los derechos de propiedad industrial e intelectual asociados al producto, ya sea a través de marcas o diseños, o bien como patentes y modelos de utilidad. Este registro confiere una protección legal efectiva facultando a su titular a la interposición de acciones frente a terceros que vulneren o imiten dichos derechos.

Aunque lo ideal sería registrar estos derechos en todos los países donde se comercialice el producto para ampliar la cobertura legal dada por la normativa correspondiente, esto puede suponer destinar una importante partida del presupuesto anual de las empresas, ya que el registro de estos derechos conlleva el pago de tasas administrativas, entre otras, de registro y de renovación, por lo que es importante que las empresas desarrollen previamente una adecuada estrategia de protección de estos activos intangibles ponderando el coste de inscripción, la legislación aplicable y los medios disponibles para su defensa efectiva.

A la hora de diseñar una estrategia eficaz de protección registral, resulta fundamental considerar, entre otros factores, los países en los que se prevea una actividad comercial relevante, aquellos que presenten un mayor riesgo de infracción marcaria o proliferación de falsificaciones, así como aquellos donde se ubiquen centros estratégicos de producción o distribución en los que pudieran proliferar falsificaciones de sus productos.

6.2. Contratación de servicio de Agentes de la Propiedad Industrial

También existe la posibilidad de complementar lo dispuesto en el apartado anterior con la contratación del servicio de un Agente de la Propiedad Industrial (API), no solo para efectuar una vigilancia en solicitudes de marcas o diseños que pudieran colisionar con los derechos protegidos y proporcionar asistencia en la redacción de oposiciones, recursos, solicitudes de intervención aduanera, e incluso intervención en litigios, sino porque también ofrecen otro tipo de servicios "Brand Protection", que sirven para monitorizar *marketplaces* y falsificaciones de sus productos, monitorización en buscadores para localizar anuncios, etc.

En este último sentido, interesa mencionar que en España existe el Colegio oficial de Agentes de la Propiedad Industrial (COAPI) como principal organización en el ámbito de la propiedad industrial, siendo este organismo el colegio profesional que agrupa a estos profesionales y garantiza la calidad del servicio prestado. Contar con un agente colegiado puede marcar la diferencia entre una simple reclamación y una defensa legal eficaz y estratégica.

6.3. Colaboración activa con plataformas de comercio electrónico a través Programas de protección de derechos (DPP)

La mayoría de *marketplaces* han desarrollado programas específicos para ayudar a los titulares de derechos a combatir las falsificaciones. Ejemplos de ello son Amazon (Brand Registry, Report a Violation), eBay (Verified Rights Owner-VeRO), Alibaba (Intellectual Property Protection Platform) y AliExpress (IP Protection Platform), Etsy (Programa de Protección de la Propiedad Intelectual), Google (Google Ads), Facebook e Instagram (Protección de Derechos de Marca), y TikTok (Copyright & Trademark Protection).

Estos programas permiten reportar de forma rápida listados ilegales, bloquear cuentas infractoras y automatizar parte del proceso de defensa de marca. Algunos programas permiten incluso una monitorización automática mediante inteligencia artificial, integración con APIs de gestión de marca y acceso a estadísticas de infracciones.

6.4. Implementación de tecnologías avanzadas de autenticación

El uso de soluciones tecnológicas avanzadas, como los códigos QR (Quick Response), etiquetas de identificación por radiofrecuencia (RFID), hologramas o marcas de agua digitales, permite verificar la autenticidad de los productos y mejorar su trazabilidad a lo largo de toda la cadena de suministro. Estas herramientas resultan especialmente útiles no solo para los consumidores, sino también para distribuidores y autoridades, que pueden escanear los productos y verificar su origen de forma rápida y fiable.

Además, la integración de estas tecnologías con sistemas de registro basados en *blockchain* ofrece una capa adicional de seguridad y transparencia, al permitir almacenar de forma inalterable la información relativa a cada producto —desde su fabricación hasta su comercialización—. Esto no solo dificulta la falsificación, sino que facilita también el control y la vigilancia en tiempo real por parte de los titulares de derechos y organismos de inspección.

Por ejemplo, empresas como Nike utilizan etiquetas RFID en algunos de sus productos. Las etiquetas de identificación por radiofrecuencia (RFID) son una forma sencilla de identificar un producto u objeto para que pueda ser detectable de forma inalámbrica, y para garantizar su trazabilidad, por lo que además de garantizar la autenticidad del producto también suponen para los minoristas una herramienta útil de mejora de la gestión del inventario.

Marcas de lujo como Louis Vuitton también utilizan chips digitales invisibles para este fin. Antes de marzo de 2021, todos los artículos de cuero Louis Vuitton tenían un código de fecha en el interior. Un código de fecha es una combinación de caracteres y números que contienen información sobre dónde y cuándo se hizo el elemento.

Sin embargo, esta característica ha sido reemplazada por pequeños chips de identificación de radiofrecuencia (RFID). Ahora Louis Vuitton genera un identificador único para cada elemento y los coloca en una cadena de bloques, como Bitcoin. No se pueden copiar ni modificar sin arruinar toda la cadena, que se mantiene en privado por su titular. Por lo tanto, nadie del exterior puede agregar nuevos elementos a la base de datos. Cada identificador contiene la fecha exacta (no solo la semana, ya que es el caso con el código de fecha) y muchos otros datos sobre materiales, fabricación, etc. Todo está vinculado al chip RFID que está cosido en los artículos.

La firma Louis Vuitton no es la primera en el mercado en introducir microchips. Algunas otras marcas de lujo, como Salvatore Ferragamo y Moncler, también han estado utilizando la misma tecnología como prueba de autenticidad de sus productos.

6.5. Vigilancia digital y análisis de datos

El creciente uso de software especializado, como Red Points, MarkMonitor, Incopro o Corsearch, permite monitorizar *marketplaces*, redes sociales (Instagram, Facebook o TikTok) y motores de búsqueda en tiempo real para detectar y retirar contenidos falsificados. Estos sistemas emplean inteligencia artificial para identificar patrones sospechosos y facilitar una respuesta rápida ante infracciones. Algunos de estos softwares permiten priorizar las infracciones más relevantes, analizar las redes de vendedores y generar informes automáticos para facilitar la toma de decisiones jurídicas o de negocio.

Por ejemplo, Red Points es una plataforma especializada en eliminar infracciones de propiedad intelectual que trabaja sobre estos tres ejes: protección de marca online, el cumplimiento de los derechos de autor y las capacidades de supervisión de los distribuidores. Además, es miembro del programa de eliminación de derechos de autor de confianza de Google y certificado por Youtube, y forma parte del órgano de administración de la iniciativa Global Legaltech Hub.

6.6. Colaboración activa con organismos gubernamentales

La cooperación con autoridades aduaneras es crucial para detener productos falsificados en las fronteras. Siempre que la propiedad industrial esté registrada y en vigor, será posible realizar una solicitud de intervención de marca (AFA por sus siglas en inglés) mediante un sencillo trámite en línea en la web de la Agencia Estatal de la Administración Tributaria. Esta solicitud, regulada en el Reglamento (EU) nº 608/2013, de 12 de junio de 2023, permite que las autoridades aduaneras de la Unión Europea actúen en nombre del titular de los derechos de propiedad industrial, a fin de que puedan detener en las fronteras de la Unión Europea las mercancías sospechosas de infracción de la propiedad industrial.

Para gestionar las solicitudes de intervención de las autoridades aduaneras de la Unión Europea deberán presentarse y gestionarse electrónicamente. Además, pueden incluir imágenes de los productos originales, descripciones detalladas, canales de distribución autorizados y otra información relevante para facilitar el trabajo de inspección. Las solicitudes de intervención pueden presentarse y gestionarse en la plataforma de la Unión Europea "IP Enforcement Portal" (IPEP).

También merece especial atención la labor coordinada entre los cuerpos de seguridad nacionales e internacionales y los organismos institucionales, cuyo objetivo es combatir el crecimiento del mercado de falsificaciones mediante operaciones conjuntas y actuaciones específicas.

Un ejemplo representativo de este esfuerzo es la operación "Fake Star", que se puso en marcha en el año 2022, es una iniciativa conjunta liderada por la Europol y la Oficina de Propiedad Intelectual de la Unión Europea (EUIPO), en colaboración con diversas autoridades nacionales, destinada a combatir la producción y distribución de productos textiles, calzado y accesorios falsificados en Europa. Esta operación se enmarca en la Plataforma Multidisciplinar Europea contra las Amenazas Delictivas (EMPACT) y tiene como objetivo principal identificar y desmantelar redes criminales involucradas en la falsificación de marcas registradas.

En España, la Policía Nacional, en colaboración con Europol y la Oficina Europea de Lucha contra el Fraude (OLAF), desmanteló una red que había introducido casi 2.000 toneladas de productos falsificados en Europa desde 2023. La operación resultó en la detención de 73 personas y la incautación de más de 300.000 productos falsificados, incluyendo equipaciones de fútbol, bolsos de lujo, calzado y relojes.

En definitiva, la operación "Fake Star" destaca la importancia de la cooperación internacional y la colaboración entre agencias para abordar eficazmente el problema de la falsificación, protegiendo así tanto a los consumidores como a las empresas afectadas por estas actividades ilícitas.

6.7. Innovación en embalajes únicos y personalizados

El uso de embalajes únicos, personalizados o difíciles de replicar también actúa como barrera frente a la falsificación. Elementos como diseños exclusivos, materiales no estándar o sistemas de cierre patentados pueden disuadir las copias ilegales y facilitar la identificación de productos genuinos por parte de los consumidores.

Algunas marcas incorporan microtextos de alta precisión, solo visibles con lupa; tintas invisibles o elementos de seguridad tipo pasaporte para dotar al embalaje de una segunda capa de protección frente a los falsificadores.

6.8. Auxilio judicial

Por último, las empresas siempre pueden acudir al auxilio judicial para ejercitar sus derechos frente a quienes producen o distribuyen falsificaciones de sus productos, e incluso para adoptar otra serie de medidas legales como, por ejemplo, la solicitud de bloqueos a nivel de dominio para clausurar páginas web dedicadas a la venta de falsificaciones.

En sede judicial, a los titulares de derechos protegidos les asisten tanto acciones de naturaleza civil como penal, aplicándose estas últimas en función de la gravedad de la conducta ilícita cometida, entre ellas, se encuentran las siguientes:

- **Demanda por uso indebido de marca:** Si un tercero utiliza una marca sin consentimiento de su titular, este último puede acudir a los tribunales para ejercitar una acción de cesación de tal uso, así como para solicitar la retirada de los productos falsificados del mercado y que se le indemnice por los daños sufridos. También puede solicitar que se destruyan los productos o que se prohíba al infractor seguir fabricándolos o vendiéndolos.
- **Medidas urgentes para frenar el fraude:** Antes incluso de que ejercite la pretensión principal, el titular del derecho vulnerado puede solicitar el ejercicio de medidas cautelares para evitar que la infracción

continúe prolongándose mientras se desarrolle el procedimiento judicial, siempre y cuando concurran los requisitos establecidos por la Ley de Enjuiciamiento civil para que prospere, estos son, el peligro por la mora procesal y la apariencia de buen derecho de acuerdo con lo dispuesto en el artículo 728 de dicho texto legal.

Por ejemplo, se puede solicitar el embargo preventivo de los productos sospechosos, el cierre temporal de cuentas de vendedor en plataformas online o asegurar pruebas clave que puedan desaparecer.

En la mayoría de casos, el titular del derecho vulnerado deberá prestar caución suficiente para responder, de manera rápida y efectiva, de los daños y perjuicios que la adopción de la medida cautelar pudiera causar al patrimonio del demandado.

- **Denuncia penal por falsificación (artículo 274 del Código Penal):** Cuando los hechos ilícitos son especialmente graves, también se puede acudir a la vía penal. Esto ocurre, por ejemplo, en caso de imitación de marcas registradas con intención de vender productos como si fueran auténticos. En estos casos, la ley contempla penas de cárcel de hasta 4 años, multas económicas importantes y sanciones adicionales para los responsables.

Tal como se mencionaba anteriormente, es posible solicitar una indemnización por los daños y perjuicios causados al titular del derecho protegido. En este sentido, sin entrar a valorar qué se entiende por "indemnización razonable" al amparo de lo dispuesto en el artículo 11.2 del Reglamento de Marca de la unión, que comprendería exclusivamente la reclamación de los beneficios efectivamente obtenidos por los terceros por la utilización de esa marca, en el caso de que se haya infringido una marca nacional, la Ley 17/2001, de 7 de diciembre, de Marcas, sí que recoge la posibilidad de incluir en dicha indemnización el daño moral causado, de acuerdo con lo dispuesto en el artículo 43 de dicho texto normativo.

6.9. Otras medidas complementarias

6.9.1. Control del canal de distribución

Implementar una política estricta de distribución también contribuye a limitar los puntos por donde pueden infiltrarse productos falsificados. Por ejemplo, las empresas pueden reforzar sus contratos con cláusulas que restrinjan la reventa a terceros no autorizados.

6.9.2. SEO defensivo y protección del dominio web

El posicionamiento en buscadores es un elemento clave para impedir que páginas fraudulentas atraigan la atención de los usuarios. Las empresas pueden registrar múltiples dominios similares al suyo (variaciones ortográficas, cambios de extensión), aplicar certificados digitales y sistemas de autenticación en sus tiendas oficiales, y monitorizar activamente la red en busca de páginas web falsas o anuncios que utilicen su imagen o nombre comercial.

6.9.3. Formación interna y creación de un equipo específico para controlar las falsificaciones

La formación continua del personal, especialmente de los departamentos de ventas, legal y atención al cliente, permite detectar infracciones con mayor rapidez.

Incluso, las empresas pueden crear equipos internos específicos para controlar las falsificaciones, encargados de coordinar la vigilancia digital, la relación con *marketplaces*, la respuesta ante infracciones y la coordinación con el departamento legal o los abogados externos para el ejercicio de las acciones legales pertinentes. Es importante, que estos equipos tengan fijados unos protocolos claros y hagan uso de herramientas especializadas como las que hemos visto en apartados anteriores.

6.9.4. Campañas de concienciación orientadas al consumidor

Informar al público sobre los riesgos de comprar falsificaciones de los productos (problemas de salud, ausencia de garantía, apoyo al crimen organizado) puede contribuir a reducir significativamente la demanda. Las marcas pueden usar redes sociales, contratar *influencers*, efectuar comparativas visuales entre productos originales y falsificados, así como llevar a cabo colaboraciones con asociaciones de consumidores o autoridades para difundir mensajes de consumo responsable.

6.9.5. Cooperación con otras marcas y asociaciones sectoriales

Por último, compartir información con otras empresas del sector permite identificar patrones de fraude, redes de distribución ilegales y plataformas reincidentes. Asociaciones como REACT, INTA o iniciativas promovidas por la Oficina de Propiedad Intelectual de la Unión Europea (EUIPO) facilitan la ejecución de acciones legales conjuntas, estudios sectoriales e iniciativas de lobbying para mejorar la regulación.

REACT es una organización sin ánimo de lucro con más de 30 años de experiencia en la lucha contra el comercio de productos falsificados. Uno de sus principales objetivos es mantener los costes de las acciones contra la falsificación a un nivel asequible.

Por su parte, INTA es una asociación global de propietarios de marcas y profesionales dedicados a apoyar las marcas registradas y la propiedad intelectual complementaria para fomentar la confianza de los consumidores, el crecimiento económico y la innovación, y comprometidos con la construcción de una sociedad mejor a través de las marcas.

7. EL EJEMPLO DE AMAZON EN SU LUCHA FRENTE A LAS FALSIFICACIONES

Amazon, que se ha enfrentado a múltiples demandas por infracción de derechos de propiedad industrial e intelectual de terceros, implementó en 2019 el "Amazon Project Zero" que cuenta con tres herramientas principales para combatir los productos falsificados: protecciones automatizadas; eliminación de falsificaciones, y; serialización de producto.

Sin embargo, el éxito de estas herramientas, que tenían ciertas limitaciones en su propia tecnología, venía supeditado a la colaboración activa de los titulares de las marcas para identificar y eliminar falsificaciones de sus productos, lo que suponía una gran carga de trabajo y un coste adicional para aquellas que participaban en la misma.

Posteriormente Amazon lanzó su propia Unidad de Delitos de Falsificación en junio de 2020 como una nueva herramienta para combatir este problema. Con esta unidad se investiga activamente la procedencia de productos falsificados que se venden en la plataforma con la capacidad de iniciar medidas legales contra sus autores.

Ejemplo del éxito de esta nueva medida es la reciente sentencia del Juzgado de Marca de la Unión Europea, con sede en Alicante, que en fecha 8 de febrero de 2024 estimó una demanda conjunta interpuesta por Amazon y BMW Group, la primera de este tipo en España, contra cuatro falsificadores locales que intentaron vender piezas y accesorios BMW falsificados en toda Europa como tapas de válvulas, distintivos y llaveros.

Además, Amazon fue más allá en su lucha contra las falsificaciones y en septiembre de 2023 unió al Portal de Observancia de la EUIPO ("IPEP"), siendo el único proveedor de servicios de mercado adherido para la lucha contra mercancías falsificadas.

La plataforma permite que los titulares de derechos, funcionarios de aduanas, las autoridades de inspección del mercado, los representantes de las fuerzas y cuerpos de seguridad, la Comisión Europea, y sus delegaciones de la UE intercambien información relacionada con el cumplimiento de los derechos de propiedad industrial e intelectual.

8. CAMPAÑAS DE SENSIBILIZACIÓN PARA LOS CONSUMIDORES

A pesar de que se está trabajando en mitigar la proliferación de la venta de productos falsificados en *marketplaces*, tampoco se debe ignorar el papel que desempeña otra parte interviniente en una operación de compraventa, es decir, el consumidor que finalmente decide adquirir el producto en cuestión.

A tal fin, las campañas de sensibilización dirigidas a los consumidores desempeñan un papel esencial en la lucha contra las falsificaciones en *marketplaces*. Al informar sobre los riesgos asociados a la compra de productos falsificados, desde la baja calidad y los posibles peligros para la salud hasta el impacto económico y legal, estas iniciativas pueden reducir la demanda y fomentar un consumo más responsable. Además, contribuyen a reforzar la cultura del respeto a la propiedad industrial e intelectual, apoyan los esfuerzos legales e institucionales y convierten al consumidor en un aliado clave en la detección y prevención del fraude online.

Se han realizado múltiples campañas con este objetivo.

A modo de ejemplo, La Oficina Española de Patentes y Marcas (OEPM), en colaboración con el Ministerio de Industria y Turismo, lanzó la campaña "El daño de las falsificaciones es real" entre el 22 de noviembre y el 20 de diciembre de 2024. Su objetivo es informar a los consumidores sobre las consecuencias negativas de adquirir productos falsificados, incluyendo riesgos para la salud, pérdidas económicas y apoyo involuntario a actividades delictivas. La campaña se difundió a través de televisión, radio, prensa escrita, internet y espacios públicos en diversas ciudades españolas.

También, en diciembre de 2024, la Asociación para la Defensa de la Marca (ANDEMA) y el Ayuntamiento de Madrid lanzaron una campaña en redes sociales para alertar sobre los perjuicios de las falsificaciones. La iniciativa destaca cómo la compra de productos falsificados afecta negativamente a la economía, destruye empleos y puede poner en riesgo la salud de los consumidores. Se dirige especialmente a los jóvenes, entre quienes se ha detectado una tendencia a normalizar la adquisición de falsificaciones.

Además, ANDEMA y Meta (empresa matriz de Facebook e Instagram) han unido esfuerzos para concienciar sobre el impacto de las falsificaciones en las plataformas sociales. La campaña incluye vídeos educativos que instan a los usuarios a verificar la autenticidad de los productos y las cuentas antes de realizar compras en línea. Esta colaboración busca proteger tanto a los consumidores como a los creadores y marcas que utilizan las redes sociales para comercializar sus productos.

En definitiva, una campaña de sensibilización promueve no solo medidas para la protección del consumidor, sino que también se ofrece un apoyo a las marcas legítimas de terceros, contribuyendo en última instancia al crecimiento económico y creación de empleo, además de reducir la delincuencia.

9. CONCLUSIONES

La lucha contra las falsificaciones en el comercio electrónico no puede abordarse desde una única perspectiva ni limitarse a medidas reactivas. En un entorno digital en constante evolución, donde los falsificadores aprovechan cada nueva tecnología y canal de distribución, las empresas deben adoptar un enfoque estratégico, multidisciplinar y dinámico.

Registrar los derechos de propiedad industrial, implementar tecnologías de autenticación, monitorizar continuamente los *marketplaces*, colaborar activamente con las plataformas digitales, y apoyarse en herramientas de inteligencia artificial y *blockchain* son solo algunas de las medidas esenciales para proteger los activos intangibles de una marca.

Además, la cooperación institucional con autoridades aduaneras, cuerpos policiales y organismos europeos, junto con la concienciación del consumidor, permite reducir el margen de actuación de quienes operan al margen de la legalidad. Solo mediante la suma de esfuerzos —entre empresas, instituciones, plataformas y usuarios— es posible minimizar el impacto de la falsificación y preservar tanto la integridad del mercado como la confianza del consumidor.

En defitiniva, invertir en protección frente a las falsificaciones no solo defiende los intereses comerciales de la empresa, sino que contribuye al desarrollo de un entorno digital más seguro, transparente y justo.

A modo de reflexión final, conviene señalar un reto emergente que merece una atención específica en futuros análisis: el impacto de la inteligencia artificial en la evolución de las falsificaciones en el entorno digital. Si bien se están desarrollando importantes medidas legales y tecnológicas para hacer frente a esta problemática en los *marketplaces*, **el uso creciente de herramientas de IA generativa añade una nueva capa de complejidad**. Cada vez resulta más frecuente la manipulación de imágenes mediante IA para mejorar la apariencia de productos falsificados, llegando a generar auténticos *deepfakes* de artículos que pueden engañar fácilmente al consumidor. Esta tendencia compromete la eficacia de los mecanismos tradicionales de detección y verificación, y obliga a las empresas y autoridades a adaptar sus estrategias de vigilancia ante un escenario en constante transformación.

10. REFERENCIAS BIBLIOGRÁFICAS

Revista de derecho de UNIR (08/04/2024). "Los fraudes por internet pueden manifestarse a través de la suplantación de identidad de una persona o empresa, el phishing e, incluso, la venta de productos falsificados o inexistentes". https://www.unir.net/revista/derecho/fraudes-internet/

Artículo de la Oficina de Propiedad Intelectual de la Unión Europea (EUIPO) (2024). "Economic impact of counterfeiting in the clothing, cosmetics, and toy sectors in the EU". ISBN: 978-92-9156-348-7

Banco de España (25/02/2021). "Cuidado con las estafas en las plataformas de segunda mano". https://clientebancario.bde.es/pcb/es/blog/cuidado-con-las-estafas-en-las-plataformas-de-segunda-mano—.html

Luis Corrons. Blog Avast (12/01/2023). "Estafas en las plataformas en línea de compras de segunda mano". https://blog.avast.com/es/online-secondhand-shopping-scams

Guía Incibe (25/10/2019) "Aprendiendo a identificar fraudes online".https://www.incibe.es/ciudadania/formacion/guias/guia-para-aprender-identificar-fraudes-online

Comunicado de prensa EUIPO (17/03/2022). "Aumenta el comercio online de falsificaciones peligrosas, según un nuevo informe de la OCDE y la EUIPO". https://euipo.europa.eu/tunnel-web/secure/webdav/guest/document_library/observatory/documents/reports/dangerous-fakes-study/dangerous-fakes_PR_es.pdf

EJASO (22/11/2024). "Publicadas en el DOUE las nuevas normas sobre dibujos y modelos comunitarios". https://ejaso.com/conocimiento/publicadas-en-el-doue-las-nuevas-normas-sobre-dibujos-y-modelos-comunitarios#:~:text=EL%20pasado%2018%20de%20noviembre%20de%202024%2C%20se,ambos%20aprobados%20el%2023%20de%20octubre%20de%202024

Altea Asensi Merás (2023). "Los asuntos Louboutin contra Amazon (c-148/21 y c-184/21) y la responsabilidad directa de los intermediarios de internet por infracción del derecho de marcas en la Unión Europea". Actas de derecho industrial y derecho de autor, ISSN 1139-3289, Tomo 43, 2023, pp. 397-412.

Álvaro Seijo Bar y Olatz Robredo Arnedo. Actualidad jurídica Uría Menéndez, 62, (octubre 2023). "Responsabilidad de los operadores de mercados electrónicos por infracciones marcarias cometidas por terceros vendedores a través de su plataforma (sentencia del TJUE de 22 de diciembre de 2022, c-148/21 y c-184/21)". pp. 195-204

European Commission - Press release (31/10/2024). "Commission opens formal proceedings against Temu under the Digital Services Act". https://ec.europa.eu/commission/presscorner/detail/en/ip_24_5622

Dra. Lorena Bernal Castro (2024). Blog ICODECO. "Caso Temu: regulación digital entre la protección al consumidor y la limitación a libertades individuales". https://icodeco.org/caso-temu-regulacion-digital-entre-la-proteccion-al-consumidor-y-la-limitacion-a-libertades-individuales1/#_ftn2

Leire Moro. El Correo (21/08/2024). "Shein demanda a Temu por violaciones de la propiedad intelectual". https://www.elcorreo.com/sociedad/shein-demanda-temu-violaciones-propiedad-intelectual-20240821161942-nt.html?ref=https%3A%2F%2Fwww.elcorreo.com%2Fsociedad%2Fshein-demanda-temu-violaciones-propiedad-intelectual-20240821161942-nt.html

Sergio Castelli y Candela Saieg. Opinión en Comercio y Justicia (18/09/24). "H&M vs Shein: disputa legal por derechos de autor e infracción de marca registrada". https://comercioyjusticia.info/opinion/hm-vs-shein-disputa-legal-por-derechos-de-autor-e-infraccion-de-marca-registrada/

María García Aguayo. ElDerecho.com (21/11/2024). "La comercialización de productos falsificados en plataformas digitales: el caso de HACOO y su impacto en la propiedad intelectual e industrial en España". https://elderecho.com/comercializacion-de-productos-falsificados-en-plataformas-digitales-caso-hacoo

Vanessa-Ariane Guzek Hernando. LEX - Plataforma jurídica Hispano Alemana (29/11/2024). "La venta de productos réplica de primeras marcas en la app Hacoo llega a España - Riesgos para los consumidores". https://lex.ahk.es/actualidad-juridica/la-venta-de-productos-replica-de-primeras-marcas-en-la-app-hacoo-llega-espana-riesgos-para-los-consumidores

Artículo de la Oficina de Propiedad Intelectual de la Unión Europea (EUIPO) (octubre 2024). "Recent European case-law on the infringement and enforcement of intellectual property rights".

Comisión Europea. Base de datos de transparencia de la Ley de Servicios Digitales: Preguntas y respuestas. https://digital-strategy.ec.europa.eu/es/faqs/dsa-transparency-database-questions-and-answers

Ministerio de Industria, Comercio y Turismo de España. Oficina Española de Patentes y Marcas (OEPM), (mayo 2021). "Ei eres una PYME, empresa o emprendedor, protege tus activos intangibles y defiende tus derechos de propiedad industrial (DPI)". NIPO (versión en línea): 116-19-034-7.

Recomendación (UE) 2024/915 de la Comisión de 19 de marzo de 2024 sobre medidas destinadas a luchar contra la falsificación y a reforzar la observancia de los derechos de propiedad intelectual e industrial.

Colegio Oficial de Agentes de la Propiedad Industrial (COAPI). https://www.coapi.org/finalidad-del-coapi/

Roger (06/01/2023). Shenzhen Wenxinran Intelligent Technology Co., Ltd. "Nike integra etiquetas RFID en las zapatillas: el futuro de la RFID en el calzado". https://www.rfidfuture.com/es/nike-integrates-rfid-tags-in-sneakers.html

Blog de Bagaholic. "¿Cuáles son los microchips de Louis Vuitton?" https://lvbagaholic.com/es/blogs/blog-de-bagaholic/cuales-son-los-microchips-de-louis-vuitton

GuialegalTech. "Red Points Solutions, S.L. https://derechopractico.es/guialegaltech/red-points/

Global LegalTech Hub. https://www.hublegaltech.com/aboutus

Agencia Tributaria. "Solicitud de intervención de marcas". https://sede.agenciatributaria.gob.es/Sede/procedimientos/DB07.shtml

Observatorio de la Oficina de Propiedad Intelectual de la Unión Europea (IPEP). https://euipo.europa.eu/ohimportal/es/web/observatory/ip-enforcement-portal-home-page.

Informe Analítico Operación Fake Star (junio 2023). "La venta de ropa, calzado y complementos falsificados en la UE: un mercado rentable para los delincuentes y un fenómeno transnacional". https://euipo.europa.eu/tunnel-web/secure/webdav/guest/document_library/observatory/documents/reports/2023_Operation_Fake_Star_Report/2023_OP_Fake_Star_Analysis_Report_FullR_es.pdf

Ana Tere Vázquez. SER Málaga (23/12/2024). "Importante golpe a la falsificación con 73 detenidos y más de 300.000 productos intervenidos" https://cadenaser.com/andalucia/2024/12/23/importante-golpe-a-la-falsificacion-con-73-detenidos-y-mas-de-300000-productos-intervenidos-ser-malaga/?utm_source=chatgpt.com

Noticias Isern Patentes y Marcas (16/07/24). "Medidas cautelares ante la infracción de la propiedad industrial e intelectual". https://isern.com/medidas-cautelares-infraccion-propiedad-industrial-intelectual/

Blog Alvamark (10/10/24). "Cómo defenderte de la falsificación en la industria de la electrónica de consumo en Europa". https://www.alvamark.com/blog/como-defenderte-de-la-falsificacion-en-la-industria-de-la-electronica-de-consumo-en-europa/

React. https://www.react.org/about-us/

International Trademarck Association (INTA). https://www.inta.org/About/

Noticias Amazon (02/10/23). "Amazon se une a la plataforma IPEP de la EUIPO". https://www.aboutamazon.es/noticias/politicas-publicas/amazon-se-une-a-la-platafomra-ipep-de-la-euipo

Noticias Amazon (08/02/24). "Amazon y BMW ganan su primera demanda conjunta en España contra varios falsificadores locales". https://www.aboutamazon.es/noticias/politicas-publicas/amazon-y-bmw-ganan-su-primera-demanda-conjunta-en-espana-contra-varios-falsificadores-locales

Noticias Oficina Española de Patentes y Marcas (22/11/24). "El daño de las falsificaciones es real". https://oepm.es/es/detalle-noticia/El-dano-de-las-falsificaciones-es-real-00001/?utm_source=chatgpt.com

Notas de prensa Asociación para la defensa de la Marca (ANDEMA) 19/12/24. "ANDEMA y el Ayuntamiento de Madrid inauguran la Navidad con una campaña contra las falsificaciones" https://www.andema.org/actualidad/notas-deprensa/andema-y-el-ayuntamiento-de-madrid-inauguran-la-navidad-con-una-campana?utm_source=chatgpt.com

Julián Torrado. Noticias MSN (2025). "Menos de 1% de las personas puede detectar falsificaciones generadas por IA". https://www.msn.com/es-xl/tecnolog%C3%ADa/inteligencia-artificial/menos-de-1-de-las-personas-puede-detectar-falsificaciones-generadas-por-ia/ar-AA1zdAQf?ocid=BingNewsVerp

La estrategia de internacionalización de la marca: una cuestión más allá de los registros. Particularidades en EE.UU.

MARÍA LOURDES POMARES MAS
Socia en Stairs Dillenbeck Finley Mayer PLLC

1. INTRODUCCIÓN

Cuando una empresa española decide internacionalizar su marca en EE.UU., se enfrenta a una serie de desafíos legales, culturales y estratégicos que van más allá del simple registro de la marca. EE.UU. presenta un entorno regulatorio complejo, basado en el sistema de *common law*, a diferencia del *civil law* como en España, con un fuerte énfasis en la autonomía contractual, el cumplimiento estricto y una cultura del litigio altamente desarrollada. En este contexto, la estrategia de internacionalización debe diseñarse con una visión holística que considere no solo los aspectos registrales, sino también los contractuales, comerciales y reputacionales.

Este artículo analiza las principales particularidades del entorno legal estadounidense que afectan a la internacionalización de marcas, proporcionando una guía práctica y estratégica para empresas españolas.

2. REGISTRO DE MARCA: UN PUNTO DE PARTIDA, NO EL DESTINO

Registrar una marca en EE.UU. es fundamental para garantizar su protección frente a terceros, pero esto representa solo el primer paso. El sistema estadounidense, a diferencia del europeo, se basa en el uso efectivo de la marca en el comercio "*use in commerce*", y no en el simple registro. Esto significa que, incluso con una marca registrada, si no se utiliza adecuadamente, se puede perder su protección. Además, el sistema exige presentar pruebas de uso y declaraciones periódicas, lo que obliga a una vigilancia continua.

El registro debe realizarse a través de la USPTO (*United States Patent and Trademark Office*), y es importante distinguir entre marcas registradas a nivel federal, protegidas por la USPTO, y aquellas que gozan de protección únicamente bajo el *common law,* a nivel estatal o local. Asimismo, se recomienda registrar tanto el nombre como el logotipo, y considerar también su traducción o adaptación al inglés.

Además, es recomendable registrar las marcas secundarias, submarcas, y cualquier posible variación que se pretenda utilizar. Este enfoque permite proteger la identidad comercial frente a usos no autorizados.

3. *COMMON LAW* Y EL PRINCIPIO DEL PRIMER USO

En EE.UU., los derechos sobre una marca pueden adquirirse por el uso comercial efectivo, incluso sin registrarla. Esto se conoce como el principio de "*first to use*"[1] y genera lo que se conoce como derechos de *common law.* Una empresa española puede encontrarse con que una marca no registrada, pero en uso por otra entidad local, puede impedir su entrada al mercado o derivar en un litigio por infracción. Por ello, una búsqueda exhaustiva y un análisis del uso previo es crucial antes del lanzamiento.

El *common law* otorga a los titulares de marcas no registradas ciertos derechos en las zonas geográficas donde se ha utilizado la marca de manera continua. Esto puede generar conflictos con empresas extranjeras que intenten registrar la misma marca a nivel federal sin conocer estos antecedentes. En ese sentido, es recomendable realizar una *clearance search* o búsqueda de disponibilidad a través de proveedores especializados antes

---

1 *B & B Hardware, Inc. v. Hargis Industries, Inc.*, 135 S. Ct. 1293.

de cualquier registro o uso. Especialmente en las áreas en donde se quiere hacer el mayor uso de la marca.

Por ejemplo, una tienda local en Texas que haya usado una marca sin registrarla podría impedir la entrada de una marca idéntica, incluso si esta última obtiene el registro federal.

4. LITIGIOSIDAD: LA AMENAZA CONSTANTE

EE.UU. es un país con una alta propensión al litigio, donde las demandas por infracción de marca, competencia desleal o incumplimiento contractual son frecuentes. Las empresas españolas deben prepararse para esta realidad incluyendo cláusulas contractuales robustas (por ejemplo, arbitraje, jurisdicción o ley aplicable) y contratando seguros de responsabilidad adecuados. Asimismo, es fundamental contar con una estrategia jurídica preventiva y no reactiva.

En 2024, solo en materia de marcas, se presentaron más de 3.000 demandas ante tribunales federales estadounidenses[2].

Muchos litigios pueden evitarse si se realiza una *due diligence* previa adecuada, tanto del uso de marcas en el mercado como del comportamiento de los potenciales socios comerciales en EE.UU. con respecto a usos de marcas pasadas. El uso no autorizado, el registro de dominios web similares o la falta de control sobre franquiciados o licenciatarios pueden resultar en conflictos costosos.

La cultura del litigio obliga a prever no solo escenarios de conflicto, sino también mecanismos eficaces de resolución más rápidos y económicos: mediación, arbitraje, y cláusulas de indemnización claras son indispensables.

---

[2] fuente: U.S. District Courts-Intellectual Property Cases, Securities/Commodities/Exchange Cases, and Bankruptcy Appeals Filed, Terminated, and Pending During the 12-Month Period Ending September 30, 2024

5. CONTRATOS COMERCIALES: PROTECCIÓN MÁS ALLÁ DEL REGISTRO

Los contratos en EE.UU. difieren significativamente de los españoles. Son mucho más detallados, contemplan múltiples escenarios y tienen un carácter altamente negociable. Los contratos en EE.UU. suelen ser mucho más extensos y detallados. Esto se debe a que, bajo el sistema de *Common Law*, lo que no está escrito, no se presume. En cambio, en España —donde rige el *Civil Law*— hay muchas normas supletorias que completan el contrato. En EE.UU., cada contrato parte casi de cero y debe regular todos los escenarios posibles, desde incumplimientos hasta cambios en las condiciones. En el contexto de la marca, es esencial:

- Establecer claramente los derechos de uso de marca con distribuidores, agentes o licenciatarios.
- Definir sanciones en caso de uso indebido.
- Contemplar mecanismos de terminación anticipada.
- Asegurar la posibilidad de inspeccionar y auditar el uso de la marca.

También se recomienda establecer políticas internas de *compliance* y revisión periódica de los contratos vigentes para adaptarlos a cambios regulatorios o comerciales.

6. ESTRATEGIAS DE EXPANSIÓN: ¿FILIAL, DISTRIBUCIÓN O *JOINT VENTURE*?

Cada modalidad de entrada al mercado tiene implicaciones distintas. Las empresas que optan por trabajar con distribuidores o agentes deben asegurarse de proteger su marca en todos los acuerdos. En caso de *joint ventures*, se recomienda definir de forma clara quién es titular de la marca, cómo se explotará y qué ocurre en caso de disolución. La opción de establecer una filial, aunque más costosa, permite mayor control y protección del activo intangible.

También es común el uso de franquicias, que requieren contratos exhaustivos donde la marca es el eje central del modelo de negocio. En estos casos, se recomienda registrar la marca en todas las categorías relevantes (productos y servicios) y tener protocolos claros de control de calidad.

La elección del vehículo jurídico y operativo debe basarse en una evaluación de riesgos, capacidad de inversión, grado de control deseado y estrategia de largo plazo.

7. JURISPRUDENCIA COMPARADA INTERNACIONAL: *APPLE INC. V. SAMSUNG ELECTRONICS CO.* (2012)

Uno de los casos más mediáticos y emblemáticos en materia de propiedad intelectual y competencia tecnológica del siglo XXI en Estados Unidos fue el litigio entre Apple y Samsung, resuelto en primera instancia en el asunto *Apple Inc. v. Samsung Electronics Co.*, No. 11-CV-01846-LHK, 2012 WL 2848160, sentencia de 24 de agosto de 2012, Tribunal de Distrito del Norte de California sobre infracción de patentes y diseño industrial.

El conflicto se originó a raíz de la demanda interpuesta por Apple contra Samsung por la supuesta infracción de varias de sus patentes y diseños industriales registrados en Estados Unidos, relacionados con el iPhone y el iPad.

Apple alegaba que Samsung había copiado de forma deliberada elementos distintivos de sus productos, incluyendo el diseño de la interfaz gráfica de usuario, la forma rectangular con esquinas redondeadas y ciertas funcionalidades táctiles, como el gesto de "deslizar para desbloquear". En respuesta, Samsung interpuso contrademandas por presunta infracción de sus propias patentes relacionadas con tecnologías de telecomunicaciones móviles.

Tras un juicio con gran repercusión mediática, el jurado falló mayoritariamente a favor de Apple, reconociendo que Samsung había infringido diversas patentes de diseño y utilidad. El tribunal condenó a Samsung a pagar una indemnización inicial de más de 1.000 millones de dólares, aunque dicha cantidad sería posteriormente reducida en fases procesales posteriores y en apelación. Finalmente, en 2018, ambas partes alcanzaron un acuerdo confidencial para poner fin a todas las disputas pendientes.

Aunque centrado en patentes de diseño, este caso ilustra cómo la marca, el diseño industrial y la experiencia del usuario se entrelazan en la percepción del consumidor estadounidense. La defensa de una marca no se limita al nombre o logotipo, sino que incluye también su entorno gráfico, los colores, la interfaz, la forma del dispositivo y su presentación general.

Apple consiguió una compensación millonaria que subraya la relevancia de proteger cada elemento que contribuye a la identidad de marca. Este caso marcó un hito en la jurisprudencia estadounidense sobre la protección de la propiedad intelectual en el ámbito tecnológico, particularmente en lo relativo al diseño industrial —una figura tradicionalmente menos desarrollada en comparación con las patentes de utilidad. Asimismo, puso de manifiesto la estrategia de las grandes empresas tecnológicas de emplear su cartera de derechos de propiedad intelectual no solo como mecanismo de protección, sino también como herramienta de competencia agresiva en un mercado global altamente disputado.

En definitiva, este litigio demuestra cómo la marca puede ser un elemento transversal a distintas áreas del derecho de propiedad industrial, y refuerza la necesidad de integrar todas las dimensiones visuales y funcionales del producto en la estrategia de protección legal.

8. COORDINACIÓN GLOBAL Y ASESORÍA LOCAL

La internacionalización de una marca requiere la colaboración estrecha entre el equipo legal de la empresa matriz y asesores locales en EE.UU. Este trabajo conjunto permite diseñar estrategias preventivas, identificar riesgos y adaptarse a la idiosincrasia del sistema estadounidense. La clave está en actuar con previsión, documentar exhaustivamente y revisar periódicamente los contratos, registros y usos de marca.

En este contexto, el uso de herramientas de vigilancia de marca (*trademark watch services*) y plataformas digitales especializadas en la gestión de activos de propiedad intelectual aporta un valor añadido fundamental. Estas soluciones permiten monitorizar de forma continua las bases de datos del USPTO y otras fuentes relevantes para detectar solicitudes de marcas similares o potencialmente conflictivas, facilitando la presentación oportuna de oposiciones. Además, contribuyen a centralizar la gestión de registros, renovaciones, licencias y alertas de vencimiento, ofreciendo una visión global y actualizada del estatus de la marca en Estados Unidos.

Este enfoque proactivo reduce el riesgo de conflictos legales, fortalece la protección de la identidad corporativa y mejora la toma de decisiones en tiempo real.

Asimismo, la creación de un comité de marca que integre las áreas de legal, comercial y de marketing es una buena práctica que favorece la coordinación interna y asegura que la estrategia de posicionamiento esté alineada con el cumplimiento normativo en cada jurisdicción. Esta estructura facilita el seguimiento de las actuaciones, la gestión de incidencias y la consolidación de una visión global coherente para la marca en su proceso de expansión internacional.

9. EL PAPEL DEL *MARKETING* CULTURAL EN LA PROTECCIÓN DE MARCA

Una marca no solo debe registrarse y protegerse jurídicamente; también debe adaptarse al contexto cultural del mercado. En EE.UU., donde conviven diversas identidades, lenguas y valores, una marca debe ser culturalmente sensible. Esto implica adaptar mensajes publicitarios, elegir nombres que no generen connotaciones negativas y estar atentos a las tendencias sociales y de consumo. La coordinación entre el equipo jurídico y los departamentos de marketing y comunicación resulta esencial para anticipar riesgos y ajustar la estrategia de marca al entorno local.

Un ejemplo clásico —aunque ajeno al ámbito español— que ilustra los efectos de una falta de adaptación cultural es el del Chevrolet Nova, lanzado en 1962. Aunque "Nova" parecía un nombre comercial atractivo en el mercado anglosajón, en los países hispanohablantes, incluidos muchos estados del sur de EE.UU. con fuerte presencia latina, su pronunciación evocaba la expresión "no va", es decir, "no funciona". Aunque no existen pruebas concluyentes de que esto afectara directamente las ventas, el caso se convirtió en un referente académico y empresarial sobre los peligros del *naming* internacional sin revisión cultural o lingüística previa.

Este tipo de errores pueden derivar en percepciones negativas que comprometen el posicionamiento y la confianza del consumidor, incluso si la marca está perfectamente registrada y protegida desde el punto de vista jurídico. Por tanto, la gestión cultural de la marca es un componente esencial de su estrategia internacional. La protección legal, sin una adecuada traducción cultural, puede resultar insuficiente ante la presión social o el rechazo del público objetivo.

10. REDES SOCIALES Y REPUTACIÓN DIGITAL

La presencia digital es hoy una extensión de la marca. Las empresas deben proteger su identidad también en plataformas como Instagram, X (antes Twitter), LinkedIn o TikTok. Esto implica:

- Registrar perfiles oficiales con antelación

- Monitorizar el uso indebido de la marca
- Reaccionar ante cuentas fraudulentas o contenidos que dañen la imagen de la marca
- Alinear las políticas de uso de marca con *influencers* o embajadores

En EE.UU. las redes sociales pueden ser un canal de comunicación directa con los consumidores, pero también una fuente de exposición a riesgos legales. La regulación sobre publicidad, protección al consumidor y derechos de autor se aplica con rigor en este entorno.

11. FISCALIDAD Y ESTRUCTURA EMPRESARIAL

Establecer una estructura fiscal eficiente es crucial para operar en EE.UU. Existen diferencias significativas entre actuar como *Limited Liability Company* (LLC) o como corporación (*Inc.*), y esta elección incide no solo en la tributación y el reparto de beneficios, sino también en la forma en que se gestiona y monetiza la marca.

En sectores intensivos en activos intangibles —como la moda, la alimentación, el diseño o la tecnología— la marca puede representar uno de los principales elementos de valor. Por ello, su adecuada ubicación jurídica y fiscal resulta estratégica. Uno de los mecanismos más habituales para estructurar el control y la explotación económica de una marca es la concesión de licencias intragrupo.

Aspectos fiscales y operativos clave a tener en cuenta:

1. Retención fiscal en origen: Los pagos de *royalty* efectuados por una filial estadounidense a su matriz española están sujetos a una retención en aplicación del Convenio de doble imposición entre EE.UU. y España.
2. Formulario 5471 del IRS: Al tratarse de una filial controlada por una entidad extranjera, la matriz española está obligada a reportar anualmente al *Internal Revenue Service* (IRS) mediante el *Form 5471*, incluyendo información detallada sobre operaciones *intercompany*. La omisión o presentación incorrecta puede conllevar sanciones de hasta 10.000 dólares por ejercicio.
3. Precios de transferencia: La fijación del canon de *royalty* debe justificarse mediante estudios de comparabilidad (*benchmark*) que acrediten que la remuneración es acorde al valor de mercado.

4. Autonomía operativa y estrategia de marca: Si se realiza una *joint venture* con un socio local, se pueden acabar cediendo parcialmente los derechos de uso de la marca en EE.UU.

Una planificación inadecuada puede dar lugar a doble imposición, sanciones, disfunciones operativas o incluso a la pérdida de derechos sobre la marca en el mercado estadounidense.

Registrar y explotar la marca a través de una filial local puede permitir consolidar derechos, optimizar la fiscalidad aplicable y reforzar la percepción de presencia local ante consumidores y autoridades. Además, facilita la adaptación del *branding* al contexto cultural del mercado sin perder el control estratégico desde la matriz.

Por todo ello, resulta imprescindible que la planificación fiscal se articule de forma coordinada con la estrategia jurídica de propiedad industrial e imagen corporativa. Contar con asesoría legal y fiscal especializada, tanto en EE.UU. como en España, es esencial para preservar el valor de la marca a largo plazo y garantizar el cumplimiento normativo en ambos países.

12. AUDITORÍA LEGAL DE MARCA EN EE. UU.

Antes de lanzar o expandir el uso de una marca, es recomendable realizar una auditoría legal específica que incluya:

- Revisión del estatus registral de todas las marcas y dominios
- Análisis del uso actual y cumplimiento de las obligaciones post-registro
- Validación de contratos relacionados con el uso de la marca (licencias, distribución, franquicias)
- Evaluación de riesgos de litigio o conflictos con marcas previas

Esta auditoría permite anticipar problemas, corregir deficiencias y preparar una defensa sólida en caso de disputa.

13. ESTUDIO DE CASO: ZARA USA - UN MODELO DE INTERNACIONALIZACIÓN MARCARIA EFICAZ

La internacionalización de una marca europea en Estados Unidos exige una estrategia sofisticada que combine previsión jurídica, sensibilidad cultural y control operativo. El caso de Zara, marca insignia del grupo español Inditex, constituye un referente en la implantación exitosa de una firma en el competitivo entorno marcario estadounidense.

A. Estrategia registral integral: anticipación, cobertura y mantenimiento Zara inició su registro marcario en Estados Unidos en la década de 1990. La empresa registró su denominación y logotipo en diversas clases conforme a la Clasificación de Niza, incluyendo: Clase 25 (ropa), Clase 18 (bolsos y accesorios), Clase 3 (cosméticos), Clases 20, 24 y 28 (mobiliario, textiles, juguetes).

B. Asimismo, la compañía ha efectuado solicitudes "*intent to use*" para reservar derechos antes del lanzamiento de productos.

C. Prioridad del uso y protección efectiva en el comercio: El sistema marcario estadounidense se basa en el principio del "*first to use*", por el cual el uso efectivo de la marca en el comercio determina la prioridad de derechos. Zara, a través de su filial local y de su red de tiendas propias, ha podido demostrar uso continuado y generalizado, blindando su posición frente a posibles conflictos con terceros que pretendan registrar signos similares. Esto ha evitado litigios derivados de derechos previos no registrados (*common law*).

D. Control corporativo y despliegue local: Zara opera en Estados Unidos mediante filiales de propiedad exclusiva, lo que le permite controlar su cadena de valor, canales de distribución y estrategia comunicativa. Esta estructura favorece el dominio efectivo sobre el uso del signo, a diferencia de modelos como la franquicia, que pueden diluir el control. En este sentido, la doctrina del Tribunal Supremo estadounidense en el caso *Volkswagenwerk AG v. Schlunk* (486 U.S. 694, 1988) subraya la importancia del control efectivo en la defensa marcaria.

E. Asesoría local y contratos con cláusulas marcarias: La intervención de asesores jurídicos locales ha sido clave en la redacción de contratos con proveedores y colaboradores, incluyendo cláusulas relativas al uso autorizado del signo, estándares de calidad, auditoría y terminación anticipada. Este enfoque de cumplimiento marcario se alinea con las recomendaciones de la International Trademark Association (INTA).

F. Adaptación cultural y coherencia visual: Zara ha mantenido una imagen global coherente, pero ha adaptado sus campañas al contexto sociocultural estadounidense.

G. Prevención frente a litigios marcarios: Zara ha adoptado una estrategia preventiva ante el alto nivel de litigiosidad en EE.UU., como evidencia el caso *Apple Inc. v. Samsung Electronics Co.* (2012), donde incluso los elementos visuales fueron objeto de protección. La firma ha blindado no solo su logotipo, sino también otros aspectos tangibles de su identidad, como el diseño de tiendas.

El caso Zara evidencia que la internacionalización de una marca en EE.UU. requiere:

- Un registro exhaustivo y preventivo
- Uso efectivo y controlado del signo
- Estructura societaria adecuada con presencia directa
- Asesoramiento jurídico especializado
- Adaptación cultural sin pérdida de coherencia visual

14. CONCLUSIÓN

La internacionalización de una marca hacia el mercado estadounidense exige una aproximación jurídica integral que trascienda el mero cumplimiento de los requisitos registrales ante la *United States Patent and Trademark Office* (USPTO). El sistema legal de EE.UU., basado en el *common law,* introduce particularidades sustantivas y procedimentales que afectan de forma directa a la adquisición, mantenimiento y defensa de los derechos marcarios. En este contexto, la protección efectiva de la marca no se agota en el registro formal, sino que requiere su uso efectivo en el comercio, una vigilancia continuada y una estrategia jurídica que contemple los múltiples frentes en los que puede desplegarse la conflictividad.

El principio de "*first to use*", la existencia de derechos de *common law,* la propensión al litigio y la sofisticación de las relaciones contractuales comerciales obligan a las empresas extranjeras, y en particular a las españolas, a anticipar riesgos mediante cláusulas contractuales bien estructuradas, auditorías legales previas, sistemas de resolución alternativa de conflictos y mecanismos internos de cumplimiento normativo. Todo ello debe ser abordado desde una perspectiva preventiva, no reactiva, bajo la premisa de que la protección jurídica de la marca en EE.UU. opera como un sistema dinámico, exigente y altamente judicializable.

Asimismo, la dimensión marcaria se proyecta más allá del derecho de marcas en sentido estricto. La marca, entendida como activo intangible de carácter transversal, se ve implicada en materias como el derecho contractual, societario, fiscal, de la competencia, de consumo e incluso en aspectos reputacionales y culturales. La elección de la forma jurídica de entrada al mercado (filial, sucursal, *joint venture*, franquicia o distribución) condiciona directamente el grado de control sobre el signo distintivo, la gestión de su explotación comercial y los mecanismos de defensa ante terceros. La experiencia comparada, como se ha expuesto en el artículo con los casos Apple v. Samsung o el modelo de Zara USA, confirma que la coordinación entre equipos jurídicos transnacionales y asesores locales resulta esencial para la protección y consolidación de la marca.

De igual manera, la dimensión digital y reputacional cobra una relevancia creciente. La gestión de la marca en entornos como redes sociales, plataformas de comercio electrónico o canales digitales requiere una estrategia de protección adicional, tanto desde el punto de vista jurídico (registro de dominios, defensa frente a usos no autorizados o ilícitos, cumplimiento de normativas publicitarias) como desde la óptica de su percepción social, cultural y ética por parte del consumidor estadounidense.

Por último, no puede soslayarse la importancia de estructurar adecuadamente la presencia empresarial desde el punto de vista tributario. La interacción entre el derecho fiscal estadounidense y los convenios internacionales de doble imposición impone a las empresas españolas la necesidad de diseñar estructuras fiscalmente eficientes, que permitan tanto el cumplimiento normativo como la optimización de la rentabilidad derivada de la explotación de la marca.

En definitiva, internacionalizar una marca hacia Estados Unidos supone adentrarse en un sistema jurídico con reglas propias, elevado nivel de exigencia técnica y una fuerte orientación hacia la judicialización de los conflictos. Frente a ello, las empresas deben adoptar una estrategia jurídica proactiva, multidisciplinar y culturalmente informada, que les permita no solo proteger su marca como activo legal, sino también posicionarla como elemento diferenciador dentro de uno de los mercados más competitivos y normativamente complejos del mundo.

15. REFERENCIAS BIBLIOGRAFICAS

United States Patent and Trademark Office (USPTO). (2021). *Why register your trademark?* Disponible en: https://www.uspto.gov/trademarks/basics/why-register-your-trademark.

U.S. Courts. *Judicial Business 2024 - Table C-7, U.S. District Courts - Civil Cases Filed, by Nature of Suit (Intellectual Property)*, periodo finalizado el 30 de septiembre de 2024.

Malhotra, S. (2023, 16 de octubre). *Common Law Trademark Rights - Everything You Need to Know.* Drishti Law. Disponible en: https://www.drishtilaw.com/common-law-trademark-rights-everything-you-need-to-know/

Peters, C. H., & Montgomery, A. P. (2019). *Trademark Clearance Searching: Avoid Legal Risks and Realize Cost Savings.* Hinckley Allen Intellectual Property. Disponible en: https://www.hinckleyallen.com/publications/trademark-clearance-searching-avoid-legal-risks-and-realize-cost-savings/

Apple Inc. v. Samsung Electronics Co., No. 11-CV-01846-LHK, 2012 WL 2848160 (N.D. Cal. Aug. 24, 2012).

Grant Legal (2024). *The Importance of Enrolling in a Trademark Watch Service.* Disponible en: https://grant.legal/importance-of-enrolling-in-a-trademark-watch-service/

Erichsen, G. (2025, April 29). *The Chevy Nova that wouldn't go. ThoughtCo*

International Trademark Association (INTA). (2023). *Enforcement: maintaining and growing brand value through active watch services. International Trademark Association.* Disponible en: https://www.inta.org/topics/enforcement/

Arnau Tarazona, M. D. (2014). El modelo de internacionalización de Zara [Trabajo fin de carrera]. Universidad Politécnica de Valencia

Volkswagenwerk Aktiengesellschaft (1988). *Volkswagenwerk AG v. Schlunk*, 486 U.S. 694. Supreme Court of the United States.

El valor de los certificados de renombre en la práctica judicial

GUSTAVO ANDRÉS MARTÍN MARTÍN
Magistrado-Juez titular del Juzgado de lo Mercantil número 1 de Alicante, de Marca de la Unión Europea de España. Coordinador del Tribunal de Primera Instancia de Marca de la Unión Europea Profesor Honorífico del Departamento de Derecho Mercantil y Procesal de la Universidad de Alicante

1. INTRODUCCIÓN

El valor de los certificados de renombre es una cuestión que se suscita con cierta habitualidad ante los tribunales de marca. Por ello, conviene que estudiemos con cierto detenimiento su valor como prueba a los efectos de determinar si una marca ha alcanzado ese especial grado de reconocimiento entre el público interesado para ser considerada renombrada, cuestión no menor, dada la extensión de la protección que ello supone.

De inicio, el problema que plantean los certificados de renombre es común a cualesquiera declaraciones escritas en nuestro Derecho por lo que podemos enmarcar su problemática en la más general relativa a la figura del *affidavit*, esto es, a las “declaraciones de hechos realizadas de forma voluntaria bajo juramento ante un funcionario autorizado para recibirlas”[1].

[1] A written statement of facts made voluntarily and confirmed by the oath or affirmation of the party making it before an officer authorized to administer oaths, i.e., a notary public. Black’s Law Dictionary, Fith edition.

En cuanto al procedimiento ante la EUIPO, la posibilidad de presentar declaraciones escritas se encuentra en el artículo 97, apartado 1, letra f), del Reglamento (UE) 2017/1001"[2]. Nuestro Derecho nacional no cuenta con un paralelo al artículo 97, apartado 1, letra f, del Reglamento (UE) 2017/1001. Recordemos que las declaraciones escritas no se prevén como medio de prueba específico en nuestro Derecho. No encontraremos entre los medios de prueba una referencia a las *declaraciones escritas prestadas bajo juramento, o declaraciones solemnes* como prevé el Reglamento UE 1001/2017. En el reglamento se considera una verdadera diligencia de instrucción en cualquier procedimiento ante la Oficina. Sin embargo, nuestra Ley de Enjuiciamiento Civil no va más allá de preverlo como un modo de practicar la prueba para casos concretos[3].

2. EL MEDIO DE PRUEBA: LA VÍA PARA INTRODUCIR LOS CERTIFICADOS EN EL PROCESO

Caben tres posibilidades: a) considerar el certificado un dictamen pericial jurídico (335 y siguientes LEC); b) considerarlo una prueba documental (265 LEC); c) considerarlo una declaración por escrito de una persona jurídica (381 LEC).

La primera posibilidad ha sido rechazada reiteradamente por la jurisprudencia. Si la identificamos como tal es para delimitar el valor de la aportación de los certificados en el proceso, aunque sea en una primera aproximación con carácter negativo: los certificados no pueden ser periciales jurídicas porque, de serlo, deberían ser rechazados[4].

Cabría plantearse, en este punto, si nos encontramos ante una pura prueba documental (265 LEC) o ante, por ejemplo, las respuestas escritas a cargo de personas jurídicas en cuanto a tales, por referirse esos hechos a su actividad, sin que queda o sea necesario individualizar en personas físi-

---

2 Se refiere el 97.1.f) Reg. 2017/1001 a las "declaraciones escritas prestadas bajo juramento, o declaraciones solemnes o que, con arreglo a la legislación del Estado en que se realicen, tengan efectos equivalentes".

3 Art. 381 LEC Contestación escrita a cargo de personas jurídicas cuando no sea susceptible de individualizarse en una persona concreta o interrogatorio de parte por escrito. Al margen de las declaraciones escritas de los exhortos internacionales,

4 La Sala de lo Penal ha sido contundente en el rechazo, STS, Penal sección 1 del 03 de junio de 2019 (ROJ: **STS 1801/2019** - ECLI:ES:TS:2019:1801)

cas determinadas el conocimiento de lo que para el proceso interese (381 LEC). Básicamente, la pregunta sería si cabe entender que una persona jurídica que, entre su actividad, se encuentra la emisión de certificados de renombre, puede ser llamada al proceso para que deponga, por escrito, sobre la existencia del renombre. La respuesta es claramente negativa.

No es esa la función del artículo 381 LEC cuya misión es completar el deber de aportación documental recogido en el artículo 265 LEC. La actividad ordinaria de la persona jurídica a la que se refiere el artículo 381 LEC no es "certificadora". El 381 LEC sirve para dirigirse a las empresas suministradoras de servicios, tales como electricidad, agua, gas o telefonía. Y si lo fuera, el 381 LEC serviría para que pudiera declarar sobre lo certificado, pero no para introducir, por esta vía, el certificado en cuanto a tal[5].

Nótese que el artículo 381 LEC lo que permite es que la persona jurídica o entidad pública "certifique" determinados extremos relativos a su actividad ordinaria. En su actividad ordinaria se encuentra la certificación de renombre, pero no el concreto contenido del informe, por lo que, a lo sumo, podrá certificar los extremos certificados, valga la redundancia. Nos referimos a aspectos relativos a la actividad, por ejemplo, sobre la elaboración del certificado pero, en la medida en que los datos contenidos en el certificado no se producen en el marco de su actividad ordinaria, tiene un alcance muy limitado. Por ejemplo, se podrá "certificar" la fecha, la misma emisión, la condición de la empresa certificadora, la forma de elaboración, etc. pero no emitir un certificado sobre la base del 381 LEC puesto que, para certificar, la empresa deberá recurrir a pruebas externas a su ámbito de conocimiento, pruebas que no se generan en su actividad ordinaria, porque su actividad ordinaria no es la de verificar en el mercado los extremos que certifica.

Todo ello nos sirve para afirmar que la "certificación" es una prueba documental. Y, como tal, nada en nuestro Derecho impide introducir en el proceso declaraciones escritas bajo juramento a modo de prueba documental, bien privada, bien púbica.

---

5 SAP, Madrid, Civil sección 14 del 31 de marzo de 2005 (ROJ: **SAP M 3467/2005** - ECLI:ES:APM:2005:3467).

3. EL VALOR DEL CERTIFICADO: SU IMPUGNACIÓN

Ello nos lleva a preguntarnos, necesariamente, por su valor. En el caso de las declaraciones realizadas ante notario, recordemos que, en nuestro Derecho, ello no supone un incremento del valor probatorio de la declaración por dos razones principalmente. La primera, puramente procesal, se encuentra en el artículo 319 ap. 1 LEC. Al establecer la fuerza probatoria de los documentos públicos, señala que los mismos harán prueba *plena del hecho, acto o estado de cosas que documenten, de la fecha en que se produce esa documentación y de la identidad de los fedatarios y demás personas que, en su caso, intervengan en ella.* Esto es, harán prueba plena de todo aquello que el Notario puede certificar, pero no de la veracidad del contenido de la declaración cuando provenga de una fuente externa del propio notario. Esto es, el notario certifica que una determina persona, ante él, realiza una declaración, pero no que lo declarado sea cierto, sino la certeza de que lo que se declaró es, en efecto, lo declarado ante el mismo. La segunda, es de carácter pragmático-legal: no existe ninguna consecuencia legal práctica relativa a la falsedad documental ideológica que resulta penalmente atípica[6]. La única vía de castigo sería la estaba procesal, delito de resultado y poco explorado[7].

Nuestro Tribunal Supremo ha venido rechazando que las declaraciones llevadas a cabo ante Notario tengan algún tipo de prevalencia sobre el resto de pruebas, sin que quepa una apreciación automática de las mismas, en relación con el contenido[8] de forma que "la expresión *prueba plena* del

---

6 Se deriva claramente del artículo 392 CP.

7 En este sentido, el artículo 250.1 CP en el ordinal 7 castiga a quienes en un procedimiento judicial de cualquier clase, manipularen las pruebas en que pretendieran fundar sus alegaciones o emplearen otro fraude procesal análogo, provocando error en el juez o tribunal y llevándole a dictar una resolución que perjudique los intereses económicos de la otra parte o de un tercero. El carácter típico de la conducta se vincula a que el documento haya sido un elemento importante de la convicción del tribunal y causa de la resolución perjudical.

8 Ya en relación con la anterior regulación a la Lec 1/2000 de 7 de enero, señala lo siguiente: El *art. 1218 del Código Civil* regula con carácter general, la fuerza probatoria de los documentos públicos, pero no quiere decir que tenga proyección plena y absoluta, pues son mas bien demostrativos de hechos y no de su naturaleza y repercusión jurídica, cuya interpretación corresponde a los órganos judiciales cuando surge contienda procesal sobre los mismos, por lo que no ha de dárseles prevalencia total y menos automática sobre las demás pruebas, en cuanto a su contenido y no precisamente respecto al hecho de su otorgamiento y fecha *(SSTS 14 de octubre de 1993; 20 de diciembre 2000; 28 de octubre de 2004*) No cabe,

artículo 326.1 LEC [y 319] no significa que el tribunal de instancia no deba valorar el contenido de los mismos de acuerdo con las reglas de la sana crítica y con el conjunto de las pruebas aportadas"[9].

Sin embargo, los certificados que nos ocupan suelen ser emitidos por asociaciones privadas sin intervención notarial, por lo que su valoración será siempre como documento privado.

En este punto, el valor probatorio proviene del artículo 326 LEC y adquiere cierta relevancia la impugnación del documento, por las consecuencias que, de la falta de impugnación, pueden derivarse. El artículo 326 LEC en su apartado 1 establece que *los documentos privados harán prueba plena en el proceso, en los términos del artículo 319, cuando su autenticidad no sea impugnada por la parte a quien perjudiquen*. Por tanto, por falta de impugnación nos referimos al trámite del art. 427 LEC. Se trata de una *impugnación de autenticidad* y no de valor probatorio, de ahí que limite la prueba de la parte impugnante a aquella "acerca de su autenticidad". Es aquí donde puede tener relevancia el recurso al 381 LEC para que la persona jurídica emisora certifique algún extremo, por ejemplo, la fecha de emisión del dictamen. En este sentido, aunque existen diferentes prácticas judiciales, no parece necesario impugnar expresamente el valor probatorio del documento si del conjunto de alegaciones de la parte se deduce de forma clara la impugnación del contenido. Básicamente, si se niega el renombre, debemos deducir que se impugna el valor probatorio pretendido de todos los documentos aportados en orden a acreditar el renombre. Reconocemos, no obstante, que esta posición procesalista tiene mucho de uso forense y no casa, enteramente, con el tenor de la Ley. Ley que, hemos de decirlo,

---

por tanto, aislar una sola prueba para desmontar hechos probados que tienen condición de firmes, ni impedir, la concurrencia y eficacia de otros elementos demostrativos, tanto para acreditar la realidad de unos hechos, como su inexistencia. STS, Civil sección 1 del 12 de diciembre de 2007 (ROJ: **STS 8260/2007** - ECLI:ES:TS:2007:8260)

9 "constituye criterio jurisprudencial consolidado que la valoración de los documentos privados no impugnados, así como de los públicos, debe hacerse en relación con el conjunto de los restantes medios de prueba, y que una cosa es el valor probatorio de los documentos en cuanto a la autenticidad, fecha o personas que intervinieron y otra distinta la interpretación por la sentencia recurrida del contenido de los documentos, puesto que la expresión «prueba plena» del artículo 326.1 LEC no significa que el tribunal de instancia no deba valorar el contenido de los mismos de acuerdo con las reglas de la sana crítica y con el conjunto de las pruebas aportadas". STS, Civil sección 1 del 14 de diciembre de 2015 (ROJ: **STS 5222/2015** - ECLI:ES:TS:2015:5222)

presupone que una audiencia previa puede durar varias horas frente a la realidad de juzgados saturados.

Más controvertida será la concreta calificación jurídica que quepa hacer de tales hechos, actos o estados de cosas. En este sentido, el Tribunal de Marca de la Unión Europea en su STMUE de 29 de abril de 2016 (ROJ: SAP A 3155/2016 - ECLI:ES:APA:2016:3155) (asunto *Rosa Clará*), *las certificaciones de notoriedad no califican* sino que constatan un determinado estado de cosas. Por tanto, el juicio del valor de los hechos, actos o estados de cosas certificados no puede sustraerse de la decisión jurisdiccional pues solo al juez, o a la Oficina, le corresponde tal valoración[10]. Dejaremos con todo esta cuestión para un momento posterior.

3.1. El carácter de la entidad emisora

No se trata de una cuestión sobre la que haya pronunciamientos realmente explícitos. En relación con los affidavit, en general, se ha venido señalando que el valor del *affidavit* no será el mismo cuando proviene de la propia parte o de su ámbito de influencia, o de una fuente independiente, en la misma línea mantenida por la propia EUIPO y el Tribunal de Justicia[11]. Señalaba el TGUE en Henkell [2016] *es necesario tener en cuenta, en*

---

10 SJM, Alicante, Mercantil 1, de Marca de la Unión Europea, del 01 de septiembre de 2022 (ROJ: **SJM A 11698/2022** - ECLI:ES:JMA:2022:11698): *La convicción judicial acerca de la realidad de las afirmaciones debe alcanzarse a través de la prueba practicada pero sin que se pueda eludir el necesario control judicial sobre las pruebas que determinan la validez de las afirmaciones. El certificado aportado lo que pretende es sustraer al juez de la valoración de pruebas directas sobre los extremos certificados para, dándolos por ciertos, lograr la certeza de hechos controvertidos por vía indirecta.* [...]. *La valoración del carácter renombrado es exclusivamente jurisdiccional y no puede ser laminada mediante la citada certificación.*

11 Por ejemplo, en el caso T-278/12 *Inter-Union Technohandel/OHMI - Gumersport Mediterranea de Distribuciones (PROFLEX)* [2014] de 9 de diciembre (ECLI:EU:T:2014:1045) en relación con la declaración escrita del representante autorizado de la propia parte demandante el Tribunal General convalida la valoración de la Sala de Recurso de la EUIPO dado que, *habida cuenta de los vínculos «flagrantes» que unían al autor de la declaración escrita con la demandante, sólo podía atribuirse valor probatorio a dicha declaración si era corroborada por otros elementos de prueba.* En este sentido, puede verse el apartado 5.3.2.3 de las Directrices 31/3/2022. En nuestro caso, nos hemos pronunciado en el asunto *Sangrías*, SJM, Alicante, Mercantil sección 1 del 01 de septiembre de 2022 (ROJ: **SJM A 11698/2022** - ECLI:ES:JMA:2022:11698). Aunque no lo llegamos a explicitar, lo cierto es que

especial, el origen del documento, las circunstancias de su elaboración y de su destinatario y preguntarse si, de acuerdo con su contenido, parece razonable y fidedigno[12]. Por tanto, la validación de la institución o persona emisora será relevante. No se trata de una cuestión menor y razones tales como la pertenencia misma a la asociación por la parte que solicita el certificado, en contraposición a la parte contraria, deben ser tenidas en cuenta. A fin de cuentas, el primer nivel de validación no debería superarse si una de las partes pertenece a la asociación que certifica.

No obstante lo anterior, del estudio de las resoluciones en las que se hay hecho referencia al certificado, no se advierte que este juicio de validación, que se nos ofrece importante, se llegue a realizar explícitamente, lo veremos con posterioridad.

4. VALOR DE LOS CERTIFICADOS DE RENOMBRE EN LA PRÁCTICA JUDICIAL

Sin duda, no podemos establecer reglas claras sobre el valor de los certificados de renombre. No se puede afirmar, por un lado, que la mera certificación sirva para acreditar el renombre, no obstante parecer así apuntado en alguna resolución aislada, pero tampoco que el certificado carezca de valor alguno.

Tuvimos la ocasión de pronunciarnos en el asunto *Sangrías* de la SJM 1 de Alicante, de marca de la Unión Europea, de 1 de septiembre de 2022 (ROJ: SJM A 11698/2022 - ECLI:ES:JMA:2022:11698). En aquella sentencia no dábamos valor al certificado si bien por cuestiones concretas del mismo que no tienen por qué producirse en otros procedimientos. No obstante, sí que hacíamos alguna valoración de relevancia. Por ejemplo, que la simple mención a las pruebas tomadas en consideración no debe ser sucinta sino exhaustiva. En el mismo sentido, el asunto *Aquaclean* de la STMUE de 4 de mayo de 2020 (ROJ: **SAP A 1023/2020** - ECLI:ES:APA:2020:1023)[13]. En este

---

una de las dos partes en liza, precisamente la que había solicitado el certificado de una conocida asociación española, era miembro de la asociación, a diferencia de la parte contraria. Por tanto, el certificado se había emitido en su ámbito de influencia.

12 Asunto T-20/15 *Henkell c. OAMI y Ciacci Piccolomini* [2016] de 14 de abril (ECLI:EU:T:2016:218)

13 una certificación de una asociación de empresarios como es Andema, que está redactada en interés del demandante, debe, para tener valor probatorio, ser co-

caso, sin embargo, el certificado sí contenía una relación de documentos. En cualquier caso, los mismos fueron valorados negativamente por el Tribunal de Marca de la Unión.

En algunos supuestos, el certificado no parece haber tenido mayor relevancia. Bien porque nadie discutía el carácter renombrado (como es el caso de la marca ZARA estudiado por la SAP, Madrid Civil sección 28 del 01 de diciembre de 2020 —ROJ: SAP M 15813/2020 - ECLI:ES:APM:2020:15813—), bien porque el renombre ya se había declarado en sentencias anteriores (caso de una marca tridimensional de CAMPER (STMUE, de 26 de abril de 2013 (ROJ: SAP A 1658/2013 - ECLI:ES:APA:2013:1658), bien porque se considera que el renombre es notorio (caso del Osito de TOUS y las marcas gráficas del niño y la niña, SJM, Valencia Mercantil sección 1 del 30 de diciembre de 2019 —ROJ: SJM V 4420/2019 - ECLI:ES:JMV:2019:4420—, confirmada por la SAP Valencia, a 13 de octubre de 2020 - ROJ: SAP V 3542/2020—.). En este último caso, sin embargo, podría pensarse que el certificado coadyuva a formar la convicción judicial.

Nos encontramos una serie de casos en los que estamos huérfanos de una valoración específica. Caso Conguitos de la SJM, Alicante, Mercantil, de marca de la Unión Europea, sección 1 del 21 de enero de 2019 (ROJ: **SJM A 4825/2019** - ECLI:ES:JMA:2019:4825) o caso Scalpers de la SJM Madrid, Mercantil sección 8 del 20 de diciembre de 2018 (ROJ: **SJM M 4771/2018** - ECLI:ES:JMM:2018:4771). Caso *Sky* SJM, Alicante, Mercantil, de marca de la unión europea, sección 1 del 05 de octubre de 2018 (ROJ: **SJM A 4933/2018** - ECLI:ES:JMA:2018:4933).

En otros casos, el certificado ha sido asumido como acreditativo del renombre. Es el caso de la SJM, Pontevedra, Mercantil sección 2 del 24 de julio de 2017 (ROJ: **SJM PO 492/2017** - ECLI:ES:JMPO:2017:492). No obstante, ello en un caso de competencia y no propiamente marcario lo que, en términos de acreditación, podría tener relevancia.

En la mayor parte de los casos, el certificado es sometido a consideración con el resto de pruebas existentes. Y así, en algunos casos el juicio es positivo, mientras que en otros es negativo.

Es positivo, por ejemplo, en el caso *Supreme* AAP, Barcelona, Civil sección 15 del 24 de enero de 2020 (ROJ: AAP B 175/2020 -

---

rroborada por otras evidencias, por otras pruebas En este caso, el certificado se presenta con la serie de los documentos que habían sido valorados por la asociación.

ECLI:ES:APB:2020:175A) en el que se tiene en cuenta en conjunto con el resto de pruebas presentadas. También en el asunto *Probike* de la SAP, Barcelona, Civil sección 15 del 06 de noviembre de 2018 (ROJ: **SAP B 10569/2018** - ECLI:ES:APB:2018:10569). En este asunto, se tienen en cuenta datos que aparecen recogidos en el certificado pero no habían sido impugnados[14]. Y finalmente, es positivo en el asunto EXCILOR, del SJM, Mercantil, de marca de la Unión Europea, nº 1 del 03 de septiembre de 2018 (ROJ: **SJM A 4896/2018** - ECLI:ES:JMA:2018:4896)[15], asi como en la SJM, Alicante, Mercantil sección 2 del 13 de octubre de 2016 (ROJ: **SJM A 4112/2016** - ECLI:ES:JMA:2016:4112) relativa a toda una serie de marcas de perfume[16] y en el asunto *Rosa Clará* de la STMUE de 29 de abril de 2016 (ROJ: SAP A 3155/2016 - ECLI:ES:APA:2016:3155)[17].

---

14 Por ejemplo, las inversiones en campañas de publicidad que se cifran en más de 2.000.000 euros durante el período 2005-2014, está presente en revistas nacionales especializadas en ciclismo (las revistas "Solobici", "BIKE" y "El Mundo de la Mountanbike") y publica trimestralmente una revista especializada en ciclismo bajo el título "PROBIKEPRESS" y en las redes sociales: Facebook, Twitter e Instagram; o que en 1990 creó el "Club Probike", afiliado a la Federación Catalana de Ciclismo, y del que forma parte el equipo profesional de ciclismo "Probike Team", que participa en competiciones nacionales e internacionales

15 Se dice en la sentencia que, aunque el certificado, *no le atribuye el valor probatorio por sí sólo de la notoriedad de una marca, sí que concede este valor cuando va acompañado de otros medios probatorios que corroboren la conclusión del certificado, o al menos se haya basado en documentación suficiente como para verificar la notoriedad de una marca ("basta con observar el extenso material probatorio aportado con la demanda y la documentación acompañada a la certificación de ANDEMA para concluir que el carácter notorio de las marcas denominativas de la actora se alcanzó con anterioridad a esas fechas"). Y en este sentido, no sólo la demanda va acompañada de documentación suficientemente acreditativa de la notoriedad de la marca, sino que, además, el propio certificado ha tenido en consideración documentación hábil para concluir en la referida notoriedad: (i) relactión de registros de marcas de la Unión Europea e internacionales; (ii) cifras de unidades vendidas en el periodo que va desde el año 2013 al año 2015; (iii) cifras de inversión en publicidad en el periodo que va desde el año 2014 al año 2016; (iv) informe de la consultora "HEALTH MARKET RESEARCH"; (v) dossier relativo a inversiones en publicidad, informes de actividad, apariciones en prensa; y (vi) la página web "www.excilor.com". Asunto EXCILOR.*

16 En esencia, JCAROLINA HERRERA" "CH", "212", "212 VIP", "212 NYC", "212 SEXY", "ULTRAVIOLET", "PACO RABANNE", "BLACK XS", "1 MILLION", "LADY MILLION", "INVICTUS", "NINA RICCI", "NINA" "JEAN PAUL GAULTIER", "CLASSIQUE" y "LE MALE"

17 *Las certificaciones de notoriedad no califican, sino que recogen los requisitos que los organismos internacionales de propiedad industrial han considerado precisos para apreciar dicha notoriedad (Unión de París y OMPI). la referida certificación no contiene una simple*

Por el contario, es negativo en el asunto *Sangrías* de la SJM 1 de Alicante, de marca de la Unión Europea, de 1 de septiembre de 2022 (ROJ: SJM A 11698/2022 - ECLI:ES:JMA:2022:11698), asunto Aquaclean de la STMUE de 4 de mayo de 2020 (ROJ: **SAP A 1023/2020** - ECLI:ES:APA:2020:1023), en asunto *OREO* de la STMUE de 5 de julio de 2013 (ROJ: **SAP A 2753/2013** - ECLI:ES:APA:2013:2753).

4.1. Los certificados de renombre a través de las resoluciones de la Sección 8ª de la Audiencia Provincial de Alicante, Tribunal de Marca de la Unión Europea

El TMUE ha tenido la ocasión de pronunciarse explícitamente sobre el valor de los certificados de renombre en, al menos, 4 ocasiones. Ya nos hemos referido a ellos. Se trata de los siguientes asuntos:

Asunto *Camper*, STMUE 26 de abril de 2013 (ROJ: **SAP A 1658/2013 -** ECLI:ES:APA:2013:1658), Asunto *Oreo*, TMUE de 5 de julio de 2013 (ROJ: **SAP A 2753/2013 -** ECLI:ES:APA:2013:2753), Asunto *Rosa Clará*, STMUE de 29 de abril de 2016 (ROJ: SAP A 3155/2016 - ECLI:ES:APA:2016:3155), Asunto *Aquaclean*, STMUE de 4 de mayo de 2020 (ROJ: SAP A 1023/2020 - ECLI:ES:APA:2020:1023).

La suerte del certificado de renombre ha sido dispar y recorre prácticamente todos los estadios que veíamos con anterioridad en relación con la eficacia probatoria de los mismos.

En este sentido, es admitido en Asunto *Camper*, STMUE 26 de abril de 2013 (ROJ: **SAP A 1658/2013** - ECLI:ES:APA:2013:1658) en el que se consi-

---

declaración asertiva sobre el carácter notorio de las marcas de la actora sino que realiza un examen de los parámetros que permiten concluir su carácter notorio, los cuales son coincidentes con los exigidos en la Recomendación Conjunta relativa a las disposiciones sobre la protección de las marcas notoriamente conocidas aprobada por la Asamblea de la Unión de París y por la Asamblea General de la OMPI en su 34ª sesión de reuniones (1999) y también en la doctrina del Tribunal de Justicia (STJUE 14 de septiembre de 1999, General Motors Corp./Yplon, S.A.): extensión geográfica, 40 países; duración del uso, 19 años; intensidad del uso de la marca a través de diversos canales mediante su uso en varios dominios de Internet, en televisión, prensa escrita y mediante patrocinio en diversos documentos; elevadas inversiones en publicidad y comunicación; elevado importe de la facturación, 156 millones de euros en los años 2010 y 2012; prestigio en el mercado como consecuencia de la imagen de la marca.

dera, junto con el resto de pruebas obrantes en las actuaciones, confirmando la sentencia de instancia.

En efecto, y tras recordar que el juez nacional *debe tomar en consideración todos los elementos pertinentes en autos, es decir, en particular, la cuota de mercado poseída por la marca, la intensidad, la extensión geográfica y la duración del uso, así como la importancia de las inversiones realizadas por la empresa para promocionarla,* se advierte que tales factores ya fueron tenidos en cuenta por la sentencia de instancia. Y, al mismo tiempo se señala que el renombre *se confirma a la vista de la documentación sobre la información corporativa de Camper incorporada a la demanda, incluido en abundamiento de la misma, la certificación* [de renombre] *que aporta información concreta sobre las condiciones requeridas para la atribución del calificativo de notoriedad.*

No tan buena suerte corrió el certificado en el Asunto *Oreo,* TMUE de 5 de julio de 2013 (ROJ: **SAP A 2753/2013** - ECLI:ES:APA:2013:2753). En el caso Oreo, a falta de una certificación se presentaron 3 certificaciones de distintas entidades. Dos sectoriales del producto en cuestión (a la sazón, una del dulce y otra de la galleta) y la tercera de una asociación nacional. Las tres fueron rechazadas. Analizaremos conjuntamente los motivos:

a) No se indican las fuentes que han permitido llegar a la conclusión del renombre.

b) El conocimiento de la marca no se predica del público interesado o relevante sino de un sector profesional (confusión entre público interesado/relevante)

c) Uno de los certificados acompañaba 3 estudios de mercado para acreditar el conocimiento por parte del público relevante, sin embargo, no se habían aportado al procedimiento al objeto de que el Tribunal pudiera valorarlos directamente.

Por todo ello, se advierte lo siguiente:

a) Esta falta de aportación es relevante

b) la facilidad y disponibilidad probatoria son plenas por la demandante, art. 217 LEC

c) no es dable sustituir la apreciación de la notoriedad (como concepto jurídico) que ha de hacer el Tribunal por la apreciación que puedan hacer asociaciones de diversa índole.

d) Las certificaciones de notoriedad marcaria emitidas por esas asociaciones, *para que vean incrementada su fuerza a los efectos de la acreditación de aquélla, deben indicar las fuentes que permiten alcanzar esa conclusión, correspondiendo a la parte, si la certificación no las incorpora, aportarlas al procedimiento,* a fin de no hurtar al Tribunal la posibilidad de confrontarlas con la certificación que se basa en ellas.

En el Asunto *Rosa Clará,* STMUE de 29 de abril de 2016 (ROJ: SAP A 3155/2016 - ECLI:ES:APA:2016:3155), el Tribunal de Marca de la Unión sí va a admitir el valor del certificado. En este sentido, matiza que, en el caso presente, que la referida certificación no contiene una simple declaración asertiva sobre el carácter notorio de las marcas de la actora sino que realiza un examen de los parámetros que permiten concluir su carácter notorio (en particular, se habían tenido en cuenta de forma correcta tanto Recomendación Conjunta relativa a las disposiciones sobre la protección de las marcas notoriamente conocidas aprobada por la Asamblea de la Unión de París y por la Asamblea General de la OMPI en su 34ª sesión de reuniones, 1999, como la jurisprudencia del TJUE (C-375/97 General Motors Corp./ Yplon, S.A. [1999] de 14 de septiembre —ECLI:EU:C:1999:408—).

Y finalmente, en la más reciente dictada hasta la fecha, Asunto *Aquaclean,* STMUE de 4 de mayo de 2020 (ROJ: **SAP A 1023/2020** - ECLI:ES:APA:2020:1023), el Tribunal de Marca vuelve a rechazar el valor probatorio de los certificados de renombre. Las razones, en línea con lo señalado en el Asunto *Oreo,* TMUE de 5 de julio de 2013 (ROJ: **SAP A 2753/2013** - ECLI:ES:APA:2013:2753), son las siguientes:

a) Los datos de gastos publicitario carecen de base documental.

b) No se ha demostrado que el gasto publicitario alegado se destinara únicamente a la promoción de las marcas AQUACLEAN y no a la de otros signos bajo los cuales los demandantes, también los licenciatarios, hayan comercializado sus productos.

c) No se ha demostrado tampoco que la información sobre los productos comercializados, su distribución, así como las cifras de facturación y ventas de esos productos se refieran solo a los productos vendidos bajo las marcas AQUACLEAN y no bajo otros signos diferentes a ese signo.

d) Además, las cifras relativas al volumen de negocios y las ventas anuales no van acompañadas de información sobre la cuota de mercado que representan esas cifras de ventas, *no bastando las meras apreciaciones sobre el que se trata de un mercado reducido porque no es posible establecer objetivamente tal dato y vincularlo a los datos económicos que se aportan.* A este respecto, debe señalarse que *el volumen de negocios, en sí mismo, no da ninguna indicación de cuota de mercado* (con cita del Asunto T— 754/16 Oakley/EUIPO [2017] de 8 de noviembre —ECLI:EU:T:2017:786—)

5. LOS CERTIFICADOS DE RENOMBRE A TRAVÉS DEL TRIBUNAL GENERAL DE LA UNIÓN EUROPEA

Por su parte, el Tribunal General de la Unión Europea, conociendo del recurso contra resoluciones de la Unión se ha pronunciado en, al menos, dos casos, Asunto T.492/20 S. *Tous/EUIPO - Zhejiang China-Best Import & Export (Luminaire)* [2021] de 7 de julio (ECLI:EU:T:2021:413) y asunto T-639/19 *Sánchez Romero Carvajal Jabugo/EUIPO - Embutidos Monells* [2020] de 2 de diciembre (ECLI:EU:T:2020:581). No obstante, en este último, se inadmite el certificado dado que había sido presentado por primera vez en trámite de recurso. Por tanto, nos referiremos, exclusivamente al Asunto T-492/20 S. *Tous/EUIPO - Zhejiang China-Best Import & Export (Luminaire)* [2021] de 7 de julio (ECLI:EU:T:2021:413).

En el caso concreto se trata de un posible conflicto entre dos marcas figurativas (*ositos*) registradas como MUE (MUE 1755636 1 y MUE 8127128 1) por Tous y el posible conflicto con un diseño comunitario registrado (DCR 4422343-0012 1).

TOUS buscaba la declaración de renombre de las marcas figurativas consistentes en dos ositos sin elemento denominativo. El Tribunal General, confirmando la posición de la sala de recurso, señala que, si el conflicto se establecía entre las dos marcas figurativas y el diseño comunitario, el certificado de renombre no distingue entre el elemento denominativo "TOUS" y las referidas marcas figurativas sin texto. Y, en este punto, la crítica fundamental será que se refiere indistintamente a la marca denominativa TOUS y al resto de marcas figurativas de TOUS sin establecer distingos lo que no permite acreditar el renombre de las marcas figurativas:

a) limita a remitirse sumariamente a la cifra de ventas mundial total lograda por la marca denominativa TOUS y las demás marcas figurativas.

b) de la misma manera refiere sumariamente los gastos publicitarios efectuados durante el período comprendido entre 2011 y 2016 en relación con la marca denominativa TOUS y las demás marcas figurativas.

Por tanto, dicha certificación no permite concluir que la marca denominativa TOUS se utilice sistemáticamente con las dos marcas anteriores en conflicto, ni evaluar el concreto grado de renombre de esas dos marcas dentro de la Unión con respecto a los productos que estas designan.

6. ANÁLISIS DE LAS RESOLUCIONES

Dos son las cuestiones, a priori, que más llaman la atención de las resoluciones analizadas.

A pesar de que en relación con los *affidavit* en general, se ha venido señalando por el Tribunal de Justicia que el valor no será el mismo cuando proviene de la propia parte o de su ámbito de influencia, o de una fuente independiente[18], prácticamente ninguna de las resoluciones analizadas realiza un análisis de validación del *origen del documento, de las circunstancias de su elaboración y de su destinatario y preguntarse si, de acuerdo con su contenido, parece razonable y fidedigno,* que son básicamente las líneas maestras sentadas por el Tribunal General en Henkel[19]. Por ejemplo, casi ninguna de las resoluciones toma en consideración, por ejemplo, si el certificado es miembro de la empresa certificadora. Solo el TMUE en *Aquaclean,* (STMUE de 4 de mayo de 2020 —ROJ: **SAP A 1023/2020**— ECLI:ES:APA:2020:1023) ha señalado que *una certificación de una asociación de empresarios* [...], *que está*

---

[18] Por ejemplo, en el caso T-278/12 *Inter-Union Technohandel/OHMI - Gumersport Mediterranea de Distribuciones (PROFLEX)* [2014] de 9 de diciembre (ECLI:EU:T:2014:1045) en relación con la declaración escrita del representante autorizado de la propia parte demandante el Tribunal General convalida la valoración de la Sala de Recurso de la EUIPO dado que, *habida cuenta de los vínculos «flagrantes» que unían al autor de la declaración escrita con la demandante, sólo podía atribuirse valor probatorio a dicha declaración si era corroborada por otros elementos de prueba.* En este sentido, puede verse el apartado 5.3.2.3 de las Directrices 31/3/2022. En nuestro caso, nos hemos pronunciado en el asunto *Sangrías,* SJM, Alicante, Mercantil sección 1 del 01 de septiembre de 2022 (ROJ: **SJM A 11698/2022** - ECLI:ES:JMA:2022:11698). Aunque no lo llegamos a explicitar, lo cierto es que una de las dos partes en liza, precisamente la que había solicitado el certificado de una conocida asociación española, era miembro de la asociación, a diferencia de la parte contraria. Por tanto, el certificado se había emitido en su ámbito de influencia.

[19] Asunto T-20/15 *Henkell c. OAMI y Ciacci Piccolomini* [2016] de 14 de abril (ECLI:EU:T:2016:218)

redactada en interés del demandante, debe, para tener valor probatorio, ser corroborada por otras evidencias, por otras pruebas.

En segundo lugar, ninguna de las resoluciones ha tomado en consideración si el certificado ha sido impugnado o no. Y si ha sido impugnado, si la impugnación debe ser en cuanto a su valor probatorio o en cuanto a su autenticidad que es, como decíamos, propiamente, la impugnación que se recoge en el artículo 427 LEC. Cabe preguntarse legítimamente cuales son las consecuencias de la falta de impugnación del documento en cuanto a su autenticidad.

La jurisprudencia anteriormente señalada relativa a que la expresión *prueba plena* recogida en los artículos 319 y 326 LEC *no significa que el tribunal de instancia no deba valorar el contenido de los mismos de acuerdo con las reglas de la sana crítica y con el conjunto de las pruebas aportadas*[20], *no significa que aquellos documentos, no impugnados no hagan plena prueba de nada. Lo hacen del hecho, acto o estado de cosas que documenten, de la fecha en que se produce esa documentación y de la identidad de los fedatarios y demás personas que, en su caso, intervengan en ella.*

Llegados a este punto, la falta de impugnación de la autenticidad del documento no supone que el certificado haga prueba plena de todo certificado dado que el citado artículo se remite al 319.1 LEC. Por decirlo de otro modo, hace prueba plena de los hechos objetivos tal y como hayan podido ser constatados por el certificador. Nos referimos al volumen de ventas, la inversión en publicidad, la presencia de la marca en revistas especializadas, uso de la marca a través de diversos canales mediante su uso en varios dominios de Internet, en televisión, prensa escrita y mediante patrocinio en diversos documentos, etc. Ahora bien, se trata de la certificación de tales hechos en la forma que le ha sido presentada. La entidad certificadora no es un auditor de cuentas y, por tanto, el alcance de cualquier afirmación sobre la realidad de tales hechos puede ser controvertida, dado que la enti-

---

20 "constituye criterio jurisprudencial consolidado que la valoración de los documentos privados no impugnados, así como de los públicos, debe hacerse en relación con el conjunto de los restantes medios de prueba, y que una cosa es el valor probatorio de los documentos en cuanto a la autenticidad, fecha o personas que intervinieron y otra distinta la interpretación por la sentencia recurrida del contenido de los documentos, puesto que la expresión «prueba plena» del artículo 326.1 LEC no significa que el tribunal de instancia no deba valorar el contenido de los mismos de acuerdo con las reglas de la sana crítica y con el conjunto de las pruebas aportadas". STS, Civil sección 1 del 14 de diciembre de 2015 (ROJ: **STS 5222/2015** - ECLI:ES:TS:2015:5222)

dad certificará sobre la base de datos aportados por la propia parte que es, de esta forma, la única fuente de conocimiento.

Ahora bien, de estar en lo correcto, podría tener consecuencias procesales importantes. Por ejemplo, podría no ser necesario aportar toda la documentación en la que se fundamente, sino tan solo establecer una lista exhaustiva de la misma, de forma que solo en el caso de impugnación por la parte contraria, podría ser necesaria su aportación[21].

Por otra parte, cabe plantearse cuales son los requisitos que ha venido estableciendo la jurisprudencia. Parece que hay varios elementos que, de forma reiterada, privan de eficacia al documento y que dicha eficacia podrá ser valorada en diferentes estadios.

6.1. Inutilidad

En el Asunto *Oreo*, TMUE de 5 de julio de 2013 (ROJ: **SAP A 2753/2013** - ECLI:ES:APA:2013:2753) el TMUE habla de inutilidad de la prueba a los efectos de acreditación de la notoriedad. La frase, parece, no deber caer en saco roto.

El artículo 283 LEC establece el juicio de pertinencia y utilidad como juicio de admisibilidad. Y, tras señalar que no deberán admitirse las pruebas impertinentes, esto es, aquellas que no guardan relación con el objeto del proceso, advierte que tampoco deben admitirse, por inútiles, aquellas pruebas que *según reglas y criterios razonables y seguros, en ningún caso puedan contribuir a esclarecer los hechos controvertidos.*

En este sentido, parece que el TMUE en *Oreo* establece un verdadero juicio de inadmisibilidad que debe recaer sobre aquel certificado en el que:

a. El conocimiento de la marca no se predica del público interesado o relevante sino de un sector profesional (confusión entre público interesado/relevante).

b. Más controvertido resulta la falta de mención de las fuentes. Aunque en Oreo parece que pertenece al juicio de admisibilidad por inútil, en *Aquaclean* se habla de incrementar la eficacia probatoria del certificado, esto es, del certificado admitido y sometido a validación.

---

21 No olvidemos que de conformidad con lo dispuesto en el artículo 427 LEC, es la parte impugnante la que tiene que proponer prueba sobre la autenticidad.

6.2. Eficacia probatoria

a. No se indican las fuentes que han permitido llegar a la conclusión del renombre. En cuanto a este punto, se ha considerado que debe ser indicado con exhaustividad, toda vez que, de no hacerlo, el certificado no está describiendo hechos o constando datos o situaciones sino introduciendo valoraciones propias carentes de sustrato probatorio (*Oreo,* TMUE de 5 de julio de 2013 (ROJ: **SAP A 2753/2013** - ECLI:ES:APA:2013:2753, en el mismo sentido, *Sangrías* de la SJM 1 de Alicante, de marca de la Unión Europea, de 1 de septiembre de 2022 (ROJ: SJM A 11698/2022 - ECLI:ES:JMA:2022:11698)

b. no incorpora los documentos valorados, ni los ha aportado la parte al procedimiento (*Oreo,* TMUE de 5 de julio de 2013 (ROJ: **SAP A 2753/2013** - ECLI:ES:APA:2013:2753). Esta cuestión, sin embargo, genera dudas dado el tenor del 326 en relación con 319 si no se impugna vía 427 LEC.

c. No de distingue claramente entre la marca cuyo renombre se solicita y otras marcas de los solicitantes:

   i. Cifra de ventas mundial (Asunto T-492/20 *S. Tous/EUIPO - Zhejiang China-Best Import & Export* (Luminaire) [2021] de 7 de julio (ECLI:EU:T:2021:413).

   ii. Gastos publicitarios (Asunto T-492/20 *S. Tous/EUIPO - Zhejiang China-Best Import & Export* [2021] de 7 de julio —ECLI:EU:T:2021:413—; y *Aquaclean,* STMUE de 4 de mayo de 2020 —ROJ: **SAP A 1023/2020** - ECLI:ES:APA:2020:1023]

   iii. información sobre los productos comercializados, su distribución, así como las cifras de facturación y ventas (*Aquaclean,* STMUE de 4 de mayo de 2020 (ROJ: **SAP A 1023/2020** - ECLI:ES:APA:2020:1023)

d. Cifras relativas al volumen de negocios y ventas anuales no van acompañadas de información sobre cuota de mercado (*Aquaclean,* STMUE de 4 de mayo de 2020 (ROJ: **SAP A 1023/2020** - ECLI:ES:APA:2020:1023; T— 754/16 Oakley/EUIPO [2017] de 8 de noviembre —ECLI:EU:T:2017:786—)

7. CONCLUSIÓN

En la práctica de los Tribunales, a pesar de su extensa utilización, el valor de los certificados de renombre parece escaso. A ello debe sumársele que la mayor parte de las resoluciones no realizan un análisis sobre las vinculaciones entre la entidad emisora y la entidad solicitante del certificado lo que, ya de inicio, nos arriesgamos a afirmar que privaría de validez a la gran mayor parte de los certificados de renombre que se emiten, generalmente, a miembros de la asociación o entidad certificadora.

En este sentido, el gran peligro que corren los certificados de renombre es el de ser calificados de verdaderas periciales jurídicas encubiertas, lo que, por vía del artículo 335 LEC en relación con el artículo 426 LEC debería ser causa de inadmisión. La prueba ni es pertinente ni es útil porque no se puede pretender que la actividad de un tercero sirva para sustraerse del juicio de calificación judicial. Muy a nuestro pesar, debemos afirmar que esto es lo que subyace a muchos certificados de renombre lo que no es sino causa de frustración para muchos empresarios que ven cómo, tras haber sido certificada su marca como renombrada, el certificado acaba siendo papel mojado puesto que el órgano jurisdiccional o la Oficina de registro acaba dando escasa o nula importancia al citado certificado.

Ningún Tribunal ha dado hasta el momento tal paso. No existe un sistema tasado de fuentes de prueba y, por tanto, la existencia de un certificado de renombre debe ser calificada con arreglo a la sana crítica en conjunto con el resto de pruebas. No obstante lo anterior, parece que pruebas directas de los hechos certificados podrían ser más útiles dado que, si lo que se quiere es el convencimiento del Tribunal o la Oficina correspondiente, nadie debería tener miedo a que pueda verificar por sí mismo la prueba que acredita el renombre. Se evitan con ello sesgos y suspicacias. Por ejemplo, al valorar la amplia difusión en prensa de la marca en cuestión se puede valorar convenientemente la antigüedad de la difusión así como la extensión, hechos sumamente relevantes al tiempo de la determinación de la existencia de renombre. No debemos olvidar que el renombre es un juicio indirecto, dado que no resulta posible examinar a todo el público relevante. Por tanto, debe determinarse a partir del conjunto de pruebas disponibles.

Con todo, dada la limitada eficacia probatoria tampoco podemos afirmar que exista una diferencia sustancial entre acudir a un notario para que certifique determinados extremos o a una entidad certificadora.

Más relevante nos parecen informes periciales que sirvan para determinar, a partir de la la cuota de mercado poseída por la marca, la intensidad, la extensión geográfica y la duración del uso, así como la importancia de las inversiones realizadas por la empresa para promocionarla, cual es el posicionamiento de la empresa en el mercado. Cuestión probablemente más compleja. En este sentido, la cuota de mercado es raramente referenciada a la realidad sectorial, cuestión que resulta de suma importancia.

Suele decirse que todo empresario considera que su marca es renombrada. Pero no debemos olvidar que el juicio de renombre es realmente exigente dado el incremento del poder de monopolio que el mismo supone. La tutela privilegiada de la marca renombrada, que permite superar el principio de especialidad que rige el derecho marcario, debe ser aquilatada con prudencia, so pena de restringir el mercado indebidamente, en detrimento del necesario dinamismo competitivo.

Lo anterior no quiere decir que los citados certificados carezcan de cualquier valor. Puede ofrecer un principio de prueba en el ámbito de la competencia desleal, espacio que normalmente acompaña a las infracciones de propiedad industrial. Quizás pueda encontrar desarrollo en otros ámbitos, como la prueba del daño.

Finalmente, debemos advertir una cuestión. La experiencia práctica relativa a la declaración en el acto de juicio de las entidades certificadoras nos ha llevado a abandonarla, inadmitiéndola por inútil a cualquier fin pretendido. Si lo que se pretende es acreditar la probidad de la entidad, el recurso a la declaración debe ser empleado con suma prudencia, puesto que no en todos los casos, la persona declarante puede defender con propiedad la actividad certificadora. En el mejor de los casos, se habrá limitado a certificar sobre la base de datos ofrecidos por la parte de forma acrítica. En el peor de los casos reconocerá que carece de conocimientos reales sobre el Derecho marcario.

INVENCIONES Y PATENTES

Patentabilidad de la inteligencia artificial en la oficina europea de patentes

FRANCISCO JAVIER POLOP MARTÍN
Agente Europeo de Patentes en Balder

1. INTERÉS DE PROTEGER LA INTELIGENCIA ARTIFICIAL CON PATENTES EUROPEAS

La inteligencia artificial forma parte de una cantidad, cada vez mayor, de productos y servicios. No hay duda de que el ser humano ha encontrado útil el empleo de esta tecnología en una gran variedad de sectores, entre los que se pueden citar la medicina, la educación, la industria, las finanzas, la generación de contenido, la seguridad, el marketing o los recursos humanos.

Para muchas empresas la aplicación de una inteligencia artificial novedosa supone una ventaja competitiva. Además, lograr una inteligencia artificial exitosa para un propósito empresarial suele requerir una inversión previa en I+D. Por ello, resulta evidente que existe un interés económico en proteger o monopolizar la inteligencia artificial desarrollada por las empresas.

La inteligencia artificial puede beneficiarse de diversas modalidades de protección, entre las que se pueden destacar las patentes, los derechos de autor y el secreto empresarial. De estas tres modalidades, la única que concede un derecho en exclusiva sobre la funcionalidad técnica de la inteligencia artificial son las patentes. Esto se debe a que el secreto empresarial no impide que un competidor desarrolle por cuenta propia e introduzca en el mercado una inteligencia artificial idéntica. De manera adicional, se ha de considerar que, si bien los derechos de autor otorgan cierta protección —por ejemplo, frente a copias idénticas del código de programa de la inteligencia artificial— no suelen proteger adecuadamente frente a desarrollos de inteligencia artificial que tengan la misma funcionalidad que el protegido, pero que se expresen de forma suficientemente diferente a éste.

Más específicamente, las patentes constituyen un título de propiedad industrial que reconoce el derecho exclusivo temporal en un estado o conjunto de estados sobre una invención, impidiendo a otros su fabricación, venta o utilización sin el consentimiento del titular de la patente. Como contrapartida, la patente se pone a disposición del público para su conocimiento e incentivar así la innovación. En resumen: un Estado concede un monopolio temporal al titular de la patente a cambio de que el titular divulgue la invención.

La Oficina Europea de Patentes es la autoridad competente para evaluar y conceder patentes en numerosos países, principalmente europeos, mediante un procedimiento único de tramitación. Seguir un procedimiento conjunto es de gran importancia por diversos motivos. Por una parte, por simplicidad de gestión, tanto económica como de burocracia y tiempo, derivada de evitar la interlocución con numerosos países. Por otra parte, porque permite aplicar unas reglas uniformes para examinar la patentabilidad de la invención —por ejemplo, en el caso que nos ocupa, la invención relativa a inteligencia artificial—. El segundo aspecto toma especial relevancia en ámbitos de desarrollo legislativo reciente y relativamente poco maduro, como es la patentabilidad de la inteligencia artificial, pues los requisitos de dicha patentabilidad pueden ser diferentes en distintas jurisdicciones.

2. REQUISITOS DE PATENTABILIDAD EN LA OFICINA EUROPEA DE PATENTES

Los requisitos principales que analiza la Oficina Europea de Patentes en el procedimiento hasta la concesión de una patente son:

- si se considera una invención;
- novedad;
- actividad inventiva;
- aplicabilidad industrial;

- suficiencia de la descripción; y
- claridad.

En primer lugar, se exige que el concepto que se pretende patentar sea una invención en el sentido del Artículo 52 del Convenio de la Patente Europea. Se puede considerar que este Artículo evita que se patenten conceptos e ideas abstractas y/o sin contribución técnica per se. Entre los conceptos excluidos destacan, por su importancia en las invenciones de inteligencia artificial, los métodos matemáticos, las actividades intelectuales y los programas de ordenador.

A su vez, el requisito de novedad exige que el contenido de las reivindicaciones de la patente sea nuevo, en el sentido de que no haya sido hecho accesible al público —por ejemplo, en otras patentes, en publicaciones científicas, en sitios web, en el mercado o en una construcción accesible al público— con anterioridad a la fecha de presentación de la solicitud de patente. Evaluar este requisito constituye un paso previo obligatorio al del análisis de actividad inventiva.

Por su parte, el requisito de actividad inventiva exige que las reivindicaciones de la patente no se consideren obvias. Este requisito va un paso más allá que el de novedad, y solo tiene sentido analizarlo si se cumple el requisito de novedad. En concreto, el contenido de una reivindicación tiene actividad inventiva si no es obvio para un experto en la materia, en el sentido de que el experto no habría llegado a la materia reivindicada tomando en consideración el estado de la técnica anterior a la fecha de presentación de la solicitud de patente. En la práctica, este requisito conforma el principal obstáculo de patentabilidad de inteligencia artificial en la Oficina Europea de Patentes, como se explicará más adelante.

Para cumplir el requisito de aplicabilidad industrial se requiere que la invención sea susceptible de aplicación industrial en algún tipo de industria. Este requisito no suele suponer un impedimento para obtener una patente europea para una invención de inteligencia artificial y, por ello, en lo sucesivo se asume su cumplimiento.

Con respecto al requisito de suficiencia de la descripción, ésta exige un mínimo de divulgación de la invención, en concreto, exige que la invención reivindicada se divulgue en la descripción de la patente de una forma suficientemente clara y completa como para que el experto en la materia sea capaz de ponerla en práctica. Este requisito puede constituir otro de los obstáculos importantes para conseguir una patente europea de una invención de inteligencia artificial. Dada su relevancia, se explicará con más detalle más adelante.

Por último, las reivindicaciones deben cumplir con el requisito de claridad. Esto puede tener especial relevancia en sectores de reciente desarrollo —como el de la inteligencia artificial— porque hay términos cuya acepción no se ha arraigado suficientemente y, por consiguiente, pueden generar confusión o inconcreción. Este requisito también se comenta con más detalle más adelante.

3. CUMPLIMIENTO DE LOS REQUISITOS DE PATENTABILIDAD DE LA OFICINA EUROPEA DE PATENTES

3.1. Invención

El Artículo 52(2) del Convenio de la Patente Europea no considera invenciones, y, por tanto, excluye la posibilidad de patentar, los siguientes conceptos:

- los descubrimientos, las teorías científicas y los **métodos matemáticos**;
- las creaciones estéticas;
- los planes, reglas y métodos para el ejercicio de **actividades intelectuales**, para juegos o para actividades económico-comerciales, así como los **programas de ordenadores**; y
- la presentación de información.

Se han marcado en negrita las exclusiones que afectan en general a los desarrollos de inteligencia artificial, pues, normalmente, la inteligencia artificial suele estar definida por un conjunto de operaciones matemáticas y se suelen implementar mediante programas de ordenador. Este obstáculo a la patentabilidad es conocido como el *primer obstáculo*[1]-expresión conocida en inglés como *first hurdle*—.

Sin embargo, el Artículo 52(3) del Convenio de la Patente Europea matiza que las exclusiones anteriores solo aplican *as such*, es decir, consideradas como tales, per se. Por ello, se puede superar este obstáculo añadiendo

---

1 **Cámara Alta de Recursos de la Oficina Europea de Patentes.** *G 0001/19 (Pedestrian simulation)*. 10 de marzo de 2021

en las reivindicaciones características que no se refieran a los conceptos excluidos. En la práctica, basta con aludir de forma general a un ordenador, procesador u otro componente adecuado la implementación del concepto excluido, para superar este obstáculo.

Como se puede deducir de la lista de conceptos excluidos, se trata de conceptos abstractos, considerados no técnicos; el Convenio de la Patente Europea requiere que se desprenda una "enseñanza técnica" del contenido de las reivindicaciones para que la patente pueda ser concedida. Si bien el Convenio de la Patente Europea no incluye una definición concreta de qué se considera "técnico" a efectos de patentabilidad —entre otros motivos para permitir adaptar el concepto "técnico" a la evolución de la tecnología desarrollada en cada época— y, por consiguiente, se ha de analizar si se produce dicha enseñanza técnica caso por caso, sí que se guía por un amplio reportorio de decisiones de las Cámaras de Recursos de la Oficina Europea de Patentes y por las Directrices de Examen de la Oficina Europea de Patentes.

Como se ha anticipado, para superar el "primer obstáculo" se puede incluir en las reivindicaciones alguna característica técnica, tal como un ordenador o dispositivos o redes de computación, que suelen emplearse para implementar los desarrollos de inteligencia artificial, y que normalmente no suponen una limitación relevante en el ámbito de las invenciones de inteligencia artificial.

Cabe destacar que la Oficina Europea de Patentes evalúa el resto de requisitos de patentabilidad, tales como novedad y actividad inventiva, únicamente si se supera este "primer obstáculo". En lo que respecta a qué características tienen la consideración de "técnicas" para la Oficina Europea de Patentes, se entrará en más detalle en el apartado dedicado a la actividad inventiva.

3.2. Novedad

El requisito de novedad proviene del Artículo 54 del Convenio de la Patente Europea, que exige que la invención, más en concreto el contenido de las reivindicaciones, no forme parte del estado de la técnica. El estado de la técnica está compuesto por cualquier divulgación hecha accesible al público por medio de una descripción escrita, oral o de cualquier otro modo, con anterioridad a la fecha de presentación de la solicitud de patente.

Por ello, para que una reivindicación cumpla el requisito de novedad basta con que no exista en el estado de la técnica una realización idéntica a alguna realización cubierta por dicha reivindicación. Es decir, es suficiente con que la reivindicación incluya una característica que no esté divulgada en el estado de la técnica en combinación con el resto de las características de dicha reivindicación. Las características reivindicadas no divulgadas en el estado de la técnica se suelen denominar características distintivas.

En primer lugar, puede resultar llamativo que, a diferencia del "primer obstáculo" y también, como se verá más adelante, a diferencia del requisito de actividad inventiva, el requisito de novedad no requiere que las características distintivas sean técnicas. Por ejemplo, basta con que exista una diferencia de naturaleza meramente estética, por ejemplo, un color diferente.

En el contexto de las invenciones del sector de la inteligencia artificial es relativamente fácil cumplir este requisito de patentabilidad, pues es habitual que existan diferencias entre diferentes invenciones; e incluso una diferencia, por pequeña que sea, es suficiente para justificar que la reivindicación cumple del requisito de novedad.

3.3. Actividad inventiva

Este requisito suele constituir el principal obstáculo a la patentabilidad de las invenciones implementadas por ordenador, dentro de las que se engloban las invenciones de inteligencia artificial. Es el llamado "segundo obstáculo" a la patentabilidad —en inglés *second hurdle*—.

A diferencia del requisito de novedad, el de actividad inventiva no solo exige que la reivindicación incluya, al menos, una característica distintiva con respecto al estado de la técnica, sino que, además, requiere que la característica distintiva, en combinación con el resto de las características de la reivindicación, cumpla las siguientes condiciones:

1) implique una enseñanza técnica o contribuya al carácter técnico de la invención —en este texto, estas características se identificarán meramente como "técnicas" por motivos de concisión—; e

2) implique un salto de conocimiento que no resulte obvio para el experto en la materia a la luz del estado de la técnica.

Para que una característica de una reivindicación sea técnica, no basta con que esta esté relacionada con otra característica técnica de la reivindicación. Por ejemplo, hay algoritmos matemáticos que no se consideran técnicos por la Oficina Europea de Patentes, independientemente de que la reivindicación incluya además un ordenador que ejecuta dichos algoritmos.

A continuación, se explican las condiciones para que una característica sea considerada como "técnica" en el contexto de las invenciones implementadas por ordenador, condiciones que son aplicables a las invenciones de inteligencia artificial, que generalmente se implementan por ordenador.

La Oficina Europea de Patentes exige que, para que una característica sea técnica en el contexto de una invención implementada en ordenador, esta produzca, cuando se ejecute en el ordenador, un "efecto técnico adicional" —expresión conocida en inglés como *further technical effect*— a los efectos físicos —por ejemplo, a las corrientes eléctricas normales— que habitualmente se producen al ejecutar un programa de ordenador[2].

Si bien la evaluación de la presencia del "efecto técnico adicional" exige un estudio pormenorizado de cada invención, la Oficina Europea de Patentes destaca dos casos generales en los que el "efecto técnico adicional" está constatado. Estos son el *control de un proceso técnico*[3] y los *efectos en el funcionamiento interno de un ordenador o red de ordenadores*[4]. A continuación, se van a analizar con más detalle estos dos casos generales.

El *control de un proceso técnico* se refiere a incluir en la reivindicación una aplicación técnica de la invención de inteligencia artificial. Con carácter general, no se admite que la aplicación técnica se formule en términos tan genéricos como "controlar un sistema técnico cualquiera", sino que se debe concretar un sistema técnico específico, por ejemplo: controlar un sistema de antibloqueo de frenos de un coche, determinar las emisiones de un dispositivo de rayos X o controlar un proceso de enfriamiento de acero. Además, la Oficina Europea de Patentes menciona ejemplos adicionales de características técnicas en el contexto de métodos matemáticos, y, por tanto, aplicables en general a invenciones de inteligencia artificial:

- generar un diagnóstico médico mediante un sistema automatizado de tratamiento de medidas fisiológicas;

---

2 **Oficina Europea de Patentes.** *Guidelines for Examination in the European Patent Office, G-II, 3.6, Programs for computers.* 2024.

3 *Guidelines for Examination in the European Patent Office, G-II, 3.3, Mathematical methods.* 2024.

4 *Guidelines for Examination in the European Patent Office, G-II, 3.6.1 Examples of further technical effects.* 2024.

- generar claves en un sistema criptográfico, por ejemplo, ECDSA; cifrar/descifrar o firmar comunicaciones electrónicas;
- tomar medidas y determinar la cantidad de pasadas, en función de las medidas, que debe realizar una máquina de compactación para ajustar la densidad de un material;
- reconocimiento de voz, por ejemplo, convertir voz en texto; separar fuentes en señales de voz;
- codificación/decodificación de datos para optimizar transmisión o almacenamiento fiable, por ejemplo, compresión de datos de sensores, audio o imagen;
- optimizar la distribución de la carga entre los diferentes medios de procesamiento de una red informática;
- analizar audio digital o imagen, por ejemplo, estimación de la calidad de una señal de audio digital transmitida, eliminación de ruido o detección de personas en una imagen digital;
- determinar el gasto energético o temperatura de un sujeto mediante el tratamiento de datos obtenidos de sensores fisiológicos; y
- estimar un genotipo a partir de un análisis de muestras de ADN.

El segundo caso reconocido por la Oficina Europea de Patentes como representativo de "efecto técnico adicional" es el derivado de los efectos en el *funcionamiento interno de un ordenador o red de ordenadores.* Un ejemplo de ello es una implementación técnica específica en la que la invención (la inteligencia artificial) está adaptada específicamente a consideraciones técnicas del ordenador o red de ordenadores. Este efecto técnico adicional se reconoce si la invención tiene características adaptadas a las características técnicas del sistema en el que se ejecuta con objeto de producir un efecto técnico como, por ejemplo, optimizar funcionamientos técnicos del ordenador o la red, tales como memoria o ancho de banda. A modo de ejemplo, repartir la ejecución de las etapas de un método matemático entre distintos medios de procesamiento en función de la capacidad de procesamiento que se requiere para ejecutar dichas etapas, confiere un efecto técnico adicional. En concreto, se pueden asignar etapas que requieren un procesamiento menor a una unidad de procesamiento estándar y asignar las etapas que requieren un procesamiento mayor a una unidad de procesamiento gráfico con objeto de optimizar el aprovechamiento del ordenador o red.

Otro aspecto que merece la pena comentar por el carácter, en numerosas ocasiones predictivo de las invenciones de inteligencia artificial —y que previsiblemente tomará también gran relevancia en la práctica de la Oficina Europea de Patentes en cuanto a su aportación como efecto técnico adicional—, es el empleo de inteligencia artificial que utilice como entrada mediciones como, por ejemplo, mediciones tomadas con sensores, y que forme parte de un método de medición indirecta que calcule, simule o prediga el estado físico de un objeto real existente y, por tanto, realice una contribución técnica independientemente del uso que se haga de los resultados de la inteligencia artificial[5].

Un ejemplo muy ilustrativo de lo que la Cámara de Recursos de la Oficina Europea de Patentes considera un efecto técnico adecuado en el contexto de las invenciones de inteligencia artificial se recoge en la decisión T 0183/21[6]. En ella, la Cámara de Recursos consideró que la selección de una cantidad de datos de entrenamiento ajustada a la mejora deseada de rendimiento de un sistema de recomendación de contenido aportaba un efecto técnico debido a que permitía adaptar el ancho de banda requerido para la comunicación de los datos de entrenamiento. En esencia, la invención enviaba una gran cantidad de datos de entrenamiento si el sistema de recomendación se quería mejorar considerablemente, y enviaba menos datos de entrenamiento si el sistema de recomendación se quería mejorar en menor medida.

Antes de pasar a comentar la importancia de la selección y la justificación del efecto técnico, se mencionan sucintamente algunas características que la Oficina Europea de Patentes ha considerado como no técnicas per se: la actividad de programar una computadora, la simulación, diseño y modelación puramente numéricas, la mera mejora de precisión de una simulación, el empleo de ruido estocástico para mejorar el entrenamiento logrado mediante aprendizaje por refuerzo[7]-expresión conocida en inglés como *reinforcement learning*—, mejorar el aprendizaje de una red

---

5 *Guidelines for Examination in the European Patent Office, G-II, 3.3.2, Simulation, design or modelling.* 2024.

6 **Cámara de Recursos de la Oficina Europea de Patentes.** *T 0183/21 (Controlling the performance of a recommender system/BRITISH TELECOMMUNICATIONS).* 29 de septiembre de 2023.

7 *T 1952/21 (Reinforcement learning/BOSCH).* 14 de junio de 2024.

neuronal[8,9], categorización como spam[10], puntuar una web o secciones de una web en función de la relevancia que tiene para un usuario[11], aumentar la rapidez de clasificación de registros de datos de telecomunicaciones en diferentes clases[12], inteligencia artificial que asigna una nota indicativa de la calidad de un texto[13] y los modelos y algoritmos para la reducción de dimensionalidad, agrupación, clasificación, regresión y, como redes neuronales, máquinas de vectores soporte, algoritmos genéticos, regresión *Kernel*, k-medias y análisis discriminante independientemente de que puedan "entrenarse" a partir de datos de entrenamiento[14].

3.3.1. Importancia del efecto técnico en el argumento de actividad inventiva en invenciones de inteligencia artificial

La importancia del efecto técnico en las invenciones de inteligencia artificial se encuentra en dos aspectos que no se cuestionan tan frecuentemente en otro tipo de invenciones implementadas por ordenador: la *justificación del efecto técnico* y la *alegación de un efecto técnico creíble.*

La *justificación del efecto técnico* se refiere a sustentar la consecución del efecto técnico con evidencias —por ejemplo, con resultados de la ejecución de la inteligencia artificial de la invención— y/o con explicaciones suficientemente detalladas sobre por qué se alcanza el efecto técnico —por ejemplo, explicaciones que describan los datos de entrenamiento requeridos para conseguir el efecto técnico—.

En concreto, las Directrices de Examen de la Oficina Europea de Patentes, que dictan las pautas que los examinadores de patentes deben seguir, y que, generalmente, se basan en las decisiones más relevantes de las Cámaras de Recursos, para justificar suficientemente el efecto técnico, exigen que, en casos en los que el efecto técnico que se consigue con un

---

8 *T 1998/22 (Wide and deep machine learning models/GOOGLE).* 20 de diciembre de 2024.

9 *T 2401/22 (Word salience estimation/SAP).* 23 de septiembre de 2024.

10 *T 0874/19 (Classifying resources using a deep network/GOOGLE).* 6 de julio de 2022.

11 *T 1510/10 (Ranking of live web applications/ERICSSON).* 4 de diciembre de 2013.

12 *T 1784/06 (Classification method/COMPTEL).* 21 de septiembre de 2012.

13 *T 0761/20 (Automated script grading/UNIVERSITY OF CAMBRIDGE).* 22 de mayo de 2023.

14 **Oficina Europea de Patentes.** *Guidelines for Examination in the European Patent Office, G-II, 3.3.1, Artificial intelligence and machine learning.* 2024.

algoritmo de aprendizaje automático no sea fácilmente evidente, se incluyan explicaciones, pruebas matemáticas, datos experimentales o similares. No es necesario que estas explicaciones o evidencias sean exhaustivas. De manera adicional, si el conocimiento general común no es suficiente para determinar las características que deben tener los datos de entrenamiento, y el tipo concreto de datos de entrenamiento es fundamental para lograr el efecto técnico, deberán explicarse las características que deben tener los datos de entrenamiento. Sin embargo, no es necesario que se incluyan el conjunto de datos de entrenamiento concreto que permite alcanzar el efecto técnico.

Si bien la práctica más recomendada consiste en incluir la justificación del efecto técnico en el texto de la solicitud de patente presentado inicialmente en la Oficina Europea de Patentes, en algunas circunstancias, es posible justificarlo mediante la aportación de evidencias a posteriori. Esta aportación es conocida como "pruebas posteriores a la publicación" —expresión conocida en inglés como post-*published evidence*—. Con respecto a la posibilidad de aportar "pruebas posteriores a la publicación", cabe destacar la importancia de la decisión G2/21 de la Cámara Alta de Recursos de la Oficina Europea de Patentes[15].

A su vez, la importancia de la *alegación del efecto técnico creíble* se desprende de las dos decisiones siguientes de la Cámara de Recursos de la Oficina Europea de Patentes, T 1425/21 y T 0702/20, que se comentan a continuación.

La característica distintiva, con respecto al estado de la técnica, de la invención de la decisión T 1425/21[16] consiste básicamente en el uso de una red neuronal destilada que se entrena con las salidas que produce otra red neuronal más compleja. La red neuronal destilada requiere menos recursos de computación, por ejemplo, memoria y capacidad de procesamiento, que la red neuronal más compleja. El solicitante alegó como efecto técnico que este tipo de entrenamiento produce como resultado una red neuronal que imita a otra red neuronal y que requiere menos recursos de computación.

---

15 **Cámara Alta de Recursos de la Oficina Europea de Patentes.** *G 0002/21 [Reliance on a purported technical effect for inventive step (plausibility)]*. 23 de marzo de 2023.

16 **Cámara de Recursos de la Oficina Europea de Patentes.** *T 1425/21 (Distilled Machine Learning Models/Google)*. 7 de febrero de 2024.

La Cámara de Recursos indicó que el mero hecho de que se usen dichos datos de entrenamiento no es garantía suficiente para que la red neuronal destilada consiga imitar a la red neuronal más compleja. Además, indicó que, en caso de que se interpretase que dicho entrenamiento es garantía suficiente para lograr dicha imitación, la solicitud de patente no cumpliría el requisito de suficiencia de la descripción porque la descripción no explica cómo se realiza dicho entrenamiento para lograr la imitación.

Por otro lado, la Cámara de Recursos indicó que el mero hecho de que la red neuronal destilada requiera menos memoria es insuficiente para establecer un efecto técnico porque también hay que considerar la calidad/rendimiento de la red neuronal, y en la solicitud no se explica por qué la red neuronal destilada se debe comportar de forma similar a la red neuronal compleja, y no es creíble que una red destilada que requiere menos recursos de computación logre unos resultados tan precisos como otra red neuronal más compleja.

Por ello, la Cámara de Recursos deja entrever que el resultado de su decisión podría haber sido diferente si en lugar de alegar que el efecto técnico obtenido es la imitación de la red neuronal compleja, se hubiese alegado un efecto más creíble. Así, la decisión de la Cámara de Recursos podría haber sido diferente si se hubiese explicado, y justificado debidamente, que el efecto consiste en alcanzar un grado de imitación elevado considerando la escasa cantidad de recursos de computación necesarios para la red destilada. Dicho de otro modo, que se alcanza una ratio sorprendente entre el grado de imitación de la red neuronal compleja y la cantidad de recursos de computación que requiere la red neuronal destilada. Sin embargo, en la actualidad, en opinión del autor, no está claro si este efecto se hubiese considerado "técnico".

En lo que respecta al caso analizado en la decisión T 0702/20[17], las características distintivas, con respecto al estado de la técnica, incluyen básicamente que las conexiones de diferentes capas de una red neuronal se realizan de acuerdo con una función matemática concreta. Entre otros argumentos a favor de la actividad inventiva, el solicitante alegó que esa forma de conectar las capas contribuye a reducir el "sobreajuste" —expresión conocida en inglés como *overfitting*— de una red neuronal.

---

[17] *T 0702/20 (Sparsely connected neural network/MITSUBISHI)*. 7 de noviembre de 2022.

Sin embargo, la Cámara de Recursos consideró que no se explicaba suficientemente por qué se conseguía dicho efecto, ni en qué ocasiones lo hacía, ni con qué datos de entrenamiento. Además, la Cámara de Recursos explicó que existen casos que entran dentro de la reivindicación en los que no debería darse el problema del sobreajuste, pues la presencia de sobreajuste se debe en buena parte a qué datos de entrenamiento se han empleado en concreto. De este modo, la Cámara de Recursos no quedó persuadida por el argumento del solicitante.

Por otro lado, el solicitante argumentó que la red neuronal resultante, como tiene menos conexiones neuronales, requiere menos recursos computacionales para ser entrenada. Si bien es cierto que una red neuronal con menos conexiones requiere menos recursos computacionales para ser entrenada, la Cámara de Recursos opinó que el mero hecho de que se requirieran menos recursos computacionales no implicaba un efecto técnico que justificara actividad inventiva porque las redes podrían comportarse de formas muy distintas. Es decir, la red obtenida con un número menor de conexiones usando la función matemática de la invención podría arrojar unos resultados muy diferentes de una red que se entrenase sin emplear dicha función y con más conexiones. Por ello, la Cámara de Recursos indicó que, aunque se considerase que las redes neuronales son materia no excluida de patentabilidad según el Art. 52(2) EPC, estas no aportarían un efecto técnico que justificara actividad inventiva.

Del resumen anterior se puede deducir que, si en la decisión T 0702/20 se hubiese alegado y justificado debidamente un efecto diferente, por ejemplo, una ratio sorprendente entre imitación de la red neuronal y recursos computacionales reducidos, es posible que la decisión de la Cámara de Recursos hubiese sido más favorable para el solicitante. Sin embargo, hoy en día, en opinión del autor, no está claro que este efecto se hubiese considerado "técnico".

3.4. Suficiencia de la descripción

Para cumplir este requisito la descripción de la solicitud de patente debe explicar con el suficiente detalle al menos una forma de poner en práctica la invención. Como el experto en la materia conoce las características que forman parte del conocimiento general común, no es necesario incluir esas características en la descripción para que esta sea suficientemente completa.

Por otro lado, cabe destacar que un único ejemplo puede resultar suficiente para algunas invenciones, pero en otras en las que el alcance de las reivindicaciones llegue a ser muy amplio, puede ser necesario explicar varios ejemplos para que el experto en la materia entienda cómo poner en práctica la invención en el alcance completo de las reivindicaciones.

Es importante que la descripción de la forma de poner en práctica la invención no deje vacíos que el experto en la materia no pueda completar sin "carga excesiva" —expresión conocida en inglés como *undue burden*—. Un caso típico de carga excesiva se produce si el experto en la materia tuviera que desarrollar un programa de investigación relativamente complejo para poder poner en práctica la invención.

Los sectores de la técnica de reciente desarrollo son más susceptibles de incumplir el requisito de suficiencia de la descripción porque no está tan claro, como en sectores más tradicionales, qué forma parte del conocimiento general común. Otro motivo se encuentra en que, como la acepción de nuevos términos en los sectores de la técnica de reciente desarrollo a veces no es clara o delimitada, esta falta de claridad puede dar lugar a una insuficiencia de la descripción.

En lo que se refiere a la inteligencia artificial, las Directrices de Examen de la Oficina Europea de Patentes resaltan la importancia de explicar los métodos matemáticos y los datos de entrenamiento de la inteligencia artificial con el suficiente detalle[18].

En este sentido, la Decisión T 1996/21[19] de la Cámara de Recursos de la EPO ilustra una situación de por qué es importante divulgar los datos de entrenamiento con el suficiente grado de detalle. La invención tratada en esta decisión se refiere a un método matemático para predecir el desgaste de un recipiente empleado en la fundición de materiales. La solicitud menciona que el método matemático puede ser una red neuronal, y alude, en términos generales, a los parámetros del recipiente procesados por la red neuronal para realizar dicha predicción del desgaste. Entre otros parámetros, establece: materiales del recipiente, propiedades de dichos materiales, espesores del recubrimiento interior del recipiente, materiales de inyección, cantidad de fundición, temperatura, composición de la

---

[18] **Oficina Europea de Patentes.** *Guidelines for Examination in the European Patent Office, F-III, 3, Insufficient disclosure.* 2024.

[19] **Cámara de Recursos de la Oficina Europea de Patentes.** *T 1996/21.* 26 de julio de 2023.

fundición, espesor del recipiente, perfiles de temperatura y el tiempo del tratamiento.

La patente no incluye ningún ejemplo que especifique características de la estructura o funciones concretas de la red neuronal ni explica cómo entrenar la red neuronal. La Cámara de Recursos no se pronunció sobre si el experto en la materia hubiera sido capaz de identificar, sin carga excesiva, una arquitectura de red neuronal adecuada para realizar la predicción porque consideró que, independientemente de que el experto en la materia hubiera sido capaz de identificarla, los datos de entrada de la red neuronal y los datos de entrenamiento no se habían explicado con el suficiente detalle como para que el experto en la materia supiera cómo implementar la invención, es decir, implementar una red neuronal que prediga exitosamente el desgaste del recipiente.

En concreto, la Cámara de Recursos consideró que no se especificaba qué medidas —por ejemplo, del recipiente o de la fundición— deberían constituir dichos datos de entrada o entrenamiento de la red neuronal. Además, explicó que hay muchas medidas que pueden constituir dichos parámetros porque se habían definido de forma demasiado genérica, y no era esperable que todas las medidas dieran lugar a un modelo que predijera el desgaste adecuadamente. Así, las propiedades de materiales y las propiedades metalúrgicas se pueden medir de muchas maneras. Adicionalmente, hay parámetros que varían durante la fundición, y no se indicaba cómo se medían esos parámetros. Por ejemplo, no se especificaba si los parámetros se referían a una media en el tiempo de medidas, valores de las medidas al comienzo de la fundición, valores de las medidas al finalizar la fundición o una evolución temporal de las medidas. Para determinar estas medidas, el experto en la materia debería realizar un proceso complejo de investigación que no puede efectuarse sin carga excesiva. Por consiguiente, la Cámara de Recursos determinó que había falta de suficiencia de la descripción.

Otro ejemplo de descripción insuficiente se puede encontrar en la decisión T 1191/19[20] de la Cámara de Recursos de la Oficina Europea de Patentes. La solicitud objeto de esta decisión incluye una reivindicación en la que se indica que el entrenamiento se efectúa en el "nivel meta" —traducción de la expresión en inglés *meta-level*—.

20 *T 1191/19 (Neuronal plasticity/INSTITUTGUTTMANN).* 1 de abril de 2022.

Como la solicitud no describía ningún caso de entrenamiento en el "nivel meta", así, no divulgaba ejemplos concretos de datos de entrenamiento para poner en práctica exitosamente la invención ni tampoco divulgaba detalles de los modelos matemáticos con los que se podía implementar la invención —por ejemplo, el método de aprendizaje de la red neuronal, las funciones de activación de la red o la topología de la red— la Cámara de Recursos consideró que carecía de suficiencia de la descripción independientemente de que la expresión "nivel meta" tuviese un significado claro para el experto en la materia.

3.5. Claridad

Es habitual que, en invenciones de sectores novedosos, los profesionales de patentes —los llamados *patent attorneys* en inglés— reciban información que incluya terminología novedosa cuya acepción todavía no es clara en dicho sector, ya sea porque los inventores usan esa terminología en su día a día o porque dicha terminología se emplea en algunas publicaciones, como es el caso de publicaciones científicas. En general, resulta conveniente reemplazar estos términos por otros cuya claridad resulte menos discutible o incluir posiciones de retroceso en la descripción.

Un ejemplo de falta claridad en patentes del sector de la inteligencia artificial se puede encontrar en la decisión T 1998/22[21], que tiene por objeto evaluar el rechazo de una solicitud de patente que adolece, entre otros defectos, de falta de claridad. La invención de esta solicitud se refiere a un modelo de "aprendizaje máquina" —expresión conocida en inglés como *machine learning*— que combina los resultados de una "red neuronal profunda" —expresión indicada en inglés en la reivindicación como *deep neural network*— con los de una "red neuronal ancha" —expresión indicada en inglés en la reivindicación como *wide neural network*—.

Si bien la expresión "red neuronal profunda "fue considerada clara por la Cámara de Recursos, no sucedió lo mismo con la expresión "red neuronal ancha" porque consideró que esta expresión no tenía un significado establecido en el sector. El solicitante defendió la claridad de dicha expresión apoyándose en la claridad de la expresión "red neuronal profunda", alegando que una "red neuronal ancha" era lo opuesto a una "red neuronal profunda". Sin embargo, ese argumentó no convenció a la Cámara de

---

[21] *T 1998/22 (Wide and deep machine learning models/GOOGLE)*. 20 de diciembre de 2024.

Recursos por varios motivos. El primer motivo es que el término "ancho" no significa lo opuesto al termino "profundo". El segundo motivo es que la solicitud definía el "modelo ancho" como un "modelo ancho y poco profundo" —expresión indicada en inglés en la patente como *wide and shallow model*— y, por consiguiente, ser poco profundo no es suficiente para que se considere ancho. El tercer motivo es que, para conseguir las ventajas que la descripción asociaba al modelo ancho, no era suficiente con que el modelo fuese poco profundo. Por todo ello, entre otros motivos, la Cámara de Recursos rechazó la solicitud de patente.

4. CONCLUSIONES

Los criterios que rigen la patentabilidad de las invenciones implementadas por ordenador en la Oficina Europea de Patentes han evolucionado y se han concretado con el paso del tiempo en buena medida gracias a las decisiones de las Cámaras de Recursos de la Oficina Europea de Patentes. Si bien ya se cuenta con un número relativamente elevado de decisiones de invenciones implementadas por ordenador, todavía hay un margen relativamente amplio de interpretación de los criterios que afectan a la patentabilidad de la inteligencia artificial —por ejemplo, de los criterios de "enseñanza técnica" y de suficiencia de la descripción—. Por ello, es esperable que decisiones futuras de las Cámaras de Recursos de la Oficina Europea de Patentes ayuden a precisar los criterios de patentabilidad de la inteligencia artificial.

5. REFERENCIAS BIBLIOGRÁFICAS

1. **Cámara Alta de Recursos de la Oficina Europea de Patentes.** *G 0001/19 (Pedestrian simulation).* 10 de marzo de 2021.
2. **Oficina Europea de Patentes.** *Guidelines for Examination in the European Patent Office, G-II, 3.6, Programs for computers.* 2024.
3. *Guidelines for Examination in the European Patent Office, G-II, 3.3, Mathematical methods.* 2024.
4. *Guidelines for Examination in the European Patent Office, G-II, 3.6.1 Examples of further technical effects.* 2024.
5. *Guidelines for Examination in the European Patent Office, G-II, 3.3.2, Simulation, design or modelling.* 2024.
6. **Cámara de Recursos de la Oficina Europea de Patentes.** *T 0183/21 (Controlling the performance of a recommender system/BRITISH TELECOMMUNICATIONS).* 29 de septiembre de 2023.
7. *T 1952/21 (Reinforcement learning/BOSCH).* 14 de junio de 2024.

8. *T 1998/22 (Wide and deep machine learning models/GOOGLE)*. 20 de diciembre de 2024.
9. *T 2401/22 (Word salience estimation/SAP)*. 23 de septiembre de 2024.
10. *T 0874/19 (Classifying resources using a deep network/GOOGLE)*. 6 de julio de 2022.
11. *T 1510/10 (Ranking of live web applications/ERICSSON)*. 4 de diciembre de 2013.
12. *T 1784/06 (Classification method/COMPTEL)*. 21 de septiembre de 2012.
13. *T 0761/20 (Automated script grading/UNIVERSITY OF CAMBRIDGE)*. 22 de mayo de 2023.
14. **Oficina Europea de Patentes.** *Guidelines for Examination in the European Patent Office, G-II, 3.3.1, Artificial intelligence and machine learning*. 2024.
15. **Cámara Alta de Recursos de la Oficina Europea de Patentes.** *G 0002/21 [Reliance on a purported technical effect for inventive step (plausibility)]*. 23 de marzo de 2023.
16. **Cámara de Recursos de la Oficina Europea de Patentes.** *T 1425/21 (Distilled Machine Learning Models/Google)*. 7 de febrero de 2024.
17. *T 0702/20 (Sparsely connected neural network/MITSUBISHI)*. 7 de noviembre de 2022.
18. **Oficina Europea de Patentes.** *Guidelines for Examination in the European Patent Office, F-III, 3, Insufficient disclosure*. 2024.
19. **Cámara de Recursos de la Oficina Europea de Patentes.** *T 1996/21*. 26 de julio de 2023.
20. *T 1191/19 (Neuronal plasticity/INSTITUTGUTTMANN)*. 1 de abril de 2022.
21. *T 1998/22 (Wide and deep machine learning models/GOOGLE)*. 20 de diciembre de 2024.

Patentes esenciales y licencias FRAND: fundamentos, desafíos y evolución en el derecho europeo

MARIO LÓPEZ CHINCHILLA

1. INTRODUCCIÓN

Los estándares tecnológicos desempeñan un papel fundamental al posibilitar la interoperabilidad y fomentar la innovación en las economías digitales. Estándares como los de la conectividad inalámbrica (3G, 4G, 5G, WiFi), compresión audiovisual (MPEG, HEVC/VVC, AVC, AV1, VP9), almacenamiento y transferencia de datos, radiodifusión y compatibilidad de dispositivos domésticos (como NextGen TV o DVB), han sido ampliamente adoptados en el sector de las tecnologías de la información y la comunicación (TIC).

Su impacto abarca una gran variedad de dispositivos y sectores, desde equipos de telecomunicaciones, teléfonos móviles, ordenadores, tabletas y televisores, hasta aplicaciones más recientes como el Internet de las Cosas (IoT), vehículos conectados, drones y otros dispositivos inteligentes. Además, se prevé que tecnologías emergentes, como la inteligencia artificial o las comunicaciones cuánticas también requieran procesos de estandarización similares.

El desarrollo de estos estándares es llevado a cabo por organismos especializados —denominados *Standards Development Organisations* (SDOs)—, cuya función consiste en identificar y consensuar soluciones técnicas que respondan a las necesidades del mercado. Frecuentemente, estas soluciones incluyen invenciones protegidas por patentes cuyo uso resulta indispensable para cumplir con un estándar —patentes esenciales para el estándar (*standard-essential patents*, **SEPs**)—. En consecuencia, se genera una fuerte interdependencia entre la estandarización tecnológica y el sistema de patentes.

En este contexto, el sistema de patentes cumple varias funciones de gran relevancia. Por un lado, promueve la divulgación temprana de las innovaciones tecnológicas, facilitando su integración en los estándares. Por otro, proporciona a las empresas innovadoras incentivos para invertir en investigación y tecnologías innovadoras, permitiéndoles recuperar la inversión mediante acuerdos de licencia que incluyen el pago de royalties.

Para evitar que los titulares de las SEPs obstaculicen el acceso a un estándar negándose a licenciar sus patentes, la mayoría de las SDOs exigen que aquellos que deseen incorporar su tecnología patentada a un estándar se comprometan a licenciarla en condiciones *justas, razonables y no discriminatorias* (**FRAND**, por sus siglas en inglés). Estas condiciones no otorgan automáticamente un derecho de uso, sino que sirven de base para futuras negociaciones entre los titulares de SEPs y los fabricantes que desean implementar el estándar.

La negociación de este tipo de licencias suele ser un proceso largo y complejo, debido a la diversidad de las carteras de patentes implicados, la disparidad de productos afectados y las discrepancias entre las partes sobre cuestiones como la validez de las patentes, su carácter esencial o el contenido concreto de una oferta FRAND. Por ello, aunque muchos acuerdos se resuelven de forma amistosa, en numerosas ocasiones las negociaciones han de resolverse en la vía judicial.

A pesar de estos desafíos, la estandarización se ha consolidado como motor decisivo del crecimiento en sectores clave de la economía digital. No obstante, sigue siendo prioritario garantizar que la interacción entre patentes y estándares se desarrolle de forma equilibrada, transparente y predecible. Esto reviste especial importancia en Europa, donde se han adoptado diversas comunicaciones oficiales[1], además de una reciente propuesta

---

[1] Comisión Europea. (2017, 29 de noviembre). *Communication from the Commission to the European Parliament, the Council and the European Economic and Social Committee: Setting out the EU approach to Standard Essential Patents* (COM / 2017 712 final).

de reglamento —publicada el 27 de abril de 2023— destinada a armonizar el régimen aplicable a las SEP y la negociación de licencias en condiciones FRAND: Propuesta de Reglamento del Parlamento Europeo y del Consejo relativo a las patentes esenciales para normas y por el que se modifica el Reglamento (UE) 2017/1001[2] (la "**Propuesta**").

Adicionalmente, el auge de la inteligencia artificial, junto al el desarrollo acelerado de tecnologías complejas, ha reforzado significativamente la relevancia estratégica de las carteras de SEPs. En particular, su papel es clave en la implementación del Internet de las Cosas (IoT), dado que la interoperabilidad y la estandarización de los protocolos de comunicación son requisitos técnicos imprescindibles para asegurar el funcionamiento de redes integradas por múltiples dispositivos interconectados[3].

En este contexto, la concesión de licencias y la tutela jurídica de las SEPs se configuran como elementos decisivos en la estructuración del ecosistema digital y en la dinámica competitiva de los mercados tecnológicos emergentes.

Este capítulo tiene como objetivo ofrecer una visión estructurada de las principales cuestiones que plantean las SEPs y la negociación de licencias en términos FRAND.

2. ESTANDARIZACIÓN

2.1. Concepto

Los estándares tecnológicos son acuerdos que establecen normas técnicas que permiten que determinadas tecnologías se apliquen de forma homogénea, facilitando su implementación y la interoperabilidad global entre productos y servicios.

Estos estándares son diseñados y revisados periódicamente por entidades especializadas conocidas como organizaciones de normalización o estandarización (*Standard Development Organisations*, SDOs). Estas organizaciones abarcan instituciones consolidadas a nivel internacional, como el

---

2 Comisión Europea. (2023). *Propuesta de Reglamento del Parlamento Europeo y del Consejo relativo a las patentes esenciales para normas y por el que se modifica el Reglamento (UE) 2017/1001* (COM/2023/232 final/2).

3 Muscolo, G. (2025, 7 de marzo). *Standard Essential Patents: An overview of EU and national case law.* Concurrences.

European Telecommunications Standards Institute (ETSI) en el ámbito de las telecomunicaciones o el *Institute of Electrical and Electronics Engineers* (IEEE) en el sector electrónico, con el objetivo de abordar aspectos normativos específicos de manera colaborativa[4]. Además, se caracterizan por llevar a cabo procesos abiertos, transparentes y no discriminatorios, que permiten la participación de todos los agentes relevantes del mercado —en muchas ocasiones competidores—, así como por hacer pública la documentación técnica resultante.

El papel de las SDOs resulta crucial para canalizar la innovación abierta, en la que la colaboración entre empresas no está regida por acuerdos contractuales *ex ante* que definan aportaciones individuales[5]; sino mediante grupos de trabajo técnicos, en los que los participantes —que en muchos casos han desarrollado previamente tecnologías propias, frecuentemente protegidas por patentes— presentan sus soluciones para su eventual incorporación al estándar. Estas propuestas se debaten colectivamente, y su selección se realiza mediante procedimientos de consenso técnico, en los que se valoran tanto la viabilidad como el rendimiento de las alternativas disponibles[6].

Por tanto, son los SDOs los encargados de coordinar el desarrollo, determinación e implantación de normas o estándares técnicos para garantizar la interoperabilidad[7] y la consistencia en productos, servicios y sistemas[8].

2.2. Las SEP y el equilibrio entre investigadores e implementadores

Los miembros de los SDOs que contribuyen al desarrollo de estándares invierten una parte relevante de sus ingresos en actividades de I+D+i, en muchos casos, con años de antelación respecto a cualquier posible retor-

---

4 Blind, K. y Gauch, S. (2008). *Trends in ICT standards: The relationship between European standardisation bodies and standards consortia.* Elsevier. *Telecommunications Policy, 32*(7), 503-513.

5 Baron, J., Ménière, Y. y Pohlmann, T. (2014). Standards, consortia, and innovation. *International Journal of Industrial Organization, 36,* 22-35.

6 Berger, F., Blind, K. y Thumm, N. (2012). Filing behavior regarding essential patents in industry standards. *Research Policy, 41*(1), 216-225.

7 Real Academia Española, *Diccionario de la lengua española,* «interoperabilidad», https://dle.rae.es/interoperabilidad: «Habilidad de dos o más sistemas o de sus componentes para utilizarse de forma conjunta e intercambiable».

8 ETSI (s.f.). *Why Standards Matter: Technical Standards and their Role in Building Cohesive Policy.*

no económico de la inversión. Ante esta situación, el sistema de patentes desempeña un papel esencial[9] al incentivar la divulgación temprana de soluciones técnicas innovadoras, facilitando así el intercambio de conocimientos necesario para el desarrollo de estándares de vanguardia.

En ausencia de la protección conferida por las patentes, las empresas tendrían un mayor incentivo para proteger sus tecnologías como secretos empresariales, lo cual limitaría el acceso a nuevas tecnologías, obstaculizaría la innovación colaborativa y la implementación de los estándares. Por el contrario, las SEPs proporcionan los incentivos adecuados al permitir a las empresas proteger y explotar una parte del valor generado por la tecnología estandarizada atribuible a sus aportaciones.

No obstante lo anterior, la inclusión de tecnologías patentadas en un estándar implica ciertos riesgos para los implementadores en relación con el posible acceso a la tecnología. Las patentes otorgan a su titular un derecho exclusivo de explotación, que incluye la facultad de impedir a terceros utilizar la enseñanza técnica protegida sin la correspondiente autorización. Los estándares, por el contrario, persiguen su difusión masiva y una adopción generalizada. Por tanto, esta situación puede dar lugar a conflictos cuando el uso de una invención patentada resulta necesario para cumplir con un estándar.

En tales casos, el titular de una patente esencial para un estándar (SEP) puede restringir el acceso a la tecnología mediante su negativa a conceder licencias, la imposición de condiciones contractuales abusivas o el trato discriminatorio sin justificación objetiva. Si el estándar está ampliamente implementado y difundido, y el cambio a tecnologías alternativas no resulta viable en la práctica, este comportamiento puede, en determinadas circunstancias, calificarse como una práctica anticompetitiva de acuerdo con el artículo 102 del Tratado de Funcionamiento de la Unión Europea (TFUE).

---

9 Ménière, Y. (2015). *Fair, reasonable and non-discriminatory (FRAND) licensing terms: Research analysis of a controversial concept,* Thumn, N. (p. 10). Joint Research Centre, Comisión Europea.

2.3. El compromiso FRAND en el marco de las políticas de propiedad industrial

La solución a esta tensión requiere un equilibrio justo entre los intereses legítimos[10] de todas las partes implicadas. Por un lado, es necesario fomentar una participación lo más amplia posible en los procesos de estandarización o normalización, garantizando el acceso[11] a las mejores tecnologías disponibles. Por otro, debe asegurarse una remuneración adecuada y equitativa por las contribuciones realizadas, así como una diseminación fluida y no discriminatoria de las tecnologías estandarizadas.

Con el fin de abordar esta problemática, los SDOs han desarrollado políticas sobre derechos de propiedad intelectual (IPR *policies*) que constituyen mecanismos contractuales de autorregulación[12]. Estas políticas son de obligado cumplimiento para todos los miembros o participantes en los procesos de estandarización.

Aunque las políticas varían entre los distintos SDOs, muchas de ellas se articulan en torno a dos pilares fundamentales.

En primer lugar, la obligación de identificar y declarar todas las patentes (y solicitudes de patente publicadas) que puedan *resultar* esenciales para el estándar. Este primer pilar cuenta con la particularidad de que no se exige que las patentes declaradas sean esenciales, sino que *puedan* llegar a serlo. En consecuencia, son muchas las patentes declaradas como SEP y licenciadas, sin que realmente sean esenciales, ya que no se ha realizado ningún tipo de análisis para determinarlo. En este sentido, se calcula que en torno al 36,26%[13] de las SEP declaradas para los estándares de 2G, 3G y 4G no son realmente esenciales.

En segundo lugar, el compromiso irrevocable de los participantes de otorgar licencias en condiciones FRAND a aquellos que deseen incorporar

---

10 Id. P. 10.

11 Marsden, P. (2022, 2 de diciembre). *Restoring the promise of competition: Ex ante pro-competitive regulation of FRAND access to SEPs. European Competition Journal, 18*(3), 459-467.

12 Oficina Europea de Patentes. (2025, mayo). *Standards and the European patent system.* Oficina Europea de Patentes.

13 Bekkers, R., Henkel, J., Mas Tur, E., van der Vorst, T., Driesse, M., Kang, B., Martinelli, A., Maas, W., Nijhof, B., Raiteri, E., & Teubner, L. (2020). *Pilot study for essentiality assessment of standard essential patents* (p. 38). Publications Office of the European Union.

la tecnología patentada que forme parte del estándar. En el caso particular del ETSI, se exige a los titulares de la SEPs a que se comprometan a lo anterior en un plazo máximo de 3 meses desde que se pone en conocimiento del ETSI la existencia de derechos de propiedad industrial esenciales para un estándar[14].

Entonces, ¿renuncian los titulares de las SEP a interponer acciones de cesación al aceptar el compromiso FRAND? Lo cierto es que esta es una cuestión ampliamente debatida y que el TJUE ha venido a clarificar en la sentencia en el asunto Huawei Technologies Co. Ltd contra ZTE Corp y ZTE Deutschland GmbH ("**Asunto Huawei/ZTE**")[15], en la que el Tribunal entiende que este compromiso "*...no puede vaciar de contenido los derechos garantizados a ese titular*", no obstante, justifica que "*...se le obligue a respetar exigencias específicas al ejercitar acciones de cesación o de retirada de productos contra supuestos infractores*" (fundamentos 58 y 59). Además, este compromiso exige que los titulares de las SEP no interpongan acciones de cesación contra implementadores sin antes haber tratado de suscribir una licencia en condiciones FRAND.

Por tanto, el objetivo principal de estos compromisos es garantizar el acceso a las tecnologías estandarizadas y mitigar el riesgo[16] de que la inversión realizada en el desarrollo del estándar se vea frustrada por la inaccesibilidad de determinadas tecnologías patentadas, derivada de una eventual negativa de los titulares de SEPs a conceder licencias[17].

Sin embargo, en la mayoría de los casos, las políticas de los SDOs no definen con precisión qué debe entenderse por FRAND, lo que da lugar a conflictos en torno a su interpretación[18]. Además, el compromiso FRAND no confiere, por sí mismo, un derecho automático a los implementadores para utilizar la tecnología patentada. Tal uso debe ser objeto de negociación individual entre el titular de la SEP y el implementador, al margen del marco regulatorio de los SDOs.

---

14 ETSI. (2022). *ETSI Intellectual Property Rights Policy* (Anexo 6, art. 6.1).

15 Tribunal de Justicia de la Unión Europea (Sala Quinta), sentencia de 16 de julio de 2015, Huawei Technologies Co. Ltd contra ZTE Corp. y ZTE Deutschland GmbH, C-170/13, ECLI:EU:C:2015:477 (*Tol 9742147*).

16 Id. Fundamento 12.

17 Op. cit. ETSI (2022). (Anexo 6, art. 3.1).

18 Op. cit. Ménière, Y. (2015). p. 4.

Cabe destacar que el compromiso FRAND supone una expectativa legítima para los implementadores, que esperan que los titulares de las SEP otorguen licencias en términos FRAND. En Europa esta cuestión no es baladí, ya que la negativa por parte del titular de SEPs a otorgar una licencia en estos términos podría llegar a constituir una práctica abusiva de acuerdo con el art. 102 TFUE[19].

En este mismo sentido, para que una acción de cesación o de solicitud de retirada del mercado de productos potencialmente infractores no se considere abusiva, el titular de las SEP debe cumplir con una serie de condiciones orientadas a garantizar un equilibrio justo entre las partes. Estas condiciones fueron precisadas por el TJUE en el Asunto Huawei/ ZTE, estableciendo así un marco de actuación predefinido que veremos posteriormente.

3. CONDICIONES FRAND

El compromiso FRAND al que se someten los titulares de patentes esenciales tiene por objeto garantizar que las licencias que se otorgan a los implementadores de tecnologías protegidas por las SEPs se rijan por condiciones equitativas y accesibles, evitando prácticas que distorsionen la competencia, como el abuso de posición dominante.

El objetivo de determinar unas condiciones justas, razonables y no discriminatorias a la hora de licenciar patentes esenciales es tratar de alcanzar un equilibrio entre los intereses de los titulares de las SEP —al ser justamente compensados—, y los de los implementadores de los estándares tecnológicos, evitando el bloqueo del mercado debido a la fijación de royalties injustificadamente elevados[20].

Pero ¿cuándo un royalty está fijado en términos FRAND? Lo cierto es que no existe una definición unívoca al respecto. Algunos autores sostienen que un royalty en términos FRAND es aquel que no excede del valor incremental que aporta la SEP en cuestión respecto a la mejor alternati-

---

[19] Tratado de Funcionamiento de la Unión Europea, Diario Oficial de la Unión Europea, C326, 26 de octubre de 2012.

[20] Cook, W. y Lees, G. (2007). *Staying on FRANDly terms: Essential patent licensing negotiations*. En *Licensing in the Boardroom. IAM Magazine.*

va disponible no infractora[21]. Otros, lo definen a partir de un porcentaje del valor proporcional que aporta el conjunto de SEPs incorporadas a un estándar técnico[22]; o mediante el análisis de las tecnologías alternativas patentadas, que estaban disponibles en el momento en que se adoptó el estándar por parte de las SDOs[23].

En la práctica, esto significa que, si una tecnología se considera esencial para un estándar determinado, su titular está obligado a ofrecer licencias en condiciones FRAND, que incluyan una compensación justa, razonable y un acceso no discriminatorio a la tecnología. Este equilibrio favorece la competencia, la innovación y la adopción generalizada de tecnologías clave, en beneficio no solo de los consumidores, sino también de fabricantes, distribuidores, comercializadores y demás operadores implicados en la cadena de valor de los productos y servicios que incorporan los estándares tecnológicos.

En la práctica, el proceso de negociación de licencias sobre SEPs puede iniciarse tanto a instancia del implementador como del titular de los derechos. En algunos casos, es el propio implementador quien solicita al titular de la SEP una licencia para explotar sus patentes. No obstante, lo más habitual es que sea el titular quien notifique al implementador de la necesidad de suscribir una licencia, tras detectar una posible infracción de sus derechos.

Ahora bien, en determinados casos la vía extrajudicial no resulta suficiente para alcanzar un acuerdo sobre los términos FRAND de la potencial licencia. En estos casos, puede resultar necesario acudir a la vía judicial para obtener una resolución que declare el carácter FRAND de una oferta concreta, la determinación de condiciones FRAND o incluso para solicitar medidas cautelares que impidan el uso no autorizado de la tecnología protegida.

Precisamente por ello, la negociación de la licencia en condiciones FRAND debe ajustarse a los requisitos establecidos por el TJUE en el Asunto Huawei/ZTE, con el fin de que, en su caso, el titular pueda ejercitar

---

21 Bekkers, R., Bongard, R. y Nuvolari, A. (2011). *An empirical study on the determinants of essential patent claims in compatibility standards. Research Policy, 40,* 1270-1283.

22 Chappatte, P. (2009). *FRAND commitments-The case for antitrust intervention. European Competition Journal, 5*(2), 319-337.

23 Swanson, D. G. y Baumol, W. J. (2005). *Reasonable and nondiscriminatory (RAND) royalties, standards selection, and control of market power. Antitrust Law Journal, 73*(1), 1-58.

acciones de cesación sin incurrir en una conducta contraria al Derecho de la competencia.

En cualquier caso, resulta particularmente complejo definir de forma precisa qué ha de considerarse "justo", "razonable" y "no discriminatorio" de forma genérica, por lo que el análisis debe realizarse teniendo en cuenta las particularidades de cada caso.

3.1. Condiciones justas y razonables **(Fair and Reasonable)**

Establecer una regalía justa y razonable requiere identificar dos elementos clave: por un lado, una base de cálculo y un porcentaje o cifra determinada a aplicar sobre esa base. La base puede referirse al valor de venta del producto final, de componentes intermedios (como módulos), o de la unidad funcional más pequeña que implementa la patente (SSPPU, *smallest saleable patent practicing unit*)[24].

En este sentido, se considera que una regalía razonable es aquella que un implementador estaría dispuesto a pagar para poder explotar la tecnología estandarizada y que, a su vez, le permitiera obtener un beneficio razonable de dicha explotación[25].

Una vez determinados ambos elementos, las regalías pueden fijarse como un porcentaje sobre el precio total, o como una cifra específica por unidad vendida. Así, es frecuente encontrarse con licencias en las que las regalías a pagar consisten en, por ejemplo, un 5% del precio total de venta de determinado producto, o 1 euro/dólar por unidad vendida.

Como veremos más adelante, existen distintos métodos para determinar los royalties en condiciones FRAND, que en muchos casos se utilizan de forma combinada para obtener márgenes contrastados y razonables. Entre otros, (i) el método ex ante, que valora la tecnología antes de que fuera incluida en el estándar; (ii) el análisis de licencias comparables; o (iii) el método *top-down*.

---

[24] Group of Experts on Licensing and Valuation of Standard Essential Patents (SEPs Expert Group). (2021). *Contribution to the debate on SEPs* (Informe E03600, pp. 12 y 13). Comisión Europea.

[25] Tapia, C. (2010). *Industrial property rights, technical standards and licensing practices (FRAND) in the telecommunications industry* (p. 17). En *Geistiges Eigentum und Wettbewerb* (Vol. 20). Heymanns. ISBN 9783452273499.

Desde un punto de vista económico, la elección del método de determinación dependerá, más allá del poder de negociación de las partes, de cuestiones como la operativa concreta de cada empresa, el precio del producto, el beneficio obtenido, o el volumen de ventas.

En cualquier caso, se considera que una oferta cae fuera del ámbito "justo y razonable" si el valor exigido excede del valor incremental que la tecnología protegida añade al producto licenciado. En numerosas ocasiones se imponen royalties superiores al valor real de la tecnología, aprovechando que los implementadores ya están utilizando la tecnología estandarizada. De esta forma, se incurre en una práctica conocida como *hold-up*[26], que aprovecha la dependencia al estándar de un tercero, para exigirle royalties superiores a los que podría fijar si existieran alternativas tecnológicas viables.

Como contraprosición al *hold-up*, existe otra práctica conocida como *hold-out* o *reverse hold-up*, mediante la que un implementador se niega de forma injustificada a solicitar o suscribir licencias en condiciones FRAND, a pesar de estar utilizando tecnologías protegidas por SEPs[27].

En definitiva, tanto el *hold-up* como el *hold-out* representan amenazas significativas al delicado equilibrio que debe mantenerse en el ecosistema de las licencias sobre patentes esenciales entre titulares e implementadores. Cuando este equilibro se ve alterado, se compromete la eficiencia del sistema y se generan incentivos negativos que pueden frenar el desarrollo tecnológico. Por ello, resulta fundamental que tanto el marco regulatorio como las decisiones judiciales promuevan una interpretación coherente y equilibrada del principio FRAND, orientada a prevenir prácticas abusivas por ambas partes, y a facilitar un entorno de colaboración y transparencia en el uso de tecnologías estandarizadas.

3.2. No discriminatorio (Non-Discriminatory)

El término "no discriminatorio" está directamente relacionado con el requisito de que las condiciones de la licencia sean "justas y razonables".

---

26 Shapiro, C. (2001). *Navigating the patent thicket: Cross licenses, patent pools, and standard setting.* En A. B. Jaffe, J. Lerner & S. Stern (Eds.), *Innovation policy and the economy* (Vol. 1, pp. pp. 119-150). MIT Press.

27 Geradin, D. (2010). *Reverse hold-ups: The (often ignored) risks faced by innovators in standardized areas.* SSRN.

En consecuencia, ambas cuestiones deben analizarse conjuntamente. Además, el principio de no discriminación está alineado con la redacción del artículo 102.c TFUE, que tiene como finalidad evitar que se considere discriminatoria la conducta del titular de SEPs respecto de un estándar.

En particular, el art. 102.c TFUE prohíbe la aplicación de condiciones desiguales para prestaciones equivalentes que generen una desventaja competitiva, al considerar que se trataría de un abuso de posición dominante. En consecuencia, para que se considere que una licencia cumple con la no discriminación (FRA**ND**), el titular de las SEPs ha de tratar de forma equitativa a licenciatarios en situaciones "comparables".

Por tanto, para poder determinar si efectivamente los términos de una licencia son "no discriminatorios", es necesario comparar licencias previamente otorgadas en condiciones semejantes, que suponen el punto de partida más relevante y de mayor valor para determinar si los royalties son FRAND[28].

No obstante lo anterior, la exigencia de que las condiciones no sean discriminatorias no implica que todos los potenciales licenciatarios deban alcanzar acuerdos con los mismos *royalties*. De hecho, pueden darse casos en los que algunos licenciatarios obtengan condiciones más favorables que otros. Ello no implica necesariamente un trato discriminatorio, ni obliga a los licenciantes a otorgar licencias en esos mismos términos[29].

3.3. Métodos de cálculo de términos FRAND

En las negociaciones llevadas a cabo para la determinación de los royalties en condiciones FRAND de las licencias para el uso de SEPs, se han utilizado diferentes sistemas o métodos de cálculo. A modo ejemplificativo, se incluye a continuación una breve referencia a estos:

---

28 Sidak, J. G. (2013). *The meaning of FRAND, part I: Royalties. Journal of Competition Law & Economics, 9*(4), 931-1055. (p. 1001)

29 Tribunal Supremo del Reino Unido. (2020, 26 de agosto). *Unwired Planet International Ltd contra Huawei Technologies (UK) Co Ltd y otros* [2020] UKSC 37: El tribunal consideró que la obligación de "no discriminación" no es absoluta, de forma que el titular de una patente esencial no está obligado a conceder a todos los licenciatarios en situaciones comparables las condiciones más favorables ofrecidas a otros.

3.3.1. Licencias comparables

Este sistema permite determinar el valor de las regalías en términos FRAND a partir de las condiciones pactadas en acuerdos de licencia considerados comparables. Para evaluar si una licencia es comparable, pueden tenerse en cuenta factores como la complejidad tecnológica del estándar, el tamaño y la calidad de la cartera de SEPs, los productos o tecnologías objeto de la licencia, la estructura de regalías (pagos únicos o periódicas), la posición del licenciatario en la cadena de valor, la fecha del acuerdo, el alcance geográfico del acuerdo, su duración, la existencia de licencias cruzadas u otras formas de compensación, o si la licencia fue fruto de un acuerdo transaccional derivado de un litigio o arbitraje[30].

Si bien es habitual que los acuerdos no cumplan estrictamente con todos estos criterios, no es imprescindible que lo hagan para que una licencia pueda considerarse comparable. En este sentido, puede recurrirse a un conjunto de licencias relevantes para establecer un rango razonable de regalías, dentro del cual las partes puedan negociar. Ahora bien, en ausencia de licencias suficientemente comparables, el método no sería aplicable.

Este enfoque presenta algunas limitaciones. Se ha criticado[31] que los titulares de SEPs, con un acceso más amplio a licencias ya suscritas, pueden seleccionar de forma interesada los acuerdos más favorables a su posición.

Además, algunas licencias utilizadas como referencia podrían haberse celebrado en condiciones que no eran realmente FRAND (por ejemplo, en contextos de *hold-up* o *hold-out*). Asimismo, el método resulta más útil en mercados maduros con numerosos contratos existentes, y menos aplicable en mercados emergentes o sujetos a cambios tecnológicos significativos.

Para mitigar estos riesgos, se ha propuesto[32] complementar este enfoque con análisis empíricos, o combinarlo con otros métodos, como el enfoque *top-down*, a modo de contraste. Adicionalmente, exigir mayor transparencia a los titulares de SEPs en relación con las condiciones de licencias previamente acordadas con otros implementadores facilitaría el uso de este método.

---

30 Op. cit. Sidak, J. G. (2013). p. 1002.

31 Leonard, G. K. y Lopez, M. A. (2014). *Determining RAND royalty rates for standard-essential patents. Antitrust, 29*(1), p. 86-94.

32 Ibid. Group of Experts on Licensing and Valuation of Standard Essential Patents (SEPs Expert Group). (2021, enero)

3.3.2. Enfoque *ex ante*

El enfoque *ex ante* propone que el valor de una licencia de SEPs se determine en función del valor adicional que aporta la tecnología patentada, en comparación con la mejor alternativa disponible antes de que esta fuera incorporada al estándar.

La idea central es que los royalties en condiciones FRAND deben reflejar únicamente el valor intrínseco de la innovación, sin incluir el valor adicional que la inclusión en el estándar pueda conferir a la patente. Por ello, aunque la valoración pueda realizarse *ex post*, debe basarse en las condiciones que existían *ex ante*, es decir, antes de la estandarización.

Este enfoque puede concretarse mediante distintas metodologías. Una de las más directas consiste en recurrir a acuerdos de licencias comparables suscritos con anterioridad a la adopción del estándar[33]. Sin embargo, para que estos acuerdos resulten útiles, deben analizarse en función de diversos factores, tales como el tamaño y calidad de la cartera de SEPs, la duración y el alcance territorial de la licencia, la estructura de pagos, así como otros términos contractuales que puedan incidir en su comparabilidad.

Una de las principales dificultades de este enfoque surge cuando las patentes son desarrolladas específicamente para un estándar concreto, no existiendo antes de la estandarización en cuestión. En estos casos, no existen acuerdos de licencia previos que permitan determinar de forma precisa los *royalties*. No obstante, el análisis puede completarse considerando la disponibilidad de tecnologías alternativas y recurriendo al marco conceptual de la "negociación hipotética", que estima cuál habría sido el resultado razonable de una negociación en ese momento previo.

3.3.3. Enfoque *top-down* y la determinación de la regalía agregada o *aggregate royalty*

El enfoque *top-down* consiste en calcular primero la cantidad total que debería pagarse como royalty para obtener una licencia global sobre la totalidad de las SEPs asociadas a un estándar determinado —*aggregate royalty*—. A continuación, esa cifra global se distribuye entre los distintos titu-

---

[33] Op. Cit. Swanson, D. G. y Baumol, W. J. (2005).

lares según su aportación relativa al estándar[34]. Este método, que parte de la contribución global de todas las SEPs involucradas, permite determinar el porcentaje correspondiente a cada titular y evita la acumulación desproporcionada de regalías —fenómeno conocido como *royalty stacking*[35]— cuando numerosos titulares exigen pagos por separado.

El enfoque *top-down* se considera útil precisamente porque ayuda a mitigar este riesgo, al establecer un techo razonable para el conjunto de regalías exigibles. No obstante, en la mayoría de casos no existe certeza respecto al porcentaje que corresponde a cada titular de SEPs.

Existen distintas formas de estimar el *aggregate royalty*. Por ejemplo:

1. Prorrateo sobre el beneficio neto de la unidad funcional básica vendible (SSPPU).

   Este método parte de la identificación de la *smallest saleable patent-practicing unit* (SSPPU)[36], es decir, la unidad vendible más pequeña del producto que incorpora la tecnología protegida. Se calcula el beneficio neto que supone dicho elemento, y se le asigna una fracción de ese beneficio como regalía. Por ejemplo, si la tecnología protegida por determinadas SEPs se aplica únicamente a un chip de un móvil, y no al teléfono en su conjunto, el valor de la licencia debe calcularse sobre el precio del chip (SSPPU), y no sobre el terminal completo. De esta forma, se evita incluir en el precio de la licencia funciones y tecnologías no patentadas[37] o no relacionadas con las SEPs objeto de la misma.

2. Uso de declaraciones públicas realizadas por titulares de SEPs.

   Algunos titulares han hecho declaraciones públicas sobre lo que consideran royalties razonables. Por ejemplo, Avanci, plataforma especializada en licencia de tecnologías inalámbricas para el Internet de

---

[34] Oficina Japonesa de Patentes. (2022). *Guide to licensing negotiations involving standard essential patents.* (p. 41).

[35] Armstrong, A., Mueller, J. J. y Syrett, T. D. (2014). *The smartphone royalty stack: Surveying royalty demands for the components within modern smartphones* [Documento de trabajo]. WilmerHale.

[36] Baig, M. U., Marangoni, I. y Özkepir, T. (2020, marzo). *SSPPU vs. EMVR.* Technical University Berlin.

[37] Sidak, J. G. (2014, noviembre). *The proper royalty base for patent damages. Journal of Competition Law & Economics,* 10(4), 989-1037.

las Cosas (IoT) publicó tarifas de regalías[38] concretas, estableciendo una horquilla entre 3 y 15 dólares por vehículo, en función del nivel de conectividad inalámbrica del mismo. Otro ejemplo son las declaraciones[39] realizadas ante el ESTI por parte de Ericsson, Nokia o Qualcomm, en las que establecen royalties determinados *ex ante*. Este tipo de declaraciones son una herramienta orientativa particularmente útil para los implementadores de los estándares, ya que les permite prever las cantidades que podrían exigir los titulares de las SEPs.

Una vez determinado el *aggregate royalty* o regalía agregada mediante el enfoque *top-down*, es necesario distribuir el valor de dicha regalía entre los titulares de SEPs, en función de su contribución al estándar correspondiente. Esta fase es conocida como prorrateo o *apportionment* y puede realizarse mediante diferentes métodos que tienen en cuenta que no todas las SEP declaradas para un estándar son realmente esenciales[40] (*essentiality counting*)[41], o el número de contribuciones técnicas realizadas por un titular durante el desarrollo del estándar[42].

El enfoque *top-down*, en cualquiera de sus variantes, tiene la ventaja de establecer un límite razonable para las regalías exigibles, evitando el riesgo de acumulación desproporcionada de costes de la licencia. No obstante, su correcta implementación depende de la disponibilidad de datos fiables sobre la totalidad de SEPs relevantes, sus titulares, y su valor relativo dentro de cada estándar.

4. PROCESO DE NEGOCIACIÓN: MARCO HUAWEI/ZTE

En Europa, el cumplimiento de la obligación FRAND se enmarca tanto en el derecho de la competencia —evitando el abuso de posición domi-

---

38 Lloyd, R. (2017, 9 de noviembre). *Avanci announces pricing for auto sector - range from $3 to $15 per car. IAM Media.*

39 ETSI. (s. f.). *List of ex ante disclosures of licensing terms.* Recuperado el 17 de junio de 2025.

40 *Over-declaration.*

41 Op. cit. Group of Experts on Licensing and Valuation of Standard Essential Patents (SEPs Expert Group). (2021, enero). (pp. 108 y 109)

42 Baron, J. (2018, 15 de agosto). *Counting standard contributions to measure the value of patent portfolios: A tale of apples and oranges* [Documento de trabajo].

nante— como en el derecho contractual —al nacer de una obligación contractual del titular de las SEPs frente al organismo de estandarización—.

A continuación, se expone el proceso de negociación de licencias FRAND en Europa, las obligaciones correspondientes al titular de la patente y al potencial licenciatario, y la interacción de los principios de competencia con el derecho contractual en este contexto.

4.1. Sentencia Huawei c. ZTE y el marco jurídico de las negociaciones FRAND

Son muchas las sentencias que han tratado a lo largo de los años las cuestiones relativas a la determinación de royalties en condiciones FRAND, y la solicitud de acciones de cesación por parte de los titulares de las SEP, estableciendo soluciones dispares a la problemática suscitada.

No obstante, no ha sido hasta 2015 cuando, en el asunto Huawei/ZTE, el TJUE armonizó los criterios jurisprudenciales relativos a la legitimidad del ejercicio de acciones de cesación por titulares de SEPs. Así, estableció un marco negociador escalonado y equilibrado, clarificando, entre otros aspectos, cuándo podía considerarse que una acción de cesación ejercitada por un titular de SEPs no implicaba un abuso de posición de dominio[43]. Es decir, el TJUE fijó los pasos o requisitos que habrían de darse para que, en caso de producirse la infracción de las SEPs, su titular pudiera interponer una acción de cesación sin que esto supusiera una práctica anticompetitiva.

4.2. Proceso de negociación y obligaciones de las partes

La piedra angular de todo el proceso de negociación radica, como no podía ser de otra manera, en la obligación de ambas partes de negociar de buena fe. Tanto el titular de las SEP como el potencial licenciatario han de actuar en todo momento de forma proactiva y enfocada en alcanzar un acuerdo sin dilatar el proceso de forma injustificada, o tratar de obtener regalías excesivas para la tecnología patentada.

En particular, la sentencia en el Asunto Huawei/ZTE establece las etapas de la negociación y las obligaciones que cada una de las partes tiene durante el proceso y que han de cumplirse para que, en caso de ser necesario,

---

[43] Op. cit. Marsden, P. (2022).

el titular pudiera ejercitar una acción de cesación frente al potencial infractor, sin que se considere que está abusando de su posición de dominio.

En primer lugar, el TJUE establece que el titular estaría incurriendo en una práctica abusiva al ejercitar una acción de cesación en aquellos casos en los que previamente (fundamento 71):

(i) no haya notificado al supuesto infractor de la infracción detectada;

(ii) no precise de forma clara las patentes infringidas y cómo se ha producido la supuesta infracción; y

(iii) no haya trasladado al potencial infractor una licencia en términos FRAND detallando de forma concreta los royalties propuestos, así como los métodos de cálculo.

Por otro lado, el potencial infractor e implementador de la tecnología patentada ha de demostrar su voluntad de suscribir una licencia[44] y, una vez recibida la oferta en términos FRAND, debe tratar la oferta con diligencia, evitando tácticas dilatorias. En caso de no aceptar la oferta, deberá remitir al titular de las SEPs una contraoferta concreta en términos FRAND.

Adicionalmente, el TJUE precisó que, en caso de que el implementador utilice la tecnología protegida por SEPs antes de que se suscriba una licencia que autorice dicho uso, el implementador tendrá que constituir una garantía adecuada (fundamento 67), como por ejemplo una garantía bancaria, o mediante consignación de cantidad.

Asimismo, se reconoce expresamente que el presunto infractor puede, sin que ello suponga mala fe, impugnar en paralelo la validez, la esencialidad o el uso efectivo de las patentes, o reservarse el derecho a hacerlo, en atención al derecho a la tutela judicial efectiva y al hecho de que los organismos de normalización no verifican tales extremos durante el proceso de estandarización.

Por último, en caso de que no se llegue a un acuerdo tras la contraoferta remitida por el potencial infractor, se habilita a las partes a que, de común acuerdo, puedan solicitar a un tercero independiente (fundamento 68 del Asunto Huawei/ZTE) la determinación de los royalties en términos FRAND.

En definitiva, el marco delineado por el TJUE en el Asunto Huawei/ZTE y desarrollado por la jurisprudencia posterior constituye hoy el están-

---

44 "*Willingness to negotiate*".

dar de referencia en Europa para las negociaciones en torno a licencias de patentes esenciales. Este modelo busca garantizar un equilibrio justo entre la protección de los derechos del titular de la SEP y la necesidad de preservar la competencia efectiva y el acceso a la tecnología estandarizada.

La buena fe negociadora, la transparencia en las ofertas y la disposición real a concluir un acuerdo en condiciones FRAND se erigen como criterios determinantes para valorar la licitud de las conductas de ambas partes, ya sea desde la óptica del derecho de la competencia o del cumplimiento de obligaciones contractuales.

Sin embargo, en la práctica, este tipo de negociaciones adolecen con frecuencia de una marcada opacidad que dificulta a los implementadores conocer aspectos clave como la verdadera esencialidad de las patentes ofrecidas o el *aggregate royalty* que razonablemente deberían prever por el conjunto de licencias necesarias para utilizar la tecnología estandarizada.

Precisamente para hacer frente a estas disfunciones estructurales, la Comisión Europea presentó en 2023 la Propuesta, cuyo objetivo principal era dotar al sistema de mayor transparencia, previsibilidad y equilibrio entre las partes.

5. INTENTO DE ARMONIZACIÓN DEL RÉGIMEN SEP EN EUROPA

La Propuesta se enmarca en el propósito de la agenda de la Unión Europea —Comunicación «Establecimiento del enfoque de la Unión con respecto a las patentes esenciales para normas»[45]— de reforzar su autonomía estratégica en materia tecnológica, consolidar su papel en la definición de estándares globales y preservar la competitividad industrial del mercado interior en sectores especialmente innovadores.

En ese sentido, la iniciativa se alineaba con los objetivos trazados en la Comunicación de la Comisión al Parlamento Europeo, al Consejo, al Comité Económico y Social europeo y al Comité de las Regiones: *Aprovechar al máximo el potencial innovador de la UE: Un plan de acción en materia de propie-*

---

45 Comisión Europea. (2017, 29 de noviembre). *Comunicación de la Comisión al Parlamento Europeo, al Consejo y al Comité Económico y Social Europeo: Establecimiento del enfoque de la Unión con respecto a las patentes esenciales para normas* (COM/2017/712 final).

dad intelectual e industrial para apoyar la recuperación y la resiliencia de la UE[46], *que también identificaba la necesidad de adaptar el marco normativo europeo a un ecosistema digital y conectado, así como establecer "un marco mucho más claro y previsible que incentive las negociaciones de buena fe en lugar de recurrir a litigios*"[47].

El texto respondía también a una preocupación recurrente expresada por diversos sectores industriales europeos —especialmente los fabricantes de automóviles, electrodomésticos o dispositivos conectados— acerca de la falta de claridad sobre las condiciones FRAND aplicables, los costes acumulados por licencias múltiples (*royalty stacking*) y la inseguridad jurídica derivada de litigios en distintas jurisdicciones. A ello se sumaba la voluntad de favorecer una participación más activa de las pymes en el proceso de adopción tecnológica, evitando que el acceso a estándares técnicos se convirtiera en una barrera de entrada para este tipo de empresas.

En este contexto, la Propuesta fijaba[48] como objetivos generales, garantizar que los usuarios finales —incluyendo pymes y consumidores— pudieran beneficiarse del acceso a productos que implementan tecnologías estandarizadas punteras, mediante la mejora del sistema de licencias[49]. Por otro lado, la Propuesta buscaba reforzar a la Unión Europea como espacio para la innovación y producción tecnológica.

Para ello, se proponía facilitar el acceso a información detallada sobre las SEPs y las condiciones FRAND existentes en otros casos, concienciar[50] sobre la concesión de licencias a lo largo de la cadena de valor, y establecer un mecanismo de resolución alternativa de disputas para la determinación de condiciones FRAND.

Aunque la Propuesta ha sido formalmente retirada por la Comisión[51], resulta pertinente examinar su contenido normativo, tanto por la relevan-

---

46 Comisión Europea. (2020, 25 de noviembre). Comunicación de la Comisión al Parlamento Europeo, al Consejo, al Comité Económico y Social europeo y al Comité de las Regiones: *Aprovechar al máximo el potencial innovador de la UE: Un plan de acción en materia de propiedad intelectual e industrial para apoyar la recuperación y la resiliencia de la UE* (COM[2020] 760 final).

47 Ibid, p. 3.

48 Op. Cit. Comisión Europea (2023). p. 1.

49 Op. Cit. Comisión Europea (2023). Considerando 2. p. 2.

50 Op. Cit. Comisión Europea (2023). Considerando 13. p. 19.

51 Comisión Europea. (2025, 11 de febrero). *Programa de trabajo de la Comisión para 2025: Avanzar juntos: Una Unión más audaz, más sencilla y más rápida* (COM[2025] 45 final).

cia de los problemas que pretendía abordar como por las posibles vías de reformulación futura.

De hecho, varios Estados miembros, entre otros España, Francia o Alemania, manifestaron[52] expresamente —con ocasión del Consejo de Competitividad de 22 de mayo de 2025— la necesidad de proseguir las discusiones sobre el contenido del Reglamento propuesto, solicitando que se exploraran vías para retomar o adaptar la iniciativa en una versión más simplificada y políticamente viable. Esta posición pone de relieve que, a pesar de la retirada formal, subsiste un interés político tangible en resolver los desequilibrios estructurales del régimen SEP-FRAND a nivel europeo.

5.1. Contenido

La Propuesta se articuló en torno a diversos mecanismos con el objetivo de aportar previsibilidad, transparencia y eficiencia al proceso de negociación y determinación de licencias en condiciones FRAND de las SEP.

Entre las medidas incluidas en la Propuesta, la Comisión preveía un registro obligatorio de SEP, análisis de esencialidad, un procedimiento de determinación de condiciones FRAND o la posibilidad de que se estableciera el *aggregate royalty* por estándar.

5.1.1. Registro de SEP

Uno de los pilares fundamentales de la Propuesta era la creación de un registro de SEP gestionado por la Oficina de Propiedad Intelectual de la Unión Europea ("**EUIPO**"). La Propuesta establecía en su Título III la creación de un registro electrónico de SEP centralizado, creado con el objetivo de facilitar el acceso a la información relevante tanto para titulares de SEP como para los potenciales licenciatarios.

Entre otras medidas, la Propuesta hacía obligatorio para los titulares de SEP registrarlas en plazo para poder recibir regalías por licenciarlas,

---

52 Consejo de la Unión Europea. (2025, 7 de mayo). *AOB for the meeting of the Competitiveness Council of 22 May 2025: The need to continue discussions on the Commission's proposal for a Regulation of the European Parliament and of the Council on standard essential patents and amending Regulation (EU) 2017/1001 - Information from Czechia, France, Germany, Italy, Latvia, Slovakia and Spain.*

así como para poder reclamar daños y perjuicios por infracción —artículo 24.2—.

Por otro lado, toda patente que cumpliera con los requisitos de esencialidad —SEP en las que al menos una reivindicación correspondiera, como mínimo, a un requisito o recomendación de un estándar concreto —artículo 20— debía registrarse, aportando la documentación técnica requerida y abonando la tasa de registro. Incumplir con lo anterior suponía —artículo 24.1— que los titulares de las SEPs no registradas no tuvieran derecho a recibir regalías por licenciarlas, así como para reclamar daños y perjuicios por infracción de las mismas.

Si bien la propuesta de crear un registro podía aportar transparencia y seguridad —especialmente desde la perspectiva de los implementadores de las tecnologías—, lo cierto es que esta medida presentaba importantes desafíos, operativos y administrativos. Entre ellos, la necesidad de garantizar una coordinación eficaz entre el centro de competencia de la EUIPO y los órganos jurisdiccionales nacionales, particularmente en situaciones en las que se soliciten medidas cautelares por la presunta infracción de una SEP.

La exigencia de verificar en tiempo real si una patente está debidamente inscrita en el registro como requisito de admisibilidad procesal —artículo 24.5— implicaba no solo una carga adicional para los tribunales, sino también la necesidad de establecer canales ágiles, seguros y actualizados de comunicación entre la base de datos administrativa y las autoridades judiciales de los Estados miembros, cuya implementación práctica no está exenta de complejidad.

5.1.2. Análisis de esencialidad

La Propuesta establecía el análisis o control de esencialidad, regulado en el Título V. Con ello se pretendía tener un control real respecto a la esencialidad de las SEP inscritas en el registro, limitándose el análisis a un máximo de patente por familia —artículo 28.3—.

El sistema de muestreo de estos análisis —artículo 29— exigía controles anuales de una batería de patentes por cada titular de SEP. De esa manera, se publicaría un índice de esencialidad por titular y por norma —artículo 33.2—.

Estos análisis no eran jurídicamente vinculantes —artículo 28.5—, pero estaban claramente orientados a fomentar la calidad del registro de SEP, reducir el registro masivo de patentes que no eran realmente esenciales y corregir los desequilibrios derivados de la asimetría informativa entre titulares e implementadores.

5.1.3. Mecanismo de determinación de condiciones FRAND

El mecanismo previsto consistía en un proceso de conciliación administrado por la EUIPO, regulado en el Título VI. La Propuesta introducía la exigencia de un procedimiento prejudicial-artículo 34.1— que se iniciara antes de acudir ante los tribunales de los Estados miembros en cualquier litigio vinculado a la determinación de las condiciones FRAND de una SEP.

Tanto el titular como el presunto infractor deben intentar, de buena fe, alcanzar un acuerdo sobre las regalías y las restantes condiciones de la licencia mediante la mediación de un tercero designado por la EUIPO.

El tercero es nombrado de una lista de expertos que gestiona el centro de competencia —artículo 39—, podía solicitar cuanta información considere necesaria para evaluar la oferta de cada parte, en particular los datos económicos, así como informes no confidenciales de determinaciones similares realizadas anteriormente. Una vez finalizado el proceso, se emite un informe —artículo 57— con un dictamen motivado acerca de las condiciones específicas consideradas FRAND para el caso concreto.

Con esta medida, la Propuesta pretendía, mediante un mecanismo de conciliación previa, reducir la proliferación de litigios particularmente costosos y prolongados, así como agilizar la negociación y suscripción de acuerdos de licencia[53].

En definitiva, pese a que la Propuesta haya sido retirada por el momento, las medidas establecidas permiten hacerse una idea de cuáles son las necesidades y, lógicamente, cuáles podrían ser algunas de las soluciones a los problemas que las SEPs y la negociación de licencias FRAND suponen tanto a los titulares como a los implementadores de las tecnologías estandarizadas. En cualquier caso, permanece abierta la posibilidad de que la Comisión retome la iniciativa normativa en el futuro.

---

53 Op. Cit. Comisión Europea (2023). Considerando 31 y 32. p. 22.

6. REFERENCIAS BIBLIOGRÁFICAS

Armstrong, A., Mueller, J. J. & Syrett, T. D. (2014). *The smartphone royalty stack: Surveying royalty demands for the components within modern smartphones* [Documento de trabajo]. WilmerHale. https://www.wilmerhale.com/-/media/files/shared_content/editorial/publications/documents/the-smartphone-royalty-stack-armstrong-mueller-syrett.pdf. Recuperado el 15 de marzo de 2025.

Baig, M. U., Marangoni, I. y Özkepir, T. (2020, marzo). *SSPPU vs. EMVR.* Technical University Berlin. https://www.4ipcouncil.com/application/files/6815/8525/0508/SSPPU_vs_EMUR_Technical_University_Berlin.pdf. Recuperado el 26 de abril de 2025.

Baron, J., Ménière, Y. & Pohlmann, T. (2014). Standards, consortia, and innovation. *International Journal of Industrial Organization, 36*, 22-35. https://doi.org/10.1016/j.ijindorg.2014.05.004. Recuperado el 15 de marzo 2025.

Baron, J. (2018, 15 de agosto). *Counting standard contributions to measure the value of patent portfolios: A tale of apples and oranges* [Documento de trabajo]. SSRN. https://doi.org/10.2139/ssrn.3223878. Recuperado el 6 de mayo 2025.

Bekkers, R., Bongard, R. & Nuvolari, A. (2011). An empirical study on the determinants of essential patent claims in compatibility standards. *Research Policy, 40*, 1270-1283. https://ssrn.com/abstract=1898873. Recuperado el 20 de abril 2025.

Bekkers, R., Henkel, J., Mas Tur, E. et al. (2020). Pilot study for essentiality assessment of standard essential patents. Publications Office of the European Union. https://data.europa.eu/doi/10.2760/68906. Recuperado el 20 de abril de 2025.

Berger, F., Blind, K. & Thumm, N. (2012). Filing behavior regarding essential patents in industry standards. *Research Policy, 41*(1). https://doi.org/10.1016/j.respol.2011.07.004. Recuperado el 14 de marzo de 2025.

Blind, K. & Gauch, S. (2008). Trends in ICT standards: The relationship between European standardisation bodies and standards consortia. *Telecommunications Policy, 32*(7), 503-513. https://doi.org/10.1016/j.telpol.2008.05.004. Recuperado el 14 de marzo de 2025.

Chappatte, P. (2009). FRAND commitments-The case for antitrust intervention. *European Competition Journal, 5*(2), 319-337. https://doi.org/10.5235/ecj.v5n2.319. Recuperado el 14 de marzo de 2025.

Comisión Europea. (2017, 29 de noviembre). *Comunicación de la Comisión al Parlamento Europeo, al Consejo y al Comité Económico y Social Europeo: Establecimiento del enfoque de la Unión con respecto a las patentes esenciales para normas* (COM/2017/712 final). https://eur-lex.europa.eu/legal-content/ES/TXT/PDF/?uri=CELEX:52017DC0712&from=SL. Recuperado el 14 de marzo de 2025.

Comisión Europea. (2020, 25 de noviembre). Comunicación de la Comisión al Parlamento Europeo, al Consejo, al Comité Económico y Social europeo y al Comité de las Regiones: *Aprovechar al máximo el potencial innovador de la UE: Un plan de acción en materia de propiedad intelectual e industrial para apoyar la recuperación y la resiliencia de la UE* (COM[2020] 760 final). https://eur-lex.europa.eu/legal-content/ES/TXT/PDF/?uri=CELEX:52020DC0760&from=ES. Recuperado el 10 de enero de 2025.

Comisión Europea. (2023, 27 de abril). *Propuesta de Reglamento del Parlamento Europeo y del Consejo relativo a las patentes esenciales para normas y por el que se modifica el Reglamento (UE) 2017/1001* (COM/2023/232 final/2). Recuperado de https://eur-lex.

europa.eu/legal-content/EN/TXT/?uri=celex:52023PC0232. Recuperado el 10 de enero de 2025.

Comisión Europea. (2025, 11 de febrero). *Programa de trabajo de la Comisión para 2025: Avanzar juntos: Una Unión más audaz, más sencilla y más rápida* (COM[2025] 45 final). https://eur-lex.europa.eu/resource.html?uri=cellar:149fe240-e92c-11ef-b5e9-01aa75ed71a1.0023.02/DOC_1&format=PDF. Recuperado el 10 de enero de 2025.

Consejo de la Unión Europea. (2025, 7 de mayo). *AOB for the meeting of the Competitiveness Council of 22 May 2025: The need to continue discussions on the Commission's proposal for a Regulation of the European Parliament and of the Council on standard essential patents and amending Regulation (EU) 2017/1001 - Information from Czechia, France, Germany, Italy, Latvia, Slovakia and Spain.* Publications Office of the EU. AOB for the meeting of the Competitiveness Council of 22 May 2025: The need to continue discussions on the Commission's proposal for a Regulation of the European Parliament and of the Council on standard essential patents and amending Regulation (EU) 2017/1001 - Information from Czechia, France, Germany, Italy, Latvia, Slovakia and Spain - Publications Office of the EU. Recuperado el 10 de enero de 2025.

Cook, W. y Lees, G. (2007). *Staying on FRANDly terms: Essential patent licensing negotiations.* En *Licensing in the Boardroom.* IAM Magazine. Recuperado el 14 de marzo de 2025.

ETSI. (s. f.). *List of ex ante disclosures of licensing terms.* https://www.etsi.org/intellectual-property-rights/46-ipr/580-ex-ante-list-of-disclosures. Recuperado el 16 de abril de 2025.

ETSI. (s. f.). *Why Standards Matter: Technical Standards and their Role in Building Cohesive Policy.* ETSI. https://www.etsi.org/images/files/education/EaS_one-page_Briefing_EN.pdf. Recuperado el 14 de febrero de 2025.

ETSI. (2022). *ETSI Intellectual Property Rights Policy (Anexo 6).* ETSI. ETSI Directives v46 - 12 December 2022. Recuperado el 14 de marzo de 2025.

Geradin, D. (2010). *Reverse hold-ups: The (often ignored) risks faced by innovators in standardized areas.* SSRN. https://doi.org/10.2139/ssrn.1711744. Recuperado el 14 de marzo de 2025.

Group of Experts on Licensing and Valuation of Standard Essential Patents (SEPs Expert Group). (2021). *Contribution to the debate on SEPs* (Informe E03600) Comisión Europea. https://ec.europa.eu/docsroom/documents/45217. Recuperado el 20 de abril de 2025.

Leonard, G. K. y Lopez, M. A. (2014). Determining RAND royalty rates for standard-essential patents. *Antitrust, 29*(1), 86-94. https://ssrn.com/abstract=3663527. Recuperado el 20 de abril de 2025.

Lloyd, R. (2017, 9 de noviembre). *Avanci announces pricing for auto sector - range from $3 to $15 per car. IAM Media.* https://www.iam-media.com/article/avanci-announces-pricing-auto-sector-range-3-15-car. Recuperado el 13 de marzo 2025.

Marsden, P. (2022, 2 de diciembre). Restoring the promise of competition: Ex ante pro-competitive regulation of FRAND access to SEPs. *European Competition Journal, 18*(3), 459-467. https://doi.org/10.1080/17441056.2022.2136852. Recuperado el 13 de marzo de 2025.

Ménière, Y. (2015). *Fair, reasonable and non-discriminatory (FRAND) licensing terms: Research analysis of a controversial concept* (p. 4). Joint Research Centre, Comisión Europea. https://doi.org/10.2791/348818. Recuperado el 20 de febrero de 2025.

Muscolo, G. (2025, 7 de marzo). Standard Essential Patents: An overview of EU and national case law. *Concurrences.* https://www.concurrences.com/en/bulletin/special-issues/standard-essential-patents/standard-essential-patents-an-overview-of-eu-and-national-case-law. Recuperado el 17 de marzo de 2025.

Oficina Europea de Patentes. (2025, mayo). *Standards and the European patent system.* Oficina Europea de Patentes. https://link.epo.org/web/publications/studies/en-epo-study-standards-and-the-european-patent-system.pdf. Recuperado el 13 de abril de 2025.

Oficina Japonesa de Patentes (JPO). (2022). *Guide to licensing negotiations involving standard essential patents.* https://www.jpo.go.jp/e/news/public/document/220509_hyojun-hissu_e/01_e.pdf. Recuperado el 20 de febrero 2025.

Real Academia Española. (s. f.). *Diccionario de la lengua española,* voz «interoperabilidad». Recuperado el 26 de junio de 2025. https://dle.rae.es/interoperabilidad. Recuperado el 18 de marzo 2025.

Shapiro, C. (2001). Navigating the patent thicket: Cross licenses, patent pools, and standard setting. En A. B. Jaffe, J. Lerner & S. Stern (Eds.), *Innovation policy and the economy* (Vol. 1, pp. 119-150). MIT Press. https://doi.org/10.1086/ipe.1.25056143. Recuperado el 13 de abril de 2025.

Sidak, J. G. (2013). *The meaning of FRAND, part I: Royalties. Journal of Competition Law & Economics, 9*(4), 931-1055. https://doi.org/10.1093/joclec/nht040. Recuperado el 23 de mayo de 2025.

Sidak, J. G. (2014, noviembre). *The proper royalty base for patent damages. Journal of Competition Law & Economics,* 10(4), 989-1037. Recuperado de https://www.criterioneconomics.com/docs/emvr-entire-market-value-rule-proper-royalty-base-for-patent-damages.pdf. Recuperado el 3 de abril de 2025.

Swanson, D. G. y Baumol, W. J. (2005). *Reasonable and nondiscriminatory (RAND) royalties, standards selection, and control of market power.* Antitrust Law Journal, *73*(1), 1-58. http://www.jstor.org/stable/40843669. Recuperado el 20 de mayo de 2025.

Tapia, C. (2010). Industrial property rights, technical standards and licensing practices (FRAND) in the telecommunications industry (p. 17). En *Geistiges Eigentum und Wettbewerb* (Vol. 20). Heymanns.

Tratado de Funcionamiento de la Unión Europea, Diario Oficial de la Unión Europea, C326, 26 de octubre de 2012.

Tribunal de Justicia de la Unión Europea (Sala Quinta). (2015, 16 de julio). *Huawei Technologies Co. Ltd contra ZTE Corp. y ZTE Deutschland GmbH* [Asunto C-170/13, ECLI:EU:C:2015:477, (*Tol 9742147*)].

Tribunal Supremo del Reino Unido. (2020, 26 de agosto). *Unwired Planet International Ltd contra Huawei Technologies (UK) Co Ltd y otros* [2020] UKSC 37. Recuperado de https://www.wipo.int/wipolex/es/text/585807. Recuperado el 20 de marzo de 2025.

La protección penal del titular de una obtención vegetal. Referencia al problema de la delimitación del objeto de su derecho

BENJAMÍN SALDAÑA VILLOLDO
Profesor contratado doctor (acreditado a Profesor titular). Universidad de Valencia

1. PLANTEAMIENTO

El derecho de obtentor posee unas características particulares en atención al objeto sobre el que recae, que son las variedades vegetales. La especialidad de esta parte de la propiedad industrial deriva, en primer lugar, del hecho de que las obtenciones vegetales están directamente relacionadas con la producción agraria, el abastecimiento de la población mundial y con el medioambiente. Las nuevas variedades vegetales no son creadas *ex novo* por el obtentor, sino que derivan de procesos de mejora y modificación de variedades preexistentes, que forman parte de los ecosistemas naturales y del dominio público. Esto motiva que la parte de la propiedad industrial que regula estas creaciones tecnológicas establezca limitaciones específicas al derecho de obtentor. Entre estos límites cabe destacar que el derecho del titular se configura como un sistema de protección en cascada, donde su derecho primario y esencial ha de ceñirse a los actos de reproducción o multiplicación de la variedad y no al producto de la cosecha, al cual solo alcanza de forma subsidiaria. También constituyen ejemplos de estas limitaciones el denominado "privilegio del agricultor" o el "privilegio del obtentor".

Otra característica intrínseca del derecho de obtentor es que recae sobre materia vegetal viva, que es autorreproducible por sí misma, de modo que cada planta constituye un reservorio de germoplasma y una fuente natural de material reproductor (semillas, yemas, etc.). Esto nos sitúa en un escenario en el que resulta extremadamente sencillo acceder sin licencia, de forma ilegal, al material vegetal. El derecho de obtentor, por ello, requiere de una adecuada tutela que, en primera instancia, recibe del sistema de protección en cascada ya citado y, también, de otros instrumentos como el periodo de protección provisional o el instituto de las variedades esencialmente derivadas. Pero, además, esta parte de la propiedad industrial recibe tutela penal mediante la tipificación como delito de determinadas conductas infractoras.

En el presente trabajo planteamos un análisis del tipo previsto en el artículo 274.4 del Código penal, en el que se recoge la protección penal de las variedades vegetales inscritas, con un enfoque desde las especialidades del derecho de obtentor. Formularemos un estudio general de este delito para, después, abordar algunos aspectos problemáticos que plantean dudas interpretativas, en relación con determinados elementos particulares del derecho de obtentor: la protección provisional, las variedades esencialmente derivadas y las infracciones cometidas por licenciatarios de la variedad vegetal protegida. Por motivos sistemáticos y de extensión del trabajo nos ocuparemos exclusivamente del estudio del párrafo primero del artículo 274.4, sin entrar en el análisis de su párrafo segundo relativo a la utilización, bajo la denominación de la variedad protegida, de material de reproducción o multiplicación ajeno a dicha variedad.

2. PROTECCIÓN PENAL DEL DERECHO DEL OBTENTOR Y ELEMENTOS ESENCIALES DEL TIPO

2.1. Importancia estratégica de la mejora vegetal

El impacto de la mejora vegetal en la economía española nos da cuenta de la importancia del sector y de los intereses en juego. Según datos de la Asociación Nacional de Obtentores Vegetales (ANOVE), esta industria aportó a la economía española entre los años 1990 y 2017 un total de 16.697

millones de euros, creando cerca de 428.000 empleos en dicho periodo, e inyectando en el año 2019 en la economía nacional 985 millones de euros de valor añadido bruto. La industria del fitomejoramiento, según el citado organismo, habría permitido un ahorro anual de agua de entre 15-22 millones de metros cúbicos, y un ahorro de energía equivalente al consumo anual efectuado por unos 110.000 hogares españoles[1]. De otro lado, la mejora vegetal se presenta como un aliado necesario para la consecución de los objetivos de la agenda 2030 y la lucha contra el cambio climático.

Nos hallamos ante un sector tecnológico necesario para un desarrollo sostenible, determinante para conseguir plantas adaptadas a las exigencias del cambio climático, más resistentes al estrés hídrico derivado de la escasez de lluvias y al aumento de las temperaturas, que contribuyan en la reducción del uso de pesticidas y suficientemente productivas para el abastecimiento de la población mundial. Se estima que el coste medio de desarrollo y puesta en el mercado de una nueva variedad vegetal puede oscilar entre uno y tres millones de euros y requiere emplear un tiempo de entre diez y doce años[2]. De este sector de actividad forma parte esencial la biotecnología y la mejora genética de los vegetales y, evidentemente, demanda una adecuada protección jurídica de los derechos inmateriales que genera, amparados en gran medida por las obtenciones vegetales, pero también por las patentes de invención.

El delito que ahora nos ocupa, trae causa de la voluntad del legislador de reforzar la protección del obtentor, precisamente, por la vía de la jurisdicción penal, aunque esta exigencia no viniera impuesta por el Convenio Internacional para la Protección de las Obtenciones Vegetales (CUPOV) de 1991[3], al que España está adherida. Pese a la importancia del sector agroalimentario en nuestro país y el impacto positivo de la mejora vegetal en la industria y en los consumidores, el legislador español reconoció muy

---

1 Véase https://www.europapress.es/sociedad/noticia-mejora-vegetal-contribuyo-economia-espanola-mas-16000-millones-euros-instituto-cerda-20211103151915.html y https://www.anove.es/datos-del-sector/aportaciones-de-la-mejora-vegetal-en-espana/ (consultado el 23 de junio de 2025).

2 https://www.anove.es/datos-del-sector/coste-tiempo-variedad/ (consultado el 23 de junio de 2025).

3 Conforme al artículo 2 del CUPOV de 1991, en relación con las obligaciones de las partes contratantes, se hace referencia a que los Estados signatarios del Convenio concederán derechos de obtentor y los protegerán. Posteriormente, en los artículos 14 y siguientes del Convenio, se regula el contenido y alcance del derecho de obtentor, sin exigir tampoco la tutela penal del mismo.

tardíamente la protección penal de las obtenciones vegetales. Mientras que las patentes, las marcas, el dibujo y el modelo industrial, las indicaciones geográficas o los secretos de empresa fueron objeto de protección desde la primera redacción del Código penal en 1995, el delito contra las obtenciones vegetales no se recogió hasta la aprobación de la Ley Orgánica 15/2003 de reforma del Código penal.

Este nuevo ilícito penal formó parte de una reforma más amplia de los delitos contra la propiedad intelectual e industrial, con la que se buscaba una agravación de las penas y la mejora técnica en la tipificación de este conjunto de delitos, de acuerdo con la realidad social y su repercusión en la vida económica y social[4]. De lo anterior se infiere, aunque falta una referencia expresa en la Exposición de Motivos de la Ley Orgánica 15/2003, que el legislador entendió que la protección del derecho obtentor, recogido por entonces, al igual que ahora, en la Ley 3/2000 y en el Reglamento CE 2100/94, requería para su eficacia del complemento de la protección penal.

Lo cierto es que no se entendía que las obtenciones vegetales quedaran sin este tipo de protección del ordenamiento, lo cual suponía un perjuicio para el sector agrario y agroalimentario. Ciertamente, la importancia económica adquirida en las últimas décadas por la industria de la mejora vegetal y el esfuerzo inversor que requiere justificaban plenamente su cobertura por la vía penal. La protección penal de los derechos de obtentor fue positivamente acogida por la doctrina, pues daba respuesta a una necesidad de protección de este sector empresarial y social, tal y como venía solicitando la literatura mercantil[5]. Los efectos positivos derivados de esta tipificación van más allá de las empresas dedicadas a la mejora vegetal, porque los productores agrarios que acceden por los cauces legales al uso de las nuevas variedades vegetales se ven beneficiados del valor añadido de las mismas (variedades más productivas, con mejores cualidades organolépticas para su comercialización, que no requieren el uso de determinados pesticidas o resistentes a enfermedades, etc.). En última instancia, las nuevas obtenciones vegetales ponen a disposición de los consumidores y

---

4 En este sentido, letra [e] del número III de la Exposición de Motivos de la LO 15/2003 de reforma del Código penal.

5 Por todos, véase Morón Lerma, E., "Artículo 274" en Quintero Olivares, G. (dir.), *Comentarios a la Parte Especial del Derecho Penal*, Navarra, Aranzadi - Thomson Reuters, 2011, pp. 838-839.

de la industria agroalimentaria productos de mayor calidad y en una gama más amplia.

2.2. *El ilícito penal como parte del marco jurídico de protección del derecho de obtentor y su ubicación sistemática*

El delito que analizamos, como reproche penal por la infracción del título de protección de la obtención vegetal, se construye como un trasunto del derecho de obtentor reconocido previamente en la normativa mercantil sobre propiedad industrial. Este derecho, en sede extrapenal, se concibe como un haz de facultades exclusivas (o *ius prohibendi*), derivado de la concesión del título de protección, que confiere a su titular la posibilidad de realizar directamente o autorizar a terceros determinadas operaciones con los componentes de la variedad. Las concretas actividades sobre las que se proyecta el núcleo esencial o primario de este derecho de exclusiva son las que establece el artículo 12 de la Ley 3/2000, para las obtenciones con título de protección español, y las previstas en el artículo 13.2 del Reglamento CE 2100/94, para los títulos comunitarios de obtención vegetal. Ambos preceptos coinciden en su contenido, porque derivan de la incorporación al Derecho español y comunitario del CUPOV de 1991.

Para algunos autores[6], la configuración de este delito sobre la base de las dos normas citadas habría dado lugar a un tipo penal extremadamente dependiente de la normativa sobre propiedad industrial e integrado, además, por numerosos conceptos normativos que requieren de su interpretación sobre la base de la normativa especial de obtenciones vegetales. Todo ello habría supuesto un cierto solapamiento del ilícito penal y civil. Entre los elementos normativos del tipo que cabe integrar con la legislación sobre obtenciones vegetales se encontrarían, entre otros, el concepto de obtención vegetal, de material vegetal y los de reproducción o multiplicación, sobre los cuales pivota el núcleo mismo del derecho de obtentor.

Como premisa de partida, la adecuada comprensión del delito requiere dejar sentado que el mismo queda relacionado solo con una parte del derecho del obtentor, esto es, con su derecho primario de exclusiva sobre

---

[6] Al respecto véanse Montserrat Sánchez-Escribano, M.ª I., "La protección de la biotecnología aplicada a las plantas a través del derecho penal: el delito contra las obtenciones vegetales en el marco de los delitos contra la propiedad industrial", *Estudios Penales y Criminológicos*, nº 45, 2024 (formato electrónico), pp. 2 y 5; Morón Lerma, E., "Artículo 274", op. cit., p. 839.

el material vegetal de reproducción y con los actos propagativos de la variedad. Así, la sanción penal no se relaciona con los estadios ulteriores o subsidiarios del derecho de obtentor, por lo que quedan al margen del Derecho penal la protección del obtentor respecto del producto de la cosecha y los productos fabricados a partir de este, siempre que ello no se relacione con actos propagativos de la variedad.

Sin embargo, la determinación precisa desde la normativa mercantil del contenido de este derecho, que tiene la configuración de un sistema de protección en cascada, ha resultado controvertida. El citado sistema de protección en cascada del derecho de obtentor, además, se encuentra condicionado por la forma de propagación o multiplicación de cada variedad vegetal, esto es, no funciona de manera idéntica en todas las variedades, pues habrá que ver si el producto de la cosecha es o no material reproductor. Estos problemas pueden dificultar en determinados casos la interpretación del precepto penal.

El tipo penal analizado se contiene en el artículo 274.4 del Código penal español, que se ubica en la Sección segunda, dedicada a los delitos contra la propiedad industrial, que forma parte del Capítulo XI dedicado a los delitos relativos a la propiedad intelectual e industrial, al mercado y a los consumidores que, a su vez, forma parte del Título XIII, relativo a los delitos contra el patrimonio y el orden socioeconómico[7]. A consecuencia de esta ubicación sistemática y teniendo en cuenta el contenido material del precepto, se ha suscitado cierto debate en relación a si el interés protegido por el tipo penal o bien jurídico protegido se integraría, no solo por la protección del derecho de exclusiva del obtentor como derecho subjetivo

---

7 "Artículo 274.4. Será castigado con las penas de uno a tres años de prisión el que, con fines agrarios o comerciales, sin consentimiento del titular de un título de obtención vegetal y con conocimiento de su registro, produzca o reproduzca, acondicione con vistas a la producción o reproducción, ofrezca en venta, venda o comercialice de otra forma, exporte o importe, o posea para cualquiera de los fines mencionados, material vegetal de reproducción o multiplicación de una variedad vegetal protegida conforme a la legislación nacional o de la Unión Europea sobre protección de obtenciones vegetales.
Será castigado con la misma pena quien realice cualesquiera de los actos descritos en el párrafo anterior utilizando, bajo la denominación de una variedad vegetal protegida, material vegetal de reproducción o multiplicación que no pertenezca a tal variedad."

de corte patrimonial, sino que el tipo también vendría a tutelar el mercado y, derivadamente, el orden socioeconómico[8].

Sobre esta cuestión, desde nuestro punto de vista, cabe señalar que este delito ofrece tutela penal desde dos vertientes claramente convergentes, ambas características del derecho de obtentor.

En primer lugar, la figura no es ajena a la protección del orden socioeconómico, como una cuestión de interés público, porque se tutela el sistema de protección de las obtenciones vegetales como ejercicio de la potestad de la Administración pública de conferir, tras un procedimiento administrativo, el derecho temporal de exclusiva sobre una variedad vegetal que forma parte del dominio público (STS, Sala 3ª, de 11 de marzo de 2004, rec. nº 5661/2001). Las obtenciones vegetales, como el resto de los derechos de propiedad industrial, son un elemento nuclear del orden socioeconómico, al conferir monopolios temporales sobre determinadas creaciones del ser humano. Con este mecanismo el Estado pretende fomentar la investigación y el desarrollo de nuevas variedades, y equilibrar el interés general con la legítima pretensión del sector de la mejora vegetal de conseguir un retorno económico adecuado. La protección defectuosa de los derechos de propiedad industrial perjudica el funcionamiento del mercado, la libre competencia y va en detrimento de los consumidores, porque desincentiva el progreso tecnológico y la mejora de los productos que el mercado les ofrece.

Pero, en segundo término, el artículo 274.4 del Código penal claramente tutela también el derecho subjetivo del obtentor, como derecho de exclusiva sobre su creación tecnológica que es la obtención vegetal. El precepto contribuye, gracias a la disuasión del Derecho penal, a la reducción de las conductas infractoras (función preventiva y de intimidación general propia de la norma penal)[9], incrementando el rendimiento económico

---

8 Para Morón Lerma, E., "Artículo 274", op. cit., p. 844, con este delito se protege a todos los agentes que intervienen en el mercado, aunque de modo más directo se tutela el interés del obtentor, pero de modo mediato se preserva el derecho de los consumidores. Sobre esta cuestión véase también, Asencio Gallego, J. M., "Acciones penales en defensa del derecho de la obtención vegetal", *Revista Internacional CONSINTER de Direito*, 2º sem. 2018, núm. VII, pp. 131-134.

9 Estos efectos derivados de las normas de naturaleza jurídicopenal resultan imprescindibles en la tutela de los derechos de propiedad industrial. Sobre los distintos efectos de la norma penal en relación con su función preventiva, intimidatoria e, incluso, simbólica véase Luzón Peña, D. M., *Lecciones de Derecho Penal. Parte General*, Valencia, Tirant lo Blanch, 2025, pp. 14-17.

de las variedades vegetales, tanto desde el punto de vista de los propios obtentores como desde el punto de vista de los operadores finales, esto es, de los agricultores licenciatarios.

Resulta llamativo que el delito contra los derechos de obtentor forme parte del artículo 274, que se refiere también a la infracción del derecho de marcas, y no del artículo 273 del Código penal, relativo a infracción de los derechos de patente. Este hecho, a nuestro juicio, obedece a una falta de cuidado del legislador, que ha dado lugar a una cierta incoherencia, ya que las obtenciones vegetales guardan analogía jurídica con las patentes, como innovaciones técnicas que son, pero no con los signos distintivos[10]. No ha de verse por ello en la ubicación sistemática del artículo 274.4 una analogía con el sistema de protección de los signos distintivos, ni interpretarse como una *cercanía jurídica* con las marcas, en detrimento de los puntos de conexión que sí guarda con las invenciones patentables.

Aunque el sistema de protección de las obtenciones vegetales es un sistema *sui generis,* plenamente independiente y hasta excluyente respecto del sistema de patentes (art. 5.2 Ley 24/2015 de Patentes y art. 92.1 Reglamento CE 2100/94), la analogía entre ambos existe en el ámbito de la propiedad industrial. Muestra de ello es el reenvío a la legislación sobre patentes como Derecho supletorio. Así queda de manifiesto en la Disposición final segunda de la Ley 3/2000, en la que se señala a la normativa sobre invenciones como supletoria en relación con los derechos de obtentor. Los elementos analógicos existen especialmente entre las obtenciones vegetales y las patentes que recaen sobre materia biológica.

2.3. Una particular afirmación del dolo como elemento subjetivo del tipo

Por lo que se refiere a los elementos esenciales configuradores del tipo, ha de señalarse en primer término que nos hallamos ante un delito doloso,

---

[10] Esta defectuosa sistemática en el legislador ha sido criticada por la doctrina: Queralt, J. J., *Derecho penal español. Parte especial,* Valencia, Tirant lo Blanch, 2015, p. 617; Morón Lerma, E., "Artículo 274", op. cit., pp. 827, 842-843; Montserrat Sánchez-Escribano, M.ª I., "La protección de la biotecnología ...", op. cit., pp. 2-3. Estos autores destacan en esta sede una mayor cercanía respecto al derecho de patentes.

por lo que ha de descartarse la comisión imprudente, ya que es necesario que el sujeto tenga conocimiento del registro de la obtención vegetal[11].

De la redacción del precepto se infiere que la mera inscripción en el correspondiente registro de la variedad vegetal no resulta suficiente. En consecuencia, como ha señalado la doctrina, nos encontramos ante un delito con una exigencia de dolo claramente enfatizada desde el tipo[12]. El tenor literal del artículo no permite sostener la tipicidad si se acredita que el sujeto desconocía el registro de la variedad vegetal. En consecuencia, el precepto sugiere que para el legislador la mera inscripción registral de la variedad, en esta sede, no implicaría *per se* una presunción de conocimiento de tal registro, ni cabría presuponer por este solo hecho que el sujeto tiene la conciencia psicológica de estar utilizando sin autorización una variedad vegetal protegida conforme a la legislación nacional o de la Unión Europea.

En nuestra opinión, aunque la redacción del precepto es mejorable, su aparente reiteración es útil en cuanto aclara el carácter doloso del delito, descartando la tipicidad por el mero hecho del registro de la variedad y exigiendo un especial desvalor en la conducta del agente, que ha de actuar bajo la consciencia de estar utilizando la variedad protegida sin la necesaria autorización del titular. Se trata de la misma exigencia de conocimiento de registro que observamos en los delitos contra las patentes de invención (art. 273.1 CP) o contra los signos distintivos (art. 274.1 CP).

Pero, desde el momento en que se produce el conocimiento del registro por el sujeto, sí cabe inferir que este es consciente de que la variedad tiene un titular, que está sometida al derecho de exclusiva inherente al derecho de obtentor y que los actos a los que se refiere el artículo 274.4

---

11 El registro se produce en la Oficina Española de Variedades Vegetales (OEVV), dependiente del Ministerio de Agricultura Pesca y Alimentación para los títulos nacionales de protección. En el caso de obtenciones con título comunitario se verificará en la Oficina Comunitaria de Variedades Vegetales (OCVV).

12 Para Queralt, J. J., *Derecho penal español* …, p. 618, se trataría de un delito "absolutamente doloso", con el elemento subjetivo añadido del conocimiento de la inscripción registral de la variedad vegetal por parte del sujeto activo; también para Asencio Gallego, J. M., "Acciones penales …", op. cit., p. 138, el elemento subjetivo del tipo exige la previa inscripción registral y el conocimiento de la misma. Algún autor se ha mostrado crítico con la redacción del art. 274.4 en este punto, considerando que la exigencia de inscripción puede ser "innecesaria y técnicamente inadecuada al llevarse a cabo de un modo indirecto y en clave subjetiva" (Morón Lerma, E., "Artículo 274", op. cit., p. 841).

requieren autorización de dicho titular. Sin embargo, desde nuestro punto de vista, tal conocimiento ha de ser entendido en sentido amplio, sin que sea necesario que el sujeto alcance una comprensión técnico jurídica precisa de los detalles con los que se ha verificado la inscripción registral, sino que bastaría la mera consciencia de que la variedad está protegida por un derecho de obtentor del que se deriva la necesidad de autorización del mismo, esto es, el sujeto activo del delito ha de tener conocimiento de que no se halla ante una variedad libre, sino que está sujeta a derechos de obtentor. Se plantea aquí el problema del concepto tradicional del dolo (con conocimiento de la antijuridicidad), y del dolo como conocimiento y voluntad de los elementos del tipo sin conciencia de la antijuridicidad[13].

Nótese que los potenciales infractores en el ámbito agrario revisten carácter heterogéneo, por lo que este elemento subjetivo del tipo no se presenta con un perfil idéntico en todos los casos.

En un extremo podemos encontrar organizaciones con un elevado grado de tecnificación, dedicadas a la producción masiva de material vegetal mediante viveros ilegales, conocedoras de las variedades protegidas más cotizadas que demanda el mercado, de sus precios, así como de los detalles de su registro y del estado de trámite de la concesión de los derechos de obtentor. De otro lado, determinados operadores son conscientes de que una variedad está protegida, que está sujeta a derechos de obtentor, pero desconocen los detalles jurídicos de dicho registro[14]. En este último supuesto, los potenciales infractores han tomado conciencia de que la variedad se halla registrada, en el sentido de protegida, por el conocimiento que tienen del mercado en el que operan, donde resulta conocido que la variedad se encuentra sometida a derechos de obtentor. Pese a ello, multiplican la variedad sin licencia para evitar el pago de regalías y con el objetivo de poner en explotación las plantas obtenidas. En tales casos la información de estos sujetos sobre el registro puede derivar de noticias en prensa especializada u otros medios de comunicación, conocimiento de que otros operadores han suscrito contratos de licencia y, en general, de todo el conjunto de información accesible en un determinado entorno agronómico o agrario,

---

13 De los conceptos de dolo, su evolución y la descripción del dolo como conocimiento y voluntad de los elementos del tipo, sin conciencia de antijuridicidad y de la cuestión del conocimiento de los elementos del tipo se ocupa Luzón Peña, D. M., *Lecciones de ...*, pp. 231 y ss.

14 Sobre esta cuestión véase SAP Salamanca (Secc. 1ª) nº 8/2021, de 21 de enero de 2021.

que hace que el sujeto que se desenvuelve en el mismo actúe con conocimiento de que una variedad está protegida.

En definitiva, la casuística será muy diversa y vendrá condicionada en este punto por el perfil del presunto autor. La cuestión del conocimiento del registro de la variedad se encuentra relacionada con la casuística relativa al error de tipo[15] (números 1 y 2 del art. 14 del Código penal), como elemento enervador del dolo.

La situación es bien distinta en relación con los ilícitos civiles que infringen el derecho de obtentor, puesto que tanto la norma española como la comunitaria establecen supuestos de responsabilidad objetiva. En este sentido puede verse a modo de ejemplo el artículo 94.1 del Reglamento CE 2100/94, sobre el que la doctrina coincide en ver un supuesto de responsabilidad de este tipo[16]. El precepto describe la infracción del derecho de obtentor simplemente por realizar sin autorización alguna de las operaciones que pertenecen en exclusiva al obtentor, en relación con una variedad ya registrada, sin resultar preciso ningún elemento subjetivo que califique de dolosa, culposa o negligente la conducta del sujeto. Esto supondría que, en el ámbito extrapenal, la inscripción produce los efectos propios de la publicidad material positiva, resultando los actos inscritos oponibles frente a terceros, aunque los desconozcan. Dicho efecto de la publicidad material, adecuado para la protección del derecho patrimonial del obtentor como derecho subjetivo, no resulta extrapolable al ámbito penal y, precisamente, la redacción del artículo 274.4 permite descartar tales efectos en la tipificación del delito contra las obtenciones vegetales.

---

15 Sobre esta cuestión véase Bages Santacana, J., "La protección penal de los obtentores de las variedades vegetales" en Asencio Gallego, J. M.ª (dir.), *La protección penal de la propiedad industrial y de los derechos de autor*, Valencia, Tirant lo Blanch, 2024, pp. 212-214.

16 SAP Granada (secc. 3ª) de 30 de junio de 2021, nº 498/2021, Curto Polo, M. *La protección de las innovaciones vegetales en la Unión Europea. Patentes vs. títulos de obtención vegetal*, Tirant lo Blanch, Valencia, 2020, pp. 143-144; García Vidal, A., *Las acciones civiles por infracción de la propiedad industrial*, Tirant lo Blanch, Valencia, 2020, pp. 643 y 511-514; Saldaña Villoldo, B., *Las variedades vegetales y el estatuto jurídico del obtentor. En torno al nuevo régimen de la protección provisional*, Madrid, Marcial Pons, 2022, pp. 140, 257-258, 271-273.

2.4. *Los fines agrarios o comerciales en la conducta del sujeto*

La comisión del tipo exige que las conductas se realicen "con fines agrarios o comerciales". Tal acotación sugiere en primera instancia la necesidad de que el infractor realice los hechos como parte de una actividad económica relacionada con la generación de ejemplares de la variedad protegida para su posterior puesta en explotación, o con la comercialización del material reproductor o de los ejemplares de la variedad generados previamente de manera ilegal. En nuestra opinión, ambos términos no han de entenderse de forma aislada o como compartimentos estancos, sino conexos. Aquello que ha de entenderse por "fines agrarios", como actividad profesional o empresarial de explotación agraria, integra un propósito comercial en última instancia. Los "fines comerciales" a los que se refiere el precepto, recaen sobre material vegetal reproductor cuya finalidad última, por lo habitual, será su utilización con fines agrarios, ya sea para seguir multiplicando la variedad o para la puesta en producción de los ejemplares multiplicados ilícitamente.

En este sentido, la conducta más representativa del tipo sería la multiplicación masiva de la variedad sin autorización cometida por un vivero ilegal, que comprendería la generación de ejemplares de la variedad o de material reproductor (producción o multiplicación) para su venta a los agricultores. Esta actividad viverista ilegal comprendería un fin agrario, que es la generación de ejemplares de la variedad protegida (por ejemplo, plantones), así como de material de propagación (esquejes, injertos, yemas, etc.), que después se destinará a su puesta en explotación agraria por terceros. Dicha actividad tiene en sí misma un evidente fin comercial, ya que el vivero ilegal no se encuentra interesado en la explotación agronómica o puesta en producción de las plantas reproducidas ilegalmente, sino en su venta a terceros (productores agrarios), quienes sí poseen un interés agronómico en el cultivo de la variedad para comercializar el producto de la cosecha. De otro lado, aquella conducta también encuadrable en el tipo, en la que los mismos productores agrarios propagan ilegalmente la variedad protegida, por ejemplo, mediante el uso de injertos ilegales, implica un interés agronómico en la conducta y, en última instancia comercial, aunque no del material reproductor, pues el fin último es la comercialización de las cosechas obtenidas de las plantas injertadas ilegalmente.

Con todo, la correcta comprensión de esta parte del artículo 274.4 requiere de su contraste con la normativa sobre obtenciones vegetales en relación a los límites del derecho de obtentor. Así, encontramos en el artículo 15 del Reglamento CE 2100/94 una serie de conductas a las que no se extiende del derecho de obtentor, esto es, están al margen de su derecho de exclusiva y no tiene acción sobre ellas[17]. Entre estas actuaciones, para lo que ahora interesa, cabe destacar los actos realizados con carácter privado y con fines no comerciales, los actos con fines experimentales, aquellos actos que tengan por finalidad la obtención de otras variedades vegetales o su descubrimiento y desarrollo. Todas estas operaciones reflejarían actos no comprendidos en los "fines agrarios o comerciales" a los que se refiere el tipo penal[18]. Ha de matizarse, respecto de la exclusión de los actos con fines experimentales y los destinados a obtener nuevas variedades (el denominado privilegio de obtentor) que los mismos, en cierto modo o, potencialmente, implican un fin comercial o agronómico, pues en última instancia persiguen la obtención de nuevas variedades para su posterior registro y comercialización. Sin embargo, el hecho de que queden fuera del alcance del derecho de obtentor y sean atípicos desde el punto de vista civil, al no constituir actos de infracción, impide su inclusión dentro del tipo penal.

Por último, el denominado "privilegio del agricultor", previsto en el artículo 14 tanto de la Ley 3/2000, como del Reglamento CE 2100/94, constituye otro ámbito al que tampoco alcanza el derecho de obtentor, un límite al mismo, pero que solo se aplica a determinadas especies de variedades forrajeras, de cereal o patatas. Se trata de la posibilidad que tienen los productores agrarios de emplear en sus propias explotaciones, con fines de propagación en el campo, el producto de la cosecha que hubieran obtenido. Tratándose de un ámbito en el que no opera el derecho de obtentor, en el que el derecho de exclusiva no es exigible, evidentemente, la actividad propagativa amparada por el privilegio del agricultor queda al margen del artículo 274.4 del Código penal, aunque en sí misma se trate de una actividad que posee una finalidad agraria.

---

17 En el mismo sentido cabe citar el artículo 15 de la Ley 3/2000, al que se refiere Asencio Gallego, J. M., "Acciones penales …", op. cit., p. 138.

18 En la normativa de patentes, el artículo 61.1 de la Ley 24/2025, relativo a los límites y agotamiento del derecho de patente, apunta unas exclusiones similares, si bien añade otras no contempladas en la normativa sobre obtenciones, entre las puede mencionarse la preparación de medicamentos realizada en las farmacias extemporáneamente y por unidad en ejecución de una receta médica ni a los actos relativos a los medicamentos así preparados.

2.5. El consentimiento del titular de la obtención vegetal

Por lo que se refiere al consentimiento del titular, constituye una circunstancia que diluye la ilicitud penal de la conducta, pudiendo revestir distintas formas. Por lo habitual se realizará mediante un contrato de licencia que, a tenor de lo dispuesto en el artículo 23.3 de la Ley 3/2000, deberá formalizarse por escrito y no surtirá efectos frente a terceros hasta su inscripción en el registro de licencias. Otra forma habitual en la que puede otorgarse la autorización del titular es a través de sublicencias, que serán suscritas por el licenciatario exclusivo con la aprobación del titular de la obtención. Sin embargo, el consentimiento del titular desde el punto de vista penal, como elemento enervador del tipo, estimamos que debe interpretarse en sentido amplio, incluyendo el consentimiento verbal si este se acredita por los oportunos medios de prueba, sin que sea precisa la forma escrita, aunque esta última sea la más apropiada.

2.6. Las operaciones agronómicas propagativas y los actos sobre el material reproductor como elementos centrales de la conducta típica

Para la adecuada comprensión del tipo previsto en el artículo 274.4 es necesario previamente delimitar qué ha de entenderse por material vegetal de reproducción o multiplicación de la variedad vegetal protegida. Este material es muy diverso, porque depende de la forma de reproducción de la planta en cuestión. Con todo, lo relevante es que se trata de un material vegetal propagativo, esto es, mediante el cual pueden generarse nuevos individuos de la variedad o plantas enteras. Este sentido finalista del concepto ha sido identificado por la doctrina[19], señalándose que comprendería el material de reproducción (sexual) o de multiplicación (vegetativa) e incluiría, a modo de ejemplo, semillas, tubérculos, bulbos, esquejes, etc.

En cuanto a la referencia del tipo a las conductas consistentes en producir, reproducir o acondicionar el indicado material vegetal de reproducción o multiplicación, también se trata de una derivada de la normativa civil (art. 13.2 del Reglamento CE 2100/94 y art. 12.2 de la Ley 3/2000)[20]. El motivo que lleva al legislador a diferenciar entre producción o reproducción se debe a la distinta forma en la que se multiplican las distintas

---

19 Por todos, véase Asencio Gallego, J. M., "Acciones penales ...", op. cit., p. 134.

20 Véase el artículo 14.1 CUPOV 1991, del que dimanan los artículos 13.2 del Reglamento CE 2100/94 y 12 de la Ley 3/2000.

especies de plantas. De este modo, la producción se referiría a las variedades que se reproducen sexualmente (siembra de semillas o plantones), y la reproducción vendría a cubrir aquellas especies de plantas cuya multiplicación se hace de forma asexual o vegetativa (injertos, esquejes, etc.)[21]. Por lo que se refiere al acondicionamiento, sería una actividad agronómica que formaría parte del proceso para la adecuada reproducción o multiplicación, instrumental a los efectos de obtener un adecuado material de multiplicación (selección y saneamiento del material reproductor, etc.). Esta actividad, con todo, esta imbricada en el proceso de producción de semillas y plantas de viveros. A tenor del artículo 24.1 de la Ley 30/2006 de semillas y plantas de viveros y de recursos fitogenéticos, "se entiende por producción el conjunto de operaciones encaminadas a multiplicar y acondicionar las semillas y plantas de vivero para efectuar siembras o plantaciones".

En esta sede ha de considerarse que el término "producción" comprende aquellas actividades agronómicas, en sentido amplio, que impliquen operaciones propagativas de la variedad, en el sentido de generar (producir) material reproductor, como semillas. Las dos referencias del precepto (producción o reproducción) se refieren a los actos de multiplicación de la variedad, ya sea mediante la generación de nuevos individuos o la producción de material vegetal reproductor con ese mismo fin. Pero el término "producción" o "produzca" que incluye el tipo penal no se refiere al cultivo de la variedad protegida con fines no propagativos, esto es, a su puesta en producción agraria para la venta del material cosechado para consumo humano o animal. No se aplica a las actividades de cultivo que no impliquen seguir multiplicando (propagando) la variedad, con la producción de nuevos individuos o con la producción de material reproductor[22]. La dificultad en este análisis deriva de que, en ocasiones, el cultivo de la planta y la producción de cosechas implica *per se* producir material reproductor porque el fruto o material cosechado es propiamente material reproductor (así ocurre en determinadas variedades de cereal). Sin embargo, el cultivo

---

21 Mantiene esta premisa Montserrat Sánchez-Escribano, M.ª I., "La protección ...", op. cit., p. 13. También relaciona tanto la producción como la reproducción con los actos de multiplicación de la variedad protegida Petit Lavall, M.ª V., "Derechos del titular de una obtención vegetal", en García Vidal, Á. (dir.), *Derecho de las obtenciones vegetales,* Valencia, Tirant lo Blanch, 2017, p. 544.

22 Sobre esta cuestión se han pronunciado, entre otras, la SAP Salamanca (Secc. 1ª) nº 8/2021, de 21 de enero de 2021; Auto AP Castellón (Secc. 2ª) nº 314/2020 de 2 de junio de 2020.

que implica la obtención de material cosechado el cual no es hábil como material reproductor no estaría comprendido dentro del tipo penal analizado.

Los derechos que dimanan del título de protección de una obtención vegetal consisten en reservar a su titular la exclusividad de realizar una serie de operaciones respecto de aquella. De esta forma, se reconoce al obtentor un monopolio temporal en relación con un amplio haz de actividades, si bien todas ellas relacionadas con la propagación o multiplicación de la variedad, esto es, se trata de un derecho de exclusiva amplio, pero circunscrito a aquellas operaciones agronómicas relacionadas directa o indirectamente con la generación de nuevos ejemplares de la variedad protegida. Este constituye el primer nivel del sistema de protección en cascada del derecho del obtentor. Ello implica que, *prima facie*, el derecho de obtentor no comprende el cultivo y desarrollo de las plantas para la obtención de frutos (puesta en producción), si ello no implica la propagación o multiplicación de la variedad mediante la generación de nuevos ejemplares.

La parte del tipo que ha presentado mayores dificultades en su aplicación es la relativa a qué operaciones realizadas con la variedad merecen reproche penal. El artículo 274.4 enumera la producción, reproducción, el acondicionamiento con vistas a la producción o reproducción, el ofrecimiento en venta, la venta o la comercialización de otra forma, la exportación o importación, así como la posesión para cualesquiera de estos fines de material vegetal de reproducción o multiplicación de una variedad vegetal protegida[23]. Según lo expuesto, tal enumeración de conductas del tipo penal tiene como elemento nuclear que todas ellas están relacionadas con la propagación en el sentido de generación de nuevos ejemplares de plantas de la variedad protegida. En unos casos se trata de actividades agronómicas (producción, reproducción, acondicionamiento) y, en otros, el precepto se refiere a negocios jurídicos o actos sobre el material vegetal reproductor (ofrecimiento en venta, venta, comercialización, importación, exportación, posesión para estos fines).

Como hemos apuntado, lo que ha hecho aquí el legislador es trasladar a sede penal el núcleo esencial o primario del derecho de obtentor, esto es, su derecho de exclusiva sobre los actos propagativos de la variedad. Se trata de una protección que se proyecta sobre el material reproductor de

---

23 Como ha señalado Morón Lerma, E., "Artículo 274", op. cit., p. 842, nos hallamos ante un tipo mixto alternativo, que se comete por la realización de uno solo de los actos que describe.

la variedad protegida cuya delimitación no es sencilla, como hemos apuntado, puesto que aquello que ha de considerarse material reproductor (o de multiplicación) obedece a una gran diversidad de material vegetal, cambiando de unas variedades a otras y dependiendo de la forma en que se reproduzca cada variedad de planta (sexual o vegetativa).

Sin embargo, en el tipo penal no se ha incluido lo que podríamos denominar *derecho derivado del obtentor* o *derecho subsidiario* que, bajo determinadas circunstancias, permite al obtentor extender su derecho al producto de la cosecha (aunque dicho material cosechado no sea material de reproducción ni de multiplicación) o a los productos fabricados desde este, dentro del sistema de protección en cascada que apuntábamos antes. Desde un punto de vista civil, para que entre en funcionamiento este derecho subsidiario es preciso que el obtentor no haya podido ejercer su derecho primario sobre el material reproductor[24]. También ha de señalarse que el titular de la obtención no puede elegir en qué estadio del sistema de protección en cascada ejerce su derecho, sino que necesariamente ha de intentar ejercer su derecho en primer lugar sobre el material reproductor, esto es, ha de tratar de ejercer su derecho respecto de los actos propagativos de la variedad. Decíamos que la confusión existente en el orden civil[25] sobre la interpretación en este punto del derecho del obtentor puede enturbiar la correcta interpretación del tipo penal. Afortunadamente, la cuestión del derecho del obtentor en sede civil y su extensión al producto de la cosecha ha quedado mucho más clara desde la sentencia del TJUE en el Asunto C-176/18, de 19 de diciembre de 2019.

---

24 La necesidad imperativa de que el titular intente ejercer su derecho previamente sobre el material reproductor se desprende de forma muy gráfica del artículo 7.3 del Real Decreto 1261/2005: “Se entenderá que el obtentor no ha podido ejercer razonablemente su derecho cuando desconocía las actuaciones efectuadas con el material de reproducción o multiplicación de su variedad respecto al artículo 12.2 de la Ley 3/2000, de 7 de enero. Una vez conocidas las actuaciones a que se refiere el apartado anterior, para acogerse a la extensión del derecho reflejada en los artículos 13.1 y 13.2 de la Ley 3/2000, de 7 de enero, deberá haber realizado previamente las acciones necesarias para ejercer dicho derecho en la fase de la multiplicación o reproducción en que se hayan producido estas actuaciones sobre su material. Solamente en el caso de demostrarse imposibles estas actuaciones, podrá intentar ejercer dichos derechos sobre el producto de la cosecha”.

25 Pueden verse, entre otras, las SSAP Valencia (Secc. 9ª) de 22 de diciembre de 2011 (nº 491/2011), 6 de julio de 2016 (nº 787/2016) o SAP de Granada (Secc. 3ª) de 10 de mayo de 2019 (nº 360/2019).

2.7. *Fundamento de la no extensión del ilícito penal más allá del primer estadio del sistema de protección en cascada*

La protección penal del obtentor en nuestro sistema se corresponde exclusivamente con el primer nivel de protección que exponíamos en el apartado anterior, relacionado con los operaciones agronómicas o jurídicas implicadas en la propagación o multiplicación no autorizada de la variedad protegida. Los siguientes niveles de protección del obtentor tienen carácter subsidiario respecto del primer nivel ya expuesto. Se proyectan sobre el material cosechado o sobre los productos fabricados directamente a partir del producto de la cosecha de la variedad protegida, en este último supuesto, con una doble exigencia de subsidiariedad, puesto que para que el derecho de obtentor pueda alcanzar los productos fabricados será necesario que el obtentor no haya podido ejercer su derecho ni contra el material reproductor ni sobre el producto de la cosecha[26].

El núcleo esencial o derecho primario del obtentor que recae sobre el material de propagación y los actos de multiplicación es el que cuenta con el refuerzo de la protección penal, pero no así sus derechos subsidiarios en estadios inferiores del sistema de protección en cascada. El delito previsto en el artículo 274.4 del Código penal claramente no comprende esta protección subsidiaria del obtentor a la que nos hemos referido, ni en relación con el producto de la cosecha ni en relación con los productos fabricados con el mismo[27]. Los motivos para ello son diversos y, en todo caso, resulta justificada esta postura del legislador. Cabe mencionar el principio de intervención mínima del Derecho penal, que ha de atender a las conductas más graves y perturbadoras de la convivencia y el orden social. De la anterior premisa dimana el *carácter subsidiario* de esta parte del ordenamiento[28]. Todo ello hemos de relacionarlo con la existencia de un núcleo esencial del derecho de obtentor, que recibe tutela penal, junto con un derecho subsidiario, que no recibe dicha protección del ordenamiento, y que se articula a través del indicado sistema de protección en cascada.

---

26 En este sentido, artículos 13.3 y 13.4 del Reglamento CE 2100/94, artículo 13.1 y 13.2 Ley 3/2000, así como los apartados dos y tres del artículo 14 CUPOV 1991 del que traen causa aquellos.

27 En el mismo sentido la mayor parte de la doctrina: Morón Lerma, E., "Artículo 274", op. cit., p. 842; Asencio Gallego, J. M., "Acciones penales…", op. cit., pp. 134 y 137.

28 Muñoz Conde, F. y García Arán, M., *Derecho penal. Parte general*, Valencia, Tirant lo Blanch, 2022, pp. 66-69.

La naturaleza del derecho de obtentor y su dinámica, tanto de extensión como de agotamiento, constituyen elementos singulares dentro de la propiedad industrial, encontrando solo alguna analogía con los derechos de patente sobre la materia biológica. Del sistema de protección en cascada se deriva que determinados sujetos que exploten la variedad protegida (*v. gr.* mediante la puesta en producción agraria de ejemplares de la variedad), aunque no hayan sido responsables de los actos de multiplicación de los ejemplares que explotan, puedan responder frente al obtentor si a este no le resulta posible dirigirse frente a los responsables de tales actos de multiplicación. Se trata de un mecanismo, previsto desde el CUPOV, con el que se pretende asegurar el ejercicio del derecho de obtentor, habida cuenta de la facilidad con la que pueden reproducirse y distribuirse rápidamente ejemplares sin licencia de la variedad protegida (*v. gr.* mediante viveros ilegales que producen plantones, injertos, semillas, o mediante la distribución no autorizada entre agricultores de material reproductor).

Es dable que el obtentor, en un buen número de casos, no sea capaz de identificar al sujeto responsable de la multiplicación de los ejemplares, sino que localice las plantas, ya desarrolladas y puestas en cultivo por un productor agrario que no ha sido quien las ha reproducido. Pero, esta casuística habría quedado fuera de la previsión del artículo 274.4, que solo acoge la conducta en la que puede haber un mayor desvalor respecto del título de protección, esto es, las operaciones sin licencia que recaen sobre el material reproductor con fines agrarios o comerciales.

2.8. Título de protección nacional o comunitario

Por último, hay que señalar que el precepto acota su aplicación a aquellos supuestos en los que la obtención cuente con un título de protección nacional o de la Unión Europea. Con ello el delito tiene un carácter territorial, en el sentido de que solo puede cometerse en relación con títulos de obtención que tengan vigencia en territorio español, esto es, obtenciones vegetales que ha de proteger el Estado en su territorio. En la anterior redacción del tipo, recogida en el artículo 274.3 del Código penal, se hacía referencia a la variedad vegetal protegida conforme a la legislación sobre protección de obtenciones vegetales. Tras la reforma operada por la Ley Orgánica 1/2015, el actual artículo 274.4 menciona la variedad vegetal protegida conforme a la legislación nacional o de la Unión Europea, por lo que no cabe duda de que recibe tutela penal tanto el título de protección español como el comunitario. Con todo, aun bajo la redacción del anterior artículo 274.3, la situación debía ser la misma, ya que la referencia a la legislación sobre obtenciones vegetales no podía excluir la protección comunitaria de las obtenciones prevista en el Reglamento CE 2100/94, aplicable plena y directamente en nuestro país en todos sus efectos.

3. INTERPRETACIÓN DESDE EL TIPO PENAL DE ALGUNOS PROBLEMAS ESPECÍFICOS SOBRE LA EXTENSIÓN DEL DERECHO DE OBTENTOR

3.1. Introducción

Tras un primer análisis general de este tipo penal, exponemos una serie de aspectos problemáticos específicos que constituyen infracciones del derecho de obtentor en el ámbito civil, pero que no son siempre y en todo caso ajenas al ámbito penal. Se trata de aspectos derivados de la especial extensión que se confiere al derecho del obtentor, como mecanismo reforzado de protección y que analizaremos prospectivamente en relación con su relevancia penal.

En primer lugar, nos ocuparemos de la protección del obtentor durante el denominado "periodo de protección provisional". En esta materia aparece con mayor claridad la atipicidad de las conductas encuadrables en dicho periodo, pero resulta necesario puntualizar qué ocurre en relación con la protección provisional en la Ley española, porque su deficiente sistemática puede provocar algún equívoco interpretativo. Más problemática resulta la cuestión de la trascendencia penal de las variedades esencialmente derivadas, porque plantean un escenario complejo. Esta figura a efectos penales requiere distinguir la infracción de dicha variedad realizada por los terceros y, de otro lado, las conductas cuyo sujeto activo fuera bien el titular de la variedad inicial o el titular de la esencialmente derivada sin el necesario consentimiento. Los problemas de aplicación del tipo penal en relación con las variedades esencialmente derivadas requieren diferenciar entre titularidad de la variedad y la doble autorización necesaria para su explotación, de modo que surgen dudas interpretativas.

Por último, se plantean algunas reflexiones en relación con las infracciones cometidas por los licenciatarios de la variedad. La casuista es muy amplia y los tipos de infracción diversos. Como veremos, en muchos casos estas infracciones requieren una respuesta como ilícitos civiles derivados de un incumplimiento contractual, pero en otras situaciones, en nuestra opinión, la conducta infractora del licenciatario excede este ámbito y surgen motivos para considerarla penalmente relevante.

3.2. La atipicidad de las conductas durante el periodo de protección provisional

El periodo de protección provisional del obtentor de una variedad vegetal se configura como una ampliación de sus derechos económicos sobre la variedad, y se concibe como una compensación económica o indemnización razonable. Se trata de una figura necesaria para la adecuada tutela de este derecho que deriva del artículo 13 del CUPOV 1991, y que ha sido reconocida por el legislador español (art. 18.2 LOV) y por el comunitario (art. 95 ROV)[29]. La importancia de este instituto jurídico se debe, en buena medida, al largo periodo de tiempo que habitualmente demora la concesión del título de protección, ya que el procedimiento de registro requiere de varios años para verificar mediante ciclos de cultivo que la variedad cumple con los requisitos de registro de carácter agronómico (distintividad, estabilidad y homogeneidad). Este hecho, unido a la facilidad de propagación de las variedades como material vegetal autorreproducible, pone en serio riesgo los derechos económicos de los obtentores, que pueden encontrarse con que su variedad se haya propagado ampliamente sin su consentimiento durante los años de tramitación del expediente administrativo de registro. Nótese que, cada ejemplar de la variedad, es un reservorio de germoplasma y una potencial fuente de la que extraer material reproductor (semillas, injertos, yemas, etc.).

Aun siendo la protección provisional del obtentor uno de los pilares del régimen jurídico de las obtenciones vegetales, se trata de un periodo temporal al que no se extiende el artículo 274.4 del Código penal. Aunque el obtentor proyecta su derecho sobre los actos de multiplicación realizados en este periodo, carece de protección penal en el mismo. Esta premisa nos parece clara desde la normativa comunitaria, pero confusa a tenor de la legislación española sobre obtenciones como exponemos posteriormente.

El motivo principal por el que cabe descartar la tipicidad durante el citado periodo es que no se cumple el presupuesto de que tengamos una variedad protegida en el sentido, como ya hemos apuntado, de que la misma se encuentre registrada. Durante este periodo no hay todavía título de protección, porque aún no se ha reconocido tal derecho al obtentor, el

---

[29] El periodo de protección provisional comprende en el caso de la Ley 3/2000 desde la presentación de la solicitud de registro hasta la concesión (art. 18.2), en el caso de la protección comunitaria a través del Reglamento CE 2100/94 (art. 95) desde la publicación de la solicitud de protección hasta la concesión.

cual no es titular todavía de la variedad, sino que tiene solo la condición de solicitante. Durante el lapso temporal al que ahora nos referimos no hay título de protección del que se desprenda el *ius prohibendi* característico de los derechos de propiedad intelectual. En este periodo no pueden producirse actos infractores, que son aquellos que sanciona el precepto del Código penal, y que parten del presupuesto necesario de que la variedad esté protegida mediante su registro. Durante este periodo de protección provisional pueden producirse los actos de propagación de la variedad o la comercialización del material de reproducción o multiplicación, sin consentimiento del obtentor, pero en este periodo no es jurídicamente preceptivo tal consentimiento.

De lo expuesto se infiere, asimismo, que la atipicidad de la conducta se refuerza por el hecho de que durante el periodo de protección provisional no podría incurrirse en un uso o comercialización de la variedad "con conocimiento de su registro". En su caso, podría conocerse que la variedad se halla solicitada, en trámite de registro. En consecuencia, este elemento doloso del tipo no parece que pueda producirse durante la protección provisional. El elemento del tipo relativo a que se despliegue la conducta "sin consentimiento del titular" tampoco se presenta con claridad, porque durante el periodo de protección provisional, al no estar vigente el derecho de exclusiva como monopolio temporal del obtentor, no es jurídicamente preceptivo contar con su consentimiento para usar la variedad cuya protección está en trámite todavía.

La circunstancia de que el obtentor pueda otorgar licencias durante el periodo de protección provisional no cuestiona lo que se viene exponiendo, porque dichas licencias tendrán los efectos que las partes hayan previsto contractualmente, teniendo en cuenta que la adquisición de los derechos de exclusiva del obtentor dependerá de la resolución administrativa que resuelva su solicitud de registro. Evidentemente, los negocios jurídicos que celebre el obtentor sobre la variedad durante la protección provisional no vinculan a la oficina de registro ni confieren al obtentor el derecho sobre la obtención, el cual solo le puede ser conferido por una resolución administrativa o judicial.

3.3. Algunas dudas interpretativas derivadas de la normativa española sobre el periodo de protección provisional

La situación descrita en relación con el periodo de protección provisional se presenta con cierta claridad respecto de la regulación a nivel comunitario en el Reglamento CE 2100/94. Desde el punto de vista de la legislación española, como apuntábamos, la regulación de este periodo en la Ley 3/2000 puede provocar cierto grado de confusión en relación con su reflejo en el tipo penal del artículo 274.4. Así, no falta algún autor que ha apuntado la posibilidad de aplicar este tipo penal en relación con la Ley 3/2000, tanto al periodo de protección provisional como al de protección definitiva, aun matizando seguidamente que ello resultaría inadecuado a tenor del principio de intervención mínima y postulando una interpretación restrictiva del término "variedad protegida" como "variedad registrada"[30]. Cabe estar de acuerdo con estas últimas consideraciones. No obstante, interesa despejar cualquier tipo de duda en este sentido; a nuestro juicio, en ningún caso puede resultar aplicable el citado precepto del Código penal a las operaciones propagativas efectuadas en el periodo de protección provisional.

La particularidad de la norma española arranca del artículo 18.2 de la Ley 3/2000. El precepto posibilita, sin esperar a la concesión del título, que durante el transcurso del periodo de protección provisional el solicitante del título pueda recibir una compensación económica de quienes haya realizado actos que, tras la concesión de la protección de la variedad, requieran su autorización. Para ello previamente el obtentor solicitante deberá poner en conocimiento del tercero la existencia de la solicitud y, además, si el título de obtención no fuera finalmente concedido, el obtentor solicitante deberá reembolsar las compensaciones económicas que hubiera recibido con el interés legal, salvo pacto expreso entre las partes. Nos hallamos, pues, ante una facultad del obtentor que nos parece criticable pero que, como puede verse, no implica ningún derecho adquirido para el mismo, ni le confiere facultades equiparables plenamente a las propias de la concesión del título. No se trata de una situación reconducible a las exigencias del tipo penal analizado.

Pero, el aspecto más problemático en esta materia de la Ley 3/2000, es que su artículo 44.2 establece que "la protección otorgada por el título de obtención vegetal producirá efectos con carácter retroactivo desde el momento de presentación de la solicitud". Este precepto nos parece criticable. Para el caso de que se interprete de forma aislada sin una integración armónica dentro del conjunto de la Ley 3/2000, puede suponer un elemento distorsionador del régimen jurídico del derecho de obtentor nacional, en comparación con la normativa de la Unión Europea.

---

30 Montserrat Sánchez-Escribano, M.ª I., "La protección ...", op. cit., pp. 11-12.

En primer lugar, este precepto resulta incoherente en relación con el carácter constitutivo del título de obtención, cuestión esta admitida de forma pacífica por la jurisprudencia y la doctrina[31]. Siendo esta la primera cuestión que ya sugiere no hacer una lectura rígida, excesivamente literal, ni asilada del precepto[32]. En segundo lugar, el artículo 44.2, en una lectura literal, presenta una contradicción con el artículo 18.1 de la Ley 3/2000 que establece que el cálculo del periodo de duración del derecho de obtentor se hará desde la concesión de los derechos de obtentor. No cabe considerar que, por la vía del artículo 44.2, pueda ampliarse la duración de la protección prevista en el artículo 18.1; situación que de facto se estaría produciendo si consideramos que todos los derechos de obtentor se trasladan al momento de la solicitud, de modo que el obtentor contaría con el plazo de 25 o 30 años (según el tipo de variedad) desde la concesión del título, más el número de años en los que hubiera estado en trámite su solicitud de protección.

A mayor abundamiento, no parece plausible que el legislador español esté modificando el contenido esencial del derecho de obtentor en un aspecto tan nuclear sobre su alcance y duración a través del artículo 44, artículo ubicado dentro de las normas reguladoras del procedimiento administrativo de concesión del título, en contra de lo establecido en un artículo, como el 18, que forma parte esencial del Capítulo III del Título I de la Ley, dedicado al contenido y alcance del derecho del obtentor. En consecuencia, la referencia del artículo 44.2 ha de ser compatible con dicho Capítulo III, por lo que ha de entenderse como una referencia al artículo

---

31 STS (Sala 3ª) de 11 de marzo de 2004 (rec. nº 5661/2001); Petit Lavall, M.ª V., "Derechos del titular ...", op. cit., pp. 561-562; Femenía Torres, J., "Protección de las Variedades Hortofrutícolas. El pre-uso en las obtenciones vegetales", *Revista Jurídica de la Comunidad Valenciana*, nº 38, año 2011, pp. 1618; Saldaña Villoldo, B., *Las variedades vegetales y el estatuto jurídico del obtentor. En torno al nuevo régimen de la protección provisional*, Madrid, Marcial Pons, 2022, pp. 157-159 y 171-172.

32 El tenor literal del artículo 44.2 o una interpretación rígida del mismo no resulta coherente con el artículo 6 del Real Decreto 1261/2005, relativo a los efectos de la protección, el cual señala que la concesión de un título de obtención vegetal tiene como efecto conferir a su beneficiario o beneficiarios el derecho exclusivo de llevar a cabo las operaciones previstas en los artículos 12 y 13 de la Ley 3/2000. Por su parte, el artículo 3.2 de la Ley 3/2000 entiende como derecho de obtentor el conjunto de derechos que confiere el título de obtención conforme a lo dispuesto en la Ley.

18.2 relativo solo a la indemnización del obtentor durante el periodo de protección provisional[33].

Consideramos que, desde el punto de vista la regulación penal, el artículo 44.2 de la Ley española no convierte en delictivas las operaciones realizadas durante el periodo de protección provisional. Aun en la hipótesis, que no compartimos, de que el citado precepto de la Ley 3/2000 trasladase con carácter retroactivo *in totum* los derechos de obtentor que confiere el título al momento de la solicitud, ello no permite entender cumplidas las exigencias del tipo penal relativas a que los actos se hayan cometido con conocimiento del registro, ni respecto de una variedad protegida (registrada) durante el periodo de protección provisional. Estos dos elementos claves del tipo no concurren durante la protección provisional, porque en ese momento no hay título de protección y los efectos retroactivos que, en su caso, permitiría el artículo 44.2, se refieren a los derechos subjetivos (facultades en el ámbito civil) del titular que dimanan del registro de la variedad. Pero esta retroacción en ningún caso puede permitir la ficción de considerar que existía título de protección antes de su concesión y desencadenar la tipicidad penal. Los efectos retroactivos del artículo 44.2 no pueden servir para reinterpretar artificialmente *ex post* el relato factico del tipo penal.

3.4. El problema de las variedades esencialmente derivadas (VED)

Las variedades esencialmente derivadas integran una categoría jurídica compleja, no resuelta adecuadamente en su formulación por el CUPOV de 1991. Conceptualmente contiene juicios de valor y combina aspectos jurídicos y agronómicos, lo que hace que este problema se arrastre tanto en la normativa comunitaria (art. 13.6 del Reglamento CE 2100/94), como en la española (art. 13.4 Ley 3/2000). Para lo que ahora interesa, haremos una breve aproximación a esta figura señalando que las VED constituyen una ampliación del derecho del obtentor, que permite al titular de la variedad que denominamos "inicial" extender su derecho sobre una VED cuyo desarrollo y características se han basado en dicha variedad inicial.

---

[33] A esta cuestión ya nos referimos con más detalle en Saldaña Villoldo, B., "Cuestiones en torno a la extensión de la protección provisional del obtentor de una variedad vegetal en el Reglamento (CE) núm. 2100/94", *Cuadernos de Derecho y Comercio*, núm. 59, 2013, pp. 179-180.

Las VED requieren para su explotación de una doble autorización: la del obtentor de la variedad inicial y la del obtentor de la VED. Se trata de variedades con un titular: el obtentor de la VED que solicitó y obtuvo su registro como variedad protegida. El fundamento de la figura es proteger a los obtentores de aquellas prácticas por las que otros obtentores, introduciendo pequeñas modificaciones accesorias en su variedad, consiguen registrar una nueva variedad distinta, pero extremadamente similar en lo fundamental a la variedad de origen, pasando ambas variedades a competir en el mismo nicho de mercado. Para corregir esta situación, en la que el obtentor de la VED aprovecha el esfuerzo investigador de la variedad inicial, el obtentor de esta última extiende su derecho sobre la VED. Este mecanismo tiene por finalidad que el titular de la variedad inicial participe de la rentabilidad de la VED, puesto que la misma aprovecha las virtudes agronómicas y/o comerciales de la variedad inicial.

La situación problemática aquí es el propio concepto de VED[34] que, además, es una calificación jurídica que no acompaña al título de concesión de la variedad vegetal, porque es una cuestión sobre la que no se ha de pronunciar la oficina de registro, sino que requerirá de una declaración judicial posterior para el caso de que no haya acuerdo entre los obtentores.

Dicho lo anterior, cabe plantearse qué relevancia puede tener esta figura, en su caso, en relación con el tipo penal que ahora analizamos. La cuestión de la subsunción en el delito del artículo 274.4 de la casuística entorno a las VED precisa, a nuestro juicio, acotar previamente dos escenarios aplicativos muy distintos en los que ha de estudiarse si es viable que se produzca la infracción penal.

En primer lugar, debe distinguirse aquel conjunto de situaciones en las que se produce una infracción de los derechos de la variedad esencialmente derivada como variedad protegida. Se trata de aquellos supuestos en los que un tercero, a estos efectos, un sujeto que no es el titular de la variedad

---

34 Podemos apreciar la complejidad conceptual de la figura tomando como base el artículo 14.5 [b] del CUPOV de 1991, "[...] se considerará que una variedad es esencialmente derivada de otra variedad ("la variedad inicial") si i) se deriva principalmente de la variedad inicial, o de una variedad que a su vez se deriva principalmente de la variedad inicial, conservando al mismo tiempo las expresiones de los caracteres esenciales que resulten del genotipo o de la combinación de genotipos de la variedad inicial, ii) se distingue claramente de la variedad inicial, y iii) salvo por lo que respecta a las diferencias resultantes de la derivación, es conforme a la variedad inicial en la expresión de los caracteres esenciales que resulten del genotipo o de la combinación de genotipos de la variedad inicial".

inicial ni es el titular de la variedad esencialmente derivada, vulnera los derechos de esta. Nos referimos a situaciones en las que se producirían actos de multiplicación o reproducción, comercialización o cualesquiera previstos en el artículo 274.4 del Código penal en relación con una VED. Ya hemos apuntado que la VED requiere de una doble autorización, esto es, la de su titular y, además, la autorización del titular de la variedad inicial. Nótese que, aunque el obtentor de la variedad inicial extiende su derecho a la VED, ello no le convierte en titular de la misma. Aunque la VED propiamente solo tiene un titular registral, al requerir la concurrencia de la autorización del obtentor de la variedad inicial, pueden plantearse problemas interpretativos en relación a cómo ha de operar aquí la referencia del artículo 274.4 a "sin consentimiento del titular de un título de obtención vegetal".

Aunque es cierto que, de facto, la situación pudiera, aparentemente, asemejarse a una doble titularidad porque la variedad requiere la autorización conjunta de dos obtentores, ha de insistirse que ni formal ni registralmente existen dos titulares. A mayor abundamiento, las obligaciones derivadas de la condición de titular de la variedad (pago de tasas, mantenimiento de la variedad, etc.) entendemos que recaen exclusivamente sobre el titular de la esencialmente derivada.

En este escenario, nos inclinamos por considerar que el principio de legalidad y la prohibición de analogía (art. 4.1 del Código penal) particularmente la analogía *in malam partem*, aconsejan hacer una lectura restringida del artículo 274.4 del Código penal en esta materia[35]. De este modo, para la comisión del tipo, sería necesaria la ausencia de consentimiento del titular (registral) de la VED, sin que la falta de autorización del titular de la variedad inicial deba desencadenar la aplicación de la sanción penal al tercero. Consideramos que la falta de autorización del titular de la variedad inicial habría de resolverse por la vía de las infracciones civiles sobre propiedad industrial. No contempla el actual ilícito penal la situación propia de las VED, porque el precepto no plantea el supuesto de que exista un titular registral, pero se requiera, además, la autorización de un tercero interviniente (titular de la variedad inicial). Por ello, no cabe extrapolar

---

[35] Como apuntan Muñoz Conde, F. y García Arán, M., *Derecho penal ...*, op. cit., pp. 112-113, la analogía no sería una forma de interpretar la ley, sino de aplicación de la misma, de modo que una vez establecidos los presupuestos que la ley contiene se extienden sus consecuencias a otros supuestos no contenidos, pero similares o análogos.

analógicamente el precepto penal a las VED, perjudicando al tercero que explota la variedad con consentimiento de su titular, pero sin autorización del obtentor de la variedad inicial.

A todo ello ha de añadirse el hecho de que la declaración de una variedad como VED no se produce en el momento del otorgamiento del título, sino que es resultado de un procedimiento negocial o contencioso posterior entre obtentores. Al margen de las anteriores consideraciones, en nuestra opinión el delito por infracción de los derechos derivados de una obtención vegetal puede producirse respecto de las VED si un tercero (que no es el titular de la variedad inicial), en el sentido apuntado *supra*, realizase cualquiera de las conductas previstas en el artículo 274.4 del Código penal sin el consentimiento del titular registral de la VED.

En segundo término, ha de analizarse la tipicidad penal desde el punto de vista de las relaciones entre el titular de la VED y el titular de la variedad inicial. Esta hipótesis comprende, a su vez, al menos, dos escenarios: (i) los supuestos de explotación de la VED por su titular, pero sin recabar la autorización previa del titular de la variedad inicial y, de otro lado, (ii) los posibles actos infractores realizados por el titular de la variedad inicial al utilizar la VED sin autorización de su titular.

Estimamos que sería atípica la situación en la que el obtentor titular de la VED explota la misma sin contar con la autorización del obtentor de la variedad inicial. Esta hipótesis se presenta con especial claridad respecto de los actos de explotación realizados cuando la variedad todavía no haya sido declarada VED, momento en que ambos obtentores pueden encontrarse enfrentados por tal motivo. Pero, como se ha apuntado, la declaración como VED de la obtención vegetal no convierte al obtentor de la variedad inicial en cotitular registral de la VED, por lo que su falta de consentimiento sería atípica respecto del artículo 274.4 y debería reconducirse a una infracción del derecho de obtentor en el ámbito estrictamente mercantil de la propiedad industrial (art. 13.5 del Reglamento CE 2100/94 y art. 13.3 Ley 3/2000).

Salvo opinión mejor fundada, no parece adecuada la aplicación de este tipo penal al propio titular de la obtención vegetal, porque el titular de la VED no puede cometer el delito respecto de su propia variedad. El reproche que puede recibir dicho titular al explotar su VED sin consentimiento del dueño de la variedad inicial no se desarrolla en el plano de la infracción de la VED. En esta situación nos hallamos en el ámbito de la ampliación de los derechos conferidos por otro título de protección, el de la variedad inicial. En este sentido, como ya se ha apuntado, resulta atípico porque, en el escenario ahora analizado, la reproducción y resto de operaciones a las que se refiere el artículo 274.4 no se realizan respecto de la variedad inicial que sería la situación en la que su titular podría esgrimir dicho precepto del Código penal.

La segunda hipótesis que formulábamos resulta más cuestionable. Salvo opinión más fundada, a priori no cabe descartar la tipicidad de la conducta del titular de la variedad inicial que incurre en los actos previstos en el artículo 274.4 en relación con una VED, de la que no es titular, aunque el ordenamiento le confiera derechos sobre la misma. Sin embargo, la anterior consideración nos genera muchas dudas, porque la referencia del tipo a obtener consentimiento del titular aquí se desnaturaliza, y estaríamos sancionando penalmente a un sujeto que no es titular registral, pero a quien el ordenamiento le confiere un estatus de copartícipe necesario en la explotación comercial de la variedad, porque tiene derechos sobre la misma. Podrían traerse a colación en esta sede los principios de mínima injerencia y subsidiariedad del Derecho penal a los que aludíamos antes.

3.5. Casuística en torno a determinadas conductas desplegadas por los licenciatarios de la variedad

Los acuerdos de licencia que otorga el titular de la variedad son contratos complejos, cuya principal característica es la autorización para la realización de alguno o algunos de los actos propagativos de reproducción, multiplicación, acondicionamiento, venta, etc., relativos al material reproductor de la variedad. Conforme al artículo 16.4 del Real Decreto 1261/2005, las licencias de explotación de variedades protegidas se referirán únicamente al material de reproducción y serán concedidas por el obtentor al productor de dicho material. A las licencias contractuales se refiere sucintamente el artículo 23 de la Ley 3/2000 exigiendo forma escrita y señalando que no surtirán efectos frente a terceros mientras no estén debidamente inscritos en el libro registro de licencias. Por lo que se refiere a los títulos de protección comunitarios, el artículo 27 del Reglamento CE 2100/94 es igualmente escueto, pero se ocupa de recordar que "el titular podrá alegar los derechos conferidos por la protección comunitaria de una obtención vegetal frente a una persona que ostente una licencia de explotación y que infrinja alguna de las condiciones o restricciones inherentes a su licencia". Además de estos pactos, los acuerdos de licencia o sublicencia contienen determinadas obligaciones para el licenciatario, entre las que cabe destacar el pago de las regalías o, entre otros, determinados deberes de colaboración con el titular de la variedad, etc.

El incumplimiento por parte del licenciatario de las estipulaciones del contrato de licencia, en principio, ha de considerarse que sería atípico desde el punto de vista del artículo 274.4, recayendo la resolución de estos conflictos en el ámbito extrapenal. Se ha postulado con razón la atipicidad de estas conductas con base a distintos argumentos, entre los que cabe mencionar que su subsunción penal podría suponer una analogía "in malam partem", una interpretación extensiva del tipo, así como que la falta de tipicidad penal podría basarse en una insuficiente carga de antijuridicidad material del acto[36].

Sin embargo, la solución no se presenta con la misma claridad en determinados supuestos en los que el licenciatario reproduce un número de ejemplares superior al que le permite la licencia, ya sea de forma simultánea y en unidad de acto respecto al resto de ejemplares para el que sí le autoriza el contrato o bien, posteriormente, pasado un periodo de tiempo desde que concluyera la multiplicación de ejemplares para la que recibió autorización del obtentor. Esta particular situación supondría un incumplimiento del contrato de licencia y, al mismo tiempo, una conducta perfectamente encuadrable en la literalidad del artículo 274.4 del Código penal. Por este motivo, los anteriores argumentos sobre la atipicidad de la conducta del licenciatario consideramos que no se presentan con la misma claridad en este supuesto. Mantener la atipicidad de estos supuestos concretos nos genera muchas dudas, porque los elementos del tipo y el desvalor de la conducta parecen presentarse nítidamente en determinados comportamientos de los licenciatarios.

Nos referimos a determinados casos en los que se vulneraría el núcleo esencial del derecho de obtentor, y que van más allá de un mero incumplimiento contractual por el desvalor inherente a la conducta. No se trata de incumplir un pacto accesorio del contrato de licencia, o de no atender puntualmente el pago de las regalías, sino de multiplicar los ejemplares de la variedad y comerciar con ellos o ponerlos en explotación a espaldas del titular. Tales comportamientos no dañan solamente el derecho subjetivo patrimonial del obtentor, sino que afectan a los demás bienes jurídicos que protege esta figura penal como son el mercado, o las normas generales sobre propiedad industrial. A mayor abundamiento, esta conducta proyecta un perjuicio sobre el resto de operadores de la variedad, porque genera una situación potencial de competencia desleal.

---

36 Bages Santacana, J., "La protección penal ...", op. cit., pp. 207-208.

La multiplicación de ejemplares por el licenciatario en la forma que indicamos puede considerarse en mayor medida reprochable, porque se dan con especial nitidez los elementos del tipo: conocimiento del registro y falta de autorización, habida cuenta de que el sujeto conoce perfectamente que no tiene autorización para la multiplicación de ejemplares que excedan los especificados en el contrato de licencia. Por último, en esta especialidad comisiva del tipo el sujeto aprovecharía determinadas ventajas que, precisamente obtiene por su condición de licenciatario, entre las que cabe destacar el acceso a material reproductor de calidad, a técnicas de cultivo y propagación de la variedad, etc., que le habría facilitado, precisamente, el obtentor licenciante.

Consideramos, pues, que en supuestos en los que un licenciatario, incumple manifiestamente el límite de ejemplares que puede multiplicar a tenor del contrato de licencia (*v. gr.* duplicando o triplicando su número), probablemente para no asumir el coste de una ampliación de la licencia, incurre con especial intensidad en los elementos del tipo (falta de autorización del titular, conocimiento del registro) y demuestra una especial intensidad en el dolo.

En las antípodas de esta situación se encontraría, a modo de ejemplo, aquel licenciatario que pierde accidentalmente un determinado número de ejemplares para los que sí tenía licencia de multiplicación (por ejemplo, por inclemencias climatológicas o por enfermedad de las plantas), procediendo a reponer dichos ejemplares mediante nuevos actos de reproducción de la variedad y sin comunicarlo al obtentor. Aunque de ordinario en los contratos de licencia se establece que ante estas circunstancias el obtentor ha de autorizar previamente la reposición de ejemplares perdidos, parece adecuado que este incumplimiento se resuelva extramuros del Derecho penal, siendo aquí válidos los argumentos de la doctrina que apuntábamos antes sobre la atipicidad penal de la conducta del licenciatario.

4. REFERENCIAS BIBLIOGRÁFICAS

Asencio Gallego, J. M., "Acciones penales en defensa del derecho de la obtención vegetal", *Revista Internacional CONSINTER de Direito*, 2º sem. 2018, núm. VII.

Bages Santacana, J., "La protección penal de los obtentores de las variedades vegetales" en Asencio Gallego, J. M.ª (dir.), *La protección penal de la propiedad industrial y de los derechos de autor*, Valencia, Tirant lo Blanch, 2024.

Curto Polo, M. *La protección de las innovaciones vegetales en la Unión Europea. Patentes vs. títulos de obtención vegetal*, Tirant lo Blanch, Valencia, 2020.

Femenía Torres, J., "Protección de las Variedades Hortofrutícolas. El pre-uso en las obtenciones vegetales", *Revista Jurídica de la Comunidad Valenciana*, nº 38, año 2011.

García Vidal, A., *Las acciones civiles por infracción de la propiedad industrial*, Tirant lo Blanch, Valencia, 2020.

Luzón Peña, D. M., *Lecciones de Derecho Penal. Parte General*, Valencia, Tirant lo Blanch, 2025.

Montserrat Sánchez-Escribano, M.ª I, "La protección de la biotecnología aplicada a las plantas a través del derecho penal: el delito contra las obtenciones vegetales en el marco de los delitos contra la propiedad industrial", *Estudios Penales y Criminológicos*, nº 45, 2024.

Morón Lerma, E., "Artículo 274" en Quintero Olivares, G. (dir.), *Comentarios a la Parte Especial del Derecho Penal*, Navarra, Aranzadi - Thomson Reuters, 2011.

Muñoz Conde, F. y García Arán, M., *Derecho penal. Parte general*, Valencia, Tirant lo Blanch, 2022.

Petit Lavall, M.ª V., "Derechos del titular de una obtención vegetal" en García Vidal, A. (dir.): *Derecho de las obtenciones vegetales*, Valencia, Tirant lo Blanch, 2017.

Queralt, J. J., *Derecho penal español. Parte especial*, Valencia, Tirant lo Blanch, 2015.

Saldaña Villoldo, B., "Cuestiones en torno a la extensión de la protección provisional del obtentor de una variedad vegetal en el Reglamento (CE) núm. 2100/94", *Cuadernos de Derecho y Comercio*, núm. 59, 2013.

Saldaña Villoldo, B., *Las variedades vegetales y el estatuto jurídico del obtentor. En torno al nuevo régimen de la protección provisional*, Madrid, Marcial Pons, 2022.

Revisión de las últimas decisiones adoptadas en procedimientos de medidas cautelares por infracción de patente farmacéutica

MAR CONDE NOGUEIRA
Asociada Sénior en HOYNG ROKH MONEGIER

SUMARIO: 1. INTRODUCCIÓN. 2. INDICIOS DE LA INMINENCIA DE INFRACCIÓN. 3. JUICIO INDICIARIO Y PROVISIONAL DE VALIDEZ DE PATENTE. 4. CAUCIONES PARA LA EFECTIVIDAD DE LAS MEDIDAS CAUTELARES. 5. CONCLUSIÓN.

1. INTRODUCCIÓN

Uno de los conflictos recurrentes en la práctica judicial del derecho de patentes son las solicitudes de medidas cautelares presentadas por titulares de patentes farmacéuticas frente a fabricantes de genéricos o biosimilares que se disponen a lanzar al mercado sus medicamentos en supuesta infracción de los derechos de patente sobre el medicamento de referencia.

El presente trabajo tiene como finalidad analizar algunos de los casos más recientes de procedimientos de medidas cautelares de este tipo para, de este modo, identificar cuáles son los principales criterios seguidos en los últimos tiempos por nuestros Tribunales a la hora de aceptar o rechazar dichas solicitudes.

Se analizarán, en concreto, los siguientes cuatro casos, tramitados todos ellos ante los Tribunales especializados en patentes de Barcelona:

1. Caso "sal de tosilato de sorafenib": procedimiento instado por varias empresas del grupo BAYER (BAYER HEALTHCARE LLC como titular y BAYER CONSUMER CARE AG, BAYER HISPANIA, S.L.U. como licenciatarias, ésta última comercializadora del medicamento NEXAVAR® en España, un medicamento a base de tosilato de sorafenib indicado para el tratamiento del carcinoma hepatocelular) por infracción de la reivindicación 12 de la patente EP2305255 referida a la sal de tosilato del principio activo sorafenib, frente a cuatro com-

pañías LABORATORIOS STADA S.A., MYLAN PHARMACEUTICALS, S.L., SANDOZ FARMACÉUTICA S.A., TEVA PHARMA S.L.U. que se disponían a sacar al mercado medicamentos genéricos a base del principio activo sorafenib en forma de su sal de tosilato.

2. Caso "fingolimod": solicitud medidas cautelares presentada por NOVARTIS (NOVARTIS AG, NOVARTIS PHARMA AG, NOVARTIS FARMACÉUTICA, S.A.), titular del medicamento GILENYA® para el tratamiento de la esclerosis múltiple remitente-recurrente, frente a TEVA PHARMA S.LU., MYLAN PHARMACEUTICALS S.L (ahora VIATRIS PHARMACEUTICALS S.A.) y REDDY PHARMA IBERIA S.A. por actos de competencia desleal y, posteriormente, por infracción de la patente EP2959894 sobre un régimen de dosificación del principio activo fingolimod.

3. Caso "fumarato de dimetilo": solicitud de medidas cautelares presentada por BIOGEN (BIOGEN MA INC., BIOGEN INTERNATIONAL GMBH, BIOGEN SPAIN S.L.U), titular del medicamento TECFIDERA®, por infracción de la patente EP2653873 sobre composiciones farmacéuticas para el tratamiento de la esclerosis múltiple, frente a LABORATORIOS LEVI S.L., NEURAXPHARM SPAIN S. L., MYLAN IRELAND LIMITED, VIATRIS PHARMACEUTICALS S.L.U. y KERN PHARMA S.L.

4. Caso "apixabán": medidas cautelares[1] solicitadas por BRYSTOL-MYERS SQUIBB HOLDINGS IRELAND UNLIMITED COMPANY ("BMS") de la patente EP1427415 sobre el principio activo del apixabán (y Certificado Complementario de Protección nº 201100043), junto con otras compañías licenciatarias del mismo grupo (SWORDS LABORATORIES UNLIMITED COMPANY y BRISTOL-MYERS SQUIBB S.A.), y PFIZER (PFIZER INC., PFIZER SINGAPORE DEVELOPMENT LP y PFIZER S.L.U.), comercializadoras del medicamento anticoagulante ELIQUIS®, frente a las compañías de genéricos SANDOZ FARMACÉUTICA S.A. y TEVA PHARMA S.L.U. y LABORATORIOS NORMON S.A.

---

[1] En este caso, las medidas cautelares fueron tramitadas ante los Juzgados de lo Mercantil de Madrid, si bien con anterioridad a dicho procedimiento, la compañía de medicamentos genéricos TEVA había presentado una acción de nulidad ante los Juzgados de lo Mercantil de Barcelona, circunstancia que, entre otras cosas, dio lugar a una cuestión positiva de competencia resuelta por el Tribunal Supremo en un Auto de 24 de abril de 2024 (ECLI:ES:TS:2024:4953A).

En todos los casos las demandantes solicitaban la adopción de medidas cautelares *inaudita parte.*

Además, solo en el caso "fingolimod" se presentó la solicitud de medidas cautelares *ante demanda,* mientras que, en el resto de los casos, las cautelares fueron presentadas de forma coetánea al procedimiento principal.

De los cuatro casos, únicamente en dos de ellos, en "apixabán" y "fumarato de dimetilo", fueron inicialmente concedidas las medidas *inaudita parte* (si bien en el segundo fueron posteriormente alzadas tras el trámite de oposición).

Por su parte, en el caso "sal de tosilato de sorafenib" fueron desestimadas tanto *inaudita parte,* como *inter partes* y confirmada la desestimación en apelación; y en el caso "fingolimod", a pesar de haber sido inicialmente concedidas medidas cautelares con base en la normativa de competencia desleal, éstas fueron posteriormente desestimadas una vez solicitada la tutela cautelar con base en la normativa de patentes, tanto *inaudita parte,* como tras el trámite de oposición y en apelación.

En este artículo se analizarán qué tipo de indicios, más allá de los motivos sobre el fondo de infracción o nulidad de patente específicos de cada caso, fueron tenidos en cuenta en estos cuatro procedimientos tanto con respecto al requisito del *fumus boni iuris* como del *periculum in mora* para la concesión o desestimación de las medidas cautelares.

2. INDICIOS DE LA INMINENCIA DE INFRACCIÓN

Uno de los principales requisitos para que sean concedidas medidas cautelares es que el Tribunal que examina la solicitud adquiera la convicción de que la infracción —la comercialización del medicamento genérico o biosimilar antes de que expire la patente— se presenta como inminente.

Según el artículo 128 de la Ley 24/2015, de 24 de julio, de Patentes ("LP"), se pueden adoptar como medidas cautelares todas aquellas que aseguren debidamente la completa efectividad del eventual fallo que en su día recaiga, y en especial, conforme al apartado primero, "*la cesación de los actos que pudieran infringir el derecho del peticionario o su prohibición, cuando existan indicios racionales para suponer la inminencia de dichos actos*".

Nuestra jurisprudencia ha venido estableciendo de qué manera abordar esta inminencia de infracción del artículo 128 LP. En el marco de una solicitud de medidas cautelares frente a medicamentos genéricos, generalmente se entiende que, para configurar la inminencia, no basta que existan actos que revelen que la infracción es posible o probable, sino que es preciso algún dato adicional que confirme que esta infracción se va a producir de forma efectiva y próxima.

En el caso "fumarato dimetilo", el Juzgado Mercantil Nº 4 de Barcelona, en sus Autos de 25 de octubre y 14 de noviembre de 2022 (ECLI:ES:JMB:2022:3183A y ECLI:ES:JMB:2022:5380A) por los que se estimaban las medidas cautelares presentadas por BIOGEN frente a los genéricos de TECFIDERA®, con referencia a los criterios expuestos por la Audiencia Provincial de Barcelona, Sección 15ª, en sus Autos de 10 de junio de 2013 (caso "atomoxetina"), recoge las notas que caracterizan la inminencia del siguiente modo:

(a) *"La claridad, esto es, que resulte evidente o que pueda ser percibida con facilidad. Ello exige, de una parte, una probabilidad cualificada de que el acontecimiento se produzca; de otra, y de forma esencial, cercanía temporal en la que se espera que se produzca el acontecimiento esperado (quando)"* (párrafos 11 y 13 del auto de 10.06.2013).

(b) *"La segunda nota consiste en que exista una probabilidad muy cualificada de que la infracción se terminaría produciendo de no mediar la medida cautelar solicitada. Dicho en otros términos, la inminencia presupone que la infracción se va a producir caso de no adoptarse la medida. No es suficiente, por tanto, que exista un mero riesgo de que se pueda producir sino que es necesario algo más, esto es, que se pueda representar como algo casi seguro"* (párrafo 18 del auto de 10.06.2013).

(c) *"La tercera nota implica que la inminencia requiere una gran cercanía temporal, aunque no nos atrevemos a cuantificarla de forma cerrada porque somos conscientes de su carácter relativo, esto es, dependiente de las concretas circunstancias de cada caso. Ello nos obliga a ponerla en relación con los instrumentos de reacción que pone el ordenamiento procesal a disposición de las partes para evitar que la infracción que amenaza como inminente se pueda materializar. Esto es, no podemos perder de vista, al interpretar el sentido que debe conferirse a ese requisito, el tiempo necesario para poder conseguir la tutela del derecho de exclusiva que concede la patente. En nuestro ordenamiento ese plazo es realmente escaso, de solo unos días, unas semanas a lo sumo, dado que es posible conceder la tutela ante causam y sin necesidad de prestar audiencia al inminente infractor. Por consiguiente, la inminencia o cercanía temporal debe tener también un alcance limitado, referido a semanas, o algunos (pocos) meses, a lo sumo. Pero no creemos que pueda referirse a años y muy dudoso que pueda sobrepasar el plazo de un par de* meses" (párrafos 25 en relación al 22 del auto de 10.06.2013).

(d) *La cuarta nota que caracteriza el concepto tiene que ver con el enjuiciamiento y consiste en que es exigible un canon de seguridad más elevado del que es habitual en el enjuiciamiento civil, en el que basta con una razonable probabilidad de certeza de la alegación para poder tenerla como fijada como hecho cierto a los efectos del proceso. Por consiguiente, esta cuarta nota exige que existan indicios concluyentes sobre el riesgo de infracción, de forma que no podríamos considerar suficientes aquellos indicios que puedan ser equívocos o poco seguros* (párrafo 26 del auto de 10.06.2013).

Debe por tanto acreditarse de qué manera la infracción de patente se va a producir o materializar de forma inminente y de modo casi seguro.

La verdadera cuestión radica por tanto en identificar qué concretos elementos probatorios o indicios han sido valorados por nuestros Tribunales para afirmar la concurrencia de dicha inminencia en los casos analizados.

De forma general, pueden clasificarse estos indicios en criterios objetivos y criterios subjetivos, indicios que nuestra jurisprudencia reciente, como veremos, no evalúa de forma aislada sino conjuntamente.

Por un lado, los criterios objetivos son aquellos tales como la antelación con la que el laboratorio genérico haya tramitado, con mayor o menor proximidad a la fecha de caducidad de la patente, la solicitud y obtención de la autorización de comercialización de su medicamento; así como, en particular, las fechas de fijación de precio e inclusión del medicamento genérico en el Sistema Nacional de Salud (SNS), pues dependiendo de si este procedimiento es próximo o no a la fecha de caducidad de la patente, podrá deducirse si es creíble o no la intención del laboratorio de respetar o no la patente hasta su expiración.

A este respecto, debe tenerse en cuenta que, tras la obtención de la autorización de comercialización en España y publicación del código nacional por la Agencia Española de Medicamentos y Productos Sanitarios (AEMPS), empezará ante el Ministerio de Sanidad el procedimiento de fijación de precio del medicamento genérico o biosimilar, cuya fecha de inicio no es pública. La primera información pública sobre este procedimiento de fijación de precio son los listados mensuales publicados en la página web del Ministerio con las propuestas de financiación acordadas por la Comisión Interministerial de Precios de los Medicamentos (CIMP).

Una vez fijado el precio, a fin de determinar la salida efectiva al mercado del medicamento genérico, el laboratorio deberá comunicar su intención de comercialización a la AEMPS con al menos quince días de antelación, conforme al artículo 28 del Real Decreto 1345/2007, de 1 de octubre. Esta información tampoco es de acceso público.

Por otro lado, además de dichos indicios de tipo objetivo, nuestros Tribunales también tienen en cuenta criterios subjetivos, principalmente referidos a las manifestaciones, declaraciones o compromisos de la demandada sobre su intención de comercializar o no su medicamento genérico durante el periodo de exclusividad, generalmente manifestados en respuesta a una carta de requerimiento enviada por la titular de la patente y futura demandante, con anterioridad a la presentación del procedimiento de medidas cautelares.

A la vista de todo ello, y en particular dadas las diferentes etapas del procedimiento de fijación de precio, inclusión en el SNS y salida al mercado del genérico (no todas públicas), cabe preguntarse en qué momento exacto de este proceso nuestros Tribunales considerarán la infracción como inminente.

La Sentencia de la Audiencia Provincial de Barcelona, Sección 15ª, de 26 de abril de 2021, caso "lacosamida" [ECLI:ES:APB:2021:3501 (*Tol 8446601*)] ofrece algunas pistas al respecto. En esta decisión la Audiencia consideró que, al no haberse todavía producido la declaración del laboratorio genérico (NORMON en aquel caso) a la AEMPS de la intención de comercialización, éste no estaba todavía en condiciones de lanzar al mercado los medicamentos genéricos que contienen lacosamida. Este hecho —unido a otros factores— hizo que la Audiencia considerase que no existía por el momento amenaza de infracción.

Frente a dicho pronunciamiento, sin embargo, fue formulado un voto particular por el Magistrado Luis Rodríguez Vega que consideró sí debía de haberse estimado la acción de prohibición ya que:

> *"obtenido el precio para comercializar el producto y su inclusión entre las prestaciones farmacéuticas del Sistema Nacional de Salud, lo que separa a las demandadas de la infracción es la orden de producción para su comercialización. Es decir, entre la situación actual en la que se encuentran las demandadas en el proceso de comercialización y la comercialización infractora, queda un solo paso, por lo que realmente creemos que se puede hablar racionalmente de una amenaza actual de vulneración que justifica, desde este punto de vista la adopción de las medidas de prohibición.* (...)
> *El demandado reconvencional ha realizado todos los actos necesarios para comercializar sus medicamentos, ha obtenido la autorización de comercialización y su inclusión en la prestación farmacéutica del Sistema Nacional de Salud, que ha establecido el precio al que lo va a financiar, para lo cual la actora ha tenido que proporcionarles no solo información técnica relativa a*

> *la producción sino también información económica y financiera. La comercialización depende de la voluntad de la demandada, que no ha querido comprometerse formalmente con la titular a esperar ni tan siquiera la resolución de este procedimiento. Por lo tanto, la acción de prohibición debe de ser estimada para prohibir a la demandada que comercialice su producto antes del vencimiento del CCP."*

Teniendo en cuenta lo anterior, en los cuatro casos objeto del presente análisis, se observa que, para la determinación de la inminencia de infracción, los Juzgados realizaron un análisis combinado entre:

- Indicios de tipo objetivo referidos al momento temporal en el que se encuentra el medicamento genérico en el procedimiento de inclusión en la prestación farmacéutica del SNS, y
- Criterios subjetivos referidos a las manifestaciones que hayan podido hacer los laboratorios en cuanto sus compromisos de no comercialización de sus medicamentos genéricos o biosimilares antes de la fecha de expiración de la patente que se alega como infringida.

Así se observa en los casos "fumarato de dimetilo" y "apixabán" en los que fueron concedidas las medidas cautelares *inaudita parte*. En ambos casos, las demandadas ya habían obtenido precio y habían expresado su intención de comercializar los genéricos antes de la expiración de la patente.

En el caso "fumarato de dimetilo", el Juzgado Mercantil Nº 4 de Barcelona en su Auto de 25 de octubre de 2022 (ECLI:ES:JMB:2022:3183A) hace expresa referencia a la citada Sentencia de la Audiencia Provincial de Barcelona en el caso "lacosamida" e indica que "*en relación con la exigencia establecida por la aludida SAP de Barcelona, Sección 15ª, de 26 de abril de 2021*" una vez las demandadas tuvieron asignado precio de venta, habían "*comunicado la fecha de comercialización efectiva antes del 15 de octubre de 2022, de modo que su inclusión efectiva en el SNS será el día 1 de noviembre de 2022*". El 9 de octubre de 2022, fueron presentadas las medidas cautelares por BIOGEN.

Además, también fueron tenidos en cuenta los años que habían mediado entre la solicitud de autorización de comercialización y la vida legal de la patente, a la que todavía la faltaban algunos años para que expirase.

En este mismo Auto de 25 de octubre de 2022 del caso "fumarato de dimetilo" y, en idénticos términos en el Auto de 14 de noviembre del mismo caso frente a KERN, VIATRIS y MYLAN (ECLI:ES:JMB:2022:5380A) el Juzgado Mercantil Nº 4 de Barcelona señalaba que:

> *"La autorización de comercialización de Laboratorios Levi y Neuraxpharm Spain [y Mylan y Kern] se ha producido con seis años de antelación a la fecha de caducidad de las patentes.*
> *Por consiguiente, el plazo dilatado que resta es otro indicio, pero no suficiente, esto es, no es un indicio inequívoco de que se propusiera comercializar de forma inmediata, sin esperar a que expirara el plazo de protección que otorga la patente y su certificado complementario de protección.*
> *En suma, no es sólo el plazo tan dilatado lo que se puede valorar sino también la ausencia de una justificación concreta que permita representarse razonablemente a qué pueda obedecer una solicitud tan anticipada. Unido este indicio a los anteriores, el juicio favorable a considerar que la infracción podía representarse como inminente aparece mucho más justificado.*
> *A la vista de la doctrina expuesta por la AP, resulta claro que es un indicio adicional el hecho de que exista gran lejanía temporal entre la solicitud de autorización de comercialización y la caducidad de la patente (en este caso, un total de 6 años)."*

Por su parte, en el caso "apixabán", el Juzgado Mercantil Nº 13 de Madrid en su Auto de 12 de febrero de 2024 [ECLI:ES:JMM:2024:14A (*Tol 10004233*)] se centraba también, como indicio de comercialización inmediata, en las manifestaciones realizadas por las demandadas en la correspondencia previa mantenida con la parte demandante.

En concreto, con respecto a la demandada SANDOZ, en el Auto se indicaba que, estando en vigor los derechos de exclusividad (el CCP sobre el apixabán) hasta el 20 de mayo de 2026, ésta había informado por carta a la demandante (dos años antes de la fecha de expiración del CCP) de "*su voluntad de comercializar varios medicamentos genéricos con el principio activo del apixabán a partir del próximo 1 de marzo de 2024*".

Posteriormente, el mismo Juzgado en el Auto de 15 de febrero de 2024 [ECLI:ES:JMM:2024:13A (*Tol 10004232*)], con respecto a las otras demandadas TEVA y NORMON, señalaba que *"BMS-PFIZER ha tenido conocimiento que no sólo SANDOZ tiene previsto comercializar de manera inminente el medicamento genérico con el principio activo del apixabán sino también las mercantiles TEVA y LABORATORIOS NORMON, al haber obtenido ya precio de las autoridades administrativas correspondientes"*.

Según se observa, en este caso "apixabán", el Juzgado tuvo en cuenta que, además del rechazo al compromiso de no comercialización durante el periodo de exclusividad (por parte de SANDOZ, frente a quien fueron instadas las medidas en primer lugar), quedaban todavía algo más de dos años para la expiración de los derechos de exclusividad sobre el CCP y, pese a ello, las demandadas ya habían obtenido precio para sus genéricos.

Por su parte, en el caso "sal de tosilato de sorafenib", en el que fueron desestimadas las medidas cautelares por, entre otros motivos, falta de *fumus boni iuris* (por considerarse la patente aparentemente nula por falta de actividad inventiva), el Juzgado Mercantil Nº 1 de Barcelona en su Auto de 19 de julio de 2021 [ECLI:ES:JMB:2021:2692A (*Tol 8575040*)] tuvo también en cuenta que tres de las demandadas (la cuarta, MYLAN, no había contestado) habían expresado también por carta a BAYER su compromiso de respetar el CCP sobre el principio activo sorafenib, no así la reivindicación 12 de la patente EP2305255 alegada sobre la sal de tosilato de sorafenib por considerarla nula:

> *"STADA, SANDOZ y TEVA han comunicado a las actoras que respetarán el CCP Núm. 200700001 sobre la patente ES 2.255.971 ("ES '971"), que caducará el 21 de julio de 2021, pero que no van a esperar a que caduque la patente ES '382, el 3 de diciembre de 2022, para realizar actos de explotación industrial y comercial del principio activo sorafenib tosilato.*
> *MYLAN no ha contestado, a pesar de haber sido requerida en dos ocasiones."*

De este modo, del análisis conjunto de los casos objeto de estudio, se desprende que, si bien resulta determinante el criterio objetivo relativo al momento a partir del cual, fijado el precio, el medicamento genérico está en disposición de ser lanzado al mercado de forma inminente (y, en concreto, según las pautas establecidas en el caso "lacosamida", una vez hecha con 15 días de antelación la declaración de comercialización ante la AEMPS), también resulta de especial importancia, a la vista de la jurisprudencia reciente analizada, el criterio subjetivo relativo a las manifestaciones que hayan podido hacer las demandadas sobre sus compromisos de no comercialización de los medicamentos antes de la fecha de caducidad de la patente.

3. JUICIO INDICIARIO Y PROVISIONAL DE VALIDEZ DE PATENTE

Además de la inminencia de infracción, para la concurrencia del *fumus boni iuris,* los Tribunales no solo analizarán la apariencia (y, en particular, inminencia) de infracción de patente, sino también si la patente que se invoca como infringida tiene apariencia de validez, si ésta es cuestionada por la parte demandada.

La valoración de dicha apariencia no consistirá en un análisis exhaustivo de los motivos de nulidad de patente como el que se haría durante el procedimiento sobre el fondo si no que se trata de un examen de validez "preliminar".

En palabras de la Sección 15ª de la Audiencia Provincial de Barcelona en numerosas resoluciones, por ejemplo, en su Auto de 13 de abril de 2018 [ECLI:ES:APB:2018:1361A (*Tol 6584619*)]:

> *"a los efectos del juicio indiciario y provisional resulta improcedente analizar (...) la validez de dicha patente en términos de certeza". Como advertíamos entonces, "no puede la Sala, dentro del estrecho marco de enjuiciamiento que supone la valoración del requisito de la apariencia de buen derecho de las medidas cautelares adoptadas (art. 728.2 LEC), juzgar con plenitud sobre la validez de la referida patente, sino tan sólo indiciariamente, para lo cual influye decisivamente el registro de la patente a favor de la actora". Pero añadíamos a continuación que "ello no significa que no pueda invocarse esta excepción, sino tan sólo que su enjuiciamiento será indiciario, sin que pueda suplantar el posterior juicio en el procedimiento principal, y que en este enjuiciamiento indiciario el punto de partida a favor de la validez de la patente es su registro, máxime si para su obtención se ha seguido un procedimiento de examen previo, como es el caso por tratarse de una patente europea. Debe ser la demandada quien aporte indicios muy claros y evidentes que permitan advertir de forma provisional e indiciaria la posible nulidad".*

En el mismo sentido, la Audiencia Provincial de Barcelona, Sección 15ª, Auto de 22 de abril de 2022 [ECLI:ES:APB:2022:7529A (*Tol 9469851*)] en el caso "sal de tosilato de sorafenib" recordaba que el análisis de validez de la patente en sede de medidas cautelares debe ser "provisional e indiciario", y que el mismo no tiene carácter definitivo, sino provisional:

> *"10. Como hemos señalado en ocasiones anteriores (auto de 5 de febrero de 2014, ROJ 4139/2014), que el juicio sea provisional e indiciario no significa que no deba hacerse, con el pretexto de que le está vedado al juez de las medidas prejuzgar sobre el fondo, pues solo emitiendo ese juicio de fondo previo puede enjuiciarse correctamente el fumus.*
>
> *11. Lo que ocurre es que ese juicio previo no tiene carácter definitivo (no deja prejuzgada la cuestión) sino provisional, por dos razones definitivas: (i) no persigue zanjar la controversia sino exclusivamente determinar si pueden adoptarse medidas cautelares; y (ii) se realiza con una posible restricción de elementos probatorios. Por ello, no dejará cerrada la cuestión ni vinculará al propio juez al juzgar en sentencia sobre las mismas cuestiones.*
>
> *12. La recurrente alega que el auto de instancia ha realizado un análisis demasiado profundo sobre la actividad inventiva de la R12 de la patente lo que sería contradictorio con el Auto de la Sala de 16 de octubre de 2018 en el asunto cinacalcet. (...)*
>
> *13. Lo cierto es que en sede cautelar el análisis de las pretensiones de las partes debe ser indiciario, tanto las de la actora como las de las demandadas, de forma que si bien la existencia de un título otorga un indicio sólido de protección frente a una conducta infractora no es menos cierto que la existencia de evidencias contundentes de nulidad del título también deben ser valoradas y pueden conducir a la desestimación de las medidas, sin perjuicio del análisis y de la prueba que se practique en el plenario."*

Pues bien, más allá del examen específico de los motivos de nulidad de patente que pudieran ser invocados por la demandada (adición de materia, insuficiencia de la descripción, novedad, actividad inventiva) para cuestionar el *fumus*, existen otros indicios o principios de prueba adicionales que son también tenidos en cuenta por los Tribunales en este análisis judicial preliminar de validez de la patente.

Entre estos indicios, destacan, en primer lugar, las circunstancias relativas al procedimiento de concesión de la patente objeto del procedimiento, generalmente ante la Oficina Europea de Patentes ("EPO").

A la hora de apreciar la apariencia de validez del título invocado en el procedimiento cautelar, nuestros Tribunales se fijarán en si la patente fue, durante su procedimiento de examen, objeto de un exhaustivo análisis de validez para su concesión, así como si, además del procedimiento de examen, se presentaron posteriormente oposiciones a la concesión y, de ser así, hasta donde llegó dicho procedimiento y qué motivos fueron examinados. También tendrán en cuenta si estos motivos o argumentos invocados por los oponentes son o no los mismos que los invocados en el procedimiento nacional.

Todas estas circunstancias serán valoradas por nuestros Tribunales; lo cual no obsta a que la jurisdicción nacional adopte una posición distinta a la de los órganos de la EPO.

A este respecto, de los cuatro casos objeto del presente estudio, cabe hacer especial mención a los casos "sal de tosilato de sorafenib" y "fingolimod" en los que, como ya vimos, las medidas cautelares fueron desestimadas por falta de apariencia de buen derecho derivada de la probable nulidad de la patente.

Por un lado, la patente sobre el "tosilato de sorafenib" de BAYER había sido concedida por la EPO tras un examen de novedad y actividad inventiva y no habían sido presentadas oposiciones tras la concesión. Pese a ello, el Juzgado Mercantil Nº 1 de Barcelona, en su Auto de 19 de junio de 2021 [ECLI:ES:JMB:2021:2692A (*Tol 8575040*)] y posteriormente la Audiencia Provincial, Auto de 22 de abril de 2022, consideraron la reivindicación 12 de la patente invocada como indiciariamente nula [ECLI:ES:APB:2022:7529A (*Tol 9469851*)].

Por otro lado, en el caso "fingolimod", estando pendiente de ser publicada la concesión de la patente (por lo que no había sido materialmente posible hasta entonces ni presentar oposiciones ni impugnar la validez de la patente ante los Tribunales), NOVARTIS alegaba como indicio de validez que la actividad inventiva (cuestionada por las demandadas) ya había sido estudiada y confirmada por la Cámara Técnica de Recursos de la EPO. Sin embargo, las medidas fueron desestimadas por nuestros Tribunales, tanto en primera instancia como en apelación, al considerar la patente preliminarmente nula por falta de actividad inventiva.

Ambos casos prueban que nuestros Tribunales, incluso en procedimientos de medidas cautelares, no siempre coincidirán con el criterio de la EPO.

Por su parte, en el caso de "fumarato de dimetilo" (en el que fueron concedidas inicialmente las medidas cautelares *inaudita parte*), cabe señalar que, en ninguno de los Autos de cautelares, ni en primera instancia ni en apelación, se hacía referencia alguna al procedimiento de tramitación de la patente.

Por último, en el caso "apixabán", donde también fueron concedidas las medidas cautelares *inaudita parte*, en el Auto de 12 de febrero de 2024 [ECLI:ES:JMM:2024:14A (*Tol 10004233*)] el Juzgado Mercantil Nº 13 de Madrid indica que un indicio de validez de la patente de base de BMS es que no se hubiesen presentado oposiciones a la concesión de la invención y que, desde entonces, tampoco se hubiesen presentado demandas de nulidad frente a la misma en España, ni oposiciones o demandas de nulidad frente al CCP:

> *"existen otros datos indiciarios a favor de la fortaleza del título de propiedad industrial del actor en base al cual se acciona:*
> *a. No consta que se hubiera presentado ninguna oposición a la concesión de la invención en el año 2002.*
> *b. Es una patente que ha estado vigente durante 20 años, tiempo durante el cual, no consta que la demandada haya presentado ninguna demanda de nulidad contra la misma en España.*
> *c. Porque tampoco se ha opuesto a la concesión del CCP ni ha pedido su nulidad."*

En efecto, otro de los indicios sobre la validez de la patente invocada que nuestros Tribunales tendrán en consideración en los procedimientos cautelares podrán ser los años transcurridos desde que la patente fuera concedida y si, durante los mismos, fueron presentadas demandas de nulidad contra la misma.

Como vemos, en el caso "apixabán", fue considerado relevante que, durante casi toda la vida legal de la patente SANDOZ no hubiera presentado ninguna demanda de nulidad ante los Tribunales españoles.

Y en el mismo sentido, en el caso "sal de tosilato de sorafenib", el Tribunal tuvo en cuenta que la patente estaba a punto de expirar y, a pesar de haber transcurrido nueve años desde su validación en España, no habían sido presentadas demandas de nulidad frente a ella. En el ya citado Auto de la Audiencia Provincial de Barcelona, Sección 15ª, 22 de abril de 2022 [ECLI:ES:APB:2022:7529A (*Tol 9469851*)]:

> *"La actora tiene un título en vigor que le otorga una presunción de validez pero ello no impide que en sede de medidas cautelares pueda cuestionarse, especialmente en un caso como el que nos ocupa donde la fecha de caducidad de la patente es relativamente cercana en el tiempo, el 3 de diciembre de 2022, lo que exige que la apariencia de buen derecho de la actora sea sólida."*

Por último, en el caso "fumarato de dimetilo", como ya hemos visto, las medidas cautelares habían sido concedidas *inaudita parte*, sin embargo fueron posteriormente desestimadas tras el trámite de oposición por Auto del Juzgado Mercantil Nº 1 de Barcelona de 27 de febrero de 2023 [ECLI:ES:JMB:2023:537A (*Tol 9618603*)] por considerar la patente indiciariamente nula por falta actividad inventiva. No se menciona en el Auto si la patente había sido objeto de otras acciones de nulidad, pero sí que faltaban todavía varios años para que expirase la patente.

Finalmente, otros de los indicios sobre la aparente validez de patente que también tienen en cuenta nuestros Tribunales son las resoluciones dictadas por Tribunales extranjeros.

Por ejemplo, en el caso "sal de tosilato de sorafenib" habían tenido lugar diversos pleitos en Europa, con resultados dispares en los diferentes procedimientos judiciales nacionales —debido también, no solo a las particularidades de cada jurisdicción, sino también a la concreta prueba de nulidad practicada en cada uno de ellos—. De entre los pleitos a nivel europeo, constaba aportada al procedimiento de medidas cautelares la opinión preliminar del Tribunal Federal alemán que había considerado nula la reivindicación 12 invocada de la patente y declarado la validez de una versión limitada, así como la demanda de nulidad presentada por TEVA y estimada por los Tribunales de Reino Unido. También constaban decisiones de los Tribunales de Portugal, donde se había declarado la patente nula, y en Suiza, en donde la patente había sido declarada válida en su versión limitada. En Francia, Países Bajos y Finlandia, se había también desestimado solicitudes de medidas cautelares. A la vista de todas estas decisiones extranjeras, el Auto de medidas cautelares de la Audiencia Provincial de Barcelona, Sección 15ª, de 22 de abril de 2022 [ECLI:ES:APB:2022:7529A (*Tol 9469851*)] señalaba que:

> *"a la hora de llevar a cabo el análisis en cautelares, debíamos de tener en consideración, también, la existencia de resoluciones extranjeras recaídas en procedimientos europeos seguidos sobre las mismas patentes donde los tribunales, valorando los mismos o similares documentos, ya se han inclinado por la nulidad de la R12 aquí invocada. Tales circunstancias obligaran a llevar a cabo un estudio detallado de la validez del título, como ha realizado adecuadamente la magistrada a quo.*
> *15. Tras el estudio de la resolución de instancia debemos concluir que no se basa "ciegamente" en la opinión preliminar alemana, sino que la cita como precedente internacional relevante, que lo es, igual que al tiempo de resolver este recurso lo son las resoluciones de los tribunales franceses, ingleses u holandeses, que ya obran en las actuaciones tal y como hemos referenciado. Insistimos en que la mención del criterio expuesto por los tribunales extranjeros donde se han tramitado procedimientos paralelos es siempre un referente a tener en cuenta, especialmente cuando se han utilizado los mismos argumentos y documentos o periciales. Esta Sala ha utilizado en numerosas resoluciones sobre la materia resoluciones extranjeras como refuerzo de las conclusiones alcanzadas, tras el análisis del caso concreto y la valoración de la prueba practicada, que es lo que hace la magistrada de instancia en una resolución motivada y estructurada (entre otros, Auto de esta Sala de 19 de noviembre de 2019 (ECLI:ES:APB:2019:9313A)."*

También a este respecto cabe señalar que, como bien se indicaba en el Auto, al tratarse de un juicio provisional, éste no condiciona ni vincula al juez en el procedimiento ordinario, en este caso la Sentencia de 30 de septiembre de 2024 del Juzgado Mercantil nº 1 de Barcelona [ECLI:ES:JMB:2024:273 (*Tol 10340076*)] acabó por desestimar la demanda de BAYER al considerar que la reivindicación 12 no cumplía con el requisito de actividad inventiva, confirmando así el análisis preliminar de validez realizado en el procedimiento cautelar, tanto en primera instancia [ECLI:ES:JMB:2021:2692A (*Tol 8575040*)] como en apelación [ECLI:ES:APB:2022:7529A (*Tol 9469851*)].

Otro de los casos con una importante dimensión internacional fue el caso "apixabán" en el que la patente de BMS había dado lugar a numerosos litigios de patentes, con pleitos abiertos en más de veinte países en Europa. En los Autos de concesión de medidas cautelares del Juzgado Mercantil Nº 13 de Madrid de 12 y 15 de febrero de 2024 [ECLI:ES:JMM:2024:14A (*Tol 10004233*) y ECLI:ES:JMM:2024:13A (*Tol 10004232*)] frente a SANDOZ, TEVA y NORMON, respectivamente, se indicaba que, de los nueve países en los que se había cuestionado la validez de la patente de base, tres habían resuelto a favor de la nulidad (entre ellos, España, junto con Reino Unido e Irlanda) y otros seis a favor de su validez (Suecia, Finlandia, Noruega, Francia y Países Bajos y Rumanía).

Como se indicaba en dichos Autos, en España, el Juzgado Mercantil nº 4 de Barcelona había efectivamente considerado la patente nula en su Sentencia de 15 de enero de 2024 [ECLI:ES:JMB:2024:45 (*Tol 10136953*)], esto es, con anterioridad a la solicitud de medidas cautelares. Pero la misma fue, sin embargo (después de concedidas las medidas cautelares por el Juzgado Mercantil de Madrid) revocada por la Audiencia Provincial de Barcelona el 18 de julio de 2024 [ECLI:ES:APB:2024:7374 (*Tol 10169945*)].

Por último, en los casos "fingolimod" y "fumarato de dimetilo", si bien existían casos tramitados ante otros Tribunales en el extranjero, éstos no aparecen expresamente mencionados en los Autos de medidas cautelares.

4. CAUCIONES PARA LA EFECTIVIDAD DE LAS MEDIDAS CAUTELARES

Para terminar, se realiza a continuación una breve mención a las cantidades que, de concederse las medidas cautelares, nuestros Tribunales han venido fijando en concepto de caución a prestar por la parte demandante.

Tal y como establece el artículo 129 LP:

> *Artículo 129. Fianzas.*
> *1. Al acordar, en su caso, las medidas cautelares solicitadas, el Juez fijará la caución que deberá prestar el peticionario para responder de los daños y perjuicios que eventualmente puedan ocasionarse. Si éste no prestara la caución en el plazo al efecto señalado por el Juez, que en ningún caso será inferior a 5 días hábiles, se entenderá que renuncia a las medidas.*
> *2. En caso de que las medidas solicitadas impliquen restricciones para la actividad industrial o comercial del demandado, el Juez podrá señalar al tiempo de acordarlas, el importe de la fianza mediante la prestación de la cual dicho demandado podrá sustituir en cualquier momento la efectividad de dichas medidas restrictivas acordadas.*
> *3. En todo caso, las fianzas que con carácter principal o sustitutorio se decreten para el demandado, se fijarán siempre en un tanto por período de tiempo que transcurra, cuando las mismas deriven de unos actos de explotación industrial o comercial que puedan tener continuidad indefinida.*
> *4. La fianza podrá consistir en un aval bancario. No se admitirán las fianzas personales.*
> *5. Para la fijación del importe de las fianzas el Juez deberá oír a ambas partes durante la tramitación de las medidas, sin perjuicio de la aplicación del artículo 733.2 de la Ley de Enjuiciamiento Civil.*

En los dos casos "fumarato de dimetilo" y "apixabán" en los que las medidas fueron inicialmente concedidas, las actoras habían ofrecido 1.000.000

euros en el primero y 2.000.000 euros en el segundo. En ambos casos, sin embargo, los Juzgados consideraron dichas cantidades insuficientes.

En "fumarato de dimetilo", en el primer Auto de 25 de octubre de 2022 frente a LABORATORIOS LEVI y NEURAXPHARM (ECLI:ES:JMB:2022:3183A), el Juzgado Mercantil Nº 4 de Barcelona fijó la caución en 2.000.000 euros, y posteriormente, en el Auto frente a las otras tres demandadas MYLAN, VIATRIS y KERN PHARMA (ECLI:ES:JMB:2022:5380A) para las cuales la actora había ofrecido 2.000.000 euros por demandada, se elevó la cantidad a 4.000.000 euros. Como se vio, las medidas fueron posteriormente alzadas tras oposición y la actora BIOGEN fue condenada al pago de las costas y daños y perjuicios producidos por las medidas.

En "apixabán", el Juzgado Mercantil Nº 13 de Madrid también "subió" la caución en las medidas cautelares frente a SANDOZ de los 2.000.000 euros ofrecidos a 4.000.000 en el primer Auto de 12 de febrero de 2024 [ECLI:ES:JMM:2024:14A (*Tol 10004233*)] y la misma cantidad de 4.000.000 euros se mantuvo en el segundo Auto de 15 de febrero [ECLI:ES:JMM:2024:13A (*Tol 10004232*)] para la efectividad de las medidas frente a TEVA y NORMON.

En ninguno de los casos fue considerada la prestación de una caución sustitutoria a las medidas, conforme el Artículo 129.2 LP.

Finalmente, en los casos "sal de tosilato de sorafenib" y "fingolimod", en los que no fueron concedidas las medidas cautelares, en cuanto a condena en costas, en el primero de ellos no se efectuó condena alguna en el procedimiento de medidas cautelares ni en primera ni en segunda instancia, no así en el principal, en el que BAYER sí fue condenada al pago de las costas. En "fingolimod", en cambio, la demandante NOVARTIS sí fue condenada en costas tanto en primera instancia como en apelación.

5. CONCLUSIÓN

De todo lo expuesto se deduce que, en casos como los analizados de procedimientos de medidas cautelares instados por titulares de patentes farmacéuticas frente a laboratorios genéricos, nuestros Tribunales vienen exigiendo poder alcanzar un alto grado de convicción tanto con respecto al requisito del *fumus boni iuris* como del *periculum in mora*.

Para ello, resulta especialmente relevante tener en cuenta que, más allá del cuestionamiento que —en trámites *inter partes*— las demandadas puedan realizar del *fumus boni iuris* en cuanto al fondo (ya sea por motivos de nulidad de patente —falta de novedad, actividad inventiva, insuficiente descriptiva o materia añadida— o porque el producto pudiese caer fuera del ámbito de protección), nuestros Tribunales tendrán en cuenta toda una serie de indicios como los expuestos a lo largo de este estudio (inclusión del medicamento en el SNS, manifestaciones de las demandadas sobre sus compromisos de no comercialización, tramitación de la patente ante la EPO, demandas de nulidad previas, resoluciones extranjeras, etc.) que serán igualmente determinantes a la hora de conceder o no las medidas cautelares solicitadas.

DISEÑOS INDUSTRIALES Y SECTORES ESPECÍFICOS

Los retos de la protección jurídica de los productos y sus envases en los sectores de alimentación y cosmética

PATRICIA GUILLÉN MONGE
Abogada Senior en BAYLOS

1. INTRODUCCIÓN

La configuración externa de los productos y de sus envases en los sectores de la alimentación y la cosmética constituye, en muchos casos, un **activo jurídico de gran valor estratégico**, susceptible de ser protegido por distintas figuras del derecho de propiedad industrial e intelectual.

En mercados altamente competitivos, donde la estética y el diseño desempeñan un papel fundamental en la decisión de compra del consumidor, la apariencia externa del producto no solo cumple una función práctica o decorativa, sino que se convierte en un verdadero signo distintivo y en un factor clave de posicionamiento de la marca en el mercado. No obstante, su **adecuada protección** y su **tutela jurídica posterior** plantean numerosos retos, derivados de la confluencia —y en ocasiones, solapamiento— de distintos títulos jurídicos, tanto registrados como no registrados. A ello se suma la posible aplicación de mecanismos complementarios como las acciones de competencia desleal, lo que complica aún más el diseño de estrategias eficaces de protección.

La registrabilidad de los productos o envases como marcas tridimensionales, la protección a través de diseños industriales, la eventual aplicación del derecho de autor y la posibilidad de accionar por actos de confusión, imitación o aprovechamiento indebido del esfuerzo ajeno, conforman un **mosaico normativo** en el que la delimitación clara de derechos y la previsibilidad de los resultados judiciales no son evidentes. En este contexto, **la coexistencia de múltiples vías de protección** puede ser tanto una oportunidad, como un riesgo, si no se gestiona de forma adecuada.

Este artículo analiza los principales retos que plantea la protección jurídica de los productos y sus envases en estos sectores, caracterizados por una intensa presión comercial, constantes innovaciones estéticas y una **creciente presencia de marcas blancas y productos *dupe***, que reproducen de forma más o menos sutil los diseños icónicos del mercado. En particular, se analizará el fenómeno del ***copycat packaging***, entendido como la imitación deliberada de elementos visuales o estructurales de los envases con el fin de generar una asociación en el consumidor, sin llegar necesariamente a incurrir en una infracción directa de marca o diseño.

A través de un enfoque práctico y orientado a la empresa, se examinan los **principales criterios legales y jurisprudenciales**, con el objetivo de ofrecer herramientas útiles para operadores jurídicos y responsables de marca que buscan proteger eficazmente uno de los elementos más visibles —y a la vez más vulnerables— de sus productos.

2. VÍAS JURÍDICAS DE PROTECCIÓN DE LOS PRODUCTOS Y SUS ENVASES

La protección jurídica de los productos y sus envases en el sector alimentario y cosmético en España puede abordarse principalmente a través de cuatro vías: la marca tridimensional (3D), el diseño industrial —registrado o no registrado—, la propiedad intelectual y la vía de la competencia desleal para casos en los que se pueda acreditar la existencia de confusión, imitación y/o aprovechamiento desleal de la reputación de un tercero.

2.1. Protección mediante marca tridimensional (3D)

2.1.1. Base legal

Cuando se analizan las distintas vías jurídicas disponibles para proteger un producto o su envase, la marca tridimensional se presenta —al menos teóricamente— como una opción especialmente atractiva. El registro como marca 3D permite al titular obtener un derecho exclusivo renovable cada diez años sin límite máximo, conforme a la Ley 17/2001, de 7 de diciembre, de Marcas (en adelante, «**LM**») y al Reglamento (UE) 2017/1001 del Parlamento Europeo y del Consejo, de 14 de junio de 2017, sobre la marca de la Unión Europea (en adelante, «**RMUE**»).

Este derecho otorga al titular un mecanismo de defensa eficaz frente a eventuales copias o imitaciones, reforzando la identidad comercial del producto. Sin embargo, el acceso a esta modalidad registral está condicionado al cumplimiento del **requisito de distintividad** que, en la práctica, resulta particularmente difícil de satisfacer para los productos o envases debido a su frecuente carácter funcional o decorativo.

La marca tridimensional encuentra respaldo legal en el **concepto abierto de signo** apto para distinguir productos o servicios que puede ser representado en el registro (artículo 4 LM y RMUE) siempre que se respeten los artículos 5.1, letra e) de la LM y el artículo 7.1 letra e) del RMUE. Es decir, que el signo 3D no se componga exclusivamente de una forma o característica (a) impuesta por la naturaleza del producto, (b) necesaria para obtener un resultado técnico o (c) que aporte un valor sustancial al producto.

En este sentido la Sentencia núm. 190/2023 de la Sala Primera del Tribunal Supremo de 19 julio de 2023 (asunto Sidra Somarroza) interpretó el artículo 5.1.e) LM y confirmó la nulidad de la marca tridimensional española núm. M2948349 constituida por la forma de una botella cilíndrica desnuda denominada «molde de hierro» por considerar que estaba constituida **exclusivamente por la forma del producto** necesaria para obtener un resultado técnico que había sido comúnmente empleada en Asturias para la producción de sidra.

En este sentido, aunque algo antigua, es relevante mencionar la Sentencia de 18 de junio de 2002 (asunto C-299/1999) en la que el TJUE, en resolución de la cuestión prejudicial planteada concluyó que «*un signo constituido exclusivamente por la forma de un producto no puede registrarse en virtud de dicha disposición si se demuestra que sus* ***características funcionales esenciales sólo son atribuibles a un resultado técnico****. Asimismo, la prueba de la existencia de otras formas que permitan obtener el mismo resultado técnico no puede evitar la aplicación de la causa de denegación o de nulidad del registro contemplada en dicha disposición*».

La regulación legal deja, por tanto, una amplia variedad de signos potencialmente objeto de marca 3D que son objeto del siguiente epígrafe.

2.1.2. Ejemplos de marcas 3D

Desde el punto de vista práctico, se distinguen tres categorías fundamentales de potenciales marcas 3D: los envases y la presentación comercial; la forma del propio producto y las formas tridimensionales autónomas. A continuación, se desarrollan cada una de ellas.

En primer lugar, las marcas 3D sobre **envases y presentaciones comerciales** protegen formas tridimensionales como botellas, frascos, envoltorios o cajas, que constituyen el modo de presentación del producto en el mercado. Desde esta perspectiva, cuanto más **se aparte la forma tridimensional de los usos habituales del sector** correspondiente, mayor será la probabilidad de que el consumidor medio la perciba como indicativa del origen empresarial. Desde el punto de vista estadístico, las marcas 3D sobre envases o envoltorios constituyen numéricamente la categoría más utilizada.

A modo de ejemplo podemos destacar como marcas 3D en el **sector de la alimentación** el prisma triangular equilátero que da forma de la tableta de Toblerone (MUE núm. 000031229), el envoltorio de las chocolatinas Merci (MUE núm. 000784207), la botella de los zumos de Granini con una textura distintiva de hendiduras esféricas en el cuerpo de la botella (MUE núm. 001919133), las monas de chocolate con forma de conejito dorado de Lindt (MUE núm. 001698885), la botella dorada de Freixenet (MUE núm. 018401019), los envases bebibles de KAIKU (M4003004), el botellín de la cerveza El Águila (M4023525) o las botellas de aceite Oro Bailén (M4172250) entre otras muchas.

En el **sector de la cosmética**, en particular, en perfumería, es frecuente encontrar un gran número de marcas 3D si bien en muchos de ellos se puede observar como las marcas incluyen el denominativo del producto, limitando el *enforcement* de la marca registrada al incorporar elementos adicionales a la forma. Dentro de las **marcas tridimensionales puras** —basadas exclusivamente en la forma— encontraríamos el envase del perfume Classique de Jean Paul Gaultier identificable con un busto femenino (MUE núm. 000635706), el zapato de Good Girl de Carolina Herrera (MUE núm. 013480868) o el lingote de One Million de Paco Rabanne (MUE núm. 019125943. Entre las **marcas tridimensionales mixtas** —que incorporan elementos denominativos en combinación con la forma— encontramos el bote de crema solar de Nivea Sun (MUE núm. 013081609), el de ISDIN (MUE núm. 018881326), el envase del perfume de Amor Amor de Cacharel (MUE núm. 004046793) o, a nivel nacional, el envase de la crema Fisiocrem (M4229814).

En segundo lugar, encontramos las marcas 3D, que otorgan protección sobre la **forma misma del producto**, es decir, sobre su configuración física externa en tanto que signo distintivo, incluyendo su volumen, estructura, contornos y cualquier otro elemento visual perceptible que permita al consumidor identificar su origen empresarial. Esta opción es posible cuando se trata de comestibles y/o productos cosméticos (entendidos como dispositivos). Dentro de esta categoría podemos destacar pastilla trapezoidal con bordes redondeados de Smint (MUE núm. 000784207) o algunos pintalabios de Guerlain (MUE núm. 006102875) cuya distintividad, como veremos más adelante, ha sido en ocasiones cuestionada. Por su naturaleza líquida o cremosa, en la cosmética el signo protegible como marca 3D recaerá normalmente sobre el envase.

Por último, la marca 3D puede recaer sobre **formas tridimensionales autónomas** como insignias, escudos o relieves que, sin estar ligados funcionalmente al producto o su envase, cumplen una función identificativa. No obstante, ni la normativa nacional ni la europea reconocen de forma expresa esta subcategoría, aunque en la práctica pueden admitirse siempre que cumplan los requisitos generales de distintividad.

2.1.3. El carácter distintivo de la marca 3D

El carácter distintivo constituye el requisito básico para que cualquier signo acceda al registro y este adquiere especial complejidad en el ámbito de las marcas 3D. Los textos legales no hacen distinción por tipología de signo y según reiterada jurisprudencia los **criterios de apreciación del carácter distintivo** de las marcas 3D no difieren de los aplicables a otros tipos de marcas. No obstante, en la práctica, lo anterior presenta ciertos matices los cuales se abordan de manera detallada en la Sentencia de la Sala Segunda de del TJUE de 7 de octubre de 2004 (asunto C-136/02 P) que se desarrolla a continuación.

La percepción del consumidor medio no es necesariamente la misma en el caso de una marca 3D, constituida por la forma del propio producto que, en el caso de una marca denominativa o figurativa, la cual consiste en un signo independiente del aspecto de los productos que designa. Así, el consumidor medio no suele presumir el origen de los productos basándose en su forma o en la de su envase, al margen de todo elemento gráfico o textual, y, por consiguiente, puede resultar **más difícil acreditar el carácter distintivo** cuando se trate de una marca 3D que cuando se trate de una marca denominativa o figurativa. En estas circunstancias, cuanto más se acerque la forma cuyo registro como marca se solicita, a la forma común del producto que se trate, más difícil será acreditar su carácter distintivo intrínseco.

Como es sabido, la distintividad de una marca puede ser intrínseca o adquirida por el uso: (a) la **distintividad intrínseca** se refiere a la capacidad del signo para identificar por sí mismo el origen empresarial de los productos o servicios, sin necesidad de prueba adicional; (b) la **distintividad adquirida** por el uso —también conocida como *secondary meaning*— concurre cuando un signo inicialmente no distintivo ha alcanzado carácter distintivo como consecuencia de su uso continuado en el mercado.

A) El carácter distintivo intrínseco de la marca 3D

Según jurisprudencia reiterada, sólo una marca 3D compuesta por un signo que, de una manera significativa, difiera de la norma o de los usos del sector y que, por este motivo, cumpla su función esencial de origen, gozará de carácter distintivo. Lo anterior se justifica por el hecho de que, en atención a los derechos de exclusiva que confiere la marca, solo aquellos signos realmente aptos para indicar el origen empresarial deben gozar de la **exclusividad y *ius prohibendi*** que atribuye el derecho de marcas. Este enfoque restrictivo tiene por objeto evitar que las empresas puedan obtener y gozar de un derecho de marca que en realidad viniera a conferir a su titular un monopolio sobre soluciones técnicas o sobre características de un producto, que harían imposible competir en el mercado, en perjuicio último de los consumidores.

En la práctica, encontramos un amplio número de marcas **rechazadas o cuestionadas** tras su registro por falta de distintividad intrínseca. Por ejemplo, envase de champú blanco con tapón azul de H&S (MUE núm. 015607047) y el envase de pasta de dientes Licor del Polo (MUE núm. 019038385) —ambas marcas 3D puras, sin elemento denominativo alguno incorporado— fueron rechazadas por la EUIPO como signos aptos para indicar *per se* la procedencia empresarial del producto.

La botella de agua premium de la marca VOSS (completamente cilíndrica, con tapón gris de igual diámetro) fue inicialmente registrada como marca (MUE núm. 003156163). Ante una solicitud de nulidad, su distintividad fue reconocida por la División de Anulación de la EUIPO por entender que se trataba de una **forma «no corriente»** en el mercado de las bebidas. No obstante, la Sala de Recursos de la entonces OAMI anuló la marca (R 785/2010-1) y la falta de distintividad fue confirmada por el TJUE. El

TJUE concluyó que el hecho de que el diámetro del tapón fuera idéntico al de la botella, «*únicamente constituye una variante de las formas existentes y no puede considerarse que* ***difiera significativamente de las normas o de los usos del sector****, aun admitiendo que ese elemento presenta cierta originalidad*» (Sentencia del Tribunal de Justicia, Sala Sexta, de 7 de mayo de 2015, C-445/13 P). En consecuencia, la marca fue finalmente anulada.

En lo que se refiere a otros **envases de agua**, los formatos de botella azul de Solán de Cabras fueron registrados como marca 3D hace más de 20 años y su botella azul más actual ha sido registrada con éxito recientemente (EUTM núm. 018975509). No obstante, es preciso destacar que, en este caso, no se trataba de marcas 3D puras (como el caso de VOSS) si no que todas las marcas 3D analizadas titularidad de Solán de Cabras incluyen denominativos o grabados adicionales en las botellas.

En el mundo de la cosmética, es obligado mencionar el asunto del pintalabios «Rouge G» de Guerlain resuelto por el Tribunal General mediante Sentencia de la Sala Quinta del Tribunal General de 14 de julio de 2021 (asunto T-488/20) en el que se confirmó la distintividad del citado pintalabios, al considerar el Tribunal General que «*el público destinatario con una capacidad de atención media a alta se sorprenderá por esta forma fácilmente recordable y la percibirá como una* ***divergencia significativa con las normas y hábitos del sector*** *de las barras de labios, capaz de indicar el origen de los productos en cuestión*». Para ello fue determinante el hecho de que el pintalabios y su estuche presenten una forma que evoca al casco de un barco o una cesta y que no permite apoyar el pintalabios en posición vertical, al no tener ninguna base plana por lo que el Tribunal General entendió que se aparta significativamente de las normas y costumbres del sector y que ello le confiere, por tanto, carácter distintivo.

B) El carácter distintivo adquirido por el uso

Tanto la legislación comunitaria, como la española, regulan expresamente la posibilidad de la distintividad sobrevenida por el uso. Es decir que un signo que **no ostenta carácter distintivo *ab initio*** por falta de carácter distintivo intrínseco, carácter descriptivo o carácter genérico, puede considerarse **distintivo a consecuencia del uso** realizado de este en el mercado. La dificultad práctica viene dada por el hecho de que la legislación —tanto el artículo 5.2 de la LM como el artículo 7.3 del RMUE— establece que el momento temporalmente relevante a efectos de evaluar la distintividad adquirida por el uso es «*antes de la fecha de concesión del registro*» (art.

5.2 LM) y en marcas de la Unión Europea aunque el RMUE no lo establece expresamente, en aplicación de la jurisprudencia recopilada en las Guidelines de la EUIPO, se debe tener en cuenta el uso de la marca previo a la fecha de solicitud del registro (Sentencia del TJUE, Sala Quinta de 11 de junio de 2009, C-542/07 P). Por tanto, surge la dificultad para el solicitante que recibe una denegación provisional de una marca que es posible que su uso todavía no sea muy extendido.

En relación con el carácter distintivo adquirido por el uso en materia de marca 3D, se hace indispensable analizar la controvertida Sentencia del TJUE, Sala Tercera, de 25 de julio de 2018 (Asuntos acumulados C-84/17 P, C-85/17 P y C-95/17 P) conocida como la **Sentencia KitKat**. La Sentencia aborda la distintividad sobrevenida por el uso, específicamente en el contexto de la marca 3D que representa la forma de una tableta de chocolate de cuatro barras de forma trapezoidal, donde la base inferior es más ancha que la superior. Si bien Nestlé obtuvo inicialmente el registro de la marca 3D (MUE núm. 002632529), Cadbury (ahora Mondelez) inició una acción de nulidad.

En un primer momento, la Sala de Recursos de la EUIPO consideró acreditada la **distintividad sobrevenida por el uso** al haber aportado Nestlé prueba pertinente que, apreciada en su conjunto, podía demostrar que, a los ojos del público pertinente, dicha marca se percibía como una indicación del origen comercial de los productos de que se trata y entendió que bastaba con acreditar que, en la percepción de una parte significativa del público pertinente de la Unión, la marca indicaba el origen comercial de los productos que designaba, sin que fuera necesario demostrar el carácter distintivo adquirido por una marca mediante su **uso en cada uno de los Estados miembros** de que se tratara (Nestlé aportó pruebas de distintividad adquirida en diez de los quince Estados miembros de la UE en ese momento).

Sin embargo, el TG anuló dicha resolución y el TJUE confirmó la anulación al considerar que del carácter unitario de la marca de la Unión resulta que, para que se admita su registro, un signo ha de poseer **carácter distintivo en el conjunto de la Unión**. Por tanto, en caso de una marca que no posee un carácter distintivo intrínseco en el conjunto de la Unión, el carácter distintivo adquirido por el uso de esta marca debe acreditarse en todo ese territorio, y no solo en una parte sustancial o en la mayor parte del territorio de la Unión.

En el caso de las marcas 3D, por su propia naturaleza, si se consideran faltas de carácter distintivo, lo normal será que tal consideración sea aplicable a todos los Estados miembros (en el caso de marcas 3D puras en las que no se incorpore ningún elemento interpretable en una lengua de la Unión). Por tanto, el **estándar de distintividad adquirida** para marcas 3D establecido por el TJUE es un estándar muy elevado que será en la práctica, complejo —cuando no imposible en una elevada proporción de los casos— de demostrar.

2.1.4. Cuando optar por la marca 3D

En este contexto, el titular se enfrenta a una **decisión estratégica**: (a) solicitar el registro de la marca 3D de forma anticipada o coincidente con el lanzamiento del producto, confiando en su distintividad intrínseca, o (b) esperar a que el envase adquiera carácter distintivo sobrevenido por el uso y reconocimiento en el mercado y solicitarlo con posterioridad, invocando la distintividad sobrevenida por el uso. Esta segunda opción, no está exenta de riesgos en tanto que expone al titular a intentos de registro por parte de terceros (en ocasiones, terceros de mala fe) que, en caso de obtener un registro, podrían potencialmente bloquearle en el mercado. Además, debe tenerse en cuenta la **postura restrictiva** que vienen adoptando, tanto las Oficinas de Propiedad Industrial como la jurisprudencia reciente.

En vista de lo expuesto, lo único que parece claro es que no es recomendable optar por una marca 3D en los casos en los que el producto o envase no difiera significativamente de las normas y costumbres del sector.

En caso de que se considere que el producto o envase pudiera cumplir con el requisito de distintividad, deberá tomarse una doble decisión. En primer lugar, valorar si la marca se solicita como **marca 3D pura** (más difícil de registrar, pero con un *enforcement* superior, si no se cuestiona su validez) o en **combinación con elementos denominativos** (más fácil de registrar, pero con peor nivel de enforcement frente a terceros). Decidido lo anterior, también será relevante si se opta por una **marca nacional o una marca de la Unión Europea**. En atención a las dificultades y costes asociados a la prueba de distintividad sobrevenida en el conjunto de la Unión Europa, y siendo esperable que en el caso de las marcas 3D puras que la potencial falta de distintividad sea atribuible a toda la Unión, puede ser recomendable optar por registrar la marca 3D **únicamente como marca nacional** en aquellos mercados que resulten de mayor interés y en los que el solicitante, considere que estaría en disposición de acreditar distintividad sobrevenida en el territorio, conforme a la práctica y jurisprudencia nacional.

Las estadísticas anuales que publican tanto la OEPM como la EUIPO no distinguen por modalidad de marca. No obstante, al realizar una búsqueda filtrada por fecha de solicitud en 2024, podemos advertir que se solicitaron solo 535 marcas 3D ante la EUIPO y 70 solicitudes ante la OEPM lo cual viene a confirmar que (aunque no conozcamos el desglose por nacionalidad del solicitante en la EUIPO) la **opción de marca nacional 3D es mayoritaria** respecto a la de la Unión Europea.

2.1.5. Casos de éxito

En nuestro país no abundan los precedentes en los que se hayan estimado satisfactoriamente acciones por infracción de marca 3D. Sin duda, el caso de mayor trascendencia es el asunto Freixenet (botella nevada) finalmente resuelto por Sentencia núm. 49/2009 de la Sala Primera del Tribunal Supremo de 10 de febrero de 2009.

En el citado caso, tanto el Juzgado de Primera Instancia (no existían Juzgados especializados en ese momento) como la Audiencia Provincial de Barcelona, desestimaron las pretensiones de Freixenet. No obstante, el Tribunal Supremo casó la sentencia y concluyó sobre la existencia de infracción sobre la base de certificaciones de numerosas Cámaras de Comercio y estudios de mercado que acreditaban la confusión y el aprovechamiento de la reputación de Freixenet por parte del tercero para beneficiarse de su cuota de mercado.

2.2. Protección mediante diseño industrial

2.2.1. Base legal

El Reglamento (CE) nº 6/2002 del Consejo, de 12 de diciembre de 2001, sobre los dibujos y modelos comunitarios (en adelante, «**RDC**») y la Ley 20/2003, de Protección Jurídica del Diseño Industrial (en adelante, «**LDI**») regulan la protección de la apariencia externa del envase —sus líneas, forma, colores, textura o materiales— siempre que sea nuevo y posea carácter singular.

El titular de un diseño registrado goza de un **derecho exclusivo** a utilizarlo y a prohibir su uso a terceros sin su consentimiento. Este derecho incluye, en particular, la fabricación, la oferta, la comercialización, la importación, la exportación y el uso de productos en los que se incorpore o a los que se aplique el diseño, así como el almacenamiento de dichos productos para tales fines, según lo establecido en el artículo 19 RDC y 45 LDI.

Además, también existe la figura del **diseño comunitario no registrado**, regulado por el RCD —sin equivalente en la LM— el cual otorga protección automática a los diseños que sean nuevos y posean carácter singular, sin necesidad de registro formal. Esta protección se limita a la copia servil, surge en el momento en que el diseño se divulga públicamente dentro de la Unión Europea y tiene una **duración limitada de tres años** desde dicha divulgación.

Aunque ofrece una protección más breve y limitada que el diseño registrado, es especialmente útil en **sectores de ciclo rápido** como el de la moda. No obstante, tampoco se descarta su aplicación en los sectores que aquí nos ocupan. Por ejemplo, Delaviuda ejercitó acciones sobre la base del diseño no registrado sobre sus palitos de turrón contra los *sticks* de turrón Doña Jimena. Si bien la acción no tuvo éxito en lo que se refiere al diseño no-registrado, es una opción disponible para contemplar cuando se cumplan los requisitos para su protección (*vid.* Sentencia núm. 93/2022 del Juzgado de lo Mercantil núm. 1 de la Marca de la Unión Europea de 5 de septiembre de 2020).

La protección mediante diseño industrial registrado es **ágil y económica**, pudiendo extenderse hasta un máximo de veinticinco años (en periodos renovables de cinco años). Entre sus ventajas destaca que no se requiere prueba de distintividad, bastando con la **novedad y carácter singular del diseño**. No obstante, la protección se limita exclusivamente a los aspectos estéticos del envase y no cubre su funcionalidad ni su valor distintivo en el mercado. Además, su duración es limitada en el tiempo, sin posibilidad de prórroga más allá de los veinticinco años.

2.2.2. Ejemplos de diseños industriales registrados

El diseño industrial es posiblemente la figura jurídica a la que más recurren los titulares de derechos para proteger sus productos y envases. Los tipos de elementos sobre los que puede recaer el diseño (*e.g.* el envase o el producto en sí) serían análogos a lo ya explicado para la marca 3D, a lo que nos remitimos en aras de la brevedad.

Estadísticamente, los solicitantes españoles presentan **mayor número de solicitudes de diseño nacional que comunitario** (13.670 nacionales v. 3.403 comunitario en 2024). No obstante, en la práctica, muchos de los titulares que se detallan a continuación son extranjeros, lo que hace que los diseños comunitarios registrados («**RCD**») sean muy populares entre las grandes compañías, ya que la ausencia de examen de requisitos de validez y la necesidad de obtener la protección en toda la Unión Europea los lleva a decantarse por esta modalidad.

Por ejemplo, en el **sector cosmético** podemos destacar el diseño industrial de la botella de champú de H&S (RCD núm. 000378658-0010) que fue rechazada como marca 3D, el envase de crema NIVEA (RCD núm. 000106802-0003) con su característico color azul y letras blancas, la máscara de pestañas COLOSSAL de Maybelline (RCD núm. 000880232-0004), el pintalabios rojo de CLARINS (RCD núm. 008739825-0001) o el frasco del perfume Ralph Lauren Blue (RCD núm. 000212295-0001).

En **alimentación**, podemos destacar la lata de Heineken Silver (RCD núm. 008819304-0001) o las latas de sabores de tónica de Royal Bliss (RCD núm. 015002853-0007, entre otros).

2.2.3. Sistema de concesión automático y análisis de validez vía nulidad

El sistema de protección vía registro, en lo que se refiere a la obtención del título no plantea especiales riesgos debido a que la concesión, siempre que la solicitud reúna los requisitos formales necesarios, será **automáticamente concedida** sin que se realice un examen de la concurrencia de los requisitos de novedad y carácter singular. Por tanto, el solicitante que se proponga el registro de un diseño sobre un producto o envase tendrá, normalmente en el mismo día, el título que le otorga exclusividad sobre su diseño o modelo y del que se presume su validez, salvo que este sea anulado.

Para que un diseño industrial comunitario sea válido, aunque no necesariamente para que sea concedido, como ya hemos visto, debe cumplir con dos requisitos esenciales: **novedad** (artículos 5 RCD y 6 LDI) y **carácter singular** (artículos 6 RCD y 7 LDI).

A continuación, se desarrollan cada uno de ellos. No obstante, antes de ello, es preciso destacar que —debido a que no existe un sistema de examen en la tramitación— el control de validez se hace *ex post*, es decir, una vez que el diseño se encuentra ya registrado. Las **competencias para analizar la validez de los diseños**, en el caso de los **RCD**, están atribuidas a la División de Anulación de la EUIPO (art. 52 RDC) en caso de que un tercero se proponga solicitar la nulidad de un diseño y ante los Tribunales de Marca de la Unión Europea de Alicante (con competencia exclusivas en diseños), en caso de una reconvención surgida a raíz de una acción de infracción.

En el caso de los **diseños nacionales españoles**, estos presentan ciertas peculiaridades en tanto que la competencia exclusiva corresponde a los Tribunales Mercantiles, en todo caso, no así a la OEPM (como sucede con las nulidades de las marcas desde la última reforma). Por tanto, quien se proponga solicitar la declaración de invalidez de un diseño industrial español deberá presentar su demanda ante los **Juzgados Mercantiles** que resulten competentes conforme al Acuerdo de 18 de octubre de 2018, de la Comisión Permanente del CGPJ (actualmente en Madrid, Barcelona, Valencia, Granada, Las Palmas de Gran Canaria, A Coruña).

2.2.4. El usuario informado

Común a ambos sistemas (español y comunitario) el análisis del cumplimiento de requisitos de validez se analiza desde la perspectiva del «***usuario informado***», estándar generalmente más atento y cualificado que el «*consumidor medio*» utilizado en materia de marcas. Según la jurisprudencia, el usuario informado es una **ficción jurídica** que debe entenderse, según los casos, como un concepto intermedio entre el consumidor medio, aplicable en materia de marcas, al que no se le exigen conocimientos específicos y que, por lo general, no realiza una comparación directa entre marcas, y el profesional, aplicable en materia de patentes, experto con amplios conocimientos técnicos y que muestra un alto nivel de atención al comparar directamente invenciones en conflicto (Sentencia del Tribunal General, Sala Quinta, de 18 de marzo de 2010, asunto T-9/07 y Sentencia del Tribunal General, Sala Octava, de 25 de abril de 2013, asunto T-80/10).

Por ejemplo, en materia de cajas para frutas, el usuario informado «*puede ser identificado como el **profesional** que adquiere y utiliza cajas y envases de madera para dicho uso: envasadores y comerciantes de frutas y verduras*» que «*da muestra de un **especial cuidado y de un grado de atención** relativamente elevado*» según la formulación usual del Tribunal General (Resolución de la Tercera Sala de Recurso de 16 de octubre de 2018, R 1867/2017-3, con cita a la Sentencia del Tribunal General de 29/10/2015, asunto T-334/14).

Por otro lado, en relación con envases cosméticos «*el usuario informado, sin ser un experto ni fabricante, es una **persona que está familiarizada** con los envases de uso cosmético disponibles en el mercado durante el período pertinente antes de la fecha de presentación del dibujo o modelo impugnado, principalmente debido a su propia experiencia o interés en estos productos*» (División de Anulación en resolución ICD núm. 119221 de 22/10/2023).

2.2.5. Requisitos de validez

A) El requisito de novedad

La novedad (arts. 5 RCD y 6 LDI) implica que el diseño **no debe haberse hecho accesible** al público antes de la fecha de solicitud o de prioridad, si se ha reivindicado. Ello significa que no puede haberse divulgado mediante publicación (oficial o no oficial), exposición uso en el tráfico, importación o divulgación (incluso oral) en ningún lugar del mundo, salvo algunas excepciones de **divulgaciones inocuas** previstas en los artículos 7 RCD y 10 LDI. La exigencia de novedad se valora de forma objetiva: si existe un diseño idéntico o con diferencias en detalles insignificantes, el nuevo diseño no será considerado novedoso.

El concepto de «*detalles insignificantes*» es por tanto relevante a efectos de evaluar la novedad. Por ejemplo, en el asunto del envase de alioli Chovi se consideró que el modelo impugnado de un tercero era novedoso y poseía carácter singular, en tanto que existían **diferencias que afectaban de forma decisiva al aspecto**, tanto del cuerpo del envase como de la tapa y que provocarían una impresión global distinta en el usuario informado (Resolución de la Sala Tercera de Recursos de la EUIPO de 13 de mayo de 2014, asunto R— 900/2013).

B) El requisito de carácter singular

El segundo requisito, el **carácter singular** (artículos 6 RCD y 7 LDI) exige que la impresión general que el diseño causa en un usuario informado pueda diferenciarse claramente de la que producen otros diseños anteriormente divulgados. No se trata solo de diferencias técnicas, sino de la **impresión visual general**. Este criterio se valora desde la perspectiva de un usuario informado, al que ya nos hemos referido con anterioridad. En consecuencia, aunque puedan existir similitudes parciales, el diseño debe tener una apariencia general suficientemente diferenciada para cumplir este criterio.

Entre los **pronunciamientos recientes** más interesantes en materia de *packaging* encontramos la Sentencia del Tribunal General de 12 marzo 2020 (asunto T-352/19) en la que se analizó el carácter singular de una lata metálica de conservas con tapa transparente. El TGUE además de confirmar la nulidad del diseño, enumera los criterios que deben tenerse en cuenta al momento de analizar si concurre o no **carácter singular**. Esto **requisitos** son: (i) la naturaleza del producto en el que se incorpora el diseño y, en concreto, el sector industrial al que pertenece, en este caso el sector del *packaging* alimentario; (ii) el grado de libertad del diseñador, que se considera amplio en tanto que los alimentos pueden conservarse en envases con apariencias diferentes, como resultados de distintas formas y materiales; (iii) si existe o no una saturación en el estado del arte, lo que puede suponer que el usuario informado preste más atención a los detalles y (iv) el uso que se da al producto en cuestión.

2.2.6. Cuándo optar por el diseño industrial

Para obtener la protección del **diseño no-registrado** no es necesario implementar ninguna acción, sino que es suficiente con dejar constancia del diseño y de su primera divulgación a efectos de poder computar el plazo de protección de tres años. Por otro lado, para el **diseño registrado** se exige la solicitud y el correspondiente pago de tasas. Como hemos visto, más allá del coste asociado al registro del diseño, la obtención de este no presenta dificultades, siendo recomendable acudir a esta vía —antes del lanzamiento— cuando se trate de productos o envases respecto de los cuales sea presumible que concurre el requisito de carácter singular.

En el caso de que el producto o *packaging* ya se encuentre en el mercado cuando el titular se plantee el registro, este dispondrá de un plazo de **doce meses de gracia** desde la primera divulgación para solicitarlo, debido a que los artículos 7.2 RDC y 5.2 de la LDI, establecen que no se tendrán en cuenta las divulgaciones realizadas por el titular en los doce meses precedentes a la solicitud. Transcurrido dicho plazo, el solicitante podrá desde un punto de vista fáctico solicitar el registro y obtenerlo si bien este se encontrará incurso en causa de nulidad por auto divulgación.

Los sistemas de diseño y marca **no son excluyentes**, sino complementarios, pudiendo optarse por ambas vías. No obstante, en caso de diseño industrial registrado la **solicitud deberá ser anterior a la de marca 3D**, en tanto que la publicación de la marca impedirá la novedad del diseño posteriormente solicitado. Como ejemplo de doble protección podemos citar la botella dorada de Freixenet, la cual fue solicitada como diseño comunitario el 23/12/2020 sin el distintivo "Freixenet" (RCD 008367320-0005) y como marca 3D de la Unión Europea el 18/02/2021 (núm. 018401019) en Clase 33, en este caso, incluyendo el distintivo Freixenet, encontrándose en la actualidad protegida por ambas vías. En el caso de Solán de Cabras, a la protección de marca tridimensional podemos añadir la protección sobre el diseño de la botella azul, en este caso en formato de vidrio (RCD

009013485-0002) por lo que no existe un solapamiento exacto, como el que sí observamos en el caso de Freixenet.

De conformidad con todo lo expuesto, el registro supone una presunción *iuris tantum* de validez, que puede ser muy conveniente, en particular en casos de productos de larga duración o presentaciones de producto que no varíen en el corto plazo. Teniendo en cuenta que es posible registrar distintas variantes de un mismo producto o *packaging* con un incremento regresivo de costes (el coste marginal por variante disminuye) puede ser recomendable registrar, especialmente en los sectores de alimentación y cosméticos, la presentación externa de los productos.

2.3. Protección mediante propiedad intelectual

El hecho de plantear valorar la protección como obra original de un envase o producto del sector de la alimentación o cosmética puede parecer un argumento creativo, del que hasta la fecha no se conocen precedentes relevantes en la jurisprudencia. No obstante, no podemos obviar que los envases pueden incorporar **obras protegibles** por la vía de la propiedad intelectual siempre que estas sean «creaciones originales» tal y como exige el artículo 10 del Real Decreto Legislativo 1/1996, de 12 de abril, por el que se aprueba el texto refundido de la Ley de Propiedad Intelectual (en adelante, «**TRLPI**»)

Un ejemplo claro, tiene lugar cuando los envases incorporan personajes de animación que, a mayores, son **identificables con origen empresarial específico**. Ello es el caso de Quicky, el conejo de Nesquik; el cual, además de ser objeto de la tutela judicial propia de los personajes de ficción sobre la base de la propiedad intelectual, es además una marca registrada (EUTM núm. 000467746) para identificar productos en las clases 29, 30 y 32. En este mismo supuesto encontramos al Conejo de Duracell, registrado como marca desde hace más de 25 años en su versión antigua y, en la actual, protegido por diversas marcas como la EUTM núm. 017885464 en clases 7, 9, 11, 28 y 35; o a Rodolfo Langostino, protagonista de la publicidad de Pescanova desde hace más de dos décadas (EUTM núm. 000770602 en clases 29 y 30).

Al margen de estos personajes con doble protección marca-propiedad intelectual, consideramos que hay espacio para que **personajes de ficción incorporados en los envases** (*e.g.* especialmente en alimentos infantiles, etc.) puedan ser protegidos por la vía de la propiedad intelectual, incluso en el caso de que no alcancen el estándar para indicar por sí solos el origen comercial del producto.

No se conoce jurisprudencia nacional en materia de **obras de propiedad intelectual incorporadas al *packaging***, si bien podemos destacar un caso en el que la Audiencia Provincial de Barcelona (Sección 15ª) analizó en su Sentencia 964/2021 de 26 de mayo de 2021 la nulidad de un diseño industrial para etiquetas, que reproducía la **silueta del Quijote y Sancho Panza**. Sin perjuicio de que se consideró la obra falta de originalidad —además de pertenecer al acerbo común de Castilla— esta resolución permite ejemplificar la posibilidad de que los diseños industriales incorporen, a su vez, elementos potencialmente protegibles por la legislación de propiedad industrial, como ya hemos visto que sucede con las marcas.

Como es sabido, las obras de propiedad intelectual no exigen registro alguno para su protección por la vía de la propiedad intelectual, siendo el registro potestativo en España (art. 1 TRLPI). No obstante, la inscripción en el **Registro de Propiedad Intelectual** supone la presunción, salvo prueba en contrario, de que los derechos inscritos pertenecen a su titular en la forma inscrita (art. 145.3 TRLPI).

Por tanto, a la luz de cuanto ha sido expuesto, creemos que en el caso de que la marca haya desarrollado un contenido —sea un personaje o algún otro tipo de **elemento que se repita de manera constante en sus *packaging***— es altamente recomendable registrarlo como marca. En el caso de que no sea posible su registro marcario, la vía de la propiedad intelectual seguirá estando disponible si estamos ante elementos originales que puedan ser calificados como obra. En estos casos, la compañía que considere que el producto o envase de un tercero replica su obra original, podrá ejercitar acciones por **infracción de propiedad intelectual** ante los Juzgados Mercantiles. Previsiblemente, en el curso de ese procedimiento tendrá que defender la originalidad de la obra para lo cual será recomendable haber mantenido los registros adecuados del proceso creativo realizado para su diseño.

2.4. Protección mediante acciones de competencia desleal

Con carácter adicional a cuanto ha sido expuesto, sucede la circunstancia de que en los **casos de *copycat packaging*** no siempre las vías de protección relativas a marcas, diseños o propiedad intelectual se encuentran disponibles para el titular.

Se trata de esos casos en los que un tercero ha diseñado y lanzado al mercado un producto que se asemeja todo lo posible al de un competidor, normalmente el líder de segmento en el mercado, **con el objetivo de confundir o con más frecuencia, parasitar de la reputación del tercero**. Este fenómeno sucede tanto respecto de nuevos productos, como de productos actualmente en el mercado que realizan sorprendentes cambios de diseño o *rebranding* para acercarse a sus competidores.

Cuando concurren este tipo de situaciones, se da la circunstancia de que o bien el titular no tiene registrada marca ni diseño, o bien el «*imitador*» ha sido lo suficientemente hábil para diferenciar su producto de manera que obtener una resolución por infracción de marca (especialmente si no se puede probar el renombre) y/o de diseño se convierte en una misión compleja desde el punto de vista jurídico.

La principal ventaja de la vía de la **competencia desleal** es su flexibilidad, ya que permite adoptar medidas frente a supuestos de aproximación desleal sin la existencia de registro previo.

Sin embargo, como inconvenientes destacan la necesidad de probar elementos (como la singularidad competitiva, el riesgo de confusión o el aprovechamiento) que son especialmente complejos de acreditar. Ello plantea un **escenario de alta incertidumbre procesal** en el que es difícil estimar las probabilidades de éxito de las acciones, ya que los resultados dependen de la valoración judicial de cada caso concreto. Además, es preciso tener en cuenta que el alcance territorial de las acciones sobre la base de la competencia desleal se limitará a los actos producidos exclusivamente en España, lo cual no sucede si se acciona sobre la base de derechos de exclusiva registrados a nivel europeo.

2.4.1. Base legal

La Ley 3/1991, de 10 de enero, de Competencia Desleal (en adelante, «**LCD**») permite hacer frente a la imitación de envases que cause confusión, aprovechamiento indebido del esfuerzo ajeno o desacreditación de un competidor. En particular, destacan los tipos relativos a los actos de confusión (artículo 6 LCD), actos de imitación desleal (artículo 11 LCD) y explotación de la reputación ajena (artículo 12 LCD) dejando la cláusula general de los actos objetivamente contrarios a la buena fe (artículo 4 LCD) exclusivamente para aquellos supuestos no encajables en los tipos anteriores. No obstante, es probable que **distintos tipos desleales concu-**

rran simultáneamente y es frecuente que en las demandas en las que se atacan este tipo de conductas se invoque más de un tipo desleal.

La LCD se aplica a cualquier acto realizado en el mercado con **fines concurrenciales**, es decir, en el contexto de una actividad económica orientada a captar clientela, aunque no exista una relación directa de competencia entre las partes. Para que sea de aplicación, el acto debe producirse en el tráfico económico, afectar o poder afectar a competidores, consumidores o al propio funcionamiento del mercado, y ser objetivamente contrario a las exigencias de la buena fe y de la competencia leal (arts. 1 y 2 LCD). En palabras de la Audiencia Provincial de Madrid: «*Debe tenerse presente que el Derecho de la competencia desleal ya no se concibe tanto como un instrumento dirigido a resolver conflictos entre los competidores sino más bien de* ***ordenación y control de las conductas en el mercado****, que pretende expurgar cualquier tipo de obstaculización entre los agentes económicos que no responda a la pugna entre sí por criterios de eficiencia, garantizándose con ello la libertad de elección del consumidor*» (Auto núm. 121/2021 de 30 de abril de la Sección 28ª de la Audiencia Provincial de Madrid).

En atención a los contextos en los que se producen los casos de *copycat packaging*, la aplicación de la LCD no resulta controvertida en tanto que en la amplia mayoría de los casos estaremos ante **conflictos entre competidores** directos en el mercado.

A) Actos de confusión

De conformidad con el artículo 6 de la LCD: «*se considera desleal todo comportamiento que resulte* ***idóneo para crear confusión*** *con la actividad, las prestaciones o el establecimiento ajenos. El riesgo de asociación por parte de los consumidores respecto de la procedencia de la prestación es suficiente para fundamentar la deslealtad de una práctica*». Este tipo de conducta se considera contraria a la buena fe porque puede inducir a error al consumidor respecto al origen empresarial de los productos o servicios, y daña el esfuerzo competitivo de quien ha logrado posicionar una determinada imagen o signo en el mercado.

La estimación de acciones sobre la base del artículo 6 LCD exige la concurrencia de los siguientes **requisitos**: (i) que el acto consista en el uso de signos, elementos identificativos, presentación de productos o servicios similares a los empleados por un tercero en el mercado; (ii) que dicha similitud sea susceptible de generar confusión y/o asociación en el consumidor medio respecto al origen empresarial de los productos o servicios, sin que sea necesario acreditar una confusión efectiva, siendo suficiente el riesgo potencial; y (iii) que no exista una justificación objetiva que legitime el uso de los elementos similares por parte del presunto infractor (*e.g.* elementos descriptivos, optimización logística, etc.).

Como puede comprobarse, las acciones sobre la base del artículo 6 LCD pueden potencialmente prosperar, incluso en un escenario en el que no se acreditara la singularidad competitiva del envase reproducido (necesario para la aplicación del artículo 11 LCD), siempre que se pueda probar que los productos de los competidores **replican la presentación de los productos del envase** reproducido, de forma que se produzca riesgo de confusión y/o asociación.

En este sentido, el Tribunal Supremo (Sentencia de Sala Primera de lo Civil núm. 654/2007 de 12 de junio de 2007) señaló que «*riesgo de asociación consiste en la confusión que se produce en los consumidores al crear en los mismos la creencia errónea acerca de que los productos (el que se imita y el imitado) tienen el mismo origen empresarial. El riesgo de asociación se contempla en el art. 6º LCD como causa más genérica y en el art. 11 de la propia Ley como una aplicación concreta (S. 19 junio 2003), haciendo referencia el art. 11 a la imitación del producto y el art. 6º a la imitación de la presentación en el mercado (SS. 11 mayo 2004 y 7 julio 2006). Es suficiente que* ***se cree el riesgo y la probabilidad fundada del error*** *en el consumidor acerca de que los productos proceden del empresario genuino (regla "a minori ad maius")*».

En relación con los envases podemos considerar que —en general— **la libertad del fabricante** para presentar el producto en el envase es muy amplia. Si bien las dimensiones o forma del envase pueden venir dadas por cuestiones técnicas u optimizaciones logísticas, la gama de colores y formas disponibles para caracterizar los envases es cuasi infinita. Por tanto, se considera que los productos competidores deberían **esforzarse por** diferenciarse y no en asemejarse a los envases de terceros. Desde el punto de vista jurisprudencial, tal y como se analizará más adelante, el tipo desleal relativo a los actos de confusión (art. 6 LCD) es el que con más éxito se invoca y se estima en nuestro país.

B) Actos de imitación

El artículo 11 de la LCD establece: «1. *La imitación de prestaciones e iniciativas empresariales o profesionales ajenas es libre, salvo que estén amparadas por un derecho de exclusiva reconocido por la ley. 2. No obstante, la imitación de prestaciones de un tercero se reputará desleal cuando resulte idónea para generar la asociación por parte de los consumidores respecto a la prestación o comporte un aprovechamiento indebido de la reputación o el esfuerzo ajeno».*

Este tipo no suele ser el que, con mayor frecuencia, se invoca en los casos de *copycat packaging* siendo más frecuente la invocación de los artículos 6 y 12 LCD. No obstante, este tipo desleal puede concurrir en los casos en los que la forma del producto o del envase puedan constituir en sí mismas una **prestación singularmente competitiva** que pueda ser imitada a la luz del artículo 11 LCD (Sentencia núm. 451/2021 del Tribunal Supremo, Sala 1ª de lo Civil de 25 de junio de 2021).

Dicho lo anterior, de conformidad con la jurisprudencia, la existencia de un ilícito concurrencial del artículo 11 de la LCD exige la concurrencia de tres **requisitos** positivos y dos negativos que se exponen a continuación (Sentencia núm. 86/2015 de la Audiencia Provincial de Madrid, Sección 28ª, de 20 de marzo de 2015).

En primer lugar, respecto de los requisitos positivos, debe concurrir la existencia de una «**imitación**», la cual consiste en la copia de un elemento o aspecto esencial, no accidental o accesorio, incidiendo sobre lo que se denomina «singularidad competitiva» o «peculiaridad concurrencial», que puede identificarse por un componente o por varios elementos. En relación con este primer requisito se hace necesario profundizar brevemente en la **singularidad competitiva,** la cual solo concurrirá si el producto o envase-prestación tiene una apariencia visual que le atribuye capacidad para indicar un origen empresarial o ser asociado a una reputación o *goodwill* sin necesidad de visualizar las marcas contenidas en este. Esta singularidad deberá probarse, por ejemplo, a través de un **estudio de mercado** que justifique lo anterior. En caso de que estemos ante la utilización de códigos de color (*e.g.* azul para cervezas sin alcohol o rosa para bajo en sal) la singularidad competitiva no podrá venir dada por la concurrencia de elementos que sean una tendencia o corriente común en el mercado.

En segundo lugar, la conducta debe recaer sobre **creaciones materiales** (técnicas, artísticas, estéticas y ornamentales), los productos (o servicios) y las características propias de estos. Además, el acto debe ser **objetivamente idóneo para generar asociación** por parte de los consumidores respecto a la prestación o, en su caso, el aprovechamiento indebido de la reputación del esfuerzo ajeno, lo cual exige que se haya previamente ganado por el titular. Normalmente cuando estemos ante operadores con un posicionamiento y/o cuota de mercado significativa en el segmento en el que operan ambos competidores, podemos inferir que se cumplirá este requisito.

Por último, no deben concurrir ninguno de los siguientes casos: (i) que la prestación o iniciativa empresarial ajena **no esté amparada por un derecho de exclusiva** reconocido por la ley (*e.g.* que el mismo acto no se encuentre cubierto por una marca) y (ii) que no concurra la circunstancia de **inevitabilidad** del riesgo de asociación a que se refiere el párrafo segundo del artículo 11.2 de la LCD.

C) Explotación de la reputación ajena

De conformidad con el artículo 12 de la LCD «*se considera desleal el* ***aprovechamiento indebido****, en beneficio propio o ajeno, de las ventajas de la reputación industrial, comercial o profesional adquirida por otro en el mercado*». Es decir, se persigue la protección de los competidores que realizan esfuerzos para dotar a sus prestaciones de prestigio, evitándose con ello una actividad parasitaria del resto.

Pues bien, de conformidad con la jurisprudencia del Tribunal Supremo (Sentencia núm. 450/2015 de 2 de septiembre de 2015 y núm. 746/2010 de 1 de diciembre de 2010, ambas de la Sala Primera del Tribunal Supremo) las condiciones que se tienen que dar para que se aprecie **aprovechamiento desleal de la reputación ajena** son las que se desarrollan a continuación.

En primer lugar, es necesario probar la **reputación del signo**, ostentando la carga de la prueba el titular. Dentro de esta categoría, a nivel de producto o ***packaging***, destacaríamos aquellos elementos que, sin haber sido protegidos por el derecho marcario, de igual manera, son característicos, conocidos en el mercado e identifican el buen nombre del empresario.

La Audiencia Provincial de Madrid (Sentencia núm. 427/2017 de la Audiencia Provincial de Madrid, Sección 28ª, de 27 de septiembre de 2017) identifica esta reputación del signo de la siguiente forma: «*(...) la información relativa al aglutinante de* ***ciertos valores atípicos*** *de existencia completamente contingente que, aunque ligados ordinariamente al signo en la mente de quienes intervienen en el mercado, son distintos del específico dato que la legislación marcaria pretende proteger y que el signo está llamado genuinamente a denotar (el "origen empresarial"). En suma, se trata de la* ***depredación de valores*** *que puedan o no concurrir en relación con el signo, como* ***son la fama o el buen nombre del empresario originados por el prestigio que han alcanzado sus prestaciones****, bien obedezca ese prestigio a la calidad intrínseca de éstas o a factores más coyunturales e intangibles como la moda, o, en definitiva, a cualesquiera otras circunstancias que —ocasionalmente y debido a mecanismos de mercado difíciles de definir— hacen que aque-*

llas prestaciones identificadas por el signo resulten especialmente codiciadas por los usuarios»

En este sentido, hay que destacar que la **reputación no es equiparable al conocimiento en el mercado de la marca** y va más allá de probar un esfuerzo promocional o una inversión publicitaria (Sentencia núm. 790/2020 de la Audiencia Provincial de Valencia, Sección 9ª, de 15 junio de 2020). La notoriedad de una marca (denominativa/figurativa) no convierte en reputados todos los signos o envases que un operador utiliza en un mercado. Por ello, corresponde al demandante o titular probar que la reputación aprovechada viene dada por la combinación de colores o el formato del envase.

El segundo requisito sería la **irrelevancia de la confusión**. Los actos de explotación indebida de la reputación ajena previstos en el artículo 12 LCD comportan la utilización de los signos distintivos ajenos con la finalidad de equiparar el producto propio al de un tercero para beneficiarse del renombre de este, todo ello **con independencia de que pueda o no resultar idóneo para inducir a error a los consumidores** (Sentencia núm. 34/2007 de la Audiencia Provincial de Madrid, Sección 28º, de 8 de febrero de 2007 y Sentencia núm. 966/2005 de la Sala Primera del Tribunal Supremo de 1 de diciembre de 2005).

Esto es, no resulta relevante que los productos *copycat* competidores se identifiquen con sus propias marcas, pues de lo que se trata precisamente es de impedir que estas empresas sigan aprovechándose indebidamente de la reputación adquirida por el envase, colores o disposición de los elementos, gracias al esfuerzo que ha realizado el prestador inicial. Es decir, el artículo 12 LCD, lo que protege es **impedir que el competidor —incluso usando simultáneamente sus propios signos— se aproveche indebidamente de la reputación ajena** mediante el uso de otros signos —característicos de un tercero.

En palabras de la Sentencia núm. 11/2007 de la Audiencia Provincial de Barcelona (Sección 15ª) de 20 de abril de 2007: «*El artículo 12 de la Ley 3/1991 trata de proteger, además del mercado, al competidor que ha logrado reputación industrial, comercial o profesional, y tipifica como desleal cualquier comportamiento* ***adecuado para producir como resultado el aprovechamiento de las ventajas que la misma proporciona****. Aunque la acción puede ser de cualquier tipo, con tal que tenga aptitud para producir aquel efecto, que la cualifica y define, normalmente consistirá en el empleo de signos distintivos, ajenos, notorios o implantados en el mercado y, además, con buena fama o reputación o prestigio*».

Por último, es necesario **acreditar que el aprovechamiento es indebido**, es decir que los competidores se atribuyen la reputación del tercero de forma injusta, al pertenecer esta al titular del esfuerzo de la reputación. Para analizar lo anterior será necesario tener en cuenta la libertad del autor a la hora de determinar la presentación del diseño.

2.4.2. Ejemplos de casos por competencia desleal

En nuestra jurisprudencia reciente existen precedentes judiciales relevantes en materia de ***copycat packaging***. Como decíamos, es frecuente que los tipos de competencia desleal se ejerciten de forma acumulada entre ellos y en acumulación al ejercicio de derechos de marca o diseño.

En el análisis de la vía de la competencia desleal para la protección de productos y envases, se hace necesario comenzar por una de las sentencias más relevantes y recientes en materia de *copycat* en España: la Sentencia núm. 11/25 de 20 de enero de 2025 de la Audiencia Provincial de Alicante (Sección 8ª, Tribunal de Marcas de la UE) en el asunto que enfrentó a **Cuétara contra Gullón** por el envase de los cereales Choco Flakes.

Este caso tiene especial transcendencia porque en primera instancia, la Sentencia núm. 47/2023 del Juzgado de lo Mercantil núm. 1 de Alicante de 25 de octubre de 2023 estimó la existencia de competencia desleal por la **comisión de actos de confusión** (art. 6 LCD) en la que se recuerda que «*cuando un operador económico decide seguir a un competidor en el mercado y ofrecer el mismo producto, a los efectos de una competencia sana y leal, debe esforzarse por diferenciarse, no por asemejarse*» y añade que «*tal esfuerzo deberá ser mayor cuanto más innovador sea el producto*»

Sin embargo, la Audiencia Provincial fue un paso más allá y estimó parcialmente el recurso de Cuétara, desestimando los actos de confusión, pero estimando la infracción de marcas al considerarse que «*Gullón opta por el uso de **signos que son incompatibles con las marcas renombradas de Cuétara** a sabiendas de la implantación de aquél en el mercado muchos años antes de que Gullón inicie la comercialización del mismo producto. Es evidente, por tanto, que al margen del uso de la imagen de su producto, que no necesariamente debía ser igual al de Cuétara para identificarlo —como demuestra el cambio operado tras la Sentencia de instancia—, en absoluto estaba justificado que aquél se situara en un mismo plano y acción que el de Cuétara pues en modo alguno había exigencia comercial al efecto.*»

En este caso, se pone de manifiesto la importancia de las marcas —no ya las marcas 3D, sino las marcas en general— para la protección de los envases ya que fue finalmente el **renombre de las marcas** EUTM 016270936 y M3625573, la mascota actual de los Choco Flakes de Cuétara (sucesor de Benito, el bestia de Cuétara Flakes) lo que permitió a la compañía obtener una tutela judicial favorable a sus intereses. Ambas sentencias, tanto la de primera instancia, como la de apelación constituyen un precedente de lectura obligatoria en esta materia debido a su exhaustivo análisis.

Adicionalmente, también debemos destacar el caso de **Oreo y ChipsAhoy!** (de Kraft Foods Global Brands LLC) contra **Morenazos** de Gullón de 2015. En este caso, la Sentencia núm. 450/2015 del Tribunal Supremo (Sala Primera, de lo Civil) de 2 de septiembre de 2015 destacó que no basta con que el competidor coloque un signo diferente en el envase para excluir el juicio de deslealtad si, del conjunto de elementos que presenta el envase, tales como su forma, dimensiones y combinación de colores, se genera un riesgo de confusión al consumidor medio en el sentido del artículo 6 LCD.

El Tribunal Supremo destacó: «*Una cosa es que, con frecuencia, en la valoración que encierra el juicio de confusión del art. 6 LCD se ponga de manifiesto que el empleo de* ***denominaciones distintas*** *en las formas de presentación, alguna de ellas con gran fuerza distintiva, impide que se genere riesgo de confusión para el consumidor, y otra distinta que con carácter general el empleo de denominaciones distintas evite el riesgo de confusión. Cabe emplear denominaciones distintas, y, sin embargo, que la* ***semejanza de los envases, por su forma, dimensiones y combinación de colores, genere riesgo de confusión*** *al consumidor medio. Pero este no es el caso, pues la fuerza distintiva de ChipsAhoy! y su posición destacada en el envase de Kraft es tal que, aunque el envase de la demandada pueda asemejarse, la ausencia de la denominación ChipsAhoy! y la mención de una denominación genérica del producto (Cookies) impiden que en el consumidor pueda generarse riesgo de confusión, aunque sea en la modalidad de asociación, respecto del fabricante de ChipsAhoy"*». Como puede apreciarse, en este caso, fue el renombre y distintividad de la marca demandante la que le privó de la tutela pretendida por la vía de la competencia desleal.

En esta misma línea, podemos destacar el **caso Delaviuda contra Doña Jimena** (El Almendro) relativo a los *sticks* de turrón en los que también se ejercitaron acciones por diseño comunitario no registrado, de forma acumulada a las acciones por competencia desleal sobre la base de actos de confusión (art. 6 LCD), actos de imitación (art. 11 LCD), explotación de la reputación ajena (art. 12 LCD), prácticas engañosas por confusión para los consumidores (art. 20 LCD) y prácticas engañosas por confusión (art. 25 LCD).

Aunque se trata de una Sentencia de primera instancia del Juzgado de Marca de la Unión Europea (Sentencia núm. 93/2022 de 5 de septiembre de 2022 del Juzgado Mercantil núm. 1 de Alicante) que no consta que se haya recurrido, resulta interesante por el **completísimo análisis jurisprudencial** comparativo que realiza hasta concluir sobre la existencia de actos de confusión (art. 6 LCD) «*Como decíamos anteriormente, huyendo de una perspectiva esencialmente marquista, en línea con lo señalado por el Caso Oreo, cuando un operador económico decide seguir a un competidor en el mercado y ofrecer el mismo producto, a los efectos de una competencia sana y leal, debe esforzarse por diferenciarse, no por asemejarse. Tal esfuerzo deberá ser mayor cuanto más innovador sea el producto. De hecho, solo así se puede asegurar la propia protección de las marcas. En definitiva, la* ***copia del envase afecta a la distintividad de las marcas, pudiendo provocar la dilución o vulgarización del signo****. Por todo ello, debemos entender que el envase empleado por las demandadas para la presentación de los palitos de turrón Doña Jimena genera riesgo de confusión o, cuanto menos, de asociación, de forma que debemos declarar la deslealtad de la conducta con las consecuencias que le son inherentes*».

Como puede observarse, los actos de confusión (art. 6 LCD) son el principal tipo desleal que encuentra su encaje estimatorio en los procedimientos judiciales. En la Sentencia núm. 34/2007 de la Audiencia Provincial de Madrid (Sección 28ª) de 8 de febrero de 2007 pudimos ver como se desestimó la infracción de marca tridimensional sobre «ACTIMEL» y actos de explotación de la reputación ajena (art. 12 LDC) por la comercialización del producto «SIMBIOTIC DRINK». En dicho caso, la Audiencia Provincial concluyó: «*Los actos de explotación indebida de la reputación ajena comportan la utilización de los signos distintivos que no son propios con la finalidad, no de confundir, sino de equiparar el producto propio al ajeno para beneficiarse del renombre de éste. (…) Al margen del análisis de los signos enfrentados, el tamaño y forma de los envases, la estructura en la que se presentan al consumidor o el distinto volumen y forma de dispensar el producto descartan el pretendido aprovechamiento.*»

Como puede apreciarse, el grueso de los casos se refiere a la industria de la alimentación, siendo mas **limitados los ejemplos en casos relacionados con cosméticos**. Dentro de esta área, encontramos el supuesto en el que la empresa cosmética francesa LIERAC intentó impedir sin éxito el lanzamiento de los productos de AVERAC (línea de cremas comercializadas en Carrefour) sobre la base de la competencia desleal. La solicitud de medidas cautelares ante demanda con motivo de la campaña de Navidad fue denegada en primera instancia y la Audiencia Provincial de Madrid confirmó su denegación. Al tratarse de sede cautelar, la Audiencia Provincial se limitó al análisis del *fumus boni iuris* y el *periculum.*

No obstante, en dicho caso, se entendió respecto del tipo desleal del artículo 6 LCD que «*el mero hecho de un cierto* ***grado de similitud o incluso de coincidencia entre los envases*** *de los productos cosméticos que comercializan las partes en conflicto (los de la parte demandada se venden, además, precintados en una caja de cartón)* ***no nos parece un elemento de relevancia como para que un usuario informado debiera relacionarlos precisamente entre sí y no con otros empresarios del sector****. Porque, además, los envases de los productos cosméticos que comercializa la demandante no parecen tan característicos ni singulares, al compararlos con otros, como para revelar ninguna procedencia empresarial específica*». (Auto núm. 121/2021 de 30 de abril de la Sección 28ª de la Audiencia Provincial de Madrid).

En relación con el tipo desleal del artículo 12 LCD, la Audiencia Provincial también descartó la concurrencia de aprovechamiento desleal de la reputación de LIERAC al considerar que, en atención a los **diferentes canales de venta, rangos de precios, tipo de clientela**, existían menos posibilidades de producirse alguna clase de aprovechamiento de la reputación empresarial ajena. En opinión de esta autora el razonamiento realizado por la Audiencia Provincial serviría para excluir la confusión o la asociación (art. 6 LCD) pero no para descartar el aprovechamiento de la reputación ajena (art. 12 LCD) ya que es muy plausible que el consumidor que ha resultado impactado por publicidad, etc. con un origen empresarial, pueda potencialmente **atribuir a las opciones *low cost* la reputación de un tercero,** incluso o precisamente no por compartir canales, rangos de precios o tipología de clientes.

Por último, en relación con los casos de competencia desleal en materia de cosméticos, procede traer a colación la Sentencia núm. 147/2008 de la Sección 15ª de la Audiencia Provincial de Barcelona de 28 de abril de 2008, confirmada por la Sala Primera del Tribunal Supremo en su Sentencia núm. 792/201 de 16 de noviembre de 2011. En dicho caso (**L'Oreal contra Coty** sobre la base del artículo 11.2 LCD), tanto la Audiencia Provincial de Barcelona como el Tribunal Supremo vinieron a confirmar que «*la imitación de la prestación, en este caso del producto, es lo que queda incluido dentro del ilícito concurrencial del art. 11 LCD, mientras que la imitación de la presentación del producto en el mercado queda bajo la influencia del art. 6 LCD*» limitándose en el caso de autos a analizar la «*naturaleza, composición y prestaciones de cada uno de ellos, en relación con los que se dice han sido imitados, dejando a un lado la forma en que son presentados unos y otros*» para finalmente concluir sobre la no concurrencia del ilícito invocado.

Por tanto, sin perjuicio de que desde un plano teórico exista cabida para invocar distintos tipos desleales, las conductas desleales de **confusión** (art. 6 LCD) y **aprovechamiento desleal de la reputación ajena** (art. 12 LCD) constituyen las dos herramientas más sólidas para combatir el *copycat packaging* por la vía de la competencia desleal.

2.5. Conclusiones

Como se ha podido comprobar, la **convivencia y complementariedad** de las distintas vías de protección constituye un reto en sí mismo para las empresas que desean salvaguardar sus productos y envases. No cabe duda de que la **planificación y anticipación** previa al lanzamiento al mercado resulta siempre una estrategia acertada.

La protección del envase como **marca tridimensional**, cuando concurran indicios razonables de éxito, y/o como **diseño industrial** registrado en el resto de los casos, se perfila como una opción altamente recomendable, especialmente si se tienen en cuenta las limitaciones inherentes al diseño no registrado, tanto en duración como en alcance. Esta estrategia puede reforzarse con el registro de **marcas figurativas** tradicionales que incorporen tipografías, colores u otros elementos distintivos adicionales, conformando así una protección integral frente al fenómeno del *copycat packaging*.

Todo lo anterior puede y debe complementarse con las **acciones por competencia desleal**. A la luz de la jurisprudencia reciente, el artículo 6 LCD se configura como una vía adicional (habitualmente invocada con carácter subsidiario respecto de las acciones marcarias o de diseño) que cobra especial relevancia cuando el supuesto de imitación no encaja de forma clara en las categorías anteriores. No obstante, la **proximidad entre los tipos desleales** y la concurrencia de circunstancias que lindan con todos ellos, hacen frecuente que los **artículos 11 y 12 LCD** también sean frecuentemente invocados.

Como decíamos, la casuística es caprichosa y la tendencia restrictiva en la concesión de marcas 3D en los últimos años, nos permite concluir que la protección de las **marcas tradicionales, el diseño industrial y la competencia desleal** son las principales vías para afrontar los retos de la protección jurídica de los envases, especialmente en los sectores de alimentación y cosmética.

Análisis de la reforma en materia de diseños y su impacto en el entorno digital

MARÍA DOLORES GARAYALDE Y RUBÉN CANO

Socia y Asociado Senior en materia de propiedad intelectual e industrial, en Baker McKenzie

SUMARIO: 1. INTRODUCCIÓN. 2. PRINCIPALES NOVEDADES Y CAMBIOS DEL PAQUETE LEGISLATIVO DE DISEÑOS. 2.1. Nueva terminología y símbolo de diseño registrado. 2.2. Ámbito de protección de "diseño" y "producto". 2.3. Eliminación del requisito de visibilidad en el uso normal como requisito de protección. 2.4. Ampliación del *ius prohibendi* y nuevos límites al derecho conferido por el diseño. 2.5. Acumulación con derecho de autor. 2.6. Prohibiciones de registro y causas de nulidad relativas. 2.7. Nueva cláusula de reparación y liberalización de las piezas de recambio. 2.8. Diseños en tránsito. 2.9. Novedades administrativas e introducción de procedimientos de nulidad ante la EUIPO. 3. CONCLUSIÓN. 4. REFERENCIAS BIBLIOGRÁFICAS.

1. INTRODUCCIÓN

La implementación del nuevo paquete de reforma legislativa de diseños de la Unión Europea, compuesto por el Reglamento 2024/2822 (el "**Reglamento**") y la Directiva 2024/2823 (la "**Directiva**"), supone una revisión significativa del marco jurídico de protección de los dibujos y modelos comunitarios (ahora, "**diseños de la UE**") establecido hace ya más de veinte años por el Reglamento CE 6/2002 y la Directiva 98/71/CE.

Desde su concepción, los dibujos y modelos comunitarios han sido una opción accesible y viable, tanto para empresas como personas físicas, para diferenciarse de sus competidores y obtener una ventaja comercial[1]. En este contexto, la protección de la apariencia externa de los productos mediante el diseño constituye una herramienta realmente útil para lograr ta-

1 Comisión Europea (2022). *Propuesta de Reglamento del Parlamento Europeo y del Consejo por el que se modifica el Reglamento (CE) nº 6/2002 del Consejo, sobre los dibujos y modelos comunitarios, y se deroga el Reglamento (CE) nº 2246/2002 de la Comisión.* eur-lex.europa.eu/legal-content/ES/TXT/HTML/?uri=CELEX:52022PC0666. Recuperado el 1 de marzo de 2025.

les objetivos, considerando el atractivo visual como factor decisivo en la toma de decisión.

Tradicionalmente, pese al impacto positivo de la protección del diseño en la mejora de la competencia y la innovación, la falta de protección uniforme de los diseños en el mercado único europeo ha generado tensión en algunos sectores, como las industrias digitales o la automoción[2].

Como resultado de lo anterior, entre 2015 y 2016, la Comisión Europea realizó una profunda revisión de los aspectos legales[3] y económicos[4] de la protección del diseño industrial en la Unión Europea. El estudio económico reveló que, a pesar de las herramientas disponibles para la protección del diseño industrial (registro comunitario, registro ante oficinas nacionales, protección como marca registrada en la UE y en Estados miembros), solo un 22% del total de diseños en España gozaba de protección como diseños registrados, mientras que el resto eran diseños no registrados.

Por todo cuanto antecede, los objetivos marcados por la Unión Europea en la última década en materia de innovación[5], propiedad intelectual y de mejora en la eficiencia de políticas legislativas han resultado, entre otras políticas, en la reforma del marco normativo de diseños. Como parte del proceso de modernización del derecho de la propiedad industrial en la Unión Europea, la reciente reforma del sistema de protección de diseños responde a la necesidad de adaptar el marco normativo a los desafíos de la economía digital y a la evolución tecnológica.

---

2 Huemer, M. A. (2022). European Parliamentary Research Service. *Revision of Directive 98/71/EC on the legal protection of designs and of Regulation (EC) No 6/2002 on Community designs.* https://www.europarl.europa.eu/RegData/etudes/BRIE/2022/730318/EPRS_BRI(2022)730318_EN.pdf. Recuperado el 28 de febrero de 2025.

3 Comisión Europea, Dirección General de Mercado Interior, Industria, Emprendimiento y Pymes. (2016). *Legal review on industrial design protection in Europe: final report.* Publications Office. https://data.europa.eu/doi/10.2873/056970. Recuperado el 2 de marzo de 2025.

4 Comisión Europea, Dirección General de Mercado Interior, Industria, Emprendimiento y Pymes. (2015). *Economic review of industrial design protection in Europe.* https://op.europa.eu/es/publication-detail/-/publication/ffa9a544-3895-40ea-b75f-b0a275116e59. Recuperado el 2 de marzo de 2025.

5 Comisión Europea (2020). *Aprovechar al máximo el potencial innovador de la UE: un plan de acción en materia de propiedad intelectual e industrial para apoyar la recuperación y la resiliencia de la UE.* eur-lex.europa.eu/legal-content/ES/TXT/PDF/?uri=CELEX:52020DC0760&from=ES. Recuperado el 1 de marzo de 2025.

La obsolescencia del régimen anterior, la creciente relevancia del diseño digital y la impresión 3D, así como la falta de armonización entre los Estados miembros, justifican una revisión profunda orientada a reforzar la seguridad jurídica, facilitar el acceso a la protección (especialmente para pequeñas y medianas empresas, y diseñadores individuales) y garantizar una competencia leal en sectores clave como el de las piezas de recambio. Esta reforma no solo actualiza conceptos fundamentales, sino que también introduce mecanismos más eficientes y accesibles para la protección de la innovación formal en el mercado único europeo.

En este contexto, el propósito fundamental de este artículo es realizar una breve recapitulación de las principales modificaciones de la reforma analizando, en particular, el impacto que dichas reformas tienen en el sector digital y operadores como artistas digitales, diseñadores gráficos, artistas multimedia, maquetadores o diseñadores web.

2. PRINCIPALES NOVEDADES Y CAMBIOS DEL PAQUETE LEGISLATIVO DE DISEÑOS

A continuación, se analizan las principales novedades introducidas por la reciente reforma del régimen jurídico de los diseños en la Unión Europea. Esta revisión normativa, no solo actualiza aspectos terminológicos, sino que también redefine el alcance sustantivo de la protección conferida a los diseños. Las modificaciones responden a la necesidad de adaptar el sistema a las nuevas realidades tecnológicas y digitales, incorporando soluciones más claras, accesibles y eficaces. El análisis se estructura en torno a los principales ejes de la reforma, con especial atención a su impacto en el entorno digital.

2.1. Nueva terminología y símbolo de diseño registrado

La primera novedad está vinculada con el modo en que se referencian los diseños y su símbolo, unificándose la terminología y adoptando soluciones que ya existían en relación con otros derechos de propiedad intelectual e industrial para señalar el registro de determinados activos.

Así, de acuerdo con el artículo 1.2 del Reglamento, los "*dibujos y modelos de la Unión Europea*", terminología oficial utilizada hasta el momento, pasan a llamarse "*diseños de la UE*". Esta denominación, más amplia, busca incluir aquellas creaciones que puedan ser susceptibles de protección, como las que se plasman en los efectos exteriores, las texturas o en el material del producto[6]. Contrariamente, el texto de la Directiva en castellano seguirá utilizando la terminología de "*dibujos y modelos*", sin perjuicio de que, según podemos inferir de las versiones inglesas de Reglamento y Directiva, la voluntad del legislador es que gocen de un nivel de protección equivalente[7].

Por otra parte, los nuevos textos suprimen, en gran medida, el adjetivo "*industrial*", usando el término "*diseño*", lo cual se encuentra en línea con el criterio original de la Directiva 98/71/CE, que ya en su momento omitía la referencia al adjetivo "*industrial*". En este sentido, el uso del adjetivo "*industrial*" viene suprimido, ya que sugería la necesidad de "repetibilidad" o producción en serie del producto asociado al diseño y generaba dudas sobre su aplicación a determinadas creaciones que no se producen en masa, como las obras de artesanía[8].

Por último, el nuevo artículo 26 *bis* del Reglamento introduce el símbolo "Ⓓ", que se podrá incluir en el producto para informar al público de que el diseño está registrado, de manera similar a como se utiliza "®" para las marcas y "©" para el *copyright*, incrementando así la seguridad jurídica asociada al diseño registrado. Además, el símbolo podrá acompañarse con el número de registro del diseño y/o contener un hipervínculo a la página web de la Oficina de Propiedad Intelectual de la Unión Europea ("**EUIPO**"), con la finalidad de que se puedan consultar ulteriores detalles del registro.

2.2. Ámbito de protección de "diseño" y "producto"

Siguiendo con las modificaciones terminológicas, se introducen otras de mayor calado, modificando el ámbito de protección de este activo de propiedad industrial. Con esta reforma, se adaptan los conceptos básicos del diseño previstos en la legislación aprobada a comienzos de siglo.

En este contexto, de acuerdo con la última versión, el concepto de diseño se descompone en dos elementos: por un lado, la entidad inmaterial del diseño, su "apariencia" o *corpus mysticum*; por otro, el soporte material,

---

[6] Rodríguez-Novoa, C. et al., (2017). *Manual de la Propiedad Industrial* (3.ª ed.). Marcial Pons, p. 348.

[7] En las versiones en inglés de Reglamento y Directiva sí que existe uniformidad terminológica en torno a "*design*" o "*community design*".

[8] *Ibid*, p. 349.

"la totalidad o parte de un producto" o *corpus mechanicum* en el que ha de materializarse aquel[9].

De acuerdo con el nuevo artículo 3.1 del Reglamento y el artículo 2.3 de la Directiva, se entenderá por diseño: *"la apariencia de la totalidad o de una parte de un producto que se derive de las características, en particular líneas, contornos, colores, formas, texturas y/o materiales, del producto en sí o de su decoración, incluidos el movimiento, la transición o cualquier otra forma de animación de esas características*".

Así, en los textos aprobados, el diseño sigue definiéndose como la apariencia de la totalidad o de una parte de un producto derivada de sus características, en particular líneas, contornos, colores, formas, texturas y/o materiales, del producto en sí o de su decoración. Sin embargo, el artículo 3.1 del Reglamento permite la protección de nuevas características de productos, tales como "*el movimiento, la transición o cualquier otra forma de animación de esas características*".

Complementando la definición anterior, el "producto", conforme a los artículos 3.2 del Reglamento y 2.4 de la Directiva, se definirá del siguiente modo: "*todo artículo industrial o artesanal, que no sea un programa informático, con independencia de que esté incorporado a un objeto físico o de que adopte una forma no física, incluidos: a) embalajes, conjuntos de* artículos, *disposiciones espaciales de elementos destinados a formar un entorno interior o exterior, y piezas destinadas a su montaje en un producto complejo; b) obras gráficas o símbolos, logotipos, patrones de superficie, caracteres tipográficos e interfaces gráficas de usuario*".

En este sentido, el nuevo concepto establece que se considerará "*producto*" cualquier artículo industrial o artesanal, como hasta el momento, con dos novedades fundamentales: (i) otorga la posibilidad de que el diseño incluya elementos gráficos ("*independientemente de que se incorporen a un objeto físico o que adopten una forma no física*"); y (ii) suministra un elenco de posibles productos como obras gráficas o símbolos, logotipos, patrones de superficie, caracteres tipográficos e interfaces gráficas de usuario.

Esta evolución conceptual, que responde a una necesidad largamente advertida por la doctrina, trata de reforzar la seguridad jurídica de los operadores económicos y estimula la innovación formal en ámbitos como el diseño de software, la experiencia de usuario o la fabricación aditiva.

---

9 Rodríguez-Novoa, C. et al., (2017). *Op. Cit.*, p. 351.

Huelga destacar que diferentes compañías tecnológicas ya venían protegiendo, mediante diseño, algunos activos digitales como, por ejemplo: (i) interfaces gráficas de usuario que aparecen las pantallas de sus móviles, tabletas o pantallas interactivas de vehículos[10]; o (ii) diseños de interfaces gráficas de realidad aumentada, consistentes en personajes animados del entorno virtual[11][12].

Diseño comunitario nº 015004012, solicitado el 24 de noviembre de 2022.

Diseño comunitario nº 015005594, solicitado el 7 de diciembre de 2022.

---

10 Véanse, por ejemplo los diseños comunitarios registrados nº 015004012 y 015005594, titularidad de Huawei.

11 Véase, por ejemplo, el diseño comunitarios registrado nº 015025015 y 015005594, titularidad King Digital Entertainment.

12 Lo anterior se puede deducir también del uso, en algunos supuestos, de las subclases 14.04 de la clasificación de Locarno para "interfaces gráficas de usuario e iconos" y la subclase 32.01 para "símbolos gráficos, logotipos, patrones de superficie y ornamentación".

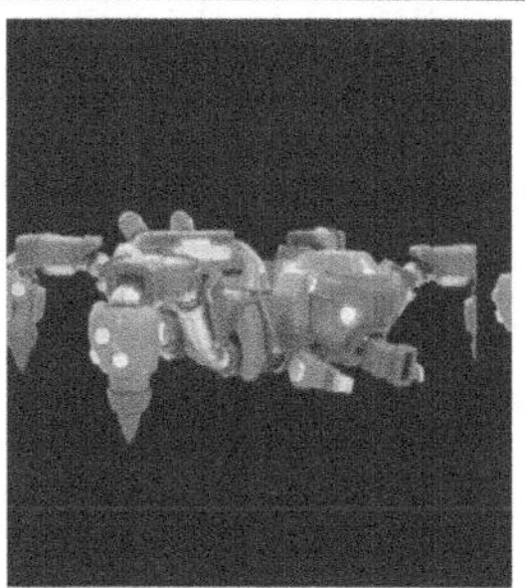

Diseño comunitarios registrados nº 015025015 y 015005594, solicitados el 16 de junio de 2023

Sin embargo, la modernización de las definiciones de "*diseño*" y "*producto*" para incluir características digitales y animadas, conlleva nuevas oportunidades para artistas digitales y diseñadores gráficos, que generarán seguridad jurídica en la protección de sus creaciones estéticas plasmadas en productos no físicos, con la consiguiente facultad para prohibir su uso también en el ámbito virtual.

2.3. Eliminación del requisito de visibilidad en el uso normal como requisito de protección

La visibilidad durante el uso normal del diseño venía siendo un requisito indispensable para la protección del diseño (véase, en este sentido, la Sentencia del Tribunal General en el asunto T-494/12[13], donde se denegó el registro de un diseño basado en la apariencia de una galleta que mostraba también el interior) y cuestión no exenta de polémica.

El Reglamento y la Directiva abordan de forma directa esta cuestión, con la intención de zanjar el debate doctrinal existente al eliminar el requisito general de visibilidad como condición para la protección de los diseños, a excepción de los diseños de componentes de productos complejos. En efecto, los considerandos de ambas propuestas aclaran que no se exige que las características del diseño sean visibles en un momento determinado para que puedan ser objeto de protección.

Sin perjuicio de lo anterior, esta flexibilización no afecta al procedimiento de registro ya que solo se protegerán aquellas características de la apariencia del diseño que se presenten de forma visible en la solicitud.

---

13 Sentencia del Tribunal General de 9 de septiembre de 2014, Biscuits Poult, T-494/12, EU:T:2014:757.

Por tanto, aunque la visibilidad deja de ser un requisito sustantivo para la protección, se mantiene como exigencia formal.

Como anticipábamos, lo anterior trae como excepción los diseños aplicados o incorporados a un producto que constituya un componente de un producto complejo, que deberán seguir siendo visibles durante la utilización normal de este último una vez se incorporen al mismo.

2.4. Ampliación del ius prohibendi *y nuevos límites al derecho conferido por el diseño*

Una de las principales novedades introducidas por la reforma del régimen de diseños en la Unión Europea se refiere al alcance y la extensión de los derechos exclusivos conferidos al titular del diseño, a través del artículo 19 del Reglamento y el artículo 16 de la Directiva. En particular, se amplía de forma significativa el ámbito de actuación del *ius prohibendi*, especialmente en lo que respecta a los entornos digitales y a tecnologías emergentes como la impresión tridimensional. El artículo 19.2 del Reglamento establece que el titular podrá prohibir, entre otras conductas, "*la creación, descarga, copia, compartición o distribución de cualquier soporte o software que contenga el diseño, con el objetivo de fabricar productos que lo incorporen*".

Esta previsión normativa reviste especial relevancia en el contexto digital, ya que reconoce expresamente que la reproducción de un diseño mediante impresión 3D constituye un acto de utilización sujeto a autorización previa. En consecuencia, no solo se protege el producto físico resultante, sino también los archivos digitales que permiten su fabricación, como los modelos CAD o STL[14]. Esta interpretación se ve reforzada por los considerandos 11 del Reglamento y 28 de la Directiva, que subrayan la necesidad de adaptar la protección jurídica a los nuevos modelos de explotación digital de los diseños.

---

14 CAD (Diseño Asistido por Computadora) es una tecnología utilizada para el diseño y la documentación técnica, que permite a los diseñadores y arquitectos crear modelos en 2D y 3D de sus proyectos. Los archivos CAD pueden ser exportados en varios formatos, incluyendo STL.
STL (estereolitografía) es un formato de archivo utilizado en la impresión 3D que describe la geometría de un objeto tridimensional sin incluir información sobre el color, textura u otras propiedades comunes de los archivos CAD. Los archivos STL traducen los modelos 3D en capas, lo que permite a las impresoras 3D construir el objeto capa por capa

Asimismo, la utilización de la fórmula "*en particular*" en el artículo 19.2 del Reglamento indica que la enumeración de actos prohibidos no es taxativa, sino meramente ejemplificativa, lo que permite una interpretación extensiva del derecho exclusivo. Esta redacción abierta podría habilitar al titular a oponerse a otras formas de explotación no previstas expresamente, pero funcionalmente equivalentes, como la integración del diseño en entornos de realidad virtual o su comercialización en plataformas digitales. En definitiva, la reforma refuerza la posición jurídica del titular del diseño frente a los desafíos de la economía digital, dotándolo de herramientas más eficaces para prevenir usos no autorizados en un ecosistema tecnológico en constante evolución[15]. Todo lo anterior, sin perjuicio de algunos actos de explotación vinculados con el entorno digital que puedan ser desarrollados por la jurisprudencia, al interpretar el citado precepto, dada la naturaleza amplia del artículo.

No obstante, el ejercicio del denominado *ius prohibendi* no es absoluto, sino que se encuentra sujeto a una serie de limitaciones expresamente previstas en la normativa reformada. Así, conforme al artículo 20.1 del Reglamento y al artículo 18.1 de la Directiva, no podrá ejercerse frente a actos realizados por terceros con fines legítimos de identificación o referencia al producto del titular, ni frente a usos con propósitos de comentario, crítica o parodia, en línea con los principios de libertad de expresión y uso honesto (del anglosajón, "*fair use*"). A estas excepciones se suman otras de carácter técnico y funcional, como las relativas a actos de equipamiento y reparación de buques y aeronaves de terceros países que se encuentren temporalmente en el territorio del Estado miembro en el que se protege el diseño, lo que refleja una voluntad de equilibrio entre la protección de los derechos exclusivos y la salvaguarda de intereses públicos y comerciales legítimos.

2.5. Acumulación con derecho de autor

La posibilidad de acumulación entre la protección conferida por el derecho de diseño y la derivada del derecho de autor encuentra, finalmente, una consagración expresa en la legislación reformada de la Unión Euro-

---

15 Candelario Macías, M. Isabel, *La actualización de la normativa europea de diseños industriales* (2024). https://www.mintur.gob.es/Publicaciones/Publicacionesperiodicas/EconomiaIndustrial/RevistaEconomiaIndustrial/433/13CANDELARIO_EI433_web.pdf. Recuperado el 25 de junio de 2025.

pea. En particular, el nuevo artículo 96.2 del Reglamento y el artículo 23 de la Directiva recogen de forma explícita lo que ya venía siendo una práctica consolidada en la jurisprudencia del Tribunal de Justicia de la Unión Europea, especialmente desde el asunto *Flos* (C-168/09), el cual estableció que los diseños que cumplan los requisitos de originalidad exigidos por el derecho de autor deben poder beneficiarse también de esta protección, incluso si ya están registrados como diseños.

Esta acumulación permite que un diseño, además de beneficiarse de la protección específica que le otorga el régimen de diseños, pueda simultáneamente acogerse a la tutela del derecho de autor, siempre que cumpla con los requisitos de originalidad exigidos por este último. De este modo, se refuerza la protección jurídica de las creaciones formales, dotándolas de una cobertura dual que puede resultar especialmente relevante en sectores como el diseño de moda, mobiliario o productos digitales, donde la dimensión estética y creativa adquiere un protagonismo esencial. La codificación de esta posibilidad en el nuevo marco normativo no solo aporta mayor seguridad jurídica, sino que trata de armonizar la práctica administrativa y judicial en los Estados miembros, consolidando un enfoque integrador y coherente en la protección de la forma.

La regulación de la acumulación de derechos, reconocida, por otro lado, jurisprudencialmente, constituye un intento más de crear un ecosistema apropiado en el que se refuerce la protección de derechos de sus titulares en todos los ámbitos, incluido el ámbito digital.

2.6. Prohibiciones de registro y causas de nulidad relativas

Los artículos 47 del Reglamento y 13 de la Directiva otorgan a los Estados miembros la facultad de establecer motivos adicionales de denegación o nulidad del registro de diseños, más allá de los previstos a nivel supranacional.

Esta habilitación normativa permite a cada Estado adaptar la protección de los diseños a sus propios intereses culturales, institucionales y patrimoniales. Entre los motivos que pueden ser introducidos se encuentran, por un lado, el uso no autorizado de signos, emblemas o distintivos oficiales que, sin estar incluidos en el artículo 6 ter del Convenio de París, gozan de protección especial en virtud del ordenamiento jurídico nacional.

Por otro lado, se contempla la posibilidad de denegar o anular el registro de diseños que reproduzcan, total o parcialmente, elementos pertenecientes al patrimonio cultural nacional, cuando estos sean considerados de interés público o identitario. Un ejemplo paradigmático sería la apropiación indebida de atuendos tradicionales, símbolos rituales o expresiones artísticas propias de una región, cuya protección responde no solo a criterios de propiedad intelectual, sino también a la preservación de la diversidad cultural y al respeto por las comunidades originarias. Esta previsión normativa refuerza el papel de los diseños como instrumento de expresión cultural, al tiempo que introduce una dimensión ética en su protección jurídica[16].

2.7. Nueva cláusula de reparación y liberalización de las piezas de recambio

Una de las principales novedades de la reforma es la "cláusula de reparación". Recogida en los artículos 20 *bis* del Reglamento y 19 de la Directiva, la nueva cláusula de reparación establece que, con carácter general, la protección de diseño no será aplicable a aquellos diseños que consistan en piezas de recambio de un producto complejo[17] cuya apariencia dependa del diseño del componente y que se utilicen con el único fin de reparar dicho producto complejo para devolverle su apariencia inicial.

En este sentido, esta modificación parece limitar los derechos de exclusiva sobre el diseño de piezas que son estrictamente necesarias para un producto complejo (piénsese, por ejemplo, en un coche) sin que se produzca una pérdida de su apariencia externa[18]. Para poder invocar la cláusula, el fabricante o vendedor de la pieza de reparación estará obligado a informar al consumidor, de manera clara y visible, sobre el origen comercial de los productos y la identidad del fabricante de la pieza (véase, en este sentido,

---

16 Con carácter general, la definición de "*patrimonio cultural*" deberá interpretarse conforme al significado otorgado por la UNESCO.

17 Atendiendo a las definiciones del artículo 3 del Reglamento, el producto complejo es un producto constituido por múltiples componentes reemplazables que permiten desmontar y volver a montar el producto.

18 La cláusula de reparación establece un período de transición, hasta diciembre de 2032, para que las empresas puedan adaptarse a las nuevas disposiciones. Durante este período, los Estados miembros que proporcionaban protección de diseño a las piezas de recambio antes del 8 de diciembre de 2024, podrán continuar haciéndolo hasta el 9 de diciembre de 2032 para los diseños cuya solicitud de registro se haya presentado antes de esa fecha.

la sentencia del Tribunal de Justicia de la Unión Europea, en el asunto C-397/16[19], caso *Acacia*).

Aunque, a priori, no se prevé un impacto directo de esta novedad en el sector digital, será relevante vigilar el desarrollo práctico de la cuestión, dada la importancia del cambio de referencia para diferentes sectores de la industria como, por ejemplo, el del automóvil.

2.8. Diseños en tránsito

La reforma del Reglamento sobre diseños de la Unión Europea introduce una ampliación significativa de los derechos conferidos al titular de un diseño registrado, reforzando su eficacia en el ámbito del comercio internacional. En particular, el nuevo artículo 19.3 del Reglamento otorga al titular la facultad de impedir el tránsito de productos que infrinjan su diseño, incluso cuando dichos productos no estén destinados a ser comercializados en el mercado interior de la Unión. Esta disposición representa un avance sustancial respecto al régimen anterior, que ya permitía solicitar medidas de intervención aduanera, pero no contemplaba de forma expresa la posibilidad de actuar contra mercancías en tránsito que no se despacharan a libre práctica.

Con la nueva redacción, se faculta expresamente al titular del diseño para oponerse a la importación de productos procedentes de terceros países que incorporen un diseño protegido en la UE, aun cuando dichos productos no hayan sido formalmente introducidos en el mercado único ni cuenten con un estatuto aduanero que les permita circular libremente. Esta medida tiene como objetivo cerrar una laguna jurídica que permitía el uso del territorio de la Unión Europea como simple vía de tránsito para mercancías falsificadas, dificultando su control efectivo. En consecuencia, se refuerza la protección de los derechos de diseño frente a prácticas de evasión aduanera y se alinea el régimen de diseños con el ya existente en materia de marcas, consolidando un enfoque más robusto y preventivo frente a la piratería y la competencia desleal en el comercio internacional.

Este enfoque refuerza la protección de la jurisprudencia del Tribunal de Justicia de la Unión Europea, en particular en el asunto C-324/09, L'Oréal v. eBay, donde se reconoció la posibilidad de adoptar medidas contra pro-

---

19 Sentencia del Tribunal de Justicia de 20 de diciembre de 2017, Acacia, C-397/16 y C-435/16, EU:C:2017:992.

ductos falsificados en tránsito, incluso si no estaban destinados al mercado de la Unión Europea, siempre que existiera riesgo de comercialización en el territorio europeo. Asimismo, el Reglamento (UE) nº 608/2013, relativo a la vigilancia aduanera del respeto de los derechos de propiedad intelectual, ha sido interpretado en línea con esta doctrina, permitiendo la intervención de productos en tránsito cuando se vulneran derechos registrados en la Unión Europea.

2.9. Novedades administrativas e introducción de procedimientos de nulidad ante la EUIPO

La simplificación de los procedimientos dirigidos a la obtención y gestión de los derechos de diseño ha constituido uno de los ejes prioritarios de la reciente reforma normativa en la Unión Europea. Con el objetivo de reducir las cargas administrativas y económicas asociadas al registro, tanto el Reglamento como la Directiva incorporan un conjunto de disposiciones orientadas a optimizar la eficiencia del sistema y a fomentar un acceso más equitativo, especialmente para pequeñas y medianas empresas, y diseñadores individuales.

Entre las medidas más destacadas se encuentra la racionalización del sistema de tasas. En este sentido, se establece que el pago de las tasas determinará la fecha de presentación de la solicitud, debiendo efectuarse en el plazo de un mes desde su formalización, con una prórroga adicional de dos meses para subsanar posibles deficiencias. Asimismo, se introducen reducciones arancelarias y la fusión de determinadas tasas, lo que contribuye a una mayor transparencia y previsibilidad en los costes del procedimiento.

En línea con los estándares internacionales, se incorpora un nuevo requisito de claridad en la solicitud, inspirado en el Tratado de Riad sobre el Derecho de los Diseños, adoptado en noviembre de 2024, que exige una representación precisa y comprensible del objeto de protección. Esta exigencia se complementa con normas técnicas adaptadas al entorno digital, facilitando la presentación electrónica de solicitudes y la inclusión de representaciones dinámicas o multimedia del diseño.

Otra innovación relevante es la eliminación del requisito de unidad de clase conforme a la Clasificación de Locarno, lo que permite a los solicitantes incluir hasta cincuenta diseños en una única solicitud, siempre que exista una vinculación funcional o comercial entre ellos (por ejemplo, entre un producto y su embalaje). Esta medida no solo reduce los costes, sino que también agiliza la tramitación y favorece una protección más integral de las creaciones.

Finalmente, el artículo 31 de la Directiva habilita a los Estados miembros para establecer procedimientos administrativos de nulidad ante las oficinas nacionales competentes, siguiendo el modelo ya consolidado en la EUIPO, con la intención de contribuir a una mayor eficacia en la depuración del registro y a una resolución más ágil de conflictos.

Las modificaciones legislativas en el plano administrativo redundarán, sin duda, en beneficio de los solicitantes y titulares de diseños en diferentes sectores de la industria, incluido el entorno digital y las empresas de naturaleza tecnológica.

3. CONCLUSIÓN

La reforma del marco jurídico de los diseños en la Unión Europea, articulada a través del Reglamento y la Directiva, representa un hito normativo de gran calado, orientado a adaptar la protección del diseño a los desafíos de la economía digital y a las nuevas formas de creación y explotación tecnológica.

Mientras que algunas modificaciones son de naturaleza general, como las modificaciones administrativas y de procedimientos de nulidad frente a la EUIPO, existen otras modificaciones más específicas, concebidas para adaptar la legislación a los avances tecnológicos.

La inclusión expresa de elementos dinámicos (como el movimiento, la transición o la animación) dentro del concepto de diseño, así como la ampliación del objeto de protección a productos no físicos, como interfaces gráficas de usuario o entornos de realidad aumentada, supone un reconocimiento normativo de prácticas ya consolidadas en sectores tecnológicos avanzados. Asimismo, la extensión del *ius prohibendi* a actos como la creación, descarga o distribución de archivos digitales destinados a la reproducción de un diseño mediante impresión 3D, introduce una herramienta eficaz para combatir nuevas formas de infracción, alineando el régimen de diseños con los retos de la desmaterialización de los productos.

Por todo cuanto antecede, las modificaciones de referencia incrementan la seguridad jurídica, con el potencial de incentivar: (i) la solicitud de nuevos diseños en relación con el sector digital como interfaces de usuario, escenarios de realidad virtual u objetos de realidad aumentada; y (ii) el aumento de la litigiosidad entorno a los diseños aplicados al sector digital, incluyendo la interposición de acciones de infracción de diseño por titulares que, hasta la fecha, podían tener alguna reserva en relación con la fortaleza de sus diseños, especialmente aquellos no contemplados expresamente en la legislación de referencia. En consecuencia, estas medidas tienen el potencial de incrementar tanto el número de registros como la litigiosidad en sectores donde la protección del diseño era hasta ahora incierta o insuficiente.

Si bien el cambio puede considerarse positivo, entendemos que, en el plano práctico, existen dudas interpretativas en relación con la aplicación de algunos de los requisitos de protección del diseño en el entorno digital, como la valoración del carácter singular de algunos diseños, incluyendo el grado de libertad del autor. Será la jurisprudencia, en última instancia, la encargada de perfilar los contornos de esta nueva etapa, en la que el diseño industrial se consolida como una herramienta estratégica para la competitividad en la era digital.

Es indudable que la reforma representa el avance más significativo desde la instauración del marco original de protección de los diseños, y supone un cambio de paradigma hacia la protección de la innovación y de la propiedad intelectual en un entorno cada vez más digitalizado. Será fundamental que las nuevas disposiciones se interpreten de manera que permitan la protección y no representen un impedimento para el desarrollo de tecnologías futuras aún por descubrir.

4. REFERENCIAS BIBLIOGRÁFICAS

Rosati, E. (2024). *The EU Design Package: What's New? Part 2 of 4 - Relationship Between Design Rights.* The EU design package: What's new? - Part 2 of 4: Relationship between design rights and copyright, Prof. Dr. Eleonora Rosati. Recuperado el 3 de marzo de 2025.

Rodríguez-Novoa, C. et al., (2017). Manual de la Propiedad Industrial (3ª ed.). Marcial Pons.

De Luca, S. (2024). *Revision of the Design Directive and of the Community Design Regulation.* https://www.europarl.europa.eu/legislative-train/theme-legal-affairs-juri/file-revision-of-the-design-directive-and-of-the-community-design-regulation. Recuperado el 16 de junio de 2025.

Parlamento Europeo y Consejo de la Unión Europea. (2024). Reglamento (UE) 2024/2822 del Parlamento Europeo y del Consejo, de 15 de marzo de 2024, sobre la protección de los diseños. https://eur-lex.europa.eu/legal-content/ES/TXT/PDF/?uri=OJ:L_202402822. Recuperado el 16 de junio de 2025

Huemer, M. A. (2022). Revision of Directive 98/71/EC on the legal protection of designs and of Regulation (EC) No 6/2002 on Community designs. https://www.europarl.europa.eu/RegData/etudes/BRIE/2022/730318/EPRS_BRI(2022)730318_EN.pdf. Recuperado el 28 de febrero de 2025.

Parlamento Europeo. (2025). *Revision of the EU legislation on design protection.* https://www.europarl.europa.eu/thinktank/en/document/EPRS_BRI(2023)751401. Recuperado el 16 de junio de 2025.

De Luca, S. (2025). *Revision of the EU legislation on design protection.* https://www.europarl.europa.eu/RegData/etudes/BRIE/2023/751401/EPRS_BRI(2023)751401_EN.pdf. Recuperado el 16 de junio de 2025.

INTA (2023). *Joint Comments of ECTA, INTA and MARQUES to the European Parliament, Committee on Legal Affairs (JURI).* https://www.inta.org/wp-content/uploads/public-files/advocacy/testimony-submissions/20231018_Submission-to-EU-Parliament.pdf. Recuperado el 2 de marzo de 2025.

Comisión Europea (2022). *Reglamento del Parlamento Europeo y del Consejo por el que se modifica el Reglamento (CE) nº 6/2002, sobre los dibujos y modelos comunitarios, y se deroga el Reglamento (CE) nº 2246/2002 de la Comisión.* https://eur-lex.europa.eu/resource.html?uri=cellar:dbefb28f-6f27-11ed-9887-01aa75ed71a1.0016.02/DOC_1&format=PDF. Recuperado el 1 de marzo de 2025.

European Parliament. (2024). *EU design protection rules ready for new technologies and circular economy.* https://www.europarl.europa.eu/news/en/press-room/20240308IPR19027/eu-design-protection-rules-ready-for-new-technologies-and-circular-economy. Recuperado el 16 de junio de 2025.

Brtka, R. (2024). *Update on the EU Design Reform.* https://ecta.org/en/latest-news-detail/news/ecta-member-voice-update-on-the-eu-design-reform/. Recuperado el 16 de junio de 2025.

Candelario Macías, M. Isabel, La actualización de la normativa europea de diseños industriales (2024). https://www.mintur.gob.es/Publicaciones/Publicacionesperiodicas/EconomiaIndustrial/RevistaEconomiaIndustrial/433/13CANDELARIO_EI433_web.pdf. Recuperado el 25 de junio de 2025.

Algunas reflexiones sobre la protección de las creaciones de la industria de la moda generadas por inteligencia artificial a través de las figuras de propiedad industrial e intelectual

DAVID SIERRA PÁRRAGA

Abogado en Andersen in Spain. Asociado de la Asociación de Expertos en Derecho de la Moda (AEDM)

1. ABREVIATURAS

BOE:	Boletín Oficial del Estado
DOUE:	Diario Oficial de la Unión Europea
IA:	Inteligencia Artificial
LM:	Ley 17/2001, de 7 de diciembre, de Marcas.
RIA:	Reglamento (UE) 2024/1689 del Parlamento Europeo y del Consejo, de 13 de junio de 2024, por el que se establecen normas armonizadas en materia de inteligencia artificial y por el que se modifican los Reglamentos (CE) nº 300/2008, (UE) nº 167/2013, (UE) nº 168/2013, (UE) 2018/858, (UE) 2018/1139 y (UE) 2019/2144 y las Directivas 2014/90/UE, (UE) 2016/797 y (UE) 2020/1828 (Reglamento de Inteligencia Artificial).

RMUE: Reglamento (UE) 2017/1001 del Parlamento Europeo y del Consejo de 14 de junio de 2017 sobre la marca de la Unión Europea.

RDMC: Reglamento (CE) nº 6/2002 del Consejo, de 12 de diciembre de 2001, sobre los dibujos y modelos comunitarios.

TJUE: Tribunal de Justicia de la Unión Europea

TRLPI: Real Decreto Legislativo 1/1996, de 12 de abril, por el que se aprueba el texto refundido de la Ley de Propiedad Intelectual, regularizando, aclarando y armonizando las disposiciones legales vigentes sobre la materia.

Vid.: véase.

2. PLANTEAMIENTO Y OBJETIVOS

Hoy en día, existe un nivel de accesibilidad sin precedentes a herramientas Inteligencia Artificial generativa. Gracias a ello, cualquier persona, sin necesidad de conocimientos técnicos avanzados, puede generar una gran cantidad de contenido sintético —texto, fotos, vídeos, música, etc.— en innumerables ámbitos e industrias, incluida la de la moda. Es por ello que la Inteligencia Artificial, en general y la denominada «IA generativa», en particular, se han convertido en herramientas de gran valor añadido dentro de esta industria y, además, para una gran variedad de sujetos, desde pequeños creadores y empresas, hasta los grandes conglomerados del sector. El motivo principal de este éxito apabullante —o al menos, de la urgencia que se viene observando por su adopción, dominio y uso— es, en esencia, su potencial para optimizar recursos generando grandes cantidades de *outputs*, algunos de los cuales se acabarán convirtiendo, por ejemplo, en nuevas prendas y colecciones, en la próxima gran campaña publicitaria, en el siguiente *influencer* de moda o, incluso, en el diseño de los canales de venta de productos, ya sean físicos u *online*.

Es decir, la IA generativa está transformando la forma en que se conciben y desarrollan las creaciones en la industria de la moda[1]. Sin embargo, si bien esta herramienta ha descubierto nuevas oportunidades, también plantea desafíos jurídicos significativos, especialmente y, lo que será objeto de estudio en el presente trabajo, en lo que respecta a la protección de estas creaciones mediante las figuras de propiedad industrial e intelectual.

---

1 Debe entenderse el término «creaciones» en sentido amplio.

En este sentido, una de las primeras cuestiones a abordar es el funcionamiento de estas herramientas. Los modelos de Inteligencia generativa deben ser entrenados con cantidades masivas de datos para mejorar los resultados que devuelven ante los *inputs* que reciben —en forma de los denominados *prompts*—. Desentrañar los procesos e instrucciones contenidas en el código fuente de los programas informáticos que rigen el funcionamiento de esta tecnología es clave para entender las implicaciones que ello tiene para la protección de la propiedad industrial e intelectual de los resultados. Por un lado, en lo que respecta a la relación entre los desarrolladores de estas herramientas de IA generativa con los titulares de derechos anteriores sobre obras y elementos protegidos que pueden haber sido usados durante el desarrollo de la herramienta. Por otro lado, en lo que respecta a los posibles derechos que los usuarios de estos programas podrían ostentar sobre el resultado generado.

Precisamente en relación con esta última cuestión, se plantea el impacto que debe o puede tener el grado de interacción entre la intervención humana y los resultados generados por la IA. En un momento inicial, en el que el usuario interacciona con la herramienta, la producción de contenido mediante IA generativa requiere de una intervención humana, siquiera mínima, destinada a introducir las instrucciones en el sistema para que el modelo las procese y se muestren los resultados. Una vez la herramienta ha devuelto el resultado, puede existir o no un proceso de filtrado, curado o modificación, en el que el usuario introduce ajustes para mejorar la calidad o adecuar los resultados a sus necesidades específicas. El grado de intervención humana, tanto en ese primer momento, como en el tratamiento de los resultados obtenidos supone un punto de estudio a la hora de analizar la posibilidad de protección jurídica de las creaciones resultantes, especialmente, respecto de la protección conferida a los derechos de autor, dado que el reconocimiento de este tipo de derechos está vinculado al concepto de creación humana.

Desde la perspectiva del derecho de propiedad industrial e intelectual, una vez que se han generado estas creaciones, surge la necesidad de determinar si pueden ser protegidas, lo cual dependerá, en gran medida, de la figura jurídica que se pretenda utilizar. Entre las principales opciones se encuentran los diseños industriales, aplicables a aquellos resultados estéticos que cumplen los requisitos legales de novedad y carácter singular; los derechos de autor, en la medida en que las creaciones puedan ser consideradas obras originales que reflejen la impronta personal de su autor; y, también, las marcas, cuando tales creaciones generadas por IA puedan cumplir la función de identificar productos o servicios en el mercado.

En definitiva, para poder evaluar la viabilidad de la protección jurídica de las creaciones generadas mediante IA en la industria de la moda a través de las diferentes figuras de propiedad industrial e intelectual, es fundamental considerar tanto aspectos técnicos de esta tecnología, como jurídicos. Estos últimos, se referirán, tanto a la regulación de la propia Inteligencia Artificial —si bien incipiente—, como de las diferentes figuras de IP.

Con este planteamiento, el objetivo del presente trabajo no es otro que reflexionar algunos de los principales interrogantes que surgen en esta materia al abordar cómo las características técnicas de la IA y los avances normativos pueden impactar en la protección de las creaciones de moda generadas por esta tecnología a través de las figuras existentes de propiedad industrial e intelectual. Para ello, acudiremos a la base técnica sobre su funcionamiento y a un análisis del marco normativo para identificar las condiciones bajo las cuales tales creaciones podrían ser objeto de derechos de propiedad industrial e intelectual, así como los posibles desafíos que deberán abordarse en el futuro para garantizar un equilibrio entre innovación y seguridad jurídica en este ámbito.

3. CUESTIONES ESENCIALES TÉCNICAS Y JURÍDICAS DE LAS HERRAMIENTAS DE INTELIGENCIA ARTIFICIAL GENERATIVA

3.1. Definición y tipos de Inteligencia Artificial

La idea de la Inteligencia Artificial[2], si bien es una cuestión de indudable actualidad, nació hace ya más de medio siglo. Como disciplina, podría definirse, en términos muy sencillos, como aquella rama de la informática que desarrolla una tecnología capaz de realizar tareas que requieren inteligencia humana, como el reconocimiento de patrones, la toma de decisiones o la generación de contenido[3]. Desde un punto de vista técnico, esa

---

[2] Término acuñado, en 1956, por John McCarthy durante la Conferencia de Dartmouth.

[3] La propia RAE define en estos términos la inteligencia artificial, indicando que se trata de una «*Disciplina científica que se ocupa de crear programas informáticos que ejecutan operaciones comparables a las que realiza la mente humana, como el aprendizaje o el razonamiento lógico*». También podemos encontrar una definición similar dada por las grandes tecnológicas, como Microsoft, que la define como «*la capacidad de un sistema informático de imitar funciones cognitivas humanas, como el aprendizaje y la solución de problemas*».

tecnología consiste, en esencia, en un programa informático que, basado en modelos matemáticos y algoritmos, procesa grandes volúmenes de datos para cumplir con una función definida.

Su origen y auge se remontan a la década de los años 50 del siglo pasado, tras la finalización de la Segunda Guerra Mundial. Entonces, el reconocido científico británico Alan Turing se planteó, en el año 1950, la siguiente pregunta: «*¿Pueden pensar las máquinas?*». Con esta críptica frase daba comienzo su artículo «*Computing Machinery and Intelligence*», publicado ese año y en el que proponía un experimento para evaluar la capacidad de una máquina de generar respuestas similares a las de un humano, la cual se ha dado en denominada «Test de Turing». Dicha prueba suponía que un observador debía evaluar una conversación, por escrito, entre un humano y una máquina diseñada para generar respuestas como si fuera un humano. En el caso de que el evaluador no pudiera distinguir si quien emitía el mensaje era el humano o la máquina, se consideraba que esta última había superado la prueba[4]. Desde entonces, este campo de la tecnología no ha dejado de desarrollarse en paralelo con el de la computación hasta ofrecer, hoy en día, una de las herramientas más valoradas por su utilidad. En este sentido, siguiendo la clasificación teórica —y casi filosófica— más aceptada, la IA se podría clasificar en diferentes tipos, en función de su grado de autonomía y capacidad de aprendizaje[5].

El escalón más básico la inteligencia artificial se ha denominado como «Inteligencia Artificial Débil» o «Estrecha» que, sin embargo, es considerada el tipo de Inteligencia Artificial más avanzada que ha conseguido desarrollar el ser humano. Se trata de la forma más básica de Inteligencia Artificial, destinada a realizar tareas concretas, sin capacidad de razonamiento. En este estadio, el «pensamiento» de la IA no implica ningún tipo de consciencia, sino que el tiempo de respuesta se debe a la coordinación de procesos y toma de decisiones con arreglo al modelo que se ha definido

---

4 El desarrollo de este experimento dio lugar, posteriormente a los sistemas CAPTCHA que, literalmente, significa Test de Turing público, completamente automático, para diferenciar humanos y ordenadores (*Completely Automated Public Turing test to tell Computers and Humans Apart*). El reCAPTCHA es una tecnología propiedad de Google.

5 A la hora de entender qué es la Inteligencia Artificial y, sobre todo, sus tipos y cómo nos relacionamos hoy en día con ella, debe tenerse en cuenta, especialmente, el trabajo del científico estadounidense Arend Hintze, quien ha realizado importantes avances filosóficos y técnicos en este campo con el objetivo de desarrollar una máquina capaz de aprender tal y como lo hace un humano.

previamente y a la tecnología utilizada. Si bien, a priori, podría pensarse que la utilidad de la Inteligencia Artificial Débil está limitada por su carácter básico, en realidad, son las que presentan mayores ventajas como herramienta, al aprovechar la especialización de su propósito para lograr realizar las tareas para las que han sido programadas con un mayor desempeño que el que conseguiría un humano[6]. Algunos ejemplos de Inteligencia Artificial Débil serían los asistentes virtuales, los sistemas de recomendación, los motores de búsqueda o la generación de contenidos.

El siguiente nivel de Inteligencia Artificial sería aquella denominada «Inteligencia Artificial General»[7], «Fuerte» o «De nivel humano». Es más avanzada que la Inteligencia Artificial Débil y englobaría aquellas máquinas que serían capaces de aprender de manera consciente de experiencias pasadas y utilizarlas para resolver problemas futuros y más complejos. Si bien podría parecer que esto es lo que ocurre con algunos modelos de IA —como ChatGPT—, en realidad, se dice que una inteligencia artificial de este tipo podría tener creatividad propia, similar a la de los humanos y razonar de manera consciente. A pesar de los ejemplos que aquí se han dado de la Inteligencia Artificial Débil, a la vista de esta definición de Inteligencia Artificial General se podría pensar que determinados modelos de IA actuales son más avanzados que un simple mecanismo de reconocer patrones y actuar, pero lo cierto es que, desde un punto de vista teórico, parece lógico que, en la actualidad, ninguna máquina de IA puede razonar de manera autónoma ni tomar decisiones conscientes basadas en experiencias pasadas, a pesar de que algunos sistemas pudieran entender lo que se denomina «lenguaje natural» para devolver respuestas o realizar tareas que parecen implicar un razonamiento.

Finalmente, el último escalón de la Inteligencia Artificial consistiría en el desarrollo de lo que se ha dado en llamar la «Súper Inteligencia Artifi-

---

6 Touriño 2020, p. 255.

7 Esta denominación puede plantear dudas interpretativas al compararlo con la normativa actual, como se verá a continuación. Ya avanzamos que el Reglamento (UE) 2024/1689 de Inteligencia Artificial hace referencia a modelos y sistemas de IA de uso general para referirse a aquellos que pueden servir a distintos fines, pero no significa que se esté regulando la Inteligencia Artificial General. También parecen confundir estas dos ideas las Normas ISO-IEC 22989 relativas a la inteligencia artificial que, al definir la Inteligencia Artificial General la equiparan con aquella capaz de realizar una amplia variedad de tareas con un alto nivel de desempeño —esto es, la IA de uso general definida en el Reglamento (UE) 2024/1689 de Inteligencia Artificial—.

cial». Casi como una idea propia de la ciencia ficción, consistiría en aquella capaz de aprender y pensar por sí misma, con conciencia y autonomía, considerando la idea de que las máquinas podrían igualar e incluso superar a los humanos, lo que plantea el mayor número de dudas desde un punto de vista ético, por ejemplo. Estas máquinas, que podrían desarrollarse a sí mismas hasta superar a los humanos, podrían resolver problemas muy complejos a escala mundial al gozar de una comprensión que superaría a la de los humanos.

3.2. Funcionamiento de la IA generativa y su dependencia de los datos

A la vista de lo anterior, podríamos afirmar, entonces, que la Inteligencia Artificial utilizada en la actualidad para la generación de contenido sintético[8] se corresponde con la denominada Inteligencia Artificial Débil y ello con independencia del grado de perfeccionamiento de estos sistemas, de la comprensión del «lenguaje natural» y de los resultados generados. Dentro de este tipo de tecnología, los sistemas de generación de contenidos han venido cobrando una tremenda relevancia en los últimos años, gracias a su facilidad para producir nuevos contenidos en distintos formatos, como texto, imágenes, audio o vídeo.

Conviene detenernos en este punto, en el funcionamiento de la Inteligencia Artificial actual, al constituir una de las claves para el análisis de la cuestión objeto de este trabajo. Los modelos de Inteligencia Artificial funcionan sobre la base de la idea del aprendizaje, esto es, el denominado «*machine learning*». En esencia, este objetivo se logra mediante el análisis de datos a través de diferentes técnicas, buscando incorporar en el modelo diferentes variables para la resolución de un problema dado. Es decir, la Inteligencia Artificial, en general y la IA generativa, en particular, «aprenden» a partir de grandes conjuntos de datos con los que se alimenta un programa informático, que analizará los patrones y estructuras de los datos para, posteriormente, generar contenido que imita o combina elementos de los datos originales. Cuando el programa ha alcanzado el punto de realizar su función de manera rápida, precisa y con un nivel de confianza sobre los resultados, se podría decir que se ha convertido en una Inteligencia Artificial Débil.

---

8 Contenido sintético, en contraposición al contenido natural generado por los humanos.

Por tanto, la primera fase del desarrollo de una IA para la generación de contenido es la recopilación de datos. Estos datos provendrán de diferentes fuentes, ya sea el Internet accesible —por ejemplo, mediante la técnica del *web crawling*— o mediante el volcado de datos específicos en el programa. Ahora bien, con independencia de uno u otro, lo que es cierto es que los datos incluidos pueden ser datos libres o datos protegidos por derechos de propiedad industrial o intelectual y, en relación con estos últimos, cabe la posibilidad de que se haya obtenido una licencia para su uso en el entrenamiento de la IA o no. Una vez recopilados los datos, se procede al entrenamiento del modelo. Durante esta etapa, la IA analiza patrones y relaciones en el conjunto de datos lo que exige, por ejemplo, reproducir una y otra vez datos que se hayan incorporado, como miles de canciones, contenido audiovisual, imágenes concretas, etc. Finalmente, cuando la herramienta ya ha sido entrenada, el modelo que subyace es capaz de generar contenido sintético a partir de una entrada o solicitud del usuario.

En el caso de la generación de contenido relacionado con la industria de la moda, por ejemplo, un diseñador puede introducir una serie de instrucciones y la IA producirá imágenes o bocetos de posibles prendas, combinaciones de colores, diseños según corrientes artísticas, etc. Así, la precisión del resultado dependerá, por un lado, de la calidad del entrenamiento que haya obtenido el modelo y, por otro, de la correcta especificación de las instrucciones introducidas. Ello, sin perjuicio del posterior tratamiento del resultado obtenido de la IA por parte del usuario, que podrá modificarlo según sus propias decisiones.

3.3. El nuevo marco jurídico de la Inteligencia Artificial

Precisamente, por los desafíos que plantea el funcionamiento de la Inteligencia Artificial, sus características técnicas y el uso que se pretende hacer de esta herramienta, asistimos, en la actualidad, al nacimiento mundial del marco regulatorio de esta materia. En este punto, la Unión Europea se ha erigido en pionera al desarrollar la primera regulación jurídica de esta tecnología, el «Reglamento (UE) 2024/1689 del Parlamento Europeo y del Consejo de 13 de junio de 2024 por el que se establecen normas armonizadas en materia de inteligencia artificial y por el que se modifican los Reglamentos (CE) n.o 300/2008, (UE) n.o 167/2013, (UE) n.o 168/2013, (UE) 2018/858, (UE) 2018/1139 y (UE) 2019/2144 y las Directivas 2014/90/UE, (UE) 2016/797 y (UE) 2020/1828 (Reglamento de Inteligencia Artificial)»[9], al cual está previsto que sigan otras normas en el ámbito europeo, relacionadas, sobre todo, con directrices para la aplicación del RIA[10]. España, por su parte, está siguiendo muy de cerca estos pasos con algunas propuestas legislativas en la materia, como el Real Decreto 817/2023, de 8 de noviembre, que establece un entorno controlado de pruebas para el ensayo del cumplimiento de la propuesta de Reglamento del Parlamento Europeo y del Consejo por el que se establecen normas armonizadas en materia de inteligencia artificial[11], el fallido Proyecto de Real Decreto por el que se regula la concesión de licencias colectivas ampliadas para la explotación masiva de obras y prestaciones protegidas por derechos de propiedad intelectual para el desarrollo de modelos de inteligencia artificial de uso general o el Anteproyecto de ley de gobernanza de la Inteligencia Artificial (IA).

Para entender mejor el sentido de esta nueva normativa, conviene detenerse en el concepto que el Reglamento de Inteligencia Artificial ofrece de esta tecnología. Como se ha dicho, desde un punto de vista técnico —y casi filosófico— la Inteligencia Artificial Débil sería aquella disponible en la actualidad y sería esta la que se regula en el Reglamento de Inteligencia Artificial. Así se desprendería del Considerando (12) de esta norma[12] y de la definición general de sistema de IA contenida en el artículo 3 del citado Reglamento. Y, ello, a pesar de determinadas ideas contenidas en estos preceptos y que parecerían apuntar más en la dirección de una Inteligencia Artificial General, como aquellos pasajes en los que se afirma que «*[l]a capacidad de inferencia de un sistema de IA trasciende el tratamiento básico de*

---

9 «DOUE» núm. 1689, de 12 de julio de 2024, páginas 1 a 144.

10 No se trata, ahora, sin embargo, de hacer un análisis exhaustivo del contenido del Reglamento de Inteligencia Artificial, sino de presentar los elementos de esta norma que, en nuestra consideración, tendrán relevancia a la hora de proteger las creaciones de la industria de la moda generadas por Inteligencia Artificial a través de las diferentes figuras de propiedad industrial e intelectual.

11 «BOE» núm. 268, de 9 de noviembre de 2023, páginas 149138 a 149168.

12 «[…] *Una característica principal de los sistemas de IA es su capacidad de inferencia. Esta capacidad de inferencia se refiere al proceso de obtención de resultados de salida, como predicciones, contenidos, recomendaciones o decisiones, que puede influir en entornos físicos y virtuales, y a la capacidad de los sistemas de IA para deducir modelos o algoritmos, o ambos, a partir de información de entrada o datos. Las técnicas que permiten la inferencia al construir un sistema de IA incluyen estrategias de aprendizaje automático que aprenden de los datos cómo alcanzar determinados objetivos y estrategias basadas en la lógica y el conocimiento que infieren a partir de conocimientos codificados o de una representación simbólica de la tarea que debe resolverse*».

datos, al permitir el aprendizaje, el razonamiento o la modelización»[13], que «*está diseñado para funcionar con distintos niveles de autonomía y que puede mostrar capacidad de adaptación tras el despliegue*»[14] o la obligación de desarrollar los sistemas de IA de manera que «*las personas físicas de que se trate estén informadas de que están interactuando con un sistema de IA, excepto cuando resulte evidente desde el punto de vista de una persona física razonablemente informada, atenta y perspicaz, teniendo en cuenta las circunstancias y el contexto de utilización*»[15].

De manera muy resumida, podría decirse que la razón de ser del Reglamento de Inteligencia Artificial es la gestión de riesgos, por un lado, prohibiendo determinadas prácticas[16] y finalidades[17] que se pueden implementar en o conseguir con los sistemas de Inteligencia Artificial y, por otro, regular otras que implican un nivel elevado de riesgo[18]. El Reglamento de Inteligencia Artificial entiende que esta tecnología puede usarse para lograr objetivos concretos a través de una función específica de estas herramientas, entre las que se encuentran las predicciones, la generación de contenido, las recomendaciones o la toma de decisiones[19]. Ahora bien,

---

13 Vid. Considerando (12) del RIA.

14 Vid. Art. 3 del RIA.

15 Vid. Artículo 50.1 del RIA.

16 Entre las que podemos citar (vid. art. 5.1 del RIA): hacer uso de técnicas subliminales, manipuladoras o engañosas para alterar el comportamiento de una persona mermando su capacidad de tomar una decisión informada; explotar vulnerabilidades por razón de edad, discapacidad, situación económica, etc.; o crear bases de datos de reconocimiento facial.

17 Como son «*evaluar o clasificar a personas físicas o a colectivos de personas durante un período determinado de tiempo atendiendo a su comportamiento social o a características personales o de su personalidad conocidas, inferidas o predichas, de forma que la puntuación ciudadana resultante*» *provoque un trato perjudicial o desfavorable para determinados colectivos*» (art. 5.1.c del RIA); «*realizar evaluaciones de riesgos de personas físicas con el fin de valorar o predecir el riesgo de que una persona física cometa un delito basándose únicamente en la elaboración del perfil de una persona física o en la evaluación de los rasgos y características de su personalidad*» (art. 5.1.d del RIA); «*inferir las emociones de una persona física en los lugares de trabajo y en los centros educativos*» (art. 5.1.f del RIA), entre otros.

18 Reguladas en el Capítulo III y Anexo III del Reglamento de Inteligencia Artificial, entre los que se encuentran los sistemas de IA para la identificación biométrica, la decisión sobre acceso y admisión a centros educativos, para la contratación o selección de trabajadores, etc.

19 Vid. Considerando (12) del RIA.

se asume que un sistema de IA[20] no siempre tendrá una única función, sino que existen los denominados sistemas de IA de uso general, es decir, aquellos cuyo modelo subyacente puede realizar una amplia variedad de tareas[21]. En particular, la generación de contenido es considerada como un tipo de Inteligencia Artificial de uso general[22] y se aborda en el Reglamento de Inteligencia Artificial, principalmente, desde la perspectiva de los usos espurios para los que puede ser usada y las medidas necesarias para controlar los riesgos que puede generar, centrados en la dificultad diferenciar el contenido auténtico generado por seres humanos y las implicaciones que ello puede tener en la desinformación, fraude y engaño a los consumidores, por lo que se enuncia la necesidad de imponer medidas tecnológicamente adecuadas para paliar estos efectos[23] las cuales, a su vez, pueden tener, de nuevo, un impacto en la protección de los resultados legítimos que no persiguen fines no éticos cuando no, directamente, ilegales.

Lo característico de estos modelos de uso general sería que, dado su amplio margen de utilidad, son entrenados con elevados volúmenes de datos[24], por lo que a los proveedores de estos sistemas se les impondrán, cuando entren en vigor en 2026 y 2027, una serie de obligaciones adicionales de transparencia, algunas de ellas, con un posible impacto en la protección del resultado de una IA generativa mediante derechos de propiedad industrial e intelectual.

Hablamos de que, por un lado, los proveedores de IA y los responsables del despliegue de sistemas de IA —incluidos los de uso general— que generen contenido sintético —de audio, vídeo, imagen o textos— «*velarán por que los resultados de salida del sistema de IA estén marcados en un formato legible por máquina y que sea posible detectar que han sido generados o manipulados de manera artificial*»[25].

---

20 Existe una dicotomía entre el término «modelo de IA» y «sistema de IA». Un modelo de IA se define como un componente esencial de un sistema de IA. En términos sencillos, podría decirse que el modelo es el contenido y el sistema el continente. Sin embargo, para que un modelo pueda dar lugar a un sistema, debe estar acompañado de otros elementos que permitan interactuar con el modelo, como puede ser una interfaz de usuario (vid. art. 3 del RIA).

21 Vid. Considerando (100) del RIA.

22 Vid. Considerando (105) del RIA.

23 Vid. Considerando (133) del RIA.

24 Vid. Considerando (97) del RIA.

25 Vid. artículo 50.2 del RIA.

Si bien, en general, no parece una obligación[26], por un lado, si atendemos a la redacción literal del propio precepto —«velarán»— y, por otro, debido a que la eficacia de estas medidas se supedita a «*las particularidades y limitaciones de los diversos tipos de contenido, los costes de aplicación y el estado actual de la técnica generalmente reconocido*», lo cierto es que este marcado plantea interrogantes que influyen en el análisis objeto de este trabajo, por ejemplo, si tal identificación deberá mantenerse incluso una vez que los outputs obtenidos hayan sido curados, filtrados y/o modificados por un humano.

Por otro, en particular aquellos proveedores de modelos de IA de uso general, deberán[27] elaborar y mantener actualizada cierta información técnica sobre el modelo «*relativa al proceso de entrenamiento y realización de pruebas y los resultados de su evaluación*» y «*establecerán directrices para cumplir el Derecho de la Unión en materia de derechos de autor y derechos afines, y en particular, para detectar y cumplir, por ejemplo, a través de tecnologías punta, una reserva de derechos expresada de conformidad con el artículo 4, apartado 3, de la Directiva (UE) 2019/790*»[28] y ello, por cuanto, como se ha dicho, los modelos de IA de uso general sirven para múltiples funciones y, por tanto, deben entrenarse con enormes volúmenes de datos, los cuales pueden estar protegidos por derechos de propiedad industrial e intelectual que sean infringidos durante este proceso de entrenamiento.

4. LA PROTECCIÓN DE CREACIONES DE LA INDUSTRIA DE LA MODA GENERADAS CON INTELIGENCIA ARTIFICIAL

4.1. Aproximación a la relación entre la propiedad industrial e intelectual y la Inteligencia Artificial generativa

En lo tocante a la protección de los derechos de propiedad industrial e intelectual en relación con la Inteligencia Artificial generativa, se pueden diferenciar, al menos, dos dimensiones principales.

---

26 Salvo, por ejemplo, para el caso de sistemas «*que genere o manipule imágenes o contenidos de audio o vídeo que constituyan una ultrasuplantación*», donde sí «*harán público que estos contenidos o imágenes han sido generados o manipulados de manera artificial*» (art. 50.4 del RIA).

27 Vid. Artículo 53 del RIA.

28 Se trata de la excepción a la protección de los derechos de propiedad intelectual «*con respecto a las reproducciones y extracciones de obras y otras prestaciones accesibles de forma legítima para fines de minería de textos y datos*».

Por un lado, aquella que afecta a los derechos previos sobre diferentes elementos que pueden ser utilizados para entrenar los modelos de Inteligencia Artificial que permiten generar contenidos sintéticos. Lo más habitual será pensar en las obras objeto de derechos de autor, como textos, imágenes, obras plásticas, música y un largo etcétera; así como también otras obras objeto de derechos, como las bases de datos, por ejemplo. De igual forma, también se utilizarían para alimentar estos modelos la representación de marcas protegidas, diseños industriales protegidos y objetos protegidos por patentes y otros derechos de propiedad industrial. En este sentido, no son pocos los procedimientos judiciales que se han planteado, eso sí, en otras jurisdicciones diferentes a la nuestra, principalmente, en Estados Unidos en los que se acusa a los desarrolladores de diferentes modelos de IA de hacer un uso indebido de obras protegidas[29]. Desde allí nos llegan ya las primeras resoluciones que resuelven sobre si la utilización de elementos protegidos está permitida, por ejemplo, conforme a la figura del *fair use*, propia de aquel ordenamiento. Si bien se trata del principal argumento en el que se basan los desarrolladores de estos modelos de Inteligencia Artificial para el uso legítimo de obras protegidas, la resolución en el caso *Thomson Reuters v. Ross Intelligence*[30]*, rechazando dicha excepción para amparar el uso de obras protegidas en el entrenamiento de una IA, puede servir como anticipo del destino que, presumiblemente, seguirán otras muchas. En nuestro territorio, anticipamos que se buscará argumentar la aplicación de la excepción de minería de datos para el uso de obras protegidas por derechos de autor*[31] *en el entrenamiento de modelos de IA, que, sin embargo, no entraremos a analizar*[32].

---

29 Por citar algunos de ellas, *Alter v. OpenAI* (1:23-cv-8292), *Authors Guild v. OpenAI* (1:23-cv-10211) *Basbanes v. OpenAI* (1:24-cv-84) (S.D.N.Y.); *Doe v. GitHub, Inc. et al* (24-6136 (9th Cir.), No. 4:22-cv-06823) (N.D. Cal.); Getty Images v. Stability AI (:23-cv-00135) (D. Del.), entre otros muchos.

30 Thomson Reuters enter. Ctr. GMBH v. Ross Intel. Inc., No. 1:20-cv-613-SB, 2025 WL 458520 (D. Del. Feb. 11, 2025).

31 Considerando (8) y artículo 4 de la directiva (UE) 2019/790 del Parlamento Europeo y del Consejo de 17 de abril de 2019, sobre los derechos de autor y derechos afines en el mercado único digital y por la que se modifican las Directivas 96/9/CE y 2001/29/CE. Esta cuestión, sin embargo, tal y como indica la propia Directiva, se refiere al análisis masivo y automatizado de datos en formato digital, con el objetivo de detectar tendencias, por ejemplo. Esta excepción se asienta sobre la base de la necesidad de permitir el avance científico y la innovación.

32 Baste decir, no obstante, que ya comienzan a verse las primeras sentencias sobre la aplicación de esta excepción al ámbito de la IA, como, por ejemplo, la reciente sentencia del Tribunal Regional de Hamburgo en el caso Kneschke v. LION, en la que, en esencia, el tribunal concluyó que el uso por LION de la obra del citado

Por otro lado y lo que constituye el objeto de análisis de estas líneas, cabe plantearse la protección de la que pudieran disfrutar, a través de las figuras de propiedad industrial e intelectual, las creaciones generadas con Inteligencia Artificial en un sector como el de la moda. Como se apuntaba en la introducción, se trata de una industria que ha buscado adaptarse rápidamente al uso de esta tecnología para aprovechar sus ventajas, centradas en la resolución de problemas y asignación eficiente de los recursos, pero, también, en relación con la creación de contenido.

Así, muchas de las empresas más reconocidas de la industria de la moda están adoptando la Inteligencia Artificial como una herramienta más dentro de su estrategia de negocio y dentro del *mix* de marketing, por ejemplo, en lo que se refiere a la planificación de la producción mediante el estudio de las modas y la demanda. En este sentido, importantes *maisons* como Louis Vuitton, Dior, o Prada, así como otras grandes empresas de la talla de Adidas, New Balance o Decathlon han indicado que colaboran con Heuritech, una empresa francesa que ha desarrollado una herramienta de IA diseñada para analizar imágenes en redes sociales para detectar preferencias de los consumidores y realizar pronósticos, detectando patrones y tendencias en la industria de la moda. Incluso los grandes almacenes más tradicionales como Macy's y Saks Fifth Avenue, hacen uso de una herramienta similar denominada Trendanalytics. Entre las ventajas de este tipo de herramientas, estaría, por ejemplo, adaptar la demanda a la producción, reduciendo así los residuos. Otros usos prácticos de la IA generativa aplicada al *retail* serían la implantación de asistentes de moda, como el implantado por Zalando; de *chatbots* para resolución de incidencias y atención al cliente, la posibilidad de probarse ropa virtualmente, caso de Balmain, Bershka, etc.; para diseñar la planta de una tienda física; o readaptar automáticamente la distribución en función de diversos parámetros.

Asimismo, las últimas noticias publicadas muestran cómo la Inteligencia Artificial ha venido a desarrollar, también, la parte creativa de la industria, permitiendo presentar en diferentes pasarelas estampados y otras creaciones obtenidas con Inteligencia Artificial y lanzar colecciones *on demand*

---

autor para crear una base de datos que posteriormente fuera cedida para entrenar sistemas de IA estaba amparado por la excepción de minería de datos. Si bien la sentencia no es firme y no se refiere específicamente al entrenamiento de la IA, sino a la inclusión de la obra en una base de datos, esta es, sin duda, una de las aristas que se analizarán en relación con esta cuestión.

generadas con herramientas de IA —véanse creadores incipientes como Collina Strada, Christopher Kane, o Kseniaschnaider y empresas más consolidadas, como G-Star o la española Desigual—. Asimismo, Stradivarius utilizó herramientas de Inteligencia Artificial y también modelos que realmente no existían, sino que fueron generados íntegramente con IA para su campaña SS 2023, al igual que hicieron Etro, Misela, Mango teen o incluso Levi's, que anunció que, en colaboración con la herramienta Lalaland.ai crearían avatares personalizados generados con IA para conseguir, en sus palabras, aumentar la diversidad de los modelos utilizados. Incluso, ya surgen herramientas específicas de IA generativa para diseños de moda, como es «AiDa» y «Refabric» y se organizan certámenes específicos en los que lucir los diseños generados por IA, como la IA Fashion Week impulsada por Maison Meta.

Sin embargo, los casos de uso de la Inteligencia Artificial no se agotan con los aspectos más obvios, como la organización de la producción y la creación de productos propios de esta industria, sino que también coadyuvan a crear productos y servicios complementarios, como es el caso de los *influencers* virtuales. Por citar los más famosos, tenemos los casos de Aitana y Maia, creadas por la agencia española The Clueless y que han sido muy sonados en la industria, participando en numerosas campañas publicitarias y cosechando un más que decente éxito en redes sociales.

Así las cosas, dentro de este entorno, se plantea la posibilidad de rentabilizar los resultados obtenidos con la Inteligencia Artificial, por ejemplo, a través del registro de esos elementos y su protección conforme a diversas figuras de la propiedad industrial e intelectual, ya sea respecto a resultados brutos, directamente obtenidos de la herramienta de Inteligencia Artificial, o bien considerando el output tras pasar un proceso de curado mediante intervención humana.

4.2. La protección de creaciones de moda generadas con IA a través de los derechos de propiedad industrial e intelectual

4.2.1. Marcas

Al referirnos a las marcas, debemos tener en cuenta que, hoy en día, nuestra legislación, tanto nacional, como en el caso de las marcas de la Unión Europea, recogen un listado amplio —de *numerus apertus*— de signos admitidos como marca siempre y cuando cumplan con los requisitos de la distintividad y la representación clara y precisa[33] y no estén incursos en causas de denegación o nulidad absolutas o relativas[34].

Así, en la industria de la moda, además de la figura clásica de las marcas denominativas o figurativas, ampliamente utilizadas para la protección de los nombres de las grandes maisons, han venido cobrando especial importancia otras tipologías de marcas más centradas en la protección de determinados aspectos de los productos comercializados. Hablamos, por ejemplo, de las marcas de posición o las marcas patrón[35] y, ello, con independencia de la dificultad de obtener su registro en relación con la distintividad de tales signos[36]. Asimismo, podemos citar las marcas tridimensionales, cuyo principal obstáculo consiste en la prueba de que se trata de una marca que se aparta de lo habitual en el sector y en la adecuada diferenciación con la figura de los diseños industriales, las patentes y modelos de utilidad y las obras protegidas por derechos de autor[37].

---

33 Vid. art. 4 LM.

34 Esta progresiva ampliación del catálogo de signos admitidos como marca se debe al denominado carácter expansivo del derecho de marcas, tal y como ha puesto de manifiesto nuestra doctrina —por todos, García Pérez (2021), Lema Rastrojo (2017) o Maroño Gargallo (2023)—.

35 Definida como aquella marca «*consistente en la manera específica en que la marca se coloca o figura en el producto*» —marca de posición— y aquella «*marca constituida exclusivamente por un conjunto de elementos que se repiten periódicamente*» —marca patrón—, respectivamente, según lo dispuesto en el artículo 2 del Real Decreto 687/2002, de 12 de julio, por el que se aprueba el Reglamento para la ejecución de la Ley 17/2001, de 7 de diciembre, de Marcas.

36 Prueba de la dificultad de registrar un patrón consistente en una repetición de los elementos es la declaración de nulidad de la marca patrón «Damier Azur», de Louis Vuitton, en virtud de la Sentencia del Tribunal de Justicia de la Unión Europea de 19 de octubre de 2022, en el asunto T-275/21, ECLI:EU:T:2022:654. No obstante, existen otros casos de éxito como la Marca de la Unión Europea número 17869029 titularidad de Gucci o la marca nacional número M4076723, consistente en el famoso estampado de Burberry. En lo que respecta a las marcas de posición, muy habituales también en el sector de la moda, podemos destacar los varios casos en los que Thom Browne ha visto rechazadas sus pretensiones de registrar una marca consistente en varias líneas perpendiculares aplicadas a mangas o perneras —litigios frente a Adidas incluidos—.

37 En el sector de la moda, podemos citar la Sentencia del Tribunal General de la Unión Europea, de fecha 14 de julio de 2021, en el asunto T-488/20, «Guerlain» (ECLI:EU:T:2021:443) en virtud de la cual se admitió el registro de una marca tridimensional consistente en la forma del envase de una barra de labios, al apartarse sustancialmente de lo habitual en el mercado.

Sea cual sea el tipo de signo que se pretenda proteger, lo cierto es que la Inteligencia Artificial generativa facilita, en gran medida, el proceso creativo al permitir que la herramienta devuelva un resultado en diferentes formatos —texto, imágenes, video, audio, etc.— mediante la introducción de una instrucción más o menos compleja, lo que convierte esta tecnología en un medio idóneo para el diseño de signos cuyo registro podría instarse. A priori y, a la vista de las premisas establecidas para nuestro análisis conforme a lo expuesto en este trabajo, lo cierto es que se pueden plantear diferentes obstáculos para el registro como marca de signos —principalmente de carácter visual— que hayan sido generados a través de Inteligencia Artificial generativa.

Un logotipo, un término concreto, ya sea una mera palabra o escrito en caracteres estilizados, una combinación de todo ello e, incluso, un patrón generado por Inteligencia Artificial enfrentará, como principal problema, el de la distintividad, en función del propio signo y de los productos o servicios que se pretenda designar[38]. En este sentido, parte de la causa de que un signo generado con Inteligencia Artificial sea distintivo o no, se encuentra en la intervención humana. Por un lado, a la hora de introducir la entrada en el modelo con el objetivo de que el resultado sea lo más concreto posible y adecuado al sector de los productos o servicios que se pretenden designar. Por otro, en lo que se refiere al tratamiento posterior que del resultado bruto obtenido por la IA haga la persona en cuestión.

Otra arista a considerar es el impacto que puede tener el hecho de que la Inteligencia Artificial haya sido entrenada con elementos protegidos por derechos de propiedad industrial e intelectual. Ello podría llevar a que el signo generado por la IA resulte idéntico o similar a una marca ya existente, lo que pudiera dar lugar a un motivo de oposición[39] al registro por el titular anterior; de nulidad[40] e, incluso, de un uso infractor. Pero, además, el conflicto podría surgir con otros derechos de propiedad industrial diferentes de las marcas si el signo generado por la IA fuera similar a un diseño industrial protegido[41] o a una obra sobre la que su titular ostente

---

38 A la vista de las prohibiciones absolutas de registro previstas en el artículo 5.1 apartados a), b), c) y d) de la LM y del RMUE.

39 Vid. arts. 6 de la LM y 8 del RMUE.

40 Vid. arts. 50 y ss. de la LM y 59 y ss. del RMUE cuya acción, además, no prescribe.

41 Vid. arts. 9.c) de la LM y 60.2.c) del RMUE. En este sentido, podemos citar el intento de declarar nula la clásica marca de Ralph Lauren (a nivel comunitario) consistente en el jugador de polo a lomos de un caballo con base en un

derechos de autor. Si bien la probabilidad de enfrentar estos obstáculos es mayor si se usa o se busca o registrar el resultado bruto obtenido con una IA, dicha probabilidad se reduce si tiene lugar un proceso de curado de los resultados obtenidos, apartándose así de aquellos elementos con los que haya sido entrenado el modelo de IA.

4.2.2. Diseños industriales

Otra de las figuras más habituales —y relevantes[42]— en la protección de los elementos en la industria de la moda es el diseño industrial[43] —tanto los registrados, como aquellos no registrados—, utilizada para proteger múltiples elementos que van desde el diseño de prendas, al *packaging* de los productos y, en especial tras la última modificación de la regulación de esta materia[44], el diseño de los bienes digitales, algo de gran actualidad, incluso en la industria de la moda, gracias al desarrollo de tecnologías complementarias como los NTFs[45].

De nuevo, al igual que en el caso de las marcas, es indudable el papel que puede jugar la Inteligencia Artificial generativa en la creación de nuevos elementos protegibles a través de la figura de los diseños industriales. En estos casos y, con independencia de si hablamos de diseños registrados

---

diseño industrial previo similar y que fue resuelto por la Sentencia del Tribunal General de la Unión Europea, de 2 de junio de 2021, en el asunto T-169/19 (ECLI:EU:T:2021:318), rechazando dicha solicitud de nulidad si bien debido a que el diseño industrial previo había caducado durante la tramitación del procedimiento.

42 Ortega Burgos 2022, p. 234.

43 Esta figura protege «*la apariencia de la totalidad o de una parte de un producto, que se derive de las características de, en particular, las líneas, contornos, colores, forma, textura o materiales del producto en sí o de su ornamentación*» (vid. arts. 1 de la LPJDI y 3 del RDMC.

44 Operada por la Directiva (UE) 2024/2823 del Parlamento Europeo y del Consejo, de 23 de octubre de 2024, sobre la protección jurídica de los dibujos y modelos y por el Reglamento (UE) 2024/2822 del Parlamento Europeo y del Consejo, de 23 de octubre de 2024, por el que se modifica el Reglamento (CE) nº 6/2002 del Consejo, sobre los dibujos y modelos comunitarios, y se deroga el Reglamento (CE) nº 2246/2002 de la Comisión.

45 Por citar algunos, tenemos el caso de los Metabirkins, los NFTs de zapatillas Nike comercializados por StockX o los NFTs comercializados por Dolce&Gabanna, como los fan token de la colección DGFamily o los de la Collezione Genersi NFT, que batieron récords de recaudación.

o no registrados, la protección conferida requiere el cumplimiento de los requisitos de novedad y carácter singular, además de no incurrir en causas de denegación del registro, en su caso, de estos elementos.

Así pues, surgen algunas dudas sobre la protección de los diseños generados con Inteligencia Artificial. En primer lugar, sobre el requisito de la novedad —objetiva—, se requiere que no exista ningún otro diseño previo idéntico o similar en grado suficiente—[46]. En este sentido, la generación de diseños a través de una herramienta de Inteligencia Artificial que ha podido ser entrenada con elementos protegidos por derechos de propiedad industrial, puede dificultar, en gran medida, la protección de los resultados brutos obtenidos mediante esta tecnología. En este caso, el refinamiento de los resultados a través de la intervención humana, al igual que ocurría en el caso de las marcas, podría reducir esta probabilidad.

Por lo que respecta al carácter singular del diseño[47], ha de ponerse en estrecha relación el concepto de usuario informado y el grado de libertad del autor. La interrelación entre ambas ideas depende del producto al que pertenezcan los posibles diseños en liza, como tiene dicho el TJUE[48], de manera que, en sectores donde existe un mayor grado de libertad del autor, las pequeñas diferencias no servirán para acreditar la existencia de un carácter singular a los ojos del usuario informado y viceversa. En el caso de los diseños de moda, el grado de libertad del autor será bastante amplio[49], por lo que las semejanzas pesarán más que las diferencias a la hora de valorar la impresión general del usuario informado. En consecuencia, de nuevo en este aspecto, plantea problemas el uso de una herramienta alimentada con diseños ya existentes por cuanto que, como se ha dicho, no toma decisiones creativas autónomas[50], sino que, por su propio funcionamiento, se limita a realizar un proceso de combinación de los elementos contenidos en sus bases de datos. En consecuencia, es posible intuir que la probabilidad de obtener resultados con importantes similitudes a diseños

---

46 Vid. arts. 5 y 6 de la LPJDI y 4 y 5 del RDMC.

47 Vid. arts. 5 y 7 de la LPJDI y 4 y 6 del RDMC.

48 Por ejemplo, en la Sentencia del Tribunal General de la Unión Europea, de 7 de julio 2021, en el asunto T-492/20, «TOUS v. EUIPO» (ECLI:EU:T:2021:413).

49 Así ocurre, por ejemplo, en cuanto al diseño de bolsos, tal y como indica la Sentencia del Tribunal General de la Unión Europea, de 10 de septiembre de 2015, en el asunto T-525/13, «YSL v. H&M» (ECLI:EU:T:2015:617).

50 Dado que, en la actualidad, hemos asumido que la tecnología disponible se corresponde con la denominada IA Débil, sin alcanzar el grado de IA General, que implicaría cierta capacidad de tomar decisiones razonadas y libres.

ya existentes y que, por tanto, no puedan ser suficientemente distinguidos por un usuario informado, mermando así la capacidad de cumplir con el requisito del carácter singular.

Lo anterior resulta relevante cuando atendemos a las causas de denegación del registro de diseños industriales, entre las que se encuentran, por ejemplo, no cumplir con los requisitos del concepto de diseño industrial[51] —la falta de cumplimiento de tales requisitos impide, también, la protección del diseño no registrado—. Pero, además, de manera similar a lo que ocurre con las marcas, se prohíbe el registro de un diseño que incorpora marcas u otros signos distintivos protegidos, así como también cuando suponga el uso no autorizado de obras protegidas por derechos de autor[52]. Una vez más, el funcionamiento de la Inteligencia Artificial generativa plantea problemas sobre esta cuestión, en el mismo sentido que se viene indicando, esto es, dado el peligro de reproducir, en el resultado generado por la herramienta, elementos protegidos por derechos de propiedad industrial con los que ha sido entrenado el modelo.

4.2.3. Derechos de autor

Por último, cabe referirse a la figura de los derechos de autor. Si bien no se trata de la figura más habitual —ni adecuada—, en la mayoría de los casos, para la protección de los principales elementos de diseño de la industria de la moda, tal y como se expondrá a continuación, sí puede servir al propósito de proteger otras cuestiones dentro de esta industria y, en lo tocante al uso de la Inteligencia Artificial generativa, probablemente sea esta la figura que más incógnitas plantea en relación con la protección de elementos generados haciendo uso de esta tecnología.

Si atendemos a la protección de los diseños de moda a través de la figura de los derechos de autor, el estado de la cuestión, en la actualidad, es que esta figura sólo ha de aplicar cuando, de conformidad con la normativa, el diseño en sí goza de originalidad —expresando la libertad de elección y la personalidad del autor— y es identificable con suficiente precisión y objetividad, siendo que el mero efecto estético que produce un diseño no es criterio suficiente para calificarlo como obra protegible a través de los

---

51 Vid. arts. 13.a) y b) de la LPJDI y 25.1.a) y b) del RDMC.

52 Vid. arts. 13.g) de la LPJDI y 25.1.f) del RDMC.

derechos de autor[53] dado, el carácter utilitario de las prendas de vestir y otros artículos de moda. Siguiendo esta tesis, no han faltado resoluciones judiciales que han rechazado la protección de los diseños de moda a través de los derechos de autor, como las decisiones que, en Alemania, han excluido recientemente la protección mediante esta figura respecto de los diseños de las famosas sandalias Birkenstock[54]. Otras, sin embargo, como la reciente decisión de nuestro Tribunal Supremo[55] sobre la reproducción de diseños de Desigual registrados en el Registro de la Propiedad Intelectual, dejan la puerta abierta a recurrir a las vías de protección de la propiedad intelectual incluso cuando se trata de diseños/obras aplicadas.

Es decir, la protección de los diseños de moda a través de los derechos de autor pivota, como en otras muchas cuestiones, en torno al cumplimiento de los requisitos que establece la normativa para ello. Igual análisis respecto de dicho concepto debe realizarse a la hora de determinar si un elemento generado por Inteligencia Artificial es merecedor de tal protección. Así, el concepto de «obra» protegible requiere que se trate de una creación humana, original, identificable con suficiente precisión y objetividad y expresada por cualquier medio, tangible o intangible, ya sea actual o futuro[56]. No obstante lo anterior, no han sido pocos los casos en los que se han intentado registrar, alrededor del mundo, elementos generados por Inteligencia Artificial, encontrando, en la mayoría de los casos la misma respuesta, cual es la negativa al registro con base en el origen no humano de la obra.

Dicho argumento responde al propio concepto de «obra» y, por ello, las conclusiones alcanzadas son idénticas tanto en territorios extracomunitarios, como Estados Unidos[57] o en Europa. En los orígenes de esta controversia, podemos citar el caso de Stephen Taler que trató de registrar ante la Oficina Estadounidense de Derechos de Autor, en 2022, una obra

---

53 Sentencia del Tribunal de Justicia de la Unión Europea, de fecha 12 de septiembre de 2019 en el asunto C-683/17, «Cofemel» (ECLI:EU:C:2019:721).

54 Sin perjuicio de que el asunto se halla, en la actualidad, pendiente de decisión por el TJUE.

55 Sentencia del Tribunal Supremo (Sala de lo Penal), núm. 193/2024, de 29 de febrero (ECLI:ES:TS:2024:1159).

56 Vid. los arts. 5 y 10 del TRLPI.

57 A pesar de constituir una jurisdicción diferente, en Estados Unidos las reglas de protección de las obras a través de los derechos de autor son sustancialmente idénticas a las existentes en Europa y España, incluido el requisito de la intervención humana.

generada por su "*Creativity Machine*" —un sistema de IA—, reclamando que el sistema constara como autor, pero transfiriéndosele a él los derechos de autor como propietario del sistema. Tal pretensión fue rechazada por el citado organismo y, posteriormente, confirmada esta decisión por los tribunales[58]. La cuestión a dilucidar en el caso de Thaler se concretaba en si «*debería ser merecedora de derechos de autor una obra generada por completo por un sistema de inteligencia artificial sin intervención humana*»[59], concluyendo el tribunal que si bien la legislación en materia de derechos de autor ha probado ser lo suficientemente maleable para amparar la protección de obras creadas haciendo uso de nuevas tecnologías, ello se refiere al medio en el que se fija la obra, no en cuanto al requisito de la intervención humana que se erige en requisito *sine qua non* de la protección de los derechos de autor. Se diferenciaría así, por ejemplo, del supuesto en el que un sujeto hace uso de una cámara fotográfica para capturar una imagen, pues la cámara no genera la imagen, sino que esta es resultado de la composición y ajustes del autor, mientras que el instrumento solo genera una reproducción de esa composición. En definitiva «*[h]uman authorship is a bedrock requirement of copyright*».

Posteriormente, se ha planteado, el grado de intervención humana necesario para que una obra generada por Inteligencia Artificial pueda ser objeto de derechos de autor. El intento de registro de la obra «Théâtre d'Opéra Spatial» —generada por la IA Midjourney— en la Oficina Estadounidense de Derechos de Autor fue uno de los primeros en plantear esta cuestión polémica. Tratándose de una imagen generada por Inteligencia Artificial, pero modificada posteriormente a través de otras herramientas, tras haber ganado un certamen en Estados Unidos, la autoridad de aquel país rechazó su registro en 2023[60], al considerar que, a pesar de la intervención humana, seguían existiendo una gran cantidad de elementos generados por IA.

En aquel país, de acuerdo con las directrices de la Oficina Estadounidense de Derechos de Autor para el registro de obras generadas Mediante Inteligencia Artificial, se considera que cuando una IA recibe un *prompt*

---

58 Thaler v. Perlmutter, No. 22-cv-1564, 2023 WL 5333236, at *4 (D.D.C. Aug. 18, 2023), confirmada por el tribunal de apelaciones el 18 de marzo de 2025.

59 Traducción propia.

60 United States Copyright Office, Copyright Review Board in re: *Second Request for Reconsideration for Refusal to Register Théâtre D'opéra Spatial (SR # 1-11743923581; Correspondence ID: 1-5T5320R).*

por parte de un humano y, como resultado, genera contenido visual, escrito o musical, se entiende que los elementos tradicionales de la autoría han sido determinados y ejecutados por la tecnología y no por el usuario humano. No obstante, un reciente informe del mismo organismo admite que las obras pueden ser protegidas cuando el autor selecciona, modifica u ordena el contenido generado por IA de una manera original, si se incorpora elementos generados por IA en obras más amplias, generadas por una persona o si se usa como una herramienta en el proceso creativo donde las decisiones humanas son las que determinan el resultado final[61]. Esta idea de la intervención humana como requisito esencial ha sido adoptada también en territorio europeo, si bien no a través de directrices para el registro o sentencias, sí mediante la publicación de informes en relación al estado de la cuestión, como la Resolución del Parlamento Europeo, de 20 de octubre de 2020, sobre los derechos de propiedad intelectual para el desarrollo de las tecnologías relativas a la inteligencia artificial [2020/2015(INI)][62].

Ahora bien, siguiendo el razonamiento expuesto en este trabajo, si, dado que la Inteligencia Artificial disponible en la actualidad sería aquella que no toma decisiones creativas autónomas[63], sino que responde a las instrucciones impartidas por el humano que opera un sistema de IA y a los datos de entrenamiento de los que dispone, podría equipararse el uso de una IA al uso de una cámara fotográfica, ya que la idea —la composición de una imagen, por ejemplo—, pertenece a la persona que opera el sistema de IA y elige las instrucciones adecuadas —de manera equivalente a los ajustes de una cámara de fotos o el diseño que alimenta una impresora 3D— para obtener un resultado[64]. A ello suma el hecho de que la mencionada ingeniería de *prompts* ha llevado a desarrollar instrucciones altamente

---

61 Así ha ocurrido con el del registro de la obra «A Single Piece of American Cheese» —recientemente aceptado en Estados Unidos— el autor ha demostrado haber seleccionado, coordinado o modificado, una gran cantidad de elementos, en un proceso que ha sido documentado en vídeo.

62 «J. Considerando que el desarrollo de la IA y las tecnologías conexas plantea dudas sobre la protección de la innovación en sí misma y la aplicación de los DPI a los materiales, los contenidos o los datos generados por la IA y las tecnologías conexas, que pueden ser de naturaleza industrial o artística y crear diversas oportunidades comerciales; que, a este respecto, es importante diferenciar entre las creaciones humanas con ayuda de IA y las creaciones generadas por la IA de forma autónoma».

63 Es decir, se trataría de una IA Débil, sin llegar a la categoría de IA General.

64 En este sentido, parece pronunciarse la oficina estadounidense de derechos de autor en su último informe, según se ha expuesto.

concretas para obtener el mejor resultado posible de un sistema de IA[65] siendo posible iterar, mediante más instrucciones el resultado obtenido, sin perder de vista que no es la máquina la que determina la idea, sino sólo la herramienta que ejecuta el trabajo.

En este punto, podemos traer a colación, asimismo, las nuevas obligaciones que, como se ha expuesto, impondrá el RIA a los desarrolladores de modelos de IA generativa. La obligación de identificar los resultados brutos obtenidos con IA puede llevar a que sea mucho más sencillo identificar cuándo un elemento ha sido generado haciendo uso de esta tecnología, de manera que, tanto las oficinas de registro, como quizá los terceros en el seno de procedimientos de infracción de estos derechos, podrán decidir con mayor precisión si admiten un registro o probar que ha existido una infracción o una falta de derechos, respectivamente.

Así las cosas, podría concluirse que un elemento, ya sea de diseño o relativo a otro ámbito de la industria de la moda generado por Inteligencia Artificial no sería susceptible de protección mediante derechos de autor —con independencia de los requisitos establecidos, por ejemplo, a los diseños estéticos u obras aplicadas— si se trata del resultado bruto obtenido mediante la herramienta de IA. En este sentido, la intervención humana será un criterio determinante para superar un primer obstáculo, debiendo analizarse, posteriormente, otros como la originalidad, según los estándares aplicables.

5. REFERENCIAS BIBLIOGRÁFICAS

Diccionario de la Real Academia de la Lengua Española. https://dle.rae.es/inteligencia. Recuperado el 18 de marzo de 2025.

---

65 En este ámbito, los *prompts* pueden tener una individualidad que lleva a plantearse su grado de protección autónoma. Estos elementos pueden tener un contenido básico consistente en una petición para que el sistema genere un elemento en concreto. Sin embargo, el auge de la IA generativa y sus posibilidades han llevado a estudiar cómo los *prompts* y su diseño impactan en el resultado obtenido. Tan es así, que se llega a hablar de *prompt engineering* o ingeniería de *prompts*, de manera que existen, incluso, formaciones sobre cómo crear los *prompts* perfectos. Cabe añadir que, en muchas ocasiones, como ocurre con ChatGPT, los propios desarrolladores ofrecen indicaciones sobre cómo estructurar estas instrucciones para lograr los mejores resultados. Ello lleva a plantearse si tales *prompts* podrían ser susceptibles de protección mediante alguna de las modalidades de propiedad industrial o intelectual.

Fashion United (2023) *El impacto de la inteligencia artificial en la moda: un repaso a 2023*». https://fashionunited.es/noticias/moda/el-impacto-de-la-inteligencia-artificial-en-la-moda-un-repaso-a-2023/2023120642124. Recuperado el 16 de marzo de 2025

Fashion United (2024) *Desde el diseño, el suministro, la distribución, el marketing hasta la venta minorista: cómo se está utilizando la IA en la industria de la moda.* https://fashionunited.es/noticias/contexto/desde-el-diseno-el-suministro-la-distribucion-el-marketing-hasta-la-venta-minorista-como-se-esta-utilizando-la-ia-en-la-industria-de-la-moda/2024092744054. Recuperado el 16 de marzo de 2025.

García Pérez, R. (2021). *La expansión del derecho de marca. De la marca como indicación de la procedencia empresarial a la multifuncionalidad jurídica de la marca.* Marcial Pons. ISBN: 9788413813196.

Touriño, A. (coord.) (2020). *Memento práctico: Derecho de las nuevas tecnologías.* Lefebvre-El Derecho. ISBN: 978-84-17985-25-7.

Lema Rastrojo, S (2017). «Nuevo concepto de marca. Especial referencia a las marcas olfativas». *Revista Aranzadi Doctrinal.* núm. 9/2017, 181-192. ISSN 1889-4380.

Louredo Casado, S. (2017). «Carácter singular y grado de libertad del diseñador: Comentario a la Sentencia del Tribunal General de 10 de septiembre de 2015, caso H&M contra OAMI y Yves Saint Laurent». *Revista Lex Mercatoria* nº 4, 51-56. ISSN 2445-0936.

Maroño Gargallo, M. (2023). «*Marcas no tradicionales. Especial referencia a la marca patrón, la marca de posición y la marca de color*». Cuadernos de Derecho Transnacional, 15(1), 491-516. https://doi.org/10.20318/cdt.2023.7551. Recuperado el 18 de marzo de 2025.

Microsoft Azzure. *¿Qué es la inteligencia artificial?* https://azure.microsoft.com/es-es/resources/cloud-computing-dictionary/what-is-artificial-intelligence#autom%C3%B3viles-sin-conductor. Recuperado el 18 de marzo de 2025.

Ortega Burgos, E. (2022). *La protección de la moda a través de la propiedad industrial e intelectual* (tesis). Universidad Rey Juan Carlos. https://burjcdigital.urjc.es/items/e2dd9140-d865-40df-b8b6-a7e0b8be3dac. Recuperado el 20 de marzo de 2025.

Resolución del Parlamento Europeo, de 20 de octubre de 2020, sobre los derechos de propiedad intelectual para el desarrollo de las tecnologías relativas a la inteligencia artificial [2020/2015(INI)]. https://www.europarl.europa.eu/doceo/document/TA-9-2020-0277_ES.html. Recuperado el 20 de marzo de 2025.

Reasonwhy (2023). *Levi's utilizará modelos generados por Inteligencia Artificial para "aumentar la diversidad".* https://www.reasonwhy.es/actualidad/levis-utilizara-modelos-generados-inteligencia-artificial-aumentar-diversidad. Recuperado el 16 de marzo de 2025.

Turing, A. (1950). "Computing Machinery and Intelligence". *Mind Review,* Volumen 59, Número 236, 1 de octubre de 1950, 433-460.

U.S. Copyright Office (2023). *Copyright Registration Guidance: Works Containing Material Generated by Artificial Intelligence.* Federal Register, Vol. 88, no. 51, 16190-16194. https://www.govinfo.gov/content/pkg/FR-2023-03-16/pdf/2023-05321.pdf. Recuperado el 20 de marzo de 2025.

U.S. Copyright Office (2025). *Copyrights and Artificial Intelligence. Part 2: Copyrightability.* https://www.copyright.gov/ai/Copyright-and-Artificial-Intelligence-Part-2-Copyrightability-Report.pdf. Recuperado el 20 de marzo de 2025.

Diseños colaborativos en la moda y sus implicaciones legales

MARÍA NEGRO

Abogada. Manager del Departamento de MEDIA & TECH en AUREN SPAIN

1. INTRODUCCIÓN

1.1. Concepto de diseño colaborativo. Objeto de estudio jurídico

El diseño colaborativo constituye un mecanismo de participación sustantiva y deliberativa, mediante el cual, diferentes personas, empresas o grupos sociales intervienen directamente en los procesos de desarrollo o creación de productos, servicios o procesos, entre otros. Este mecanismo, promueve la integración de diferentes identidades creativas al resultado.

Mediante el diseño colaborativo se pretende, implicar en el proceso a diferentes intereses sociales, culturales o éticos, que pudieran generan un impacto en la sociedad. Muchas metodologías permiten la intervención de personas, sin importar su origen, formación, ideología o motivaciones, como será el caso del consumidor, lo que permitirá resultados, no condicionados.

Será objeto de análisis la regulación legal subyacente en estos procesos creativos, especialmente, en el sector de la moda y los desafíos que generan las tipologías que están surgiendo, gracias a las prácticas y avances sociales, empresariales o tecnológicos. La regulación y los efectos legales que implica para los autores y para la sociedad.

1.2. Relevancia y especial interés en el mundo de la moda

La moda, es un ámbito de naturaleza creativa, que se podría definir como un conjunto de prendas, complementos y adornos que tienen la finalidad de vestir a las personas o servir de decoración, permitiendo generar una imagen e identidad. Estos elementos se basan en costumbres o tendencias que son utilizados por una mayoría durante un determinado periodo de tiempo.

El diseño colaborativo en la moda ha emergido como un enfoque vanguardista, que añade particularidades más allá del simple proceso creativo por varias personas, posicionándose como una herramienta clave para la innovación, la sostenibilidad y la inclusión social en la industria textil. La interacción que permite este mecanismo.

Este mecanismo plantea cuestiones que abordar desde el punto de vista jurídico en relación con el proceso creativo, los derechos que se derivan del mismo para cada autor y la convivencia del resultado con otros derechos preexistentes.

2. RÉGIMEN APLICABLE A LOS DISEÑOS COLECTIVOS Y A LA DETERMINACIÓN DE LAS AUTORÍAS

En el ámbito de la moda, las creaciones están marcadas por su forma y estética externa. Un diseño se define como la apariencia de la totalidad o parte de un producto que se deriva de las características de las líneas, contornos, colores, formas, texturas o materiales del producto en sí o su ornamentación.

El diseño en la medida en la que posea unas características determinadas puede ser protegido, por un lado, mediante la figura del **Diseño Indus-**

trial[1]**, en materia de propiedad industrial**. Esta protección, se obtiene tras la debida solicitud de registro, por lo que esta concesión es constitutiva de derechos que permitirán al titular o cotitulares, explotar de forma exclusiva estos derechos y prohibir el uso de otros diseños que no generen al usuario informado una impresión general suficientemente distinta. Estos derechos se otorgan por el plazo de duración del registro de cinco años, que podrá alargarse hasta un máximo de veinticinco, para su ejercicio en los territorios para los que se hubiera registrado. Para que una creación pueda adquirir la categoría de diseño industrial conforme a la Ley 20/2003, deberá poseer novedad, de forma que no se haya hecho accesible al público y carácter singular, lo cual, viene determinado por las diferencias de conjunto, frente a los diseños que han sido hechos accesibles, tomando como referencia al usuario informado.

Las creaciones en el sector de la moda, dado su perfil artístico, pueden adquirir una dualidad de protecciones reguladas, dado que, el diseño o la creación artística en la moda también puede ser objeto de protección mediante la Ley de Propiedad Intelectual[2]. En su artículo 10, se reconoce como objeto, las obras de pintura, dibujo, grabados o bocetos, entre otros. Por lo que, en muchas ocasiones puede darse una convivencia de estas dos ramas jurídicas que pueden entrar a determinar derechos y obligaciones sobre el proceso creativo.

La protección mediante propiedad intelectual existirá, siempre que el diseño cumpla con el requisito de originalidad. La originalidad implica que el diseño no debe ser dictado por consideraciones técnicas. En el contexto de la moda, la originalidad puede residir en aspectos estéticos o en el sello creativo del autor. Esta protección, puede ser adicional a la protección por propiedad industrial y requiere que el diseño, tenga un grado de creatividad superior al exigido para el registro de un diseño industrial.

Si la obra o creación fuera objeto de propiedad intelectual, el autor o los autores obtendrán el derecho por el mero hecho de su creación de una forma automática, y una vez se haya plasmado en soporte. Los derechos se generarán para todo el mundo, a diferencia de la figura del diseño industrial que se trata de una figura dependiente del registro y territorial. Este

---

1 Figura jurídica regulada en la Ley 20/2003, de 7 de julio, de Protección Jurídica del Diseño Industrial.

2 Real Decreto Legislativo 1/1996, de 12 de abril, por el que se aprueba el texto refundido de la Ley de Propiedad Intelectual, regularizando, aclarando y armonizando las disposiciones legales vigentes sobre la materia.

derecho, otorgará a su titular o titulares, la capacidad de explotar su creación literal de forma, igualmente, exclusiva.

2.1. Regulación del diseño colaborativo desde la perspectiva de la propiedad industrial

2.1.1. Definición de la coautoría y la aportación individual

A tenor de lo expuesto anteriormente, y de acuerdo con la legislación española, para la obtención de un Diseño Industrial, es necesario realizar una solicitud de registro, a lo cual, tendrán acceso y legitimidad, el autor o su causahabiente. No obstante, si el diseño se hubiera sido realizado por varias personas conjuntamente, esta solicitud se realizará en común, reconociendo en ella, la proporción que corresponda a cada parte, de acuerdo con el apartado segundo del artículo 14 de la Ley 20/2003. En este sentido, y dado que es un trámite expreso, las aportaciones individuales quedarían definidas en la propia solicitud y con ello, el derecho de cada uno, en la explotación comercial del diseño.

Es importante destacar que, para considerar la existencia del derecho del comunero, es necesario que su aportación sea significativa y aporte una novedad formal.

Cosa distinta es que los autores realizasen el diseño bajo el marco de una relación laboral o mercantil de servicios, en cuyo caso, este diseño podrá ser solicitado por el empleador o por la parte que encarga la realización del diseño, tras la adquisición del derecho. En este caso, el titular del derecho exclusivo sería una persona distinta al autor.

2.1.2. Régimen de derechos en creaciones colaborativas y su ejercicio en materia de propiedad industrial

Sin perjuicio de lo anterior, de acuerdo con el artículo 58 de la Ley 20/2003, cuando un Diseño Industrial pertenece a varias personas en proindiviso, se determina que se regirá por lo acordado entre las partes, en su defecto por lo dispuesto en dicho artículo y en último lugar, conforme a las normas de la comunidad de bienes de derecho común. Estas normas determinan que cualquier mayoría para la toma de decisiones, se determinará, asignando una cuota a cada parte en función de sus intereses reales y no por la mera designación del porcentaje en la solicitud. Es decir, las cuotas previamente establecidas, podrán servir como un indicador inicial del derecho individual sobre el diseño. No obstante, cabrá prueba en contrario, si se demuestra que la aportación e interés es superior o inferior a esta referencia. Estos intereses van desde la financiación, aportación creativa o la influencia en el valor del bien.

Cada cotitular podrá disponer de su parte, aunque respetando un derecho de tanteo y retracto del resto de copropietarios y sin perjuicio de lo anterior, cada cotitular tendrá derecho a explotar por sí mismo el Diseño Industrial, previa notificación del resto.

Esto último, permite que el resultado pueda ser explotado por cada cotitular de forma independiente y directa, mientras que, para la concesión de licencias a terceros o para la explotación del diseño, por una parte, se requerirá un acuerdo de la mayoría. De este modo, ante la falta de regulación expresa, cabe la posibilidad de que en los diferentes procesos de creación colaborativa que están concurriendo en el sector de la moda, se de lugar a una situación en la que existan actividades comerciales de unos titulares que limiten o bloqueen la estrategia comercial del resto cotitulares, si no existen pactos al respecto.

Es cierto que, en esta vertiente de la propiedad industrial, se requiere un acto expreso como es el de la solicitud, pero eso no implica que la accesibilidad y la facilidad que existe, para realizar estas co-creaciones mediante el diseño colaborativo, y para la gestión de registros, derive en un derecho registral infra regulado para gestionar su actividad económica. Esto puede plantear conflictos entre los titulares si no se realiza una regulación de mínimos en un momento originario.

2.1.3. Particularidad del diseño industrial comunitario no registrado

En el ámbito europeo, lo que incluye las creaciones que se generan en España, se reconoce en materia de propiedad industrial, de acuerdo con el Reglamento (CE) 6/2002 del Consejo de 12 de diciembre de 2001 sobre los dibujos y modelos comunitarios, **protección a dibujos o modelos comunitarios no registrados**, durante un plazo de tres años desde que se hubiera hecho público dentro de la Comunidad Europea. Se considerará divulgado, si pudiera haber sido conocido por un círculo especializado del sector.

Esta figura, confiere a sus titulares, los mismos derechos para explotar de forma exclusiva y excluyente estas creaciones, que los otorgados por el Diseño Industrial registrado, sin necesidad de haber realizado este proceso. Por lo que, los derechos se constituyen de forma automática tras su divulgación, siempre que se cumpla con los requisitos de novedad y carácter singular.

En el sector de la moda, donde la creación es intensa, las colecciones cambian en cada temporada estival y las tendencias se adueñan del mercado, esta figura es comúnmente apelada en el ámbito de esta industria. Otorga un plazo de protección que, en muchas ocasiones, es suficiente para utilizar los derechos y las acciones de prohibición frente a terceros, que confiere la propiedad industrial.

La regulación del régimen de cotitularidad en esta figura, en caso de creación conjunta, es idéntica que en la figura registrada. Todos los coautores tienen derecho a que se les reconozca como tal si hubieran realizado su aportación al diseño y en este sentido, habrá que tener en cuenta que, para determinar la proporción o cuota correspondiente a cada parte, será algo más complicado al no existir, tan siquiera, su determinación en la solicitud de registro.

Esta figura cobra un valor clave en la industria textil, cuando la gestión de procesos de registro resulta complicada, frente al gran volumen de creaciones que puede llegar a suponer una nueva colección o temporada para una marca.

Asimismo, si el proceso creativo se prestase a la libre participación de personas o colaboraciones múltiples, la falta de regulación expresa sobre la gestión del condominio, puede dar lugar, nuevamente a limitaciones, bloqueos o infracciones de los derechos de cada parte.

2.2. Regulación del diseño colaborativo desde la perspectiva de la Propiedad intelectual

2.2.1. Definición de la coautoría y la aportación individual

Para el caso en el que un diseño o boceto, ostentara la categoría de obra artística original, de modo que, se generase derechos de propiedad intelectual, su autor o autores, tendrán la capacidad de autorizar la divulgación, reproducción, distribución, comunicación pública o la transformación de dicha obra.

Cuando la creación se realiza en el marco de un diseño colaborativo, se originará una obra en colaboración acorde a lo dispuesto en el artículo 7 de la Ley de Propiedad Intelectual. Siempre y cuando el resultado sea unitario.

En este caso, cada coautor podrá explotar de forma separada su aportación, si esto fuera posible, salvo que se cause un perjuicio a la explotación común. En muchas ocasiones, resulta complicado determinar en qué medida, la explotación independiente puede contravenir o no, el bien común.

El registro de propiedad intelectual de la obra artística no es constitutivo de derechos, si no declarativo a efectos de prueba de autoría. En muchas ocasiones, no existirá un trámite de solicitud de registro, en el que se determine por las partes, la cuota que corresponde a cada autor. La ley establece que en caso de que no se acuerde, habrá que acudir a las normas del Código Civil para las comunidades de bienes, que establece que se presumirán iguales, mientras no se pruebe las cuotas equivalentes a las aportaciones de cada parte. En caso de desacuerdo deberá ser determinado por los tribunales acorde a las aportaciones individuales de cada partícipe.

Al igual que en el diseño industrial, en el ámbito de la moda se requerirá, que las aportaciones individuales a los diseños u obras artísticas ostenten suficiente valor significativo y originalidad, de forma que refleje la personalidad o sello de cada autor, para considerar su derecho sobre la obra.

2.2.2. Régimen de derechos en la obra en colaboración y su ejercicio en materia de propiedad intelectual

Según lo dispuesto en la legislación española, para la divulgación o modificación de la obra en colaboración, es necesario el consentimiento de todos los coautores. A diferencia del diseño industrial, y más concretamente con el dibujo o modelo no registrado, esto ya determina una importante diferencia al debe existir un mínimo acuerdo para poder divulgar el diseño y realizar su mera puesta a disposición en el mercado.

Asimismo, es importante, tomar en consideración la necesidad del consentimiento para transformar la obra. Esta capacidad suele resultar imprescindible sobre los resultados originarios de estas creaciones, pues para adecuar una obra a una colección y que esta sea escalable, en muchas ocasiones suelen ser necesario ofrecer distintos colores o distintas variables en el patrón, de forma que el consumidor final pueda elegir.

La duración de los derechos de cada autor, que recae sobre estas obras en colaboración es de toda la vida de los coautores y setenta años desde la muerte o declaración de fallecimiento del último coautor sobreviviente.

En caso de falta de acuerdo o regulación de la obra en colaboración, cada coautor podrá servirse la cosa común y de su parte individual, mientras no perjudique al resto o evite el uso por el otro titular, de su parte individual. Sin perjuicio de lo anterior, para los actos de disposición de la obra artística como la concesión de licencias, será necesaria la mayoría de los coautores, que existirá en virtud de la proporción mayoritaria de intereses.

Esta realidad evidencia una vez más, que si la obra artística deriva de un proceso de diseño colaborativo es oportuno la regulación previa y expresa, para establecer condiciones claras que permitan la explotación pacífica del resultado.

Es importante tener en consideración los derechos intangibles y las reglas jurídicas que nacen de estas participaciones, pues no es baladí que en la mayoría de ocasiones se realizan proyectos globales y llamadas a la participación, sin la consideración de los mismos, de forma que, tras el éxito, se generan situaciones con verdaderos desafíos legales que resolver, con base de las normas existentes en el ordenamiento, que en muchas ocasiones, no dan respuesta a nuevos modelos de negocios o procesos creativos actuales.

Una última consideración con relación a los derechos de propiedad intelectual, no menos importante, es que, ante una obra artística, no solamente surgirán derechos económicos, si no también derechos morales a favor de los autores. Estos derechos son inalienables. En la obra en colaboración, cada autor que aporte una creación suficientemente original obtendrá, derechos morales como el reconocimiento necesario de su autoría, o el derecho a que se respete a la integridad de la obra.

2.3. Contratos de explotación. Regulación de la disposición del diseño

Visto lo anterior, y añadiendo la existencia de los nuevos modelos de negocios cada vez más globales y a distancia, es fundamental, el pacto privado entre los coautores que determine, de forma previa las condiciones para la explotación de los resultados. Por ello, ante la dificultad de encontrar respaldo legislativo es prioritario que el acuerdo entre las partes exista para resolver pacíficamente y de forma extrajudicial, las controversias que puedan surgir.

Las figuras más comunes para regular esta gestión de derechos son, en primer lugar, **la transferencia de los derechos sobre el Diseño Industrial o la cesión de derechos de propiedad intelectual sobre la obra**, a un cotitular o a un tercero ajeno a los coautores. De esta forma el cesionario, como titular derivativo podría unificar de forma unitaria la estrategia comercial, a cambio de diversos tipos de contraprestación a los autores.

Otra opción es la **regulación propia de la comunidad de bienes**, mediante normas aceptadas por la totalidad de los coautores que determinen las normas para la explotación directa del diseño y la disposición de este, frente a terceros o en el mercado.

Por último, sin perjuicio de que existan otros modelos de explotación, destacar la opción de otorgar **una licencia exclusiva, total y con capacidad de sublicenciar**, a favor de un coautor o un tercero, para que este a su vez, determine la estrategia de explotación sin limitaciones por el resto de los comuneros, tras la contraprestación libremente acordada.

Es cada vez más común que, cuando se planifican proyectos de diseños colaborativos en el sector de la moda, en los que existen un llamamiento de participación, a, por ejemplo, consumidores, es común que se establezcan por el promotor las condiciones a las que se exige adherirse para poder participar. Normalmente, el promotor o la marca, que permite interacción en el resultado se asegura de antemano su capacidad de explotación de los derechos, sin perjuicio de que, en función del grado de colaboración, y sobre todo, el peso de la contraparte permita la adquisición de derechos, en mayor o menor medida.

3. EL DISEÑO COLABORATIVO EN LA MODA, SUS AGENTES Y TIPOLOGÍAS

3.1. Agentes implicados: diseñadores, marcas, comunidades, artistas, personas afamadas o consumidores. Formas de colaboración

Es importante tomar en consideración los múltiples perfiles de los diferentes agentes que podrían participar en un proceso de diseño colaboración, como son los siguientes.

Los diseñadores, entendiendo por tal, los profesionales dedicados a la creación de estas obras artísticas. Normalmente, son los autores al servicio de las marcas y empresas de moda, de forma que, como asalariados o colaboradores que reciben un encargo, suelen ceder los derechos sobre sus creaciones a estas industrias, sin perjuicio de sus derechos morales. En otras ocasiones, ellos mismos son los propios autores, promotores y titulares de la explotación[3].

3 Por ejemplo, el caso del diseñador, Karl Lagerfeld en la supervisión y dirección creativa de la firma de moda Chanel.

Las Firmas de moda o las Marcas, son empresas bajo las cuales se crean colecciones o productos que serán objeto de comercio. Es normal que estas firmas tengan su propia línea de identidad, pese a la confluencia de aportaciones de los autores que coordinan.

Las firmas de moda son personas jurídicas que no puede ser autores en el proceso creativo, si no, en todo caso, titulares derivativos de los derechos de propiedad intelectual o titulares de los registros de propiedad industrial, tras la obtención del derecho a la solicitud. Es habitual que sea iniciativa de estas firmas la creación de proyectos disruptivos que den lugar a estas colaboraciones, pero su vez, que sean ellas mismas las que actúen como paraguas de derechos de modo que se garanticen la posibilidad de explotar las diferentes líneas.

La marca, aunque es como comúnmente se conoce a la empresa de moda, no hay que olvidar que esto, es en sí mismo, un derecho de propiedad industrial registrado que, a su vez, actúa en el mercado, frente a los consumidores, como un identificador del origen empresarial de los productos. La marca que va intrínsecamente unida a la obra artística o diseño cuando se explota por una firma, aporta un valor distintivo esencial en el resultado final. De esta forma, muchas veces la aportación de la firma es la licencia de su marca, sobre la creación de un tercero, de forma que aporta el *goodwill* o prestigio adquirido, a un diseño que muchas veces, busca hacer partícipes a otros caracteres, perfiles o permitir la personalización.

Las comunidades sociales o culturales. Mediante esta referencia se desea poner de manifiesto el conjunto de costumbres, creencias, artesanías, canciones u otras figuras de carácter tradicional o popular que pertenece a determinados pueblo o comunidades, también referenciado como el Folklore. Existen diseños tradicionales que derivan de la historia y la participación popular. Estas obras, pertenecen al acervo común y a su vez y por ello, deben ser respectadas de forma que las asociaciones con una marca determinada, no pueda ser considerada una apropiación cultural indebida.

Los artistas, como profesionales creativos en múltiples entornos, como puede ser la industria musical, el cine, el maquillaje, pero que, tras adquirir una imagen singular en el mercado, participan con marcas para unir las habilidades creativas del mundo del artista y de la línea estilística de la marca, para dar lugar a resultados que permiten la identificación del sello de ambas partes.

Personas afamadas, en este caso, se suelen integrar los artistas, pero también aquellas personas públicas que no tienen por qué desarrollar una actividad creativa de forma profesional y que han adquirido fama por múltiples motivos. A causa de su fama, identifican una imagen o valores determinados, y por ello, la colaboración entre las marcas y estas personas, se plantean para dar lugar a resultados creativos inspirados en el personaje. De esta forma, ambos, amplían el target al que pretenden llegar con sus productos.

En el ámbito del *streaming* o redes sociales, se encuentra la figura del *influencer,* que estaría integrado en este campo En muchas ocasiones, las marcas desean hacer al *influencer* participe en su colección y proceso creativo.

En este caso, así como en el del artista, sin perjuicio del acuerdo que habrá de existir sobre las aportaciones artísticas al el resultado o colección, de forma que no quede al arbitrio de la regulación subyacente, es fundamental, la autorización y regulación de los derechos de imagen de estos personajes. Un factor importante, de estas colecciones se basa en su identificación con la identidad del personaje, por lo que será fundamental asegurarse, aparte de la capacidad para explotar las creaciones o las marcas, la capacidad sobre el nombre, imagen, voz y otros elementos de la persona.

Los consumidores son aquellas personas físicas que actúan al margen de su actividad profesional, que adquieren o disfrutan de productos o servicios. En este aspecto el consumidor de moda es quien adquiere la prenda u ornamentación, originariamente creada por el diseñador o la firma de moda. No obstante, una práctica, cada vez más habitual del diseño colaborativo, es permitir al consumidor la personalización mediante la adaptación del diseño u obra, aportando sus propuestas intelectuales[4] que den lugar a una fabricación del boceto final y conjunto. En este sentido, desde el punto de vista jurídico, lo que se estaría permitiendo es la creación de una obra derivada sobre una obra de la marca. Para ello, la firma de moda debería ostentar la capacidad de autorizar su transformación, tras haber obtenido estos derechos, previamente de sus diseñadores. Tras ello, es habitual que la marca o firma, se asegure de que los derechos sobre el resultado final, pertenezcan a la marca, con capacidad de replicar la versión personalizada.

---

4 Como, por ejemplo, el programa ideado por la marca Nike, con título, Nike by you, mediante el cual, el consumidor puede customizar las zapatillas y crear un modelo distinto y adaptado. Otro ejemplo, es el programa de Zapatillas Personalizadas de la marca Converse, en la que, igualmente se permite al consumidor crear de una forma amplia el producto final.

3.2. Modelos de colaboración: B2B y B2C, crowdsourcing *u* open source fashion

Teniendo en cuenta los agentes que pueden estar implicados en el diseño colaborativo es importante, a la hora de plantear la regulación jurídica sobre los resultados, es importante determinar si nos encontramos inicialmente, en una unión B2B, *Business to Business*, o B2C, *Business to Customer.*

La **regulación B2B,** entre empresas o profesionales, basadas en el Código de Comercio y en la autonomía de la voluntad es más flexible y libre, sin perjuicio de que pueda existir: una colaboración horizontal, cuando todos los agentes participan en igualdad de condiciones, compartiendo derechos y responsabilidades[5]. En este caso, es fundamental la regulación de las licencias de marcas y la gestión de resultados, de forma que la participación en el mercado se realice conforme a pactos particulares. Otro tipo de colaboración es la vertical, cuando existe una jerarquía definida, por ejemplo, cuando una marca contrata a un diseñador[6] o a un artista. En este caso, la responsabilidad, y también el riesgo empresarial, suele recaer sobre la marca, quien financia, promueve e impulsa las colecciones y creaciones artísticas.

Otra opción **son las colaboraciones B2C**, es decir, los nuevos modelos de negocio que, gracias a las nuevas tecnologías fundamentalmente y a la globalización, están permitiendo a las marcas o a los diseñadores, hacer partícipes a sus clientes del proceso creativo. En este caso, pese a que es esencial regular de antemano las condiciones aplicables a los resultados finales, para gestionar esta regulación, la marca se encuentra mucho más encorsetada que en un plano B2B, al deber respetar el Real Decreto Legislativo 1/2007, por el que se aprueba, la Ley General para la Defensa de los Consumidores y Usuarios de forma que no pueda considerarse la existencia de prácticas abusivas. Este proceso de diseño colaborativo suele concurrir mediante plataformas digitales, por lo que, además, en nuestro país, deberá adecuarse la regulación de derechos, a las normas indicadas

---

5 Por citar varios ejemplos, referenciar los casos de: ADIDAS X GUCCI o FENTY x PUMA. En ambos casos, son dos marcas o firmas que unen sus estilos artísticos para dar lugar a una colección que identifiquen ambas imágenes y aumenten el *target* de destino de sus productos.

6 Como puede ser el caso de Maria Grazia Chiuri x DIOR. En este caso, pese al grado de libertad creativa de la diseñadora que se le pudiera presuponer, existen una colaboración bajo el marco colaborativo y estratégico marcas por la firma, en la que la responsabilidad y los beneficios principales también recaen en la marca.

para la Ley de servicios de la sociedad de la información y de comercio electrónico[7], y establecerse de forma clara y previa a la participación las condiciones en los términos de uso.

Sin perjuicio de lo anterior, actualmente, están surgiendo nuevas prácticas y modelos de negocio disruptivos, como son el ***Crowdsourcing***, o la colaboración masiva. En su mayoría mediante plataformas o proyectos que invitan de forma democrática a participar mediante ideas y aportaciones creativas que deriven en un resultado global. Estos procesos tienen múltiples beneficios como el ahorro que implica y la captación de nuevas ideas, pero provoca verdaderos desafíos para identificar las aportaciones individuales a las obras finales, creadas en colaboraciones. De modo que, si tenemos en cuenta los derechos subyacentes sobre cada creación, podrían generarse productos que adolecen de una gran inseguridad jurídica en su explotación.

Otro mecanismo es el ***open source fashion*** o moda de código abierto. Con ello se pretende realizar un paralelismo conceptual con el software, donde código abierto, significa libre de derechos. En este sentido, existen movimientos que consideran que las obras artísticas en la moda no deben estar sujetas a protección y por ello, muchos diseñadores, autores o marcas, renuncian voluntariamente a los derechos sobre sus creaciones y las ponen a disposición del público para que utilicen procesos idénticos, para su reproducción como base para realizar obras derivadas que impliquen mejoras. Este modelo suele estar intrínsecamente unido o a prácticas sostenibles o éticas que buscan generar nuevos productos innovadores, que además generen moda, y que, al ponerlo a disposición de cualquiera, sin los límites que plantea la propiedad industrial o la propiedad intelectual, permitan un avance más ágil hacia resultados más beneficiosos para el bien común.

. No obstante, para plantear esta opción, si el titular de los derechos es un titular derivativo, habrá que determinar si los autores originales tienen derecho a que su creación sea explotada bajo unos parámetros determinados o existe una promesa de contraprestación variable o *royalties* sobre las creaciones, que pongan en entredicho la capacidad de este modelo de *crowdsourcing*.

---

7 Ley 34/2002, de 11 de julio, de servicios de la sociedad de la información y de comercio electrónico.

4. DESAFÍOS LEGALES DE LA CREACIÓN COLABORATIVA EN CASOS PARTICULARES

4.1. Conflictos por uso no autorizado o reinterpretaciones

En el ámbito del diseño de moda, pueden surgir conflictos por usos o reinterpretaciones no autorizadas de obras o diseños preexistentes, de forma que tales acciones, pueden ser considerados infracciones civiles o delitos contra la propiedad industrial o intelectual.

En primer lugar, **sobre el uso no autorizado**. Cada autor, preservará sus derechos sobre las aportaciones individuales, o sobre sus creaciones independientes cuando su intención nunca fue la de aportarlo a una creación colaborativa o no permitió esta circunstancia. Es necesario contar con su consentimiento. Si se utilizase de forma literal el diseño u obra ajena para incorporarlo en un conjunto, podríamos estar ante una infracción directa ante la cual se puede plantear las debidas acciones de infracción y de resarcimiento de daños y perjuicios ante los tribunales. Esta situación, obliga a respetar los derechos de cada autor si no hay regulación concreta o pactos acordados.

No obstante, también es importante, tomar en consideración la concurrencia de **competencia desleal**, cuando en un proceso de diseño colaborativo pueda darse lugar a los actos de imitación o aprovechamiento de la reputación ajena. La ley permite la libre imitación de otros resultados, salvo cuando estos estén protegidos por derechos de exclusiva o cuando la imitación genere confusión entre los consumidores. En el caso de la moda, la imitación desleal puede ocurrir cuando se reproducen diseños originales mediante técnicas que permiten su multiplicación a bajo coste. De este modo, hay que tomar en considerar y valorar la diferencia entre una posible inspiración, o un acto de infracción, más aún, cuando los nuevos modelos de negocio dejan en manos de agentes no profesionales la participación en el proceso creativo.

En segundo lugar, hay que hacer referencia a **las reinterpretaciones no permitidas**, en el ámbito del diseño colaborativo. Una reinterpretación sobre una obra preexistente se realiza, aportando modificaciones o transformaciones, que dan lugar a una obra distinta o derivada. Por un lado, será necesario el consentimiento del titular de la obra previa, para realizar cualquier obra que parta de la anterior y que, de otro modo, no pudiera realizarse. Por otro lado, será necesario que la obra derivada, cumpla por sí misma con el requisito de originalidad, pues de otro modo, podría considerarse un mero plagio de la anterior.

4.2. Derechos de comunidades tradicionales o artesanos. Protección del conocimiento tradicional y cuestiones de apropiación cultural

Dentro del folklore de muchos pueblos y comunidades, existen creaciones y obras artísticas que pertenecen al acervo común de este grupo, pero que, en algunos casos, empresas o diseñadores externos han tomado estos diseños sin el consentimiento de las comunidades, reproduciendo y vendiéndolos de forma masiva.

Estas prácticas, cuando incorporan de forma literal estas obras que revisten de interés general, son, a menudo, **calificadas como apropiaciones culturales indebidas**. Esto ocurre cuando una marca, toma prestados los elementos de este patrimonio cultural, especialmente sin comprender o respetar su significado, y sin reportar un beneficio directo o indirecto a estos pueblos.

Se han dado situaciones controvertidas[8] en las que diversas comunidades han salido en defensa de este patrimonio, frente a grandes firmas de moda o marcas de *fast fashion* solicitando una retirada o una justa contraprestación a la comunidad dañada, por la utilización. No obstante, las firmas apelan a la inspiración sobre elementos creativos y al homenaje, como elementos para justificar la licitud de estos actos creativos.

4.3. Diseño colaborativo en plataformas digitales junto a consumidores: implicaciones en el entorno online

El diseño colaborativo en plataformas digitales, especialmente cuando involucra la personalización de productos entre el consumidor y el servicio online de una marca de moda, presenta varias implicaciones legales obligatorias que deben ser consideradas.

En primer lugar, es fundamental considerar la propiedad intelectual o derechos a la propiedad industrial. Las firmas de moda o marcas, que promueven estas plataformas, deben **establecer claramente en sus términos y**

---

[8] Como fue el caso, en el que, en México, la firma de moda Carolina Herrera, fue acusada de apropiación cultural, tras la presentación de su colección Resort 2020, presentada como una inspiración de una "fiesta latina", que incorporaba bordados de Tenango de Doria (Hidalgo), del Istmo de Tehuantepec (Oaxaca y Veracruz) y del sarape de Saltillo (Coahuila). Por su parte, Carolina Herrera, a través de su director creativo Wes Gordon, defendió la colección, afirmando que rendía homenaje a la riqueza cultural mexicana.

condiciones las normas para determinar la titularidad sobre cualquier diseño creado por el consumidor, teniendo en consideración que generalmente estas aportaciones parten de un producto ya protegido por la marca. Esto se puede lograr mediante acuerdos en los términos de la plataforma.

Además, la marca deberá asegurarse que para poner a disposición este servicio, posee de forma plena los derechos sobre las obras que ofrece para su personalización. El consumidor, acorde al artículo 117 de la Ley para la Defensa de los Consumidores y Usuarios (LGDCU), podrá solicitar la responsabilidad oportuna, si tras la personalización y la obtención del producto, este no pudiera utilizarlo o se viera limitado, debido a la infracción de derechos de terceros.

Asimismo, en la medida en la que la relación se formalice con un consumidor, acorde al artículo 80 de la LGDCU, se exige unos requisitos determinados para todas aquellas clausulas no negociadas, como son la claridad, sencillez, accesibilidad, buena fe y equilibrio entre derechos y obligaciones.

5. CONCLUSIONES

En un mundo en el que, de forma natural surgen métodos disruptivos para llevar a cabo creaciones de forma colaborativa, debido el avance y la accesibilidad de los medios digitales, las redes sociales y la democratización de muchas funciones como puede ser, la personalización de una prenda, función, que antes estaba reservada al profesional del diseño, se da lugar, de forma cada vez más frecuente, a resultados que surgen de forma automática por iniciativas que vienen guidas por el marketing y las influencias comerciales. Estas creaciones tienen su inicio y su final, en un proceso fugaz, en el que, es fácil dejar de lado la regulación legal de los resultados, de forma que es la ley la que debe dar respuesta a los derechos que posee cada parte interviniente en estos procesos. Algo que resulta, en muchas ocasiones, insuficiente para regular estos procesos vanguardistas.

Cualquier coparticipe en la creación de un diseño o de una obra artística, siempre que su aportación cumpla con un requisito mínimo de originalidad, obtendrá inmediatamente derechos sobre su creación. Ya sea el derecho a solicitar el registro del diseño, o bien, derechos de propiedad intelectual sobre la obra en colaboración. Estos derechos individuales, pueden implicar un bloqueo para la explotación del resultado, cuando hay un desacuerdo entre las partes, o un conflicto si una parte ha explotado, sin ningún tipo de autorización o sin realizar un reparto de beneficios adecuado.

Por ello, siempre que no exista respuesta por el ordenamiento jurídico, o no se desee delegar la regulación de estas situaciones a las múltiples e inciertas opciones que ofrece la norma, deberá existir, un acuerdo entre las partes. Un pacto que regule las condiciones de explotación del resultado y el reparto de beneficios o derechos que posea cada parte sobre ello. Cuando existe una colaboración entre iguales, como es el caso de dos empresas, estos acuerdos generalmente dependerán de la autonomía de la voluntad de las partes, mientras que, cuando nos encontremos con colaboraciones con consumidores o personas físicas convocadas a llevar a cabo sus aportaciones, deberán existir unas condiciones de adhesión, que regulen los resultados, que a su vez, cumplan con normas de claridad, buena fe y transparencia.

6. REFERENCIAS BIBLIOGRÁFICAS

Ortega Burgos, E. (2022). *La protección de la moda a través de la propiedad industrial e intelectual.* Tesis doctoral. Universidad Rey Juan Carlos

Álvarez, C. (2023). *DISEÑO INDUSTRIAL Y MODA: Derechos de autor.* https://artiureabogados.com/diseno-industrial-y-moda-derechos-de-autor/. Recuperado el 7 de junio de 2025.

Rey, P. (2021). *Open Source: el camino hacia una moda democrática y (además) sostenible. Vogue México y Latinoamérica.* https://www.vogue.mx/sustentabilidad/articulo/open-source-en-la-moda-que-es-definicion. Recuperado el 5 de junio de 2025.

Alegre, R. (2023). *El diseño comunitario no registrado y la industria de la moda.* https://www.cuatrecasas.com/es/spain/propiedad-intelectual/art/diseno-comunitario-no-registrado-y-la-industria-de-la-moda. Recuperado el 6 de junio de 2025.

Regulación del ecodiseño: la innovación unida a la sostenibilidad

Mª ISABEL PÉREZ BOTÍ
Profesora Asociada
Departamento de Derecho Internacional Público
Universidad de Alicante

SUMARIO: 1. ABREVIATURAS. 2. INTRODUCCIÓN. 3. LOS OBJETIVOS DE DESARROLLO SOSTENIBLE. 4. ESTRATEGIA DE ECONOMÍA CIRCULAR DE LA UE. 5. ESPECIAL REFERENCIAL AL REGLAMENTO SOBRE DISEÑO ECOLÓGICO. 6. El PAPEL DE LAS INSTITUCIONES EN LA INNOVACIÓN UNIDA A LA SOSTENIBILIDAD. 7. CONSIDERACIONES FINALES. 8. REFERENCIAS BIBLIOGRÁFICAS.

1. ABREVIATURAS

DPP	Pasaporte Digital de Producto
EUIPO	Oficina de Propiedad Intelectual de la Unión Europea
NNUU	Naciones Unidas
ODS	Objetivos de Desarrollo Sostenible
OMPI	Organización Mundial de la Propiedad Intelectual
UE	Unión Europea
UNEP	United Nations Enviroment Program

Sólo tenemos una Tierra, pero en 2050
el consumo mundial será
el equivalente al de tres planetas[1]

1 https://www.un.org/sustainabledevelopment/sustainable-consumption-production.

2. INTRODUCCIÓN

El término sostenibilidad se encuentra actualmente presente en distintos aspectos de nuestra vida personal y profesional. El concepto en sí mismo ha evolucionado desde su primera acepción en el Informe Brundtland en 1987[2] en virtud del cual la sostenibilidad consiste en satisfacer las necesidades del presente sin comprometer la capacidad de las futuras generaciones para satisfacer sus propias necesidades. Este informe fue clave para acentuar la interdependencia e interrelación entre el desarrollo económico, la equidad social y la protección ambiental, constatando que, sin una interactuación de las tres dimensiones de la sostenibilidad, esto es, la dimensión económica, medioambiental y social, la toma de decisiones conllevará un impacto negativo a largo plazo.

En la actualidad, la sostenibilidad ocupa una posición central en el debate legal, social y político y, sin perjuicio de las distintas posiciones al respecto, es innegable que la sostenibilidad se ha convertido en un eje estratégico global desde una visión planetaria y, especialmente, un eje estratégico corporativo.

Con el presente artículo, queremos reflexionar sobre la interconexión entre sostenibilidad e innovación, articulada a través de los derechos de propiedad intelectual como palanca de innovación sostenible. Para ello, recorreremos el marco jurídico que articula esta palanca, desde una aproximación universal, por medio de los ODS, a una aproximación específica dentro del Derecho de la UE. Esta trayectoria concluirá con la aportación de las Instituciones estratégicas en materia de protección y fortalecimiento de la propiedad industrial, esto es, la OMPI desde una dimensión universal haciendo especial referencia a su informe de 2024[3], junto con la EUIPO y su estrategia sostenible desde una visión integral.

---

2 A/42/427 Resolución de la Asamblea General de Naciones Unidas de 4 de agosto de 1987. Anexo Informe sobre la Comisión Mundial sobre el medio ambiente y el desarrollo. Nuestro futuro común.

3 WIPO, *Mapping Innovations Patents and the Sustainable Development Goals*, 2024. https://www.wipo.int/en/web/patent-analytics/mapping-innovations-patents-sustainable-development-goals Recuperado el 20 de mayo de 2025.

3. LOS OBJETIVOS DE DESARROLLO SOSTENIBILE

Hablar de sostenibilidad en la actualidad desde un plano universal, nos lleva a reflexionar sobre la actuación llevada a cabo por la organización universal por excelencia, esto es, NNUU y su labor continua en materia de impulso y fortalecimiento del desarrollo sostenible, remontándonos a la Conferencia de las NNUU sobre el Medio Humano, celebrada en junio de 1972, en Estocolmo[4].

Siguiendo este camino, en 2015 la Asamblea General de NNUU adoptó los denominados ODS[5] en el marco de la Agenda 2030[6], como evolución de los Objetivos del Milenio adoptados en la Declaración del Milenio[7]. En comparación con los Objetivos del Mileno, los ODS integran la sostenibilidad en el debate central del desarrollo y de las metas a alcanzar. Igualmente, su perspectiva es universal, integrando a todos los países y entendiendo que todos los países están interconectados. Para su consecución se acentúa el papel esencial de los Estados, pero se añade con carácter relevante la contribución del sector privado y la sociedad civil, sin los cuales no pueden entenderse las metas vinculadas a cada ODS y su consecución.

De la mano del sector privado, la innovación y su protección interactúan de forma directa o indirecta con todos los ODS, tanto en la dimensión de protección ambiental[8] a través de las llamadas tecnologías verdes, entendidas como aquellas que aúnan el desarrollo y el uso de tecnologías que minimizan los impactos negativos de las actividades humanas en el medio ambiente y la sociedad, como las denominadas tecnologías limpias, que engloban cualquier proceso, producto o servicio que reduzca impactos am-

---

4 https://www.un.org/es/conferences/environment/stockholm1972. Recuperado el 20 de mayo de 2025.

5 https://www.un.org/sustainabledevelopment/es/infrastructure.

6 A/RES/70/1 Resolución de la Asamblea General de Naciones Unidades de 25 de septiembre de 2015. Transformar nuestro mundo: la Agenda 2030 para el Desarrollo Sostenible.

7 A/RES/55/2 Resolución de la Asamblea General de Naciones Unidas de 13 de septiembre de 2000. Declaración del Milenio.

8 Objetivo 6: Garantizar la disponibilidad de agua y su gestión sostenible y el saneamiento para todos. Objetivo 7: Garantizar el acceso a una energía asequible, segura, sostenible y moderna. Objetivo 13: Adoptar medidas urgentes para combatir el cambio climático y sus efectos. Objetivo 14: Conservar y utilizar sosteniblemente los océanos, los mares y los recursos marinos. Objetivo 15: Gestionar sosteniblemente los bosques, luchar contra la desertificación, detener e invertir la degradación de las tierras, detener la pérdida de biodiversidad.

bientales negativos mediante la protección ambiental, el uso sostenible de recursos naturales o bienes diseñados para ser significativamente menos intensivos en energía o recursos que los estándares de la industria.

La innovación se alinea con los ODS y con carácter específico se centra en el ODS9: Construir infraestructuras resilientes, promover la industrialización sostenible y fomentar la innovación, vinculado con el ODS12: Garantizar modalidades de consumo y producción sostenibles. Dentro del ODS9 es esencial la meta quinta consistente en "*Aumentar la investigación científica y mejorar la capacidad tecnológica de los sectores industriales de todos los países, en particular los países en desarrollo, entre otras cosas fomentando la innovación y aumentando considerablemente, de aquí a 2030, el número de personas que trabajan en investigación y desarrollo por millón de habitantes y los gastos de los sectores público y privado en investigación y desarrollo*". Y respecto del ODS12 es significativa a este respecto la meta cuarta orientada a "*De aquí a 2020, lograr la gestión ecológicamente racional de los productos químicos y de todos los desechos a lo largo de su ciclo de vida, de conformidad con los marcos internacionales convenidos, y reducir significativamente su liberación a la atmósfera, el agua y el suelo a fin de minimizar sus efectos adversos en la salud humana y el medio ambiente*".

La evolución de los ODS y la consecución de cada una de las metas es monitorizada a través de los informes anuales publicados en el sitio oficial creado al efecto[9]. En materia de innovación, las conclusiones obtenidas en 2023 constatan que "*El gasto mundial en investigación y desarrollo ha aumentado, especialmente desde la pandemia, pero sigue siendo demasiado bajo en los países menos adelantados*"[10].

Si el papel del sector privado es esencial, es igualmente relevante la contribución de las Instituciones y en este caso concreto la labor llevada a cabo por la OMPI en el plano universal, así como el posicionamiento de nuestra EUIPO. El papel de la OMPI en la divulgación y fortalecimiento de la simbiosis entre protección de la innovación y ODS ha sido constante y revelador, y a ella dedicaremos un apartado específico de este artículo. Por otro lado, analizaremos la actuación de al EUIPO y su alineamiento con la sostenibilidad desde una visión integral alineada con el propio marco jurídico de la UE que comentamos a continuación.

---

9 https://www.un.org/sustainabledevelopment/es/.

10 https://unstats.un.org/sdgs/report/2023/The-Sustainable-Development-Goals-Report-2023_Spanish.pdf. Recuperado el 20 de mayo de 2025.

4. ESTRATEGIA DE ECONOMÍA CIRCULAR DE LA UE

En línea con las iniciativas universales plasmadas en los ODS, la UE ha adoptado su Plan de Acción de Economía Circular[11], coordinado con el objetivo asumido de neutralidad climática[12] y como un eje indispensable del Pacto Verde Europeo[13].

La estrategia de economía circular de la UE se articula sobre tres pilares principales iniciales. El primero de ellos es la expansión del alcance de las reglas de ecodiseño, el cual será objeto de desarrollo en el apartado siguiente a través de la regulación específica adoptada. Por otro lado, el empoderamiento de los consumidores es un foco esencial de la estrategia planteada y ha sido objeto igualmente de desarrollo regulatorio a través de varias Directivas, ya en vigor o propuestas, centradas en regular las reivindicaciones ecológicas de las empresas frente al evidenciado riesgo de greenwashing[14] y su obligación de garantizar el derecho de los consumidores a reparar productos[15]. Completa esta visión la propia estrategia sobre textiles sostenibles y otros sectores específicos como la estrategia sobre el plástico o pilas y baterías, junto con productos eléctricos, todo ello desde el planteamiento de jerarquía de residuos.

---

11 Comunicación de la Comisión al Parlamento Europeo, al Consejo, al Comité Económico y Social Europeo y al Comité de Las Regiones. Nuevo Plan de acción para la economía circular por una Europa más limpia y más competitiva. COM(2020) 98 final. 11.3.2020.

12 https://commission.europa.eu/strategy-and-policy/priorities-2019-2024/european-green-deal/delivering-european-green-deal/fit-55-delivering-proposals_en. Recuperado el 20 de mayo de 2025.

13 https://commission.europa.eu/strategy-and-policy/priorities-2019-2024/european-green-deal_es. Recuperado el 20 de mayo de 2025.

14 Directiva (UE) 2024/825 del Parlamento Europeo y del Consejo, de 28 de febrero de 2024, por la que se modifican las Directivas 2005/29/CE y 2011/83/UE en lo que respecta al empoderamiento de los consumidores para la transición ecológica mediante una mejor protección contra las prácticas desleales y mediante una mejor información. Propuesta de Directiva del Parlamento Europeo y del Consejo relativa a la justificación y comunicación de alegaciones medioambientales explícitas (Directiva sobre alegaciones ecológicas). COM(2023) 166 final 2023/0085 (COD). 22.3.2023.

15 Directiva (UE) 2024/1799 del Parlamento Europeo y del Consejo, de 13 de junio de 2024, por la que se establecen normas comunes para promover la reparación de bienes y se modifican el Reglamento (UE) 2017/2394 y las Directivas (UE) 2019/771 y (UE) 2020/1828.

Con esta estrategia y plan de acción de economía circular, la pretensión de la UE es asumir el liderazgo para hacer de los productos sostenibles la norma en la UE y liderar los esfuerzos mundiales en materia de economía circular. En su mismo Plan de Acción de Economía Circular, la UE subraya su posicionamiento indicando que *"la UE debe acelerar la transición hacia un modelo de crecimiento regenerativo que devuelva al planeta más de lo que toma de él, avanzar hacia el mantenimiento de un consumo de recursos dentro de los límites que encierra el planeta, y con tal fin, esforzarse por reducir su huella de consumo y duplicar su tasa de utilización de material circular en la próxima década*[16]".

La implicación del sector privado en esta estrategia de economía circular es identificada como una pieza clave con una contribución recíproca, tal y como explica la Comisión Europea al indicar que "*La colaboración en la creación de un marco para los productos sostenibles ofrecerá a las empresas nuevas oportunidades en la UE y fuera de ella. Esta transición progresiva y al mismo tiempo irreversible hacia un sistema económico sostenible es un componente indispensable de la nueva estrategia industrial de la UE*"[17].

La estrategia europea de economía circular se entrelaza, asimismo, con el Plan Industrial del Pacto Verde[18] que se integra igualmente en el marco del Pacto Verde Europeo y de REPowerEU[19]. Este plan industrial se articula sobre los cuatro pilares siguientes: un marco regulador previsible y simplificado, un acceso acelerado a la financiación, una mejora de las capacidades y un comercio abierto para unas cadenas de suministro resilientes. El plan fue presentado por la presidenta de la Comisión Europea, Ursula von der Leyen con estas palabras: «*Tenemos una oportunidad única para mostrar el camino con rapidez, ambición y sentido del propósito, a fin de lograr el liderazgo industrial de la UE en el sector de las tecnologías con cero emisiones netas, en rápido crecimiento. Europa está decidida a liderar la revolución de las tecnologías limpias. Para nuestras empresas y ciudadanos, esto significa transformar las capacidades en empleo de calidad y la innovación en producción masiva gracias a un marco simpli-*

---

16 Comunicación de la Comisión al Parlamento Europeo, al Consejo, al Comité Económico y Social Europeo y al Comité de Las Regiones. Nuevo Plan de acción para la economía circular por una Europa más limpia y más competitiva. COM(2020) 98 final. 11.3.2020. P. 2.

17 *Idem.*

18 Comunicación de la Comisión al Parlamento Europeo, al Consejo, al Comité Económico y Social Europeo y al Comité de Las Regiones. Un plan industrial del pacto verde para la era de cero emisiones netas. COM(2023) 62 final 1.2.2023.

19 https://ec.europa.eu/commission/presscorner/detail/. Recuperado 20 de mayo de 2025.

ficado y más rápido. Un mejor acceso a la financiación permitirá el rápido aumento de nuestras industrias clave de tecnologías limpias[20]».

Paralelamente, con su estrategia de economía circular, la UE consolida en el mercado interior y en su regulación el concepto de economía circular universalmente asentado sobre las 3R, reutilizar, reducir y reciclar, focalizadas en minimizar residuos y aprovechar al máximo los recursos. En una extensión de esta actuación las R se amplían a 7R incorporando Rediseñar, Reducir, Reutilizar, Reparar, Renovar, Recuperar, Reciclar, o incluso 9 o más, incluyendo Rechazar, Repensar, Restaurar y Remanufacturar, con el objetivo de extender el ciclo de vida de los productos.

De conformidad con el Plan de Acción y las comunicaciones de las distintas Instituciones de la UE, la construcción a llevar a cabo se centra en la investigación y la innovación unida a la digitalización para alcanzar la meta del diseño de productos sostenibles.

En tal sentido, en el marco de este plan estratégico y como instrumento de la economía circular, la UE fortalece la iniciativa EcoAP[21] lanzada por la Comisión en diciembre de 2011 con el objetivo de incentivar el desarrollo y el uso de las tecnologías medioambientales junto con la necesidad de mejorar la competitividad. La finalidad de esta actuación es conseguir que las políticas de innovación se centren en las tecnologías verdes y la ecoinnovación, a la vez que subraya el papel de la política medioambiental como factor de crecimiento económico.

EcoAP promueve la ecoinnovación a través de la política medioambiental, el apoyo financiero a las pequeñas y medianas empresas, la colaboración internacional, nuevas normas y el desarrollo de habilidades, contribuyendo con todo ello a la economía circular. La ecoinnovación es clave para hacer realidad muchos aspectos de la economía circular: simbiosis o ecologías industriales, diseño «de la cuna a la cuna», modelos de negocio nuevos e innovadores, etc.

El eje central de la innovación integrado en la estrategia sobre economía circular de la UE se ha convertido consecuentemente en un elemento

---

20 https://ec.europa.eu/commission/presscorner/detail/es. Recuperado 20 de mayo de 2025.

21 Comunicación de la Comisión al Parlamento Europeo, al Consejo, al Comité Económico Y Social Europeo y al Comité de las Regiones Innovación para un futuro sostenible. Plan de Acción sobre Ecoinnovación (Eco-AP). COM(2011) 899 final. 15.12.2011.

crucial de la misma. La innovación se construye sobre los presupuestos de sostenibilidad focalizada en el diseño de productos sostenibles, siendo una herramienta orientada para tal fin la regulación en materia de ecodiseño. En este punto la regulación principal en la UE se encuentra en el Reglamento de 13 de junio de 2024[22] que será objeto de comentario en el siguiente apartado.

5. ESPECIAL REFERENCIAL AL REGLAMENTO SOBRE DISEÑO ECOLÓGICO

La Comisión Europea puso de relieve que el 80% de los impactos medioambientales de los productos se determinan en la fase de diseño[23]. Atendiendo a esta realidad, la fase de diseño de cualquier producto, en sentido genérico del término, se convierte en el hito imprescindible sobre el que actuar y regular para construir el concepto de ecodiseño. El término ecodiseño, acuñado por UNEP, responde a la necesidad de "*The integration of environmental aspects into the product development process, bybalancing ecological and economic requirements. Eco-design considers environmentalaspects at all stages of the product development process, striving for products which makethe lowest possible environmental impact throughout the product life cycle*[24]".

Consiste en incorporar la variable ambiental como un criterio más, al igual que lo es el coste o la calidad, a la hora de tomar decisiones en el proceso de diseño de los productos y servicios, teniendo en cuenta cada una de las fases de su ciclo de vida, desde su concepción y producción, hasta

[22] Reglamento (UE) 2024/1781 del Parlamento Europeo y del Consejo, de 13 de junio de 2024, por el que se instaura un marco para el establecimiento de requisitos de diseño ecológico aplicables a los productos sostenibles, se modifican la Directiva (UE) 2020/1828 y el Reglamento (UE) 2023/1542 y se deroga la Directiva 2009/125/CE.

[23] European Commission: Directorate-General for Enterprise and Industry and Directorate-General for Energy, *Ecodesign your future - How ecodesign can help the environment by making products smarter*, European Commission, 2012, **https://data.europa.eu/doi/10.2769/38512**.

[24] UNEP. 2001. Cleaner production: a guide to information sources. http://www.uneptie.org/pc/cp/network/cp_worldwide.htm. Recuperado el 20 de mayo de 2025.

su eliminación[25]. El Reglamento sobre Diseño Ecológico[26] se convierte, en este contexto en el instrumento regulatorio imprescindible para la construcción de la economía circular desde la primera fase del diseño.

En su exposición de motivos, la UE subraya que "*Un mercado interior plenamente operativo para los productos sostenibles es un requisito previo imprescindible para el establecimiento de una economía circular en la Unión. Unos requisitos de diseño ecológico comunes a escala de la Unión permitirían el desarrollo, la implantación y la expansión de nuevos modelos de negocio de la economía circular en todo el mercado interior. Estas medidas también aliviarían la carga para las empresas y proporcionarían a la industria y a los consumidores acceso a datos fiables y claros, lo que les permitiría tomar decisiones más sostenibles*[27]".

El impacto homogéneo y único buscado por la Comisión Europea dentro del mercado interior es evidente a través del instrumento jurídico utilizado, al optar por la figura del Reglamento[28] en lugar de la posibilidad de legislar mediante Directiva[29] sujeta a la posterior transposición por cada uno de los Estados miembros. El Reglamento construye un marco, en aras de la libre circulación de productos en el mercado interior, que identifica los requisitos de diseño ecológico exigibles a los productos en el mercado interior con el objetivo de mejorar la sostenibilidad medioambiental de los productos.

Esta aportación a la sostenibilidad se articula mediante la reducción de la huella medioambiental global de los productos a lo largo de su ciclo de vida. Definimos como huella ambiental global de un producto una medida cuantitativa que evalúa el impacto ambiental de un producto. Con esta medida se pretende recoger la cantidad de recursos naturales que se consumen junto con la cantidad de residuos y emisiones que se generan a lo largo del ciclo de vida de ese producto. Desde una perspectiva global,

---

25 https://www.ecoembesthecircularcampus.com/conocenos/que-es-la-economia-circular. Recuperado el 20 de mayo de 2025.

26 Reglamento (UE) 2024/1781.

27 Reglamento (UE) 2024/1781 párr. 7.

28 Los reglamentos son actos legislativos vinculantes. Deben aplicarse en su integridad en toda la UE.

29 Las directivas son actos legislativos en los cuales se establecen objetivos que todos los países de la UE deben cumplir. Sin embargo, corresponde a cada país elaborar sus propias leyes sobre cómo alcanzar esos objetivos.

se integran categorías específicas como la Huella de Carbono[30], la Huella Hídrica[31], la Huella Ecológica[32] o la Huella de Nitrógeno y Fósforo[33]. El propio Reglamento define la huella medioambiental como "*una cuantificación del impacto medioambiental de un producto durante todo su ciclo de vida, sea en relación con una única categoría de impacto medioambiental o con un conjunto agregado de categorías de impacto, basada en el método de la huella ambiental de los productos establecido en la Recomendación (UE) 2021/2279 u otros métodos científicos desarrollados por organizaciones internacionales, ampliamente probados en colaboración con diferentes sectores industriales y adoptados o aplicados por la Comisión en otras disposiciones de Derecho de la Unión*"[34].

La cubertura extensiva del Reglamento queda clara en su artículo 1 al dejar claro su ámbito objetivo respecto de "*todo bien físico que se introduzca en el mercado o se ponga en servicio, incluidos los componentes y los productos intermedios*[35]". Respecto de este ámbito de aplicación, el Reglamento identifica una serie de requisitos para reivindicar que un producto ha sido configurado siguiendo las exigencias de diseño ecológico, entendiendo por requisito de diseño ecológico "*un requisito de rendimiento o un requisito de información destinado a hacer un producto más sostenible desde el punto de vista medioambiental, incluidos los procesos que tienen lugar a lo largo de la cadena de valor del producto*"[36].

En los términos de su artículo 5, los requisitos de diseño ecológico se catalogan por el Reglamento en requisitos de rendimiento o de información y engloban las características o propiedades de durabilidad; fiabilidad; reutilizabilidad; actualizabilidad; reparabilidad; uso de agua y eficiencia hídrica; uso de los recursos y eficiencia de los recursos; contenido reciclado; po-

---

30 Mide las emisiones de gases de efecto invernadero, principalmente dióxido de carbono (CO2), que contribuyen al calentamiento global y al cambio climático.

31 Evalúa el volumen total de agua dulce utilizada para producir bienes y servicios, teniendo en cuenta tanto el uso directo como el indirecto de agua a lo largo de la cadena de suministro.

32 Calcula la cantidad de tierra y agua biológicamente productivas necesarias para regenerar los recursos que una persona o población consume y para absorber y gestionar los residuos que genera.

33 Estima la cantidad de estos nutrientes que se liberan al medio ambiente como resultado de actividades humanas, lo que puede conducir a la eutrofización de cuerpos de agua.

34 Reglamento (UE) 2024/1781 p. 27.

35 *Idem* p. 26.

36 *Idem* p. 27.

sibilidad de remanufacturación; reciclabilidad; posibilidad de valorización de materiales; impacto medioambiental, incluidas la huella de carbono y la huella medioambiental y generación prevista de residuo[37]. Los requisitos de rendimiento vienen desarrollados por el artículo 6 del Reglamento y son definidos como un requisito cuantitativo o no cuantitativo aplicable a un producto o en relación con este para lograr un nivel de rendimiento determinado en relación con un parámetro del producto contemplado en el anexo I del Reglamento. A continuación, el artículo 7 detalla los requisitos de información que se identifican como a obligación de que un producto vaya acompañado de información de conformidad con los puntos identificados en el apartado 2 del referido artículo[38]. Con carácter específico, se exige que las empresas cumplan con los requisitos de información relacionados con el rendimiento del producto, así como sobre su uso adecuado, reacondicionamiento y reutilización.

Estos requisitos deben ser verificables de conformidad con los medios de verificación que para ello determine la Comisión Europea mediante el correspondiente acto delegado que identifique los controles directos del producto o la documentación técnica acreditativa. Hasta la fecha, nos encontramos pendientes de mayor desarrollo por parte de la Comisión Europea que entendemos sigue encontrándose en la Agenda estratégica de la UE a través de sus objetivos de Impulsar la competitividad de la UE y lograr el éxito de las transiciones ecológica y digital[39].

---

37 *Idem* p. 33.

38 En concreto se especifica que los productos deben ir acompañados de i) información sobre el rendimiento del producto en relación con uno o varios de los parámetros del producto contemplados en el anexo I, incluida una puntuación de la reparabilidad o durabilidad, la huella de carbono o la huella medioambiental, ii) información destinada a los clientes y otros agentes sobre la manera de instalar, utilizar, mantener y reparar el producto con el fin de minimizar su impacto en el medioambiente y garantizar una durabilidad óptima, sobre la manera de instalar sistemas operativos de terceros cuando sea pertinente, así como sobre la recogida para el reacondicionamiento o la remanufacturación, y con la manera de devolver o manejar el producto al final de su vida útil, iii) información destinada a las instalaciones de tratamiento sobre el desmontaje, la reutilización, el reacondicionamiento, el reciclado o la eliminación al final de su vida útil, iv) otra información que pueda influir en las opciones de productos sostenibles para los clientes y en la manera de manejar el producto por parte de interesados distintos del fabricante con el fin de facilitar un uso adecuado, las operaciones de retención del valor y el tratamiento correcto al final de su vida útil.

39 https://european-union.europa.eu/priorities-and-actions/eu-priorities/european-union-priorities-2024-2029_es Recuperado 10 de junio de 2025.

Adicionalmente, se exige a las empresas la obligación de garantizar que los productos no queden obsoletos prematuramente por razones como la elección de diseño por parte de los fabricantes, el uso de componentes significativamente menos robustos que otros, el desmontaje imposibilitado de componentes claves, la ausencia de información sobre la reparación o las piezas de repuesto o que el software no funcione una vez que se actualice el sistema operativo o no se faciliten actualizaciones de software.

En el proceso de implementación del diseño ecológico, el Reglamento prevé la creación de un Foro de Diseño Ecológico como grupo de expertos que deberá llevar a cabo a) la elaboración de los requisitos de diseño ecológico; b) la elaboración de planes de trabajo; c) el análisis de la eficacia de los mecanismos de vigilancia del mercado establecidos; d) la evaluación de las medidas de autorregulación, y e) la evaluación de la prohibición de destruir otros productos de consumo no vendidos que no figuren en el anexo VII[40].

El Reglamento dedica un capítulo[41] completo a un nuevo concepto que se introduce como elemento esencial desde la perspectiva del impulso de la sostenibilidad en el mercado interior a través de la transparencia y la información al consumidor, esto es, el llamado pasaporte digital del producto (DPP). Este nuevo concepto es definido por el propio Reglamento como "*un conjunto de datos específicos de un producto que incluye la información especificada en el acto delegado aplicable adoptado en virtud del artículo 4 y al que se puede acceder por medios electrónicos mediante un soporte de datos de conformidad con lo establecido en el capítulo III*[42]*". El artículo 9 del Reglamento*[43] *introduce el núcleo de este concepto, pendiente de desarrollo por medio de los correspondientes actos delegados de la Comisión Europea y su artículo 10*[44] *identifica sus requisitos esenciales.*

---

40 Reglamento (UE) 2024/1781 art. 19.

41 *Idem* Capítulo III.

42 *Idem* art. 2.

43 *Idem* art. 9.1. *Los requisitos de información dispondrán que los productos solo puedan introducirse en el mercado o ponerse en servicio si existe un pasaporte digital del producto disponible de conformidad con los actos delegados aplicables adoptados en virtud de los artículos 4, 10 y 11. Los datos que figuren en el pasaporte digital del producto serán exactos y completos y estarán actualizados.*

44 *Idem* art. 10.1 *El pasaporte digital del producto deberá cumplir los siguientes requisitos esenciales: a) estará vinculado a un identificador único y constante de producto a través de un soporte de datos; b) el soporte de datos estará presente físicamente en el producto, su envase o la documentación que acompañe al producto, tal como se especifique en el acto delegado*

A la espera del desarrollo sobre el DPP y su aplicabilidad en el mercado interior, se espera que con este instrumento aumente la transparencia para las empresas de la cadena de suministro y el público en general, y la eficiencia en términos de transferencia de la información. En particular, es previsible que ayude a facilitar y agilizar el seguimiento y control del cumplimiento del Reglamento por parte de las autoridades de la UE y de los Estados miembro. Y que proporcione una herramienta de información sobre el mercado que podrá utilizarse para revisar y ajustar las obligaciones en el futuro[45].

En este proceso, la Comisión Europea ha encargado a CEN y CENELEC y ETSI que desarrollen los estándares necesarios para la implantación del pasaporte digital de producto y por su parte UNE está creando un nuevo comité técnico, el CTN 333, para el Pasaporte Digital de Producto (DPP), en respuesta a la solicitud de la Comisión Europea. Este comité participará en la elaboración de estándares para la implementación del DPP a nivel europeo, asegurando la participación española en los foros europeos de normalización.

6. EL PAPEL DE LAS INSTITUCIONES EN LA INNOVACIÓN UNIDA A LA SOSTENIBILIDAD

Se ha llevado a cabo en los apartados anteriores un recorrido a través del marco jurídico universal que nos presenta en clave de soft law los ODS.

---

aplicable adoptado en virtud del artículo 4; c) el soporte de datos y los identificadores únicos cumplirán una o varias de las normas a que se refiere el anexo III, párrafo segundo, o normas europeas o internacionales equivalentes, hasta que las referencias de dichas normas armonizadas se publiquen en el Diario Oficial de la Unión Europea; d) todos los datos contenidos en el pasaporte digital del producto se basarán en normas abiertas, se elaborarán en un formato interoperable y serán, según proceda, legibles por máquina, estructurados, accesibles mediante búsqueda y transferibles a través de una red abierta interoperable de intercambio de datos sin dependencia de un proveedor, de conformidad con los requisitos esenciales establecidos en el presente artículo y en el artículo 11; e) los datos personales relativos a clientes no se almacenarán en el pasaporte digital del producto sin su consentimiento expreso de conformidad con el artículo 6 del Reglamento (UE) 2016/679; f) los datos contenidos en el pasaporte digital del producto se referirán al modelo del producto, al lote o al artículo, según se especifique en el acto delegado adoptado en virtud del artículo 4; g) el acceso a los datos contenidos en el pasaporte digital del producto se regulará de conformidad con los requisitos esenciales establecidos en el presente artículo y en el artículo 11, y con los derechos de acceso específicos a nivel de grupo de productos tal como se especifiquen en el acto delegado aplicable adoptado en virtud del artículo 4.

45 https://revista.une.org/66/pasaporte-digital-de-producto-una-puerta-a-la-transparencia.html. Recuperado 20 de mayo de 2025.

Los ODS se encuentran igualmente en el origen del desarrollo en el Derecho de la UE del Reglamento de diseño ecológico, como un eje esencial de la estrategia de la UE en economía circular. Al hilo de su exposición, se ha subrayado que, independientemente de la labor de implementación, seguimiento y supervisión que deben llevar a cabo los Estados, el papel de las Instituciones y la implicación del sector privado es condición indispensable para la efectividad y eficacia de las regulaciones propuestas.

Centrándonos en el papel de las instituciones desde la perspectiva de la protección de los derechos de propiedad intelectual es obligado en este punto analizar la actuación que pueda estar llevando a cabo la OMPI desde la perspectiva universal, así como la EUIPO dentro de la UE.

Con motivo del Día Mundial de la Propiedad Intelectual de 2020, la OMPI lanzó el lema Innovar para un futuro verde subrayando que "*El diseño innovador de productos y envases está llamado a desempeñar un papel importante a la hora de reducir las emisiones de carbono y hacer frente a la emergencia climática. Numerosas empresas y diseñadores individuales de todo el mundo ya están invirtiendo grandes cantidades de dinero en la creación de nuevos y mejores diseños ecológicos*[46]".

La OMPI identifica distintas causas que pueden explicar el éxito de la unión entre diseño y sostenibilidad, destacando "*la creciente concienciación de los consumidores y la demanda de productos y servicios ecológicos; el desarrollo y (re) descubrimiento de materiales renovables; las nuevas tecnologías para la fabricación; y el creciente uso de herramientas basadas en la inteligencia artificial para detectar las necesidades y las áreas en las que se puede mejorar la eficiencia*[47]" y concluye enfatizando la reciprocidad positiva entre diseño y sostenibilidad. Centrándose en la aportación del diseño a la economía circular la OMPI identifica la labor llevada a cabo por varias empresas líderes en diseño circular, como Niaga[48], Ecovative Design[49] y el conocido referente empresarial en sostenibilidad, Patagonia[50], así como empresas comprometidas como Inter IKEA Group[51] o Diesel[52].

---

46 https://www.wipo.int/es/web/ipday/2020/articles/design_rights. Recuperado el 10 de junio de 2025.

47 *Idem.*

48 https://www.niaga.world/en.

49 https://ecovative.com.

50 https://cl.patagonia.com/pages/nuestra-empresa.

51 https://www.inter.ikea.com/en/how-we-do-business/ikea-culture-and-values.

52 https://es.diesel.com/es/for-responsible-living.

La OIMP referencia igualmente la labor realizada por parte de La Fundación Ellen MacArthur[53] comprometida con el diseño circular desde sus orígenes, y que describe este concepto bajo la idea de *"mejoras en la selección de los materiales y el diseño de los productos (estandarización/modularización de componentes, flujos de materiales más puros y diseños más fácilmente desmontables)"*. Como ejemplo de su compromiso con el diseño circular, se destaca la propia Guía de Diseño Circular de 2017[54] dirigida a innovadores con el fin de ayudarles a desarrollar soluciones elegantes, eficaces y creativas para la economía circular. Citando a la OMPI, quien a su vez recuerda las palabras de Ellen MacArthur, "*al repensar y rediseñar, podemos acelerar la transición a un nuevo modelo que no se limite a 'estirar los recursos un poco más', sino que esté concebido desde una óptica restauradora y regenerativa*".

Tal y como nos recuerda la OMPI, esta Fundación es consecuentemente un referente en materia de diseño circular, mediante su labor comprometida en la publicación y difusión continua[55] junto con el análisis constructivo de casos ejemplares[56]. Como la misma Fundación explica "*Somos una organización comprometida con la creación de una economía circular, que está diseñada para eliminar los residuos y la contaminación, circular productos y materiales (en su valor más alto) y regenerar la naturaleza. La economía circular un sistema económico que ofrece mejores resultados para las personas y el medio ambiente*[57] ".

Por su parte, la labor de la OMPI sigue en esta misma línea de compromiso con los ODS, por medio de su programa WIPO GREEN[58] vinculado con los ODS6, 7, 9, 10, 11, 12, 13, 14, 15 and 17. Mediante este programa, la OMPI desarrollo un papel esencial centrado en apoyar los esfuerzos mundiales para hacer frente al cambio climático conectando a los proveedores y a los buscadores de tecnologías respetuosas con el medio ambiente. Como la misma OMPI explica la red de WIPO GREEN está formada por empresas multinacionales, pequeñas y medianas empresas, inversores, em-

---

53 https://www.ellenmacarthurfoundation.org.

54 https://www.ellenmacarthurfoundation.org/circular-design-guide/overview. Recuperado el 10 de junio de 2025.

55 https://www.ellenmacarthurfoundation.org/about-us/what-we-do. Recuperado el 10 de junio de 2025.

56 https://www.ellenmacarthurfoundation.org/topics/circular-economy-introduction/examples. Recuperado el 10 de junio de 2025.

57 https://www.ellenmacarthurfoundation.org/es/sobre-nosotros/que-hacemos. Recuperado el 10 de junio de 2025.

58 https://www3.wipo.int/wipogreen/en/index.html. Recuperado el 10 de junio de 2025.

presas consultoras, incubadoras de empresas, universidades, instituciones gubernamentales, ONG y asociaciones, entre otros, con una red de 6.000 miembros en 170 países, y en continuo crecimiento[59].

Siguiendo con su objetivo de potenciar los ODS, nos encontramos con un ejemplo concreto de este trabajo de la OMPI a través de la publicación en 2023 de un informe que integra la protección intelectual en la estrategia de los ODS bajo el lema de *Intellectual property offices and sustainable innovation. Implementing the SDGs in national intellectual property systems*[60]. El informe desglosa un estudio llevado a cabo por la oficina de la OMPI en Japón en colaboración con el Representante Especial de la OMPI en materia de ODS. El objetivo principal del Informe se centra en identificar la relación entre las políticas de propiedad intelectual y los ODS, centrándose en el análisis de la labor llevada a cabo por oficinas nacionales y regionales con el fin de motivar la creación, la protección y la explotación de propiedad intelectual que contribuya al logro de los ODS.

Por su parte, el Informe evidencia que la propiedad intelectual juega un rol esencial como contribuyente al desarrollo de la sostenibilidad en atención a una serie de características propias como 1.- Su falta de sustancia física. La Propiedad intelectual, en sí misma, inherentemente muy escalable y sostenible; 2.- Su papel en el apoyo a la innovación. La propiedad intelectual proporciona a los inventores y creadores un mecanismo jurídicamente exigible que les ayuda a obtener un rendimiento de su inversión. Sin la capacidad de generar este rendimiento, es cuestionable que las empresas estén dispuestas y sean capaces de realizar tales inversiones; 3.- Sus aportaciones al ecosistema de innovación. La propiedad intelectual desempeña un papel importante en la creación y el mantenimiento del ecosistema de innovación; 4.- Su alto nivel de aceptación y conformidad internacional. Los desafíos de la sostenibilidad son globales; el sistema de propiedad intelectual ya está respaldado por una serie de reglamentos y tratados, administrados por la OMPI, que armonizan la protección de los derechos y proporcionan formas eficaces de ampliar y hacer valer la propiedad intelectual.

---

59 https://www.wipo.int/edocs/pubdocs/es/wipo_pub_greenflyer.pdf Recuperado el 10 de junio de 2025.

60 Intellectual property offices and sustainable innovation Implementing the SDGs in national intellectual property. Ginebra, 2023 systemsRN2023-10EN DOI: 10.34667/tind.47937.

Siguiendo con esta argumentación, el Informe detalla el vínculo entre cada derecho de propiedad intelectual específico y su contribución a la sostenibilidad, centrándose en las siguientes aportaciones. Las solicitudes de patente proporcionan un indicador de la inversión en tecnología e innovación que puede asociarse a determinados aspectos de la sostenibilidad, como los beneficios medioambientales. Las solicitudes de registro de marcas también han sido estudiadas más recientemente, por la EUIPO[61]. Este estudio sugiere que la creciente preocupación del público y de los responsables políticos por el cambio climático y la degradación del medio ambiente ha influido en el aumento de las solicitudes de marcas de la UE. También se ha producido un aumento significativo de la presentación de solicitudes de marcas de la UE verdes[62].

El informe lleva a cabo una labor exhaustiva de inventariar medidas y actuaciones implementadas por las distintas oficinas tanto en el ámbito nacional como regional. Con este análisis, se evidencia que las medidas (externas) orientadas al cliente que se utilizan con mayor frecuencia en las oficinas de propiedad intelectual y que contribuyen a los ODS se centran en la tramitación acelerada. Igualmente ha quedado constatada la labor formadora de las oficinas en materia de dar a conocer la unión entre innovación, sostenibilidad y derechos de propiedad intelectual. Complementa esta visión de actuaciones hacia el exterior, toda una serie de medidas implementadas en las propias oficinas para su propia conversión en activos más sostenibles desde su gestión y configuración.

Siguiendo con este compromiso, en 2024 la OMPI publica un nuevo informe en el seno de su nueva campaña del Día Mundial de la Propiedad Intelectual de 2024[63] cuyo lema se centra en Propiedad Intelectual y ODS: Nuestro futuro común se forja con innovación y creatividad. Con este lema la OMPI busca evidenciar cómo la propiedad intelectual fomenta y puede potenciar las soluciones innovadoras y creativas que son tan necesarias para construir un futuro común.

---

61 https://euipo.europa.eu/tunnelweb/secure/webdav/guest/document_library/observatory/documents/reports/2021_Green_EU_trade_marks/2021_Green_EU_trade_marks_Ex_Sum_en.pdf. Recuperado el 10 de junio de 2025.

62 https://euipo.europa.eu/tunneweb/secure/webdav/guest/document_library/observatory/documents/reports/2021_Green_EU_trade_marks/2021_Green_EU_trade_marks_Ex_Sum_en.pdf. Recuperado el 10 de junio de 2025.

63 https://www.wipo.int/web/ipday/2024-sdgs/index. Recuperado el 10 de junio de 2025.

El objetivo del informe presentado en 2024 bajo el título *Panorama de la Innovación: Patentes y Objetivos de Desarrollo Sostenible*[64] es aportar una visión clara de la confluencia entre la actividad de patentamiento y los ODS y proporciona información esencial sobre la incidencia que tiene la propiedad intelectual en el fomento de la labor mundial en aras de la sostenibilidad. El punto de confluencia entre las patentes y los ODS abre una puerta excepcional a la innovación en consonancia con los ODS en diversos ámbitos tecnológicos.

De la labor exhaustiva llevada a cabo en este informe se evidencia que hay más de 15,2 millones de familias de patentes activas en todo el mundo y más de 4,7 millones de ellas (el 31,4%) están relacionadas con los ODS. En concreto, en 13 de los 17 ODS se observa actividad de patentamiento. De ellos, el ODS 9 Industria, innovación e infraestructura es el que cuenta con un mayor número de patentes, pero, igualmente, se constata con cifras que en general, el número de patentes relacionadas con cada ODS ha mostrado una considerable tendencia alcista en los dos últimos decenios.

En el documento encontramos un análisis pormenorizado de patentes vinculadas a cada ODS según datos de PatentSight a enero 2024, así como un detalle revelador de las empresas más activas solicitantes desde las distintas áreas geográficas de Estados Unidos, Europa, China, Japón y República de Corea como principales aportantes.

Centrándonos en el parámetro de la Proporción de familias de patentes relacionadas con los ODS en toda la cartera del titular, ocupan un papel esencial empresas como Merck & Co, Johnson & Johnson o General Electric como principales titulares de patentes de los Estados Unidos. En Europa, nos encontramos igualmente con empresas como Grupo VW, Bosch, Siemens o ABB. Empresas como Grupo Ant, Ping An Insurance o Baidu son relevantes desde el análisis de la protección de patentes en China vinculadas a los ODS. Dentro del mundo académico, la contribución llevada a cabo por la Academia China de Ciencias y la Universidad de California las posiciones a la cabeza de titularidad en Familias de patentes internacionales activas relacionadas con los ODS.

El informe analizado concluye con una argumentada reflexión según la cual examinar los vínculos entre las tecnologías para las que se solicita protección mediante patentes y los ODS aporta un enfoque novedoso al

---

64 Panorama de la Innovación: Patentes y Objetivos de Desarrollo Sostenible. Ginebra, 2024. https://doi.org/10.34667/tind.49303.

estudio del papel de la propiedad intelectual en el avance hacia la sostenibilidad a escala mundial. Los datos analizados llevan igualmente a la conclusión de que el ODS9 Industria, innovación e infraestructura y el ODS13 Acción por el clima concentran el mayor número de patentes vinculadas, pero en general la tendencia al alza en las patentes relacionadas con los ODS, sobre todo en materia de energías renovables y reducción de emisiones, pone de manifiesto el creciente interés que existe por las tecnologías sostenibles.

En nuestro marco regional podemos subrayar igualmente la labor realizada por la propia EUIPO en materia de potenciar la innovación unida a la sostenibilidad, evidenciando las sinergias entre ambas.

Con carácter general, el compromiso de la EUIPO y la sostenibilidad ha quedado constatado desde su propio planteamiento como Oficina[65] que se encuentra evidenciado en su Declaración ambiental[66], habiendo implementado desde 2008 un acreditado Sistema de gestión ambiental de conformidad con el estándar EMAS.

Consecuentemente, en su plan estratégico 2030[67], EUIPO incluye la adaptación a los cambios mundiales, el apoyo a la innovación ecológica y la ampliación del acceso digital e inclusivo a los recursos de propiedad intelectual. Al priorizar la sostenibilidad, la inclusividad y el progreso tecnológico, la EUIPO pretende empoderar a todos los innovadores, ayudándoles a prosperar en una economía mundial en rápida transformación. Dentro de sus cinco objetivos, el plan estratégico incluye expresamente el Objetivo de garantizar la sostenibilidad a largo plazo de la EUIPO.

En su compromiso con la sostenibilidad, EUIPO ha publicado un importante análisis entre marcas y sostenibilidad[68] con motivo del Día mundial de la propiedad intelectual de 2024, focalizado en el concepto de *"sustainable branding"* o marca de sostenibilidad, que presenta como un movimiento en el que la responsabilidad medioambiental y social se con-

---

65 https://www.euipo.europa.eu/es/about-us/the-office/who-we-are/transparency-portal/environmental. Recuperado el 10 de junio de 2025.

66 https://euipo.europa.eu/tunnelweb/secure/webdav/guest/document_library/contentPdfs/about_euipo/transparency_portal/EUIPO_Environmental_Statement_2023_es.pdf. Recuperado el 10 de junio de 2025.

67 https://www.euipo.europa.eu/es/about-us/governance/strategic-plan. Recuperado el 10 de junio de 2025.

68 https://www.euipo.europa.eu/es/news/the-green-advantage-ip-s-role-in-sustainable-branding. Recuperado el 10 de junio de 2025.

vierten en elementos clave de la identidad y el mensaje de una marca. Más específicamente, la marca de sostenibilidad es el proceso de enfocar e integrar los problemas ambientales, económicos y sociales identificados en las operaciones de una empresa.

La EUIPO identifica la labor de la propiedad intelectual en el impulso de las marcas verdes entendidas como las marcas de fábrica o de comercio relacionadas con la protección del medio ambiente y el desarrollo sostenible. Para ello la EUIPO aporta datos de solicitudes de marcas verdes, constatando que, desde 1996, el número de solicitudes de registro de marcas verdes ha aumentado continuamente en número absoluto y en proporción al total de solicitudes de marcas de la UE (MUE). Entre 1996 y 2022, las MUE verdes representaron el 11% de todas las solicitudes de MUE, y las empresas con sede en la UE contribuyeron a más del 60% de estas solicitudes. Alemania lidera entre los Estados miembros de la UE el registro de marcas verdes, seguido de Italia, Francia y España. Fuera de la UE, China es el país líder en este ámbito. Esta resiliencia de las marcas verdes subraya la creciente importancia de la sostenibilidad en la creación de marcas y el compromiso del mercado europeo con las cuestiones medioambientales.

Ampliando su visión a otros derechos de propiedad intelectual, la EUIPO considera que las patentes verdes son esenciales para proteger las innovaciones que ayudan a reducir el impacto ambiental. También se hace mención a las indicaciones geográficas (IG). Las indicaciones geográficas pueden ayudar a fortalecer los vínculos entre un producto y otras actividades locales, como las culturales, el turismo y el arte, así como a apoyar objetivos sociales más amplios, como la sostenibilidad.

El diseño también puede ser una parte fundamental de la marca sostenible. Permite a las empresas crear productos que no solo son respetuosos con el medio ambiente, sino también visualmente atractivos para los consumidores, lo que, junto con la protección de la marca, mejora el reconocimiento de la marca y la lealtad entre quienes priorizan la sostenibilidad. La protección del diseño, a su vez, permite a las empresas salvaguardar legalmente sus diseños de productos ecológicos únicos. Esto no solo diferencia su diseño en un mercado saturado, sino que también refuerza su compromiso con la sostenibilidad, atrayendo a consumidores que valoran la responsabilidad ambiental.

En aras a esta aportación del diseño, la EUIPO identifica la labor llevada a cabo por medio de EUIPO's DesignEuropa Awards al que se han presentado algunos de los principales diseñadores sostenibles de Europa a lo largo de los años. De hecho, la sostenibilidad y el impacto ambiental sirven como criterios clave para evaluar a los nominados y seleccionar a los ganadores. Con carácter específico se remarca que la ganadora del DesignEuropa Lifetime Achievement 2023, la diseñadora sueca Maria Benktzon[69], dedicó su carrera a crear diseños para todos, impulsada también por la conciencia de que los diseños universales crean mejores entornos para todos nosotros.

7. CONSIDERACIONES FINALES

Concluimos este análisis con la misma reflexión que se realiza la OMPI en su informe de 2024 al cuestionarse sobre el porqué las patentes son una medida ideal de la sostenibilidad empresarial.

La OMPI nos responde subrayando que "*Una patente requiere la divulgación de la tecnología para la que se solicita protección, y las solicitudes de patente suelen publicarse muchos años antes de que los productos comerciales correspondientes lleguen al mercado. Por lo tanto, los datos sobre patentes proporcionan una visibilidad única acerca de los esfuerzos de investigación y desarrollo (I+D) y de los futuros productos de las empresas. Esto hace que las métricas basadas en datos de patentes sean objetivas y estén orientadas hacia el futuro. Por lo tanto, los datos sobre patentes también pueden proporcionar información de inestimable valor sobre las tendencias mundiales en materia de innovación, y las patentes en sí mismas ofrecen una visión del modo en que las empresas invierten en invenciones relacionadas con los ODS*[70]".

Nos unimos a esta reflexión de la propia OMPI y en consonancia con la misma hemos querido evidenciar la unión entre sostenibilidad, innovación y propiedad intelectual, como tres vértices de un triángulo equilátero. Para ello, hemos evidenciado la realidad de un marco normativo, tanto voluntario como imperativo, que nos lleva a potenciar las sinergias demostradas.

Tener la ocasión de reflexionar sobre la labor consecuente de la OMPI y de la propia EUIPO nos permite constatar que el camino para esta unión entre sostenibilidad, innovación y propiedad intelectual ya está debidamente trazado y por ello es importante guiar a las empresas por el mismo, dando a conocer las sinergias que se generan a favor de la sostenibilidad y a favor de las propias empresas.

---

69 https://www.euipo.europa.eu/en/designs/designeuropa-awards/awards-2023/maria-benktzon. Recuperado el 10 de junio de 2025.

70 Panorama de la Innovación: Patentes y Objetivos de Desarrollo Sostenible. Ginebra, 2024. https://doi.org/10.34667/tind.49303. P. 9.

8. REFERENCIAS BIBLIOGRÁFICAS

Monografías y Obras Generales

VVAA, *Introducción al Derecho de la Unión Europea,* (2024) Tirant lo Blanch.

Fuentes Legales

Directiva (UE) 2024/825 del Parlamento Europeo y del Consejo, de 28 de febrero de 2024, por la que se modifican las Directivas 2005/29/CE y 2011/83/UE en lo que respecta al empoderamiento de los consumidores para la transición ecológica mediante una mejor protección contra las prácticas desleales y mediante una mejor información.

Propuesta de Directiva del Parlamento Europeo y del Consejo relativa a la justificación y comunicación de alegaciones medioambientales explícitas (Directiva sobre alegaciones ecológicas). COM(2023) 166 final 2023/0085 (COD). 22.3.2023.

Directiva (UE) 2024/1799 del Parlamento Europeo y del Consejo, de 13 de junio de 2024, por la que se establecen normas comunes para promover la reparación de bienes y se modifican el Reglamento (UE) 2017/2394 y las Directivas (UE) 2019/771 y (UE) 2020/1828.

Reglamento (UE) 2024/1781 del Parlamento Europeo y del Consejo, de 13 de junio de 2024, por el que se instaura un marco para el establecimiento de requisitos de diseño ecológico aplicables a los productos sostenibles, se modifican la Directiva (UE) 2020/1828 y el Reglamento (UE) 2023/1542 y se deroga la Directiva 2009/125/CE.

Resoluciones

NNUU

A/42/427 Resolución de la Asamblea General de Naciones Unidas de 4 de agosto de 1987. Anexo Informe sobre la Comisión Mundial sobre el medio ambiente y el desarrollo. Nuestro futuro común.

A/RES/70/1 Resolución de la Asamblea General de Naciones Unidades de 25 de septiembre de 2015. Transformar nuestro mundo: la Agenda 2030 para el Desarrollo Sostenible.

A/RES/55/2 Resolución de la Asamblea General de Naciones Unidas de 13 de septiembre de 2000. Declaración del Milenio.

Documentos

NNUU

UNEP. 2001. Cleaner production: a guide to information sources. http://www.uneptie.org/pc/cp/network/cp_worldwide.htm. Recuperado el 20 de mayo de 2025.

EU

Comunicación de la Comisión al Parlamento Europeo, al Consejo, al Comité Económico y Social Europeo y al Comité de Las Regiones. Nuevo Plan de acción para la economía circular por una Europa más limpia y más competitiva. COM(2020) 98 final. 11.3.2020.

Comunicación de la Comisión al Parlamento Europeo, al Consejo, al Comité Económico y Social Europeo y al Comité de Las Regiones. Un plan industrial del pacto verde para la era de cero emisiones netas. COM(2023) 62 final 1.2.2023.

Comunicación de la Comisión al Parlamento Europeo, al Consejo, al Comité Económico Y Social Europeo y al Comité de las Regiones Innovación para un futuro sostenible. Plan de Acción sobre Ecoinnovación (Eco-AP). COM(2011) 899 final. 15.12.2011.

European Commission: Directorate-General for Enterprise and Industry and Directorate-General for Energy, *Ecodesign your future - How ecodesign can help the environment by making products smarter*, European Commission, 2012, https://data.europa.eu/doi/10.2769/38512.

OMPI

Intellectual property offices and sustainable innovation Implementing the SDGs in national intellectual property. Ginebra, 2023 systemsRN2023-10EN DOI: 10.34667/tind.47937.

Panorama de la Innovación: Patentes y Objetivos de Desarrollo Sostenible. Ginebra, 2024. https://doi.org/10.34667/tind.49303.

La reforma del sistema de protección del diseño industrial: perspectiva europea e internacional

IVÁN LUIS SEMPERE MASSA
Doctor en Derecho Mercantil y Profesor Honorífico de la Universidad de Alicante
Abogado

1. INTRODUCCIÓN: EL DISEÑO INDUSTRIAL

En un mundo altamente competitivo y globalizado como el actual, la innovación y la diferenciación constituyen factores determinantes para el éxito empresarial. En este escenario, el diseño industrial, configurado como aquella figura destinada a proteger la apariencia externa de la totalidad o de una parte de un producto —ya sea bidimensional o tridimensional—, desempeña un papel fundamental al impulsar la creatividad en la elaboración de los productos con el objeto de mejorar su apariencia, de manera que estos sean más atractivos para los consumidores frente a los de sus competidores.

En el ámbito europeo, el actual sistema de protección del diseño industrial se articula a través de dos normas fundamentales: el Reglamento (UE) 2024/2822 del Parlamento Europeo y del Consejo de 23 de octubre de 2024 por el que se modifica el Reglamento (CE) n.o 6/2002 del Consejo, sobre los dibujos y modelos comunitarios, y se deroga el Reglamento

(CE) n.o 2246/2002 de la Comisión (en adelante, Reglamento 2024/2822 o RDUE) y la Directiva (UE) 2024/2823 del Parlamento Europeo y del Consejo de 23 de octubre de 2024 sobre la protección jurídica de los dibujos y modelos (en adelante, Directiva 2024/2823).

En su redacción anterior a la última reforma, el artículo 3 RDUE[1] definía el «dibujo o modelo» —actualmente denominado «diseño de la Unión Europea»[2]— como «*la apariencia de la totalidad o de una parte de un producto, que se derive de las características especiales de, en particular, línea, configuración, color, forma, textura o material del producto en sí o de su ornamentación*».

Desde esta perspectiva, el diseño parecía referirse exclusivamente a la forma de los productos de naturaleza física o tangible. En consonancia con ello, el referido precepto definía el «producto» como «*todo artículo industrial o artesanal, incluidas las piezas destinadas a su montaje en un producto complejo, los juegos o conjuntos de artículos, embalajes, estructuras, símbolos gráficos y caracteres tipográficos, con exclusión de los programas informáticos y los productos semiconductores*».

En efecto, las anteriores definiciones no resultaban del todo ajustadas a la realidad tecnológica, económica y digital acaecida en los últimos años, pues la interpretación literal del precepto parecía obviar de su ámbito de protección a otros diseños que, precisamente debido a su carácter digital, no se materializaban en un formato físico. Como más adelante se tendrá la oportunidad de analizar, este fue uno de los motivos que justificaron la revisión de la normativa en materia de diseño industrial, no sólo a nivel de la Unión Europea, sino también internacional.

Merecida es la atención que el legislador ha otorgado al diseño en los últimos tiempos, no sólo —como se ha dicho— porque las innovaciones formales son inherentes a cualquier ámbito industrial, sino por su particular interrelación con otros derechos de Propiedad Industrial e Intelectual, siendo aconsejable una mirada a éstos para entender la operatividad del sistema de acumulación de protección que dibuja nuestro marco normativo[3].

---

1 En el mismo sentido, el artículo 1 de la anterior Directiva 98/71/CE del Parlamento Europeo y del Consejo de 13 de octubre de 1998 sobre la protección jurídica de los dibujos y modelos.

2 En consonancia con la normativa vigente, a lo largo del presente estudio se empleará esta última nomenclatura.

3 Este principio de acumulación de la protección está expresamente reconocido en las diversas normas que conforman nuestro sistema de Propiedad Industrial e

(a) En relación con las marcas, es evidente que, en determinadas ocasiones, los diseños llegan a alcanzar tal notoriedad que los consumidores los reconocen como parte de la identidad de la empresa vinculando ese diseño a un determinado origen empresarial y desempeñando, así, una función marcaria más que ornamental. Este recorrido suele venir acompañado de lo que se conoce como «*secondary meaning*» o «distintividad adquirida» por el uso que se hace de un diseño convertido en signo distintivo —intencionadamente o no—. Sea como fuere, se convierten en signos distintivos capaces de cumplir con la función esencial que les es propia a las marcas, como es la determinación del origen empresarial de los productos y servicios que designan, pudiendo ser, por lo tanto, susceptibles de protección marcaria.

(b) Respecto de las patentes, si bien el objeto de protección de ambas figuras es distinto, lo cierto es que ambos derechos pueden coexistir sobre un mismo producto, pues mientras que el objeto de protección de la patente —o, en su caso, modelo de utilidad— son las características técnicas derivadas de una invención, el diseño industrial protege la apariencia externa del objeto en el que se plasma dicha invención. Lo que no cabe es la protección por diseño de características funcionales. Este límite está claramente reflejado en la legislación sobre diseño industrial[4]. Tanto es así, que es causa de nulidad registral el diseño exclusivamente compuesto o integrado por características funcionales.

(c) Finalmente, por lo que se refiere a los derechos de autor, en el ámbito de la Unión Europea —no así en otros sistemas, como el de Estados Unidos— se ha reconocido expresamente la protección acumulada de los diseños industriales por la vía de los derechos de autor, siempre que el diseño ostente un grado de originalidad suficiente, en el sentido de que consti-

---

Intelectual. Así, encontramos referencias a este principio en el Considerando 36 del RDUE; en el Considerando 12 y artículos 22 y 23 de la Directiva 2024/2823; en el artículo 4 del Reglamento (UE) 2017/1001 del Parlamento Europeo y del Consejo, de 14 de junio de 2017, sobre la marca de la Unión Europea; en los artículos 3 y 5 de la Directiva (UE) 2015/2436 del Parlamento Europeo y del Consejo, de 16 de diciembre de 2015, relativa a la aproximación de las legislaciones de los Estados miembros en materia de marcas; así como en el Considerando 60 de la Directiva 2001/29/CE del Parlamento Europeo y del Consejo de 22 de mayo de 2001 relativa a la armonización de determinados aspectos de los derechos de autor y derechos afines a los derechos de autor en la sociedad de la información.

4 Vid. los artículos 8 RDUE, 7 de la Directiva 2024/2823 y 11 de la Ley 20/2003, de 7 de julio, de Protección Jurídica del Diseño Industrial.

tuya el resultado de una creación intelectual propia de su autor, y, además, recaiga sobre un objeto identificable con suficiente precisión y objetividad (STJUE de 12 de septiembre de 2019, Cofemel, C-683/17, EU:C:2019:721, y jurisprudencia citada[5]). No poca controversia está despertando la diversa interpretación y aplicación práctica de esta doctrina en las distintas jurisdicciones de la Unión Europea, siendo que en algunos territorios el giro jurisprudencial es muy evidente, mientras que en otras no deja de invocarse una determinada altura creativa para otorgar el reconocimiento de derechos de autor a determinadas «obras».

2. EL SISTEMA EUROPEO DE PROTECCIÓN DEL DISEÑO INDUSTRIAL

2.1. El Reglamento (UE) 2024/2822 del Parlamento Europeo y del Consejo de 23 de octubre de 2024 por el que se modifica el Reglamento (CE) n.o 6/2002 del Consejo, sobre los dibujos y modelos comunitarios, y se deroga el Reglamento (CE) n.o 2246/2002 de la Comisión: requisitos de protección

Con el propósito de instaurar un sistema que garantizara una protección eficaz y armonizada del diseño industrial dentro del mercado interior de la Unión Europea, y tras un dilatado proceso legislativo, el 12 de diciembre de 2001 fue finalmente aprobado el Reglamento (CE) nº 6/2002 del Consejo, de 12 de diciembre de 2001, sobre los dibujos y modelos comunitarios.

El sistema europeo implementado por la citada norma se caracteriza, esencialmente, por otorgar a los titulares de los diseños una protección unitaria que se extiende de manera uniforme a los veintisiete Estados miembros y se traduce en la posibilidad de ejercitar las acciones legales necesarias para garantizar dicha protección ante los Tribunales nacionales de cada uno de los Estados miembros.

---

5 En sentencias posteriores, como la reciente Sentencia de 24 de octubre de 2024, Vitra, C-227/23, EU:C:2024:914, el Tribunal de Justicia de la Unión Europea ha venido a perfilar el alcance de la protección establecida en este fundamental pronunciamiento.

En definitiva, como indican algunos autores[6], la piedra angular del sistema europeo es, precisamente, su carácter unitario, que permite a los titulares obtener la protección de un diseño en todo el territorio de la Unión Europea mediante la presentación de una única solicitud en una sola lengua, tras lo cual el titular puede hacer valer su derecho mediante el ejercicio de una única acción judicial con efectos uniformes en toda la Unión Europea.

En este escenario, para que un diseño puede beneficiarse de la protección conferida por el diseño de la Unión Europea, éste debe reunir los dos requisitos acumulativos de protección previstos en los artículos 4 y siguientes, a saber; la novedad y el carácter singular. En este sentido, mientras que el criterio de la novedad implica que, con anterioridad a la fecha de presentación o de prioridad del diseño registrado, ningún diseño idéntico debe haber sido divulgado, el carácter singular precisa, además, que el diseño registrado produzca en el usuario informado una impresión general distinta a la producida por cualquier otro diseño que haya sido divulgado previamente.

2.2. Contenido del derecho: alcance de la protección y límites

Cuando un diseño cumple con los anteriores requisitos de protección, entonces el diseño de la Unión Europea confiere a su titular un derecho de exclusiva con una doble dimensión. En su vertiente positiva —«*ius utendi*»—, este derecho otorga a su titular la facultad de utilizar el diseño en el tráfico económico. En su vertiente negativa —«*ius prohibendi*»—, le confiere la facultad de prohibir a cualquier tercero el uso, sin la debida autorización, no sólo de cualquier diseño que constituya una copia idéntica, sino también de cualquier otro que produzca la misma impresión general en el usuario informado. No obstante, en el caso de los llamados «diseños de la Unión Europea no registrados», el alcance de este *ius prohibendi* es más limitado, pues únicamente protege frente a posibles copias[7] [8], es decir, en los casos en los que la creación es independiente, no aplicará la norma.

---

6 Stone, D. (2016). "Unitary character of EU-wide design rights and territorial effect". *European Union Design Law*. Oxford.

7 Una de las principales novedades introducidas por el Reglamento 6/2002 fue el denominado «diseño de la Unión Europea no registrado» —anteriormente denominado «diseño comunitario no registrado»—, una figura de gran relevancia para determinados sectores cuyos diseños están destinados a tener una vida efímera, lo que hace que su registro no resulte atractivo para los titulares.

8 García-Chamón Cervera, E., Soler Pascual, L. A. y Fuentes Devesa, R. (2010). "Diseño industrial". *Tratado práctico de Propiedad Industrial*. El Derecho.

En cuanto su ámbito temporal, este monopolio de explotación se extiende hasta un máximo de veinticinco años contados a partir de la fecha de presentación de la solicitud ante la Oficina de Propiedad Intelectual de la Unión Europea (en adelante, EUIPO), o de tres años a partir de la fecha de la primera divulgación en la Unión Europea cuando se trata de diseños de la Unión Europea no registrados.

Sin embargo, el referido monopolio no es absoluto, sino que con el objeto de paliar las posibles disfunciones que generaría en el mercado un hipotético derecho ilimitado, la normativa de diseño ha introducido expresamente algunos límites al ejercicio del *ius prohibendi* que impiden a los titulares de los diseños invocar su derecho en determinadas circunstancias.

Entre ellos, tradicionalmente se han incluido limitaciones relacionadas con los actos realizados en privado o con fines no comerciales, así como aquellos otros realizados con fines experimentales o docentes, los cuales no suponen una explotación comercial del diseño protegido, por lo que una hipotética prohibición por parte de los titulares supondría una extralimitación de su monopolio. Como se tendrá la oportunidad de analizar en líneas posteriores, con la última reforma el legislador europeo ha venido a ampliar el catálogo de límites establecido en la normativa anterior, lo que se traduce en una reducción significativa del alcance de la protección conferida por el diseño de la Unión Europea.

2.3. Mecanismos de aplicación y cancelación del derecho: los procedimientos de infracción y nulidad

2.3.1. Mecanismos de aplicación del derecho: los procedimientos de infracción ante los Tribunales de Diseños de la Unión Europea

Como se ha adelantado, una vez concedido el derecho, los titulares están facultados para iniciar las acciones legales que sean necesarias para la protección de sus derechos ante los Tribunales nacionales de cualquiera de los veintisiete Estados miembros, que a tales efectos actúan como «Tribunales de Diseños de la Unión Europea»[9].

---

[9] A pesar de esta particular denominación, establecida en el Reglamento 2024/2822, en algunas jurisdicciones se emplea la terminología prevista en la normativa marcaria para referirse a los Tribunales de Diseños de la Unión Europea. En el caso de España, el artículo 82 de la Ley Orgánica 6/1985, de 1 de julio, del Poder Judicial, los denomina «Tribunales de Marca de la Unión Europea», si bien sus

Esta es, precisamente, una de las características más significativas del sistema de protección establecido por el RDUE, pues son los órganos nacionales, y no los comunitarios, los encargados de conocer de todas las acciones relacionadas con la aplicación del derecho y, en particular, de las acciones por infracción de los diseños de la Unión Europea.

En este sentido, el artículo 82 RDUE establece una regla general según la cual serán competentes para conocer de tales acciones los Tribunales del domicilio del demandado o donde éste tenga el establecimiento y, en el caso de que este no estuviera domiciliado o establecido en la Unión Europea, serán competentes los del lugar donde el demandante tenga su domicilio o establecimiento. En el supuesto de que ninguna de las partes estuviera domiciliada o establecida en el territorio de la Unión Europea, la normativa ha previsto una cláusula residual por la que serán competentes los Tribunales del lugar donde se encuentra ubicada la EUIPO, es decir, los Tribunales de Diseños de la Unión Europea de España (o, siguiendo la terminología empleada en la normativa nacional, los «Tribunales de Marca de la Unión Europea»), ubicados en Alicante.

Sin embargo, el sistema de protección no se agota a nivel nacional, sino que la normativa europea reconoce expresamente la posibilidad elevar ante el Tribunal de Justicia de la Unión Europea (en adelante, TJUE) las cuestiones prejudiciales necesarias para la interpretación de la normativa de ámbito comunitario, interpretación que resulta vinculante para el órgano jurisdiccional nacional que haya planteado dicha cuestión prejudicial[10].

2.3.2. Mecanismos de cancelación del derecho: los procedimientos de nulidad

Al solicitar el registro de un diseño de la Unión Europea, la EUIPO lleva a cabo un examen formal de la solicitud, verificando el cumplimiento de los requisitos formales establecidos en la normativa, pero sin efectuar un análisis relativo al cumplimiento de los requisitos sustantivos de protección.

---

competencias se extienden igualmente a los recursos en materia de diseños de la Unión Europea.

[10] Las sentencias dictadas por TJUE al resolver cuestiones prejudiciales relativas a la interpretación de la normativa europea deben ser igualmente observadas por los distintos órganos jurisdiccionales nacionales, así como por la EUIPO, debiendo de atenerse a su interpretación.

Con el fin de garantizar la integridad y la fiabilidad del sistema, la normativa europea prevé un mecanismo mediante el cual cualquier tercero puede cuestionar la validez de un diseño de la Unión Europea —registrado o no registrado— por no cumplir con los requisitos legales de protección, y que puede solicitarse directamente ante la autoridad administrativa —a saber; la EUIPO— o ante los Tribunales de Diseños de la Unión Europea, a través de una demanda reconvencional como medio de defensa frente a una acción de infracción. En caso de pretender la nulidad de un diseño no registrado invocado por un tercero, la competencia descansa directamente en los Tribunales de justicia.

A tal efecto, el RDUE establece en su artículo 25[11] un catálogo exhaustivo de causas por las cuales un diseño de la Unión Europea puede ser declarado nulo, entre las cuales se incluyen, además de la ausencia de los requisitos previstos en los artículos 4 y siguientes, otras tales como que el diseño constituya una obra protegida por derechos de autor o la utilización de un signo distintivo protegido por la normativa marcaria.

Una vez comprobada la existencia de una causa de nulidad, la División de Nulidad o, en su caso, el órgano jurisdiccional, podrá declarar nulo el diseño, lo que implica que el diseño de la Unión Europea se considerará como si nunca hubiera producido los efectos que le son propios.

La operatividad de los procesos de cancelación ágiles es especialmente relevante en aquellos sistemas en los que no se produce un examen sustantivo de los diseños registrados. En efecto, el legislador europeo puso el foco en la agilidad de la concesión sacrificando el examen sustantivo, lo que exige que los procesos de cancelación sean muy eficaces y rápidos para alcanzar un sistema saludable.

Al igual que en los procedimientos de infracción, donde se prevé expresamente la posibilidad de recurrir las resoluciones ante las instancias correspondientes, en los procedimientos de nulidad iniciados ante la División de Nulidad de la EUIPO, las resoluciones de nulidad pueden ser recurridas ante las Salas de Recurso, y las de estas últimas ante el Tribunal General de la Unión Europea (en adelante, TG).

---

[11] En la misma línea, el artículo 14 de la Directiva 2024/2823.

3. EVOLUCIÓN DEL SISTEMA DE PROTECCIÓN DEL DISEÑO INDUSTRIAL

El diseño industrial, como derecho de Propiedad Industrial, se configura como un derecho de carácter territorial, lo que implica que su protección se encuentra limitada al ámbito geográfico del territorio donde se solicite el registro y queda, por lo tanto, sujeta a la normativa específica de cada uno de ellos.

Pese a que algunos títulos otorgan una protección unitaria de alcance supranacional —como se ha visto en el caso de los Diseños de la Unión Europea—, no existe una autoridad internacional que otorgue una protección automática a nivel internacional, sino únicamente un procedimiento establecido por la Organización Mundial de la Propiedad Intelectual (en adelante, OMPI), conocido como Sistema de La Haya, que permite a los titulares obtener una protección simultánea en varios territorios a través de una única solicitud internacional presentada ante la OMPI, sin necesidad de acudir a cada una de las correspondientes oficinas para solicitar la protección en cada uno de dichos territorios.

El principal problema que plantea la ausencia de un título de alcance internacional radica, precisamente, en la inseguridad jurídica derivada de la falta de armonización entre las distintas normativas, lo que repercute negativamente en los intereses de los titulares, quienes pueden ver de este modo reducido su ámbito de protección en determinados territorios. Esta disparidad normativa se hace especialmente evidente en relación con algunos aspectos como los requisitos de protección del diseño, el alcance temporal de la protección e incluso los criterios de determinación de la infracción.

En este contexto, durante los últimos años han sido numerosas las voces que se han alzado con el objeto de impulsar la aprobación de una norma internacional que no sólo armonizara las distintas legislaciones nacionales y regionales, sino que también las adaptara a la evolución tecnológica y económica con el fin de establecer un sistema de protección previsible, eficaz y accesible que garantizara la seguridad jurídica de los titulares, evitando la imposición de obstáculos innecesarios para su protección a nivel internacional.

Como resultado, en el último año se han logrado avances normativos significativos en materia de diseño industrial tanto a nivel regional como internacional. En el ámbito de la Unión Europea, la normativa ha sido objeto de una reforma sustancial con el propósito de adaptarla a las nuevas exigencias derivadas de la evolución tecnológica de los últimos años, entre otros aspectos. A nivel internacional, por su parte, destaca la adopción del Tratado de Riad sobre el Derecho de los Diseños por los Estados miembros de la OMPI, así como la actualización del Sistema de La Haya, con el fin de armonizar los procedimientos de solicitud y fortalecer el sistema de protección de los diseños en todo el mundo.

3.1. La reforma del Reglamento (CE) nº 6/2002 del Consejo, sobre los dibujos y modelos comunitarios

Desde su implementación hace más de dos décadas, el sistema de protección del diseño industrial de la Unión Europea se ha consolidado como uno de los más avanzados a nivel internacional, proporcionando a sus titulares un extenso ámbito de protección a través de un sencillo procedimiento de presentación y examen.

No obstante, de una década a esta parte, la Unión Europea llevó a cabo una evaluación y revisión exhaustiva del sistema, concluyendo la necesidad de actualizar la normativa europea con el propósito de simplificar el sistema y hacerlo más accesible y eficiente a los titulares de los diseños, así como de adaptar el marco normativo a la evolución de las nuevas tecnologías y entornos digitales en los que estamos inmersos.

Fruto de las referidas revisiones legislativas, el 23 de octubre de 2024 fueron finalmente adoptados los textos definitivos de las dos normas estructurales del sistema de diseño industrial en la Unión Europea: el Reglamento (UE) 2024/2822 del Parlamento Europeo y del Consejo de 23 de octubre de 2024 por el que se modifica el Reglamento (CE) n.o 6/2002 del Consejo, sobre los dibujos y modelos comunitarios, y se deroga el Reglamento (CE) n.o 2246/2002 de la Comisión y la Directiva (UE) 2024/2823 del Parlamento Europeo y del Consejo de 23 de octubre de 2024 sobre la protección jurídica de los dibujos y modelos.

En conjunto, ambas normas tienen como finalidad el establecimiento de un sistema de protección avanzado en todo el territorio de la Unión Europea. Sin embargo, para alcanzar tal finalidad no bastaba con actualizar la normativa a nivel comunitario, sino que era preciso, además, armonizar las distintas normativas internas a fin de garantizar una protección estandarizada en los veintisiete Estados miembros.

3.1.1. Ajustes terminológicos y redefinición de conceptos

Una de las novedades más significativas de la nueva normativa ha sido la actualización de la terminología con el propósito de adaptarla a las modificaciones introducidas por el Tratado de Lisboa en los Tratados constitutivos, como se recoge expresamente en los Considerandos del Reglamento 2024/2822. En consecuencia, era preciso sustituir el término «dibujo o modelo comunitario» por el de «diseño de la Unión Europea», como había sucedido previamente con la «marca comunitaria» —término sustituido por el de «marca de la Unión Europea»— y con la «Oficina de Armonización del Mercado Interior» —actualmente denominada «Oficina de Propiedad Intelectual de la Unión Europea»—.

Por otro lado, los avances tecnológicos de los últimos años han planteado importantes desafíos a nivel práctico, pues la interpretación literal del tenor de la norma excluía de su ámbito de protección a aquellos nuevos diseños que no se encontraban incorporados a productos físicos. Para subsanar dicha limitación, se han redefinido los conceptos de «diseño» y de «producto» con el objeto de proteger expresamente aquellos diseños que se visualizan en un gráfico o aquellos otros que se perciben a través de la disposición espacial de elementos destinados a formar un entorno interior o exterior. En consonancia con ello, el artículo 3 RDUE[12] ha quedado redactado del siguiente modo:

> *«A los efectos del presente Reglamento, se entenderá por:*
> *1) "diseño": la apariencia de la totalidad o de una parte de un producto que se derive de las características, en particular líneas, contornos, colores, formas, texturas y/o materiales, del producto en sí o de su decoración, incluidos el movimiento, la transición o cualquier otra forma de animación de esas características;*
> *2) "producto": todo artículo industrial o artesanal, que no sea un programa informático, con independencia de que esté incorporado a un objeto físico o de que adopte una forma no física, incluidos:*
> *a) embalajes, conjuntos de artículos, disposiciones espaciales de elementos destinados a formar un entorno interior o exterior, y piezas destinadas a su montaje en un producto complejo;*
> *b) obras gráficas o símbolos, logotipos, patrones de superficie, caracteres tipográficos e interfaces gráficas de usuario».*

En definitiva, con la nueva normativa los diseños digitales han quedado expresamente incluidos en el ámbito de protección del diseño en todo el territorio de la Unión Europea, eliminando con ello toda incertidumbre

---

12 En el mismo sentido, el artículo 2 de la Directiva 2024/2823.

jurídica relativa a su efectiva protección y adaptando el sistema a las nuevas formas de creación en el entorno digital derivadas de la evolución tecnológica, como las animaciones.

Esta anhelada reforma representa un avance significativo en la materia que, sin duda, fomentará la innovación y la creatividad en el entorno digital, al eliminar aquellos obstáculos con los que hasta el momento se encontraban los titulares de estos particulares diseños, pues, aunque en la práctica se había concedido protección a determinados diseños «no convencionales», persistían importantes incertidumbres jurídicas respecto al alcance efectivo de la norma.

3.1.2. Modificación del contenido del derecho: alcance y límites

Junto con las referidas modificaciones conceptuales, la nueva normativa ha introducido importantes cambios que afectan al contenido del derecho, pues, si bien se ha ampliado el catálogo de conductas que el titular del diseño puede prohibir, al mismo tiempo se han introducido nuevas limitaciones que, en la práctica, restringen en gran medida el alcance de la protección conferida.

En primer lugar, y en consonancia con la adaptación de la normativa a los avances tecnológicos de los últimos años, el legislador europeo ha considerado necesario ampliar el catálogo de conductas que el titular del diseño de la Unión Europea puede prohibir, incluyendo de manera expresa aquellas relacionadas con la impresión 3D.

El reciente auge de esta tecnología ha supuesto un gran desafío para los titulares de los diseños, al permitir la fabricación de productos que incorporan diseños protegidos sin necesidad de acceder a una muestra física del producto original, sino simplemente a través de un archivo digital que puede ser distribuido de manera ilimitada, lo que dificulta su control efectivo por parte de los titulares. En consecuencia, en su nueva redacción dada por el Reglamento 2024/2822, el artículo 19.2, letra d)[13], ha dispuesto expresamente lo siguiente:

> *«2. Podrá prohibirse en particular, en virtud del apartado 1, lo siguiente: [...] d) crear, descargar, copiar y compartir o distribuir a otros cualquier soporte o software que registre el diseño con el fin de permitir la elaboración de un producto de los contemplados en la letra a)».*

---

[13] En la misma línea, el artículo 16.2, letra d), de la Directiva 2024/2823.

Como se ha adelantado, pese a esta aparente ampliación del contenido del derecho, paralelamente se han introducido dos nuevas limitaciones en el artículo 20 RDUE[14], las cuales suponen una reducción del ámbito de protección conferido a los titulares de los diseños industriales. En particular, estas limitaciones impiden a los titulares el ejercicio del *ius prohibendi* respecto de «*los actos realizados con el fin de identificar un producto como el del titular del derecho sobre el diseño o con el fin de referirse a tal producto*», así como «*de los actos realizados con fines de comentario, crítica o parodia*».

Estas dos nuevas limitaciones representan un acercamiento a la normativa marcaria[15] y de derechos de autor[16], respectivamente. Por un lado, el límite relativo al uso referencial se ha introducido con el fin de favorecer la interoperabilidad de los productos dentro del mercado interior de la Unión Europea. Por su parte, el uso del diseño protegido con fines de comentario, crítica o parodia responde a la necesidad de salvaguardar el derecho fundamental a la libertad de expresión[17].

No obstante, tanto estas nuevas limitaciones como las demás previstas en la normativa europea no resultan de aplicación automática, sino que se encuentran sujetas al cumplimiento de determinadas condiciones previstas en el propio precepto. En particular, el referido precepto exige que el uso llevado a cabo por el tercero sea conforme a las prácticas leales en materia industrial o comercial y, además, no menoscabe indebidamente la explotación normal del diseño. En consecuencia, deberá examinarse caso

---

14 En el mismo sentido, el artículo 18 de la Directiva 2024/2823.

15 El artículo 14 del Reglamento (UE) 2017/1001 del Parlamento Europeo y del Consejo de 14 de junio de 2017 sobre la marca de la Unión Europea incluye, entre los límites al derecho sobre la marca, el uso referencial de la marca ajena: «*1. Una marca de la Unión no permitirá a su titular prohibir a un tercero hacer uso, en el tráfico económico: c) de la marca de la Unión, a efectos de designar productos o servicios como correspondientes al titular de esa marca o de hacer referencia a los mismos, en particular cuando el uso de esa marca sea necesario para indicar el destino de un producto o de un servicio, en particular como accesorios o piezas de recambio*».

16 El artículo 5 de la Directiva 2001/29/CE del Parlamento Europeo y del Consejo, de 22 de mayo de 2001, relativa a la armonización de determinados aspectos de los derechos de autor y derechos afines a los derechos de autor en la sociedad de la información incluye, entre las limitaciones a los derechos de autor que pueden establecer las legislaciones de los Estados miembros, «*cuando el uso se realice a efectos de caricatura, parodia o pastiche*».

17 Oficina de Propiedad Intelectual de la Unión Europea (2024). *Reforma sobre Diseños.* https://www.euipo.europa.eu/es/designs/design-reform-hub/terminology-procedural-changes. Recuperado el 29 de marzo de 2025.

por caso si el uso llevado a cabo por el tercero cumple con las anteriores condiciones y, en caso negativo, el titular del diseño estará legitimado para ejercitar su *ius prohibendi* sobre tal uso.

Otra de las modificaciones sustanciales introducidas por la última reforma se refiere a la llamada «cláusula de reparación». Esta figura, cuyo origen se remonta a la crisis que afectó al sector automovilístico a finales del siglo pasado[18], tiene por objeto limitar el ejercicio del *ius prohibendi* por parte de los titulares de los diseños registrados sobre componentes de productos complejos, permitiendo a los fabricantes de piezas de recambio la reproducción de tales diseños cuando su único propósito sea el de devolver al producto complejo su apariencia original.

No obstante, esta particular cláusula, que fue incorporada tanto en el Reglamento 6/2002 como en la anterior Directiva 98/71/CE como una disposición transitoria, ha permanecido vigente durante más de dos décadas. En este contexto, la reforma puso de relevancia la necesidad de convertir la referida cláusula transitoria en una disposición permanente que equilibrara los intereses de los distintos agentes que intervienen en el sector de las piezas de recambio; en particular, los intereses de los titulares de los diseños registrados sobre componentes de productos complejos y los de los fabricantes de las piezas de recambio.

Así, el Reglamento 2024/2822 ha incluido un nuevo artículo 20 bis[19], cuyo tenor es el siguiente:

> *«1. No se conferirá protección a un diseño de la UE que constituya un componente de un producto complejo de cuya apariencia dependa el diseño del componente y que se utilice, en el sentido del artículo 19, apartado 1, con el único fin de reparar dicho producto complejo para devolverle su apariencia inicial.*
> *2. El apartado 1 no será invocado por el fabricante o el vendedor de un componente de un producto complejo que no haya informado debidamente a los consumidores, mediante una indicación clara y visible en el producto o de otra forma adecuada, sobre el origen comercial y la identidad del fabricante del producto que vaya a utilizarse a efectos de la reparación del producto complejo, de modo que puedan elegir con conocimiento de causa entre los productos competidores que puedan utilizarse para la reparación.*

---

18 Otero Lastres, J. M. (2015-2016). "El uso de la marca ajena en los componentes de reparación". *Actas de derecho industrial y derecho de autor*, (36), 458.

19 La Directiva 2024/2823 ha introducido la cláusula de reparación, denominada a tales efectos «cláusula de revisión», en el artículo 19, otorgando a los Estados miembros un plazo de transposición de ocho años.

> *3. El fabricante o vendedor de un componente de un producto complejo no estará obligado a garantizar que los componentes que fabrica o vende sean al final utilizados por los usuarios finales con el único fin de reparar el producto complejo para devolverle su apariencia inicial»*.

Además de las condiciones para la aplicación de la cláusula de reparación que ya estaban previstas con anterioridad a la reforma, el nuevo artículo 20 bis ha introducido, en su apartado segundo, una nueva condición según la cual el fabricante o vendedor de un componente de un producto complejo debe indicar de manera clara y visible el origen del producto y la identidad del fabricante. No obstante, en el apartado tercero se ha incluido una cláusula de exención de responsabilidad a favor de los fabricantes y vendedores de las piezas de recambios, según la cual estos últimos no serán responsables del uso que los usuarios finales hagan de las referidas piezas.

Finalmente, como se recoge en los Considerandos del Reglamento 2024/2822, con el objeto de facilitar la comercialización de productos que incorporan diseños protegidos y de aumentar la concienciación sobre la protección de estos tanto a nivel comunitario como nacional, se ha implementado en el artículo 26 bis[20] un sistema de indicación de diseños por el cual los titulares podrán indicar con la letra «D» enmarcada en un círculo que sus diseños se encuentran registrados.

3.1.3. Adaptación del procedimiento de presentación y examen

El tercer y último gran bloque de modificaciones se centra en aspectos de índole procedimental, pues uno de los objetivos principales de la reforma era, precisamente, simplificar el sistema de protección del diseño industrial en todo el territorio de la Unión Europea, haciéndolo más accesible y eficiente. Si bien son múltiples las novedades procedimentales introducidas por el legislador europeo, se destacarán las más relevantes.

Con anterioridad a la reforma, el artículo 35 RDUE permitía a los titulares presentar la solicitud de un diseño de la Unión Europea, a su elección, (a) ante la Oficina, (b) ante el órgano central de la propiedad industrial de cualquier Estado miembro o, (c) en los países del Benelux, ante la Oficina de Dibujos y Modelos del Benelux. Sin embargo, con el objeto de agilizar los procedimientos de solicitud, el Reglamento 2024/2822 ha suprimido

---

[20] En la misma línea, el artículo 24 de la Directiva 2024/2823.

tal posibilidad, de manera que ahora todas las solicitudes deberán ser presentadas ante la EUIPO.

Por otra parte, por lo que se refiere a las solicitudes múltiples, el artículo 37 RDUE ha sido modificado para establecer un límite máximo de cincuenta diseños por solicitud, pues hasta la reforma no existía ninguna restricción en este sentido. Este límite, creado con el propósito de evitar posibles abusos en la presentación de las solicitudes no se trata, sin embargo, de una novedad absoluta, pues ya estaba previsto en la normativa nacional respecto de los diseños solicitados ante la Oficina Española de Patentes y Marcas —OEPM—.

Además, el Reglamento 2024/2822 ha eliminado el requisito relativo a la unidad de clase, que hasta ahora exigía que todos los productos a los que se incorporaran los diseños pertenecieran a la misma clase de la Clasificación de Locarno.

Si bien la supresión de este requisito supone un avance significativo en la materia, al facilitar a los solicitantes la combinación de multitud de diseños pertenecientes a diversas clases a través de una única solicitud, es importante tener presente que este requisito sigue estando vigente en muchos otros sistemas de protección del diseño a nivel internacional, lo que podría dificultar la extensión un diseño de la Unión Europea o, en su caso, de un diseño nacional de un Estado miembro, a otros sistemas en los que se siga exigiendo la unidad de clase en las solicitudes múltiples.

Finalmente, en lo que respecta al requisito de representación gráfica del diseño, previsto en el artículo 36.1.c) RDUE[21], el Reglamento 2024/2822 ha abordado expresamente la necesidad de adaptar la normativa a la era digital en materia de visualización de los diseños. En consecuencia, el contenido de este requisito ha sido reformulado, estableciendo que la solicitud del diseño contenga «*una representación suficientemente clara del diseño, que permita determinar el objeto para el que se solicita la protección*», dejando la puerta abierta a nuevos formatos de representación gráfica, como los vídeos u otros formatos digitales.

En definitiva, este nuevo marco normativo consolida a la Unión Europea como un referente internacional en materia de protección del diseño industrial gracias, entre otros aspectos, a su adaptación al entorno digital y a la simplificación de los procedimientos, impulsando de esta manera la innovación y la creatividad en todo el territorio de la Unión Europea.

---

21 En el mismo sentido, el artículo 25.1.c) de la Directiva 2024/2823.

3.2. El Tratado de Riad sobre el Derecho de los Diseños

Como se ha señalado a lo largo del presente estudio, el diseño industrial se configura como un derecho de carácter eminentemente territorial, lo que supone que su protección se encuentra limitada a los países o regiones donde se haya concedido la protección y, por ende, sujeta a la normativa específica de cada uno de ellos.

En este contexto, a finales de 2024, los Estados miembros de la OMPI celebraron una Conferencia Diplomática en Riad con el objeto de adoptar un Tratado que armonizara y simplificara los procedimientos de protección de los diseños industriales a nivel internacional. Como resultado de estas negociaciones, el 22 de noviembre de 2024 se adoptó el Tratado de Riad sobre el Derecho de los Diseños (en adelante, Tratado de Riad), el cual marca un hito en la estandarización de los procedimientos de protección de los diseños industriales a nivel internacional.

Ahora bien, según se recoge en su artículo 30, este fundamental Tratado no entrará en vigor hasta pasados tres meses desde su ratificación o adhesión por, al menos, quince Estados u organizaciones gubernamentales. La exigencia de este umbral mínimo de participación responde a la necesidad de garantizar el establecimiento de unos estándares mínimos en un número suficiente de jurisdicciones, asegurando de este modo su implementación efectiva a nivel internacional.

El marco procedimental establecido en el Tratado de Riad incorpora una serie de estándares que deberán ser adoptados por los Estados que se adhieran al mismo, lo que garantizará un nivel mínimo de armonización de las normativas internas. Dado que son numerosos los estándares introducidos por el Tratado, se destacarán los más relevantes.

En primer lugar, siguiendo la línea de la reciente reforma de la normativa europea, el artículo 4 establece la posibilidad de incluir varios diseños en una única solicitud, esto es, reconoce expresamente la posibilidad de presentar solicitudes múltiples. Esta previsión facilitará la extensión de los diseños de la Unión Europea, así como los diseños nacionales de los Estados miembros de la Unión Europea, ante las correspondientes oficinas de los Estados u organizaciones intergubernamentales que hayan ratificado el Tratado de Riad.

Por otro lado, el artículo 6 establece los requisitos mínimos para otorgar una fecha de presentación a las solicitudes, si bien deja a discreción de las Partes Contratantes la posibilidad de imponer otros requisitos adicionales previstos su apartado segundo, para lo cual deberán ser notificados al

Director General. Como reconoce la propia OMPI, resulta fundamental reducir al máximo el listado de requisitos necesarios para el otorgamiento de una fecha de presentación, pues el aplazamiento de esta fecha podría conllevar la pérdida definitiva de los derechos del solicitante[22].

Además, el artículo 7 del Tratado de Riad ha introducido un periodo de gracia, permitiendo que la divulgación de un diseño industrial durante los doce meses anteriores a la fecha de solicitud o, en su caso, de prioridad, no afecte a su novedad o carácter singular. Del mismo modo, la estandarización en el periodo de gracia facilitará la extensión de los diseños industriales a múltiples jurisdicciones en las que, hasta el momento, no estaba reconocido.

Junto con las anteriores disposiciones, el Reglamento del Tratado de Riad introduce, paralelamente, diversas medidas destinadas a armonizar y simplificar los procedimientos de presentación y examen de los diseños a nivel internacional, reduciendo los obstáculos con los que se encuentran los solicitantes de los diseños en la práctica administrativa.

Como ejemplo de estas innovaciones, en la regla 3 se incluyen diversas medidas relacionadas con la representación gráfica de los diseños. En este sentido, se permite a los solicitantes optar entre distintos medios de representación, incluyendo (a) las fotografías, (b) las reproducciones gráficas, (c) cualquier otra representación visual admitida por la Oficina correspondiente, (d) así como una combinación de cualquiera de los anteriores.

Asimismo, el Reglamento no establece un número determinado de perspectivas para la representación gráfica del diseño. En su lugar, deja a la elección del solicitante la representación del diseño (a) a través una única perspectiva o (b) mediante varias perspectivas que lo divulguen completamente. Esta flexibilidad en materia de representación gráfica resulta especialmente relevante en el entorno digital, donde el establecimiento de un número máximo de perspectivas podría poner en riesgo la efectiva protección de determinados diseños digitales, como las animaciones.

En definitiva, el Tratado de Riad representa un avance fundamental para la simplificación y armonización de los procedimientos de presentación y examen de los diseños industriales en todo el mundo, adaptándolos a las necesidades derivadas de la evolución digital de los últimos años mediante

---

22 Organización Mundial de la Propiedad Intelectual (2024). *Reseña del Tratado de Riad sobre el Derecho de los Diseños (2024)*. https://www.wipo.int/treaties/es/ip/rdlt/summary_rdlt.html. Recuperado el 31 de marzo de 2025.

el establecimiento de unos estándares mínimos. No obstante, aún será necesario esperar un tiempo para evaluar su efectiva acogida, pues la entrada en vigor del Tratado queda subordinada a su ratificación o adhesión por un número mínimo de Estados y organizaciones intergubernamentales.

3.3. El Sistema de La Haya para la protección internacional del diseño

Como se ha mencionado al comienzo de este capítulo, el Sistema de La Haya, implementado en el seno de la OMPI en el año 1925, constituye un mecanismo que permite a los titulares de los diseños industriales obtener una protección simultánea en múltiples jurisdicciones a través de una única solicitud internacional presentada ante la OMPI, sin necesidad de acudir a cada una de las correspondientes oficinas para solicitar la protección en cada una de dichas jurisdicciones.

Este sistema puede ser utilizado por los ciudadanos de cualquiera de las Partes Contratantes del Sistema de La Haya, así como por cualquier persona que tenga su domicilio, residencia habitual o establecimiento industrial o comercial efectivo y real en el territorio de cualquiera de dichas Partes[23].

Hasta ahora, el Sistema de La Haya se sustentaba alrededor de dos normas fundamentales: el Acta de La Haya de 1960 y el Acta de Ginebra de 1999. Sin embargo, en su 44° periodo de sesiones, celebrado entre el 9 y el 17 de julio de 2024, la Asamblea de la Unión de La Haya decidió suspender la aplicación del Acta de La Haya de 1960, con efectos a partir del 1 de enero de 2025.

En este escenario, desde el 1 de enero no puede inscribirse en el Registro Internacional ninguna designación efectuada en virtud del Acta de 1960, sin perjuicio de aquellos registros inscritos con anterioridad a la fecha de efectos de la suspensión de esta última[24]. Por el contrario, todos los registros inscritos a partir del 1 de enero deberán tramitarse exclusivamente bajo el Acta de Ginebra de 1999.

---

[23] Organización Mundial de la Propiedad Intelectual (2023). *Guía del Sistema de La Haya.* https://www.wipo.int/documents/d/hague-system/docs-es-hague-system-guide.pdf. Recuperado el 1 de abril de 2025.

[24] Organización Mundial de la Propiedad Intelectual (2024). *Suspensión de la aplicación del Acta de 1960 y modificaciones consiguientes que se propone introducir en el Reglamento Común.* https://www.wipo.int/edocs/mdocs/govbody/es/h_a_44/h_a_44_1.pdf. Recuperado el 1 de abril de 2025.

En definitiva, la consolidación del Acta de Ginebra presenta numerosas ventajas, como la posibilidad de presentación de la solicitud internacional sin necesidad de una solicitud o registro nacional previo, facilitando el acceso de los titulares al Sistema de La Haya. Además, a diferencia del Acta de La Haya, el Acta de Ginebra amplía el alcance del sistema al permitir su adhesión no sólo a los Estados, sino también a las organizaciones intergubernamentales.

4. CONCLUSIONES

El diseño industrial constituye un elemento clave dentro de los derechos de Propiedad Industrial y desempeña un papel fundamental al impulsar la creatividad en la elaboración de los productos con el objeto de mejorar su apariencia estética u ornamental, haciéndolos más atractivos para los consumidores frente a los de sus competidores.

Con el propósito de adaptar el sistema de protección del diseño industrial al entorno digital, así como de facilitar y simplificar los procedimientos de presentación y examen, tanto la normativa europea como la internacional han sido objeto de una profunda reforma y evolución.

En el ámbito de la Unión Europea, la reciente reforma ha afectado tanto a los denominados «diseños de la Unión Europea» como a los diseños nacionales, armonizando el sistema de protección del diseño industrial en todo el territorio de la Unión Europea y adaptándolo a las necesidades derivadas de la evolución tecnológica de los últimos años.

A nivel internacional, el Tratado de Riad sobre el Derecho de los Diseños representa un avance significativo al establecer unos estándares mínimos para la simplificación y armonización de los procedimientos de presentación y examen de los diseños industriales en todo el mundo. Por su parte, el Sistema de La Haya ha experimentado cambios sustanciales tras la suspensión del Acta de La Haya de 1960 y la consolidación del Acta de Ginebra de 1999, entre los que se encuentra la posibilidad presentar una solicitud internacional sin necesidad de un registro o solicitud nacional previo.

En suma, en un mundo altamente competitivo y globalizado como el actual, donde la innovación y la diferenciación constituyen factores determinantes para el éxito empresarial, la evolución tecnológica constante y la interacción entre los mundos «*online*» y «*offline*» suponen un desafío para los sistemas de protección del diseño industrial de todo el mundo, lo que exige la implementación de marcos normativos flexibles que faciliten la adaptación y la armonización de los distintos sistemas a nivel internacional.

5. REFERENCIAS BIBLIOGRÁFICAS

García-Chamón Cervera, E., Soler Pascual, L. A. y Fuentes Devesa, R. (2010). "Diseño industrial". *Tratado práctico de Propiedad Industrial.* El Derecho.

Oficina de Propiedad Intelectual de la Unión Europea (2024). Reforma sobre Diseños. https://www.euipo.europa.eu/es/designs/design-reform-hub/terminology-procedural-changes. Recuperado el 29 de marzo de 2025.

Organización Mundial de la Propiedad Intelectual (2023). *Guía del Sistema de La Haya.* https://www.wipo.int/documents/d/hague-system/docs-es-hague-system-guide.pdf. Recuperado el 1 de abril de 2025.

Organización Mundial de la Propiedad Intelectual (2024) *Reseña del Tratado de Riad sobre el Derecho de los Diseños (2024).* https://www.wipo.int/treaties/es/ip/rdlt/summary_rdlt.html. Recuperado el 31 de marzo de 2025.

Organización Mundial de la Propiedad Intelectual (2024). *Suspensión de la aplicación del Acta de 1960 y modificaciones consiguientes que se propone introducir en el Reglamento Común.* https://www.wipo.int/edocs/mdocs/govbody/es/h_a_44/h_a_44_1.pdf. Recuperado el 1 de abril de 2025.

Otero Lastres, J. M. (2015-2016). "El uso de la marca ajena en los componentes de reparación". *Actas de derecho industrial y derecho de autor,* (36), 458.

Stone, D. (2016). "Unitary character of EU-wide design rights and territorial effect". *European Union Design Law.* Oxford.

6. ANEXO JURISPRUDENCIAL

Sentencia del Tribunal de Justicia de la Unión Europea de 12 de septiembre de 2019, Cofemel, C-683/17, EU:C:2019:721.

Sentencia del Tribunal de Justicia de la Unión Europea de 24 de octubre de 2024, Vitra, C-227/23, EU:C:2024:914.

AI-generated designs: un reto para la novedad y el carácter singular

CAROLINA MONTERO PERALTA E
ISABEL GARCÍA GUITIÁN

La inteligencia artificial permite generar en segundos cientos de variaciones de un mismo diseño. Este fenómeno ya está llamando a la puerta del sistema de protección de los Diseños[1]: ¿cómo afectará a los requisitos de novedad y de carácter singular?

1. INTRODUCCIÓN

Cada vez es más frecuente que las divisiones de diseño dentro de la empresa generen, de forma muy rápida, decenas de variantes de un mismo producto con ayuda de herramientas de IA. El paso siguiente debería ser incluir una selección de las variantes generadas en un portafolio en línea compartido, para medir reacciones. Sin embargo, desde el punto de vista jurídico, con cada imagen publicada puede producirse una divulgación, y

1 "Un dibujo o modelo (diseño) industrial constituye el aspecto ornamental de un artículo. El dibujo o modelo puede consistir en rasgos tridimensionales, como la forma o la superficie de un artículo, o en rasgos bidimensionales, como motivos, líneas o colores" https://www.wipo.int/es/web/designs

condicionar dos criterios clave ante la EUIPO o un tribunal: la novedad y el carácter singular, medidos en último término por la impresión de conjunto en el usuario informado[2] [3].

2. ÍNDICE DE ABREVIATURAS

DUE:	Diseño de la Unión Europea
DUE-R:	Diseño de la Unión Europea registrado
DUE-NR:	Diseño de la Unión Europea no registrado
EUIPO:	Oficina de Propiedad Intelectual de la Unión Europea
TJUE:	Tribunal de Justicia de la Unión Europea
RDUE:	Reglamento (CE) n.o 6/2002 del Consejo, de 12 de diciembre de 2001, sobre los dibujos y modelos de la Unión Europea
SUD (Reino Unido):	diseño no registrado suplementario
CAD:	diseño asistido por ordenador

3. DEL ESTUDIO AL ESCAPARATE DIGITAL.

Durante años, la divulgación de un diseño solía estar asociada a hitos controlados (ferias, catálogos, presentaciones, etc.). La irrupción de la creación asistida por IA ha cambiado ese ritmo, y hoy el flujo es continuo y público: tableros en línea, redes sociales, repositorios de archivos CAD y plataformas de impresión 3D. Tal constelación de publicaciones puede invocarse como prueba para cuestionar la novedad o el carácter singular de un diseño presentado con posterioridad, sin que haga falta acreditar que alguien lo vio efectivamente; basta con que pudiera ser razonablemente conocido por los profesionales del sector en condiciones normales de mercado.

De lo anterior se deriva una regla sencilla con consecuencias prácticas: si un diseño va a ser relevante en el mercado, conviene presentarlo a registro antes de enseñarlo a terceros. Hacerlo al revés —enseñar y luego

---

2 Reglamento (CE) nº 6/2002 del Consejo, de 12 de diciembre de 2001, sobre los dibujos y modelos comunitarios.

3 TJUE, C-281/10 P, PepsiCo v Grupo Promer (20.10.2011): "usuario informado", "impresión ..." y libertad del diseñador. ECLI:EU:C:2011:679

presentar— abre la puerta a que la propia publicación destruya la novedad o reduzca el carácter singular frente a lo ya divulgado.

4. DOS CLAVES DEL SISTEMA: NOVEDAD Y CARÁCTER SINGULAR

Novedad. Un diseño no es nuevo si, antes de la fecha de presentación o prioridad, se ha hecho accesible al público un diseño idéntico; y no, diferencias insignificantes no salvan la novedad.

Carácter singular e impresión de conjunto. Un diseño tiene carácter singular cuando la impresión de conjunto que produce en el usuario informado difiere de la que produce cualquier diseño divulgado con anterioridad. El análisis no es "con lupa" centímetro a centímetro, sino que pondera el grado de libertad del diseñador, condicionado por tendencias, normas técnicas o requisitos de uso[4].

Divulgación en Internet y plazo de gracia. Publicar un diseño lo incorpora al acervo de lo divulgado; salvo que la comunicación sea verdaderamente confidencial o de acceso inusual, esa divulgación podrá oponerse después para cuestionar su novedad o su carácter singular. Rige un plazo de gracia de doce meses para divulgaciones del propio autor, o de terceros con su consentimiento: si dentro de ese periodo se presenta el diseño manteniendo la misma impresión de conjunto, esa divulgación no le perjudica; si la versión presentada altera esa impresión, la "gracia" deja de ampararlo.

4.1. Qué significa "razonablemente accesible"

A efectos del art. 7 del RDUE una divulgación es oponible al registro de un diseño cuando un profesional del sector podría localizarla con una búsqueda ordinaria y sin superar barreras inusuales. Entran aquí los contenidos publicados en la web abierta (sitio corporativo, portafolio o perfil público en redes), catálogos, presentaciones sin reserva y stands en ferias profesionales. En cambio, no se considerarían accesibles en condiciones normales de mercado aquellas demostraciones cubiertas por acuerdos de confidencialidad, los sitios con accesos restringidos (intranets cerradas o grupos privados), así como contenidos tras muros de pago "duros". Para excluir la oponibilidad a estos efectos, no bastaría alegar una supuesta esca-

[4] TJUE, C-345/13, Karen Millen v Dunnes Stores (19.06.2014) ECLI:EU:C:2014:2013

sez de audiencia, o la brevedad de la publicación, sino que habría que acreditar la existencia de tales barreras de acceso (p. ej., mediante un acuerdo de confidencialidad (NDA) firmado, un control de acceso efectivo o la ausencia de difusión abierta).

4.2. La gracia y sus límites

El plazo de gracia de 12 meses que se otorga no constituye una autorización para ir mostrando en abierto versiones cambiantes del diseño. Solo quedan amparadas aquellas divulgaciones hechas por el propio autor (o divulgaciones consentidas) y siempre que el diseño que finalmente se presente mantenga la misma impresión de conjunto que lo ya mostrado. Si entre lo mostrado y lo presentado cambian la silueta, las proporciones o el ritmo visual del diseño, de manera que el conjunto percibido sea otro, la gracia deja de operar. Tampoco "rehabilita" divulgaciones de terceros anteriores a la fecha de presentación o prioridad. Por todo ello, en los casos en que sea necesario probar el producto con clientes o inversores, lo prudente es presentar primero el diseño a registro, y utilizar el aplazamiento de publicación (art. 50 RDUE), que es una posibilidad al alcance de los titulares que permite enseñar en entornos controlados, sin que ello siembre arte previo propio.

5. LA REFORMA EUROPEA: MODERNIZA LA PRÁCTICA SIN MOVER EL LISTÓN MATERIAL

La reforma sobre Diseños (2024/2025) actualiza el sistema sin alterar el estándar de novedad y carácter singular; lo decisivo es que facilita proteger un rango más amplio de modalidades de lo que hoy se diseña, y refuerza herramientas de estrategia. Fechas clave: publicación el 18-11-2024, entrada en vigor el 08-12-2024 y aplicación principal desde el 01-05-2025; determinados aspectos técnicos y de representación comienzan el 01-07-2026. La Directiva concede 36 meses para la transposición nacional[5] [6]. En

---

5 Reglamento (UE) 2024/2822 del Parlamento Europeo y del Consejo, de 23.10.2024

6 Directiva (UE) 2024/2823, de 23.10.2024, sobre la protección jurídica de los dibujos y modelos;

España, el trámite de consulta pública previa para la Transposición de la Directiva de Diseños finalizó el 6 de marzo de 2025.

Primero, se clarifica qué puede ser "producto": además de objetos físicos, se incluyen con naturalidad interfaces gráficas, tipografías, patrones de superficie y disposiciones espaciales (interiores/exteriores). La consecuencia práctica de esta modificación es que ya no es necesario forzar encajes; si el valor del diseño reside en el aspecto visual de esos elementos, el sistema lo admite y la comparación por impresión de conjunto se realiza con ese material en mente.

Segundo, entran con nombre y apellidos los diseños dinámicos. Cuando la diferencia está en la secuencia (transiciones, microanimaciones), la solicitud debe hacer comprensible el recorrido con imágenes que muestren los momentos relevantes; no se trata de aportar vídeo, sino de contar la secuencia para que el usuario informado pueda percibir otra impresión de conjunto. Esto hace defendibles, por fin, muchas soluciones de UX que hasta ahora quedaban en tierra de nadie[7].

Tercero, se atiende a los archivos que permiten reproducir el diseño (CAD/3D). La creación, descarga o puesta a disposición de esos ficheros con finalidad de fabricación pasa a ser jurídicamente relevante. El efecto práctico es doble: (i) prevención y contratos mejor armados en el ciclo de vida del archivo; (ii) ejecución más eficaz contra repositorios y vendedores que difunden paquetes "listos para imprimir".

Cuarto, se consolida la excepción de reparación para piezas de productos complejos cuya apariencia depende de la del producto completo (los llamados *must-match*). Esto no desprotege el resto: la pieza seguirá protegible si aporta un excedente estético no dictado por la necesidad de encajar. La reforma aclara dónde está la línea y reduce incertidumbre en posventa y recambios.

Por último, con esta reforma se ajusta el procedimiento con dos palancas de verdadero impacto estratégico:

- **Aplazamiento de publicación hasta 30 meses**, que permite testar el diseño sin sembrar arte previo propio, así como coordinar una primera divulgación útil si se quiere combinar con derechos no registrados en otras jurisdicciones.

---

7 EUIPO, "Designs Examination Guidelines / 2025 update" https://eur-lex.europa.eu/legal-content/ES/TXT/HTML/?uri=OJ:L_202402823

- **Solicitudes con varias variantes** (familias), muy útiles para capturar en una única solicitud las variaciones que la IA genera alrededor de un mismo concepto y así blindar el perímetro de la impresión de conjunto.

En suma: la reforma no baja ni sube el listón de novedad/carácter singular, pero ancla en el Derecho lo que ya ocurre en la práctica —producto digital, secuencias y archivos— y ofrece margen de maniobra (aplazamiento y familias) para ordenar la estrategia antes de salir al escaparate.

6. MODA: REGISTRAR ANTES DE ENSEÑAR

Imaginemos que un estudio de moda hace públicas cien variantes de un zapato mocasín con herrajes, generadas con IA. Meses después selecciona una, la retoca y la presenta a registro; acto seguido denuncia a un competidor. El litigio no gira en torno a la herramienta de IA que se ha utilizado en la generación del diseño, sino a dos preguntas: ¿la versión registrada conserva la impresión de conjunto de lo que se mostró antes? y ¿dónde se produjo la primera divulgación, si se pretende confiar en el diseño europeo?

6.1. Por qué los retoques no cambian el conjunto

Cambiar los colores, los materiales o una textura puntual en un diseño no suele alterar cómo se percibe, si la silueta y las proporciones siguen iguales. Por ejemplo, en un mocasín pesan la forma de la puntera, la altura del talón, la longitud y apertura de la pala y la posición, tamaño y proporción del herraje respecto al empeine y a las líneas del zapato, mucho más que cambiar de piel lisa a ante, o de beige a negro. Por ello, la práctica aconseja fijar la versión destinada a la explotación comercial, presentarla a registro y, solo entonces, hacerla pública. Cuando sea imprescindible recabar reacciones previas, el aplazamiento de publicación permite realizar pruebas en entornos controlados sin incorporar material adicional al estado de lo divulgado ni estrechar el margen de diferenciación del diseño.

Pongámonos en el supuesto de una firma de marroquinería que prepara una colección con tres líneas de bolsos y, antes de elegir los definitivos, publica en su página web treinta imágenes generadas con inteligencia artificial, con el objetivo de medir reacciones. En ese caso, esa galería abierta pasa a formar parte de lo divulgado y, además, puede complicar la estrategia de "primera divulgación" si se pretende depender del diseño no registrado. La vía ordenada y recomendable sería presentar primero (una familia de diseños) con aplazamiento de publicación, y dosificar después la exhibición pública una vez asegurada la prioridad; si se busca cobertura no registrada, conviene escalonar esas primeras divulgaciones[8].

7. INTERFACES DIGITALES: LA DIFERENCIA ESTÁ EN LA SECUENCIA

Cada vez más productos incorporan animaciones de interfaz sugeridas por asistentes de IA. En estos casos, la singularidad no reside en una pantalla aislada, sino en cómo una conduce a la siguiente. La reforma permite registrar este tipo de diseños dinámicos: la solicitud de registro debe capturar la secuencia con fotogramas representativos y, cuando proceda, describir el ritmo de la transición sin convertir la memoria en un manual técnico.

En el examen ante la Oficina o en un litigio, hay que tener en cuenta que el usuario informado valora el diseño con referencia a los patrones habituales del sector (estructura de navegación, orden de pasos, jerarquía visual y criterios de accesibilidad). Ajustes menores —como variar el grosor de un borde, el color de un icono o suavizar una transición— no suelen modificar la impresión de conjunto si se mantiene la misma arquitectura de pantallas y la misma secuencia de interacción. En cambio, sí puede desplazarse la impresión de conjunto cuando se alteran la secuencia principal, la disposición de los elementos clave o los estados que estructuran el recorrido.

En una aplicación bancaria que incorpora un recorrido de bienvenida con tres transiciones distintivas, abrir el prototipo para recabar comentarios deja constancia fehaciente de la fecha de divulgación; al mismo tiempo, esa misma publicación puede ser oponible si la presentación de la solicitud se demora. En los diseños de interfaz, lo determinante no es una pantalla aislada, sino la secuencia (cómo una vista conduce a la siguiente). Por ello, resulta más seguro presentar primero el conjunto —vistas más secuencia representada con imágenes de los momentos clave— y, solo si

---

8 UKIPO (GOV.UK), "Changes to unregistered designs" https://www.gov.uk/guidance/changes-to-unregistered-designs?

es imprescindible probar con usuarios, hacerlo bajo aplazamiento de publicación.

8. AUTOMOCIÓN Y RECAMBIOS: PIEZAS, ARCHIVOS Y FUNCIÓN TÉCNICA

En el sector de la automoción, la difusión de archivos de diseño (p. ej., CAD) que permiten fabricar una rejilla, un piloto o una carcasa plantea un doble desafío. Por un lado, su puesta a disposición con finalidad de fabricación puede constituir un acto de explotación reservado del diseño registrado. Por otro, opera la línea roja de la función técnica: no queda protegido aquello dictado exclusivamente por necesidades de compatibilidad, seguridad o normativa, aunque existan alternativas posibles[9].

En los conflictos sobre archivos de diseño, lo decisivo es acreditar la cronología y la finalidad de cada fichero. No es equivalente un archivo de trabajo alojado en un repositorio interno que un paquete listo para fabricar difundido en un portal abierto. Por eso conviene conservar registros de creación y modificación, autores y accesos, así como aplicar marcas invisibles o identificadores y, cuando sea posible, sellos de tiempo cualificados. En la fase contenciosa, son útiles las medidas de aseguramiento de prueba, los requerimientos a plataformas para preservar contenidos y la conservación verificable de enlaces y capturas: solo así se sostiene qué se publicó, cuándo y con qué propósito.

La línea que separa lo técnico de lo estético se prueba con documentos del propio proyecto: memorias de diseño, bocetos y variantes descartadas, ensayos y comparativas con productos existentes. Estos materiales permiten demostrar que el rasgo discutido pertenece al lenguaje formal del producto y no está dictado exclusivamente por la función. El criterio fijado por el Tribunal de Justicia en DOCERAM exige precisamente esto: no basta con señalar que "había alternativas"; hay que mostrar si, en el caso concreto, la función fue el único factor determinante de la forma para excluir la protección.

Aplicado a una parrilla frontal, por ejemplo, la alegación de que el patrón responde a necesidades de ventilación no cierra el debate por sí sola.

---

9 TJUE, C-395/16, *DOCERAM v CeramTec* (08.03.2018) ECLI:EU:C:2018:172

La parte que invoca la protección debería aportar variantes consideradas (incluidas opciones con distinta geometría), ensayos de flujo, referencias de catálogo que evidencien margen real de libertad y explicar por qué la elección del rombo responde a un criterio estético identificable —ritmo visual, continuidad con otras líneas del frontal— y no a una imposición técnica. También pesará la historia de los ficheros de diseño difundidos: si eran internos o paquetes "listos para imprimir", quién los puso a disposición y con qué finalidad.

9. ELECTRÓNICA DE CONSUMO: DISTINGUIRSE EN UN MERCADO SATURADO

Auriculares, altavoces y pequeños electrodomésticos comparten un paisaje saturado, donde la ergonomía y la disposición interna de componentes dejan poco margen de maniobra. La inteligencia artificial permite generar familias completas de carcasas en minutos, pero muchas variaciones no cambian la impresión de conjunto si se mantienen volúmenes, proporciones y líneas. En este contexto, las diferencias sutiles sí pueden pesar, siempre que se perciban como un cambio del conjunto y no como un simple retoque estético.

Para que esa diferencia sea defendible, la representación del diseño debe ser nítida: vistas suficientes para comprender el volumen, sin sombras equívocas ni fondos que sugieran relieves inexistentes. Si existen versiones del mercado con y sin una determinada moldura, conviene decidir si esa moldura forma parte del núcleo del diseño protegido o si se presentará como variante en solicitudes complementarias.

Además, la gestión de versiones resulta decisiva cuando se trabaja con herramientas generativas: nombrar archivos de forma consistente, anotar hitos y vincular cada iteración con las decisiones estéticas facilita demostrar qué opciones se descartaron y por qué el conjunto final merece protección.

Aplicado a unos auriculares de diadema muy próximos a lo conocido, la diferencia apreciable para el usuario informado puede residir en el ángulo de la copa respecto al eje, en la transición con el brazo telescópico o en la profundidad del almohadillado. Publicar imágenes intermedias sin prioridad erosiona ese margen: es preferible cerrar y presentar la variante que se explotará y, solo después, mostrarla públicamente. Una representación clara —con todas las vistas necesarias— ayuda a sostener que la impresión de conjunto es distinta y supera la comparación con diseños anteriores individuales.

10. MOBILIARIO, ILUMINACIÓN Y ENVASES: ESTÉTICA FRENTE A NECESIDAD TÉCNICA

En estos sectores, la línea decisiva es la que separa la decisión estética de la exigencia funcional. Una lámpara de mesa con nervaduras generadas mediante inteligencia artificial puede estar amparada por el derecho de diseño si esas nervaduras obedecen a una elección formal (ritmo visual, proporción del cuerpo, relación con la base) y existían soluciones técnicas equivalentes; en cambio, si las nervaduras son indispensables para disipar el calor y su forma viene dictada exclusivamente por ese cometido, la protección queda excluida por función técnica. Este es, en síntesis, el criterio fijado por el Tribunal de Justicia en DOCERAM.

En envases, especialmente en cosmética, también puede valorarse la forma de presentación del producto (*trade dress*) como una forma de acceder a la protección marcaria si la forma es capaz de identificar el origen empresarial. Esta vía exige distintividad intrínsecamente o distintividad por el uso pudiendo probarse cualquiera de ellas mediante la realización de encuestas, inversión en publicidad, cifras de ventas y ejemplos de uso sostenido en el tiempo.

Piénsese en una silla apilable con perforaciones elípticas regulares frente a otra, de la competencia, con un patrón hexagonal. Si el lenguaje formal del autor reside en la curvatura del respaldo, la proporción entre asiento y patas y el equilibrio del conjunto, el mero cambio de perforación puede no alterar la impresión de conjunto. En cambio, cuando las perforaciones son el motivo principal que estructura el diseño —el elemento que organiza la lectura visual del objeto—, su sustitución sí puede producir una impresión diferente y, por tanto, ser jurídicamente relevante.

11. INTELIGENCIA ARTIFICIAL: APORTACIÓN HUMANA, ARCHIVOS Y CONTRATOS

La protección del diseño en la Unión Europea, por ejemplo, no exige acreditar autoría humana: lo que importa es el resultado y su comparación con lo ya divulgado. Aun así, cuando se emplean herramientas de inteligencia artificial conviene documentar la aportación humana (selección entre variantes, decisiones estéticas, descartes). Esa trazabilidad ayuda a explicar por qué el conjunto final se aparta del fondo común y refuerza la defensa del carácter singular[10].

La trazabilidad de archivos se vuelve por lo tanto parte de la prueba. En disputas sobre diseños generados o asistidos por IA, es decisivo acreditar la cronología y la finalidad de los ficheros (creación, modificaciones, exportaciones y, en su caso, difusión). Son útiles los registros de edición y acceso, los sellos de tiempo y las marcas invisibles; también, políticas internas que distingan entre material de trabajo y paquetes "listos para fabricar". En contratación, conviene prever obligaciones de retirada, cooperación probatoria y garantías sobre el origen lícito de materiales (incluidas imágenes de banco y modelos intermedios).

En cuanto a minería de textos y datos, la Directiva 2019/790 permite su uso para investigación (art. 3) y, con reserva de derechos por parte del titular (opt-out), también en contextos comerciales (art. 4). La práctica reciente subraya que esa reserva debe ser eficaz y, cuando se dirija a usos automatizados, legible por máquina. Para los equipos de diseño esto se traduce en una regla sencilla: respetar las reservas que se encuentren y anotar las fuentes utilizadas. Nada de esto modifica el test de novedad o de carácter singular, pero sí afecta al riesgo contractual y al entorno probatorio (qué se puede acreditar y con qué alcance).

Hay que tener en cuenta además las condiciones de la herramienta de IA y sus efectos en la cadena de titularidad. Cuando se emplean servicios de inteligencia artificial generativa, la protección por diseño no basta por sí sola: es esencial revisar el contrato/condiciones del proveedor. Debe asegurarse que (i) los resultados (imágenes, modelos, secuencias) se ceden o licencian al cliente en términos compatibles con una explotación exclusiva, sin licencias residuales a favor del proveedor que vacíen esa exclusividad; (ii) los materiales aportados por el cliente (referencias, imágenes de banco, archivos de proyecto) no se reutilizarán para entrenar o mejorar el servicio sin consentimiento expreso; (iii) el uso comercial está permitido, sin vetos sectoriales ni obligaciones de atribución incompatibles con la práctica; (iv) el proveedor garantiza e indemniza frente a reclamaciones de terceros por plantillas o modelos intermedios que él aporta y por los resultados generados; (v) se pactan confidencialidad, retención de registros

---

10 EUIPO (Observatory), *The Impact of Artificial Intelligence on the Infringement and Enforcement of Copyright and Designs* (2022) EUIPO

(prompts, versiones, fechas) y cooperación probatoria; y (vi) en encargos a estudios o profesionales independientes se obtiene cesión expresa de todos los derechos necesarios sobre los materiales intermedios y finales. A efectos del diseño de la Unión Europea, el solicitante debe ser diseñador o causahabiente, si las condiciones del servicio dejan dudas sobre quién es titular de los derechos, pueden aflorar disputas de legitimación y acciones de reivindicación. Además, en sede administrativa y procesal opera una presunción a favor del solicitante/titular, que resulta más robusta cuando la cadena documental está cerrada (el encargo junto con las condiciones del servicio).

12. PRUEBA, COMPARACIÓN Y NULIDAD: CÓMO SE DECIDEN LOS CASOS

En la práctica, el éxito en los pleitos sobre diseño se basa en demostrar suficientemente la historia del producto, y comparar de modo correcto las imágenes relevantes. Quien invoca una divulgación previa debe acreditar qué se mostró y cuándo, lo cual en el entorno digital pasa por la aportación de sellos temporales fiables, conservación de versiones y capturas verificables de la web. Para negar la oponibilidad no basta decir que "nadie lo vio": hay que explicar por qué esa publicación no era razonablemente accesible para los profesionales del sector en condiciones normales de mercado (por ejemplo, porque hubo confidencialidad efectiva, o barreras de acceso no habituales).

La comparación no se hace sumando microdiferencias ni cosiendo rasgos de varios antecedentes; el estándar exige contraponer diseños concretos y valorar la impresión de conjunto en el usuario informado, teniendo en cuenta el grado de libertad del autor. Esta regla —clarificada por la jurisprudencia— evita fabricar un "mosaico" que nunca existió y devuelve el análisis a su terreno natural, atendiendo al conjunto que percibe el observador cualificado.

En cuanto a la nulidad de un diseño, además de la falta de novedad o de carácter singular pesan tres frentes: (i) la función técnica (queda fuera lo dictado exclusivamente por exigencias funcionales), (ii) la interconexión necesaria entre productos y (iii) los conflictos con derechos anteriores (marcas, derechos de autor, diseños previos). En el plano procedimental, la reforma ha hecho útil el aplazamiento de publicación: permite ensayar sin sembrar arte previo propio, pero, si el proyecto se abandona, conviene renunciar a tiempo para evitar una publicación automática que vacíe la estrategia.

13. CONCLUSIÓN

A la vista de las consideraciones anteriores puede afirmarse que la IA no cambia la pregunta jurídica respeto de los diseños —si existe novedad y si produce una impresión de conjunto distinta—, pero sí el contexto en que se responde a la misma, con la rápida generación de multitud de variantes y el surgimiento de numerosas formas nuevas de divulgación. Con la reforma europea, el sistema de diseños se adapta a la economía digital (diseños dinámicos, archivos, aplazamiento), y el resto depende de la estrategia, con los siguientes puntos clave a tener en cuenta: presentar antes de divulgar, probar que lo discutido no es pura necesidad técnica, y explicar con claridad dónde reside la diferencia que aporta el diseño.

14. REFERENCIAS BIBLIOGRÁFICAS

Greer, G. G. (2025). "Artificial intelligence and design law". *Queen Mary Journal of Intellectual Property,* 15(3), 288-302. ElgarOnline.

Lapatoura, I., y Niyompatama, M. J. (2025). "Generative AI in fashion design creation: a copyright analysis of AI-assisted designs". *Journal of Intellectual Property Law & Practice.*

Kuypers, L., y De Clercq, K. (2024). "The interaction between Artificial Intelligence and design: an analysis under EU design law". European IP Helpdesk - Comisión Europea. (2024). "Use of AI tools and stock images by designers in outsourced works: beware of IP implications".

EUIPO Observatory. (2022). *The Impact of AI on the Infringement and Enforcement of Copyright and Designs.*

ESTRATEGIAS Y GESTIÓN DE LA PROPIEDAD INDUSTRIAL

La insoportable levedad de la acción de daños y perjuicios en procedimientos de infracción de marca

ERNESTO CEBOLLERO
Of counsel
Arochi & Lindner

SUMARIO: 1. INTRODUCCIÓN. LA ACCIÓN DE DAÑOS. MECANISMOS PARA ARTICULARLA. 2. PRUEBA DEL DAÑO. 2.1. Planteamiento General. 2.2. Sentencia del Tribunal Supremo. Sala de lo Civil número 700/2025 de 7 de mayo. Asunto OUT MARK ¿Un nuevo paradigma? 3. CUANTIFICACIÓN DEL DAÑO. 3. CONCLUSIONES. 4. REFERENCIAS BIBLIOGRÁFICAS.

1. INTRODUCCIÓN. LA ACCIÓN DE DAÑOS. MECANISMOS PARA ARTICULARLA

En cierta ocasión escuché a un Magistrado comentar que una demanda de infracción de derechos de propiedad industrial, incluyendo por lo tanto la infracción de marca, se asimilaba en cierta medida a una carrera de obstáculos.

Como fan declarado tanto de los deportes como de los derechos de exclusiva, la verdad es que la metáfora me gustó mucho y la he venido usando a modo de préstamo y homenaje a dicho Magistrado en numerosas ocasiones.

Efectivamente, no son pocas las barreras que un demandante debe sortear hasta llegar a buen puerto: probar la semejanza de signos y la similitud aplicativa, acreditar la existencia de riesgo de confusión, defender en su caso la distintividad de la marca sobre la que pivota la acción, convencer al Juzgador de cual es la percepción del consumidor relevante, además de —entre otros extremos— justificar la pertinencia de una hipotética condena en daños.

Sin perjuicio de la existencia de otras acciones ejercitables, se puede decir sin temor a equivocarse que el objetivo principal de cualquier demandante es en esencia doble; a saber, de una parte conseguir el cese de los usos considerados infractores y de otra embolsarse una cantidad económica cierta en concepto de daños y perjuicios.

Y como casi todo en la vida, en esta carrera de obstáculos es tan importante llegar a la meta, como la manera en que se llega.

Así, no son pocas las ocasiones en las que el resultado no es del todo satisfactorio, bien porque a pesar de confirmarse la infracción y ordenarse el cese no hay condena en daños, bien porque dicha condena es sustancialmente inferior a la esperada —circunstancia que, en caso de perpetuarse en el tiempo de manera recurrente, podría derivar en una reducción de la proactividad de los titulares de derechos y un afloramiento significativo de conductas infractoras—.

En este sentido la Directiva 2004/48/CE del Parlamento Europeo y del Consejo de 29 de abril de 2004 relativa al respeto de los derechos de propiedad intelectual parece alisar el camino, al menos desde el punto de vista teórico.

Así, en su artículo 3, exige a los Estados miembros implementar medidas, procedimientos y recursos necesarios para garantizar el respeto de los derechos de propiedad intelectual que han de ser justos y equitativos, efectivos, proporcionados y disuasorios, no inútilmente complejos o gravoso, ni comportar plazos injustificables o retrasos innecesarios, y cuya aplicación evite la creación de obstáculos al comercio legítimo.

No obstante, la realidad en términos prácticos —como bien saben los que se dedican a esta (apasionante) disciplina del Derecho—, ha venido siendo algo diferente, generando una cierta inseguridad para los titulares de derechos en relación con la posibilidad de obtener un pronunciamiento favorable en materia de daños.

En el presente artículo se comentan diferentes aspectos propios de la acción de daños y perjuicios, derivados de los últimos desarrollos jurisprudenciales en la materia.

Dicho lo cual, comencemos por el principio, expresión que por redundante que sea no deja de ser completamente acertada.

Así, nuestra Ley 17/2001, de 7 de diciembre, de Marcas (en lo sucesivo LM) dedica sus artículos 40 y siguientes a regular las acciones que se pueden ejercitar por el titular de una marca, incluyendo expresamente en su artículo 41.1.b) la de daños y perjuicios.

Hecho lo cual, y tras fijar los criterios de imputación, objetivos y subjetivos, —criterios que no detallaremos ahora por no ser objeto de esta breve reflexión—, nos detenemos en el artículo 43, apartado 2 LM.

Por medio de este precepto, la legislación española introduce el sistema fijado en la antedicha Directiva 2004/48/CE, inspirado a su vez en la doctrina alemana del *dreifache Schadensberechnung* o triple cálculo del perjuicio.

Atendiendo a la misma, el titular puede optar por las siguientes alternativas a la hora de vehiculizar la cuantificación de los daños reclamados:

a) Los beneficios que el titular habría obtenido mediante el uso de la marca si no hubiera tenido lugar la violación

b) Los beneficios que hubiera obtenido el infractor como consecuencia de la violación.

c) Una cantidad a tanto alzado que al menos comprenda la cantidad que el infractor hubiera debido pagar al titular de la marca por la concesión de una licencia que le hubiera permitido llevar a cabo su utilización conforme a derecho (la denominada tradicionalmente licencia hipotética).

Como criterio adicional previsto en el apartado quinto del mencionado artículo 43 hay que mencionar el del 1% de la cifra de negocios realizada por el infractor con los productos o servicios ilícitamente marcados.

Teniendo en cuenta las diferentes opciones, la pregunta del millón es evidente ¿cuál me compensa utilizar? ¿cuál es más práctica? ¿cuál maximiza, si es que alguna lo hace, las opciones de conseguir un pronunciamiento favorable?

Como suelo decir, en propiedad industrial siempre es recomendable ir caso por caso; hay pocas fórmulas magistrales (si es que acaso hay alguna). Lo que vale para un asunto A no vale para un asunto A´. Es parte de la magia y lo apasionante del Derecho en general y de esta disciplina en particular.

En este sentido, hay que tener en cuenta las dos etapas que cualquier demandante debe enfrentar de manera satisfactoria: a) prueba del daño y b) cuantificación del daño.

2. PRUEBA DEL DAÑO

2.1. Planteamiento General

Tradicionalmente se ha sostenido que, en función del criterio indemnizatorio escogido, se exige al titular la prueba del daño en un sentido u otro.

Así, por todas, nos referimos a lo dispuesto por la Sección 8ª de la Audiencia Provincial de Alicante —Tribunal de Marca de la UE— en su Sentencia 106/2024, de 23 de febrero, en la que se confirma la posibilidad de "*discriminar las exigencias probatorias en función del parámetro legal elegido por el titular marcario*".

Se trata por lo tanto de un primer elemento que potencialmente debería ser tenido en cuenta a la hora de articular la solicitud de daños y perjuicios.

En relación con el criterio del 1%, una primera interpretación lo entendió, teniendo en cuenta el literal del artículo 43.5 LM[1], como una suerte de factor que aplicaba siempre y en todo caso, con independencia de las circunstancias del supuesto concreto, y en particular de si se existía o no daño, de si se había acreditado.

No obstante, nuestro Alto Tribunal, Sala de lo Civil, en su Sentencia 516/2019 de 3 de octubre —asunto NUBA—, se encargó de confirmar que, lejos de lo que se venía sosteniendo hasta la fecha, la previsión del 1% no aplicaba en todo caso, esto es de manera automática, con independencia de la existencia de un daño concreto, que debía haber sido debidamente probado[2].

---

1 *"El titular de la marca cuya violación hubiera sido declarada judicialmente tendrá, en todo caso y sin necesidad de prueba alguna, derecho a percibir en concepto de indemnización de daños y perjuicios el 1 por ciento de la cifra de negocios realizada por el infractor con los productos o servicios ilícitamente marcados".*

2 *"Aunque esta regla acentúa la objetivación de la compensación económica, no por ello puede interpretarse en el sentido de que se tenga derecho a una indemnización incluso en los casos en que se haya constatado que la infracción no pudo ocasionar "perjuicio" alguno al titular de la marca. Exige como presupuesto previo la existencia del "perjuicio", con independencia de su entidad. Como se ha apuntado en la doctrina, esta regla no altera la naturaleza resarcitoria de la acción de indemnización de daños y perjuicios, que presupone la existencia de estos. No introduce una suerte de sanción por la infracción, en beneficio del titular de la marca infringida, sino que la ratio de la norma es facilitar la cuantificación de la indemnización: en todo caso el 1% de la cifra de negocios realizada por el infractor con los productos o servicios ilícitamente marcados. De hecho, esta regla, que cifra en todo caso la*

Siendo de esta manera, la interpretación del Alto Tribunal ha derivado en la exigencia de cierto nexo causal entre la conducta infractora y la esfera patrimonial del perjudicado, de modo tal que la primera "*haya podido causar un daño con cierto grado de probabilidad*[3]".

Así se ha llegado a desestimar la solicitud de daños y perjuicios en casos en los que, por ejemplo, se entendía que demandante y demandado no coexistían en el mismo mercado (el primero, titular de una marca de la UE explotaba dicha marca principalmente en un Estado, mientras que el demandado lo hacía en otro) y como tal los actos cuestionados no causaban daño alguno[4].

Y en similar sentido, nuestra jurisprudencia ha venido exigiendo al demandante probar la existencia del daño en aquellos casos en los que el criterio exigido es el del beneficio dejado de obtener por el demandante[5].

Lejos de lo que acabamos de desarrollar, la situación es manifiestamente más cómoda y práctica, al menos en opinión de quien suscribe, para el titular de derechos si el criterio que se maneja es el de la licencia hipotética o el beneficio del demandado.

En estos casos, la prueba del daño se debe dar por satisfecha sin necesidad de relación de causalidad alguna entre el acto infractor y la esfera patrimonial del actor. O por decirlo en otros términos, el daño se prueba como tal, per se, con el enriquecimiento (injusto o injustificado) del infractor, consistente bien en la ausencia de pago de la correspondiente

---

indemnización en el 1% de la cifra de negocio [sin perjuicio de que el titular de la marca pueda exigir una indemnización mayor si prueba que la violación de su marca le ocasionó daños o perjuicios superiores], está relacionada con el criterio de cuantificación de la letra a) del art. 43.2 LM, pues facilita el cálculo del beneficio económico obtenido por el infractor con la violación de la marca. 5. En un caso como el presente en el que la infracción de la marca no ha conllevado ni un perjuicio para su titular ni un beneficio económico para el infractor, no procedía aplicar la regla del apartado 5 del art. 43 LM. Por esta razón debemos estimar el motivo de casación y modificar la sentencia de apelación en el sentido de suprimir del fallo la condena a la indemnización de daños y perjuicios".

3 Sentencias 95/2024 de 19 de septiembre y 97/2024 de 1 de octubre del Juzgado de lo Mercantil número 1 de Alicante, Juzgado de Marca de la UE.

4 Vid supra. Sentencia 95/2024 de 19 de septiembre del Juzgado de lo Mercantil número 1 de Alicante, Juzgado de Marca de la UE.

5 Sentencia 106/2024 de 23 de febrero de la Sección 8ª de la Audiencia Provincial de Alicante —Tribunal de Marca de la UE—: "*si lo reclamado son los beneficios que el titular de la marca hubiera obtenido mediante el uso de la marca (ganancias dejadas de obtener), deberá probarlos y su importe delimitará la cuantía de la condena*".

licencia —lo que supone un ahorro determinado—, bien con la afluencia a su patrimonio de unas cantidades —las materializadas con los usos infractores, que no le pertenecen—[6].

Se confirma, por lo tanto, que los mecanismos previstos en el artículo 43 LM no tienen una mera finalidad resarcitoria, sino que se configuran como una realidad más amplia.

Siendo de este modo, la verificación de actos de infracción deriva, sin necesidad de prueba adicional de ningún tipo, en la constatación de un daño, de un lucro cesante, que deberá ser indemnizado. Cuestión diferente es cómo se cuantifique dicha indemnización, a lo que dedicaremos algunas líneas en el siguiente apartado.

Por lo ilustrativo y explícito de sus literales en el sentido de lo que acabamos de afirmar, nos referimos en primer lugar y en relación con el criterio de los beneficios del demandado a la Sentencia número 504/2019, de 30 de septiembre, de la Sala de lo Civil del Tribunal Supremo, asunto PASAPALABRA:

> *"En consecuencia, para que proceda la restitución de los beneficios obtenidos por el infractor no es necesario que el titular del derecho de exclusiva infringido haya sufrido un quebranto patrimonial, ni que el importe de la restitución se corresponda con ese quebranto. Se otorga al titular del derecho infringido esa pretensión restitutoria como consecuencia del contenido atributivo del derecho que el demandado ha infringido.*
> *Por tal razón, para que proceda la restitución del beneficio obtenido por el infractor, es irrelevante que el titular del derecho infringido explote o no directamente tal derecho, porque es irrelevante el beneficio que hubiera podido obtener, ya que lo relevante es qué beneficio ha obtenido el infractor por la intromisión en un derecho cuyo contenido patrimonial atribuye a su titular las utilidades pecuniarias que con el mismo puedan obtenerse".*

Y seguidamente, a la Sentencia número 98/2016, de 19 de febrero, también de la Sala Primera de nuestro Alto Tribunal, en el asunto MASALTOS:

> *"Precisamente la jurisprudencia ha configurado la regalía hipotética como opción para solventar los problemas de prueba y asegurar una indemnización sin necesidad de probar en concreto el daño causado".*

Incidiendo y concluyendo con todo lo dicho en relación con estos dos criterios, nos parece tremendamente interesante, además de acertado, el

---

[6] Vid supra. Sentencia 95/2024 de 19 de septiembre del Juzgado de lo Mercantil número 1 de Alicante, Juzgado de Marca de la UE.

razonamiento de la Audiencia Provincial de Alicante en su papel de Tribunal de Marca de la UE, al concluir que sería incompatible con el espíritu de la Directiva 2004/48 —que, como hemos adelantado, pretende en última instancia facilitar a los titulares de derechos mecanismos disuasorios, no excesivamente complejos ni gravosos—, imponer a los demandantes la obligación en todo caso de probar la existencia del daño[7].

En definitiva, y a modo de cierre, la elección del criterio indemnizatorio de la licencia y del beneficio del infractor condiciona las reglas sobre la prueba del daño, sobre la relación causal entre el acto infractor y dicho daño, liberando al titular de acreditar uno y otro[8]. Al tratarse de factores más próximos a lo que tradicionalmente se conoce como *condictio* por intromisión, la propia existencia del acto infractor justifica la existencia de daño, entendido en términos amplios.

2.2. Sentencia del Tribunal Supremo. Sala de lo Civil número 700/2025 de 7 de mayo. Asunto OUT MARK ¿Un nuevo paradigma?

De manera resumida, los hechos de los que deriva esta Sentencia son los siguientes.

La mercantil Out Mark S.L. (OUT MARK) desarrolla como actividad empresarial la impartición de cursos de formación para organizaciones públicas y privadas. En dichos cursos se proyectaban una serie de diapositivas con contenido *ad hoc* preparado por la citada empresa.

Una extrabajadora de OUT MARK utilizó siete de esas diapositivas para desarrollar actividades de formación en una empresa competidora.

---

7 Sentencia 106/2024 de 23 de febrero de la Sección 8ª de la Audiencia Provincial de Alicante —Tribunal de Marca de la UE—: "*Además estimamos que es la lectura exigida por la Directiva 2004/48/CE que pretende la reparación derivada de la infracción, para lo cual en su art. 3 impone a los Estados miembros implementar medidas, procedimientos y recursos necesarios para garantizar el respeto de los derechos de propiedad intelectual que han de ser justos y equitativos, efectivos, proporcionados y disuasorios, no inútilmente complejos o gravosos, ni comportar plazos injustificables o retrasos innecesarios, y cuya aplicación evite la creación de obstáculos al comercio legítimo. No parece que imponer la carga de la prueba del daño en estos supuestos (beneficio obtenido por el infractor o regalía hipotética) responda a esas exigencias*".

8 Sentencia 116/2016, de 6 de mayo, de la Sección 8ª de la Audiencia Provincial de Alicante —Tribunal de Marca de la UE—.

La sentencia de primera instancia desestima la existencia de cualquier tipo de ilícito, ni en sede de derechos de autor ni de competencia desleal. No obstante, la Audiencia Provincial de Madrid, Sección 28ª, declara la existencia de infracción, pero limita los daños y perjuicios al daño emergente, gastos de investigación (en concreto 3.800 euros) alegando, en esencia, al hilo de la Sentencia NUBA comentada más arriba, que no se había acreditado la existencia de daño.

Tras analizar el supuesto en cuestión, el Tribunal Supremo casa la Sentencia de apelación y confirma la condena en daños con base en la doctrina *ex re ipsa loquitur*, que concluye en esencia que en determinadas circunstancias la existencia de daños deriva necesariamente de la propia realidad de los hechos, por lo que obvia cualquier tipo de prueba adicional de cara a acreditarla. En palabras del propio Tribunal:

> *"Con ello, esa sentencia 516/2019, de 3 de octubre, se hace eco de la doctrina jurisprudencial sobre «los daños ex re ipsa loquitur (las cosas hablan por sí mismas)", que opera cuando "la existencia del daño se deduce necesaria y fatalmente del ilícito o del incumplimiento, o son consecuencia forzosa, natural e inevitable, o daños incontrovertibles, evidentes o patentes.*
> *Esto es lo que ocurre en un caso como este, en que el empleo por las demandadas de un material (siete dispositivas), respecto del que se ha reconocido a las demandantes los derechos de autor, en las presentaciones de un curso de formación de ventas sin la preceptiva autorización, cuando menos conlleva un aprovechamiento económico por parte del infractor, que forma parte del concepto amplio de perjuicio o daño patrimonial susceptible de indemnización".*

En este sentido, la Sala aprovecha la ocasión para disipar cualquier tipo de duda en relación con el recorrido práctico de su Sentencia anterior en el caso NUBA. Así, se deja claro que dicho caso es "muy excepcional", y que como tal la norma general ha de ser la de que, una vez confirmada la existencia de infracción, se deberá confirmar igualmente la existencia de daños de manera cuasi automática, sin más necesidad probatoria que la de la propia realidad de la infracción:

> *"Es posible que pudiera darse algún caso muy excepcional, como el resuelto en la sentencia 516/2019, de 3 de octubre, en que, por las circunstancias concurrentes, fuera evidente que no podía haberse ocasionado ningún daño significativo para el titular de los derechos de exclusiva (daño en sentido amplio que incluye también un posible beneficio del infractor). Pero por regla general, que abarca también el caso ahora enjuiciado, resulta obvio el aprovechamiento para el infractor del derecho de exclusiva sin la preceptiva autorización".*

Es cierto que la relevancia práctica de esta Sentencia para aquellos supuestos en los que el actor opte bien por el beneficio del infractor, bien por la licencia, puede no ser excesiva, en tanto que como hemos visto en relación con dichos criterios se llegaba ya a una solución prácticamente idéntica a la que ahora nos ocupa —esto es, probada la infracción se confirma la existencia de daños, que por lo tanto no han de ser acreditados—.

No obstante, entendemos que el pronunciamiento comentado sí que supondrá una diferencia sustancial, a favor de los titulares de derechos, en aquellos litigios en los que el criterio escogido en materia indemnizatoria sea, bien el del 1%, bien el del beneficio dejado de obtener por el actor.

3. CUANTIFICACIÓN DEL DAÑO

Como último punto, nos referimos a la cuantificación de los daños. En concreto a aquellas situaciones en las que, aun habiéndose salvado satisfactoriamente la prueba correspondiente —*vid supra*—, el demandante, al entenderse que su pretensión es excesiva, o bien no recibe cantidad alguna o bien recibe una que dista notablemente de su pretensión inicial, coyuntura que cobra especial relevancia en aquellos procedimientos en los que la acción indemnizatoria se vehicula por medio de la licencia hipotética.

Es cierto que la naturaleza de la acción de daños no debería ser punitiva[9]. No obstante, entendemos que sí que debe funcionar de manera disuasoria —esto es, como medio para garantizar, o al menos tratar de garantizar con cierta base, que al infractor no le compense el ilícito[10] (digámoslo así) y que se lo piense dos veces antes de infringir de nuevo—. Por decirlo en otras palabras que, en definitiva, la acción de infringir sea económicamente irracional y como tal cualquier operador de mercado tenga incentivos para evitarla.

---

9 Considerando 26 de la Directiva 2004/48/CE del Parlamento Europeo y del Consejo de 29 de abril de 2004 relativa al respeto de los derechos de propiedad intelectual "El objetivo no es instaurar una obligación de establecer indemnizaciones punitivas, sino permitir una indemnización basada en un criterio objetivo".

10 Ver Autos de 4 y 15 octubre, de 2024 y Sentencias 97/2024 de 1 de octubre y 95/2024 de 19 de septiembre del Juzgado de lo Mercantil número 1 de Alicante, Juzgado de Marca de la UE "*Como señaló Lord Diplock en Broome v. Cassell[1972] AC 1027: [debemos] enseñarle a un infractor que la infracción no paga*".

De lo contrario, todo el aparataje que rodea al sistema de *enforcement* de derechos de exclusiva —marcas incluidas—, cojearía, en nuestra opinión, notablemente.

A modo de ejemplo de la problemática que comentamos, nos referimos a la Sentencia de nuestro Tribunal Supremo, Sala de lo Civil, número 485/2024, de 10 de abril (asunto ZARA/BUONGIORNO), en la se reduce la indemnización solicitada, basada en el canon de la licencia, de 84.000 a apenas 2.215,60 euros —cantidad que a la que se llega en función de las cifras de facturación del demandado—.

La línea apuntada en la antedicha decisión por nuestro Alto Tribunal ha sido a su vez empleada en diversas sentencias de Audiencias Provinciales que han venido sistemáticamente limitando significativamente las pretensiones indemnizatorias de los actores —amparadas en instancia— atendiendo a las "*circunstancias que concurren en el infractor*" y el "*perjuicio sufrido*"[11].

No obstante, lo anterior, nos preguntamos ¿hasta qué punto es legítimo que se penalice al demandante por las circunstancias que puedan concurrir en un infractor?

La cuestión nos parece mucho más pertinente si tenemos en cuenta las siguientes circunstancias:

i) que cualquier licencia que se pueda contemplar en un contexto de infracción es una licencia forzada y no voluntaria.

   No es por lo tanto una licencia negociada que el titular haya querido conceder voluntariamente (es más, es posible que el titular ni siquiera contemple dentro de su modelo de negocio la concesión de licencias);

ii) que el criterio de la licencia incorpora un componente importante que no depende en absoluto del infractor: el canon de entrada.

   Esta partida se asocia directamente con el prestigio de la marca, su volumen de ventas, su retorno, su inversión en publicidad y, en definitiva, su posicionamiento en el mercado, siendo como decimos completamente ajena al infractor; y

---

[11] Ver por ejemplo Sentencias 243/2024 de 13 de mayo y 616/2024 de 19 de diciembre de la Sección 8ª de la Audiencia Provincial de Alicante —Tribunal de Marca de la UE—.

iii) que cualquier tercero que quiera acceder a una licencia debe pasar, sí o sí, por el canon de entrada fijado por el demandante.

Así las cosas, insistimos: ¿por qué debería una marca bien posicionada en el mercado, gracias a innumerables inversiones y esfuerzos, ver limitada la cantidad que percibe como daños a modo de licencia, por circunstancias concretas propias de un tercero, infractor, que invade ilegítimamente su derecho de exclusiva, daña la distintividad de su derecho y seguramente le quite cuota de mercado?

¿Por qué debería en definitiva subjetivarse la cuantificación en función de dichas circunstancias, que no afectan en nada a la licencia como tal y que, repetimos, son ajenas al titular? ¿No estamos con ello premiando al infractor en detrimento de dicho titular?

En este sentido, recordemos, nuestra Jurisprudencia ha entendido ya que la cantidad que pudiera otorgarse en concepto de daños no tiene que ser proporcional, ni limitarse al perjuicio real sufrido, determinado en gran medida por las antedichas condiciones del infractor: "*la cuantía objeto de la condena no tiene por qué ser, en todo caso, el resultado de la determinación del perjuicio realmente sufrido por el titular de la marca*", "*no es necesario que el titular del derecho de exclusiva infringido haya sufrido un quebranto patrimonial, ni que el importe de la restitución se corresponda con ese quebranto*".

Esta posición, a nuestro entender, choca frontalmente con la de acotar el *quantum* indemnizatorio atendiendo a las "*circunstancias que concurren en el infractor*" y el "*perjuicio* (realmente) *sufrido*".

Incidiendo en el razonamiento que venimos desarrollando, nos remitimos también a la doctrina del Tribunal de Justicia de la UE —en particular, a su Sentencia de 25 de enero de 2017 en el asunto C-367/15 Stowarzyszenie "Oławska Telewizja Kablowa[12]—, en la que el confirma negro sobre

---

[12] "*Por lo tanto, el artículo 13, apartado 1, párrafo segundo, letra b), de la Directiva 2004/48 debe interpretarse en el sentido de que no se opone a una normativa nacional, como la controvertida en el litigio principal, que prevé que el titular de los derechos patrimoniales de autor que han sido vulnerados puede exigir a la persona que haya vulnerado dichos derechos la reparación del perjuicio causado mediante el pago de una cantidad correspondiente al doble de un canon hipotético.*

Esta interpretación no puede quedar desvirtuada por el hecho, en primer lugar, de que una indemnización calculada sobre la base del doble del canon hipotético no sea exactamente proporcional al perjuicio sufrido realmente por la parte perjudicada. En efecto, esta característica es inherente a toda indemnización a tanto alzado, como la prevista expresamente en el artículo 13, apartado 1, párrafo segundo, letra b), de la Directiva 2004/48.

blanco que la cuantía que se conceda en concepto de daños no tiene que responder al perjuicio realmente causado —lo que implicaría por ejemplo, como venimos diciendo, tener en consideración las circunstancias reales del infractor y el uso llevado a cabo por su parte—.

En este sentido, precisamente, desde los Juzgados de Marca de la UE se ha venido desarrollando toda una teoría tendente a objetivizar los métodos para cuantificar las cantidades otorgadas a los titulares que han visto infringidos sus derechos, tratando con ello de garantizar que, en última instancia, infringir o perpetuarse en la infracción nunca sea más rentable que no hacerlo.

Buena prueba de esta corriente es la decisión del Juzgado de lo Mercantil número 1 de Alicante, en su función de Juzgado de Marca de la UE, de 25 de junio de 2025 —aun no publicada— y en la que se desarrolla el denominado test del infractor más eficiente.

La idea que trasciende detrás de dicho test no es otra que asegurarse de que la multa coercitiva que pudiera aplicarse a un infractor sea en todo caso mayor al beneficio diario derivado del ilícito.

Para lo anterior, se parte como referencia de un operador que explote el signo infringido con una eficiencia máxima, que maximice por lo tanto los beneficios derivados de la infracción, y se aplica un elemento multiplicador sobre (x2, x4) sobre la cantidad resultante.

3. CONCLUSIONES

A modo de cierre, es cierto que el tratamiento que se ha venido dando a la acción de daños y perjuicios por nuestra jurisprudencia ha sido bastante heterogéneo —tanto a nivel de prueba como de cuantificación—, lo que ha derivado en cierta inseguridad para los titulares de derechos.

El artículo 13 de la Directiva 2004/48/CE del Parlamento Europeo y del Consejo, de 29 de abril de 2004, relativa al respeto de los derechos de propiedad intelectual, debe interpretarse en el sentido de que no se opone a una normativa nacional, como la controvertida en el litigio principal, con arreglo a la cual el titular de un derecho de propiedad intelectual vulnerado puede solicitar a la persona que ha vulnerado dicho derecho, bien la reparación del perjuicio sufrido, tomando en consideración todos los aspectos pertinentes del caso de que se trate, bien, sin que ese titular tenga que demostrar el perjuicio efectivo, el pago de una cantidad correspondiente al doble de la remuneración adecuada que se habría debido abonar por la autorización para utilizar la obra afectada".

Dicho lo anterior, no es menos cierto que cada vez son más las sentencias que abogan por emplear dicha acción como un medio realmente efectivo que permita no solo compensar realmente a dichos titulares sino además funcionar como un elemento verdaderamente disuasorio del que se derive de manera firme y sin ambages la naturaleza antirracional de la infracción, reduciendo con ello su prevalencia en el mercado.

4. REFERENCIAS BIBLIOGRÁFICAS

Ley 17/2001, de 7 de diciembre, de Marcas.

Directiva 2004/48/CE del Parlamento Europeo y del Consejo de 29 de abril de 2004 relativa al respeto de los derechos de propiedad intelectual.

Sentencia del Tribunal de Justicia de la UE de 25 de enero de 2017 asunto C-367/15 Stowarzyszenie "Oławska Telewizja Kablowa.

Sentencia 98/2016 de 19 de febrero del Tribunal Supremo, Sala de lo Civil.

Sentencia 504/2019 de 30 de septiembre del Tribunal Supremo, Sala de lo Civil.

Sentencia 516/2019 de 3 de octubre del Tribunal Supremo, Sala de lo Civil.

Sentencia 485/2024 de 10 de abril del Tribunal Supremo, Sala de lo Civil.

Sentencia 700/2025 de 7 de mayo del Tribunal Supremo, Sala de lo Civil.

Sentencia 106/2024 de 23 de febrero de la se Sección 8ª de la Audiencia Provincial de Alicante —Tribunal de Marca de la UE—.

Sentencia 243/2024 de 13 de mayo de la Sección 8ª de la Audiencia Provincial de Alicante —Tribunal de Marca de la UE—.

Sentencia 616/2024 de 19 de diciembre de la Sección 8ª de la Audiencia Provincial de Alicante —Tribunal de Marca de la UE—.

Sentencia 95/2024 de 19 de septiembre del Juzgado de lo Mercantil número 1 de Alicante, Juzgado de Marca de la UE.

Sentencia 97/2024 de 1 de octubre del Juzgado de lo Mercantil número 1 de Alicante, Juzgado de Marca de la UE.

Legalidad y límites del ambush marketing *o marketing de emboscada*

CARMEN PASTOR DELGADO Y
SARA TATO SÁNCHEZ
Abogadas de Uría Menéndez

SUMARIO: 1. TIPOLOGÍA DEL *AMBUSH MARKETING*. 2. ANÁLISIS DE LA LICITUD DEL *AMBUSH MARKETING* DESDE LA PERSPECTIVA DEL DERECHO DE MARCAS. 3. ANÁLISIS DE LA LICITUD DEL *AMBUSH MARKETING* DESDE LA PERSPECTIVA DE LA COMPETENCIA DESLEAL. 4. ESTUDIO DE NORMAS Y DIRECTRICES *AD HOC* APROBADAS POR LOS PAÍSES ANFITRIONES Y POR LOS PROMOTORES DE EVENTOS DEPORTIVOS. 5. CONCLUSIÓN Y REFLEXIONES FINALES. 6. REFERENCIAS BIBLIOGRÁFICAS.

Durante los Juegos Olímpicos de 2012 en Londres, la casa de apuestas irlandesa Paddy Power lanzó una campaña publicitaria en la que se podía leer "*Patrocinador oficial del mayor evento de atletismo en Londres este año. Ahí lo tienes. Ya lo hemos dicho. (Ejem Londres, Francia, para ser exactos)*"[1]. Paddy Power no era patrocinador de los Juegos Olímpicos, sino que había organizado una carrera con huevos y cucharas en un pequeño pueblo de Borgoña (Francia) llamado "London". Esta campaña les permitió ganar una visibilidad considerable sin tener que patrocinar los Juegos Olímpicos. Aunque el Comité Olímpico valoró la posibilidad de adoptar medidas legales contra la campaña finalmente no lo hizo[2]. Este es un claro ejemplo de lo que se denomina marketing de emboscada o *ambush marketing*.

El término de *ambush marketing* fue acuñado por el publicista Jerry Welsh en la década de 1980, quien lo definió como "*una estrategia de marketing*

---

1 Traducción de parte del original en inglés "*Official Sponsor of the largest athletics event in London this year! There you go, we said it. (Ahem, London France that is)*"

2 THE GUARDIAN, 'Paddy Power takes legal action against Locog over London ad campaign' 25 de julio de 2012. https://www.theguardian.com/media/2012/jul/25/paddy-power-action-locog-billboards-campaign Recuperado el 14 de abril de 2025

cuyos resultados programáticos ocupan el espacio temático de un competidor patrocinador, y formulada para competir con ese patrocinador competidor"[3].

Hoy podríamos actualizar esta definición y señalar que el *ambush marketing* se refiere a todas aquellas estrategias de marketing y comunicación que buscan que el consumidor vincule un producto, servicio, signo distintivo u origen empresarial con un determinado evento (comúnmente un evento deportivo) sin ser, en cambio, el patrocinador oficial del mismo. Para que estemos ante un supuesto de *ambush marketing* no será necesario que el anunciante "emboscador" pretenda competir contra un patrocinador del evento.

Uno de los primeros ejemplos lo encontramos en los Juegos Olímpicos de Los Ángeles, en 1984[4]. Fuji era el patrocinador de los Juegos, mientras que Kodak —directo competidor del primero— patrocinó a ABC, canal televisivo en el que se retransmitía el evento deportivo[5]. Desde entonces, han sido sucesivas las campañas publicitarias que son fácilmente encuadrables en esta calificación.

El reproche habitual hacia este tipo de campañas consiste en que enturbian la transparencia del mercado, erosionan el valor del patrocinio oficial —esencial para que estos eventos salgan adelante— y permiten a terceros beneficiarse del esfuerzo económico y organizativo ajeno, así como de su reputación.

Los límites de la licitud de una conducta de *ambush marketing* son en muchos casos difusos y la creatividad de los anunciantes "emboscadores" no parece tener fin. Así, ante la creciente sofisticación de estas estrategias de marketing y para asegurar la protección que consideran adecuada sobre

---

3 Giaccardi, M., (2012) "Ambush marketing. Límites y encuadramiento legal. Comentario al fallo Asociación del Fútbol Argentino y Otros c/ Unilever de Argentina SA s/ Medidas Cautelares", *Anuario de Propiedad Intelectual*, p. 6.

4 Hasta esa edición de los Juegos Olímpicos el patrocinio del evento era prácticamente libre. Por ejemplo, en los Juegos de Montreal de 1976 concurrieron como patrocinadores hasta 628 empresas. En los Juegos Olímpicos de Londres se cambió el sistema de patrocinio y se limitó a una empresa patrocinadora por categoría de producto. Vid. Moratalla Escudero, J. R., (2012) "El ambush marketing, el metatagging y otras prácticas parasitarias de competencia desleal", Lefebvre-El Derecho, ed. online.

5 Piñeiro Salguero, J., Rubí Puig, A., (2007) "Ambush marketing en eventos deportivos. Modalidades principales y sus consecuencias jurídicas", *InDret Revista para el Análisis del Derecho*, p. 10.

sus derechos de propiedad intelectual y de patrocinio, los organizadores de grandes eventos (muy especialmente los deportivos) han impulsado medidas preventivas y represivas: desde cláusulas contractuales restrictivas hasta normativas *ad hoc* y campañas institucionales orientadas a educar al público y a los operadores del mercado sobre el respeto a los derechos de propiedad intelectual y de los patrocinadores.

En el presente artículo, tras recordar brevemente la tipología del *ambush marketing*, se analiza la licitud de esta conducta desde una doble perspectiva: *(i)* el derecho de marcas y *(ii)* la competencia desleal. A continuación, se abordan las medidas normativas, contractuales y de autorregulación impulsadas por organizadores y autoridades públicas para limitar e incluso sancionar estas prácticas.

1. TIPOLOGÍA DEL *AMBUSH MARKETING*

El término *ambush marketing* engloba numerosas prácticas, caracterizadas por su creatividad y su capacidad para aprovechar los vacíos legales y contractuales. Aunque la doctrina ha propuesto múltiples clasificaciones, a grandes rasgos cabe distinguir dos modalidades: *ambush marketing* de asociación y el *ambush marketing* de intrusión. Esta tipología, por sí sola, no determina si la conducta es lícita o ilícita; habrá que atender al caso concreto.

El ***ambush marketing* por asociación** —el más común en la actualidad— es aquel en el que una empresa intenta vincularse —de forma directa o indirecta, ya sea a sí misma, a sus signos distintivos o a productos o servicios concretos— con un evento o con sus participantes, sin ser el patrocinador oficial. El objetivo principal es hacer creer al público que la entidad está relacionada con el evento como ocurría con la campaña o de Kodak. Ejemplos de este tipo de *ambush marketing* emitir anuncios en fechas próximas a una competición deportiva utilizando la imagen de un reconocido deportista que participe o esté relacionado con el evento, adquirir derechos publicitarios en el canal de televisión que retransmite la competición; o sortear entradas del evento sin autorización.

Por otro lado, el ***ambush marketing* por intrusión** conlleva la invasión, por parte de la empresa anunciante, de los espacios físicos en los que se celebra el evento. Ello incluye la publicidad periférica, distribución de productos promocionales a los asistentes a la competición en los que se puede fácilmente identificar la marca del anunciante no patrocinador[6], etc.

Una de las campañas de este tipo de *ambush marketing* más sonadas fue la llevada a cabo por la empresa cervecera Bavaria. Durante el partido inaugural del Mundial de fútbol de Sudáfrica, en el año 2010, un grupo de más de treinta personas vestían en las gradas del estadio prendas naranjas que habían sido previamente regaladas por Bavaria. La patrocinadora del Mundial era Budweiser. En ese caso, Bavaria y la FIFA llegaron a un acuerdo fuera de los tribunales y la primera se comprometió a respetar hasta finales de 2022 el Reglamento de la FIFA[7]. Otra campaña relevante fue la llevada a cabo por AXE (conocida marca de desodorantes) en el maratón femenino de Dinamarca de 2008. En el evento deportivo, un hombre que vestía una camiseta en la que se leía el logo de AXE, se roció con el desodorante de la misma marca en el momento del pistoletazo de salida, tras lo que comenzó a correr, simulando que las participantes en la carrera lo perseguían por su olor[8].

2. ANÁLISIS DE LA LICITUD DEL *AMBUSH MARKETING* DESDE LA PERSPECTIVA DEL DERECHO DE MARCAS

Una campaña publicitaria calificada como marketing de emboscada será fácilmente considerada ilícita (a salvo del uso permitido de las marcas de terceros por la normativa marcaria) si en ella se utilizan sin autorización signos distintivos —como marcas, nombres comerciales o diseños— registrados por terceros, (habitualmente los organizadores o patrocinadores de un evento). Sin embargo, a diferencia de los supuestos clásicos de infracción marcaria, no es habitual que el realizador de la emboscada utilice los signos distintivos más evidentes de los organizadores, como son los cinco aros olímpicos o el escudo de la FIFA. Se trata, en cambio, de una forma

---

6 Piñeiro Salguero, J., Rubí Puig, A., op. cit., pp. 9-11.

7 Bambaci, M. (2012) "Ambush marketing o marketing de emboscada. ¿Qué es y cuáles son sus consecuencias?", *Revista Aranzadi de Derecho de Deporte y Entretenimiento núm. 34/2012 1 parte Secciones [en línea], Editorial Aranzadi, S.A.U., Cizur Menor.*

8 Sivera, Sílvia. (2013) 'Ambush marketing': ¿anuncios parasitarios o emboscadas publicitarias? *COMeIN, núm. 21.* https://comein.uoc.edu/divulgacio/comein/es/numero21/articles/Article-Silvia-Sivera.html. REcuperado el 25 de junio de 2025

más "sutil" de crear esa asociación en el consumidor con el evento en cuestión.

Así, como mecanismo de protección frente al *ambush marketing*, los organizadores han registrado en ocasiones el nombre del evento. Son las conocidas como "**marcas de evento**". De este modo, cualquier tercero que lo utilice en su publicidad sin la previa autorización o licencia del titular de la marca, podría ser cometiendo una infracción de un derecho de propiedad industrial.

No obstante, las marcas evento deberán superar los requisitos exigidos por la normativa aplicable para su inscripción como marca y es aquí donde se encuentra su principal obstáculo. Tanto la normativa española (artículo 5 de la Ley 17/2001, de 7 de diciembre, de Marcas - "**LM**") como la europea (artículo 7 del Reglamento (UE) 2017/1001 del Parlamento Europeo y del Consejo, de 14 de junio de 2017, sobre la marca de la Unión Europea —"**RMUE**"—) prevén que no se podrán registrar como marca aquellos signos que carezcan de carácter distintivo. Esto es, aquellos signos que no permitan identificar el origen empresarial de los productos o servicios que designan. Ello incluye a todos aquellos signos descriptivos o genéricos.

En relación con lo anterior, la Sala de Recursos de la entonces OAMI (actual EUIPO) anuló por considerarlas descriptivas varias marcas de la Unión Europea denominativas de la Féderation International de Football Association ("**FIFA**"): "WORLD CUP 2006", "GERMANY 2006", "WM 2006", "WORLD CUP GERMANY" and "WORLD CUP 2006 GERMANY"[9].

No obstante, han sido numerosas las marcas relacionadas con eventos deportivos (como los Juegos Olímpicos) que parecen haber corrido mejor suerte. Ilustrativamente, el Comité Olímpico Internacional ha registrado, en Argentina, el signo mixto "BUENOS AIRES 2018 JUEGOS OLIMPICOS DE LA JUVENTUD" para varias clases. También el Comité Olímpico Brasileño tiene registrada la marca denominativa "JOGOS OLÍMPICOS RIO 2020", además de otras marcas gráficas o mixtas, en las que se representaban, entre otros, la mascota oficial de los Juegos Olímpicos de Brasil, signos gráficos representativos de modalidades deportivas o de símbolos representativos de la candidatura de ciudades de Brasil a ser las anfitrionas de varias ediciones de los Juegos Olímpicos.

---

9 Decisiones de la Primera Sala de Recurso de la OAMI de 30 de junio de 2008,—R1470/2005-1R 1469/2005-1 R1468/2005-1, R 1467/2005-1—, R1466/2005-1

En cualquier caso, téngase en cuenta que nuestro sistema también permite el registro de marcas que si bien inicialmente no gozaban de carácter distintivo lo han adquirido por el uso, es lo que se llama la distintividad sobrevenida (arts. 5.2 LM y 7.3 RMUE). Así, a la vista de la reputación de algunos de los eventos internacionales y de los años que requiere su preparación, no es descartable que las marcas evento puedan acabar accediendo al registro por esta vía. Asimismo, una marca de evento no registrada podría acudir a la protección de la legislación marcaria en el caso de que fuera notoriamente conocida (arts. 34.7 LM y 8.4 RMUE).

A pesar lo anterior, los obstáculos para acceder al registro marcario, sumados a la creatividad de las campañas publicitarias, hacen que la protección que brinda la normativa marcaria resulte, en ocasiones, insuficiente para salvaguardar los intereses de patrocinadores y organizadores. Cuestión distinta es este tipo de campañas pueden correr peor suerte bajo el prisma de la competencia desleal. Veámoslo.

3. ANÁLISIS DE LA LICITUD DEL *AMBUSH MARKETING* DESDE LA PERSPECTIVA DE LA COMPETENCIA DESLEAL

Como se ha señalado, el *ambush marketing* no constituye una práctica prohibida *per se*. Su licitud debe analizarse a la luz del derecho de la competencia desleal, y será considerada publicidad ilícita (art. 3 de la Ley 34/1988, de 11 de noviembre, General de Publicidad) cuando se trate de publicidad engañosa o que pueda subsumirse en alguna de las conductas tipificadas como desleales por la Ley 3/1991, de 10 de enero, de Competencia Desleal ("**LCD**").

Según su configuración concreta y su grado de intensidad o "agresividad", una acción de *ambush marketing* puede encajar en diversas figuras de competencia desleal. Las más típicas serían actos de engaño (art. 5 LCD), confusión (art. 6 LCD), aprovechamiento indebido del esfuerzo ajeno (arts. 4 LCD), o aprovechamiento indebido de la reputación ajena (art. 12 LCD).

En primer lugar, el *ambush marketing* puede constituir un acto de **engaño**[10], si contiene cualquier información falsa o que, siendo veraz, puede inducir a error al consumidor sobre extremos relevantes que influyan en su

[10] El engaño puede producirse por acción (art. 5 LCD) o por omisión (art. 7 LCD).

comportamiento económico. Sería sin duda un engaño sobre un extremo relevante que un anunciante se presente como patrocinador de un evento sin serlo, al ser cuestiones que afectan a su identidad y sus características[11].

Para que se cometa el acto de engaño, no se exige un resultado efectivo: basta con que la conducta sea **idónea para influir** en la decisión del consumidor, por ejemplo, haciendo que se interese por la oferta aunque finalmente este no contrate los productos o servicios del anunciante[12]. En este sentido, el elevado coste del patrocinio y el hecho de que la estrategia de marketing esté —en su caso— diseñada expresamente para generar en el público la impresión de que el anunciante es patrocinador oficial del evento, cuando en realidad no lo es, constituyen indicios relevantes. Ello permite inferir que dicha apariencia tiene la potencialidad de afectar el comportamiento económico del destinatario, ya que difícilmente se realizaría tal inversión si no se esperara obtener algún tipo de rédito derivado de esa asociación indebida.

En segundo lugar, el artículo 6 LCD considera desleal cualquier comportamiento que sea susceptible de crear **confusión** con la actividad, las prestaciones o el establecimiento de otro operador. La confusión debe analizarse de forma contextual y fáctica, no mediante un juicio abstracto y no se requiere intención de confundir para que la conducta resulte desleal. En el caso del *ambush marketing*, esta conducta puede desplegarse mediante la utilización de signos distintivos ajenos en sentido amplio ("*cualquier elemento intelectualmente disociable de la propia prestación que identifique en el mercado a un agente económico*")"[13]; esto es, no necesariamente marcas registradas.

---

11 En este sentido, véanse los supuestos del artículo 5, letras d) y g), que aluden a "*d) El alcance de los compromisos del empresario o profesional, los motivos de la conducta comercial y la naturaleza de la operación comercial o el contrato, así como cualquier afirmación o símbolo que indique que el empresario o profesional o el bien o servicio son objeto de un patrocinio o una aprobación directa o indirecta*" o a "*g) La naturaleza, las características y los derechos del empresario o profesional o su agente, tales como su identidad y su solvencia, sus cualificaciones, su situación, su aprobación, su afiliación o sus conexiones y sus derechos de propiedad industrial, comercial o intelectual, o los premios y distinciones que haya recibido*". Estos supuestos acercan el acto del engaño al de confusión que también versa sobre la identidad del operador.

12 Massaguer, J. (2006) *El nuevo Derecho contra la competencia desleal,* 2006, Cizur Menor: Thomson-Civitas, pp. 108-109.

13 Por todos, el AAP de Madrid 20/2021 de 29 de enero de 2020 (*Tol 8446072*) (FJ 4º)

Para que exista riesgo de confusión, el signo debe tener un **mínimo de distintividad**, de forma que el público objetivo lo relacione con un origen empresarial concreto. Además, como ha destacado el Prof. Massaguer, el signo debe contar con cierto grado de **consolidación y reconocimiento** en el tráfico económico[14]. Esta exigencia suele concurrir en los supuestos de *ambush marketing*, ya que el atractivo de este tipo de prácticas radica precisamente en vincular la campaña publicitaria con eventos de elevada notoriedad, cuya fuerza distintiva ya se encuentra asentada en la percepción del consumidor. Por último, será necesario valorar la similitud de los signos utilizados por el "emboscador". Cuanto mayor sea la notoriedad del signo apropiado, menor será el grado de similitud necesario para generar confusión. No obstante, una notoriedad excesiva puede actuar en sentido inverso: precisamente por ser tan conocida, la marca podría descartar el riesgo de confusión. Ello no excluye, como se verá, un posible ilícito por **aprovechamiento indebido de la reputación ajena** (art. 12 LCD)[15].

En el análisis de similitud de los signos deberá tenerse en cuenta cualesquiera elementos concurrentes que jueguen a favor o en contra del riesgo de confusión. Además, deberá tenerse en cuenta el nivel de atención del consumidor medio, que varía según el tipo de producto o servicio.

Por otra parte, cuando los signos utilizados en una campaña de *ambush marketing* coincidan con marcas registradas, deberá acudirse, en principio, a la normativa marcaria como *lex specialis*. Finalmente, si la conducta va dirigida a consumidores, en vez de aplicar los artículos 5 y 6 LCD se deberá acudir al art. 20 LCD que prohíbe las prácticas engañosas por confusión para los consumidores.

En España, son escasos los pronunciamientos que abordan de forma directa conductas de *ambush marketing*. Uno de los pocos ejemplos relevantes es el que resuelve la solicitud de medidas cautelares previas a la demanda de la Real Federación Española de Fútbol ("**RFEF**") contra LaLiga por considerar que esta había vinculado indebidamente su imagen y logotipo con la Selección Española Femenina y con competiciones internacionales, utilizando eslóganes como "¡A por todas en Francia!" y referencias a la presencia de jugadoras de la Liga Femenina Iberdrola en el Mundial. La RFEF alegó que esto perjudicaba gravemente su imagen y credibilidad comercial ante patrocinadores y sponsors. La Audiencia Provincial de Madrid, sin

---

14 Massaguer Fuentes, J. (1999) *Comentarios a la Ley de Competencia Desleal*. Civitas Ediciones, p. 175.

15 Massaguer Fuentes, J. op. cit., p. 175.

embargo, desestimó la pretensión, destacando que LaLiga no había utilizado signos distintivos ajenos y que la campaña no transmitía la idea de que LaLiga organizara la participación de la selección nacional en los eventos internacionales)[16].

Con el fin de evitar eventuales riesgos de confusión o engaño, en algunos casos el anunciante opta por incluir en su publicidad una advertencia expresa (*disclaimer*) en la que aclara su condición de no patrocinador. Un ejemplo paradigmático es el caso *National Hockey League v. Pepsi-Cola Canada Ltd* (1990), en el que la NHL, patrocinada por Coca-Cola, demandó a Pepsi por diversas acciones de *ambush marketing* llevadas a cabo durante los *play-offs* de la Stanley Cup. Pepsi organizó un concurso promocional en el que los tapones de sus botellas permitían ganar premios relacionados con los resultados de los partidos, realizó anuncios televisivos durante los encuentros y patrocinó un programa emitido en los intermedios. Pese a todo, Pepsi incorporó advertencias explícitas en los anuncios y en las botellas indicando que la campaña no estaba asociada ni patrocinada por la NHL.

La NHL argumentó que estas prácticas podían inducir al público a creer que Pepsi era patrocinador oficial, basando su demanda en cuatro fundamentos jurídicos: el ilícito de *passing off* del *common law, passing off* estatutario, infracción de marca registrada e interferencia con relaciones económicas y de negocio futuras.

Sin embargo, el tribunal desestimó la demanda al considerar que no existía prueba de *passing off*, es decir, no se inducía al público a creer que Pepsi contaba con la aprobación, autorización o respaldo por parte de la NHL. Además, estimó que la inclusión de *disclaimers* resultaba suficiente para eliminar cualquier posible confusión. También rechazó la alegación de infracción marcaria, ya que Pepsi no utilizó marcas registradas de la NHL, y observó que el contrato de patrocinio con Coca-Cola no confería derechos exclusivos de publicidad televisiva. En definitiva, el tribunal concluyó que, aunque agresivas, las actuaciones de Pepsi no vulneraban la normativa canadiense aplicable[17].

Desde la perspectiva española, la eficacia de esta advertencia dependerá, entre otros, de si tiene **predominancia suficiente** en el conjunto del mensaje para informar adecuadamente al destinario.

---

16 AAP de Madrid 20/2021 de 29 de enero de 2020 (*Tol 8446072*) (FJ 4º)

17 Piñeiro Salguero, J., Rubí Puig, A., (2007), op. cit. pp. 5 a 7.

Otro caso relevante en el ámbito español fue resuelto por el Jurado de la Publicidad[18] en su Resolución de 12 de junio de 1998. En dicha resolución, se analizó una reclamación interpuesta por ISL Marketing (titular de los derechos exclusivos de comercialización del Mundial de Francia 1998) contra Burger King, a quien acusaba de ofrecer entradas para el torneo de forma engañosa (porque el uso promocional de dichas entradas vulneraba sus términos y condiciones lo que podría conllevar la anulación de la entrada) y de aprovecharse ilícitamente de la notoriedad del evento sin ostentar la condición de patrocinador oficial. El Jurado rechazó los argumentos de ISL al considerar que Burger King no utilizó signos distintivos protegidos ni simuló ser patrocinador oficial. Por el contrario, la campaña contenía una referencia genérica al Mundial de Francia 1998, sin apropiarse de elementos exclusivos, y aclaraba expresamente que Burger King no era patrocinador del evento:

"*Antes al contrario, sólo existe una referencia genérica al Mundial de Francia 1998. Y obvia decir que no se ha probado que sobre esta expresión exista algún derecho de exclusiva en nuestro país. Por otro lado, entiende este Jurado que el mismo evento del Mundial de Fútbol de Francia no es apropiable en exclusiva por nadie, de modo que nada impide que un anunciante haga referencia al mismo en su publicidad* [...]; *y, por otro lado, indica de forma expresa en su publicidad que Burger King no es patrocinador oficial del Mundial. En estas circunstancias, difícilmente podría apreciarse un supuesto de explotación o aprovechamiento del prestigio ajeno*".

Asimismo, no se probó que las entradas fueran inválidas en ese momento, por lo que el Jurado no apreció un acto de publicidad engañosa y, en cualquier caso, consideró que quedaba fuera de su competencia el enjuiciamiento de los términos y condiciones de las entradas.

Como veremos a continuación, no se puede descartar que conductas de este tipo puedan considerarse un aprovechamiento de la reputación o del esfuerzo ajenos, que afectan a los intereses legítimos del organizador de la competición (quien destina ingentes recursos a ello y una de cuyas principales fuentes de ingresos son los patrocinadores) y a los intereses de estos últimos, que realizan una gran inversión para poder vincularse con el evento en cuestión. En efecto, determinado *ambush marketing* también podría ser una conducta contraria a las normas de la buena fe proscrita por el ar-

---

18 El Jurado es un organismo de autorregulación publicitaria cuyas resoluciones solo son vinculantes para sus asociados y aquellos que acepten su competencia. En cualquier caso, el pronunciamiento del Jurado no impide que alguna de las partes vaya posteriormente a los tribunales.

tículo 4 LCD. En este artículo está incluido el **acto de expolio o aprovechamiento indebido del esfuerzo ajeno.** Bajo esta conducta el anunciante se aprovecha indebidamente del trabajo, la inversión o la creatividad de otro (el patrocinador), sin asumir los riesgos y costes que ello implica. Para que la conducta estudiada sea reprochable desde esta perspectiva debe existir un **esfuerzo previo digno de protección** (como podría ser el patrocinio de un evento o su esfuerzo organizativo) y la **ausencia de una justificación competitiva**, esto es, la mejora obtenida por el anunciante "emboscador" no está basada en la eficiencia o en la mejora de sus prestaciones sino en la explotación parasitaria del esfuerzo ajeno.

Si pensamos en la campaña de Paddy Power, parece bastante claro que no hay un acto de engaño ni de confusión, puesto que en su mensaje publicitario el anunciante no se presenta ni da a entender que es el patrocinador oficial del evento. Sin embargo, con el "chiste" que realiza, el anunciante logra una vinculación con el evento, que exigiría analizar si es indebida. En Francia, el uso durante el festival de Cannes del eslogan "*el peluquero oficial de las mujeres*" que se asociaba con expresiones de Cannes y el Festival se consideró que trasladaba al público la idea de qué era un patrocinador oficial perjudicando al verdadero y único patrocinador oficial del festival[19].

Por su parte, el artículo 12 LCD considera desleal el **aprovechamiento indebido de la reputación** industrial, comercial o profesional **de otro**. La doctrina exige que el signo del que se pretende beneficiar el tercero goce de una **reputación consolidada y reconocida** entre los consumidores. También se valora el esfuerzo inversor realizado por su titular y su **implantación efectiva en el mercado**[20]. Por otro lado, debe existir un acto de **aprovechamiento de esa reputación** y este debe ser **indebido**. Este acto de aprovechamiento debe tener como efecto, al menos potencial, la transferencia del prestigio del titular original al "emboscador" quien se beneficia así de una atracción de clientela que no le corresponde y no debe quedar amparado por una justificación legal o contractual. Estas circunstancias podrían concurrir, por ejemplo, cuando una empresa no patrocinadora utiliza símbolos, eslóganes, imágenes o referencias que evocan directa o

---

19 Sentencia de la Corte de Apelación de Paris, de 8 de junio de 2018, núm. 17/12912 reseñada en Página web de Legalmondo 'France: "Ambush marketing et Jeux Olympiques Paris 2024", 4 de marzo de 2024. https://www.legalmondo.com/fr/2024/03/ambush-marketing-paris-2024-olympics/#:~:text=La%20pratique%20d%27ambush%20marketing,%2C%20contre%20l%27ambush%20marketing Recuperado el: 30 de mayo de 2025

20 Massaguer Fuentes, J. op. cit., p. 369

indirectamente un evento de gran notoriedad para asociar su imagen a dicho evento y obtiene un beneficio indebido derivado de la explotación de la reputación.

Por ejemplo, en Francia, se sancionó por "parasitismo" el uso durante los Juegos Olímpicos de Río de Janeiro en 2016, de un logo impreso en productos textiles que imitaba los aros de los Juegos Olímpicos con 5 corazones de los mismos colores y que incluía la mención a "RÍO" o "RÍO 2016"[21].

Debe señalarse que, en supuestos desleales como los del art. 11 y 12 LCD, se podrá acumular la protección marcaria y la de competencia desleal puesto que la faceta determinante de la deslealtad (apropiación indebida de la reputación o del esfuerzo ajenos) no es la que determina la infracción del derecho de propiedad industrial (empleo de signos distintivos de un tercero que genera confusión)[22].

En cambio, recuérdese la citada resolución del Jurado de la Publicidad de ISL vs. Burger King, en la que el Jurado señaló que la existencia de un evento como el Mundial de Fútbol de Francia no era apropiable "*en exclusiva por nadie, de modo que nada impide que un anunciante haga referencia al mismo en su publicidad*" y que descartó la existencia de un ilícito por la explotación indebida de la reputación ajena a la vista de que no se habían utilizado signos distintivos ni se establecía ningún vínculo oficial con la organización del evento. Como se ha adelantado, cabe plantearse si, hoy en día, se hubiera llegado a otra conclusión y si el Jurado hubiera estimado la reclamación de haberse alegado también el aprovechamiento indebido de su esfuerzo de inversión (art. 4 LCD).

Sin perjuicio de lo anterior, dado que los intereses de los organizadores de eventos y de los patrocinadores no se regulan de forma uniforme internacionalmente, que el *ambush marketing* se mueve a menudo en zonas grises y que a veces resulta complejo perseguir este tipo de conductas por las vías del derecho marcario o de la competencia desleal, los promotores de eventos deportivos han venido exigiendo contractualmente a los países anfitriones que refuercen la protección de la propiedad industrial y la pro-

---

21 Sentencia del Tribunal de Gran Instancia de Paris, núm. 16/10605, de 7 de junio de 2018 reseñada en reseñada en Página web de Legalmondo *op. cit.*

22 Massaguer, F. (2024) 'La protección jurídico concurrencial de la propiedad industrial'. *Revista Lex Mercatoria. Nº Extraordinario, 2024 Artículo 1.* p. 18 https://revistas.innovacionumh.es/index.php/lexmercatoria/article/view/3237/2452 Recuperado el: 30 de mayo de 2025

tección de medidas anti *ambush marketing*. Ello ha dado lugar, en muchas ocasiones, a la aprobación de normas *ad hoc* y, en suma, a la creación de una suerte de derecho *sui generis*. Veremos estas cuestiones a continuación.

4. ESTUDIO DE NORMAS Y DIRECTRICES *AD HOC* APROBADAS POR LOS PAÍSES ANFITRIONES Y POR LOS PROMOTORES DE EVENTOS DEPORTIVOS

En el contexto de los grandes eventos deportivos internacionales, los organizadores (como el Comité Olímpico Internacional ("**COI**"), la FIFA o la Union of European Football Associations - UEFA) imponen a los países anfitriones compromisos contractuales exigentes para proteger los derechos de propiedad industrial e impedir prácticas de *ambush marketing*. Por ejemplo, en relación con los Juegos Olímpicos se firma lo que se denomina el Host City Contract, en virtud del cual el país sede se compromete a adoptar medidas específicas de protección contra el *ambush marketing*, así como realizar actividades de educación y relaciones públicas dirigidas a todos los grupos de interés[23]. En cumplimiento de estos compromisos, los países anfitriones adoptan en muchas ocasiones normativa específica por la que, por ejemplo, prohíben el uso por parte de marcas no patrocinadoras de signos, nombres o expresiones que puedan ser asociados con el evento, así como la creación de zonas geográficas de exclusividad comercial ("*clean venues*") —habitualmente en torno a los recintos deportivos— donde se prohíbe cualquier forma de publicidad o promoción no autorizada[24].

Además, las leyes nacionales de muchos países han establecido reservas legales de los signos distintivos de las Juegos Olímpicos a favor de los comités olímpicos nacionales. Este es el caso de la Ley 39/2022, de 30 de diciembre, del Deporte, española que en su artículo 77 establece que *"[l]a*

23 Modelo del Host City Contract de junio de 2018 disponible en el siguiente enlace: https://stillmed.olympics.com/media/Document%20Library/OlympicOrg/Games/Host-City-Contract/HCC-Operational-Requirements.pdf

24 Otro ejemplo de esta cláusula se encuentra en la STSJ de Madrid 334/2018 de 21 de junio (*Tol 6811497*) que resuelve la disputa entre la Comunidad de Madrid y la Federación Española de Baloncesto sobre la colaboración en relación con el Mundobasket 2014. En la sentencia se cita el Manual de la Federación Internacional de Baloncesto (FIBA), sobre los "Derechos de Comerciales y de Marketing que incluye una cláusula de *clean venue* y una obligación de colaboración para evitar el *ambush marketing*.

explotación o utilización, comercial o no comercial, del emblema de los cinco anillos entrelazados, de las denominaciones «Juegos Olímpicos», «Olimpiadas» y «Comité Olímpico», y de cualquier otro signo o identificación que por similitud se preste a confusión con los mismos, queda reservada en exclusiva al Comité Olímpico Español. Ninguna persona jurídica, pública o privada, podrá utilizar dichos emblemas y denominaciones sin autorización expresa del Comité Olímpico Español". Tiene una previsión similar para los Juegos Paralímpicos a favor del Comité Paralímpico Español. Como se observa la reserva cubre "*cualquier otro signo o identificación que por similitud se preste a confusión*" con los signos reservados.

En la misma línea, el Código del deporte francés en su artículo L. 141.5, además de proteger los signos Olímpicos más evidentes cómo los emblemas, la bandera, el logo, la mascota y la combinación de la "ciudad + año" de los Juegos Olímpicos, también protege los términos "*jeux Olympiques*", "*olympisme*", "*olympiade*" "*JO*", "*olympique*", "*olympien*" y "*olympienne*". Estos signos no se pueden utilizar por terceros sin autorización.

Por otro lado, con ocasión de la celebración de los Juegos Olímpicos y Paralímpicos de 2024 en Paris, Francia adoptó la Ley núm. 2018-202, de 26 de marzo de 2018, sobre la organización de los Juegos Olímpicos y Paralímpicos de 2024. Esta ley reservaba los espacios publicitarios cercanos a los sitios Olímpicos o situados en el recorrido de la llama olímpica y paraolímpica a los patrocinadores oficiales[25]. Anteriormente, con ocasión de los Juegos Olímpicos celebrados en Londres, se aprobó la London Olympics Bill, la cual prohibía la creación de una asociación no autorizada con los Juegos mediante el uso de ciertas palabras o combinaciones de términos que pudieran sugerir un vínculo con el evento. A estos efectos se presumía, por ejemplo, que la utilización combinada de determinadas expresiones como "juegos", "2012", "dos mil doce" o "veinte doce", "oro", "plata", "bronce", "Londres", "medallas", "patrocinador" o "verano" generaba tal asociación[26][27].

---

25 Página web de Legalmondo, *op. cit.*

26 Piñeiro Salguero, J., Rubí Puig, A., op. cit., p. 25.

27 Por su parte, en Australia se aprobó la Sydney 2000 Games (Indicia and Images) Protection Act, también con motivo de la celebración de los Juegos Olímpicos, en la que también se prohibía la utilización de signos o expresiones que pudieran generar una asociación o vínculo entre la empresa anunciante y los Juegos Olímpicos de Sydney. También la Olympic Arrengements Act impedía la venta de productos de empresas no patrocinadoras en las cercanías de los lugares en los que se celebraban los eventos deportivos.

En el marco de otras competiciones como el Mundial de la FIFA, sucede algo parecido. Por ejemplo, Catar aprobó la Ley núm. 10 de 2021, que estableció un marco exhaustivo de protección de los derechos de propiedad intelectual titularidad de la FIFA. La norma prohibía el uso, reproducción, imitación o modificación de signos distintivos como nombres, logotipos, símbolos, mascotas, himnos, obras artísticas o audiovisuales sin autorización expresa. También impedía el registro y uso de nombres de dominio relacionados con el evento, y facultaba a las autoridades para suspender registros o revocar permisos a petición de la FIFA. Asimismo, regulaba estrictamente la reventa de entradas y exigía autorización previa para toda publicidad ubicada en un radio de dos kilómetros alrededor de los estadios, tanto el día del partido como el anterior. Las infracciones podían ser sancionadas desde con multas a penas de prisión[28].

En paralelo, los propios organizadores han desarrollado normativa y guías internas dirigidas a reforzar el blindaje de sus activos inmateriales y posición jurídica. En muchos casos, estos textos serán de suma relevancia y limitan de forma exitosa muchas conductas de *ambush marketing* puesto que se aplican entre otros a los atletas, equipos, etc. que participan en estos eventos.

Por ejemplo, la **Carta Olímpica** (última versión de 30 de enero de 2025), contiene disposiciones relevantes en este sentido[29]. La Norma 7 establece que el símbolo, la bandera, el lema, el himno olímpico, así como las denominaciones "Juegos Olímpicos" o "Juegos de la Olimpiada", los emblemas, la llama, las antorchas y cualquier objeto o creación artística o audiovisual encargados por el COI, los comités olímpicos nacionales o los comités organizadores, constituyen **propiedades olímpicas**. El COI es titular exclusivo de todos los derechos sobre estas propiedades, incluyendo su uso con fines comerciales o publicitarios, y puede ceder licencias bajo condiciones determinadas por su Comisión Ejecutiva. A su vez, la Norma 40 regula la publicidad vinculada a los atletas durante el período olímpico. Aunque reconoce la libertad de expresión de los competidores, esta norma limita de manera significativa su participación en campañas publicitarias

---

28 Traducción no oficial de la L37 10/2021 disponible en la página web de Al-Ansari & Associates: https://www.alansarilaw.com/wp-content/uploads/2024/04/EN-Draft-Enabling-Law-AA-12.9.2021.pdf

29 Carta olímpica diponible en el siguiente enlace: https://stillmed.olympics.com/media/Documents/International-Olympic-Committee/IOC-Publications/ES-Olympic-Charter.pdf

de marcas no oficiales al someter a los atletas, equipos, etc. a las directrices del Comité Olímpico que regulan extensamente esta cuestión. Según la guía del COI para los Juegos de París 2024[30], solo se permitía publicidad **"genérica"**, es decir, aquella que:

1. Se limite a mostrar la imagen del atleta sin hacer uso de propiedades olímpicas.
2. Haya sido difundida de forma continua al menos 90 días antes del inicio del período olímpico. Se prevé la posibilidad de exceptuar el requisito temporal si se demuestra que la campaña forma parte de la actividad habitual de la marca (*business-as-usual*) o si el atleta participa en otros eventos deportivos en fechas cercanas.
3. Se mantenga sin un incremento significativo en su frecuencia o visibilidad durante los Juegos.

Por otro lado, no se admiten mensajes de felicitación por parte de las marcas no oficiales a los atletas durante el periodo de los Juegos y los atletas solo podrán publicar un solo mensaje de agradecimiento por cada patrocinador.

Tampoco se permite crear una asociación directa con los Juegos, ni utilizar imágenes, lemas, símbolos o equipamiento oficial. Además, todas las campañas en las que intervenga un atleta olímpico y que estén activas durante el período protegido deben ser notificadas al COI o a la entidad nacional correspondiente. Todas estas normas se han considerado por algunos como demasiado restrictivas[31]. Finalmente, la Norma 50 de la Carta Olímpica prohíbe cualquier forma de publicidad dentro o sobre los estadios, instalaciones o lugares de competición olímpicos, salvo autorización expresa de la Comisión Ejecutiva del COI. Esta prohibición se extiende a los competidores y personal de los equipos, quienes no pueden portar ropa o equipamiento con marcas publicitarias visibles, más allá del logotipo del fabricante —y siempre que este no se utilice con fines publicitarios ostensibles—.

---

[30] Guía del COI sobre preguntas frecuentes oportunidades comerciales para los participantes en los Juegos Olímpicos de París 2024. https://www.olympics.com/athlete365/app/uploads/2023/11/Paris2024-Rule40-FAQ_March2024.pdf

[31] Mather, V. "I Won Olympic Gold. Now a Word From My Sponsor". The New York Times, 8 de octubre de 2019. https://www.nytimes.com/2019/10/08/sports/olympics/rule-40-usopc.html Recuperado el 28 de abril de 2025

Por su parte, la **FIFA** también tiene directrices que señalan cuál es la propiedad intelectual de la FIFA, la importancia de la protección de la marca del torneo e identifica quiénes son los titulares de derechos de la FIFA entre los que se incluye a sus licenciatarios. Asimismo, prohíbe el uso y registro de derechos de propiedad intelectual asociados a la FIFA o a la competición por terceros no autorizados, así como la creación de vínculos no autorizados con la competición. En este sentido, entre otras cosas, se prohíbe el uso de entradas con fines promocionales en sorteos, loterías etc. y la distribución de artículos corporativos los días de partidos en las áreas colindantes sin autorización.

Sin embargo, también reconoce que "***existen formas legítimas de promocionar y aprovechar el interés en el torneo** sin usar la propiedad intelectual de la FIFA ni crear vínculos comerciales no autorizados con el mismo. La FIFA insta a las empresas y al público en general a usar imágenes genéricas relacionadas con el fútbol o con los países participantes, así como términos o lemas que no incluyen ninguna propiedad intelectual de la FIFA. [...] Estos vínculos comerciales ilícitos se establecen cuando una compañía hace parecer que está asociada con la FIFA o con el torneo, por ejemplo, al usar la propiedad intelectual oficial o al crear la impresión de que la empresa es Titular de Derechos (es decir, patrocinadora o licenciataria)*"[32]. Como ejemplos lícitos, la FIFA señala que está permitido el uso de términos futbolísticos genéricos o relativos al país anfitrión en la decoración de tiendas o la inclusión en productos como camisetas de términos futbolísticos genéricos o nombres y banderas nacionales que no incluyan (lógicamente) propiedad intelectual oficial o elementos relacionados con esta[33].

Por su parte, los patrocinadores también procuran reforzar la protección de su posición incorporando en los contratos de patrocinio cláusulas que obliguen a los organizadores a adoptar medidas específicas contra el *ambush marketing*. A su vez, los organizadores replican este enfoque en los contratos que celebren con proveedores, prestadores de servicios, propietarios de estadios y locales, usuarios de instalaciones y otros terceros. Una de las cláusulas más habituales —y que suele recogerse en los *Host City Contracts*— es la denominada "sin derechos de marketing" (*no marketing rights*), cuyo objetivo es restringir a la contraparte contractual que no haya adquirido derechos de patrocinio la posibilidad de asociarse, directa o in-

---

32 Directrices de propiedad intelectual de la FIFA, junio de 2024. https://www.fifadigitalarchive.com/welcome_old/markrequest/Common/documents/FIFA_World_Cup_26tm_IP_Guidelines_English_version_2_0_June_2024.pdf, p. 13

33 Directrices de propiedad intelectual de la FIFA, *op. cit.* pp. 24 y 25

directamente, con el evento o de promocionar productos o servicios sugiriendo algún tipo de vínculo con este.

Otras cláusulas comunes incluyen la exigencia de *clean venues* —esto es, la entrega de espacios libres de publicidad y sin compromisos comerciales previos—, así como la posibilidad de modificar temporalmente el nombre del estadio en caso de que esté asociado a una marca no patrocinadora. Además, se adoptan otras medidas preventivas como el registro anticipado de nombres de dominio similares a los del evento, con el fin de evitar prácticas de *cybersquatting*, o la inclusión de restricciones al uso promocional no autorizado de entradas mediante los términos y condiciones de adquisición.

En definitiva, las conductas de *ambush marketing* adoptan formas muy diversas y están en constante evolución, ya que los anunciantes "emboscadores" buscan permanentemente nuevas vías para asociarse, sin autorización, a eventos con alto impacto mediático. Lo cierto es que, desde una perspectiva prudente, la forma más segura de evitar controversias sobre la licitud de una campaña publicitaria es respetar las directrices emitidas por los propios organizadores del evento. No obstante, no faltará quien prefiera hacer campañas más provocadoras y seguir jugando en los grises que dejan la normativa vinculante y este tipo de directrices.

5. CONCLUSIÓN Y REFLEXIONES FINALES

La organización de grandes eventos como los deportivos exige una inversión significativa de recursos humanos, materiales y económicos. Buena parte de esta financiación depende de sistemas de patrocinio que ofrecen a las marcas oficiales un entorno de exclusividad comercial. Dicha exclusividad les permite asociar su imagen al evento asegurando así el retorno de su inversión. Para ello, tanto organizadores —sean públicos, privados o mixtos— como patrocinadores necesitan un marco de seguridad jurídica que proteja el valor comercial del evento, permita cumplir los compromisos contractuales asumidos y evite la banalización de los derechos concedidos.

Tradicionalmente estos derechos se han protegido mediante los títulos de propiedad industrial vinculados al evento y la tutela frente a la competencia desleal, que exige la correcta identificación de los operadores del mercado y, en general, la protección de la reputación ajena y del esfuerzo organizativo y financiero desplegado para la celebración del evento.

No obstante, el *ambush marketing* es una práctica particularmente dinámica, en constante evolución, que recurre a estrategias cada vez más creativas y sofisticadas. Por ello, los organizadores han respondido con herramientas que ofrecen mayor flexibilidad: directrices internas, cláusulas contractuales con patrocinadores, proveedores y otros, acuerdos con los países anfitriones que incluyen incluso la exigencia de la adopción de normativa ad hoc, pensadas para anticipar, neutralizar y combatir prácticas que puedan distorsionar el ecosistema de patrocinio. A ello se suman campañas institucionales orientadas a sensibilizar al público y a los agentes económicos sobre la importancia de respetar los derechos asociados al evento.

Ahora bien, la protección de estos intereses no debe llegar a prohibir cualquier tipo de asociación con el evento. Algunas prácticas que podrían denominarse de *ambush marketing* pasan por la adquisición legítima de derechos publicitarios, como el patrocinio de atletas individuales o la compra de espacios publicitarios en medios durante la celebración del evento. Asimismo, los eventos deportivos de gran escala constituyen auténticos acontecimientos de interés general, con impactos urbanísticos, turísticos, económicos y culturales para la ciudad anfitriona y su entorno. Por tanto, es razonable que su celebración genere beneficios que trasciendan el perímetro contractual de los organizadores, permitiendo cierto grado de aprovechamiento indirecto y legítimo por parte del tejido económico de la ciudad, siempre claro está, que no interfiera indebidamente en los derechos de los organizadores y patrocinadores.

6. REFERENCIAS BIBLIOGRÁFICAS

Libros

1. Massaguer Fuentes, J. (1999). *Comentarios a la Ley de Competencia Desleal.* Civitas Ediciones.
2. Massaguer Fuentes, J. (2006). *El nuevo Derecho contra la competencia desleal.* Cizur Menor: Thomson-Civitas.

Artículos

1. Bambaci, M. (2012). "Ambush marketing o marketing de emboscada. ¿Qué es y cuáles son sus consecuencias?", *Revista Aranzadi de Derecho de Deporte y Entretenimiento,* núm. 34/2012, 1ª parte Secciones [en línea], Editorial Aranzadi, S.A.U., Cizur Menor.
2. Giaccardi, M. (2012). "Ambush marketing. Límites y encuadramiento legal. Comentario al fallo Asociación del Fútbol Argentino y Otros c/ Unilever de Argentina SA s/ Medidas Cautelares", *Anuario de Propiedad Intelectual,* p. 6.

3. Massaguer Fuentes, J. "La protección jurídico concurrencial de la propiedad industrial". Revista Lex Mercatoria. Nº Extraordinario, 2024, Artículo 1, p. 18.
4. Moratalla Escudero, J. R. (2012). "El ambush marketing, el metatagging y otras prácticas parasitarias de competencia desleal", Lefebvre-El Derecho, ed. online.
5. Piñeiro Salguero, J., & Rubí Puig, A. (2007). "Ambush marketing en eventos deportivos. Modalidades principales y sus consecuencias jurídicas", *InDret Revista para el Análisis del Derecho*, p. 10.
6. Sivera, S. (2013). 'Ambush marketing': ¿anuncios parasitarios o emboscadas publicitarias? *COMeIN*, núm. 21.

Financiación de la Innovación de PYMEs basadas en propiedad industrial/intelectual

DAVID PUENTES MORENO
Responsable de Desarrollo Corporativo de Afianza

1. INTRODUCCIÓN

Las pequeñas y medianas empresas (PYMEs) representan el 99% del tejido productivo en España, según datos del Ministerio de Industria y Turismo.

Las PYMEs que basan su estrategia en activos de propiedad industrial e intelectual (PI) enfrentan retos y oportunidades únicos en el acceso a financiación. La monetización de estos activos, la obtención de inversión y la optimización fiscal son aspectos clave que pueden determinar su viabilidad y crecimiento.

La **propiedad industrial** (patentes, marcas, modelos de utilidad, diseños industriales, etc.) y la **propiedad intelectual** (derechos de autor, *know-how*, software, etc.) representan activos intangibles de alto valor para las PYMEs innovadoras. Estos activos pueden servir como:

- Elementos diferenciadores en el mercado.
- Herramientas para atraer inversión y financiación.
- Garantía para el acceso a líneas de crédito o avales.

2. INCENTIVOS FISCALES Y LABORALES POR PROYECTOS DE I+D+I

En España existen diversos incentivos fiscales y laborales a los proyectos de Investigación y Desarrollo (I+D) e Innovación Tecnológica (IT) para PYMEs que tengan en propiedad activos intangibles.

Estos incentivos, a diferencia de las subvenciones y ayudas (europeas, nacionales, autonómicas y locales para proyectos de I+D+i), no deben ser aprobados por un organismo público ni dependen de un presupuesto concreto ni de un proceso de concurrencia competitiva con otras empresas. En este sentido, los incentivos a los proyectos de I+D+i en España son *derechos* y pueden aplicarse por las PYMEs y empresas en general, si se cumplen determinados requisitos exigidos por nuestra legislación.

A modo de resumen podríamos destacar:

1) Deducciones Fiscales por gastos y actividades de I+D+i

2) Bonificaciones en las cotizaciones de la Seguridad Social por personal investigador.

3) IP-Box (también llamado *Patent Box*).

A continuación, desgranaremos cada uno de ellos, detallando los requisitos para su posible aplicación, cómo implementarlos maximizando la seguridad jurídica y destacando los beneficios financieros y fiscales para las PYMEs.

2.1. Deducciones Fiscales por gastos y actividades de I+D+i

La deducción por actividades de investigación y desarrollo e innovación tecnológica (I+D+i) están recogidas en el **artículo 35 de la Ley 27/2014, de 27 de noviembre, del Impuesto sobre Sociedades** (LIS, en adelante).

Las deducciones por I+D+i se aplican en la presentación del Impuesto sobre Sociedades (IS), reduciendo la cuota íntegra ajustada del ejercicio fiscal.

Una vez realizada esta introducción, cabe destacar que este incentivo fiscal distingue entre dos tipos de calificación para la naturaleza de las actividades que comprenden los proyectos de investigación y desarrollo (I+D) e innovación tecnológica (i):

- Investigación: Indagación original y planificada con el fin de adquirir nuevos conocimientos y una superior comprensión en el ámbito científico y tecnológico.
- Desarrollo: Aplicación del conocimiento en la fabricación de nuevos productos, diseño de nuevos procesos y mejora tecnológica sustancial de materiales y sistemas preexistentes.
- Innovación Tecnológica: Conversión de conocimiento tecnológico en nuevos productos, nuevos servicios o procesos para su introducción en el mercado; también cambios tecnológicamente significativos en los productos, servicios y procesos.

A tenor de la calificación de las actividades descritas anteriormente los porcentajes de deducción fiscal difieren, siendo los siguientes, en líneas generales:

- **Deducción fiscal por investigación y desarrollo** (**I+D**): 25% del gasto elegible.
- **Deducción fiscal por innovación tecnológica**: 12% del gasto elegible.

No obstante, en la LIS se recogen otros supuestos, que modifican los porcentajes de deducción anteriores:

- Los gastos incurridos en I+D que supongan un exceso sobre la media de los dos años anteriores, podrán obtener una deducción del 42%, en vez del 25% general.
- El personal dedicado en exclusiva a proyectos de I+D, podrá deducirse también un 17% adicionalmente.
- Los activos que durante toda su vida útil vayan a estar destinados a proyectos de I+D, podrán deducirse el 8% adicionalmente.

En España existen, además, regímenes fiscales diferenciados de aplicación de las deducciones fiscales por I+D+i en País Vasco, Navarra y las Islas Canarias

Ilustración 1. Escenarios de aplicación de las Deducciones Fiscales en España

Las principales características de las deducciones fiscales por I+D+i son las recogidas a continuación:

- No es necesario el éxito del proyecto y es compatible con otro tipo de incentivos y ayudas.
- La LIS permite aplicar procedimientos para proporciona mayor seguridad jurídica en la aplicación de este incentivo fiscal, como el proceso de certificación con una entidad certificadora acreditada por ENAC (Entidad Nacional de Acreditación en España) y la obtención de un **Informe Motivado Vinculante** ante el Ministerio de Ciencia, Innovación y Universidades. Dicho informe tendrá carácter vinculante para la Administración tributaria.
- No hay límite en el importe económico de la deducción.
- Se puede aplicar hasta el 50% en cuota del Impuesto sobre Sociedades.
- Se podrán aplicar durante los siguientes 18 años a cuando se generan. Se plantea para los casos de insuficiencia de cuota para aplicar las deducciones fiscales por I+D+i.
- Para aquellas empresas que no paguen IS o tengan bases imponibles negativas, existen procesos para monetizar y recuperar estos ahorros fiscales, a través de la monetización pública o *cash-back*, donde la Administración Tributaria ingresa el 80% del derecho de la deducción fiscal.

En relación con la tipología de gastos elegibles para aplicar las deducciones fiscales por I+D+i, podríamos destacar, a modo de resumen, los recogidos a continuación:

- Gastos de personal en actividades de I+D+i: Gastos en actividades como desarrollos de IT/Tecnología internos y para clientes, mejoras de procesos productivos, diseño de nuevos productos o servicios y/o mejoras de los ya existentes, etc.
- Gastos de colaboraciones externas: Algunos ejemplos podrían ser: Consultoría Técnica, Servicios de desarrollo, Servicios de Ingeniería, etc.
- Otros gastos: Algunos ejemplos pueden ser: material fungible, facturas asociadas a servidores, amortización de activos, servicios en la nube, licencias para la ejecución de los proyectos, etc.

Asimismo, el pasado mes de octubre de 2024 hemos conocido la decisión del Tribunal Supremo (TS) que supone una actualización muy relevante relacionada con las deducciones fiscales por Innovación Tecnológica, que sientan un importante precedente.

El TS ha establecido el carácter vinculante para Hacienda del Informe del Ministerio de Ciencia para la deducción fiscal por innovación tecnológica, con las tres sentencias que han sido dictadas en los recursos de casación n ° 948; 1633 y 1635/2023[1]. Estos son sus aspectos clave:

- La Sala de lo Contencioso anula las sentencias de la Audiencia Nacional que respaldaron los informes del Equipo de Apoyo Informático de la Agencia Española de la Administración Tributaria (AEAT) por contradecir el dictamen vinculante en materia de innovación tecnológica que había emitido el Ministerio de Ciencia e Innovación.
- El Texto Refundido de la Ley del Impuesto sobre Sociedades (TRLIS) de 2004 prevé que las empresas puedan pedir un informe al Ministerio para la deducción fiscal por innovación tecnológica. Ese informe, según la ley, es vinculante para la AEAT en todos sus aspectos.

---

1 Comunicación Poder Judicial (2024). *El Tribunal Supremo establece el carácter vinculante para Hacienda del informe del Ministerio de Ciencia para la deducción fiscal por innovación tecnológica* https://www.poderjudicial.es/cgpj/es/Poder-Judicial/Tribunal-Supremo/Noticias-Judiciales/El-Tribunal-Supremo-establece-el-caracter-vinculante-para-Hacienda-del-informe-del-Ministerio-de-Ciencia-para-la-deduccion-fiscal-por-innovacion-tecnologica. Recuperado el 1 de julio de 2025.
Recurso de casación 948/2023 (*Tol 10228939*)
Recurso de casación 1633/2023 (*Tol 10228792*)
Recurso de casación 1635/2023 (*Tol 10228797*)

- Tales informes vinculantes no pueden ser rebatidos ni ignorados por Hacienda, ni en la calificación de los proyectos como merecedores de la deducción fiscal, ni en lo relativo a los gastos incluidos en el proyecto.

En definitiva, esta decisión del Tribunal Supremo debería proporcionar la seguridad jurídica a las empresas en la aplicación de las deducciones fiscales por I+D+i, garantizando que los Informes Motivados Vinculantes sean respetados en su totalidad por la Agencia Tributaria.

2.2. Bonificaciones en las cotizaciones de la Seguridad Social por personal investigador

Las bonificaciones en las cotizaciones de la Seguridad Social por personal investigador es un **incentivo no tributario**, ligado a la contratación y al mantenimiento del empleo con dedicación exclusiva a actividades de I+D+i.

Supone un menor pago, mensualmente, a la Tesorería General de la Seguridad Social de **hasta** el **50% de la cuota por Contingencias Comunes**.

Algunos aspectos destacables de las bonificaciones a la Seguridad Social por personal dedicado a actividades de I+D+i son:

- Se establece una bonificación del 40% en las aportaciones empresariales a las cuotas de la Seguridad Social para el personal investigador o técnico, que puede llegar hasta el 50% en determinadas circunstancias que detallaremos más adelante con los cambios normativos introducidos a partir del 1 de septiembre de 2023
- Son objeto de este incentivo:
  - ✓ Los trabajadores tengan una dedicación exclusiva mínima del 85% a la I+D+i, dejando el resto del tiempo para actividades como formación o actividades docentes enfocadas en la investigación.
  - ✓ Los trabajadores incluidos en los Grupos de Cotización 1, 2, 3 y 4 del Régimen General de Cotización de Seguridad Social.
  - ✓ El trabajador debe tener un contrato indefinido.
- Aquellas empresas que apliquen la bonificación en las cuotas de diez o más investigadores deberán aportar Informe Motivado Vinculante, emitido por el Ministerio de Ciencia, Innovación y Universidades.

- Se establece una plena compatibilidad de esta bonificación con las deducciones fiscales por I+D+i en el caso de "PYMES innovadoras".

Las principales características de las bonificaciones en las cotizaciones de la Seguridad Social por personal investigador son las recogidas a continuación:

Ilustración 2. Características generales de las bonificaciones a la Seguridad Social por personal I+D+i

Características Generales

AHORRO DE 5.562 EUROS/AÑO

Puede suponer hasta un **ahorro de 5.562 euros/año** para los profesionales a tiempo completo **en 2025**.

PROYECTOS PARA TERCEROS

Se puede aplicar a proyectos desarrollados para terceros/clientes.

COMPETITIVIDAD

Gracias al ahorro generado, permite ofrecer servicios a precios más competitivos.

AHORRO INMEDIATO

Es un **ahorro mensual** y de **aplicación inmediata**. Supone una **mejora** en el **EBIT** ya que **reduce** los **costes de personal**.

Cabe resaltar que el pasado 1 de septiembre de 2023 se introdujeron una serie de **cambios normativos** que se detallan a continuación:

- Se limita la aplicación de la bonificación a un máximo de tres años, hasta la introducción de esta modificación normativa no se había puesto límite temporal a su aplicación.
- Las bonificaciones son aplicables únicamente a nuevas contrataciones indefinidas o conversión de contratos a indefinidos, lo que impide bonificar a empleados que ya se encuentren contratados en la plantilla de la empresa o entidad.
- De manera adicional, la contratación de personas investigadoras jóvenes, entendiendo por tales aquellas que sean menores de 30 años, y la contratación de mujeres investigadoras dará, respectivamente, derecho a una bonificación adicional de un 5%, siendo estas acumulables, en su caso, entre sí.
- De acuerdo con la **Disposición Transitoria Primera del RDL 1/2023**, esta nueva normativa es de aplicación únicamente a los trabajadores incluidos en la bonificación a partir del 1 de septiembre de 2023.

2.3. IP-Box (Intellectual Property Box)

El IP-Box (también llamado Patent Box) es un incentivo fiscal que consiste en una **reducción** de la **base imponible del Impuesto sobre Sociedades** del 60% (70% en el caso de País Vasco y Navarra), cuya finalidad es estimular la cesión o transmisión de determinados activos intangibles para su utilización en el desarrollo de una actividad económica.

Los regímenes de IP-Box están relativamente extendidos en toda Europa y la OCDE. Actualmente se aplica en 14 de los 27 Estados miembros: Bélgica, Chipre, Francia, Hungría, Irlanda, Italia, Lituania, Luxemburgo, Países Bajos, Polonia, Portugal, Malta, Eslovaquia y España (que incluye el régimen del País Vasco y Navarra), así como en el Reino Unido y en 19 de los 38 países de la OCDE.

Es importante destacar que el IP-Box es un incentivo vivo en los países de nuestro entorno. En este sentido, Portugal ha incluido recientemente en sus presupuestos generales una mejora del incentivo fiscal IP-Box, incrementando el porcentaje de ahorro del 50% al 85%, en línea con otros países europeos, como Bélgica.

El IP-Box un interesante beneficio fiscal (el que aporta más ahorros fiscales en nuestra legislación) para todas aquellas **empresas que lleven al mercado** sus **activos** de **propiedad industrial e intelectual**, ya sea en régimen de cesión del derecho de uso o explotación, o por transmisión.

Ilustración 3. Esquema ilustrativo de aplicación del incentivo fiscal IP-Box (Patent Box)

De acuerdo con el **artículo 23 de la Ley 27/2014, de 27 de noviembre**, del Impuesto sobre Sociedades, los activos intangibles elegibles para aplicar el incentivo fiscal IP-Box son los siguientes:

- Patentes.
- Modelos de utilidad.
- Certificados complementarios de protección de medicamentos y de productos fitosanitarios
- Dibujos y modelos legalmente protegidos, que deriven de actividades de I+D+i.
- Software avanzado registrado que derive de actividades de I+D (cambio normativo introducido por la Ley 6/2018, de 3 de julio, de los Presupuestos Generales del Estado para el año 2018).

Asimismo, este incentivo fiscal es aplicable a cualquier tipo de empresa y sector. A modo resumen, sus **ventajas** son las siguientes:

- Reduce la base imponible del Impuesto sobre Sociedades en un 60% (70% en Navarra y País Vasco).
- Es **compatible** con las **deducciones fiscales por I+D+i**, bonificaciones por personal investigador y cualquier tipo de ayuda (europea, nacional, regional o local).
- No tiene límite máximo de aplicación (las deducciones fiscales por I+D+i están topadas al 25% o 50% de la cuota íntegra del Impuesto sobre Sociedades).
- Es aplicable en cualquier tipo de empresa y entre empresas de un mismo grupo.

Al objeto de dar seguridad jurídica en la aplicación de este incentivo fiscal, se permite que con carácter previo a la realización de estas operaciones puedan solicitarse a la Administración Tributaria dos tipos de acuerdos: **acuerdo previo de valoración** y **acuerdo previo de calificación y valoración**.

Estos acuerdos tendrán una duración de cuatro años prorrogables, lo que aporta un horizonte temporal muy amplio de seguridad jurídica para las empresas que apliquen este incentivo fiscal.

Sin embargo, y a pesar de las numerosas virtudes que presenta en nuestro país este beneficio fiscal, desde que se introdujo en nuestro ordenamiento no ha tenido la demanda esperada. Apenas 170 empresas se han beneficiado de este incentivo anualmente, con un valor promedio de 1,4 millones de euros por empresa, según datos del Ministerio de Hacienda.

Entre los motivos de la baja aplicación podemos citar en primer lugar la inseguridad jurídica en cuanto a las interpretaciones de diferentes términos que afectan al incentivo fiscal.

Otro posible motivo es el desconocimiento de su propia existencia y también el no contar con muchos expertos que hayan implementado con éxito proyectos de IP-Box. Existen en España diversas firmas de asesoría fiscal y consultoría que gestionan incentivos fiscales a la I+D+i, pero muy pocas son expertas en la implementación de principio a fin del incentivo fiscal IP-Box.

Cabe destacar que una buena medida para la mayor adopción del incentivo sería trasladar las "buenas prácticas" de los países de nuestro entorno al respecto, dotando de mayor seguridad y generando certidumbre en cuanto a su correcta aplicación, **especialmente para que las PYMES, que suponen el 99% del tejido productivo** en nuestro país, puedan beneficiarse del mismo en un clima de mayor seguridad jurídica.

En este sentido, algunas propuestas de mejora sobre el incentivo fiscal se recogen a continuación:

- **Seguridad jurídica**: aclarar algunos términos de la regulación vigente que plantean dudas de interpretación. En esta misma línea, sería muy útil introducir mecanismos de certificación previa sobre determinados aspectos técnicos a los que se condiciona la aplicación del beneficio fiscal, en línea con el régimen italiano. Y, finalmente, homogeneizar algunos aspectos del IP-Box con la regulación de otros beneficios fiscales al I+D+i, en línea con el régimen francés.
- **Aumento del porcentaje de reducción**: aumentar el porcentaje de reducción aplicable a las rentas derivadas de la explotación de los activos intangibles del 60% al 70% e inclusión de una super reducción del 80% sujeta al mantenimiento de empleo. De esta manera, el incentivo se alinearía con otros países de nuestro entorno, como Bélgica y, más recientemente, Portugal.
- **Ampliación de los activos susceptibles de beneficiarse del IP-Box**: ampliar el concepto de software no solo al avanzado que derive de actividades de I+D, sino también al protegido por la normativa de propiedad intelectual e industrial, en línea con el régimen francés

3. COMPATIBILIZACIÓN DE INCENTIVOS POR I+D+I: SELLO PYME INNOVADORA

En 2014 se aprobó el Real Decreto 475/2014, de 13 de junio artículo 6 en el que se establece la definición de **PYME Innovadora**. Además, la obtención del sello de PYME innovadora también se regula por la Orden ECC/1087/2015.

A través de este sello, el **Ministerio de Ciencia, Innovación y Universidades**, quiere **reconocer** a las empresas que realizan actividades en el campo de la **investigación**, el **desarrollo tecnológico** y la **innovación** (I+D+i).

Es por tanto un "reconocimiento público" que distingue su carácter innovador y así poder establecer una política pública que les ayude a su crecimiento.

El sello PYME Innovadora permite que la empresa exhiba el logo y formato oficial del sello de manera que los usuarios sepan que esa PYME es innovadora y está reconocida como tal. Además, la empresa podrá utilizar este distintivo para el tráfico comercial y fines publicitarios.

A modo de resumen los principales beneficios que aporta contar con este sello son:

- **Compatibilizar** en el marco de un mismo proyecto, las bonificaciones en la cotización a la seguridad social del personal investigador dedicado en exclusiva al mismo con las deducciones fiscales por I+D+i establecidas en el artículo 35 de la Ley del Impuesto sobre Sociedades.
- Beneficiar de posibles líneas de ayudas que expresamente mencionen la condición de "PYME innovadora", y pueden participar en la contratación pública a través de la denominada Compra Pública Innovadora (posibilidad de reserva de contratación pre comercial a PYMES innovadoras). Acceso a ciertas líneas blandas de financiación.

Es importante destacar los requisitos para poder acceder al sello PYME Innovadora, teniendo la empresa que cumplir al menos uno de los recogidos a continuación.

Ilustración 4. Requisitos para obtener el sello PYME Innovadora

Requisitos (necesario cumplir al menos uno)

Ser PYME

FINANCIACIÓN PÚBLICA

Cuando haya recibido financiación pública **en los últimos tres años**.

- Ayudas para la realización de proyectos de I+D+i de **CDTI**.
- Investigación básica e investigación aplicada.

CARÁCTER INNOVADOR

Por disponer de:

- Una **patente propia en explotación** en un periodo **no superior a cinco años**.
- O por haber **obtenido**, en los **tres años anteriores**, un **informe motivado vinculante** (IMV)

CAPACIDAD INNOVADORA

Mediante certificaciones oficiales reconocidas por el Ministerio de Economía y Competitividad:

- Joven Empresa Innovadora (JEI), según la Especificación AENOR EA0043.
- Pequeña o microempresa innovadora, según la Especificación AENOR EA0047.
- Certificación conforme a la norma UNE 166.002 «Sistemas de gestión de la I+D+i».

4. AYUDAS Y SUBVENCIONES A PYMES INNOVADORAS

En España, las pequeñas y medianas empresas (PYMEs) innovadoras pueden acceder a diversas ayudas y subvenciones destinadas a fomentar su desarrollo tecnológico y competitivo. A continuación, se destacan algunas de las principales iniciativas disponibles:

- **ENISA (Empresa Nacional de Innovación)**: ENISA es una empresa pública que financia proyectos empresariales viables e innovadores de PYMEs españolas mediante préstamos participativos. Estas ayudas están destinadas a impulsar el emprendimiento innovador y apoyar el crecimiento empresarial en sectores tecnológicos y estratégicos.
- **Fondos Europeos y Programas Nacionales**: Las PYMEs pueden acceder a diversas ayudas y subvenciones a nivel nacional y europeo destinadas a fomentar la innovación y la competitividad. Estos fondos suelen estar orientados a proyectos de digitalización, internacionalización y desarrollo tecnológico.

Es recomendable que las PYMEs interesadas en estas opciones de financiación analicen detalladamente los requisitos y condiciones de cada programa, así como las fechas de convocatoria y plazos de solicitud, para maximizar las oportunidades de éxito en la obtención de recursos financieros.

5. CONCLUSIÓN

La financiación de la innovación en PYMEs basadas en propiedad industrial e intelectual requiere una combinación de fuentes de financiación y estrategias de valorización de activos intangibles. Un enfoque integral que combine financiación pública, inversión privada y monetización de la PI puede proporcionar ventajas competitivas y sostenibilidad a largo plazo.